KB124200

유대인의
상속 이야기

유대인의 상속 이야기

랍비 조셉 텔루슈킨 지음 · 김무겸 옮김

북스넛
Booksnut

옮긴이 **김무겸**

영국 선더랜드 대학원에서 영문학을 전공했으며, 현재 전문 번역가로 활동하고 있다.
옮긴 책으로는《죽기 전에 한 번은 유대인을 만나라》,《죽기 전에 한 번은 유대인에게 물어라》,《창조적 루틴》,《우울증을 없애는 행복의 기술 50가지》,《희망; 기적을 만든 한 정신과 의사 이야기》 등이 있다.

유대인의 상속 이야기

1판 1쇄 인쇄 | 2014년 8월 20일
1판 1쇄 발행 | 2014년 8월 25일

지은이 | 랍비 조셉 텔루슈킨
옮긴이 | 김무겸
발행인 | 문정신
발행처 | 북스넛
등록 | 제1-3095호
주소 | 서울시 마포구 성산동 112-7 예건빌딩 3층
전화 | 02-325-2505
팩스 | 02-325-2506

ISBN 978-89-91186-84-2 03900

성서 시대부터 이어온 정신 유산

오늘날까지 유대인을 생존시켜온 두 가지 요소를 꼽으라면 하나는 물질적인 자산이고 또 하나는 정신적인 유산이다. 그중에 한 가지만 꼽으라면 그것은 당연히 정신적인 유산이 될 것이다. 19세기의 랍비 이스라엘 살란터는 제자들에게 이렇게 가르쳤다.

"일반적으로 우리는 자신의 물질적인 풍요와 이웃의 영혼에 대해 걱정한다. 그러나 반대로 우리는 이웃의 물질적인 풍요와 자신의 영혼에 대해 걱정해야 한다."

그의 가르침은 비단 19세기에 국한되지 않았다. 유대인들은 성서 시대부터 이어온 신념과 철학을 가능한 한 서판으로 기록해두었고, 그것을 군중이 모인 회당에서 랍비의 교육을 통해 계승시켰다. 그들은 자신들을 지켜주는 중요한 힘이 물질적인 자산보다 오히려 정신적인 유산에 있다고 믿으며 생존해왔다. 물질적인 자산은 시대나 환경에 따라 쉽게 잃거나 강탈당하곤 했지만 정신 유산은 어떠한 상황에서도 빼앗길 염려 없이 그들의 머릿속에서 빠져나가지 못하는 완전한 소유물이었다. 지금부터 이 책에서 말하려는 것도 유대인들이 상속받아온 그러한 정신 유산에 관한 이야기들이다.

대다수의 비非유대인들은 유대교의 기본적인 정신과 유대 역사 및 현재 유대인의 삶에 가장 두드러진 영향을 미친 사실에 대해 희미하게 알고 있거나 거의 알고 있지 못하다. 그들은 1492년에 콜럼버스에게 어떤 일이 일어났는지는 알고 있지만, 그해에 어떤 중대한 사건이 유대 세계에서 벌어졌는지는 잘 모른다. 300곳 이상의 유대인 공동체에서 강연을 해온 나는 유대인이든 비유대인이든 이러한 유대 관련 지식을 알고자 하는 열망이 뜨겁다는 것을 알고 있다.

나의 강연을 듣는 사람들은 개혁파나 정통파 유대인을 비롯해 비유대인 고등학생과 대학생 등 유대인의 정신 유산에 관심을 가진 여러 부류의 사람들이었다. 그들은 서로 다른 신념 체계를 갖고 있었음에도 불구하고 최소한 하나의 쟁점에서는 합일점을 지니고 있었다. 바로 유대교와 유대인의 삶에 대한 기본적인 소양을 얻으려는 열망에는 차이가 없었던 것이다. 사람들은 진정으로 그러한 정보를 갈망하고 있었다.

내가 2년 반에 걸쳐 이 책을 집필하는 데 전력투구한 이유도 거기에 있다. 《유대인의 상속 이야기》는 오랜 세월 이어온 유대인의 정신 유산을 광범위하게 다루고 있지만, 나는 이 책이 철학이나 역사 서적이 아니라 이야기책처럼 읽히도록 노력했다. 그 일환으로 독자가 책 전체를 쉽게 읽어나갈 수 있도록 알파벳 순서를 따르지 않고 시대와 주제에 따라 부Part들을 배열했다. 예를 들면 유대 정신의 뿌리, 유대인의 삶, 유대인의 정신 유산, 유대인의 의무와 책임 순으로 이야기를 펼쳐

나간 것이다. 나는 독자가 각 단락을 읽은 후 그 역사적 또는 교훈적인 의미뿐만 아니라, 그것이 오늘날의 시대에 어떻게 적용될 수 있는지도 파악할 수 있길 바란다.

《유대인의 상속 이야기》는 두 가지 방식으로 읽힐 수 있다. 즉 유대의 정신과 역사에 대한 개략적인 지식을 쌓으려는 사람들이 처음부터 끝까지 차근차근 읽어나갈 수도 있고, 특정 주제에 대해 궁금한 사람들이 그 주제와 관련된 부분만 찾아 읽을 수도 있다.

나는 이 책이 비유대인에게는 물론, 유대교로 개종하려는 사람들과 체계적인 유대 교육을 받지 못한 유대인들에게도 큰 도움을 줄 수 있길 바란다. 그들은 다른 유대인들에게는 익숙해 보이는 '유대인의 정신'을 몰라 답답함을 느끼면서도 자신의 무지를 드러내기 싫어 그 유래를 물어보지 않는 경우가 많다고 나에게 털어놓았다.

"심장에서 나온 말은 심장으로 들어간다."는 유대 속담이 있다. 이 책에 등장하는 이야기들이 당신의 심장을 건드려 당신을 유대인의 정신에 관한 교양을 쌓는 더 긴 여정으로 인도한다면 그것은 나에게 큰 축복일 것이다.

뉴욕에서
랍비 조셉 텔류슈킨

차례

2부 _ 고난과 영광이 뒤섞인 삶

3부 _ 신과 인간이 다르지 않다는 믿음

4부 _ 서구의 영혼을 물들이다

5부 _ 앞서간 죽음을 망각하지 말라

6부 _ 유대인이 상속받은 정신 유산

7부 _ 의무와 책임도 함께 물려받다

1부

유대 정신의 뿌리

■■■ 1

유대인의 중심 문헌

타나크TaNakh는 히브리 성경 전체를 구성하는 세 범주의 경전인 토라Torah(예언서)와 느비임Nevi'im(예언서), 케투빔Ketuvim(성문서)의 첫 알파벳 T와 N, K를 따서 만든 두문자어이다. 율법을 따르는 유대인은 일반적으로 히브리 성경을 구약이라 부르지 않는다. 구약은 기독교인들이 사용하는 용어이다.

히브리 성경의 처음 다섯 권을 일컫는 토라는 유대교의 중심 문헌으로 여겨진다. 토라에는 유대인의 세 조상(아브라함과 이삭, 야곱)과 모세, 이집트로부터의 탈출 등의 이야기와 더불어 이후 모든 유대 율법의 근간이 되는 613가지 계율이 등장한다. 히브리어로 이 다섯 권의 책을 추마슈Chumash라고도 하는데, 이는 '다섯'을 뜻하는 히브리어 차메슈chamesh에서 온 단어이다. 유대 전통에 따르면 이 다섯 권의 책은 이집트

탈출 직후인 기원전 1220년경에 하나님이 모세로 하여금 기술하게 한 것이다.

히브리어로 토라 각각의 책 제목은 그 책의 처음 또는 두 번째로 등장하는 단어인 반면, 영어 제목은 그 책의 핵심 내용을 반영한 것이다. 이러한 이유로 토라의 첫 번째 책의 영어 제목이 창세기Genesis가 되었다. 그 책의 처음 몇 장은 하나님이 이 세상을 창조한 이야기를 하고 있기 때문이다. 이 하나의 경우에 있어선 히브리어 제목과 영어 제목이 흡사하다. 토라의 첫 단어인 '브레이쉬트Brei'sheet'가 '태초에In the beginning' 라는 의미이기 때문이다. 토라의 두 번째 책은 히브리어로 '이름들'이란 의미의 '슈모트Sh'mot'인데, 그 첫 구절이 "아이-레 슈모트 브나이 이스라엘Ay-leh shemot b'nai yisrael(이스라엘 아들들의 이름은 이러하니.)"이기 때문이다. 두 번째 책의 영어 제목은 출애굽기Exodus이다. 유대인이 이집트의 노예 생활에서 벗어나는 이야기를 하고 있기 때문이다. 그래서 레온 유리스는 현명하게도 자신의 소설 제목을 '이름들'이 아닌 '영광의 탈출Exodus'로 정했다.

토라의 세 번째 책인 레위기(히브리어로는 바-이크라Va-Yikra다.)는 이스라엘 부족인 레위 사람들이 관장하는 번제물 및 기타 사원 의식과 관련한 다수의 계율을 상술한다. 토라의 네 번째 책에 민수기Numbers(히브리어로는 바-미드바르Ba-Midbar다.)라는 제목을 붙인 이유는 이 책 첫 부분에 이스라엘 백성들의 인구 조사가 이루어지기 때문이다. 민수기는 또한 모세의 인도에 대한 고라Korakh의 반란에 대해 기술하기도 한다. 토라의 마지막 책은 신명기이다(히브리어로는 데바림Devarim이다.). 신명기는 이스라엘 백성들이 약속의 땅으로 건너갈 채비를 갖췄을 때 모세가 그들에게 전하는 고별 연설이 주를 이룬다. 자신은 약속의 땅으로 가지 못한다는 것을 알고 있는 모세는 죽기 전에 자신의 마지막 생각을 자신이 세운 나라의 백성들에게 전한다.

히브리 성경의 두 번째 범주에 해당하는 '느비임(예언서)'은 총 21권으로 이루어져 있다. 느비임은 모세가 죽고 이스라엘 백성들이 가나안에 당도한 무렵인 기원전 1200년경부터 바빌론 사람들이 첫 번째 대성전을 파괴해 이스라엘 백성들이 예루살렘에서 바빌론으로 유배를 간 기원전 586년까지의 유대인 및 유대교 역사를 추적한다.

이야기 형식으로 쓰인, 느비임의 초반부 책들(여호수와, 사사기, 사무엘상, 사무엘하, 열왕기상, 열왕기하)은 하나의 문명이 탄생시킬 수 있는 역사적 기록 중 가장 극적이고 생생한 것으로 꼽힌다. 이 책들은 가끔 '초기 예언서Early Prophets'로 불리기도 한다.

시적인 형식으로 쓰인 그 뒤의 책들은 우리가 성경에서 예언서를 찾을 때 흔히 떠올리는 책들이다. 그것들은 주로 일신론의 이상에 대한 이스라엘 백성들의 배신을 비난하며 그들에게 윤리적인 행동을 요구하는 글이다. 이 글들에서 당신은 악과 죄, 고난에 대한 끊임없는 고찰을 만나게 된다. 영어에서 '예언자prophet'라는 단어는 주로 미래를 예언하는 사람이라는 뜻이다. 하지만 이에 상응하는 히브리어 '나비navi'는 '하나님의 대변인spokesman for God'이라는 뜻이다.

'케투빔'이라 불리는 타나크의 마지막 범주에 속하는 책들은 서로 공통점이 거의 없다. 일부는 역사적인 이야기를 한다. 예를 들면, 에스라와 느헤미야는 바빌론으로 추방당한 유대인이 이스라엘로 귀환하는 이야기를 하고, 역대상과 역대하는 유대 역사를 개괄한다. 케투빔은 또한 하나님과 인간의 관계에 대해 노래한 150편의 시로 구성된 시편을 포함하기도 하는데, 일부 시들은 시적인 아름다움이 탁월하다.

케투빔의 또 다른 책 욥기는 "선하신 하나님께서 왜 세상에 그토록 많은 악을 허용하시는가?"라는 종교에 대한 가장 근본적인 도전을 감행한다. 케두빔에는 또한 아마 토라 다음으로 가장 잘 알려졌을 에스더를 포함하는 '다섯 스크롤Five Scrolls[1]'도 있다.

히브리 성경은 인류 역사에서 가장 영향력 있는 책으로 자리매김해 왔다. 유대교와 기독교 모두 히브리 성경을 그들 종교의 주요 텍스트로 여긴다. 히브리 성경의 몇몇 중심 사상(모든 인류가 섬겨야 하는 신은 오직 하나님 한 분이다. 따라서 세상에는 단 하나의 도덕적 기준이 존재한다. 그 기준에 따르면 우리 인간은 가난한 자와 과부, 고아, 이방인 등을 사랑하고 보살피고, 일주일에 하루는 일을 하지 말고 그날을 성스러운 날로 기려야 할 의무가 있다. 그리고 유대인은 하나님께 선택받은 민족으로서 하나님의 메시지를 세상에 널리 퍼뜨려야 한다.)은 우리 삶의 방식과 우리 자신의 존재에 대한 우리의 이해를 변모시켰다. 심지어 앞서 제일 마지막에 언급한, 유대인은 하나님의 선택을 받은 민족이라는 개념조차 비유대인에게까지 강력한 영향을 끼쳤다. 실제로 이 개념은 매우 강력한 것이어서 기독교는 하나님과 인간 사이의 특별한 약속이 유대인(과거 이스라엘)에서 교회(현재 이스라엘)로 넘어왔다고 주장하면서 이 개념을 도용했다. 이슬람교 또한 모하메드와 그의 신봉자들이 하나님의 새로운 메신저가 되었다는 비슷한 주장을 했다.

1 다섯 스크롤은 아가, 룻기, 예레미아와 예레미아애가(히브리 성경에선 두 책을 'book of lamentations'라는 하나의 책으로 본다.), 전도서, 에스더를 일컫는다. 유대 전통은 성경에서 비교적 짧은 책에 속하는 이 다섯 권의 책을 다섯 스크롤(두루마리)이라는 하나의 범주로 묶는다.

■■■ 2

종교와 상관없이 모든 인간은 형제자매다

토라의 첫 장은 하나님이 세상을 창조하는 것을 묘사한다. 창세기의 목표는 과학 교과서적인 가르침을 주려는 것이 아니라, 많은 고대인들이 하나의 신으로 숭배했던 자연을 하나님이 창조했다는 사실을 분명히 하려는 것이다. 일반적으로 창조에 대한 성경의 관점은 낙관적이다. 토라는 하나님의 창조에 대해 다음과 같이 반복적으로 기술한다.

"하나님이 보시기에 좋았더라(창세기 1:10, 12, 18, 21, 31)."

창조의 여섯 째 날에 하나님은 최초의 인간인 아담을 창조하는데, 그의 이름이 히브리어로 '인간'을 뜻하게 된다. 존 밀턴이 기술했듯이 하나님이 처음으로 '좋지 않은 것'으로 규정한 것은 아담이 혼자 있는 것이었다. 하나님은 이렇게 말한다.

"사람이 혼자 있는 것이 좋지 않으니 내가 그에게 알맞은 돕는 사람을 만들어주겠다(창세기 2:18)."

하나님은 아담을 깊은 잠에 빠지게 만들고 그의 몸에서 갈비뼈 하나를 떼어내어 그것으로 최초의 여성인 이브를 만든다. 토라의 613 계율 중 첫 계명은 하나님이 바로 이 한 쌍의 남녀에게 말한 것이다.

"자식을 많이 낳고 번성해 땅에 가득하고 땅을 정복하라(창세기 1:28)."

아담과 이브는 에덴동산으로 알려진 낙원에 거주한다. 하나님은 아담과 이브에게 단 한 가지만을 금하고 그들이 필요한 것을 모두 준다. 즉 하나님은 그들에게 선악과만은 따 먹지 말라고 명한 것이다. 그런데 약삭빠르고 유난히 말이 많은 뱀이 선악과를 따 먹으면 하나님처럼 지혜롭게 된다며 이브를 꼬드긴다.

"이는 너희가 그것을 먹는 날에는 너희 눈이 열려서 너희가 선과 악을 아시는 하나님처럼 될 것을 하나님께서 아시기 때문이다(창세기 3:5)."

잠시 망설인 뒤 이브는 선악과를 따 먹고 아담도 설득해 선악과를 따 먹게 만든다(선악과를 사과로 추정할 만한 근거는 어디에도 없다.). 이에 하나님은 노한다. 하나님이 두 사람에게 당부한 것은 단 한 가지밖에 없었지만 그들은 하나님의 말을 거역했던 것이다. 하나님은 그들에게 엄한 징벌을 내린다. 결국 아담과 이브는 에덴동산에서 쫓겨나고, 죽는 운명에 처하며, 더 이상 하나님으로부터 필요한 것을 받지 못하게 된다. 이제 아담은 이마에 땀을 흘리며 생계를 꾸려가야 하고, 이브는 남편의 그늘에서 살며 출산의 고통을 느껴야 한다.

전통적인 유대 주석들은 이브의 죄를 비난하지만 최근에 작고한 유대 교육자인 슈로모 바딘Shlomo Bardin은 이브가 하나님의 말에 복종하지 않은 이유를 멋진 비유를 들어 설명한다. 바딘은 이렇게 말한다.

"대기업 회장이라는 아버지를 둔 젊은 남성과 결혼한 젊은 여성을 떠올려보자. 결혼 후 남성의 아버지는 그를 부회장 자리에 앉히고 그에게 거액의 연봉을 준다. 그런데 그의 아버지는 일을 해본 경험이 없는 그에게 어떠한 책임도 지우지 않는다. 남성은 매주 많은 돈을 받아가지만 할 일이 없다. 얼마 지나지 않아 그의 아내는 자신이 남자가 아니라 소년과 결혼했고, 자신의 남편이 시아버지의 회사를 떠나지 않는 한 결코 남자로 성장하지 못하리란 것을 깨닫게 된다. 그래서 그녀는 남편으로 하여금 안전한 아버지의 회사를 그만두고 다른 도시로 가서 새로운 일자리를 구하게 만든다."

바딘이 결론짓는다.

"이브가 선악과를 따 먹은 것도 바로 이러한 이유 때문이다."

기독교 신학은 아담과 이브의 이러한 행동을 모든 인류에게 영구적인 오점을 남긴 원죄로 규정했다. 하지만 유대교는 그들의 불복종을 그토록 심각하게 받아들인 적이 없다. 그들의 불복종은 반항적인 행동임엔 틀림없다. 그리고 하나님의 말을 거역했기에 명백한 죄이기도 하다. 하지만 그들의 이러한 죄 때문에 모든 아기가 저주받고 태어난다는 개념은 유대인의 생각과는 너무나 동떨어진 것이다.

엄한 징벌에도 불구하고 아담은 9백 살 넘게 살았고, 아담과 이브의 자손들은 현재 세계 곳곳에서 살고 있다. 인류 전체가 이 한 쌍의 남녀에게서 비롯되었다는 창세기의 주장은 인종과 종교를 막론하고 모든 인간이 서로 형제자매라는 성경적 관점의 토대가 된다.

■ ■ ■ 3

인간 본성에 대한 냉철한 관점

형이 동생을 살해한, 인류 역사의 첫 형제에 대한 이 이야기보다 인간 본성에 대한 성경의 냉철함을 더 효과적으로 전달하는 메시지도 아마 없을 것이다. 이 이야기에서 살해 동기는 질투였다. 가인과 아벨 모두가 하나님 앞에 제물을 바쳤는데, 하나님은 아벨의 제물에 더 흡족해했다. 아벨은 자기가 가진 최고의 것인 "자기 양 떼의 첫 새끼들과 양 떼의 기름"을 제물로 바쳤기 때문이다. 반면, 가인은 분명 이에 못 미치는 제물을 바쳤을 것이다. 자신의 제물을 인정하지 않는 것에 대해 하나님께 항변하는 대신 가인은 들판에서 아벨을 공격해 살해한다. 그 후, 하나님이 가인에게 "네 동생 아벨이 어디 있느냐?"라고 묻자 가인은 거만하게 대답한다.

"내가 동생을 지키는 사람입니까?"

본질적으로, 이 질문에 대한 긍정의 대답이 성경 전체의 메시지이다. 하나님이 가인에게 격분하며 말한다.

"네가 무슨 짓을 저질렀느냐? 네 동생의 피가 땅에서 내게 울부짖고 있구나."

이 문장에서 사용한 히브리어 '드메이d'mei'는 '피'의 복수형이다. 따라서 이 문장을 보다 정확히 번역하면 "네 동생의 피들이 땅에서 울부짖고 있다."가 되는데, 랍비들은 여기서 '피들'이 "아벨의 피뿐만 아니라 아직 태어나지 않은 그의 후손들의 피까지" 의미하는 것으로 이해했다 (미슈나 산헤드린Mishna Sanhedrin 4:5).

이러한 관점에서 보면 모든 살인자는 대량의 살인자인 셈이다. 왜냐하면 살해당한 한 사람의 생명뿐만 아니라 아직 태어나지 않은 그의 후손들의 생명까지 꽃피우지 못하게 하는 결과를 야기하기 때문이다.

토라가 계획적인 살인에 대해 거듭 사형을 주장함에도 불구하고 가인은 왜 영구적인 추방("너는 땅으로부터 도망해 떠도는 사람이 될 것이다.")만을 당했을까? 그것은 당시의 독특한 상황 때문이었을 가능성이 가장 크다. 즉 당시 인간은 가인 이외에 아담과 이브, 아벨이 전부였기에 가인은 그때까지 죽음을 목격하지 못했다. 그래서 그의 폭력적인 행위가 동생 아벨을 죽음으로 치닫게 할 수 있다는 것을 가인은 이해하지 못했던 것이다.

그로부터 얼마 지나지 않아 가인의 어머니인 이브가 세 아이를 낳았다. 이 출산은 최소한 인류로 하여금 인간 모두가 살인자 가인의 후손은 아니라는 생각을 갖게 해주었다.

가인과 아벨 이야기의 중심에는 모든 살인이 형제간의 살인이라는 주장이 있다. 이스라엘의 시인인 댄 파기스Dan Pagis는 '화물차에 갇혀 연필로 쓴Written in Pencil in the Sealed Freight Car'이라는 제목을 붙인 홀로코스트에 대한 아래의 짤막한 시에서 이 주제를 발전시켰다.

여기, 이 화물차 안에서
이브인 나는 나의 아들 아벨과 함께 있네.
만일 그대가 나와 아담의 장남인 가인을 본다면,
그에게 말해주오.[2]

2 T. 카미Carmi가 엮은 《유대인 시집The Book of Hebrew Verse》 575쪽에 이 시가 수록되어 있다.

■■■■ 4

노아의 방주가 의미하는 것

앞에서 언급했듯이 토라는 인간 본성에 대해 다소 어두운 관점을 갖고 있다. 하나님은 창세기 8장 21절에서 이렇게 말한다(창세기 6장 5절에서도 유사한 정서를 읽을 수 있다.).

"이는 사람이 생각하는 것이 어려서부터 악하기 때문이다."

인간 본성에 대한 이러한 평가는 앞서 논의한 기독교의 원죄 개념과는 아무런 연관성이 없다. 정확히 말하자면, 창세기는 악과 이기심이 선과 이타심보다 인간에게 더 자연스럽다는 것을 시사하고 있다. 다시 말해 아이들은 이기적으로 태어나기에 이타적이 되기 위한 교육을 받아야 한다는 것이다. 언젠가 내 친구 데니스 프레이저는 아이들의 이기심에 대해 다음과 같이 꼬집었다.

"엄마가 세 살짜리 아이에게 '존, 이웃 아이들에게 네 장난감을 전부 다 줘버릴 생각이니? 이제 이타심을 자제하고 자선을 그만 좀 베풀도록 하렴!'과 같은 식으로 말하는 것을 들어본 적이 있는가?"

아담과 이브로부터 열 세대 이후인 노아의 시대에 이르러 세상에 타락과 폭력이 스며들게 되었다. 하나님은 이러한 인간의 행동에 통렬한 비애를 느낀 나머지 인간에게 생명을 부여한 것을 후회했다고 성경은 전한다. 그래서 하나님은 노아의 가족은 제외하고 모든 인류를 멸하기로 결정한다. 노아만이 여호와의 은혜를 입은 이유에 대해 토라는 이렇게 설명한다.

"노아는 의로운 사람으로 당대에 완전한 사람이었으며 하나님과 동행하는 사람이었다(창세기 6:9)."

하나님은 노아에게 세상의 모든 생명체를 익사시킬 대홍수를 일으킬 거라 말한다. 하지만 창조주 하나님이 지상에서 모든 생명체가 사라지는 것은 원치 않았음이 분명해 보인다. 하나님은 노아에게 거대한 방주를 건설해 거기에 노아의 가족과 더불어 지상의 모든 종류의 동물을 각각 암수 한 쌍씩(어떤 동물은 7마리를) 실을 것을 지시한다. 창세기 6장 15절에 따르면 노아의 방주는 대략 길이 5백 피트, 넓이 80피트, 높이 50피트의 크기인 것으로 추정된다.

하나님이 일으킨 홍수는 어마어마한 것이었다. 장장 40일 동안 밤낮을 가리지 않고 쏟아진 비로 수위는 가장 높은 산보다도 더 높이 올라갔다. 마침내 비가 그치고 수위가 내려가자 노아와 그의 가족은 방주를 나와 세상에 모습을 드러냈고, 그들을 통해 세상은 재창조되었다.

하나님은 다시는 홍수로 지구 전체를 멸하지 않겠다고 맹세했다. 그 징표로 하나님은 비를 내린 후에 무지개를 띄운다. 다시 말해 무지개는 세상이 파멸하지 않으리라는 것을 하나님이 우리에게 상기시켜주는 것이다.

이밖에도 이 성경 이야기를 역사적으로 뒷받침해주는, 세상의 거의 모든 생명을 죽음으로 몰고 간 고대의 홍수 이야기들은 많다. 성경 이야기와 쌍벽을 이루는 근동 지역의 가장 유명한 홍수 이야기는 바빌로니아 길가메시 서사시에 나온다. 이 이야기에서도 신들이 홍수로 세상을 멸하지만 그 이유는 인간들이 도덕적으로 타락했기 때문이 아니라 인간들의 소음이 신들의 잠을 방해했기 때문이다. 그런데 수신水神인 에

아Ea가 개입해 우트나피쉬팀이라는 한 남자만은 구한다. 에아가 우트나피쉬팀을 구한 것은 도덕적인 이유라기보다 에아가 개인적으로 그를 총애했기 때문이다. 반면, 창세기에서 하나님이 노아를 구한 것은 그가 의로운 사람이었기 때문이다.

그럼에도 유대교의 전통적인 가르침은 종종 아브라함과 비교하며 노아를 혹평하는 경향이 있다. 하나님이 타락한 도시 소돔과 고모라를 멸하려는 자신의 의도를 아브라함에게 알리자 이 유대 민족의 아버지는 하나님이 그 계획을 포기하도록 하나님을 설득하기 위해 하나님과 대단한 논쟁을 벌였다. 하지만 하나님이 노아에게 홍수로 세상을 멸하겠다고 말했을 때 노아는 하나님과 논쟁을 벌이지 않았다. 노아는 또한 세상이 곧 멸망하리란 것을 알고 방주를 만들면서도 그 이유를 어느 누구에게도 말하지 않았다.

또 다른 성경 이야기에서 노아의 명성은 또 한 번 금이 간다. 노아가 인류 최초로 술에 취한 사람으로 그려지기 때문이다. 방주에서 나와 포도밭을 가꾼 노아는 어느 날 포도주를 마시고 술에 취해 인사불성이 되었던 것이다(9:20-27).

■■■ 5

유대 민족의 아버지

유대교의 토대를 마련한 세 아버지는 아브라함과 그의 아들

이삭, 그리고 이삭의 아들 야곱이다.

창세기에서 하나님은 아브라함에게 나타나 다음과 같이 명한다.

"네 고향, 네 친척, 네 아버지의 집을 떠나 내가 네게 보여주는 땅으로 가거라. 내가 너를 큰 민족으로 만들고 네게 복을 주어 네 이름을 크게 할 것이니 네가 복의 근원이 될 것이다(창세기 12:1-2)."

토라 어디에서도 하나님이 아브라함을 선택해 이러한 임무를 맡긴 이유를 찾을 수 없다. 하지만 유대 전통은 그 이유를 노아 시대 이후 아브라함이 최초의 일신교도였기 때문이라고 말한다. 아브라함의 아버지 테라크Terakh는 우상을 파는 가게를 운영했다고 유대 전설은 전한다. 어느 날 아버지 대신 가게를 보게 된 아브라함은 가장 큰 우상만을 남기고 가게에 있는 모든 우상을 도끼로 부셔버렸다. 그리고 그 도끼를 부수지 않은 가장 큰 우상의 손에 얹어놓았다. 후에 가게로 돌아온 아버지가 화를 내며 어떻게 된 일이냐고 묻자 아브라함은 가장 큰 우상이 다른 우상들에게 화가 나서 그것들을 모조리 부셔버렸다고 대답했다.

이에 아브라함의 아버지가 소리쳤다.

"이 우상들이 움직이지 못한다는 걸 모르고 하는 소리냐."

아브라함이 대답했다.

"우상들이 자기 자신을 구할 수 없다면 우리가 그들보다 더 나은 셈이군요. 그런데 왜 그들을 숭배해야 합니까?"

거의 모든 유대 학교에서 아이들에게 탈무드의 이 이야기를 가르치는 까닭에 다수의 유대인이 토라에 이 이야기가 있는 것으로 잘못 알고 있다.

하나님은 아브라함과 그의 자손들에게 큰 기대를 걸고 있다는 것을 분명히 한다.

"아브라함은 분명히 크고 강한 민족이 될 것이며 땅의 모든 나라들이 그를 통해 복을 받게 될 것이다. 내가 아브라함을 선택한 것은 아브라함이 그의 자녀와 그의 집안 자손들에게 명해 여호와의 길을 지켜 의와 공의를 실천하게 하기 위한 것이다(창세기 18:18-19)."

아브라함이 남긴 영원한 유산은, 인간에게 진정한 신은 오직 하나님 한 분이며 하나님의 주요 관심사는 인간이 도덕적으로 행동하는 것이라는 도덕적 일신교이다. 앞서 언급한 이야기에서 하나님이 도덕적으로 문제가 있는 방식으로 행동하는 것처럼 보이자 아브라함이 하나님에게 도전한다.

"온 세상을 심판하시는 분인 주께서 공정하게 판단하셔야 하지 않겠습니까?(창세기 18:25)"

아브라함의 비극은 그의 아내 사라의 불임이었다. 결국 그는 그의 하녀 하갈을 첩으로 받아들여 아들 이스마엘을 낳게 한다. 그로부터 14년 후에야 사라가 이삭을 낳는다.

아브라함은 적극적인 성격을 보이는 반면 이삭의 성격은 다분히 소극적이다. 아브라함이 이삭을 모리아 산으로 데려가 번제물로 바치려 했을 때 이삭은 아마 트라우마를 경험했을 것이다. 이삭은 분명 솔선수범하는 성격이 아닌 것으로 보인다. 이삭의 신붓감으로 리브가를 찾아 그에게 데려온 것도 그의 아버지 아브라함의 하인인 엘리에제르였다. 후에 집안의 종교적인 임무를 수행할 적임자가 그들의 맏아들 에서가 아니라 둘째 아들 야곱이라는 통찰력을 발휘하는 것도 이삭이 아니라 리브가였다. 두 사람의 관계에서 리브가가 우세했고, 결국 야곱이 다음 세대의 리더가 된다.

야곱의 삶은 전반적으로 비극적이다. 형 에서가 그를 살해하려 했기에 그는 외삼촌 라반의 집으로 피신한다. 거기서 야곱은 라반의 막내딸 라헬과 사랑에 빠진다. 하지만 라반은 야곱을 속여 먼저 라헬의 언니 레아와 결혼시킨다. 후에 야곱이 열렬히 사랑했던 라헬은 둘째 아들을 출산하다 죽는다. 그로부터 몇 년 후, 야곱의 다른 아들들이 라헬의 맏아들 요셉을 이집트의 노예로 팔아넘기고 아버지 야곱에게는 맹수가 요셉을 삼켜버렸다고 거짓말을 한다. 자기 연민은 성경에 등장하는 영웅들의 특징과는 거리가 멀지만 이집트 파라오가 야곱에게 나이를 묻자 그가 자신의 나이를 밝히고 "제 인생의 햇수가 짧지만 고달픈 세월을 보냈습니다(창세기 47:9)."라고 덧붙인 것은 이해할 만하다.

고난에도 불구하고 야곱은 열두 아들과 한 명의 딸을 두는데, 모든 유대인이 그들의 후손이다. 가나안을 정복한 후 이스라엘 땅은 야곱의 아들들을 기반으로 열두 지파의 땅으로 세분화된다.

유대인에게는 이들 유대 민족의 아버지가 동떨어진 역사적 인물이 아니라 일상적인 종교 생활의 일부분이다. 유대인이 하루에 세 차례 암송하는 아미다Amidah 기도문의 도입부는 다음과 같다.

"우리의 주이시고 우리 조상의 주이시며 아브라함과 이삭, 야곱의 주이신 하나님께 축복이 깃들길."

이들 유대 민족의 아버지는 놀라울 정도로 오래 살았다. 아브라함은 175세까지, 이삭은 180세까지, 야곱은 147세까지 살았던 것이다.

■■■ 6

유대 민족의 어머니

성경은 가끔 가부장적이고 성차별적이라는 비난을 받기도 한다. 그런데 유대 민족의 네 어머니인 사라(아브라함의 아내)와 리브가(이삭의 아내), 라헬과 레아(둘 모두 야곱과 결혼했다.)는 사실상 그들의 남편과 동등한 힘을 행사했다. 예를 들면 사라가 그녀의 하녀 하갈과 하갈의 아들 이스마엘을 집에서 내쫓길 원했을 때 아브라함은 크게 화를 내며 사라의 뜻을 받아들이지 않으려 했다. 그런데 하나님이 개입했다.

"사라가 네게 뭐라고 하든 그 말을 들어라(창세기 21:12)."

몇 장 뒤에서 토라는 리브가가 그녀의 남편 이삭보다 그들의 두 아들 에서와 야곱의 성격과 운명을 파악하는 통찰력이 훨씬 더 뛰어났음을 분명히 한다(창세기 27).

유대 민족의 최초 어머니인 사라의 비극은 그녀의 불임이었다. 천사들이 99세의 아브라함에게 89세인 그의 아내 사라가 곧 아들을 낳을 것이라고 말했을 때 사라가 이를 엿듣고 웃으며 혼잣말을 했다.

"내가 이렇게 늙어서 기력이 없고 내 주인도 늙었는데 내게 과연 그런 기쁜 일이 있겠는가?(창세기 18:12)"

그러자 하나님이 아브라함에게 말했다.

"사라는 왜 웃으며 '내가 이렇게 늙었는데 정말 아이를 낳을 수 있겠는가?'라고 하느냐?"

하나님은 사라가 한 말의 일부만을 옮겼던 것이다. 다시 말해 하나님은 아브라함 또한 아이를 갖기엔 너무 늙었다는 사라의 말은 옮기지 않았다. 탈무드는 하나님의 뜻 깊은 생략으로부터 사람들 간의 평화를 위해선 가끔 절반의 진실만을 말할 수 있다는 결론을 도출한다(예바못 Yevamot 65b).

아마 사라의 웃음 때문에 사라 아들의 이름이 이츠하크Yitzchak("그는 웃는다."라는 의미)가 되었을지도 모른다.

유대 민족의 두 번째 어머니인 이삭의 아내 리브가는 남다른 친절함으로 특징지어진다. 이삭의 신붓감을 구하러 나선 아브라함의 하인 엘리에제르는 자신이 이삭에게 적합한 신붓감을 선택할 수 있게 도와달라고 하나님께 기도한다.

"보소서. 제가 이 우물 곁에 서 있습니다. 이제 이 성 사람들의 딸들이 물을 길러 나올 것입니다. 제가 어떤 소녀에게 '물동이를 내려 내가 물을 마실 수 있게 해 달라'고 할 때 그녀가 '드십시오. 제가 이 낙타들도 물을 마실 수 있게 해드리겠습니다'라고 하면 바로 그녀가 주께서 주의 종 이삭을 위해 정하신 사람으로 여기겠습니다(창세기 24: 13-14)."

조금 후, 자신의 기도와 똑같이 반응하는 리브가를 만나게 된 엘리에제르는 크게 기뻐했다.

리브가가 엘리에제르와 함께 이삭의 집을 향해 떠날 때 그녀의 가족은 그녀에게 "오, 자매여. 자손들을 통해 끝없이 번성하소서."라고 축복했다. 지금도 유대 결혼에서는 랍비가 신부를 위해 이 축복의 기도를 암송한다.

이삭과 리브가의 아들인 야곱은 유대 민족의 세 번째 아버지가 되고, 그의 처음 두 아내 레아와 라헬은 각각 유대 민족의 세 번째와 네 번째 어머니가 된다. 라헬은 여러 해 동안 불임으로 고통 받고, 후에 둘째 베냐민을 출산하다 죽는 결코 행복하지 않은 삶을 산다. 하지만 레아의 삶이 여전히 더 불행한 것으로 보인다. 성경은 레아와 라헬을 이렇게 묘사한다.

"레아는 시력이 약했고 라헬은 외모가 아름답고 얼굴이 예뻤다(창세기 29:17)."

우리는 '시력이 약했다.'는 말이 정확히 어떤 의미인지는 알 수 없지만 야곱이 레아와 결혼할 마음이 없었다는 것은 알고 있다. 야곱은 오직 라헬만을 사랑했다. 결혼식이 거행되는 동안 라벤은 그의 맏딸 레아의 얼굴을 두꺼운 면사포로 가렸고, 야곱이 라헬이 아닌 레아와 함께 있다는 것을 알게 되었을 땐 이미 레아와 결혼한 후였다(오늘날 유대 결혼식에는 장인이 장난치지 못하도록 식전에 신랑이 직접 신부의 면사포를 씌워주는 '바-데-킨ba-deh-kin'이라는 절차가 있다.). 그로부터 일주일 후, 야곱은 라헬을 둘째 아내로 맞는다. 레아가 사랑받지 못하는 아내로서 얼마나 고통 받았는지를 부각하기 위해 성경은 잠시 옆길로 샌다. 레아는 출산할 때마다 자신에 대한 야곱의 태도가 달라지기를 바라는 마음을 표현한다. 장남 르우벤이 태어났을 때 그녀는 이렇게 선언한다.

"이제 내 남편이 나를 사랑할 것이다(창세기 29:32)."

이 바람은 이루어지지 않았음이 분명해 보인다. 둘째 스므온 낳고 그녀는 "여호와께서 내가 사랑받지 못하는 것을 들으시고 이 아이를 내게 주셨구나."라고 말하기 때문이다. 셋째 레위를 낳았을 때도 그녀는 희망을 버리지 않는다.

"내가 내 남편의 아들을 셋이나 낳았으니 이제 드디어 그가 내게 애착을 갖겠지.”

넷째 유다가 태어났을 때 그녀의 상황은 분명하게 드러나지 않는다. 당시 레아는 야곱에게 충분히 사랑받고 있다고 느꼈거나 야곱의 사랑을 포기한 것으로 보인다(비록 후자의 가능성이 더 커 보이지만.). 레아는 “이번에야말로 내가 여호와를 찬양할 것이다.”라고만 말했기 때문이다. 이러한 정황으로 미루어 보아도 후에 레아의 아들들이 라헬의 맏아들 요셉을 미워하게 되는 것은 자연스러운 귀결로 보인다.

라헬은 베들레헴으로 가는 길에 라마Ramah 근처에서 베냐민을 낳다가 죽는다. 유대 전통에서 라헬은 자애로운 어머니의 상징이 되었다. 기원전 586년, 바빌로니아 사람들에 의해 대성전이 파괴되고, 유배를 떠난 유대인들이 라헬의 무덤을 지나게 되었을 때 선지자 예레미야가 이렇게 선언했다.

> 라마에서 한 소리가 들리니
> 애곡과 몹시 우는 소리다.
> 라헬이 그녀의 자식으로 인해 울고 있다.
> 그녀의 자식으로 인해 위로받기를 거절하니
> 이는 더 이상 자식이 없기 때문이다. (예레미야 1:15)

유대 민족의 아버지와 어머니의 끊임없는 중요성은 그들의 유대 이름인 아브라함Avraham과 이츠하크Yitzchak, 야아코브Ya'akov, 사라Sarah, 리브카Rivkah, 라크헬Rakhel, 레아Leah가 여전히 유대인들 사이에서 가장 흔한 이름이라는 사실로도 실감할 수 있다.

■■■ 7

소돔과 고모라의 메시지

현대인에게 베벌리힐스가 부를, 라스베이거스가 도박을 떠올리게 하는 것처럼 유대인에게는 성경에 등장하는 쌍둥이 도시 소돔과 고모라가 인간의 사악함을 떠올리게 한다. 그래서 소돔에 대한 성경 구절이 소돔 사람들의 두 가지 죄만을 기술하고 있다는 것은 우리에게 뜻밖의 놀라움으로 다가온다. 즉 성경은 소돔 사람들의 손님에 대한 극단적인 무례와 동성 간의 강간(그래서 영어에서 'sodomy'가 남색행위를 뜻하는 단어가 되었다.)만을 기술하고 있다.

손님들이 아브라함의 조카인 롯의 집에서 밤을 보내게 되었을 때 소돔 사람들이 몰려와 롯의 집을 에워싸고 롯에게 "우리가 알 수도 있는" 손님들을 밖으로 내보낼 것을 요구한다. 히브리 성경에선 "안다."는 단어가 성적인 관계를 의미하기도 한다(아마 성관계를 가질 때 인간만이 서로의 얼굴을 보는 유일한 동물이기 때문일 것이다.). 충격적이게도 소돔에서 유일하게 비교적 상식이 있는 사람인 롯은 손님들을 끌어내는 대신 처녀인 자신의 딸들을 강간할 것을 소돔 사람들에게 제안한다. 이에 하나님의 천사들인 손님들은 일시적으로 소돔 사람들의 눈을 멀게 해 그들의 마음에서 부적절한 성관계에 대한 생각을 몰아낸다. 구체적인 이야기는 드물지만 소돔의 이야기는 성경의 다른 곳에서도 언급된다. 하지만 성경에 등장하는 몇몇 선지자는 창세기에서 언급하지 않은, 소돔 사람들의 또 다른 사악함을 비교적 구체적으로 언급한다. 예를 들면 에스엘은 이렇게 말하고 있다.

"이것이 네 여동생 소돔의 죄이다. 그와 그 딸들에게는 교만함과 풍부한 식량과 안정된 번영이 있었다. 그들은 가난한 사람들과 궁핍한 사람들을 돕지 않았다. 그들은 교만해 내 앞에서 혐오스러운 짓들을 했다(에스엘 16:49-50)."

성경과 탈무드 모두에서 소돔은 이기심과 잔혹함의 전형이 되었다. 탈무드 전설은 유랑자들에게 음식을 주지 말라는 소돔과 그 자매 도시들의 법령에 대해 얘기한다. 마음이 따뜻한 한 소녀가 굶주린 유랑자를 불쌍히 여겨 그에게 빵과 물을 주었을 때 이를 목격하고 격노한 사람들이 소녀를 발가벗겨 온몸에 꿀을 발라 소녀가 벌에 쏘여 죽을 때까지 벌집 근처에 내버려둔 일이 있었다. 또 다른 전설에 따르면 소돔 사람들은 '너그럽게도' 자신들의 이름을 찍은 금괴를 한 유랑자에게 주지만 그에게 어떠한 것도 팔지 않아 결국 그를 굶어 죽게 만들었다. 그 가련한 유랑자가 굶어죽자 소돔 사람들은 유랑자의 시체가 있는 곳으로 와서 자신들의 금괴를 회수하고 죽은 유랑자의 옷가지를 나눠가졌다는 것이다.

소돔과 고모라의 잔혹함에 대한 평판에도 불구하고 하나님이 그 도시들을 멸하려는 의도를 아브라함에게 알리자 아브라함은 하나님의 마음을 돌려놓으려고 한다.

"의인을 악인과 같이 죽이고 의인을 악인처럼 대하시는 것은 주께는 있을 수 없는 일입니다. 온 세상을 심판하시는 분인 주께서 공정하게 판단하셔야 하지 않겠습니까?(창세기 18:25)"

여기서 아브라함은 악인을 위해서도 자신의 주장을 펼치는 것으로 보인다. 하나님께 의인만을 살려달라고 요구할 수도 있었기 때문이다. 하지만 아브라함은 그렇게 하지 않고 만일 그 도시들에서 몇몇 의인을 찾는다면 도시의 모든 사람들을 살려달라고 하나님께 요구했던 것이다.

처음으로 인간이 하나님과 논쟁을 벌이는 이 사례는 히브리 성경 및 유대교의 특징적인 면으로 자리 잡는다. 그로부터 수백 년 후 시편의 저자는 분노와 비통에 차 하나님을 향해 외친다.

"왜 그렇게 주의 얼굴을 숨기시며 우리의 처참함과 억압당하는 것을 잊고 계십니까? 우리 영혼이 흙먼지에 처박혔고 뱃가죽이 땅에 붙었습니다. 일어나 우리를 도와주소서(시편 44:24-26; 하박국 1:2 참조; 욥기 전체에 걸쳐 선지자 또는 의인이 하나님의 방식에 의문을 제기하는 또 다른 사례들이 등장한다.)."

하나님과 정면으로 부딪치려는 마음은 인간과 마찬가지로 하나님도 잘못 판단하거나 행동할 경우 책임을 져야 하고 비난을 받아야 한다는 믿음에서 비롯된다. 이러한 전통을 새롭게 조명한 엘리 비젤Elie Wiesel은 이렇게 선언했다.

"유대인은 하나님과 함께 하거나 하나님을 증오하는 유대인일 수는 있지만, 하나님 없는 유대인일 수는 없다."

항의를 시작하고 곧바로 아브라함은 그들 중 50명의 의인이 있다면 그 도시들을 멸하지 말아달라고 하나님께 간청한다. 하나님이 이에 동의하자 아브라함은 하나님과 '흥정'을 하기 시작한다. 아브라함은 하나님이 그 도시들을 멸하지 않을 의인의 수를 45명에서 40명, 30명, 20명, 끝으로 10명으로까지 제안하고, 하나님은 이 모두에 동의한다. 결국 롯의 가족을 제외하고 그 도시들의 모든 사람들이 악할 경우에만 하나님이 그 도시들을 멸할 수 있게 된 것이다.

롯의 가족을 구하기 위해 온 천사들은 롯의 가족에게 살려면 절대 뒤를 돌아보지 말고 도망칠 것을 당부한다. 토라에서 우리를 꽤나 당혹스럽게 하는 구절에서 우리는 롯의 아내가 뒤를 돌아보아 소금 기둥이 된다는 걸 알게 된다(창세기 19:26). 오늘날까지 관광 안내원은 관광객들에게 유명한 관광 명물인 높다란 소금 기둥이 롯의 아내였다고 설명하긴 하지만 나는 이 구절이 정확히 무엇을 의미하는지 지금까지도 이해하지 못하고 있다. 그런데 몇 년 전 나의 한 친구가 어느 85세의 부인이 롯의 아내의 운명에 대해 깊은 통찰을 피력하는 것을 들었다. 그 부인은 "그것도 이해하지 못하겠단 말인가요? 항상 뒤를 돌아보면 우리는 당연히 무생물이 되는 거라오."라고 말했다는 것이다.

여러 해 전, 이스라엘의 몇몇 관광 기획자들이 현재의 소돔을 카지노와 나이트클럽, 심지어 스트립쇼 바까지 갖춘 관광 천국으로 개발하자는 제안을 했다. 이에 이스라엘의 랍비장들은 그렇게 되면 하나님이 그 도시를 또 다시 멸하려는 것을 막을 길이 없다고 경고하면서 그 제안을 강력하게 반대했다. 결국 그 계획은 무산되었다.

8

하늘의 뜻을 상속한다는 것

기독교의 핵심을 이야기할 때 가장 중심이 되는 사건은 인류를 구하기 위해 기독교인들이 하나님의 아들이라 믿는 한 사람을 하나님이 의도적으로 희생시킨 사건이다. 한편, 유대교의 중심 사건 중 하나는 아브라함이 하나님을 위해 자신의 아들을 번제물로 바치려 한 사건이다. 마지막 순간에 하나님이 아브라함을 저지하긴 했지만 말이다. 사람들은 종종 하나님이 아브라함을 저지한 사실을 잊곤 하는데, 이는 '아케다트 이츠하크AKEDAT YITZCHAK'가 일반적으로 '이삭의 결박'이 아니라 '이삭의 번제물'로 회자되고 있기 때문이다. 그 결과 인간을 제물로 바치는 것은 하나님이 결코 원하지 않는 일이라는 이 이야기의 핵심이 희석되는 경향이 있다.

성경은 아브라함이 백 세이고 사라가 90세일 때 이삭을 낳는다고 전한다. 하나님은 아브라함에게 "이삭을 통해 네 이름이 영원할 것"이라고 단언한다. 그런데 갑자기 하나님은 자초지종도 설명하지 않고 아브라함에게 이삭을 모리아 산으로 데려가 그를 번제물로 바칠 것을 명한다. 하나님이 소돔과 고모라를 멸하려는 의도를 털어놓았을 땐 하나님께 도전했던 아브라함이 이상하게도 아들을 번제물로 바치라는 명령에는 순순히 따랐다.

다음 날 아침 일찍 아브라함은 3일간의 여정에 오른다. 모리아 산에서 아브라함은 제단을 준비하고 이삭을 묶어 제단 위에 쌓아 놓은 나무에 눕힌다. 그리고 칼을 들고 이삭을 죽이려 한다. 그런데 그때 하나님의 천사가 아브라함을 부른다.

"아브라함아, 아브라함아! …… 그 아이에게 손대지 마라. 그에게 아무 것도 하지 마라(창세기 22:11-12)."

성경의 이 짧은 이야기는 독자들에게 지독한 딜레마를 남긴다. 유대교는 아브라함을 최초의 유대인이자 의인의 모델로 여긴다. 하지만 모든 유대인, 아니 모든 사람들은 어떤 아버지가 하나님의 요구로 자신의 아들을 번제물로 바치려 한다는 말을 듣는다면 그 아버지가 사이비 종교에 빠졌다는 것을 확신할 것이다. 그렇다면 지금의 유대인은 비도덕적이고 광신적인 행동을 한 것으로 보이는 아브라함을 어떻게 평가해야 할까?

그 답은 생각보다 분명해 보인다. 오늘날 우리는 아이를 제물로 바치는 것을 터무니없는 일로 여기는데, 일반적으로 그것이 너무도 자명한 일이기 때문이라기보다는 성경이 이를 금하기 때문이다. 수천 년 동안 인간은 세계 각지의 다양한 사회에서 제물로 바쳐졌는데, 그 목적은 주로 풍작을 보장받기 위해 신들의 호감을 사는 것이었다. 아브라함 시대로부터 수백 년이 지나 이스라엘이 승리하지 못하도록 하는데 혈안이 된 모압 왕은 그의 장남을 번제물로 바친다.

"그러자 모압 왕은 왕위를 이을 자기 맏아들을 데려다가 성벽 위에서 번제를 드렸다(열왕기하 3:27)."

하나님이 아브라함에게 이삭을 번제물로 바칠 것을 요구했을 때 아브라함은 아마 놀라기보다는 실의에 빠졌을 것이다. 이웃 국가들에선 아이들을 제물로 바친다는 이야기를 당연히 들었을 아브라함은 당시로선 아이들을 제물로 바쳐선 안 된다는 것을 알 길이 없었기 때문이다. 따라서 '이삭의 결박' 이야기에서 새로운 사실은 하나님의 처음 요구가 아니라 마지막 진술이다. 즉 하나님은 사람을 번제물로 바치는 것을 결코 원하지 않았던 것이다. 따라서 성경이 "네 외아들까지도 내게 아끼지 않았으니 이제 네가 하나님을 경외하는 것을 내가 알았노라

(창세기 22:12).”라고 분명히 말하고 있듯, 아브라함은 그에게 가장 소중한 아들까지도 하나님을 위해 아끼지 않았다는 사실로 칭찬받아야 할 것이다.

유감스럽게도 이 이야기는 서양인들의 의식에서 ‘이삭의 번제물’로 잘못 해석되고 있다. 이 사건을 다룬 가장 유명한 작품은 19세기 개신교 신학자 쇠렌 키에르케고르Sören Kierkegaard가 쓴 《두려움과 떨림Fear and Trembling》이다. 키에르케고르는 코펜하겐에서 레기나 올슨Regina Olsen이라는 젊은 여성과 사랑에 빠졌지만 결혼이 자신의 종교적 소명에 걸림돌이 될 수 있다는 두려움 때문에 결국 그녀와 파혼한다. 그리고 얼마 지나지 않아 그는 베를린으로 가서 《두려움과 떨림》을 집필한다. 키에르케고르가 레기나를 포기한 자신의 희생을 아브라함이 이삭을 번제물로 바친 희생과 비견할 만한 것으로 이해했다는 걸 깨닫는 데는 그리 깊은 통찰력을 요하지 않는다. 하지만 모리아로 가는 3일간의 강행군 동안 겪었던 아브라함의 엄청난 고통을 묘사하는 데는 탁월했던 키에르케고르의 작품은 성경 이야기의 핵심은 제대로 포착하지 못했다. 마틴 부버가 다음과 같이 기술했듯이 말이다.

“키에르케고르의 분석은 하나님을 크게 오해한 것이다. 하나님은 키에르케고르가 금욕이 아니라 자신이 창조한 레기나를 통해 자신에게로 다가오길 원하신다.”

사실 이삭을 번제물로 바치는 것을 하나님이 부정한 것은 역사적으로 문헌에서는 아이를 제물로 바치는 것을 최초로 공격한 것이다. 후에 토라는 이 금지령을 613 계율 중 하나로 공식화했다. 토라는 레위기 18장 21절에서 “네 자식을 몰렉 앞에서 불을 통과하게 함으로 제물로 내어주지 마라."라고 명하고, 신명기 18장 10절에서 다시 "너희 가운데 없애야 할 것은 그 아들이나 딸들을 불에 희생시키거나……."라고 명한다.

이 이야기에서 빠진 인물은 이삭의 어머니 사라이다. 아브라함이 번제물로 바치기 위해 아들을 데리고 갔을 때 사라는 어떤 기분이었을까? 사라는 그 사실을 알기나 했을까? 아브라함은 사라에게 행선지조차 이야기하지 않고 집을 나섰을까? 집으로 돌아온 이삭이 아브라함이 한 일을 사라에게 말했을 때 사라는 어떤 반응을 보였을까? 성경에는 사라가 격분한 걸 상당히 감지하기 어렵게 암시하는 대목이 있다. 아브라함이 이삭과 함께 모리아 산에서 내려왔을 때(당시 이삭의 심정은 추정만 할 수 있을 뿐이다.) 그들은 하인들과 함께 브엘세바로 갔고, 아브라함은 거기서 살았다(창세기 22:19). 그리고 얼마 후 사라는 죽음을 맞이한다.

"그녀는 기럇아르바, 곧 가나안 땅 헤브론에서 죽었다. 아브라함이 가서 사라를 위해 슬퍼하며 울었다(창세기 23:2)."

사라가 남편이 이삭에게 한 일을 알게 되었을 때 그와 떨어져 살기로 결정했을 가능성은 없을까?

하나님을 위해 필요한 경우 자신이나 가족의 생명을 기꺼이 희생하는 유대인의 마음을 뜻하는 '아케다akedah'라는 단어는 유대인의 삶에 여전히 중요한 단어로 남아있다. 가끔 강제로 세례 받는 것을 피하기 위해 어쩔 수 없이 자신과 자녀, 아내를 죽일 수밖에 없었던 중세 유대인들은 자신이 아브라함의 영혼으로 행동한다고 여겼다. 하지만 아브라함과는 달리 그들은 실제로 자신이나 가족을 희생시키는 비운을 맞이해야 했다.

■■■9

상속을 둘러싼 다툼

토라에서 도덕적으로 문제가 있는 사건 중 하나는 야곱이 그의 눈먼 아버지 이삭을 기만한 일이다. 이 사건이 일어난 근본적인 이유는 이삭이 야곱의 쌍둥이 형 에서를 더 좋아했기 때문이다. 야곱이 아버지의 사랑을 덜 받은 것은 그가 계승자의 자격을 갖추지 못했기 때문으로 보인다. 이삭은 에서가 자신에게 맛있는 고기를 가져다주는 사냥꾼이기 때문에 그를 더 좋아했다(창세기 25:28). 반면, 이삭의 아내 리브가는 동생 야곱을 더 좋아했다.

어느 날 이삭이 에서에게 사냥을 해 맛있는 고기를 먹게 해주면 죽기 전에 '최고'의 축복을 해주겠다고 말하는 것을 리브가가 엿듣는다. 아버지로부터 최초이자 최고의 축복을 받는 아들이 아버지의 뒤를 이어 집안의 주인이 되는 것이 관례였다.

에서가 사냥을 하러 집을 나서자마자 리브가는 야곱에게 이삭의 계획을 알린다. 그리고 그녀는 염소 새끼 두 마리를 요리해 야곱으로 하여금 그것을 아버지 방으로 들고 가게 한다. 그 전에 그녀는 먼저 털이 많은 형 에서로 위장하기 위해 야곱의 매끈한 두 손과 목덜미에 염소 가죽을 둘러준다. 결국 야곱을 맞이하게 된 이삭은 놀란다. 에서가 사냥에서 너무 빨리 돌아왔다고 생각했기 때문이다. 이삭이 야곱에게 누구냐고 묻자 야곱은 자신이 에서라고 대답한다. 여전히 확신을 갖지 못한 이삭은 야곱을 가까이 오게 해 그의 피부를 만져보고는 이렇게 말한다.

“목소리는 야곱의 목소리인데 손은 에서의 손이로구나.”

마침내 자기 앞에 에서가 서 있다고 확신한 이삭은 야곱에게 최고의 축복을 해준다.

축복이 끝나자 야곱은 신중을 기하면서도 지체하지 않고 밖으로 나간다. 그리고 얼마 후 에서가 맛있는 고기를 들고 이삭을 찾는다. 에서가 받을 축복을 다른 사람에게 해주는 돌이킬 수 없는 일이 벌어졌다는 것을 알게 된 이삭은 부들부들 떤다. 그가 에서에게 해줄 수 있는 전부는 훨씬 제한적인 축복뿐이다.

얼마 지나지 않아 리브가는 에서가 야곱을 살해할 음모를 꾸민다는 걸 알고 야곱을 그의 외삼촌 라반의 농장으로 보낸다.

이 이야기에서 가장 의아스러운 점은 이삭이 야곱에게 한 축복을 거두어 그 축복을 다시 에서에게 줄 수 없다는 고집을 꺾지 않는 것이다. 왜 속임수 탓에 잘못된 사람에게 한 축복을 애초에 축복을 받기로 결정한 사람에게 다시 할 수 없는지에 대해 토라는 아무런 설명도 하고 있지 않다. 만일 야곱이 아니라 이삭의 하인 중 한 명이 속임수를 써서 축복을 받게 되었다면 어떻게 되었을까? 축복을 거두지 않으려는 이삭의 고집은 그가 야곱이 도망가기 전에 진심으로 행운을 비는 대목에서 더욱 곤고해 보인다. 여기서 우리는 이삭이 어떤 측면에선 야곱이 집안의 믿음과 전통을 계승하는 데 더 적임자임을 인정한다는 인상을 받게 된다.

야곱의 입장에선 자신이 축복을 받을 자격이 있다고 믿을 충분한 이유가 있다는 것도 우리는 주지할 필요가 있다. 몇 해 전 에서가 야곱에게 야곱을 장자로 인정하는 장자권을 팔았기 때문이다(창세기 25:29-34).

하지만 토라는 여전히 야곱이 아버지를 기만한 것에 곤욕을 치르고 있는 것으로 보인다. 야곱이 사촌 라헬과 사랑에 빠져 결혼을 하게 되었을 때 그의 외삼촌 라반이 라헬의 언니 레아에게 두꺼운 면사포를 씌우는 속임수로 신부를 레아로 바꿔치기 한다(창세기 29:20-26). 다수의 성경학자는 야곱의 인과응보를 피력했다. 즉 야곱은 아버지를 속였듯 외삼촌에게 속았던 것이다. 이것도 모자라 야곱은 후에 그가 가장 아끼는 아들 요셉이 맹수에게 당했다는 그의 다른 아들들의 거짓말에도 속는다(창세기 37:31-35).

리브가와 야곱의 행동을 정당화하는 주석이 결코 적지 않지만 이 모든 사건은 당연히 유쾌함과는 거리가 멀 것이다. 나의 한 친구가 여덟 살인 그의 아들이 학교에서 이 이야기를 듣고 충격을 받았다고 내게 말했다. 친구의 아들은 집에 돌아와 친구에게 이렇게 물었다는 것이다.

"아들이 아버지에게 어떻게 그런 거짓말을 할 수 있죠?"

■■■ 10

이스라엘의 기원

성경에서나 유대인의 삶에서 사람들이 어른이 되어서도 새로운 이름을 부여받는 것은 그리 드문 일이 아니다. 아브라함은 그의 인생 대부분의 시기 동안 아브람이라는 이름을 사용했지만 후에 하나님이 그를 많은 나라들의 조상으로 삼는다는 징표로 아브람에 'hei'를 추가해 그의 이름이 아브라함이 되었다. 현재에도 유대인들은 죽음의 천사가 사람을 찾는 것을 더 힘들게 만들려고 가끔 아픈 사람의 이름을 바꾸기도 한다. 이러한 목적으로 가끔 '생명'이란 뜻의 히브리어 '하임 Hayyim'을 아픈 사람의 이름에 추가한다.

야곱처럼 의미심장하거나 특이하게 이름을 바꾼 경우도 없다. 외삼촌 라반의 집에서 도망 나온 후 야곱은 형 에서가 4백 명의 병력을 이끌고 그에게로 오고 있다는 소식을 듣게 된다. 이 소식에 아버지 이삭도 매우 놀란다. 이삭은 두 형제가 마지막으로 서로를 보았을 때를 잊을 수 없었다. 당시 에서는 그가 아버지에게서 받게 될 축복을 술수를 써서 앗아간 동생 야곱에게 복수하기 위해 야곱을 살해할 음모를 꾸미고 있었기 때문이다.

그날 밤 야곱은 인간의 모습을 한 천사에게 공격당한다. 그리고 천사와 동틀 때까지 씨름을 한다. 천사가 야곱의 엉덩이뼈를 어긋나게 만들긴 했지만 야곱이 결국 천사를 잡는 데 성공하고 자신을 축복해주지 않으면 보내주지 않겠다고 천사에게 말한다. 이에 천사는 "네가 하나님과 겨루고 사람들과 겨루어 이겼기 때문이다."라고 말하며 야곱에게 이스라엘(히브리어로는 Yisra'el)이라는 이름을 붙여준다.

그때부터 야곱이란 이름과 이스라엘이란 이름 둘 모두가 유대 민족의 아버지를 칭하게 되었다. 그래서 야곱의 열두 아들의 후손들은 이스라엘의 자손이란 뜻의 '브나이 이스라엘 B'nai Yisrael'로 불리게 되었다.

유대인들의 이름으로도 쓰이고 유대 국가의 이름이기도 한 이스라엘이 하나님에 대한 굴복도, 순수한 믿음도 아니라 하나님과의(그리고 사람들과의) 씨름을 의미한다는 것은 결코 사소한 문제가 아니다. 실제로 히브리 성경 및 성경 이후 유대 문헌들의 특징 중 하나는 하나님과 언제라도 논쟁을 벌일 수 있는 유대인들의 태도였다.

■■■ 11

4천 년 동안 기억된 지혜

어린 요셉에 대한 성경의 묘사에는 그를 영웅으로 만들려는 어떠한 노력도 보이지 않는다. 요셉은 가장 사랑받는 아들이라는 자신의 위치를 계속해서 이용하는 철없는 말썽꾸러기로 그려질 뿐이다. 열 명의 형들이 일할 때 요셉은 갖가지 색으로 된 귀한 옷을 입고 뽐내며 돌아다녔다. 그리고 형들과 함께 시간을 보내고 나면 요셉은 형들의 갖가지 잘못된 행동을 아버지 야곱에게 고자질했다.

요셉은 '신통한 꿈'을 자주 꾸었다. 그의 가장 유명한 꿈에서 해와 달과 11개의 별이 그에게 절을 했는데, 그것은 언젠가 그의 가족을 다스리게 된다는 분명한 상징이었다. 이런 요셉을 형들이 미워하게 된 것은 크게 놀랄 일이 아닐 것이다.

이 이야기에서 몇 가지 이상한 점이 있는데, 그중 가장 두드러지는 것은 야곱의 둔감함이다. 다시 말해 야곱은 대놓고 요셉을 편애함으로써 요셉에 대한 형들의 증오심에 불을 질렀던 것이다. 야곱이 왜 그렇게까지 부주의했을까?

요셉은 야곱이 그의 네 아내 중 가장 열렬히 사랑했던 아내 라헬의 두 아들 중 장남이었다. 라헬이 요셉의 동생 베냐민을 낳다 죽은 것에 엄청난 충격을 받은 야곱은 베냐민에게 일종의 원망과 미움을 느꼈을 수 있다. 그렇다면 야곱의 입장에서는 요셉만이 오염되지 않은 사랑의 대상이었을 것이다. 야곱이 요셉에게 준 갖가지 색으로 된 그 유명한 귀한 옷은 일반적으로 젊은 여성과 어울리는 옷임을 고려해볼 때 야곱은 요셉에게서 라헬을 느끼고 싶어 했을지도 모른다. 실제로 미드라시는 요셉이 자신의 머리카락을 곱슬곱슬하게 만들고 눈썹을 그린 것에 대해 이야기한다(창세기 라바 84:7). 후에 요셉이 이집트에서 한 의외의 행동으로 미루어 보면 요셉은 야곱이 자신을 양육한 방식에 뒤늦게 화가 난 것으로 보인다. 요셉이 이집트에서 오랫동안 총리로 있으면서도 야곱에게 연락을 취하려는 노력을 전혀 하지 않은 것을 다른 식으로는 해석하기 힘들기 때문이다. 아버지의 사랑을 가장 많이 받은 아들이 엄청난 성공을 하고도 아버지에게 연락을 취하지 않은 더 설득력 있는 다른 이유가 있을까(샤밧Shabbat 10b 참조)? 요셉에 관한 가장 끔찍한 이야기는 당연히 그의 형들이 그에게 복수를 하는 이야기일 것이다. 형들은 요셉을 이집트의 노예로 팔아넘기고 아버지 야곱으로 하여금 그가 맹수의 밥이 됐다고 믿게 만든다. 그들은 '성가신 녀석'은 눈앞에서 사라지게 하고 아버지는 영원한 고통으로 몰아넣은 채 자신들의 삶을 이어간다.

가족에게서 멀리 떨어져 이교도들과 함께 살게 된 요셉은 마침내 위대한 사람으로 성장한다. 그 철없던 아이가 절제되고 도덕적인 사람으로 거듭난 것이다. 요셉의 주인 보디발의 아내가 요셉과 함께 자길 원하지만 요셉은 이를 완강히 거부했다. '거부했다'의 히브리어는 바–예–마–아인va-ye-ma-ain인데, 시나고그에서 토라의 이 대목을 성가로 부를 때 바–예–마–아인 밑에 희귀한 음표인 '샬셰렛shalshelet'을 붙여 이 단어를 약 5초 동안 늘여 부른다. 즉 이 대목을 "거……부……했……다"라는 식으로 부름으로써 요셉이 유혹을 뿌리치는 데 정말 애를 먹었음을 짐작케 하는 것이다. 요셉에게 거부당한 보디발의 아내는 잔인한 복수를 감행한다. 남편에게 요셉이 자신을 강간하려 했다고 거짓말을 한 것이다. 이에 보디발은 요셉을 감옥에 집어넣는다. 성경은 언급하고 있지 않지만 보디발이 아내의 거짓말을 눈치 챘을 거라고 생각할 이유는 있다. 미국 남부의 노예가 여주인을 강간하려다 잡혔다면 과연 투옥만 될까? 따라서 보디발이 아내의 말을 의심했지만 집안의 명예를 생각해 진실을 덮으려 했을 가능성은 얼마든지 있는 것이다. 감옥에서 요셉은 꿈을 해석하는 사람으로 부상한다. 먼저 동료 죄수들의 꿈을 해석해준 그는 다음으로 바로(파라오)의 꿈까지 해석한다. 그리고 얼마 지나지 않아 그는 이러한 재능 덕분에 이집트 왕 바로 밑의 권력자가 된다.

가나안에 심한 흉년이 들어 이집트에 곡식을 사러온 요셉의 형들은 요셉이 이집트의 모든 백성들에게 곡식을 팔고 있는 곡간에 이르게 된다. 거기서 요셉은 형들을 알아본다. 하지만 형들은 요셉을 알아보지 못한다. 요셉이 이집트에 팔려왔을 때의 나이는 17세였고 당시 요셉의 나이는 39세였으며 요셉은 통역관을 통해 유창한 이집트 말로 그들에게 얘기하고 있었기에 형들이 요셉을 알아보지 못한 것은 그리 놀랄 일은 아닐 것이다.

요셉은 형들이 자신에게 한 사악한 짓을 뉘우치고 있는지를 알아보려고 형들을 시험한다. 어떤 사람이 회개했는지를 시험하는 고전적인 방식은 그를 그가 이전에 죄를 지었던 상황과 똑같은 상황에 놓이게 해 그가 어떻게 행동하는지를 보는 것이다. 요셉은 관리인으로 하여금 자신의 은잔을 베냐민의 자루에 넣게 하고 11명의 형제 모두를 붙잡게 한다. 그리고 그들에게 도둑 베냐민은 자신의 종으로 남겨두고 나머지 사람들은 음식을 갖고 자유의 몸으로 팔레스타인으로 돌아가도 된다고 말한다. 형들은 베냐민을 포기하지 않으려 하고, 유다는 베냐민 대신 종으로 남겠다고 요셉에게 간곡히 부탁한다. 그때 요셉이 자기 형들에게 자신이 누구인지를 밝힌다.

"제가 요셉입니다(창세기 45:3)."

이로써 감정의 성숙과 화해의 완전한 사이클이 마침내 종결된다. 창세기에서는 형제간의 싸움이 네 차례 등장한다. 즉 가인과 아벨이 싸우고, 이삭과 이스마엘이 싸우며, 야곱과 에서가 싸우고, 요셉과 형들이 싸운다. 하지만 완전한 화해가 이루어지는 것은 마지막 경우뿐이다.

첫 번째 사례에선 가인이 아벨을 살해한다.

아브라함은 형 이스마엘이 동생 이삭에게 부정적인 영향을 끼치지 못하도록 이스마엘을 집에서 내쫓는다. 형제는 아버지 아브라함을 묻기 위해 딱 한 번 더 만날 뿐이다.

에서는 야곱을 살해하길 원했지만 두 사람이 20년 후에 다시 만났을 땐 서로의 목을 껴안고 입맞춤을 하며 화해를 한다. 그리고 손도끼를 땅에 묻는다. 둘은 손도끼가 어디에 묻혔는지를 알지만 아버지를 장사지내기 위해 다시 만나는 것(창세기 35:29)을 빼고는 그 후로 다시 만나지 않는다.

끝으로, 요셉과 그의 형들이 있다. 요셉이 "제가 요셉입니다."라며 형들에게 자신을 드러낸 후 얼마지 지나지 않아 형들은 가나안에서 이집트로 와 요셉과 함께 산다.

그로부터 4천 년 후에 이 이야기의 영향을 받은 일이 일어난다. 유대 사회에서 요한 23세보다 더 사랑받은 교황은 이제껏 없었다. 본명이 요셉 론칼리Joseph Roncalli인 그는 교황으로 즉위하고 2년 후인 1960년 10월에 세계 곳곳의 유대 리더들에게 만남을 요청했다. 유대 리더들이 방으로 들어왔을 때 요한 23세가 그들에게 처음으로 한 말은 "제가 요셉입니다."였다.

■■■ 12

풍년에는 반드시 흉년을 대비하라

요셉이 이집트의 노예에서 이집트의 권력자로 부상한 것은 꿈을 해석하는 그의 특별한 능력 덕분이었다. 아이러니하게도 요셉이 형들과의 불화로 이집트의 노예가 된 것도 어린 시절 그의 꿈 (특히 두 꿈에서 그는 형들이 언젠가 자신에게 절을 하며 경의를 표할 것이라고 예견했다(창세기 37:5-11).) 때문이었다. 그런데 이집트에서 요셉은 다른 사람들의 꿈을 해석하며 놀라울 정도로 정확한 예언을 한다(창세기 40).

어느 날 밤에 바로가 불편한 꿈을 꾼다.

"그가 나일 강가에 서 있었는데 아름답게 생긴 살진 암소 일곱 마리가 강에서 올라와 갈대 풀을 뜯어먹고 있었다. 그 뒤에 흉측하고 마른 암소 일곱 마리가 뒤따라 강에서 올라와 강둑에서 이 소들 옆에 서 있었다. 흉측하고 마른 암소들이 아름답게 생긴 살진 암소 일곱 마리를 잡아먹어버렸다(창세기 41:1-4)."

바로는 잠에서 깨어나지만 곧바로 다시 잠이 들어 마르고 시든 이삭 일곱 개가 토실토실하고 굵은 이삭 일곱 개를 삼켜버리는 꿈을 꾼다.

다음 날 아침 마음이 불편해진 바로는 이집트의 모든 마술사와 현자에게 자기가 꾼 꿈을 얘기하지만 아무도 그 꿈을 해석하지 못한다. 얼마 지나지 않아 바로는 감옥에 있는 젊은 히브리 청년이 꿈을 해석하는 능력이 있다는 얘기를 듣게 된다. 그래서 바로는 요셉을 불러들여 요셉에게 자기가 꾼 꿈을 얘기하자 요셉은 이렇게 말한다.

"바로의 꿈은 다 같은 것입니다. 하나님께서 이제 하시고자 하는 일을 바로께 보여주신 것입니다. 일곱 마리 좋은 소는 7년을 말하며 일곱 개의 좋은 이삭도 7년을 말합니다. 이 꿈은 같은 것입니다. 나중에 나온 일곱 마리의 마르고 형편없는 소들 역시 7년을 말하고 동풍에 마른 속이 빈 이삭 일곱도 흉년이 7년 동안 있을 것을 말합니다. 제가 바로께 말씀드린 것과 같이 이것은 하나님께서 이제 하시고자 하는 일을 바로께 보여주신 것입니다. 두고 보십시오. 이집트 온 땅에 7년 동안 큰 풍년이 있게 될 것입니다. 그 후에 7년의 흉년이 뒤따를 것입니다. 그러면 이집트의 모든 풍요로움이 잊혀지고 기근이 땅을 뒤덮을 것입니다. 뒤에 따라올 기근이 너무 심해 이 땅에 풍요로움이 있었는지 기억조차 못하게 될 것입니다. 이 꿈이 바로께 두 번이나 반복해 보인 것은 이 일을 하나님께서 결정하셨고 하나님께서 이 일을 서둘러 행하실 것이기 때문입니다(41:25-32).”

요셉은 바로에게 7년의 풍년 동안 곡식을 많이 거둬들여 다가올 흉년에 대비해 그 곡식을 잘 지켜야 한다고 말한다.

요셉의 꿈 해석과 정책 제안 모두에 감명을 받은 바로는 요셉을 흉년 동안 이집트를 지키는 데 필요한 경제 정책을 수행할 사람으로 임명하며 이렇게 말한다.

“내가 너보다 높은 것은 이 왕의 자리뿐이다(41:40).”

“7년의 풍년과 7년의 흉년”은 행운 뒤의 불행 또는 부 뒤의 가난을 상징하는 히브리어의 관용구로 자리 잡았다. 최근 들어 7년의 풍년은 6일 전쟁에서 이스라엘이 승리한 후 자신감에 찬 1967년에서 1973년의 기간을, 7년의 흉년은 제4차 중동전쟁이 일어난 1973년 10월 이후의 기간을 일컫는 데 가끔 사용되기도 한다.

■■■ 13

하나의 신만을 섬기는 전통

모든 인류가 아담과 이브의 자손인 것처럼, 개종자를 제외하고는 모든 유대인이 유대 민족의 아버지인 아브라함과 이삭, 야곱의 자손이다. 아브라함과 사라는 외아들 이삭을 두었고, 이삭은 일신교 전통을 그의 아들 중 하나인 야곱에게 물려주었다. 야곱은 네 명의 아내와 열두 명의 아들을 두었는데, 그 열두 아들 각각의 자손들은 각각의 지파를 만들었다. 열두 아들 중 르우벤과 시므온, 레위, 유다, 이사카르, 스불론 등 여섯 명은 야곱의 첫째 부인 레아의 아들이고, 요셉과 베냐민은 라헬의 아들이며, 갓과 아셀은 실바의 아들이고, 단과 납달리는 빌하의 아들이다.

이집트 노예 기간 동안 히브리인은 그들 지파의 정체성을 유지한 것으로 보인다. 여호수아가 그들을 가나안으로 인도했을 때 그는 가나안 땅을 각각의 지파에 따라 나누었다. 요셉의 후손에게는 두 배의 땅이 주어졌고, 두 지파는 요셉의 두 아들, 에브라임과 므낫세의 이름으로 지파의 이름을 지었다. 레위 지파만은 땅을 할당받지 못했다. 하지만 그들은 특정 도시들을 할당받아 거기서 살았다. 그들은 다른 지파의 스승과 영적 사자로 임명되었고, 다른 모든 지파는 레위 사람들을 부양하기 위해 세금을 냈다.

그로부터 약 3세기 후, 솔로몬 왕이 죽자 유대 국가는 둘로 나뉘었다. 열 지파가 갈라져 나와 이스라엘 왕국을 건설했고, 나머지 한 지파와 유다 지파는 유다 왕국을 세웠다. 기원전 772년, 아시리아 사람들이 이스라엘 왕국을 점령해 이스라엘 왕국에 사는 사람들을 쫓아내고 뿔뿔이 흩어지게 만들었다. 그 이후로 열 지파의 행방이 미궁에 빠졌다. 그래서 현대 유대인은 레위 사람들(또는 *코하님Kohanim이라 불리는 레위 사람들의 한 지파) 또는 유다 지파의 후손인 것으로 추정된다.

■■■ 14

3천 년 전의 전언

하나님과 더불어 토라에서 가장 두드러지는 인물은 모세이다. 하나님의 인도에 따라 유대인들을 노예 생활로부터 구해내고, 이집트에 10가지 재앙을 일으키며, 자유의 몸이 된 노예들을 광야에서 40년 동안 이끌고, 시나이 산에서 율법을 전하며, 유대인들이 가나안 땅으로 들어갈 수 있게 준비한 사람이 바로 모세였다. 모세가 없었다면 토라의 마지막 네 권에 율법 이외에는 쓸 말이 거의 없었을 것이다.

모세는 유대인이 이집트에서 혹독한 노예 생활을 하던 시기에 태어났다. 이 시기에 바로가 유대인 여자가 낳는 모든 아들을 나일 강에 던져버리라고 명했기에 모세의 어머니 요게벳은 아기 모세를 구하려는 절박한 심정으로 모세를 갈대 상자에 넣어 나일 강변을 따라 우거져 있는 갈대 사이에 숨겨둔다. 그때 마침 나일 강으로 목욕을 하러 나와서 갈대 상자를 발견한 바로의 딸이 상자 안에서 울고 있는 아이를 불쌍히 여겨 모세를 양자로 삼는다(출애굽기 2:1-10). 장차 유대 민족을 해방시킬 인물이 이집트 왕자로서 성장했다는 것은 결코 우연이 아니다. 만일 모세가 노예 생활을 하는 그의 동포들 속에서 성장했다면 그는 아마 그런 자신감과 비전, 용기를 갖지 못했을지도 모른다.

토라는 하나님이 모세를 선지자로 임명하기 전의 모세의 삶에 대해 세 가지 사건만을 기록하고 있다. 청년이 된 모세는 한 이집트 감독관이 히브리 노예 한 명을 때리는 것을 보고 그 감독관을 죽인다. 다음

날 모세는 히브리 사람 둘이 싸우는 것을 보고 두 사람의 싸움을 말리려 하자 그중 잘못한 사람이 화를 내며 모세에게 "네가 이집트 사람을 죽이더니 이제 날 죽일 생각이냐?"라고 말한다. 모세는 그 즉시 자신이 위험에 처했음을 감지한다. 신분이 높은 그가 일개 감독관을 죽였다고 처벌을 받게 되진 않겠지만 바로가 내린 임무를 수행하는 사람을 죽였다는 사실은 그에게 반역자라는 낙인을 찍을 것이기 때문이었다. 이 사실을 전해들은 바로는 실제로 모세를 죽이려 하고, 모세는 미디안으로 도망간다. 이 시점에서 모세는 아마 평화로운 시간을 갖기만을 원했을 것이다. 하지만 그는 곧바로 또 다른 싸움에 연루된다. 미디안 제사장 르우엘의 일곱 딸이 미디안의 몇몇 양치기에게 당하고 있는 것을 본 모세가 일곱 딸을 도와주려고 나선 것이다(출애굽기 2:11-22).

물론 이 사건들은 서로 연관성이 있다. 세 가지 사건 모두에서 모세는 정의를 위해 싸우는 데 거의 집착하는 수준의 열정을 보였다. 그뿐만 아니라 정의에 대한 그의 열정은 편파적이지도 않았다. 그는 비유대인이 유대인을 탄압할 때도, 두 유대인이 서로 싸울 때도, 비유대인이 다른 비유대인을 괴롭힐 때도 개입했다.

모세는 미디안 제사장의 딸 중 하나인 십보라와 결혼을 하고 장인의 양 떼를 돌보는 목자가 된다. 그러던 어느 날 그가 양 떼를 데리고 광야로 가다가 하나님의 산 호렙에 이르렀을 때 여호와의 천사가 불은 붙어 있지만 타지는 않는 떨기나무의 모습으로 모세에게 나타난다. 이 기적의 상징성은 강력하다. 자연 자체가 숭배되는 세상에서 하나님은 자신이 자연을 관장한다는 것을 보여준 것이다.

아주 효과적으로 모세의 주의를 환기시킨 하나님은 모세의 완강한 거부에도 불구하고 그에게 그의 형 아론과 함께 이집트에 가서 바로에게 "여호와께서 '내 백성을 보내라.'라는 말씀을 전하라고 나를 보내셨습니다. 백성들을 보내주십시오."라는 한 가지 분명한 요구를 하라고 명한다. 바로는 모세의 탄원을 받아들이지 않는다. 그러자 하나님은 이집트에 10가지 재앙을 내린다. 그때서야 이스라엘 백성들은 이집트를 벗어날 수 있게 된다.

수개월 후, 시내 광야에서 시내 산으로 올라가 십계명을 가지고 내려온 모세는 이스라엘 사람들이 떠들썩한 잔치를 벌이고 황금 송아지를 숭배하는 것을 보게 된다. 상황은 전형적으로 흘러간다. 하나님이나 모세가 이스라엘 사람들을 위해 어떤 일을 할 때만 그들은 하나님의 독실한 신자가 된다. 하지만 하나님이나 모세의 존재가 분명히 드러나지 않으면 이스라엘의 자손들은 다시 비윤리적이고 가끔은 우상을 숭배하는 행동들을 한다. 자녀를 진정으로 위하는 부모처럼 모세는 이스라엘 자손들이 죄를 지을 때는 그들에게 격노하지만 결코 그들에게서 등을 돌리지 않는다. 심지어 하나님이 이스라엘 자손들에게 등을 돌릴 때조차도 모세는 그들을 외면하지 않는다. 한번은 타락한 이스라엘 백성들에게 진노한 하나님이 "내가 저들을 진멸하지 않을 수가 없다. 그러고 나서야 내가 너를 큰 민족으로 만들 것이다."라고 선언한다. 이에 모세는 "부디 주께서 기록하신 책에서 내 이름을 지워버리십시오(출애굽기 32:32)."라고 대답하며 이스라엘 백성들에 대한 하나님의 용서를 구한다.

토라에서 모세가 이스라엘 사람들에게 전하는 율법은 십계명보다 훨씬 더 많은 것을 아우른다. 여러 가지 의식적인 규정을 준수해야 할 뿐만 아니라 유대인은 하나님을 사랑하고 경외하며, 이웃을 자신처럼 사랑하고, 이방인(그들과 함께 사는 비유대인)도 자신처럼 사랑해야 한다.

모세의 삶에서 가장 슬픈 사건은 하나님이 그를 이스라엘 땅으로 들어가지 못하게 한 것이다. 하나님이 그렇게 한 이유는 히브리 사람들이 모세에게 화를 내며 물을 달라고 요구한 민수기의 한 사건과 분명히 연관성이 있다. 얼마 후 하나님이 모세에게 명한다.

"지팡이를 들어라. 그리고 너와 네 형 아론은 저 회중을 모아라. 그리고 그들의 눈앞에서 저 바위에다 말하면 그것이 물을 낼 것이다."

히브리 사람들의 끊임없는 불평불만이 지긋지긋했던 모세는 그들에게 이렇게 말한다.

"너희 불순종하는 사람들아 들으라. 우리가 너희를 위해 이 바위에서 물을 내겠느냐?"

그리고 모세가 지팡이로 바위를 두 번 내리치자 물이 쏟아져 나왔다(민수기 20:2-13). 이것은 하나님에 대한 불복종의 이야기이다. 모세가 바위에 말하는 대신 지팡이로 바위를 내리쳤기 때문이다. 그래서 하나님이 모세를 벌하고 그를 이스라엘 땅으로 들어가지 못하게 했다는 것이 일반적인 해석이다. 하지만 이 벌은 모세의 잘못에 비하면 너무 지나친 것이어서 모세가 이스라엘 땅으로 들어가는 것을 하나님이 금한 진정한 이유는 다른 곳에 있어야 한다. 버클리 대학의 성경학 교수인 제이콥 밀그롬Jacob Milgrom 박사가 (랍비 하나나엘, 나크마니데스Nachmanides, 베코르 쇼르가 일찍이 한 말을 다듬어서) 제안했듯이 모세의 가장 큰 죄는 "우리가 너희를 위해 이 바위에서 물을 내겠느냐?"라고 말한 데 있는 것으로 보는 것이 가장 타당한 것 같다. 그는 이렇게 말함으로써 기적의 주체가 하나님이 아니라 그와 그의 형 아론이라는 것을 암시했던 것이다. 랍비 어윈 쿨라Irwin Kula는 모세의 죄는 다른 몇 곳에 있다고 제안했다. 12명의 정탐꾼 중 열 명이 가나안에서 돌아와 이스라엘 사람들은 가나안을 정복할 수 없을 것이라고 말하자 이스라엘 사람들이 모세에게 불평했다고 민수기는 기록하고 있다. 이스라엘 사람들의 불평에 모세는 제정신을 잃은 듯 보인다. 곧이어 민수기는 "그러자 모세와 아론이 거기 모인 이스라엘 온 회중 앞에서 얼굴을 땅에 대고 엎드렸다."라고 기록하고 있기 때문이다. 그 후, 가나안 땅에 대한 대부분의 보고를 받아들이지 않은 두 명의 독자적인 정탐꾼 여호수와와 갈렙이 이스라엘의 모든 회중에게 여호와를 믿고 가나안 땅으로 갈 것을 촉구한다. 후에 신명기에서 모세가 이스라엘 사람들에게 마지막으로 개요를 전할 때 그는 다시 이 이야기를 언급한다.

"여호와께서 너희가 말하는 것을 듣고 진노하시고 위엄 있게 맹세하셨다. '이 악한 세대 사람들은 한 사람도 내가 너희 조상들에게 주기로 맹세한 그 좋은 땅을 볼 수 없을 것이다. 오직 여분네의 아들 갈렙만이 보게 될 것이다. 그는 그곳을 볼 것이니 내가 그와 그 자손들에게 그 발길이 닿은 땅을 줄 것이다. 이는 갈렙이 여호와를 온 마음으로 따랐기 때문이다.' 너희로 인해 여호와께서 내게도 진노하며 말씀하셨다. '너 역시 그 땅에 들어가지 못할 것이다. 그러나 너를 보좌하는 눈의 아들 여호수아는 그 땅에 들어갈 것이다. 그를 격려하여라. 그가 이스라엘을 이끌어 그 땅을 상속하게 할 것이다'(1:34-38)."

이 두 가지 안타까운 에피소드에도 불구하고 모세는 그 후 3천 년 동안 유대인이 메신저와 메시지의 주인을 한 번도 혼동하지 않을 정도의 강력함으로 그의 일신교 비전을 유대인에게 각인시켰다. 프린스턴 대학의 철학자 발터 카우프만Walter Kaufmann은 이 쟁점에 대해 다음과 같이 기술했다.

"그리스에선 과거의 영웅들이 신의 아들이 되거나 여신에게서 태어난다. …… 그리고 이집트에선 파라오가 신적인 존재로 추앙받는다."

하지만 모세가 받은 특별한 존경과 호평("그 이후로 이스라엘에는 모세와 같은 예언자가 일어나지 않았다(신명기 34:10)."가 모세에 대한 성경의 최종 판단이다.)에도 불구하고 그를 인간을 뛰어넘는 존재로 여기는 유대 사상가는 지금까지 아무도 없었다.

■■■ 15

모든 이의 가슴 속에 스스로 있는 자

모세는 미디안에서 망명 생활을 하는 동안 그의 장인 이드로의 양 떼를 치며 생계를 유지한다. 그러던 어느 날 하나님의 천사가 떨기나무 가운데 타는 불꽃 속에서 모세에게 나타난다. 모세는 떨기나무에 불은 붙어 있는데 타지 않는 것을 보고 놀란다. 모세가 이 기적적인 광경을 자세히 살피기 위해 떨기나무로 다가가자 떨기나무에서 하나님이 "모세야 모세야!"하고 부른다. 이에 모세는 "제가 여기 있습니다."라고 대답한다. 이것이 모세와 하나님의 최초의 만남이다.

천 년이 조금 더 지난 후에 어느 이교도가 한 랍비에게 의문을 제기했다.

“하나님은 왜 떨기나무에서 나타나셨습니까?”

이에 랍비는 이렇게 대답했다.

“그것이 캐럽나무나 무화과나무였어도 당신은 똑같은 질문을 했을 겁니다. 그래도 당신의 질문에 답하지 않고 당신을 돌려보내는 것은 옳은 일이 아니기에 당신에게 그 이유를 말씀드리겠습니다. 하나님이 그렇게 하신 이유는 하나님이 계시지 않는 곳은 그 어디에도 없다는 걸 우리에게 가르쳐주시기 위함이었습니다. 심지어 가시가 있는 흔해 빠진 떨기나무에도 하나님은 존재하십니다(출애굽기 라바 2:5).”

불은 붙어 있지만 타지는 않는 떨기나무가 자연을 창조하고 통제하는 특별한 능력을 통해 하나님의 신성을 보여주는 창세기 1장을 상기시키기엔 다소 모자란 감이 없지 않다. 떨기나무는 유대인의 끈질긴 생명력을 표현하기 위한 상징으로 널리 사용되어 왔다. 떨기나무는 적들에 의해 실제로 불에 탔지만 끝까지 살아남은 하나의 민족인 것이다.

극적인 방식으로 모세의 주의를 환기시킨 하나님은 모세가 이집트로 가서 바로와 대면하고 히브리 사람들을 이집트의 노예 생활에서 이끌어내길 원한다. 모세는 하나님께 되풀이해 이의를 제기한다.

“제가 도대체 누구라고 바로에게 간다는 말씀이십니까? 제가 이스라엘 백성들을 이집트에서 이끌어낸다는 말씀이십니까?(출애굽기 3:11)”

모세가 거부하면 할수록 하나님은 더욱더 강요한다. 그러다 어느 시점에 이르러 모세가 하나님께 말한다.

“제가 이스라엘 백성들에게 가서 ‘너희 조상의 하나님께서 나를 너희에게 보내셨다’라고 할 때 그들이 ‘그의 이름이 무엇이냐?’고 물으면 제가 뭐라고 해야 합니까?"

이에 하나님은 이렇게 대답한다.

"나는 스스로 있는 자다(에헤 아세르 에헤Ehyeh asher ehyeh). 너는 이스라엘 백성들에게 말하여라. '스스로 있는 자(에헤Ehyeh)가 나를 너희에게 보냈다'라고 말이다."

하나님이 준 세 단어짜리 이름인 '에헤 아세르 에헤'는 번역하기가 결코 만만치 않다. 이것은 가끔 '나는 나다'로 번역되기도 하지만 원어와 가장 가까운 번역은 '나는 스스로 있는 자다.'이다.

1962년, 이 명칭을 정확하게 번역하는 것이 불가능하다고 판단한 유대출판협회는 결국 이 명칭을 원어 그대로 표기하기로 결정했다. 여러 세대에 걸친 성경학자들이 이 명칭의 정확한 뜻을 파악하려고 애쓰긴 했지만 그것이 모세에겐 그리 중요하지 않았던 것처럼 보인다. 이스라엘 사람들에게 전할 새로운 이름을 하나님이 모세에게 부여하긴 했지만 모세는 어디에서도 그 이름을 언급한 적이 없다고 랍비 군더 플라우트는 지적한다. 그리고 플라우트는 다음의 결론을 도출했다.

"하나님도 그 이름을 이스라엘 사람들에게 전할 의도가 없었고, 모세도 이스라엘 사람들을 위해 그 이름에 대해 알려고 하지 않았다. 모세는 그 자신을 위해 이름에 대한 의문을 제기했고 그가 받은 대답 또한 그만을 위한 것이었다."

하나님의 답변은 우리에게는 아닐지 몰라도 모세에게는 어떤 이유에서건 만족스러운 것이었는데, 이는 우리가 하나님을 진정으로 경험할 때 그 경험은 매우 사적임을 암시한다. 다시 말해, 하나님은 그 사람에게 스스로 있는 자인 것이다. 따라서 다른 사람들에게는 하나님이 적절하게 그려질 수 없다.

■■■ 16

역사상 가장 유명한 정치적 요구

인류 역사상 가장 유명한 정치적 요구는 아마 모세가 이집트 왕에게 전한 하나님의 말씀인 "내 백성들을 보내라."일 것이다. 이후 3천 년 동안 여러 억압당하는 집단들이 이 문구를 되풀이해 사용해왔다. 그중 미국 남부의 흑인 노예들이 이 문구를 특히 즐겨 사용했다. 그들의 가장 유명한 포크송에는 다음과 같은 구절이 있다.

"모세가 이집트 땅에 가서 늙은 파라오에게 하나님의 말씀을 전한다. 내 백성들을 보내라!"

모세가 한 이 말은 1960대를 기점으로 구소련 유대인을 위한 저항 운동의 국제 슬로건으로 사용되었다.

모세의 말이 정치 집회에 인용될 때엔 다소 편집된다. 즉 "내 백성들을 보내 광야에서 나를 경배하게 하여라."에서 뒷부분 "광야에서 나를 경배하게 하여라."는 빼는 것이다. 하지만 성경의 세계관에서 자유는 오직 하나님을 경배하는 데 사용 될 경우에만 그 가치를 지닌다. 지금은 고인이 된 유대 철학자 아브라함 조슈아 헤셸은 성경 구절을 부분적으로 인용함으로써 그 진정한 뜻을 왜곡하는 광범위한 경향에 대해 불만을 토로했다. 예를 들어 이스라엘의 초기 선-시온주의자pre-

Zionist 건축업자들은 자신들을 BILU라 칭했는데, 이는 이사야 2장 5절에 나오는 문구 "베이트 야아코브 레쿠 베넬카Beit Ya'akov Lekhu Venelkha: 야곱의 집아! 와서 걸어가자"의 두문자어다. 그런데 이 문구는 선지자 이사야가 "야곱의 집아! 와서 여호와의 빛 가운데 걸어가자."라고 전한 구절에서 "여호와의 빛 가운데"를 뺀 것이라고 헤셸은 지적한다. 마찬가지로 히브리 노예들을 해방하는 목적은 단지 그들을 파라오의 압제로부터 구하는 것만이 아니라 그들에게 하나님을 숭배할 기회를 주는 것이기도 하다.

■■■ 17

성서 속 기적이 말하는 것들

10가지 재앙은 성경에서 일어나는 최초의 기적은 아니지만 아마 가장 두드러진 기적일 것이다. 10가지 재앙은 역사상 최초로 하나님이 한 민족 전체의 운명을 결정짓는 개입이었기 때문이다. 사실 10가지 재앙의 목적은 히브리 사람들을 해방하도록 바로에게 압력을 행사하는 것이 아니었다. 그 목적을 달성하는 데는 마지막 재앙 하나로 충분했기 때문이다. 10가지 재앙의 목적은 이집트 신들을 능가하는 하나님의 권능을 보여주고, 히브리 사람들에게 잔혹한 노예 생활을 강제한 이집트 사람들을 벌하기 위함이었다.

이집트는 여러 해 동안 이스라엘의 남자 아기를 나일 강에 익사시켰다. 대다수의 이집트인이 히브리 남자 아기들의 살육에 직접 가담하진 않았음에도 불구하고 나일 강의 강물을 피로 변하게 한 첫 번째 재앙은 이집트 사람 모두가 일부 이집트 사람들이 저지른 죄에 대한 책임을 나누어야 한다는 것을 분명히 하는 것이다. 이로써 이집트 사람들은 더 이상 자기 나라가 저지른 범죄를 부인할 수 없게 되었다. 피로 변한 나일 강을 바라보는 자체가 수천 명의 히브리 남자 아기가 나일 강에 익사하는 것을 목격한 것이나 다름없기 때문이다.

개구리 재앙이나 이 재앙, 파리 재앙 같은 초기 재앙은 재난이라기보단 골칫거리에 가까웠다. 그 이후 재앙들은 경제 파탄을 초래했다. 즉 우박이 들판의 모든 것을 쓸어버렸고 메뚜기 떼가 남아있던 농작물마저 먹어치웠다. 열 번째 재앙은 히브리 남자 아기들을 살해한 것에 대한 마지막 복수였다. 하나님은 어느 날 밤에 "이집트의 처음 난 모든 것들, 곧 왕좌에 앉은 바로의 맏아들로부터 맷돌 앞에 있는 여종의 맏아들까지 그리고 가축의 처음 난 모든 것들"을 다 죽게 했다. 그제야 바로가 이스라엘 노예들을 풀어주었다.

출애굽기는 바로가 이스라엘 백성들을 풀어주지 않도록 하나님이 재앙을 통해 바로의 마음을 강퍅하게 했다고 반복해서 전한다. 그런데 이것은 도덕적으로 문제가 있어 보인다. 하나님은 바로의 마음을 강퍅하게 만듦으로써 바로에게서 자유의지를 박탈했음에도 그 강퍅한 마음 때문에 바로를 벌했기 때문이다.

아이러니한 점은 만일 하나님이 바로의 마음을 강퍅하게 만들지 않았더라도 바로의 자유의지는 박탈당했으리라는 것이다. 물론 그렇게 되면 두려움에 휩싸인 바로는 선택의 여지없이 히브리 노예들을 풀어주었을 것이다. 바로의 마음을 강퍅하게 함으로써 하나님은 바로로 하여금 평범한 사람들을 두려움에 떨게 해 즉시 복종하게 만드는 그런 종류의 물리적인 파괴를 더 이상 두려워하지 않게 만들었다. 그러지 않았다면 바로가 지력을 발휘해 자신이 히브리 사람들에게 행한 불의를 깨닫고 그들을 해방시켜주는 일은 없었을 것이다. 하지만 바로가 도덕적인 반응을 보인 것은 아니었다. 이집트의 처음 난 모든 것들이 죽어가기 시작할 때에야 바로는 비로소 자신보다 훨씬 더 큰 힘을 상대하고 있다는 것을 깨달았다. 이러한 상황에서 바로는 자신도 장자였기에 자신이 살기 위해서라도 히브리 노예들을 보내야 했을 것이다.

10가지 재앙은 오랫동안 고통을 받아왔던 히브리 노예들에겐 분명 반가운 것이었겠지만, 유대 전통은 그것들이 이집트에서 일으킨 엄청난 파괴에 다소 불편함을 느낀다. 유월절 세데르(유월절 첫째 날)에서 10가지 재앙을 열거할 때 각각의 재앙을 언급하면서 포도주 한 방울씩을 떨어뜨리는데, 이는 고대 이집트인들이 받았던 고통을 생각하며 즐거움을 덜어내는 상징적인 표현이다.

■■■ 18

이방 사람을 미워하지 말라

장자가 죽는 열 번째 재앙 후에 바로가 히브리 노예들을 확실히 풀어주었을 거라 생각하는 사람도 있을 것이다. 하지만 히브리 노예들을 풀어주고 몇 시간 후에 바로는 마음이 바뀌어 히브리 노예를 다시 잡아오고자 자신의 군사들을 보낸다. 놀라운 점은 바로의 군사들이 기꺼이 바로의 명령을 따랐다는 것이다. 이집트 군대는 흔히 홍해로 알려진 '갈대 바다'를 향해 도망가는 이스라엘 사람들을 쫓아간다. 이에 이스라엘 사람들은 공황 상태에 빠진다. 그들 뒤에는 전차를 탄 무장 군인이 쫓아오고 그들 앞에는 건널 수 없는 바다가 버티고 있다.

하지만 하나님의 기적은 10가지 재앙으로 결코 바닥을 드러내지 않는다. 하나님은 만조의 홍해를 갈라 마른 길을 드러내기 위해 강력한 동풍을 보낸다. 히브리 사람들은 그 길을 따라 홍해를 건너는 데 성공한다. 그런데 이집트 군사들이 곧이어 그들 뒤를 따라가자 갈라졌던 홍해가 닫혀 이집트 군사들은 익사한다.

탈무드 시대의 전설에 따르면 천상에서 천사들이 히브리 사람들을 구한 하나님을 찬미하는 노래를 부르기 시작하자 하나님이 천사들에게 화를 냈다고 한다.

"내가 창조한 생명체들이 익사하고 있는데 너희는 노래를 부르고 있느냐!"

널리 알려진 이 미드라시는 아마 적의 몰락과 고통에 너무 기뻐해선 안 된다는 유대 전통의 토대일 것이다(잠언 24:17). 토라의 613 계율에서 놀라운 계명 중 하나로 신명기에 등장하는 "이집트 사람을 미워하지 말라. 네가 그 땅에서 이방 사람으로 살았기 때문이다(23:7)."를 꼽을 수 있다. 수년 전, 나는 이집트 사람을 미워하지 말라는 이 계명에 대한 어느 이스라엘 성경학자의 글을 읽은 적이 있다. 그는 그 글을 1973년 제4차 중동전쟁에서 이집트 군대에 살해된 자신의 아들에게 헌정했다.

■■■ 19

악의 축이라는 개념

유대인에게 고대의 나라 아말렉은 나치와 같은 나라였다. 아말렉 역시 유대인들을 처참하게 짓밟은 유대인의 무자비한 적이었기 때문이다. 이스라엘 사람들이 여전히 광야에서 방랑 생활을 하고 있을 때 아말렉 사람들이 이스라엘 사람들을 공격한 것을 성경은 기록하고 있다. 그들은 이스라엘 사람들과 정면 승부를 하지 않고 뒤에서 아이들과 노인들이 머물고 있는 이스라엘 캠프를 공격했다(신명기 25:18). 이스라엘 사람들 중 방어 능력이 가장 부족한 사람들을 공격한 아말렉 사람들의 잔혹함과 비열함은 그들에 대한 하나님의 한없는 분노를 유발했다. 그래서 하나님은 히브리 사람들에게 기회가 생길 때마다 아말렉 사람들을 없애버리라고 명했다. 이 명령은 그로부터 수백 년 후에 선지자 사무엘이 사울 왕에게 제기한 명령이기도 하다. 그런데 전쟁에서 아말렉 사람들을 무찌른 사울은 그들의 군주인 아각 왕을 처형하지 않았다. 사울의 이러한 불복종 행위 때문에 하나님은 사울의 왕위를 박탈하고 다윗에게 왕위를 넘겨주었다.

그럼에도 이스라엘 사람들이 항상 아말렉 사람들을 뒤쫓지는 않았고, 심지어 아말렉 사람들이 이스라엘 군대에 복무하기까지 한 것은 확실한 사실이다(사무엘하 1:1-13). 그런데 아말렉 사람들이 이스라엘 사람들을 영원히 증오한다는 성경의 믿음은 그로부터 수백 년 후 아각 왕의 후손인 하만이 한 번에 모든 유대인을 쓸어버리겠다는 대학살 음모를 꾸밀 때 다시 한 번 확고해진다. 토라가 아말렉에 대한 영원한 적대감을 지시하는 것은 상당히 특이한 일일 뿐만 아니라 설명할 수도 없는 사안이다. 수백 년 동안 이스라엘 사람들을 노예로 부리고 이스라엘 남자 아기를 나일 강에 익사시킨 이집트 사람들이 아말렉 사람들보다 당연히 이스라엘 사람들에게 더 큰 고통을 안겨주었다. 그럼에도 토라는 이렇게 명한다.

"이집트 사람을 미워하지 말라. 네가 그 땅에서 이방 사람으로 살았기 때문이다(신명기 23:8)."

아무튼 성경은 이스라엘 군대가 두려워 이스라엘 사람들 중 '가장 약한 사람들만을 공격했던' 아말렉 사람들을 이집트 사람들보다 더 나쁜 종족, 다시 말해 '궁극적인 악의 축'으로 그린다.

■■■ 20

처음이자 마지막으로 받은 율법

사람들은 종종 10가지 재앙과 홍해를 가른 기적을 출애굽기에서 경험할 수 있는 하이라이트로 여기곤 한다. 하지만 그것들은 실제로 더 높은 목적을 위한 서두에 불과했다. 히브리 사람들은 자유를 얻었다. 하지만 그것의 목적은 그 자체로 끝나는 것이 아니라 하나님을 섬기는 것이었다. 그래서 모세는 바로에게 이렇게 하나님의 말씀을 전했다.

"히브리 사람들의 하나님 여호와께서 왕께 내 백성들을 보내 광야에서 나를 경배하게 하라는 말씀을 전하라고 나를 보내셨나이다(출애굽기 7:16)."

유대 전통이 출애굽기의 정점을 흔히 시내 산에서의 계시라 일컫는, 하나님이 토라를 준 것으로 꼽는 것 또한 바로 이러한 이유에서다.

이스라엘 사람들은 이집트를 벗어난 지 7주가 되었을 때 시내 산에 이른다. 거기서 하나님은 처음이자 마지막으로 모든 이스라엘 사람들에게 말한다. 그리고 그들 앞에서 십계명을 선언한다. 이스라엘 사람들은 천둥과 번개 속에서 모습을 드러낸 하나님의 극적인 출현에 두려움을 느낀다. 그래서 그들은 모세에게 간청한다.

"당신이 직접 우리에게 말하면 우리가 듣겠습니다. 그러나 하나님께서 우리에게 말씀하시는 것은 막아주십시오. 우리가 죽을지 모릅니다."

모세는 하나님이 히브리 사람들을 죽이려고 그들을 이집트에서 시내 산으로 데려온 것이 아니라는 점을 분명히 한다.

"두려워 말라. 하나님께서 너희를 시험하려고 오신 것이다. 하나님을 경외하는 마음이 너희에게 있게 해 너희가 죄짓지 않게 하시려는 것이다(출애굽기 20:20)."

모세는 그렇더라도 앞으로는 자신이 하나님의 메시지를 그들에게 전하겠다고 말한다.

그리고 곧바로 모세는 40일 밤낮을 걸어 시내 산으로 올라간다. 하나님이 시내 산에서 모세에게 토라 전체를 전했다는 것이 유대 전통의 주장이라고 생각하는 사람들이 많다. 하지만 데니스 프레이저는 그것은 논리적으로 불가능한 일이라고 믿었다. 그의 말에 따르면 하나님은 기껏해야 토라의 613 계율과 모세가 시내 산에 오르기 전에 하신 말씀을 전했다는 것이다. 하나님이 모세에게 토라의 나머지 세 권 모두와 이스라엘 백성들이 40년간 광야에서 방랑 생활을 하는 이야기를 담은 부분도 전했다고 생각하는 것은 합당하지 않다. 예를 들면 모세는 과연 여러 해 후에 고라가 반란을 일으키리란 이야기를 들었을까(민수기 16)? 탈무드 시대의 랍비들에 따르면 토라 자체는 이스라엘 사람들이 광야에서 체류하는 동안 하나님이 모세에게 두루마리로 하나씩 주었다고 한다. 토라의 정수인 토라 율법은 시내 산에서 모세에게 전해졌고, 탈무드 시대의 랍비들은 가끔 토라 율법은 "시내 산에서 모세에게 전해진 율법(할라카 레-모셰 미-시나이halakha le-Mshe mi-Sinai)"이라는 점에 주목해 구체적인 유대 율법의 위대한 유산과 권위를 암시했다는 것이 유대 전통의 입장이다.

시내 산의 중요성을 고려해볼 때(그곳에 일어난 사건들이 출애굽기 19장에서 민수기 10장 10절까지의 이야기의 주류를 이룬다.) 시내 산이 시나이 반도에 위치해 있다는 것이 우리에게 알려진 그 산의 유일한 지리적 정보라는 것은 이상한 일이다. 시내 산이 어디에 있는지 정확히 알 수 있는 길은 없다는 것이다. 랍비 군더 플라우트는 시내 산의 정확한 위치는 고의적으로 밝히지 않은 것이라 추정했다.

"만일 이 성스러운 산의 위치를 정확히 언급했다면 예루살렘과 그곳에 있는 대성전은 결코 유대인의 삶의 중심이 되지 않았을 것이다. 그것들은 성스러운 산보다는 중요하지 않기 때문이다."

■■■ 21

신의 언약

하나님은 십계명을 건네주기 바로 직전에 모세에게 이스라엘 백성들로 하여금 그들과 하나님과의 관계를 공식화할 의식을 준비하라고 말했다. 아울러 하나님은 그 관계에는 조건이 따른다고 밝히기도 했다.

"그러니 이제 너희가 내게 온전히 순종하고 내 언약을 지키면 너희는 모든 민족들 가운데 특별한 내 보물이 될 것이다. 온 땅이 다 내 것이지만 너희는 내게 제사장 나라 거룩한 민족이 될 것이다.(출애굽기 19:5-6)"

모세는 하나님의 메시지를 이스라엘 장로들에게 전했고, 이스라엘 사람들 모두가 일제히 대답했다.

"여호와께서 말씀하신 대로 우리가 다 행하겠습니다(출애굽기 19:8)."

그 후 모세는 이스라엘 사람들을 시내 산 아래로 인도했고, 거기서 하나님은 십계명을 선언했다. 오늘날, 첫 번째 계명인 "나는 너를 이집트에서, 종살이하던 집에서 이끌어낸 네 하나님 여호와다(출애굽기 20:2)."를 읽고 그것을 언약의 도입 진술로 생각하는 사람은 그리 많지 않다. 하지만 그것은 틀림없는 도입 진술이다. 그것은 '시내 산 계약'으로 알려진 하나님과 유대인들 간의 계약에서 분명 서두를 장식한 진술인 것이다. 첫 번째 '계명'이 명령이 아니고 하나님이 이스라엘 사람들을 위해 행한 것에 대한 진술일 뿐인 이유가 바로 여기에 있다. 이스라엘 사람들을 위해 하나님이 행한 일로 하나님은 그들에게 요구할 권한을 가진다.

출애굽기는 20장에서 23장에 걸쳐 하나님과의 언약에 의해 이스라엘 사람들이 지켜야 할 기본적인 의무들을 개괄한다. 즉 우상숭배와 살인, 절도 등을 금하고 이방인과 과부, 고아, 가난한 사람 등에 대한 학대를 금하는 율법을 개괄한 다음, 추가적으로 안식일과 안식년(7년마다 경작을 쉬는 해), 유월절, 오순절, 초막절 등을 지킬 것을 명하는 율법을 개괄한다. 성경학자 제러마이어 운터만Jeremiah Unterman은 하나님의 율법은 의례적인 영역과 도덕적인 영역 모두를 아우르기에 "둘 중 어떤 영역에서 죄를 저지르더라도 그것은 하나님의 뜻을 거역하는 일이다."는 점을 지적했다.

이스라엘 사람들은 가나안 사람들이나 그들의 신들과는 어떠한 언약도 해선 안 된다는 경고를 받는다. 하나님의 율법을 준수하는 대가로 이스라엘 사람들은 가나안 땅의 소유를 보장받는 데에 그치지 않고 심지어 질병과 낙태, 불임 등에서 벗어나는 것도 보장받는다(23:25-26).

모세는 하나님의 율법을 모든 이스라엘 사람들에게 전하고, 그들은 일제히 다음과 같이 선언한다.

"여호와께서 말씀하신 모든 것대로 순종하겠습니다(24:7)."

랍비들은 다소 특이한 이 대답을 이스라엘 사람들이 이미 들은 율법만을 준수하는 데 그치지 않고 앞으로 듣게 될 율법도 준수할 것이라는 의사를 표명한 것으로 이해한다. 이를 율법의 이유를 듣거나 이해하지 못하더라도 율법에 따르겠다는 의지를 표명한 것으로 해석하기도 한다.

'언약'의 히브리어는 브리트brit이다. 성경은 기타 중요한 두 가지 언약을 언급한다. 한 언약(창세기 15)은 아브라함과 그의 자손들에 대한 하나님의 보살핌을 보장하고, 다른 언약(사무엘하 7)은 왕위는 다윗 집안을 벗어나지 않을 것임을 보장한다. 여기에 덧붙여 '브리트 밀라brit milah', 즉 '할례의 언약'으로 알려진 할례 의식에 관한 언약도 언급된다. 하나님은 아브라함에게 다음과 같이 명한다.

"그러므로 너와 네 뒤에 올 네 자손은 내 언약을 지켜야 할 것이다. 나와 너 사이에 그리고 네 뒤에 올 자손 사이에 맺은 내 언약, 곧 너희가 지켜야 할 언약은 이것인데 너희 가운데 모든 남자는 다 할례를 받아야 한다. 너희는 포피를 베어 할례를 행하라. 이것이 나와 너희 사이에 맺은 언약의 표시가 될 것이다(창세기 17:9-11)."

언약은 양방향 관계로 이해된다. 즉 유대인은 하나님의 율법을 따르고, 하나님은 유대인을 지켜주는 것이다.

종종 인용되는 미드라시는 이스라엘 사람들이 시내 산에서 토라를 받을 준비를 하고 섰을 때 하나님과 그들이 나눈 대화를 전한다. 먼저 하나님이 이스라엘 사람들에게 말한다.

"너희는 내가 너희에게 주려고 하는 토라를 지킨다는 것을 보증할 훌륭한 보증인을 나에게 데리고 오라. 그때 내가 너희에게 토라를 줄 것이다."

이스라엘 사람들은 보증인으로 유대인의 아버지들을 받아주시겠느냐고 하나님에게 묻는다. 하지만 하나님은 이를 거부한다. 그러자 그들은 선지자들을 보증인으로 제안한다. 하지만 하나님은 이번에도 그들의 제안을 거부한다. 끝으로, 이스라엘 사람들은 이렇게 말한다.

"보십시오. 저희의 자손들이 저희의 보증인이 될 것입니다."

이에 하나님은 이렇게 대답한다.

"그들은 당연히 훌륭한 보증인이다. 내가 그들을 위해 너희에게 토라를 줄 것이다(아가 라바 1:24)."

■■■ 22

유대 및 서양 윤리의 초석

십계명 열 가지 모두를 기억할 수 있는가. 십계명이 유대 및 서양 윤리의 초석 같은 기록임에도 불구하고 대다수 사람들이 십계명 모두를 정확하게 기억하지 못한다. 거의 모든 사람이 십계명 중에서 살인과 절도를 하지 말고 부모를 공경하라는 계명들은 즉시 떠올릴 수 있다. 그만큼은 아니지만 꽤 많은 사람들이 간음을 금한다는 계명도 기억한다. 그렇다면 십계명 중 사람들이 가장 잘 모르는 계명은 뭘까? 바로 위증죄를 금한다는 아홉 번째 계명이다.

출애굽기에 등장하는 실제 십계명(20:2-14)은 신명기에 등장하는 십계명(5:6-18)과는 다소 차이가 있다. 여기선 출애굽기에 등장하는 십계명을 나열해보도록 하겠다.

1. 나는 너를 이집트에서, 종살이하던 집에서 이끌어낸 네 하나님 여호와이다.

2. 너는 내 앞에서 다른 어떤 신도 없게 하라.

3. 너는 너 자신을 위해 하늘에 있는 것이나 땅에 있는 것이나 물속에 있는 것이나 무슨 형태로든 우상을 만들지 말라.

4. 너는 안식일을 기억하여 거룩하게 지키라.

5. 네 부모를 공경하라.

6. 살인하지 말라.

7. 간음하지 말라.

8. 도둑질하지 말라.

9. 네 이웃에 대해 위증하지 말라.

10. 네 이웃의 집을 탐하지 말라. 네 이웃의 아내나 그의 남종이나 여종이나 그의 소나 나귀나 어떤 것이라도 네 이웃의 것은 탐하지 말라.

첫 번째 계명은 계명이라기보다 진술에 가깝다는 점이 흥미롭다. 이것이 십계명을 히브리어로 아세레트 하-미츠보트Aseret ha-Mitzvot(열 가지 계명이란 뜻)라 하지 않고 아세레트 하-디브로트Aseret ha-Dibrot(열 가지 진술)라 하는 이유일지도 모른다. 계명과 진술의 차이는 단순히 의미론적으로 시시비비를 가리는 수준을 넘어 유대 학자들 사이에서의 상당한 논란을 야기했다. 가장 위대한 유대 철학자인 마이모니데스는 첫 번째 계명은 엄연히 하나님의 존재를 믿을 것을 명하는 것이라고 주장했다. 이후 이븐 크레스카스Ibn Crescas와 아브라바넬Abravanel을 필두로 한 유대 사상가들은 경험적인 영역과 논리적인 영역 모두에서 마이모니데스의 주장에 도전했다. 첫 번째 이유는 그 구절에 믿음에 대한 이야기가 전혀 없고, 그보다 더 중요한 두 번째 이유는 어떻게 믿음을 명령할 수 있냐는 것이다. 만일 당신이 하나님의 존재를 믿는다면 그것은 하나님의 교리가 진실이기 때문에 믿는 것이지 믿도록 명령 받았기 때문은 아니라는 것이다. 그리고 만일 하나님의 존재를 믿지 않는다면 나머지 계명은 무슨 소용이란 말인가?

이븐 크레스카스와 아브라바넬의 설득력 있는 논리에도 불구하고 대다수 유대 권위자 및 단체는 하나님에 대한 믿음은 권장되는 것이 아니라 실제로 명령되는 것이라 주장하면서 마이모니데스와 뜻을 같이 한다. 그럼에도 믿음을 훨씬 더 강조하는 기독교와는 달리 유대교가 예나 지금이나 변함없이 가장 큰 역점을 두는 부분은 계명을 지키는 것이다. 루터 교회 목사가 그의 랍비 친구와 헤어지면서 "믿음을 지키게."라고 말하자 랍비 친구는 "계율을 지키게."라고 응수했다는 옛이야기에서도 알 수 있듯이 말이다. 십계명 중 두 계명은 영어로 잘못 번역되었다. 그 결과 사람들은 실제 성경과는 동떨어진 관점을 갖게 되었다. 예를 들면 여섯 번째 계명은 히브리어로 '로 티르차크Lo tirtzakh'라는 두 단어로 이루어졌는데, 대다수의 영문판 성경이 이를 "죽이지 말라(You shall not kill.)."로 번역해놓았다. 그래서 평화주의자들 및 사형 제도를 반대하는 사람들은 자신의 주장을 펼치기 위해 대개 이 성경 구절을 인용한다. 이 구절의 정확한 번역은 "살해하지 말라(You shall not murder.)."이다. 성경은 불필요한 유혈 사태는 혐오하지만 모든 사회가 죽임과 허용되지 않는 살해는 구별하길 원한다. 우리가 "자신을 방어하기 위해 상대를 죽였다."는 말은 해도 "자신을 방어하기 위해 상대를 살해했다."는 말은 하지 않는 이유도 바로 여기에 있다. 마하트마 간디와 여호와 증인들은 정당방위 살인을 반대하지만 성경은 이를 확실히 지지한다. 후에 탈무드 랍비들이 "누군가 당신을 죽이러 온다면 당신이 먼저 그를 죽여라(산헤드린Sanhedrin 72a)."라고 말했듯이 말이다.

세 번째 계명 역시 영어로 잘못 옮겨진 경우에 해당한다. '로 티사 에트 쉬엠 하-쉬엠 엘로헤이카 라-샤브Lo tissa et shem Ha-Shem Eloheikha la-shav'는 대개 "너는 네 하나님 여호와의 이름을 함부로 취하지 말라(You shall not take the Lord your God's name in vain.)."로 번역되는데, 많은 사람들이 이것을 'God' 대신 'G-d'으로 써야 한다거나 '하나님 맙소사goddamn' 같은 말을 해선 안 된다는 뜻으로 이해한다. 이 해석이 옳다고 하더라도 이러한 잘못이 살인과 도둑질, 우상숭배, 간음 등을 금하는 십계명에 포함될 정도로 그렇게 큰 잘못인지는 여전히 의문으로 남는다. 히브리어 성경의 이 구절을 글자 그대로 번역하면 "너는 네 하나님 여호와의 이름을 함부로 가지고 다니지 마라(You shall not carry the Lord your God's name in vain.)."가 되는데, 이것은 당신을 정당화하기 위한 이기적인 목적으로 하나님의 이름을 사용하면 안 된다는 말로 해석할 수 있다. 이 세 번째 계명은 하나님이 "여호와는 그 이름을 헛되게 받고 함부로 들먹이는 자들을 죄 없다 하지 않으실 것이다(출애굽기 20:7)."라고 덧붙인 유일한 계명인데, 그 이유는 이제 분명해 보인다. 악행을 저지르는 사람은 그 자신의 명예를 실추시키는 것으로 그치지만, 하나님의 이름으로 악행을 저지르는 종교적인 사람은 그 자신뿐만 아니라 하나님의 명예까지 실추시키기 때문이다. 하나님은 자신의 지식과 지혜를 세상에 전파하는 것을 종교적인 사람에게 의지하기에 이러한 죄를 용서할 수 없는 죄로 선언한 것이다.

네 번째 계명인 "너는 안식일을 기억하여 거룩하게 지켜라." 역시 일정 부분 오해를 불러일으킨 계명이다. 성경이 안식일에 대해 언급한 사실은 안식일을 거룩하게 하고 육체노동을 삼가라는 것뿐이다. 그럼에도 불구하고 안식일의 주요 목적은 휴식을 취하는 데 있다고 주장하는 사람들이 많다.

십계명은 자연스럽게 두 영역으로 나뉘는 것 같다. 즉 처음 네 계명은 사람과 하나님 간의 관계에서, 나머지 여섯 계명은 사람과 사람 간의 관계에서 우리가 따라야 할 행동 규정이다.

■■■ 23

신념은 신의 은총과 별개

하나님의 기적을 눈으로 직접 확인한다면 하나님의 존재를 믿는 것이 더 쉬울 것이라고 사람들이 내게 말할 때마다 나는 출애굽기 32장을 언급한다. 역사적으로 광야를 헤매던 이스라엘 사람들이 하나님의 존재를 가장 쉽게 믿고 신뢰할 수 있었다. 자유의 몸이 된 이 이스라엘 백성들은 불과 얼마 전에 10가지 재앙을 목격했고, 홍해의 기적을 경험했으며, 시내 산에서 하나님의 은총을 받았기 때문이다. 그럼에도 불구하고 모세가 40일 동안 시내 산에서 체류할 때 그들은 공황상태에 빠졌다.

모세의 형인 아론을 둘러싼 이스라엘 사람들은 그에게 신을 만들어

줄 것을 요구한다. 이에 아론은 그들에게 가지고 있는 금은 모두 자신에게 가져오라고 말한다. 아론은 아마 그렇게 하면 잠시 숨 돌릴 틈을 가질 수 있을 거라 생각했을 것이다. 하지만 상황은 그렇지 못했다. 아주 빠른 시간에 많은 양의 금이 모아졌기 때문이다. 모세는 틀을 이용해 황금 송아지를 만들었고, 사람들은 황금 송아지 주위에 모여 이렇게 말했다.

"이스라엘아, 이것은 너희를 이집트에서 이끌어낸 너희 신이다(출애굽기 32:4)."

이 진술은 아주 특이한 것이다. 이스라엘 사람들은 황금 송아지를 살아있는 신으로 믿을 수 없었기 때문이다. 그들이 방금 만든 우상이 어떻게 그들을 이집트에서 벗어나게 할 수 있었을까? 그들은 모세의 빈자리를 대신해줄 유형의 메신저를 즉시 원했을 가능성이 가장 크다. 그것이 황금 송아지의 역할이었을 것이다.

그런데 여기에는 모세의 부재로 인한 이스라엘 사람들의 단순한 공황상태 이외에 다른 이야기가 있다는 것이 나의 생각이다. 이집트 땅을 벗어난 이후로 모세가 이스라엘 사람들에게 부과한 종교적 규정은 그들에게 지나치게 엄격하고 구속적인 것일 수 있다. 출애굽기 32장 6절의 "그들은 앉아서 먹고 마시며 일어나서 놀았습니다."는 그들이 주연을 벌였음을 암시한다.

이에 하나님은 몹시 화가 난다. 배우자에게 책임을 떠넘기길 원하는 화가 난 부모처럼 하나님은 모세에게 이렇게 말한다.

"너는 내려가거라. 네가 이집트에서 이끌어낸 백성들이 타락했구나(출애굽기 32:7)."

그리고 하나님은 이스라엘을 멸하고 모세로 하여금 더 나은 민족을 인도하길 원한다.

모세는 하나님이 이스라엘의 아버지들에게 그들 자손에게 가나안 땅을 주실 것을 약속한 것을 하나님에게 상기시킨다. 이에 하나님은 진노를 가라앉히시고 모세로 하여금 십계명이 새겨진 두 개의 증거판을 들고 산을 내려가게 한다. 산을 내려온 모세는 통제 불능이 된 이스라엘 사람들을 보고 하나님과 마찬가지로 격노한다. 모세는 손에 들고 있던 두 개의 증거판을 던져 산산조각 낸다. 그리고 황금 송아지를 가져다가 불 속에 넣어 태우고 가루로 만들어 물 위에 뿌리고는 이스라엘 백성들로 하여금 마시게 한다. 황금 송아지를 숭배하는 죄를 범하지 않은 유일한 지파인 레위 지파는 모세의 지시를 받아 그날 3천 명의 죄인들을 칼로 죽인다.

모세가 형 아론을 보고 황금 송아지를 어떻게 만들었는지를 묻자 아론은 자신은 그저 금을 불에 던졌을 뿐인데 황금 송아지가 나왔다고 거짓말하며 책임을 회피한다. 당연히 그의 변명은 설득력이 없는 것이었다.

이 에피소드 끝 부분에서 모세는 다시 하나님에게 말한다.

"그러나 이제 그들의 죄를 용서해주십시오. 용서해주시지 않으신다면 부디 주께서 기록하신 책에서 제 이름을 지워버리십시오(32:32)."

이에 하나님은 죄를 지은 사람만 벌할 것이라고 말하며 모세를 안심시킨다.

안타깝게도 황금 송아지 사건은 이스라엘 사람들이 광야에서 40년 체류하는 동안 하나님에 대한 그들의 반복적인 불신의 장을 마련해주는 사건이었다. 그들의 태도는 "최근에 내게 무엇을 해주었나요?" 증후군의 극단적인 사례로 보인다. 그들은 아주 사소한 이유로 하나님과 모세를 자극하고, 하나님은 마침내 노예 생활에서 벗어난 사람들은 자유 국가를 형성하기엔 역부족이라는 결론을 내린다. 랍비 어윈 쿨라가 "이스라엘 사람들을 이집트에서 빼내는 것이 이스라엘 사람들에게서 이집트를 빼내는 것보다 쉬웠다."라고 말했듯이 말이다. 하나님은 모세에게 자유의 몸이 된 노예들의 후손은 이스라엘 사람들이 가나안 땅으로 들어가기 전에 모두 죽어야 한다고 언명한다.

황금 송아지 에피소드는 대다수 사람에게 있어 믿음과 회의는 하나님이 행하는 일과 별개라는 것을 입증해주는 사건처럼 보인다. 모세가 하나님의 이름으로 한 모든 약속이 이행되었음에도 불구하고 그것은 이스라엘 사람들로 하여금 40일 이상 하나님을 믿게 하는 데 역부족이었다. 우리는 그들과 다르다고 어떻게 확신할 수 있겠는가?

■■■ 24

평화를 사랑하는 사람의 본보기

성이 코헨Cohen 또는 카츠Katz인 대다수의 유대인 및 자신을 코하님Kohanim(제사장이란 뜻)으로 알고 있는 모든 유대인은 최초의 유대 제사장인 아론의 후손이다. 토라가 묘사하는, 아론의 제사장 역할은 그가 맡은 가장 중요한 책임일 수 있다. 아론은 말이 어눌한 동생 모세의 대변인 역할도 했다. 아론은 광야에서 이스라엘 사람들에게 많은 사랑을 받았음이 분명해 보인다. 사람들은 모세의 죽음보다 그의 죽음을 더 슬퍼했다고 토라는 암시한다(민수기 20:29와 신명기 34:8을 비교해보기 바란다.). 아론은 또한 그의 동생 모세보다 훨씬 더 온화한 태도로 사람들을 대한 것으로 보인다. 이스라엘 백성들이 죄를 범했을 때 모세는 그들에게 크게 화를 냈다. 하지만 아론은 그들과 싸우지 않았다. 이스라엘 사람들이 숭배할 황금 송아지를 원한다고 그에게 말하자 그는 그들을 도와 황금 송아지를 만들었다. 후에 격노한 동생 모세에게 자신이 한 일을 부인하긴 했지만 말이다. 아론의 묵인은 너무도 특이한 것이어서 우리는 토라가 아론에 대해 드러내는 만큼 숨기기도 한다는 느낌을 받는다. 실제로 아론의 인생에서 가장 중요한 몇몇 사건은 설명되지 않은 채 남아있다. 예를 들어 아론의 두 아들은 하나님에 의해 목숨을 잃지만 성경은 (그들이 하나님에게 "이상한 불"을 권했다는 미스터리한 언급 이외엔) 그들의 죄가 무엇인지 정확하게 말하지 않는다.

유대 전통에서 아론은 평화를 사랑하는 사람의 본보기가 된다. 성경에서 그에 대한 정보가 부족함에도 불구하고 그에 관해 가장 알려진 전설에 따르면 그는 두 사람이 싸웠다는 소리를 듣고 그중 한 사람에게 가서 "아무개는 당신을 정말 많이 좋아한다네. 그래서 당신이 자기에게 화가 난 것에 상심이 크다네. 하지만 그는 먼저 자네에게 다가갈 용기가 없다네."라고 말했다고 한다. 그런 다음 그는 다른 사람에게 가서도 똑같은 메시지를 전했고, 마침내 두 사람이 다시 만났을 때 둘은 서로 포옹했다는 것이다. 다른 탈무드 이야기에서 아론은 평판이 좋지 않은 사람들에게 좋은 영향을 주어 그들로 하여금 선을 행하게 할 목적으로 그들과 친구가 된다. 유대 전통이 아론에게 붙여준 '오헤브 샬롬("평화를 사랑하는 자"란 뜻임)'이란 칭호는 아주 특별한 것이다. 랍비들이 아론이 한 거짓말들을 평화를 위해 한 선의의 거짓말로 인정했다는 뜻이기 때문이다.

미리암은 그녀의 어머니가 그녀의 막내 동생 모세를 작은 갈대 상자에 넣어 나일 강에 두었을 때 아기 모세를 지켜본 것으로 가장 잘 알려져 있다. 바로의 딸이 아기 모세를 발견한 것을 지켜보았고, 바로의 딸을 설득해 그녀의 어머니가 모세에게 젖을 물릴 수 있게 했으며, 모세가 젖을 뗐을 때 모세를 바로의 딸에게 데려다 준 사람이 바로 미리암인데, 당시 미리암은 어린 아이에 불과했다.

후에 하나님이 추격해 오는 이집트 군사들로부터 이스라엘 사람들을 구하기 위해 홍해를 가를 때 이스라엘 여성들이 환희의 춤을 추도록 그들을 인도한 사람도 미리암이었다.

이후의 에피소드에서 모세가 비유대인 여성과 결혼한 것을 비난한 것 때문에 미리암은 나병에 걸린다. 이에 모세는 "엘 나 레파 나 라El nah refa nah la(오 하나님, 그녀를 낫게 해주소서.)"라는 다섯 단어로 된 짤막한 기원의 말을 읊조린다. 그러자 곧바로 미리암의 나병이 낫는다. 하나님은 다른 사람을 비방하거나 다른 사람에 대한 험담을 악의적으로 퍼뜨리는(라손 하라lashon ha-ra) 사람을 매우 엄하게 벌하기에 미리암이 나병이라는 중병에 걸렸다는 것이 유대 전통의 시각이다.

비록 동생 모세보다는 먼저 죽었지만 아론과 미리암 역시 상당히 오래 살았다. 아론은 123세에, 미리암은 그보다 더 많은 나이에 생을 마감했다. 가장 흔한 유대인 이름 중 하나가 그들의 이름이라는 사실만으로도 그들이 유대인의 삶에서 얼마나 중요한 인물인지를 가늠해볼 수 있을 것이다.

■■■ 25

이웃을 자신처럼 사랑하라는 말

대다수 기독교도 및 다수의 유대교도는 예수가 처음으로 "황금률"을 탄생시켰다고 믿는다. 하지만 기독교의 창시자인 예수가 "네 이웃을 사랑하라."라고 설교했을 때 그는 단순히 히브리 성경을 인용하고 있었던 것이다.

토라가 주어지고 천 년 이상이 지난 기원전 1세기에 유대교로 개종하고자 하는 한 이교도가 당시 가장 위대한 랍비였던 힐렐에게 자신이 한 발로 서 있는 동안 유대교의 핵심을 간략하게 요약해달라고 말했다. 이에 힐렐은 위의 성경 구절의 부정적인 버전(아마 더 현실적인 버전이었을 것이다.)으로 대답했다.

"네 자신이 싫어하는 일을 이웃에게도 행하지 말라는 것이 유대교 율법의 전부일세. 나머지는 그에 대한 설명일 뿐이지. 이제 돌아가서 공부를 하시게(바빌로니아 탈무드, 샤밧 31a)."

"네 이웃을 네 자신처럼 사랑하라."는 계명에는 자신을 사랑해야 한다는 의미가 내포되어 있다. 자신을 사랑하지 않는 사람은 일반적으로 다른 사람들을 좋아하고 다른 사람들에게 친절을 베푸는 것을 훨씬 더 어려워한다고 심리학자들은 자주 말한다. 예를 들면 자녀를 학대하면서 긍정적인 자아상을 갖고 있는 부모를 떠올리기란 쉽지 않을 것이다.

하시디즘을 창시한 18세기 인물인 바알 쉬엠 토브Baal Shem Tov는 일견 따르기 불가능해 보이는 이 계명을 어떻게 따르는지에 대한 하나의 지침을 제안했다. 그는 "네 자신처럼"에 특별한 역점을 두었다. 우리가 자신의 단점을 알면서도 자신을 사랑하듯 우리가 알고 있는 이웃들의 단점에도 불구하고 이웃을 사랑해야 한다는 것이다. 이 구절의 마지막 문장인 "나는 여호와다."는 일반적으로 계명과 상관없다는 이유로 무시된다. 하지만 이웃을 사랑해야 하는 확실한 이유는 우리 모두를 당신의 이미지로 창조한 하나님이 그렇게 명했기 때문이라는 것이 유대인의 생각이다.

윤리는 궁극적으로 인간 위의 존재인 하나님이 결정한다는 것이 유대교의 관점이다. 하나님이 존재하지 않는다면 윤리는 단지 의견의 문제로 전락한다. 이반 카라마조프Ivan Karamazov가 "만일 하나님이 존재하시지 않는다면 모든 것이 허용될 것이다."라고 우울한 어조로 선언했듯이 말이다.

유대 전통은 "네 이웃을 사랑하라."는 구절을 다른 대다수의 계명보다 더 높은 차원의 것으로 간주한다. 그래서 랍비 아키바Akiva는 다음과 같은 가르침을 폈다.

"'네 이웃을 네 자신처럼 사랑하라.'는 토라의 주요 원칙이다(팔레스타인 탈무드, 네다림 9:4)."

■■■ 26

젖과 꿀이 흐르는 땅

사람들은 종종 이스라엘 사람들이 왜 이집트에서 곧바로 가나안 땅으로 전진하지 않고 40년 동안 광야를 돌아다녔는지 의아해한다. 실제로 하나님의 처음 계획은 이스라엘 사람들을 몇 달 내에 가나안 땅으로 입성시키는 것이었다. 그래서 모세는 열두 지파 각각의 리더로 하여금 가나안 땅으로 가서 가나안 땅을 정탐하도록 했다. 가나안 땅을 정탐할 목적으로 12명으로 구성된 대표단을 조직해 그들로 하여금 가나안 땅을 살피고 오도록 했던 것이다. 그들 중 10명은 겁에 질려 돌아왔다. 그들은 오랜 이집트 노예 생활로 자신감을 잃었던 것이다. 그들은 이스라엘 사람들에게 "우리가 거기서 본 사람들은 모두 키가 엄청나게 컸습니다. …… 우리 눈에도 우리가 메뚜기처럼 보였으니 그들 눈에도 마찬가지였을 것입니다."라고 전한다. 몇몇 의견은 긍정적이었다. 가나안은 아름답고 풍요로우며 젖과 꿀이 흐르는 땅이고, 거기서 나는 포도는 너무도 커서 한 송이를 운반하는 데도 두 사람이 필요하다는 것이었다. 하지만 결국 이스라엘 사람들이 그 땅을 차지하려는 것은 자살 행위나 다름없다고 경고한다. 가나안 사람들이 자신들을 모조리 죽일 거라는 것이었다.

여호수와와 갈렙은 다른 10명의 의견에 반기를 든다. 두 사람은 이스라엘 백성들에게 가나안 사람들을 특별히 두려워할 필요가 없다고 확언한다. 어떠한 경우에도 하나님은 이스라엘 사람들의 편이기에 가나안 땅으로 가면 즉시 그 땅을 소유할 수 있다는 것이 두 사람의 주장이었다.

하지만 안타깝게도 여호수와와 갈렙은 자기 지파 사람들을 포함해 그 어느 누구도 설득하지 못했다. 대다수 정탐꾼의 의견에 동감한 이스라엘 사람들은 화를 내며 모세에게 불평한다. "왜 여호와께서 우리를 이 땅까지 데려와서 칼에 쓰러지게 하시는 겁니까?"

겁에 질린 이스라엘 백성들에 대한 하나님의 분노는 모세에게 표출한 그들의 분노만큼이나 컸다. 이에 하나님은 이집트를 떠난 이스라엘 사람들이 모두 죽을 때까지 그들로 하여금 광야를 떠돌게 할 것이라고 결심했다. 하나님은 노예의 사고방식이 없고 자유인의 사고방식을 가진 새로운 세대가 가나안 땅을 차지할 것을 원했다. 그래서 모세와 함께 이집트를 떠난 이스라엘 백성들 중 여호수아(이후 모세가 죽기 전에 모세의 후계자로 지명되어 이스라엘인 사람들을 이끌고 가나안으로 들어간다.)와 갈렙만이 가나안 땅으로 들어가게 될 것이었다.

유대 전통은 겁에 질린 10명의 정탐꾼에겐 애정을 거의 보이지 않는다. 하지만 그들이 가나안 땅에 대해 묘사한 "젖과 꿀이 흐르는 땅(하나님과 모세가 각각 출애굽기 3장 17절과 출애굽기 13장 5절에서 사용한 표현이기도 하다.)"은 이스라엘 땅을 묘사하는 인기 어구가 되었다. 지금까지도 유대인은 대개 안식일 식탁에서 "젖과 꿀이 흐르는 땅"이라는 뜻의 다음의 네 단어로 된 히브리어로 노래를 부른다. "에레츠 자바트 칼라브 우-데바쉬 Eretz zavat khalav u-devash" 한편, 꿀은 코셔에 부합하지 않는 생명체(꿀벌)에서 나온 것임에도 코셔에 부합하는 것으로 인정되는 유일한 식품이다.

■■■ 27

오만과 시기심으로 치러야 하는 대가

고라Korakh의 짧은 반란은 모세의 리더십에 반기를 든 도전 중 가장 큰 것이었다. 고라는 그 자신의 지파인 레위 지파(모세의 지파이기도 하다.) 및 르우벤 지파에서 모세에게 강한 불만을 품은 사람들을 모아 뛰어난 집단을 만들었다. 실제로 고라의 반란이 특히 위협적이었던 이유는 반란에 가담한 사람들이 상당히 비중 있는 인물들이었다는 데 있다. 고라 자신도 그의 출생이 토라에 기록될 정도로 대단한 가정에서 태어났다(출애굽기 6:21).

이전의 고라와 모세와의 관계에 대해 드러난 바가 전혀 없음에도 불구하고 우리는 그가 반란을 일으킨 이론적 근거를 그의 선동성과 포퓰리즘에서 분명히 찾아볼 수 있다. 그는 많은 사람들 앞에서 모세와 아론을 이렇게 책망한다.

"당신들은 너무 지나치다! 회중은 하나같이 거룩하고 여호와께서 그들과 함께하신다. 그런데 왜 당신들이 여호와의 총회 위에 스스로를 높이느냐?(민수기 16:3)"

모세는 자신의 지위를 높인 것에 대한 고라의 비난과 고라와 뜻을 같이 한 250명의 비중 있는 인물들로 인해 흔들린다. 처음에 모세는 아무 말도 하지 않고 얼굴을 땅에 대고 엎드린다. 아마 기도를 했을 것이다. 자리에서 일어난 그는 고라와 그의 추종자들에게 다음 날 다시 만나자고 말한다. 그때 하나님이 누가 이스라엘을 인도하길 원하는지를 언명할 거라는 것이었다.

다음 날 고라는 다림과 아비람을 비롯한 그의 무리와 함께 자신들의 초막 앞에 모인다. 자신감을 완전히 회복한 모세는 모인 이스라엘 회중에게 선언한다.

"만약 이 사람들이 보통 사람들처럼 죽고 보통 사람들이 겪는 일을 겪게 된다면 여호와께서 나를 보내신 것이 아닐 것이다(민수기 16:29)."

토라는 모세가 연설을 끝내자마자 다음과 같은 일이 일어났다고 전한다.

"그들 아래에 있는 땅이 갈라지며 땅이 입을 열어 그들과 그들의 식구들과 고라에게 속한 모든 사람들과 그들의 모든 소유물을 삼켜버렸다. 이렇게 해서 그들이 소유했던 그 모든 것과 함께 산 채로 음부로 내려갔다. 땅이 그들 위에 닫혔고 그들은 회중 가운데서 멸망을 당했다(16:31-33)."

토라의 "고라에게 속한 모든 사람들"이란 표현은 그의 가족 아니라 그의 추종자들을 지칭하는 것임이 분명해 보인다. 그의 반란에 합류하지 않은 고라의 아들들은 벌을 받지 않았기 때문이다. 유대의 위대한 선지자이자 리더인 사무엘이 고라의 직계 자손이라는 것을 아는 유대인은 그리 많지 않다(역대상 6:18-22). 이것은 꽤나 놀랄 만한 사건이다. 언젠가 미국 국민들이 베네딕트 아놀드Benedict Arnold(미국 독립혁명의 반역자)나 존 부스John Wilkes Booth(링컨 암살자 - 옮긴이)의 직계 후손을 대통령으로 선출하는 것과 비슷한 상황이기 때문이다.

유대 전통에서 고라는 여전히 고삐 풀린 기회주의자의 상징으로 남아있다. 명문가에서 태어난 고라는 자신이 아닌 모세와 아론이 이스라엘의 리더가 될 이유가 없다고 생각했다. 결국 불운한 결말을 맞게 된 고라가 반란을 일으킨 이유를 가장 잘 설명할 수 있는 것은 아마 그의 이러한 오만함과 통제 불능의 시기심일 것이다.

■ ■ ■ 28

신앙을 가졌다고 현실을 외면하지 말라

이브를 유혹한 뱀과 더불어 성경에서 가장 유명한 동물은 주인인 선지자 발람보다 하나님의 천사를 더 잘 볼 수 있었던 발람의 말하는 나귀이다.

유대 전통의 가르침에 따르면 히브리인이 아닌 발람은 하나님의 가장 위대한 선지자 중 한 명이 될 수 있었다. 하지만 발람은 자신의 재능을 제대로 활용하지 않고 그것을 좋은 조건을 제시한 발락에게 팔았다.

광야에서 진군해 오고 있는 이스라엘 백성들을 보고 겁에 질린 모압의 왕 발락은 발람을 설득해 그가 자신의 영토로 와서 이스라엘 백성들을 저주하게 만들기 위해 그에게 많은 선물을 보낸다. 이에 발람은 다음 날 아침에 발락이 보낸 모압의 지도자들과 함께 길을 나선다. 길을 가던 도중에 발람의 나귀가 "여호와의 천사가 칼을 손에 빼든 채 길에 서 있는 것을 본다." 이에 나귀는 방향을 바꾸어 포도밭으로 들어가고 나귀의 돌발행동에 화가 난 발람은 길로 돌아가게 하려고 나귀를 때리기 시작한다. 나귀는 발람이 이끄는 대로 다시 되돌아가려 했지만 그때마다 천사는 번번이 나귀 앞에 나타나 길을 막는다. 결국 길을 가는 것을 포기한 나귀는 발람 밑에 주저 앉고, 발람은 다시 나귀를 때린다.

이때 성경에서 가장 섬뜩한 대화가 시작된다.

"그때 여호와께서 나귀의 입을 열어주시자 나귀가 발람에게 말했다. '내가 뭘 했다고 나를 이렇게 세 번씩이나 때립니까?' 발람이 나귀에게 말했다(이상하게도 자신의 나귀가 유창하게 말하는 것에 놀라는 기색을 전혀 보이지 않으며). '네가 나를 놀리지 않았느냐! 내 손에 칼이 있었다면 지금 당장 너를 죽였을 것이다.' 나귀가 발람에게 말했다. '나는 당신이 오늘까지 항상 타고 다니던 당신 나귀가 아닙니까? 내가 당신에게 이런 식으로 행동하는 버릇이 있었습니까?' 그가 말했다. '없었다.'"

그때 여호와께서 발람의 눈을 뜨게 하자 그는 여호와의 천사가 칼을 빼고 그 길에 서 있는 것을 보게 된다. 여호와의 천사는 나귀를 때린 것에 대해 발람을 꾸짖고, 발람은 이스라엘을 저주하려는 자신의 임무를 하나님이 강력하게 반대한다는 것을 깨닫고 천사에게 용서를 구한다.

"제가 죄를 지었습니다. 저는 당신이 저를 막아서서 길에 서 계신 줄을 몰랐습니다. 지금이라도 이게 잘못된 것이라면 돌아가겠습니다."

이에 천사는 자신이 말하는 것을 말하기만 한다면 여행을 계속해도 좋다고 발람에게 말한다.

"저 사람들과 함께 가거라. 그러나 반드시 내가 네게 말하는 것을 말하여라."

종국에 이르러 모압의 왕 발락은 분명 심기가 몹시 불편했을 것이다. 그가 고용한 발람이 이스라엘 사람들을 저주하기는커녕 되풀이해 그들을 축복했기 때문이다. 확실하게 속았다고 느낀 발락은 발람을 나무란다.

"내 원수들을 저주하라고 내가 너를 불렀다. 그러나 네가 이렇게 세 번이나 그들을 축복했다."

발락의 노여움에도 전혀 흔들리지 않은 발람이 이렇게 말한다.

"제가 당신이 보낸 사람들에게 분명히 이렇게 말하지 않았습니까? '발락이 은과 금으로 가득찬 자기 집을 내게 준다 해도 나는 좋든 나쁘든 여호와께서 말씀하신 것에 어긋나는 것은 말할 수 없습니다.'라고 말입니다."

발람이 이스라엘 사람들의 초막을 묘사한 것 중 다음의 문구는 유대 예배에 고정적으로 등장하는 문구가 될 정도로 매우 아름다운 것이었다.

"마 토부 오-하-레카, 야아코브Ma tovu o-ha-lekha, Ya'akov(오 야곱이여, 당신이 머무는 초막은 얼마나 사랑스러운가, 오 이스라엘이여!)"

그런데 그가 유대인에 대해 묘사한 또 다른 문구인 "이 백성은 홀로 거하고 자신들을 열방 가운데 하나로 여기지 않는구나."는 결국 역사에서 유대인이 맡은 모든 역설적인 역할을 훌륭하게 요약한 문구임이 입증되었다. 즉 유대인은 이 세상에 적극적으로 참여한 민족이기도 했지만 또 다른 목표를 수행하기 위한 종servant이기도 했다. 다시 말해 유대인은 현실을 외면하지 않으면서도 초자연적인 하나님의 특사로서 맡은 바 임무를 수행해왔다.

하지만 발람의 모든 웅변적인 시구에도 불구하고 이 에피소드에서 가장 놀라운 등장인물은 여전히 그의 말하는 나귀이다. 유대 전통에 따르면 이 나귀는 말을 한 후 곧바로 죽었는데, 이는 사람들이 "이 나귀가 말을 했습니다."라고 말하며 그것을 숭배의 대상으로 삼지 않도록 하기 위함이었다.

■■■ 29

모세가 보여준 겸손함

토라의 마지막 열두 구절은 모세의 죽음에 대해 기록하고 있다(신명기 34:1-12). 모세는 이스라엘이 내려다보이는 비스가 산에 올라간다. 거기서 하나님은 모세에게 이렇게 말한다.

"내가 아브라함과 이삭과 야곱에게 이 땅이 내가 네 자손들에게 주겠다고 맹세로 약속한 땅이다. 내가 네 눈으로 보도록 했으나 너는 강 건너 그 땅으로 들어가지는 못할 것이다."

뒤이은 구절은 모세의 죽음과 "지금은 어디에 있는지 아무도 알지 못하는" 모세가 묻힌 모압 땅에 대해 기록한다. 유대 역사상 가장 위대한 유대인의 무덤이 왜 알려지지 않은지에 대해 가장 잘 설명한 사람은 자칭 이교도이자 종교 철학자인 발터 카우프만이라고 나는 생각한다. 그는 모세의 무덤이 알려지지 않은 이유를 다음과 같이 기술했다.

"모세는 사람들이 자신의 무덤에서 자신을 숭배하거나 자신의 육체에 어떠한 가치라도 부여하는 것을 원치 않았다. 그래서 혼자 홀연히 사라져 죽음을 맞기로 마음먹었다. 이집트를 지켜본 그는 인간이 그러한 미신에 얼마나 잘 빠져드는지를 너무도 잘 알고 있었다. 모세는 홀로 죽음을 맞기 위해 사라짐으로써 사람들에게 신비스러운 이미지를 남겼을지도 모른다. 다시 말해 사람들로 하여금 모세는 죽지 않고 하늘로 올라갔다고 생각하게 만들었을지도 모른다. 하지만 실제로 그는 긴 여운을 남기는 인간의 이미지를 창조했다. 이스라엘 사람들로 하여금 다른 사람들과 마찬가지로 불완전한 인간인 그는 비록 약속의 땅에 들어가는 것은 허락받지 못했지만 죽기 전이라도 그 땅을 보려고 산으로 올라갔다는 생각을 갖게 했던 것이다. 유대인들은 그의 이러한 정신을 신봉해왔기에 그를 숭배한 적이 결코 없다. 그동안 유대인들이 세상에 내놓은 것은 모세나 기타 위인이 아니라 하나님과 인간에 대한 그들의 사상이다. 그가 위의 말들에 진심으로 동감할 것이라고 우리가 확신할 수밖에 없다는 것이 그의 위대함을 대변해준다. 자신의 추종자들이 자신을 모시는 사원을 짓거나 자신의 형상을 만들거나 자신을 천상의 존재로 격상시킬 것이란 생각은 모세의 마음을 아프게 했을 것이다. 그가 예수나 붓다, 공자, 고대 이집트의 파라오처럼 신격화된 적이 한 번도 없었다는 것은 하나님과 인간에 대한 구약의 관점을 대변해주는 가장 중요한 사실 중 하나이다."

하나님의 종이자 이스라엘 사람들의 종이었던 모세는 죽어서도 하나님과 이스라엘 사람들을 계속 섬겨온 것이다.

■■■ 30

유대 최초의 승리이자 가장 유명한 승리

여리고 성을 함락한 것은 가나안에서 이스라엘 사람들이 거둔 최초의 승리이자 가장 유명한 승리였다. 오래 전, 유명세를 떨쳤던 한 음울한 발라드가 이 특이한 정복을 기렸다. 이 발라드의 후렴구는 "여리고 전쟁에서 싸운 여호수아가 여리고 성벽을 무너뜨렸다."인데, 이 간명한 후렴구는 실제로 이 사건에 대한 성경의 묘사를 조금도 과장하지 않았다.

하나님이 여호수아를 통해 신속하게 전한 명령에 따라 이스라엘 군대는 심리적인 전략으로 여리고를 공격하기 시작했다. 그들은 6일간 매일 한 번 성을 돌았다. 그리고 일곱째 날엔 성을 일곱 번 돌았고, 7명의 제사장은 양의 뿔로 만든 나팔을 불었다. 그 후 제사장들이 나팔을 길게 불었을 때 모든 백성들은 함성을 지르고 성벽은 와르르 무너져 내렸다. 그러자 백성들은 일제히 성으로 들어가 그 성을 점령했다(여호수아 6:20).

하나님이 단순히 '여호수아'를 읽게 될 독자들에게 깊은 인상을 남기려고 여리고 성벽을 순식간에 무너져 내리게 하는 불필요한 기적을 행한 것은 결코 아니었다. 이 기적 없이 이스라엘 사람들은 여리고 성을 함락할 수 없었다. 그들에겐 성벽으로 둘러싸인 성을 함락하는 데 필요한 공성 망치와 성곽 공격용 사다리가 부족했기 때문이다.

여리고 성이 함락된 후 이스라엘 군대는 성을 완전히 초토화시켰고, 여호수아는 여리고 성을 재건하는 사람은 누구라도 저주를 받게 될 것이라고 선언했다.

"이 성 여리고를 다시 세우려는 사람은 여호와로 인해 저주를 받게 될 것이다. 그가 그 기초를 놓을 때 장자를 잃고 그가 그 문을 세울 때 막내를 잃을 것이다(여호수아 6:26)."

기이하게도 이 암울한 저주는 성경이 실현된 것으로 기록하고 있는 몇 안 되는 예언 중 하나이다. 여리고는 그 후 4세기 동안은 다시 세워지지 않았지만 기원전 9세기에 이르러 이스라엘 사람 히엘이 여호수아의 경고를 무시했다. 성경은 이렇게 기록하고 있다.

"아합의 시대에 벧엘 사람 히엘이 여리고를 재건했다. 히엘이 기초를 쌓을 때 그 맏아들 아비람을 잃었고 문을 만들어 달 때 막내아들 스굽을 잃었다. 이것은 여호와께서 눈의 아들 여호수아에게 말씀하신 그대로 된 것이다(열왕기상 16:34)."

우리는 히엘의 두 아들이 여리고를 재건하던 중 목숨을 잃었는지는 알 길이 없다. 하지만 여호수아의 저주가 실현되면서 여리고는 다시 거주할 수 있는 곳이 되었다. 심지어 우리는 선지자 엘리야와 엘리사가 그곳에서 시간을 보냈다는 것도 알고 있다(열왕기하 2:4 및 2:18-22).

'여호수아'를 읽는 것은 그리 유쾌하지 않다. '여호수아'는 히브리인들이 가나안 사람들로부터 그들의 땅을 차지하기 위해 벌이는 피비린내 나고 무자비한 전쟁들의 기록이기 때문이다. 하지만 여호수아가 직면한 쟁점들은 오늘날 유대인들이 직면하고 있는 쟁점들과 놀랍도록 유사하다. 즉 여호수아와 오늘날 유대인들은 야만적인 적개심을 품고 있는 이웃 국가들을 상대로 어떻게 조국을 지키고 유지할 것인가라는 쟁점을 공유하고 있는 것이다.

■■■ 31

전쟁에도 윤리는 있다

초기 히브리인들에 대한 성경의 묘사는 결코 긍정적이지 않은데, 그중 성경이 특히 곱지 않은 시선으로 보는 것은 그들의 우상숭배에 대해서이다. 성경은 주로 그들이 살았던 가나안 국가들에서 영향을 받은 그들의 우상숭배를 되풀이해서 언급하고 있다. 우상숭배는 토라에서 윤리적으로 가장 문제가 있는 명령의 배경이 된다. 즉 이스라엘을 떠나기를 거부하는 가나안 국가들을 모조리 진멸하라는 명령의 배경이 되는 것이다.

"헷 사람들, 아모리 사람들, 가나안 사람들, 브리스 사람들, 히위 사람들, 여부스 사람들을 완전히 멸망시키라. 너희 하나님 여호와께서 너희에게 명령하신 대로 말이다. 그렇지 않으면 그들이 자기 신들을 경배하면서 하는 그 모든 가증스러운 짓들을 너희에게 따르도록 가르칠 것이고 그러면 너희는 너희 하나님 여호와께 죄를 짓게 될 것이다(신명기 20:17-18)."

토라는 가나안 사람들의 성적인 사악함과 아이를 제물로 바치는 것을 비롯한 의식들을 따라하지 말 것을 히브리 사람들에게 분명하게 경고하고 있다. 만일 그들이 이러한 것들 중 하나라도 따라한다면 가나안 땅은 그들을 토해내리라는 것이다.

모세의 계승자인 여호수아는 주변의 이 적대적인 집단들을 정복하고 파괴하는 일에 돌입한다.

성경의 공격적이고 잔인한 전쟁 방식의 정황적인 이해를 위해 우리는 3천 년 전엔 이러한 방식으로 전쟁이 이루어졌다는 것을 알아야 한다. 최근의 한 서적은 다음과 같이 기록하고 있다.

"메소포타미아에서 이집트까지의 고대 문헌들은 주변 부족들(종종 성경이 언급하는 바로 그 부족들이다.)을 진멸하는 것에 대한 즐거운 묘사로 넘쳐난다. 예를 들면 아마르나Amarna 시대의 서한들에서 아모리 사람들은 이집트 파라오들의 골치 아픈 적으로서 진멸되어야 하는 대상으로 묘사되었다. 파라오에게 이러한 편지를 보낸 관리들은 아모리 사람들을 모조리 속박할 것이라고 약속했다. '그들의 발에 아주 무거운 청동 사슬을 채울 것입니다. …… 그리고 우리 중 어느 누구도 그들 사이에 있게 하지 않을 것입니다.'"

이러한 정황에도 불구하고 주변국들을 진멸할 것을 명하는 성경의 구절들은 여전히 우리의 신경을 크게 거슬리게 한다. 성경은 인간의 생명을 존중하는 것에 대해서도 크게 역점을 두고 있기 때문이다. 지금은 고인이 된 프린스턴 대학의 철학자 발터 카우프만은 여기에 대해 다음과 같이 기술했다.

"냉정함과 사회적 양심의 결여에 대한 비난은 좀처럼 제기될 수 없다. 우리의 사회적 양심은 상당 부분 모세의 종교에서 비롯되기 때문이다."

우리를 거슬리게 하는 것은 성경이 우리에게 이웃과 이방인을 사랑하라고 가르치는 동시에 완전한 전쟁도 명한다는 데에 있다.

"하지만 구약의 종교 정신을 '여호수아'에서 찾는 것은 미국의 탁월한 천재성을 인디언들을 학살한 미국인들에서 찾는 것과 같다."

논란의 여지가 있는 성경의 전쟁 윤리는 아마 일신교의 생존을 위한 투쟁의 관점에서 가장 잘 설명될 것이다. 일신교는 기존의 신학 및 윤리 체계를 따르지 않는 소수 집단의 움직임으로서 시작되었다. 그것은 세계에서 방해받지 않고 성장할 수 있는 한 작은 모퉁이를 차지했기에 확장되고 발전되었다. 만일 히브리 사람들이 아이를 제물로 바치는 가나안 사람들 및 다른 이교도들의 문화 안에서 계속 살았다면 일신교는 아마 거의 틀림없이 생존하지 못했을 것이다. 바로 이러한 점이 성경에서 설교하는 논쟁의 여지가 있는 전쟁 윤리를 가장 잘 설명해준다.

제2차 세계대전이 한창이던 1942년, '가나안 사람들'이라고 불리게 된 한 반종교 집단이 팔레스타인에서 봉기했다. 이 집단의 창시자들이 유대인임에도 불구하고 그들은 히브리 사람들/'가나안 사람들'의 정체성을 위해 유대인 정체성을 버려야 한다고 주장했다. 그들의 짧은 역사 동안 '가나안 사람들'은 히브리 문학과 예술에는 영향을 끼쳤지만 정치에는 크게 영향을 끼치지 못했다. 성경 시대에서 유래한, 지금은 사용하지 않는 고대어들을 현대 히브리어에 다시 소개한 그들은 디아스포라[3] 영향을 반영하는 히브리어들을 제거하는 데 특히 전념했다. 오늘날 이스라엘에서 어떤 사람을 '가나안 사람'이라고 칭한다는 것은

3 팔레스타인 밖에 살면서 유대교적 종교규범과 생활관습을 유지하는 유대인 또는 그들의 거주지를 가리키는 말이다. 디아스포라는 '이산離散 유대인' '이산의 땅'이라는 의미로도 사용된다.

그 사람을 급진적인 동화 정책주의자나 자신이 유대인임을 싫어하는 유대인으로 규정한다는 것이다.

이스라엘의 성경학자인 예헤즈켈 카우프만은 다음과 같이 주장했다. "가나안 국가들을 상대로 한 전쟁들은 중요한 사회적 · 종교적 결과를 야기했다. 이스라엘 사람들은 토착민들에게 동화되지 않았다. …… 그것은 당시 대중적이었던 이교도 문화의 영향을 받지 않으며 성장할 수 있는 환경을 토대로 한 이스라엘의 새로운 종교 사상을 낳았다."

■■■ 32

유대 전통의 예외가 되는 여성

성경에 등장하는 위대한 여성 대다수는 위대한 남성과 결혼했거나 친척 관계이다. 사라는 아브라함의 아내로, 미리암은 모세의 누나로 주로 알려져 있다. 심지어 유대인을 대학살하려는 음모를 꾸민 하만으로부터 유대인들을 구한 에스더조차 그의 조언자이자 사촌인 모르드개의 인도를 받았다. 이러한 전통에서 예외가 되는 인물이 바로 여성 예언자이자 사사judge, 士師[4]인 드보라이다. 드보라는 아마 성경에서 가장 위대한 여성 인물일 것이다.

드보라는 그녀 자신의 장점들로 독보적인 입지를 구축한다. 우리가

4 구약 시대에 유대 민족을 다스리던 제정일치의 통치자.

그녀의 사생활에 대해 아는 것이라고는 그녀의 남편 이름이 랍비돗이란 것밖에 없다. 성경은 그녀에 대해 이렇게 기록하고 있다.

"랍비돗의 아내인 여 예언자 드보라가 사사로서 이스라엘을 통치했다. 그녀는 에브라임 산간 지대의 라마와 벧엘 사이 드보라의 종려나무 아래에 앉아 있곤 했는데 이스라엘 자손들이 재판을 위해 그녀에게 찾아왔다(사사기 4:4)."

이스라엘 자손들이 가나안으로 간 지 1세기 정도 지난 드보라 시대 동안, 그녀와 그녀의 부족들이 살았던 골짜기는 하솔의 야빈 왕이 다스렸다. 드보라는 전사 바락을 호출해 하나님의 이름으로 그에게 1만 명의 군사를 이끌고 다볼 산으로 가서 야빈의 군대 대장인 시스라와 그의 군대가 이끄는 9백 대에 달하는 쇠로 만든 전차와 대적할 것을 지시했다.

이에 대한 바락의 다음 반응은 이 고대의 여성 예언자가 당시 얼마나 높은 평가를 받고 있었는지를 여실히 보여준다.

"만약 당신이 나와 함께 가면 나도 갈 것입니다. 그러나 만약 당신이 나와 함께 가지 않으면 나도 가지 않겠습니다(사사기 4:8)."

드보라는 바락의 제안에 동의하지만 당시 그들 사회에 만연했던 성차별에 대해 바락에게 일침을 가하는 것은 자제하지 못한다.

"내가 분명 너와 함께 가겠다. 그렇지만 네가 가는 일로는 네가 받을 영광은 없다. 여호와께서 한 여자의 손에 시스라를 넘겨주실 것이기 때문이다(사사기 4:9)."

장마철에 전쟁이 일어났고, 시스라의 모든 군대와 전차는 진창에 빠져 순식간에 전멸되었다. 이스라엘 자손들은 시스라의 군사 중 단 한 사람도 살려두지 않았다. 그러나 시스라는 전차에서 내려 겐Kenite 사람들의 리더인 헤벨의 아내 야엘의 천막으로 걸어서 도망쳤고, 야엘은 시스라를 기꺼이 받아주었다. 하솔 왕 야빈과 겐 사람 헤벨의 가문은 서로 좋은 사이였기 때문이다. 하지만 지친 시스라가 야엘의 천막에서 곤히 잠든 사이 야엘은 망치로 천막용 쐐기 못을 시스라의 관자놀이에 박아버렸다.

사사기 5장에 나오는 유명한 '드보라의 노래'는 이스라엘 사람들을 옥죈 가나안 사람들을 무찌른 것에 대한 기쁨을 노래한다. "여호와여, 주의 모든 원수들이 망하게 하소서!"가 드보라의 마지막 선언이었다. 하지만 유대인의 진정한 승리는 시스라와 그의 전차 군단을 멸한 것 이상이었다. 탈무드에 따르면 유대 역사에서 가장 위대한 인물 중 하나인 아키바는 시스라의 직계 자손이다. 유대인의 큰 적의 한 자손이 위대한 유대 학자이자 랍비가 되었다는 사실은 분명 고대 가나안 사람들에 대한 유대인의 궁극적인 승리를 대변해주는 것이리라.

■■■ 33

삼손 콤플렉스

삼손이란 이름은 엄청난 힘의 대명사가 되었고, 델릴라란 이름은 배신녀의 대명사가 되었다. 여호와의 천사가 삼손의 어머니에게 아들을 낳게 될 것이라고 말했을 때 삼손의 부모는 오랫동안 자녀를 갖지 못하던 상태였다. 천사는 삼손의 어머니에게 그 아이를 나실 사람처럼 키워야 한다고 지시했다. 그래서 삼손은 술을 마셔서도, 머리를 잘라서도 안 되었다. 천사는 "그가 블레셋 사람의 손에서 이스라엘을 구원하기 시작할 것이다."라는 말을 마지막으로 남겼다. 당시 블레셋 사람들은 40년 동안 이스라엘 사람들을 지배하고 있었다.

유대 전통은 삼손을 사사이자 예언자로 간주함에도 불구하고 삼손은 다른 사사들 및 예언자들과는 달랐다. 사사들은 유대 공동체를 다스렸지만 삼손은 항상 혼자 행동했고, 예언자들은 하나님의 메시지를 전했지만 삼손은 어떠한 하나님의 메시지도 전하지 않았기 때문이다. 하지만 삼손은 그만의 천부적인 능력을 부여받았는데, 그것은 바로 "평범함을 초월하기에 분명 천부적인 것이라 볼 수밖에 없는 그의 탁월한 신체적 기량(아딘 스타인살츠Adin Steinsaltz의 《성경적 이미지Biblical Images》, 112쪽)"이었다. 그는 사자 한 마리를 맨손으로 때려잡기도 했고, 그를 추격해오던 천 명의 블레셋 군사를 당나귀 턱뼈로 전멸하기도 했다.

이 유대인 헤라클레스는 결국 블레셋 사람들의 막강한 무력이 아니라 이스라엘 여성이 아닌 여성들에 대한 그의 욕정과 집착 때문에 파멸했다. 그의 첫 번째 아내는 블레셋 여성이었다(이는 하나님의 뜻이었다고 성경은 암시한다. 사사기 14:4). 그녀가 죽은 뒤 삼손은 블레셋의 매춘부와 잠자리를 했고, 마침내는 델릴라와 사랑에 빠졌다.

블레셋의 군주들은 델릴라의 물욕에 호소했다.

"그를 유혹해서 그의 강력한 힘이 어디에서 나오는지, 또 우리가 어떻게 하면 그를 붙잡아서 그를 묶고 굴복하게 할 수 있는지 알아보아라. 그러면 우리 각자가 네게 은 천백 세겔씩 주겠다."

그들의 제안을 받아들인 델릴라는 그 즉시 그토록 엄청난 힘이 어디에서 나오는지를 말해달라고 삼손을 조르기 시작했다. 델릴라의 수법은 상당히 현대적이었다.

"마음이 내게 없으면서 당신은 어떻게 '내가 너를 사랑한다'라고 말할 수 있습니까? 당신은 나를 세 번 속였습니다. 당신의 강력한 힘이 어디에서 나오는지 당신은 내게 말해주지 않고 있어요(사사기 16:15)."

삼손은 꽤 오랫동안 델릴라의 간청을 뿌리쳤다. 하지만 결국 매일같이 졸라대는 델릴라로 인해 죽고 싶을 정도로 마음이 괴로웠던 삼손은 자신의 비밀을 발설하고야 만다.

"삼손은 델릴라에게 그의 마음을 다 털어놓았다. 그가 그녀에게 말했다. '내 머리엔 면도칼을 댄 적이 없소. 나는 어머니의 뱃속에서부터 하나님께 구별된 나실 사람이었기 때문이오. 만약 내 머리를 깎아버리면 나는 힘이 빠져서 다른 사람처럼 약해진다오'(사사기 16:17)."

델릴라는 지체하지 않고 이 반가운 소식을 블레셋 군주들에게 전했다. 은을 받은 델릴라는 삼손을 안심시켜 그를 자신의 무릎 위에서 잠들게 했다. 그런 다음 사람 하나를 불러 삼손의 머리를 깎게 하고는 사디스트적으로 외쳤다.

"삼손, 블레셋 사람들이 당신에게 쳐들어와요!"

이에 삼손은 자리에서 일어나 그의 강력한 힘이 그를 떠났다는 사실을 모른 채 싸울 태세를 갖췄다. 블레셋 군사들은 그를 붙잡아 눈을 뽑아내고 그로 하여금 감옥에서 맷돌을 돌리게 했다.

그로부터 몇 주 후, 블레셋 사람들은 그들의 가장 큰 적이었던 삼손을 잡은 것을 공개적으로 축하하고 그를 조롱하기로 결정했다. 하지만 그들은 삼손의 머리카락이 다시 자라기 시작했다는 것을 눈치 채지 못했다. 3천 명 정도의 남녀가 신전에 모였고, 삼손은 감옥에서 끌려나와 그들을 위해 춤을 추도록 지시받았다. 춤을 다 추었을 때 그는 다른 조롱을 당하기 위해 신전의 기둥 사이로 끌려왔다. 이때 삼손이 여호와께 부르짖으며 기도했다.

"주 여호와여, 부디 저를 기억해주십시오. 하나님이여, 부디 이번 한 번만 제게 힘을 주십시오. 제 두 눈을 뽑은 블레셋 사람들에게 단숨에 복수하게 해주십시오."

그리고 "내가 블레셋 사람들과 함께 죽을 것이다!"라는 마지막 외침과 함께 삼손은 있는 힘껏 신전의 기둥을 밀어냈다. 성경은 우리에게 "그리하여 그가 죽을 때 죽인 사람의 수가 그가 살아 있을 때 죽인 사람의 수보다 많았다."라고 전한다.

그런데 델릴라는 신전에서 옛 애인이 조롱당하는 걸 가만히 지켜보았을까? 지켜보았다면 다른 사람들처럼 기뻐했을까? 성경은 여기에 대해선 아무 말도 하지 않는다. 델릴라는 삼손을 배신하는 이야기를 끝으로 성경에서 자취를 감춘다.

최근 들어 '삼손 콤플렉스'란 표현을 이스라엘에 대한 추정에 적용하곤 한다. 다시 말해 만일 이스라엘이 전쟁에서 패하는 것이 확실시된다면 이스라엘은 "내가 블레셋 사람들과 함께 죽을 것이다!"라는 삼손의 외침대로 자신들을 침략한 적국에 핵무기를 사용하리라는 것이다.

■■■ 34

다스리고 이끌어줄 왕이 필요하다

성경에 나오는 다른 여러 위대한 인물들과 마찬가지로 사무엘 또한 한때 불임이었던 여성에게서 태어났다. 아이를 갖길 간절히 원하던 그의 어머니 한나는 어느 날 실로의 성전에서 기도한다. 그녀는 조용히 하나님께 맹세한다.

"전능하신 여호와여, 만약 주께서 주의 종의 비참함을 굽어보시어 저를 기억하시고 주의 종을 잊지 않고 제게 아들을 주신다면 제가 그 평생을 여호와께 바치고 결코 그 머리에 칼을 대지 않겠습니다(사무엘상 1:11)."

제사장 엘리는 기도하는 한나의 입을 지켜본다. 하지만 아무 말도 들을 수 없었던 그는 한나가 술에 취해 신세 한탄을 하고 있다고 생각한다. 마침내 한나의 깊은 고통을 알게 된 제사장 엘리는 그녀가 어떤 것을 구하든 하나님이 그것을 이루어주실 것이라 말하며 그녀를 축복한다.

사무엘은 어머니의 맹세대로 어린 시절 대부분을 하나님의 사람이 되기 위해 엘리의 가르침을 받으면서 보낸다.

후에 그는 특히 어려운 시기 동안 예언자이자 사사로서 이스라엘을 이끈다. 당시 이스라엘의 열두 지파는 군사적으로 블레셋 사람들의 지배를 받았고, 이교도의 관습과 우상숭배는 일신교만큼이나 널리 퍼져 있었다. 사사로 있던 동안 사무엘은 하나님으로의 회귀를 야기했고,

블레셋을 상대로 한 큰 승리 중 최소한 하나에는 영감을 주었다.

안타깝게도 사무엘의 아들들은 사무엘이 걸었던 길을 가지 않고, 사무엘이 늙었을 때 이스라엘 장로들은 그에게 찾아와 그의 심기를 불편하게 하는 요청을 한다.

"이제 당신은 늙었고 당신 아들들은 당신이 행한 길을 가고 있지 않습니다. 그러니 우리에게 왕을 세워 주셔서 다른 모든 나라처럼 왕이 우리를 다스리게 해주십시오(8:5)."

이스라엘 사람들이 왕을 원한 이유는 이스라엘도 다른 모든 나라처럼 왕의 통치를 받아야 한다는 것이었는데, 이것은 사무엘에게 그들이 하나님께 회귀한 것이 얼마나 피상적인 것이었는지를 깨닫게 해주는 것이었다.

사무엘은 이스라엘 사람들에게 왕의 통치를 받게 되면 왕의 착취를 당하게 될 것이라고 경고한다.

"너희를 다스릴 왕은 이렇게 할 것이다. 그는 너희 아들들을 데려다가 자기 마차와 말을 돌보는 일을 시키고 그들을 마차 앞에서 달리게 할 것이다. 그가 너희 아들들을 천부장과 오십부장으로 세울 것이며 자신을 위해 밭을 갈고 추수하게 할 것이고 전쟁을 위한 무기와 마차의 장비를 만들게 할 것이다. 또 너희 딸들을 데려다가 향료 만드는 사람, 요리사, 빵 굽는 사람이 되게 할 것이다. 그는 너희 밭과 포도밭과 올리브 밭 가운데 제일 좋은 것을 골라 자기 신하들에게 줄 것이며 너희 곡식과 포도 수확물의 10분의 1을 가져다가 자기의 관리와 신하들에게 줄 것이다. 너희 남종들과 여종들과 너희 소년들과 나귀들 가운데 가장 좋은 것을 끌어다가 자기 일을 시키고 너희 양들의 10분의 1을 가질 것이며 결국 너희 자신도 그의 노예가 될 것이다(8:10-17)."

사무엘의 예언적인 경고에도 불구하고 이스라엘 백성들은 고집을 꺾지 않는다.

"아니오. 그래도 우리는 왕을 원합니다. 다른 나라들처럼 우리를 다스릴 뿐 아니라 우리를 이끌고 나가 싸워 줄 왕이 있어야 합니다(8:19-20)."

사무엘은 하나님의 지시대로 베냐민 사람인 사울을 왕으로 선택해 그에게 성유를 발라준다. 사무엘이 젊은 사울을 왕으로 지명하자 이스라엘 백성들은 "우리 왕 만세!(10:24)"를 외친다.

하지만 후에 사울은 하나님의 명백한 명령을 따르지 않는다. 사무엘은 하나님의 지시대로 사울에게 이렇게 말한다.

"나는 당신과 함께하지 않을 것이오. 당신이 여호와의 말씀을 거역했기 때문에 여호와께서는 당신을 이스라엘을 다스릴 왕이 되지 못하게 하셨소(15:26)."

그리고 하나님은 사무엘에게 다윗을 찾아 그를 새로운 왕으로 임명할 것을 명한다. 사무엘은 사울이 자신의 계획을 알면 자신을 죽일 것이라는 생각에 두려워한다. 그래서 하나님은 사무엘에게 암소 한 마리를 들고 제물을 바치러 간다고 알리라고 조언한다. 이것은 누군가의 목숨이 위태로울 때 거짓말을 하거나 절반의 진실만을 말하는 것(비록 제물을 바치는 것이 여행의 목적은 아니었지만 사무엘은 실제로 제물을 바쳤다.)에 대한 하나님의 입장을 분명히 표명한 사례로 보인다(16:2).

사무엘은 다윗에게 성유를 붓고 그를 왕으로 세운다. 비록 다윗이 실제로 왕이 되어 이스라엘을 다스리기까진 그 후 여러 해가 지나야 했지만 말이다. 그 사이에 사무엘은 한 차례 깜짝 등장하는 것을 제외하고 성경에서 완전히 자취를 감춘다.

몇 해 후, 여전히 이스라엘을 통치하고 있던 사울 왕은 막강한 블레셋 군대의 공격을 받게 된다. 이에 사울은 사무엘의 영혼에게 자신이 어떻게 해야 하는지를 묻기 위해 주술사를 찾아 그녀에게 죽은 사무엘의 영혼을 불러줄 것을 요청한다. 사무엘은 실제로 다시 모습을 드러낸다. 비록 겁에 질린 사울에게 아무런 위안도 주지 않지만 말이다.

"왜 나를 불러내어 귀찮게 하느냐? …… 왜 내게 묻느냐? 지금 여호와께서 너를 떠나 네 원수가 되지 않으셨느냐? 여호와께서는 나를 통해 말씀하셨던 일을 그대로 행하셔서 네 손에서 이 나라를 찢어내어 네 이웃 다윗에게 주셨다. 네가 여호와의 말씀에 순종하지 않고 여호와의 진노를 아말렉 사람들에게 쏟지 않았기 때문에 여호와께서 오늘 네게 이렇게 하신 것이다. 여호와께서는 이스라엘과 너를 블레셋 사람들의 손에 넘겨주실 것이다. 내일 너와 네 아들들은 나와 함께 있게 될 것이다. 또 여호와께서는 이스라엘의 군대를 블레셋 사람들의 손에 넘겨주실 것이다(28:15-19)."

전례 없는 사무엘의 사후 출현은 사후 세계에 대한 성경의 믿음을 분명히 보여주는 것이라 하겠다.

■■■ 35

유대 최초의 왕

수줍음 많고 호감 가는 청년에서 대담한 전사와 왕으로 변모한 사울은 종국에는 복수심에 차 피해망상적인 증상을 보이며 무기력하게 생을 마감했다.

사울은 이스라엘 최초의 왕이었다. 만일 사울이 하나님의 말씀에 복종했다면 다윗의 집안이 아니라 그의 집안이 계속해서 이스라엘을 통치했을지도 모른다. 사울은 리더로서 치명적인 결점을 갖고 있었다. 그는 사람들이 자신을 좋아해주길 간절히 원했던 것이다. 예언자 사무엘은 그에게 이스라엘의 역사적인 적 아말렉과 전면적인 전쟁을 벌여 그들의 재산을 모조리 멸하고 그들을 모두 쓸어버릴 것을 지시한다. 하지만 전쟁이 끝났을 때 사울은 자신의 군사들에게 전리품으로 보상한다. 그는 하나님의 명령을 어긴 것에 대해 "백성들이 두려워서 그들의 말대로 한 것입니다(사무엘상 15:24)."라고 자신을 변호한다. 그는 또한 살인을 일삼는 아말렉의 왕 아각을 죽이지도 않는데, 그 동기는 동료 왕을 존중하는 마음이었을 가능성이 가장 크다.

사울이 하나님의 명령을 무시한 것에 격노한 사무엘은 하나님의 이름으로 그에게 "여호와께서는 당신을 이스라엘을 다스릴 왕이 되지 못하게 하셨소."라고 전한다. 그런 다음 사무엘은 아말렉 사람들의 왕 아각을 불러들여 그에게 "네 칼이 여인들에게서 자식을 빼앗았으니 네 어미도 그렇게 자식을 빼앗기리라."라고 말하고 아각을 직접 살해한다(15:33).

이때 이후로 지나치게 '마음이 고와' 적국의 왕 아각을 죽이지도 못한 사울 왕은 무자비한 왕으로 변한다. 왕권이 다윗에게 넘어갈 것이라는 데 두려움을 느낀 사울은 놉 사람들이 다윗을 재워주었다는 소식을 듣고 85명의 놉 사람들을 살해한다. 이 가련한 놉 사람들은 다윗과 사울 간의 긴장 상태도 모른 채 죽어갔다. 유대 전통은 살인자 아각은 살려주고 순진무구한 놉 사람들은 살해한 사울의 대조적인 행동에 대해 다음과 같이 언급했다.

"잔인할 필요가 있을 때 자비를 베푸는 사람은 결국 자비를 베풀어야 할 때 잔인하게 될 것이다(전도서 라바Ecclesiastes Rabbah 7:16)."

사울 왕의 마지막 나날들은 리어 왕의 삶을 비극적이 아닌 것으로까지 보이게 한다. 왕권에 대한 다윗의 위협에 사로잡힌 사울은 다윗에게 우호적이라는 이유로 자신의 아들 요나단에게 창을 던지고, 자신과 가장 가까운 조언자가 음모를 꾸몄다고 의심한다(22:8).

사울은 블레셋을 상대로 마지막 전쟁을 벌이는데, 이 전쟁에서 그는 모든 희망을 잃게 된다. 그 전날 밤, 사무엘은 사울에게 다음 날 사울과 그의 아들들이 죽게 될 것이라고 예언한다. 그럼에도 사울은 도망가지 않는다. 당시 그에겐 죽음이 삶보다 더 나은 선택이었던 것 같다. 결국 세 아들은 블레셋 사람들의 칼에 목숨을 잃고, 부상을 입은 사울은 블레셋 사람들에게 잡혀 굴욕을 당할 것을 두려워한 나머지 자결한다.

■■■ 36

유대인들의 영원한 왕

유다와 이스라엘을 통치한 42명의 왕과 여왕 중에서 다윗이 가장 중요한 인물이었다. 그가 살았던 시대로부터 3천 년이 지난 오늘날까지도 유대인들은 여전히 히브리어로 "이스라엘의 왕 다윗이여, 영원히 번창할지어다."라는 노래를 부른다. 예루살렘을 유대인들의 수도이자 종교적 중심지로 세운 이가 바로 다윗이었다. 유대 전통은 다윗의 직계 자손이 메시아가 될 것이라고 구술한다.

성경이 다른 어떤 인물보다도 다윗의 삶을 더 상세하게 기술하고 있기에 여기서 그의 삶에서 가장 유명한 다섯 가지 조우와 관계를 통해 그의 삶을 조명해보기로 하자.

다윗의 어린 시절 동안 이스라엘은 또 다시 불행한 상황을 겪고 있었다. 이스라엘 사람들이 블레셋 사람들의 지배와 괴롭힘을 당하고 있었던 것이다. 그러던 중 이스라엘 군대와 블레셋 군대가 좁은 골짜기를 사이에 두고 서로 대치하는 일이 일어난다. 먼저 공격하려고 상대 진영의 비탈을 올라가면 상대에게 쉬운 표적이 되기에 둘 중 어느 쪽도 먼저 공격하길 원치 않는 상황이었다. 블레셋 장군이 먼저 각 진영의 최고 전사끼리 결투를 해 교착 상태에 종지부를 찍자고 제안한다. 그리고는 즉시 투창과 창, 검을 든, 키가 2m 90cm(최소한 이스라엘 사람들에겐 그렇게 보였을 것이다.)에 달하는 골리앗을 내보내자, 골리앗은 이스라엘 군대를 향해 외친다.

"누구든 하나만 골라서 내게 보내라. 만약 나와 싸워서 그가 나를 죽이면 우리가 너희 종이 되겠고 내가 그를 쳐서 죽이면 너희가 우리 종이 돼 섬겨야 한다."

며칠이 지나도 이스라엘 진영에는 골리앗과 대적하고자 하는 장수가 나타나지 않는다.

당시 여덟 형제 중 막내인 다윗은 양치기로 일하고 있었는데, 군대에 들어가기에는 너무 어린 나이였다. 그런데 그의 아버지가 세 형에게 음식을 전하려고 다윗을 이스라엘 진영에 보냈을 때 다윗은 골리앗의 조롱에 이스라엘 군사들의 사기가 얼마나 떨어져 있는지에 놀란다. 양치기 소년에 불과한 다윗이 여러 군사들에게 말을 걸어 그들을 고무시킨다. 사울 왕은 다윗에 대한 소식을 전해 듣고 다윗을 부른다. 다윗은 사울에게 자신이 블레셋의 거인과 대적하겠다고 말한다.

사울은 다윗에게 자신의 갑옷과 청동 투구, 검을 주지만 다윗은 그것들을 사용하지 않기로 결정한다. 그것들은 다윗에게 너무 무거웠기 때문이다. 대신에 다윗은 지팡이와 돌 다섯 개, 무릿매를 가지고 골리앗과 대적하러 간다. 다윗을 보고 가소롭게 여긴 골리앗은 "막대기나 들고 오다니 내가 강아지인 줄 아느냐?"라고 말하고는 자기 신들의 이름으로 다윗을 저주한다.

그런데 얼마 후, 다윗은 주머니에서 돌을 꺼내 무릿매로 그 돌을 던져 골리앗의 이마를 정통으로 맞추어 골리앗을 즉사시킨다. 무장도 하지 않은 소년이 자신들의 위대한 영웅을 죽이는 것을 지켜본 블레셋 군사들은 당황하며 도망간다. 다윗은 골리앗의 목을 베어 그것을 사울에게 바친다.

하지만 사울이 다윗에게 느낀 고마운 마음은 그리 오래 가지 않는다. 이스라엘 여성들이 다음의 새로운 노래를 부르는 것을 들었을 때 사울은 다윗을 더 이상 자신의 충성스러운 전사로 보지 않고, 오히려 그를 잠정적인 위협 요소로 보기 시작한다.

사울이 죽인 사람은 수천 명이요,
다윗이 죽인 사람은 수만 명이라네.

■■■ 37

다윗과 요나단

성경에는 우정의 두 모델이 있는데, 하나는 룻과 나오미가 나누는 여성 간의 우정이고, 또 하나는 다윗과 요나단이 나누는 남자 간의 우정이다.

어떤 면에서 다윗과 요나단의 우정은 룻과 나오미의 우정을 능가한다. 두 남자의 입장은 외견상 경쟁 구도를 형성했기 때문이다. 다시 말해 사울 왕의 장남인 요나단은 명백한 왕위 계승자였고, 사울의 가장 중요한 장수인 다윗은 백성들이 미래의 왕으로 선택한 인물이었다.

하지만 이러한 경쟁 구도도 그들의 우정에 걸림돌이 되지 않았다. 요나단이 자신보다 더 뛰어난 다윗의 천부적인 리더십 능력을 깨달았을 때 요나단은 친구의 미래 왕국에 최고 조력자가 되리란 열망만을 불태울 뿐이었다.

“자네는 이스라엘을 다스릴 왕이 될 걸세. 나는 자네 다음이지(사무엘상 23:17).”

요나단은 우정의 대가를 혹독하게 치른다. 다윗과의 우정은 그와 아버지 사울 사이를 갈라놓는다. 사울은 다윗이 왕권을 위협하는 존재라고 확신하기 때문이다. 사울은 자신의 모든 힘을 동원해 필사적으로 다윗을 죽이려 하지만 그의 노력은 번번이 요나단에 의해 좌절될 뿐이다. 심지어 요나단은 다윗에게 자기 아버지의 음모를 알려주며 조심할 것을 당부하기까지 한다. 사울은 요나단을 맹렬히 비난한다.

“너 반역자며 사악한 여자의 자식아, 네가 그 이새의 아들 쪽을 택한 걸 내가 모를 줄 아느냐? 네게도 망신이지만 널 낳아 준 어미에게도 망신이다(사무엘상 20:30).”

후에 그는 요나단에게 창을 던지기까지 한다.

그럼에도 요나단은 아버지 사울을 공경하는 것을 멈추지 않는다. 심지어 그는 훨씬 막강한 블레셋 병력과의 승률이 거의 없는 마지막 전쟁에 뛰어든 아버지를 따라 참전하기까지 한다. 다윗과의 탄탄한 우정에도 불구하고 요나단은 마음 한구석으로 다윗의 왕국에는 자신의 자리가 없으리라는 두려움을 느꼈을지도 모른다. 공식적인 왕위 계승자가 다른 왕의 신하가 된다는 것은 결코 상식적인 일이 아니었기 때문이다. 물론 우리가 요나단의 마음을 읽을 길은 전혀 없기에 이 모든 것은 순전히 추측에 불과하다. 요나단은 결국 이 마지막 전쟁에서 아버지와 두 동생과 함께 전사한다.

한 젊은이가 황급히 다윗을 찾아와 전쟁에서 사울과 요나단이 죽었는데, 자신이 사울의 죽음을 도왔다고 자랑하듯 말한다. 그 젊은이는 분명 다윗에게서 넉넉한 보상을 받을 것이라 생각했을 것이다. 하지만 격분한 다윗은 "네가 어떻게 감히 네 손으로 여호와께서 기름 부으신 사람을 죽이는 것을 두려워하지 않았느냐?(사무엘하 1:14)"라고 호통 친 뒤 그의 부하로 하여금 그 젊은이를 죽이게 한다. 그런 다음 다윗은 자신의 소중한 친구 요나단에게 애정 어린 작별 인사를 한다.

"내 형제 요나단이여, 내가 그대를 두고 슬퍼하니 그대는 내게 진정한 친구였기 때문이오. 나를 향한 그대의 사랑은 여인의 사랑보다 더욱 큰 것이었소(사무엘하 1:26)."

다윗과 요나단의 서로에 대한 애정을 묘사한 다른 구절과 더불어 이 구절도 두 사람이 연인 관계였음을 주장하는 데 종종 인용되곤 한다. 프레데릭 부흐너Frederick Buechner는 여기에 대해 이렇게 기술했다.

"많은 경우, 두 남자가 연인 사이라는 의심을 받지 않으면서 서로 포옹하거나 함께 울거나 서로에게 사랑한다는 말을 할 수 없는 시대에 우리가 살고 있다는 것은 안타까운 일이다(《기묘한 보물들Peculiar Treasures》, 76쪽)."

38

불륜으로 태어난 솔로몬

다윗의 삶에서 그가 윤리적으로 저점을 찍은 일은 그가 왕궁 옥상에 올라가 한 아름다운 여인이 길 건너편에서 목욕하는 것을 보았을 때 시작된다. 한 여성이 열린 장소에서 알몸을 보였다는 것은 당시로선 가히 충격적인 사건일 것이다. 어떻게 이러한 일이 일어날 수 있었을까? 그것은 아마 왕궁이 예루살렘에서 가장 높은 건물 중 하나이고, 그 여성이 누군가가 자신을 훔쳐보리라곤 꿈에도 생각하지 못했기 때문이었을 것이다.

다윗은 밧세바가 자기 군대의 장교와 결혼한 여자라는 것을 알고 나서도 그녀를 왕궁으로 불러들여 그녀와 잠자리를 함께한다. 밧세바를 왕궁으로 불러들임으로써 다윗은 순식간에 십계명 중 두 가지 계명을 어기게 된다. 즉 네 이웃의 아내를 탐내지 말라는 계명과 간음하지 말라는 계명을 어기게 되는 것이다. 그런데 이것은 후에 다윗이 한층 더 심각한 계명인 '살인하지 말라.'는 계명을 어기게 되는 발판이 된다.

두 사람이 잠자리를 같이하고 얼마 지나지 않아 밧세바가 다윗에게 임신 소식을 전한다. 다윗은 이 소식을 듣자마자 자신이 곤경에 처하게 되었다는 것을 깨닫는다. 다윗은 자신의 군사들이 자신을 위해 전쟁을 치르는 동안 그가 그들 중 한 명의 아내에게 어떻게 대했는지를 알게 된다면 그들은 분명히 반란을 일으킬 것이라고 생각하고 두려움에 휩싸였을 것이다. 이에 판단이 빠른 다윗은 밧세바의 남편인 우리아를 전장에서 불러들여 그에게 몇 가지 사소한 질문을 던지고는 집으로 돌아가 쉬라고 말한다. 당연히 다윗은 우리아가 아내 밧세바와 하룻밤을 함께 보내면 밧세바가 몇 달 뒤에 아이를 낳았을 때 사람들은 밧세바가 조산한 것으로 여기고 자신과 그녀의 부정을 의심하지 않으리라 생각했을 것이다. 하지만 우리아는 유별나게 고결한 성품의 소유자였다. 그는 동료 군사들이 전장에서 생사를 걸고 싸우는데 자신만 집으로 돌아가 아내와 즐거운 시간을 보낼 순 없다고 생각했다. 다음 날 다윗은 우리아에게 술을 대접하고 그를 취하게 만든 뒤 다시 집으로 돌려보낸다. 하지만 그날도 우리아는 집으로 돌아가지 않고 왕궁에서 밤을 보낸다.

그 후 다윗은 아주 빠른 속도로 점점 더 큰 죄악을 저지르며 상황을 비극적으로 몰고 간다. 다윗은 최고사령관인 요압에게 편지를 전하라며 우리아를 다시 전쟁터로 보내는데, 거기에는 다음과 같은 글이 적혀 있었다.

"우리아를 싸움이 가장 치열한 최전선으로 내보내고 너희는 뒤로 물러가 그가 맞아 죽게 하라."

우리는 요압이 다윗의 편지를 읽었을 때(아마도 요압 앞에 여전히 우리아가 서 있었을 것이다.) 그가 어떤 이상한 추측을 했는지 상상만 할 수 있을 뿐이다.

요압은 서둘러 적진의 가장 강한 용사들이 있는 곳을 알아내어 우리아를 그곳에 보내 죽게 하고 그의 전사 소식을 다윗에게 알린다. 다윗은 우리아를 죽이는 데 눈이 멀어 이 불필요한 전쟁에서 다른 군사들도 목숨을 잃었다는 소식을 듣고도 안타까워하지 않는다. 그의 도덕성이 그의 필요성에 억눌려 제 기능을 발휘하지 못한 것이다. 다윗의 머릿속엔 우리아가 죽기만 하면 자신은 안전하다는 생각밖에 없었다.

밧세바가 남편을 애도하는 기간이 끝나자 다윗은 밧세바를 왕궁으로 불러들여 그녀와 결혼한다. 물론 여기서 이야기가 끝나진 않는다. 여호와는 다윗의 악행에 격노하며 다윗에게 나단을 보낸다.

두 사람의 관계의 출발이 부정했음에도 불구하고 밧세바는 후에 다윗의 가장 유명한 아들인 솔로몬의 어머니가 된다.

■■■ 39

가장 존경받던 왕의 회개

예언자 나단은 비교적 사소한 죄악에 대해 다윗의 조언을 구하는 명목으로 다윗을 만난다. 나단은 다윗에게 이렇게 말한다.

"한 성에 두 사람이 살고 있었는데 하나는 부자였고 다른 하나는 가난했습니다. 부자에게는 양과 소가 아주 많았지만 가난한 사람은 자기가 사다가 키운 작은 암양 새끼 한 마리밖에 없었습니다. 그 양은 그의 자식들과 함께 자라며 그가 먹는 것을 같이 먹었고 그 잔에서 같이 마셨으며 그 품에서 잤습니다. 그 양은 그에게 마치 딸과 같았습니다. 하루는 부자에게 손님이 왔습니다. 하지만 그는 자기에게 온 손님을 대접할 때 자기 소나 양을 잡지 않고 가난한 사람의 그 새끼 양을 잡아 자기에게 온 손님을 대접했습니다(사무엘하 12)."

나단의 이야기를 들은 다윗이 격노하며 말한다.

"여호와께서 살아 계심을 두고 맹세하건데 이런 일을 한 그 사람은 죽어야 마땅할 것이다."

이에 나단은 "아타 하-이쉬Atta ha-Ish", 즉 "왕이 바로 그 사람입니다."라고 말한다. 그런 다음 나단은 하나님이 그동안 다윗을 위해 하신 일들을 열거한다. 다윗은 하나님의 이러한 선의에 우리아를 죽이고 그의 아내를 취하는 것으로 반응했던 것이다.

나단을 만나기 전, 다윗은 분명히 밧세바에게 한 자신의 행동을 정당화할 수 있는 방법을 찾았다. 프로이트가 "자기합리화에 있어선 우리 모두가 천재다."라고 말했듯이 말이다. 하지만 기를 꺾는 나단의 혹독한 비난에 직면한 다윗은 그 즉시 자신이 저지른 악행을 깨닫고 인정하며 나단에게 이렇게 말한다.

"내가 여호와께 죄를 지었습니다."

이 불행한 에피소드 전체를 특별하게 만드는 것은 다윗이 저지른 악행이 아니다. 이와 같은 행동은 고대 및 중세 사회의 군주들이 일상적으로 행한 것이었기 때문이다. 그것은 예언자 나단이 자신의 목숨을 걸지 않고도 더 높은 율법의 이름으로 왕을 비난할 수 있었고, 이에 다윗 왕은 자신의 죄를 인정하고 회개했다는 것이다. 이것이 바로 성경적인 종교에서 특기할 만한 점이다. 그뿐만 아니라 윤리적 결점까지 포함시켜 왕들을 있는 그대로 묘사하는 역사적 기록을 남기는 사람은 왕이 아니라 예언자였다.

■■■ 40

자녀를 현명하게 사랑하라

다윗은 군주로서는 성공하지만 아버지로서는 실패한다. 그의 맏아들인 암논은 강간을 일삼고, 셋째 아들 압살롬은 아주 잘생겼지만 심한 응석받이로 자랐다. 성경은 압살롬의 눈부신 외모에 이례적인 호평을 한다.

"이스라엘 전역에서 압살롬만큼 잘생겼다고 칭찬받는 사람이 없었다. 그는 머리끝부터 발끝까지 흠잡을 데가 없었다(사무엘하 14:25)."

하지만 압살롬은 영적으로 흠이 있었다. 그는 권력에 굶주린 선동가였다. 사람들이 판결을 받으려고 다윗을 찾으면 압살롬은 그들에게 다가가 만일 자신이 왕이었다면 그들을 위해 정당한 판결을 내려줄 것이라고 말하며 그들의 마음을 움직인다. 얼마 지나지 않아 압살롬이 이스라엘 사람들의 마음을 사로잡았다는 것은 놀라운 일이 아닐 것이다.

압살롬은 또한 다윗의 참모인 아히도벨의 마음도 사로잡아 총력을 기울인 반란을 계획한다. 그는 헤브론에서 자신에게 성유를 붓고 왕이 되어 많은 군사들을 거느리고 예루살렘으로 진군한다. 압살롬의 반란을 전혀 눈치 채지 못했던 다윗은 결국 도망갈 수밖에 없는 신세가 된다. 아히도벨은 압살롬에게 다윗이 군대를 재정비하기 전에 즉시 다윗을 쫓으라는 훌륭한 조언을 한다. 그리고 여전히 다윗을 위해 비밀리에 일하고 있는 또 다른 참모인 후새는 압살롬에게 다윗을 상대로 한 대규모 공격을 압살롬 자신이 직접 지휘할 수 있을 때까지 기다리라는 또 다른 조언을 한다. 후새의 조언이 압살롬의 에고에 호소력을 발휘해 압살롬은 결정적인 지연을 하게 되고 그 덕분에 다윗은 군대를 재편성할 시간을 갖게 된다.

다윗은 곧바로 반격한다. 다윗은 마지막 전쟁을 준비하면서 요압과 아비새와 잇대에게 압살롬을 죽이지 말라고 명령한다. 그런데 노새를 타고 도망가다 긴 머리카락이 상수리나무의 굵은 가지들에 걸려 공중에 매달리게 된 압살롬을 찾은 다윗의 장군 요압이 압살롬의 반역에 격노하며 그를 죽인다.

다윗에게는 압살롬을 상대로 거둔 승리가 달콤하기보단 쓴 것이었음이 드러난다. 다윗은 압살롬이 죽었다는 소식을 전해 듣고 "내 아들 압살롬아, 내 아들아, 내 아들 압살롬아! 내가 너 대신 죽을 수만 있었다면. 압살롬아, 내 아들, 내 아들아!(18:33)"라고 외치며 오랫동안 통곡한다.

그 전과 후의 많은 아버지들처럼 다윗은 압살롬을 깊이 사랑했지만 현명하게 사랑하지는 못했다.

■■■ 41

솔로몬에 대한 흠모

유대 전통은 다윗 왕의 아들인 솔로몬을 가장 지혜로운 인물로 꼽는다. 그의 탁월함에 대해 전해들은 에티오피아의 스바 여왕이 그녀가 알고 있는 가장 어려운 문제들로 솔로몬을 시험하기 위해 이스라엘을 찾는다. 솔로몬은 스바 여왕의 모든 질문에 대답한다.

"그 어떤 것도 왕이 답하기 어려운 것은 없었다(열왕기상 10:3)."가 솔로몬 왕에 대한 성경의 기록이다. 성경의 또 다른 기록에 따르면 솔로몬은 3천 개의 속담과 천 곡이 넘는 노래를 만들었고, 세상 곳곳의 왕들이 솔로몬의 말을 듣기 위해 사람을 보냈다고 한다. 유대 전통은 성경의 '아가'와 '잠언', '전도서'의 저자가 솔로몬이라고 생각한다.

특히 한 사건이 솔로몬의 지혜에 대한 명성을 드높인다. 두 창녀가 각각 아기를 낳았다. 어느 날 밤, 잠을 자는 동안 한 여자가 사고로 자기 아기를 질식사시켰다. 그녀는 침대에서 일어나 그녀의 죽은 아기와 다른 여자가 안고 있던 아기를 바꾸었다. 다음 날, 두 여자가 솔로몬 왕 앞에 섰다. 두 여자 모두 자기가 살아 있는 아기의 엄마라고 주장했다. 그런데 두 여자 모두 자기가 그 아기의 엄마임을 확실히 입증하지 못하자 솔로몬 왕은 신하에게 칼을 가져와 아기를 반으로 잘라서 두 여자에게 각각 하나씩 줄 것을 명령했다. 이에 한 여자가 소스라치며 소리쳤다.

"내 주여, 저 살아 있는 아들을 차라리 저 여자에게 주십시오! 죽이지만 말아주십시오!"

다른 여자가 말했다.

"내 아기도 안 되고 네 아기도 안 될 것이니 아기를 반으로 자르자!"

순간 솔로몬에겐 모든 것이 분명해졌다. 그는 두 번째 여자를 보며 지시했다.

"살아 있는 아기를 죽이지 말고 첫 번째 여자에게 주어라. 그녀가 이 아기의 어머니이다."

성경은 다음의 말로 이 이야기를 끝맺는다.

"온 이스라엘이 왕이 내린 판결을 듣고 왕을 두려워했다. 그들은 왕이 하나님의 지혜로 판결하는 것을 보았기 때문이다(3:16-28)."

솔로몬은 상당한 이점을 갖고 왕위에 올랐다. 그의 아버지 다윗의 전쟁들이 유대 역사상 가장 크고 안전한 왕국을 그에게 물려주었기 때문이다. 그 결과 솔로몬은 지적 추구 및 건설에 집중할 수 있는 시간을 확보할 수 있었다. 기원전 586년에 파괴된 첫 번째 대성전을 건축한 사람도 솔로몬이었다.

솔로몬은 몇몇 영역들에서 탁월한 면을 보였지만 안타깝게도 다른 영역들에선 지혜롭지 못했다. 그는 대성전을 짓기 위한 자금을 마련하기 위해 이례적으로 높은 세금을 부과했고, 레바논에서 원자재를 구입하기 위해 매달 1만 명의 이스라엘 백성을 레바논에 보내 강제 노동을 시켰다. 높은 세금과 강제 노동의 조합은 백성들(특히 이집트 노예 생활의 쓰라린 기억이 있는 백성들)의 원성을 사기에 충분했다. 대성전이 세워진 후에도 '비상 세금'을 계속 거둬들였을 때는 백성들의 원성이 하늘을 찔렀다.

솔로몬은 또한 역사상 아내가 가장 많은 유대인이기도 했다. 성경은 그가 7백 명의 아내와 3백 명의 첩을 거느렸다고 기록하고 있다. 그의 아내 중 다수(대다수일지도)가 귀족 출신의 이방 여성이었는데, 그는 그들의 나라와 원만한 외교적 관계를 형성하고 유지하기 위해 그들과 결혼했다. 안타까운 사실은 그가 비유대인 아내들의 개종에 영향을 주기는 커녕 오히려 그들의 신들과 타협했다는 것이다. 웅장한 대성전을 세운 바로 그 왕에 대해 성경은 이렇게 기록한다.

"솔로몬은 여호와가 보시기에 악을 행했다. 그는 자기 아버지 다윗과는 달리 여호와를 온전히 따르지 않았다(11:6)."

심지어 솔로몬은 자신의 비유대인 아내들에게 그들의 신들을 모실 곳을 마련해주기 위해 신당을 짓기까지 했다.

솔로몬의 악행에 격노한 하나님은 솔로몬에게 이렇게 말했다.

"네가 이런 일을 해 내가 네게 명령한 내 언약과 내 규례를 지키지 않았구나. 그러므로 내가 이 나라를 반드시 네게서 찢어내어 네 신하에게 줄 것이다. 그러나 네 아버지 다윗을 생각해서 네 시대에는 그렇게 하지 않고 네 아들의 손에서 빼앗아 찢을 것이다. 나라 전체를 찢어내지는 않고 내 종 다윗과 내가 선택한 예루살렘을 생각해서 네 아들에게 한 지파를 줄 것이다(11:11)."

그렇다면 솔로몬에 대한 최종 평결은 무엇일까? 이 점에 관해선 성경과 유대 전통이 서로 다른 입장을 취한다. 성경은 처음에는 솔로몬에 대해 긍정적으로 묘사하지만 마지막에는 그를 맹렬히 비난한다. 하지만 유대 전통에선 지혜로운 솔로몬의 초기 이미지가 지속된다. 실제로 솔로몬의 히브리어 슈로모는 종교적인 유대인들 사이에서 인기 있는 이름으로 남아있다. 유대인 부모들은 자녀가 솔로몬처럼 지혜롭기를 바라는 마음에서 자녀의 이름을 슈로모로 짓는 것이다.

■■■ 42

재건되어야 할 대성전

솔로몬 왕의 최고 업적은 예루살렘에 장엄한 대성전을 세운 것이다. 한 세대 전, 솔로몬의 아버지 다윗 왕도 십계명이 들어있는 언약궤를 영구히 보관할 장소로 대성전을 짓길 원했다. 하지만 하나님이 이를 금했다. 하나님은 다윗에게 이렇게 말했다.

"내 이름을 위해 집을 지을 사람은 네가 아니다. 너는 용사라 피를 너무 많이 흘렸기 때문에 할 수 없다(역대상 28:3)."

성경에 따르면 솔로몬의 대성전은 길이 180피트, 폭 90피트, 높이 50피트였다. 솔로몬은 성전을 짓는 데 아낌없는 투자를 했다. 솔로몬은 두로의 히람 왕에게 매년 양식을 주는 대가로 엄청난 양의 백향목과 잣나무를 제공받았다. 그는 일꾼들로 하여금 채석장에서 크고 질 좋은 돌을 캐다가 잘 다듬어 그것들로 성전의 기초를 닦도록 했다. 이 엄청난 프로젝트를 완성하기 위해 솔로몬은 모든 백성에게 한 번에 한 달 동안 강제 노동을 시켰다. 대성전을 짓는 데 3천3백 명의 감독이 임명되었다. 솔로몬은 대성전을 지으려고 두로의 히람 왕에게 엄청난 빚을 졌기에 그에게 갈릴리 땅에 있는 20개의 성을 주었다(열왕기상 9:11).

솔로몬은 대성전이 완성되었을 때 기도를 하고 제물을 바치는 것으로 개관을 기념했는데, 이때 심지어 비유대인을 초대해 그곳에서 기도를 드리도록 하기도 했다. 솔로몬은 하나님께 그들의 기도에 특별한 주의를 기울여주실 것을 요청했다.

"주께서는 주가 계시는 곳 하늘에서 들으시고 이 이방 사람들이 주께 무엇을 구하든 다 들어주십시오. 그러면 이 땅의 모든 민족들이 주의 백성 이스라엘처럼 주의 이름을 알고 주를 경외할 것이요, 또 제가 지은 이 성전이 주의 이름으로 불리는 것을 알게 될 것입니다(열왕기상 8:43)."

그로부터 약 4백 년 후인 기원전 586년에 바빌로니아 사람들에 의해 대성전이 파괴되기 전까지 제물을 바치는 것은 그곳에서 행해지는 종교의식의 두드러진 방식이었다. 첫 번째 대성전이 파괴되고 70년이 지나 두 번째 대성전이 같은 장소에 세워졌고, 제물을 바치는 의식이 다시 거행되었다. 기원전 1세기 동안 헤롯 왕이 이 두 번째 사원을 크게 확장했다. 두 번째 대성전은 '유대 대반란the Great Revolt'이 실패한 후인 서기 70년에 로마 사람들에 의해 파괴되었다.

정성을 들인 장엄함이 느껴지는 첫 번째 대성전의 면모를 보여주듯 첫 번째 대성전의 가장 중요한 방에는 가구가 거의 없었다. '지성소the Holy of Holies'라 불린 이 방에는 십계명을 새긴 두 장의 석판이 들어있는 언약궤가 안치되어 있었다. 안타깝게도 바빌로니아 사람들이 이 대성전을 파괴했을 때 언약궤가 사라졌다. 그래서 두 번째 대성전의 지성소는 자그마한 빈 방이었다. 한 해에 한 번, 속죄일에 대제사장만이 지성소에 들어가 이스라엘을 대신해 하나님께 기도를 드렸다. 이디시어 연극《악령The Dybbuk》에 등장하는 한 하시디즘 랍비의 놀라운 독백은 대성전에서 예배하는 유대인 인파가 이 종교의식 동안 경험했을 느낌을 전해준다.

"하나님의 세상은 위대하고 거룩합니다. 세상에서 가장 성스러운 땅은 이스라엘 땅입니다. 이스라엘 땅에서 가장 성스러운 도시는 예루살렘입니다. 예루살렘에서 가장 성스러운 장소는 대성전이었습니다. 그리고 대성전에서 가장 성스러운 곳은 지성소였습니다. …… 세상에는 70명의 사람이 있습니다. 그들 중 가장 성스러운 사람들은 이스라엘 사람들입니다. 이스라엘 사람들 중 가장 성스러운 사람들은 레위 사람들입니다. 레위 사람들 중 가장 성스러운 사람들은 제사장들입니다. 제사장들 중 가장 성스러운 사람은 대제사장이었습니다. …… 한

해[태음년]에는 354일이 있습니다. 그날들 중 축제일이 성스럽습니다. 축제일보다 더 성스러운 날이 안식일입니다. 안식일 중 가장 성스러운 날은 안식일 중의 안식일인 속죄일입니다. …… 세상에는 70가지 언어가 있습니다. 이 중 가장 성스러운 언어는 히브리어입니다. 히브리어에서 다른 어떤 말보다 더 거룩한 말은 성스러운 토라의 말입니다. 토라에서 가장 성스러운 부분은 십계명입니다. 십계명의 모든 단어들 중 가장 성스러운 단어들은 '하나님의 이름'입니다. …… 그리고 한 해에 한 번, 특정한 시간에 세상에서 가장 신성한 이 네 단어('하나님의 이름'은 영어로 'the name of God'으로 네 단어가 된다.)가 서로 결합합니다. 그날은 바로 대제사장이 지성소에 들어가 하나님의 이름을 부르는 속죄일입니다. 이 시간은 더없이 거룩하고 경이로운 시간이었기에 대제사장뿐만 아니라 이스라엘 전체에 가장 위험한 시간이기도 했습니다. 만일 이 시간에 하나님께서 대제사장이 잘못된 생각이나 사악한 생각을 품는 것을 금하지 않으셨다면 세상 전체가 파괴될 수 있었기 때문입니다."

지금까지도 정통파 유대인은 대성전의 복원을 위해 하루에 세 차례 기도한다. 이슬람교도들이 팔레스타인을 통치하던 몇 세기 동안에 두 개의 이슬람 사원이 유대 대성전이 있던 곳에 세워졌다(이것은 결코 우연이 아니었다. 다른 민족의 성스러운 장소에 이슬람 사원을 짓는 것은 이슬람교도들의 관행이었기 때문이다.). 이 이슬람 사원들을 파괴하려는 어떤 시도도 이스라엘을 상대로 한 이슬람교도들의 국제적인 지하드(성스러운 전쟁)를 유발할 것이기에 대성전은 가까운 미래에 재건될 수 없을 것이다.

■■■ 43

보화보다 지혜를 물려주어라

솔로몬의 아들이자 왕위 계승자인 르호보암에게는 세 가지 결점이 있었다. 즉 그는 탐욕스럽고 오만하며 어리석었다. 이 파괴적인 조합은 이스라엘 왕국을 둘로 갈라놓았다.

솔로몬 왕이 죽자 이스라엘 백성들이 르호보암을 찾아와 그에게 그의 아버지 솔로몬 왕이 부과한 무거운 세금과 강제 노동에서 벗어나게 해달라고 간청한다. 이에 르호보암은 그들에게 3일 후 다시 오라고 말하고 자신을 섬기는 사람들에게 조언을 구한다. 그들 중 노인들은 백성들의 종이 돼 백성들을 섬기고 그들에게 선한 말로 대답하면 백성들이 영원히 그의 종이 될 것이라고 르호보암에게 말한다. 하지만 그들 중 르호보암과 함께 자란 젊은이들은 그에게 노인들의 조언을 무시하라고 말한다.

3일 후에 이스라엘 백성들이 다시 왔을 때 르호보암은 젊은이들의 조언을 따라 그들에게 이렇게 말한다.

"내 아버지께서 너희 멍에를 무겁게 하셨다고 했느냐? 나는 더 무겁게 할 것이다. 내 아버지께서 너희를 채찍으로 치셨다면 나는 전갈로 칠 것이다(열왕기상 12:14)."

이 말에도 이스라엘 백성들은 두려워하지 않으며 왕에게 대답한다.

"우리가 다윗과 무슨 상관이 있는가? 우리가 이새의 아들에게서 무슨 유업을 받겠는가? 이스라엘아, 네 장막으로 돌아가라. 다윗이여,

당신 집안이나 돌아보라(12:16)."

그리고 그들은 집으로 돌아가 곧바로 여로보암을 자신들의 새로운 왕으로 선택한다. 유다 지파와 이웃의 조그만 지파인 베냐민 지파만이 여전히 다윗 집안을 따른다.

르호보암의 최초 직감은 열 지파를 공격해 그들을 그의 왕국으로 돌아오게 하는 것이었다. 하지만 상황이 그의 생각대로 돌아가지 않는다는 것을 깨달은 르호보암은 후퇴한다. 그 이후로 이스라엘은 유다와 이스라엘(열 지파)로 분리된다. 이 두 나라는 각각의 왕궁을 유지했다. 이스라엘의 열 지파는 기원전 722년에 유다의 작은 나라인 아시리아에 패해 멸망하기까지 존속했다. 아시리아는 기원전 586년에 바빌론에 패해 멸망하기까지 존속했다.

지혜로운 솔로몬 왕이 자신의 지혜를 지혜롭지 못한 자신의 아들에게 물려주었다면 이 비극의 상당 부분을 미연에 방지할 수 있었을 것이다.

■■■ 44

이웃의 재산을 탐한 벌

우리는 아합과 이세벨의 사례에서도 다윗과 밧세바의 사례에서 보았던, 십계명 중 하나를 어긴 것이 어떻게 그보다 더 심각한 죄악들로 이어지는지 볼 수 있다.

북방의 열 지파의 왕인 아합은 왕실의 땅과 인접한 이스르엘Jezreel(이스라엘 북쪽에 위치한 곡창지대) 지역의 포도원을 탐낸다. 포도원 주인인 나봇은 포도원을 팔라는 아합의 제의를 거절한다. 포도원은 이스라엘 사람들이 팔레스타인에 들어온 이후로 나봇 집안의 땅이었다. 그래서 나봇은 집안의 소중한 땅을 처분할 생각이 전혀 없었던 것이다.

아합은 성경의 윤리에서 완전히 벗어나 있는 자신의 아내인, 시돈의 왕 엣바알의 딸 이세벨로부터 "일어나 먹을 것을 드시고 기운을 차리십시오! 내가 나봇의 포도원을 왕께 드리겠습니다."라는 말을 듣기 전까지는 화가 나서 식음을 전폐하고 침대에 누워있었다. 이세벨은 두 명의 건달을 고용해 그들로 하여금 나봇이 공개적으로 하나님과 왕을 저주하는 것을 목격했다고 증언하게 해 나봇을 죽이고 그의 재산을 몰수한다.

이웃의 재산을 탐한 것이 거짓 증언과 약탈, 살인으로 이어진 것이다. 며칠 후 나봇은 처형되고, 아합은 흐뭇한 마음으로 나봇의 포도원을 차지하려고 그곳으로 간다. 그때 하나님은 예언자 엘리야에게 아합 부부의 악행에 대해 알려준다.

"너는 일어나 내려가서 사마리아에 살고 있는 왕 아합을 만나라. 그가 나봇의 포도원을 차지하려고 지금 그곳에 내려가 있다."

그리고 하나님은 엘리야로 하여금 아합에게 다음과 같이 말하게 한다.

"여호와께서 말씀하신다. 네가 사람을 죽이고 그 재산을 차지하지 않았느냐?"

들판에서 기다리다 아합을 만난 엘리야는 하나님의 메시지를 아합에게 전하고 아합과 그 왕실의 몰락을 예언한다. 끝으로 엘리야는 "개들이 이스라엘 성벽 옆에서 이세벨을 먹을 것이다. 아합에게 속한 사람이 성안에서 죽으면 개들이 먹을 것이며 들판에서 죽으면 공중의 새들이 먹을 것이다."라고 예언한다.

아합의 통치는 경제적으로나 군사적으로 아주 성공적이었지만 성경이 그에 대해 중요하게 기록하는 사항은 오로지 "아합과 같이 여호와의 눈앞에 악을 행하려고 자기 자신을 판 사람은 일찍이 없었다. 이것은 모두 아합의 아내 이세벨이 그를 충동질했기 때문이다."뿐이다. 실제로 이 부부는 성경에서 사악한 왕과 왕비의 원형이 되었다.

나봇의 살해를 선동한 것에 덧붙여 이세벨은 하나님에 대한 숭배를 탄압하고 우상을 섬기는 수백 명의 제사장을 이스라엘로 불러들인다. 그녀의 영향력은 광범위하고 오래 지속된다. 그녀의 두 아들 아하시야와 여호람은 이스라엘의 왕이 되고, 그녀의 딸 아달랴는 유다 왕국의 왕비가 된다.

이세벨과 그녀의 가족은 종교 개혁자인 예후의 쿠데타로 몰락한다. 예후의 반란이 성공했다는 것을 깨달은 그녀는 특유의 뻔뻔함을 내보이며 죽음을 맞는다. 이세벨은 나봇의 포도원에 있는 집에서 눈에 화장하고 머리를 매만진 뒤 창문으로 내다보며 예후를 조롱한다.

"자기 주인을 죽인 너 시므리야, 평안하느냐?"

이에 반란군 리더 예후는 이세벨과 함께 있던 내시들로 하여금 그녀를 창문 밖으로 던지게 하고, 이세벨은 곧바로 죽음을 맞는다. 몇 시간 후, 예후의 군사들이 그녀를 묻기 위해 그녀의 시체가 있는 곳에 갔을 때 그들은 해골과 발과 손바닥밖에 보지 못한다. 이 사실을 전해들은 예후가 말한다.

"과연 여호와께서 자기 종 디셉 사람 엘리야를 통해 '이스르엘 땅에서 개들이 이세벨의 살을 먹을 것이다.'라고 하신 말씀대로구나(열왕기하 9:36)."

예후가 말은 잇는다.

"이세벨의 시체가 이스르엘 땅에서 밭에 거름같이 될 것이니 여기 이세벨이 누워 있다고 말할 사람이 없을 것이다(9:37)."

■■■ 45

예언을 맹신하지 말라

성경에서의 엘리야라는 인물은 유대 전통에서의 엘리야라는 인물과는 거의 관련이 없다. 전설 속의 엘리야는 모든 유월절 세데르에 방문하는 남자이다. 유월절 세데르에 아이들은 엘리야를 위해 준비해 둔 특별한 엘리야 잔에 든 포도주가 줄어드는지를 지켜본다. 엘리야는 모든 할례 의식에도 참석하는데, 할례 의식에는 그를 위한 특별한 의자를 따로 준비한다.

우리는 고난에 처한 성인과 학자, 유대인을 방문하는 이야기들을 자세히 전하는 탈무드 및 중세 설화를 많이 접할 수 있다. 성경에서의 마지막 예언자 중 한 명인 말라기는 메시아가 이 땅에 오기 전에 마지막 기적을 행하게 될 사람이 엘리야라고 선언한다.

"그가 부모의 마음을 자식에게 돌리고 자식의 마음을 부모에게 돌릴 것이다. 돌이키지 않으면 내가 가서 저주로 이 땅을 칠 것이다(말라기 4:6)."

말라기 이후, 탈무드 랍비들은 해결할 수 없는 분쟁이 생기면 "엘리야가 와서 해결해줄 때까지" 기다리곤 했다.

서로 이질적이긴 하지만 따뜻한 마음에서 비롯된, 유대 전설 속 엘리야의 역할들을 생각하고 열왕기 두 권 모두에 등장하는 예언자 엘리야를 친절하고 호감이 가며 외교적 수완이 능한 인물로 추정한다면 그것은 큰 오산이다. 성경에서 엘리야보다 더 광포하고 열정적이며 타협하지 않는 예언자는 없기 때문이다. 엘리야는 허리에 간단한 옷만을 걸치고 지팡이를 들고 이스라엘 언덕들을 돌아다니며 우상숭배에 대한 전쟁을 선포한다. 그는 또한 이스라엘에 바알 신을 소개한 이세벨에 대한 전쟁도 선포한다. 기근이 극심하던 때, 엘리야는 이세벨이 불러들인 450명의 바알 제사장들과의 대결을 제안한다. 양측이 각각 도살한 소를 준비해 나뭇가지 위에 올린 후 자기 신의 이름을 불렀을 때 불로 응답하는 신이 하나님이 되는 것이었다. 이스라엘 백성들은 어떤 신이 불을 내려 보내 제물을 태울 것인지를 목격하게 되는 것이다. 바알의 제사장들이 먼저 시도한다. 그들은 제단 주위를 뛰어서 돌고, 급기야는 그들 관습대로 피가 흘러나올 때까지 칼과 창으로 자해를 하며 바알 신을 부르지만 아무런 일도 일어나지 않는다.

그 후 엘리야는 불이 내려와 번제물과 나뭇가지와 돌과 흙을 태우고 구덩이에 고인 물마저 말라버리게 하는 기적을 행한다. 이를 지켜보고 위엄에 눌린 이스라엘의 온 백성들은 자연스럽게 땅에 엎드려 거듭 외친다.

"여호와, 그분이 하나님이시다. 여호와, 그분이 하나님이시다(열왕기상 18:39)."

그로부터 3천 년이 지난 지금까지도 우리는 이 외침으로 속죄일 예배를 끝맺는다. 그런 다음 엘리야는 백성들에게 명령해 바알 예언자들을 모두 죽이게 한다.

이세벨이 남편 아합을 위해 나봇의 포도원을 갈취하고 나봇을 처형했을 때 엘리야는 포도원을 차지하기 위해 그곳으로 오는 아합을 기다린다. 이윽고 아합을 만난 엘리야는 아합에게 이렇게 말한다.

"여호와께서 말씀하신다. 네가 사람을 죽이고 그 재산을 차지하지 않았느냐?(열왕기상 21:19)"

그 많은 성경 인물들 중 왜 하필 이 광포한 예언자가 유대 전설에서 총애 받는 할아버지 상이자 기적을 행하는 인물이 되었을까? 여기에는 적어도 세 가지 이유가 있는 것으로 보이는데, 그중 둘은 성경에 근거한 것이고 나머지 하나는 추측에 근거한 것이다. 첫째, 성경은 엘리야가 불멸의 존재임을 암시한다. 그가 제자 엘리사와 계속 이야기하면서 걸어가고 있는데 갑자기 불 전차와 불 말이 나타나더니 그들 둘을 갈라놓고, 엘리야는 회오리바람에 들려 하늘로 올라간다(열왕기하 2:11. 성경에서 불멸의 인물로 암시되는 또 다른 인물은 에녹뿐이다 – 창세기 5:22-24 참조). 엘리야를 불멸의 존재로 암시하는 것은 그 자체만으로 엘리야가 사후에 지상에 다시 방문하는 것을 충분히 설명해준다.

둘째, 기적을 행하는 데 있어 엘리야보다 더 자격을 갖춘 예언자는 없다. 음식을 늘리고 죽은 아이를 다시 살린 그의 놀라운 행적은 그로부터 8백여 년 후에 예수가 행한 기적의 토대가 되는 것으로 보인다.

그런데 내가 들은 가장 설득력 있는 설명은 지금은 고인이 된 나의 아버지 슈로모 텔루슈킨이 말한 것이다. 그의 설명에 따르면 엘리야가 이스라엘의 모든 유월절과 할례 의식에 나타나는 것은 그의 광포하고 독선적인 성격과 직결된다. 엘리야는 바알의 제사장들을 죽인 것에 격노한 이세벨을 피해 광야로 도망가 그곳에서 홀로 40일을 보낸다. 그 후에 엘리야는 하나님께 화를 내며 말한다.

"저는 만군의 하나님 여호와를 큰 열심으로 섬겼습니다. 그러나 이스라엘 자손들이 주의 언약을 버리고 주의 제단을 부수며 주의 예언자들을 칼로 죽여 이제 저만 혼자 남았습니다. 그런데 저들이 이제는 제 목숨까지 빼앗으려 합니다(열왕기상 19:14)."

그는 자신이 세상에 남은 유일한 유대인이자 일신교도임을 말하고자 했던 것 같다. 하나님은 엘리야가 독선에 빠지는 것을 내버려두지 않았다. 그래서 하나님은 그에게 새로운 임무를 주어 그를 떠나게 한다. 이러한 점을 고려할 때 엘리야가 계속해서 지상을 방문하는 이유는 그가 자신 이외에는 남은 유대인이 없다며 유대인을 지나치게 비난했기 때문이라는 것이다. 다시 말해 이스라엘의 모든 남자 아이가 하나님과 계약을 하는 할례 의식을 받거나 이스라엘의 모든 가정이 유월절을 축하할 때 그가 그곳에 참석함으로써 이스라엘의 영원함을 목격하는 운명에 처한 것은 자신을 마지막 남은 유대인으로 본 그의 독단 때문이라는 것이다(할례와 유월절은 지금까지도 가장 일반적으로 행해지는 유대 의식으로 남아있다.). 엘리야는 절망적인 심정으로 유대 사람들의 종말을 예언하는 실수를 범한 유대인들 중 한 명이다.

■■■ 46

사라진 열 지파

유대 민족을 없애버리려는 몇몇 시도가 있었지만 다행히도 모두 실패로 돌아갔다. 그중 성공에 가장 가까웠던 시도는 아시리아가 이스라엘 왕국을 무찌르고 이 반항적인 나라를 한 번에 영원히 없애버릴 결심을 했던 기원전 722년에 이루어졌다. 아시리아 사람들은 이스라엘의 거주자 대다수(이들 중 일부는 생존한 유대인의 왕국인 유다 왕국으로 피신했다.)를 몰아낸 다음 바빌론과 시리아로부터 새로운 정착민들을 불러들였다. 그들은 이 새로운 지역을 이스라엘 대신 사마리아라고 불렀다. 그때 이후로 어떠한 유대인들도 유다 및 레위 지파를 제외하고 자신의 조상이 어느 지파 사람이었는지를 확실히 말할 수 없게 되었다.

열 지파의 운명에 대한 정확한 정보가 부족한 탓에(열왕기하 17장 6절에서 그들이 처음에 추방된 곳들만이 언급될 뿐이다.) 그들이 후에 어떻게 되었는지를 추정하는 전설들이 난무하게 되었다. 유대인들에게 호의적으로 행동했거나(예를 들면, 밸푸어 선언 후에 영국이 보여준 행동) 토라에 등장하는 몇몇 의식과 유사한 의식(예를 들면, 일부 미국 인디언 부족의 의식)을 치르는 민족이 사라진 열 지파의 후손이라는 것이 일반적인 풍문이다. 권위 있는 일부 랍비 단체는 지금까지도 에티오피아 유대인들은 단 지파의 후손이라고 주장한다. 2000년대 초기에 자신들을 브나이 므낫세라 부르며 고대 므낫세 지파의 후손으로 여긴 북인도의 한 집단이 이스라엘로 이주하기 시작했다. 자신들은 유대인이라는 그들 주장의 불확실성을 근거로 이스라엘의 랍비들은 그들 또한 유대교도로 개종하는 공식 절차를 밟을 필요가 있다고 주장했다.

거의 모든 유대인이 기독교나 이슬람교의 압제를 받으며 살았던 중세 암흑기에는 전설의 강 삼바티온 강 너머에 있는 강력한 왕국에 열 지파 사람들이 살고 있는데, 그들이 언젠가 고통 받는 형제들을 구하러 올 것이라는 이야기들이 퍼졌다.

열 지파의 후손들은 실제로 그들이 추방당한 사회들에 동화된 것으로 보인다. 다수가 비밀스럽게 유대 전통을 이어온 마라노(중세 스페인 · 포르투갈에서 그리스도교로 개종당한 유대인)와는 달리 열 지파의 동화는 전적이고 돌이킬 수 없는 것으로 보인다.

■■■ 47

유대의 성전을 파괴한 사람

비유대 사회에서 느부갓네살(또는 네부카드네자르)은 "바빌론의 공중 정원(그리스인들이 세계 7대 불가사의로 정한 정원으로 궁전 꼭대기의 평지붕에 가꾼 정원)"으로 유명하다. 하지만 유대 사회에서 그의 명성은 그의 정원처럼 경탄을 자아내지 못한다. 성경에서 그는 사디스트의 전형이기 때문이다. 느부갓네살은 기원전 586년에 유대인의 반란을 진압한 뒤 시드기야 왕이 보는 앞에서 그의 아들들을 죽이고 시드기야 왕의 눈을 빼는데, 이는 시드기야 왕이 살아 있는 내내 아들들이 살해되는 장면에 사로잡혀 있게 하기 위해서였다(열왕기하 25:7).

그 후, 12년 만에 그에 대항해 일으킨 이 두 번째 유대 반란에 격노한 느부갓네살은 예루살렘의 대성전을 파괴하라는 명령을 내린다.

다니엘서는 느부갓네살을 역사상 가장 인상적이지 않은 회개를 한 인물로 묘사한다. 느부갓네살은 거대한 황금 신상을 세우고 그의 모든 관리들로 하여금 그 신상을 숭배하게 한다. 그런데 얼마 후 느부갓네살은 바빌론 지방의 관리로 일하는 유다 사람 사드락과 메삭, 아벳느고가 황금 신상에 절하는 것을 거부한다는 얘기를 전해 듣는다. 느부갓네살은 그들에게 만약 황금 신상에 절하지 않는다면 활활 타오르는 불구덩이 속에 던질 거라며 경고한다. 그럼에도 유다의 세 관리는 끝까지 신상 참배를 거부한다. 이에 화가 머리끝까지 치밀어 오른 느부갓네셀은 불구덩이를 평소보다 일곱 배나 더 뜨겁게 달구어 세 사람을 묶은 채로 거기에 던져 넣으라고 명령한다. 세 사람이 불구덩이에 던져졌을 때 불똥이 튀어 그들을 불구덩이로 끌고 갔던 군사들이 타 죽는다. 그럼에도 느부갓네살은 조금도 놀라지 않는다. 느부갓네살을 놀라게 만든 것은 불구덩이에서 세 사람이 아니라 네 사람이 묶여 있지도 않고 불에 타지도 않으며 걸어 다니는 광경이었다. 느부갓네살은 네 번째 사람을 신성한 존재로 본다. 이 놀라운 광경을 직접 목격한 느부갓네살은 그 즉시 세 사람을 풀어주고 선포한다.

"어느 민족이나 나라나 어떤 언어로 말하는 사람일지라도 사드락, 메삭, 아벳느고의 하나님께 함부로 대항해 말을 하는 사람은 몸을 토막 내고 그의 집을 거름 더미로 만들 것이다. 자기를 믿는 사람을 이렇게 구해낼 수 있는 신은 결코 있을 수 없기 때문이다(다니엘 3:29)."

그 후, 느부갓네살은 세 사람에게 더 높은 벼슬을 준다.

■■■ 48

바빌론의 유배 생활

바빌론 유폐는 역사적으로 고국에서 산 기간보다 유배 생활을 한 기간이 훨씬 더 많은 이스라엘 민족의 두 번째 유배 생활이다.

느부갓네살이 기원전 586년에 유다와 대성전을 멸했을 때 그는 이 골칫거리 유대 국가를 세상에서 영원히 사라지게 만들겠다고 다짐한다. 느부갓네살은 유다에서 중요한 사람들은 자기 나라로 데려가 포로로 삼고, 가난한 사람들은 유다에 남겨둔다.

바빌론으로 끌려간 유대인들은 유배 생활의 고통을 통렬하게 느낀다. 시편 150장에서 가장 통렬한 장은 아마 이 유배 생활 기간 동안 지어진 장일 것이다.

바빌론 강가에 앉아
우리가 시온을 기억하면서
울었습니다.
거기 버드나무 가지에 우리가 하프를 매달았습니다.
우리를 사로잡아 온 사람들이 우리에게 노래를 시키고
우리를 고문하는 사람들이 기쁨의 노래를 부르라고 했기 때문입니다.

그들은 "시온의 노래 가운데 하나를 부르라!" 하고 말했습니다.
우리가 어떻게 남의 땅에서 여호와의 노래를 부를 수 있겠습니까?
오 예루살렘아, 만약 내가 너를 잊는다면
내 오른손이 그 재주를 잃게 될 것이다. (시편 137:1-5)

유대력으로 매년 아빕월 9일에 유대인들은 유다와 첫 번째 대성전의 멸망을 기억하고자 금식을 하고 성경의 예레미야애가를 큰 소리로 낭독한다.

바빌론의 유대 공동체에 보내는 서한에서 예언자 예레미야는 그들에게 이렇게 종용한다. "내가 너희를 포로로 가게 한 성읍의 평안을 간구하라. 그 성읍을 위해 여호와께 기도하라. 이는 그 성읍이 평안해야 너희도 평안할 것이기 때문이다(예레미야 29:7)."

바빌론에서 유배 생활을 하던 이스라엘 사람들은 예레미야의 조심스러운 조언에 귀 기울인 것으로 보인다(예레미야는 아마 유대인들이 예루살렘에서 혁명적인 행동을 했듯이 바빌론에서도 그런 행동을 하지 않을까 염려했을 것이다). 고대 기록에 따르면 바빌론의 유대인들은 바빌론 왕궁의 장인이나 건축가로 일했고, 바빌론 정부는 유대인들에게 그들 자신의 종교적 행사를 거행하는 데 상당한 권한을 부여했다. 그로부터 약 70년 후, 페르시아의 고레스 황제가 바빌론을 무찌르고 그곳에서 유배 생활을 하던 유대인들에게 고국으로 돌아갈 것을 권유했을 때 그곳의 대다수 유대인이 이의를 제기했다. 그로부터 약 2천5백 년이 지난 작금에 세계 곳곳에 흩어져 사는 그들의 후손 중 다수와 마찬가지로 그들 역시 자신들이 고국으로 돌아가 정착하는 것보다 이스라엘에 살고 있는 유대인 동포들에게 멀리서 재정적인 지원을 하는 것을 더 선호했던 것이다.

■■■ 49

민족이 민족에 칼을 들지 말라

뉴욕의 유엔UN 건물 앞의 거리를 가로지르는 벽을 장식하는 "민족이 민족에 대항해 칼을 들지 않으며 군사훈련도 다시는 하지 않을 것이다."라는 글은 이사야 2장 4절의 마지막 문장이다. 여러 해 동안 이 인용문은 유엔의 공산주의 및 이슬람교 대표단이 이토록 중요한 장소에 히브리 성경의 한 구절이 적혀 있다는 데 화를 낼지도 모른다는 사실을 외면한 채 그 벽을 장식하고 있었다.

세계 평화를 부르짖는 이사야의 외침은 세계의 모든 나라가 결국 다신교와 전쟁을 외면하고 일신교와 토라를 선택할 것이라는 자신의 믿음에 근거한다. 그는 "율법이 시온에서 나오고 여호와의 말씀이 예루살렘에서 나온다(이사야 2:3)."고 선언한다.

이사야는 유대 세상을 꿈꾸기만 하는 데 그치지 않고 유대 사람들에게 역사의 주역으로서 능동적으로 행동하고 "뭇 나라의 빛"이 되어줄 것을 촉구했다. 세상에서의 유대인의 임무를 함축하는 "뭇 나라의 빛"이라는 문구는 유대인은 하나님과 그분의 도덕적 기준을 세상에 알리도록 선택된 민족이라는 것을 믿는 모든 유대인에게 끊임없이 영향을 주고 있다.

이사야서 첫 장에서 예언자 이사야는 "하나님은 정의를 가장 중요하게 여기신다."고 말한다. 이사야는 격식에 맞춰 유대교의 의식들은 지키지만 유대교의 윤리는 무시하는 사람들의 종교적 위선을 하나님의 입을 빌어 조롱한다.

"여호와께서 말씀하신다. '그 많은 너희 제물을 무엇하려고 내게로 가져오느냐? 나는 숫양의 번제와 살진 짐승의 기름도 지겹다. 나는 황소와 어린 양과 염소의 피도 기쁘지 않다."

곧이어 그는 다음과 같은 하나님의 말씀을 전한다.

"손을 씻고 스스로 깨끗하게 하라. 내 눈앞에서 너희의 악한 행실을 버리라. 악한 일을 그만두고 좋은 일 하기를 배우라! 정의를 추구하고 압제하는 사람들을 바른 길로 인도하라. 고아를 위해 변호하고 과부를 위해 싸워주어라(1:16-17)."

11장에서 이사야는 메시아가 온 후의 세상을 예언한다.

"늑대가 어린 양과 함께 살고 표범이 새끼 염소와 함께 누우며 송아지와 어린 사자와 살진 짐승이 함께 있는데 어린아이가 그들을 이끌고 다닐 것이다."

최근에 우디 앨런Woody Allen이 이러한 유토피아 비전에 한 마디 거들었다.

"늑대가 어린 양과 함께 살지만 어린 양은 잠을 이루지 못할 것이다."

정의에 대한 이사야의 독특한 강조는 서구 사회에 너무도 잘 알려져 있어서 프랭클린 루스벨트 대통령이 유대인 대법원장 루이스 브랜다이스Louis Brandeis의 별명을 "이사야"로 지어주기도 했다.

이사야는 기원전 8세기에 살았던 인물이지만 대다수의 성경학자는 이사야 40장에서 66장까지는(또는 최소한 55장까지) 기원전 586년에 대성전이 파괴된 후인 기원전 6세기경에 쓰인 것으로 추정한다. 성경학자들은 일반적으로 이 장들의 저자를 이사야 2세라고 부른다.

■■■ 50

사람들의 암울한 영혼을 고양시켜라

예레미야는 아마 성경에서 욥 다음으로 가장 불행한 인물일 것이다. 그의 이름에서 유래한 영어 단어인 'jeremiad'가 애절한 넋두리와 한탄을 뜻할 정도니까 말이다.

예레미야는 첫 번째 대성전의 수명이 끝나갈 무렵인 기원전 600년경에 살았던 인물이다. 예언자로서 그는 시드기야 왕과 그의 유대 백성들에게 바빌론을 상대로 반란을 일으키지 말라는 조언을 반복한다. 그들의 상황은 사악한 행동과 우상숭배를 완전히 멈추는 것으로만 향상되리라는 것이 그의 주장이었다.

하지만 시드기야 왕과 그의 백성들은 이 예언자의 간청을 무시한다. 대성전이 예루살렘에 있다는 이유로 그들은 하나님이 그 도시의 안전을 보장해주실 것이라 확신한다. 그로부터 몇 년 후에 유대 왕국과 대성전이 파괴되었을 때 예레미야가 자신의 예언이 적중했음을 과시하며 "내가 그렇게 될 것이라고 말하지 않았는가."라는 정도의 말은 했으리라고 당신은 생각할 수 있다. 하지만 그는 유대와 대성전이 파괴된 것에 진정으로 마음 아파했다. 성경의 이 예언자는 자신이 예언한 민족의 운명에 무관심하고 무덤덤한, 하나님의 메신저가 아니었다. 오히려 그는 사람들에게 자신의 메시지를 좀 더 효과적으로 전하지 못한 것에 자책감을 느꼈을지도 모른다.

심지어 예레미야의 불행은 그 뿌리가 더 깊은 곳까지 뻗어 있다. 그는 히브리 성경에서 자기 가정을 꾸미는 것을 허락받지 못한 유일한 인물이기 때문이다. 그가 하나님의 메신저가 되고 얼마 되지 않았을 때 하나님은 그가 끔찍한 운명을 타고 났다는 이유로 그에게 결혼을 하거나 아이를 갖지 말라고 지시한다.

"이곳에서 낳은 아들들과 딸들과 그들을 낳은 어머니들과 이 땅에서 그들을 낳은 아버지들에 대해서 여호와께서 이렇게 말씀하셨다. '그들은 치명적인 질병으로 죽을 것이다. 아무도 그들을 위해 통곡하지도 않고 그들을 묻어 주지도 않을 것이며 그들은 다만 땅 위의 쓰레기 같을 것이다. 그들이 칼과 기근으로 멸망하게 될 것이고 그들의 시체는 공중의 새들과 땅의 짐승들의 먹이가 될 것이다.' 여호와께서 이렇게 말씀하셨다. '초상집에 들어가지 마라. 통곡하기 위해 가거나 그들을 위해 슬퍼하지 마라. 이는 내가 이 백성에게서 내 평안과 내 인애와 내 긍휼히 여김을 거두어들였기 때문이다. 여호와의 말이다.'(예레미야 16:3-5)"

당시에는 전쟁을 경험하는 것이 진정한 예언자의 운명이었다. 유대인들이 물질적으로는 풍요함에도 영적으로 낙후되면 예레미야는 그들을 맹렬히 비난했다. 유대인들이 단순한 생각으로 자신들보다 훨씬 막강한 군대를 상대로 한 반란에 동참하기로 결정하면 예레미야는 그들을 조롱했다. 하지만 유대인들이 모든 것을 잃고 절망에 빠지면 평소에는 시무룩하고 성미가 까다로운 예레미야는 희망의 예언자로 변했다. 유대인들이 유배 생활을 떠날 채비를 하며 다시는 고국 땅을 밟지 못하리라 확신할 때 예레미야는 이스라엘에서 땅을 사는 데 자신의 마지막 남은 자금을 쏟아 부었다. 그는 유배를 떠나는 유대인들에게 헤매지 않고 이스라엘로 돌아올 수 있도록 군데군데 표시를 해두라고 당부했다. 그때까지 어떤 민족도 고국에서 추방당한 후 다시 고국으로 돌아오지 못했지만 예레미야는 유대인들에게 유대 민족은 다시 이스라엘로 돌아오게 될 것이라고 약속했다. 2천6백 년이 지난 지금에도 모든 유대인 결혼식에서 여전히 낭송되는 "시온주의자" 예언에서 예레미야는 이렇게 선언한다.

"여호와가 이렇게 말한다. '이곳은 사람도, 짐승도 없는 황무지다'라고 너희가 말하고 있는 이곳에, 황폐하게 돼 사람도 동물도 살지 않게 된 유다 성읍들과 예루살렘 거리에 다시 소리가 들릴 것이다. 그것은 기쁨의 소리와 즐거움의 소리고, 신랑의 소리와 신부의 소리고, '만군의 여호와께 감사를 드리라. 여호와는 선하시고 그분의 인자는 영원하기 때문이다'라고 말하며 여호와의 집에 감사의 제물을 드리는 사람의 소리다. 이는 내가 이 땅의 포로들을 처음과 같이 돌아오게 할 것이기 때문이다. 여호와가 말한다(33:10-11)."

느부갓네살 왕에 대항한 유대인들의 반란이 일어났을 때 예레미야는 바빌로니아 사람들이 유대인들을 무찌르고 승리를 거둘 것인데, 이는 그들이 군사적으로 우세하기 때문만이 아니라 하나님이 유대 민족을 벌하시기 위해 그들을 보내셨기 때문이기도 하다고 예언했다. 당시 많은 유대인들은(현재의 많은 유대인들도) 유대 국가의 고통이 유대 국가의 잘못된 행동에 대한 징벌의 결과라는 예레미야의 주장에 극도의 불쾌감을 느꼈다. 홀로코스트에 대해 그런 말을 하는 사람을 떠올려보면 그들의 심정을 충분히 이해할 수 있을 것이다. 누가 감히 홀로코스트에 대해 그런 말을 할 수 있겠는가? 그럼에도 불구하고 논란이 많은 예레미야의 주장이 당시에는 유대 민족의 절멸을 막아주었다.

일반적으로, 고대 사회에서는 승자의 신이 패자의 신보다 우월하다고 여겨졌다. 전쟁에서 패한 민족이 승리한 민족의 신을 자연스럽게 받아들이는 경우가 다반사인 이유도 바로 여기에 있었다. 그런데 당시 유대인들은 자신들이 패전한 이유가 느부갓네살이 아니라 하나님께 있었다고 확신했기에 바빌론의 신들에게 현혹되지 않을 수 있었던 것이다. 그들은 만일 자신들의 부도덕한 방식을 고치기만 한다면 자신들을 추방한 바로 그 하나님이 종국에는 자신들을 이스라엘로 돌려보내주리라는 것을 믿었기에 바빌론에서 유대인으로 남아있기가 용이했다.

돌이켜보면 예레미야의 임무가 명백해 보인 만큼 그는 유대인 동포들의 반란을 반대한 것에도 확실한 대가를 치렀다. 당시 많은 유대인들이 그에게 반역자라는 낙인을 찍었다. 그래서 그는 대성전에서 바스훌에게 태형을 당하고(20:1-2), 진흙 웅덩이에 던져지고(38:6), 자신을 죽이려는 제사장들 및 가짜 예언자들 무리로부터 도망가야 했다(26:8-11). 우리는 다른 어떤 예언자에게서도 예레미야가 전하는 극심한 고통과 좌절, 우울의 정서를 느끼지 못할 것이다.

> 내가 태어난 그날이 저주 받을지어다!
>
> 내 어머니가 나를 낳은 그날이 복을 받지 못할 지어다!

내 아버지에게 소식을 전해주며
"당신에게 아이가 태어났습니다. 아들입니다!"라고 말해
내 아버지를 매우 기쁘게 해주던 사람에게,
그 소식을 내 아버지에게 가져온 사람에게
저주가 있을 지어다!
내가 왜 태에서 나와서 고생과 슬픔을 보고
수치 속에 내 날들을 보내는가? (예레미야 20:14-15, 18)

예레미야가 죽고 난 후에는 유대 사람들이 그를 영웅으로 생각했다. 그들은 자신들의 행동에 대한 예레미야의 통렬한 비난을 포함해 그가 전한 메시지들을 보존했다. 그들은 하나님은 모든 곳에 계시기에 유배지에서도 하나님을 섬길 수 있다는 예레미야의 주장을 받아들였다. 언젠가는 이스라엘 땅으로 돌아가게 되리라는 예레미야의 낙관적인 예언은 유배 생활에서 가장 암울한 날에도 유대 사람들의 영혼을 고양시켰다. 가장 중요한 사실은 그가 도덕의 핵심을 강조한 것으로부터 그들이 가르침을 받았다는 것인데, 그가 강조한 도덕적 핵심은 9장의 다음 두 구절에 요약되어 있다.

여호와께서 이렇게 말씀하셨다.
"지혜로운 사람은 자기 지혜를 자랑하지 못하게 하고
힘 있는 사람은 자기 힘을 자랑하지 못하게 하며
부자는 자기 부를 자랑하지 못하게 하라.
자랑하는 사람은 오직 이것을 자랑하게 하라.

곧 그가 나를 깨달아
내가 이 땅에 인애와 정의와 의로움을 행하는
여호와인 것을 아는 것을 자랑하게 하라.
이것들을 내가 기뻐한다. 여호와의 말이다. (예레미야 9:23-24)

나는 이 놀라운 예언자에 대해 여러 해 동안 공부했다. 그 동안 나는 그에게 아주 잘 적용되는 문구일 것 같은 다음의 다섯 가지 인용문을 만날 수 있었다.

1. 니체 – "어떤 사람들은 죽은 뒤에 다시 태어난다." 예레미야가 죽을 때, 그는 분명 자신을 실패자로 보았을 것이다. 하지만 그로부터 2천5백여 년이 지난 지금 그는 여전히 유대인의 삶에 영향을 끼치고 있다.
2. 쇠렌 키에르케고르 – "독재자가 죽으면 그의 통치는 끝나고, 순교자가 죽으면 그의 통치는 시작된다."
3. 나폴레옹 – "말하는 열 명이 침묵하는 만 명보다 더 큰 소리를 낸다."
4. 랍비 타르폰Tarfon – "세상을 완벽하게 만드는 일을 마무리 짓는 것은 네 의무가 아니다. 그렇다고 네가 할 수 있는 일을 그만두어서도 안 된다."
5. 이디시어 격언 – "진실은 결코 죽지 않지만 비참한 삶을 산다."

■■■ 51

생명력 있는 희망의 메시지

동시대 사람인 예레미야처럼 삭막한 염세주의자인 에스겔은 생명력이 가장 긴 희망의 메시지 중 하나를 이스라엘에 남겨주었다.

에스겔은 젊었을 때 대성전의 제사장이었다. 기원전 598년에 바빌로니아 사람들이 처음으로 예루살렘을 점령했을 때 에스겔은 수천 명의 다른 고위층 유대인들과 함께 바빌론으로 끌려가 거기서 예언자가 되었다. 그는 이스라엘 밖에서 예언자로 산 최초의 인물이었다. 에스겔은 유배 생활을 시작한 후부터 예루살렘의 멸망을 예언했고, 기원전 586년에 실제로 예루살렘이 멸망했다. 예루살렘이 멸망한 후에 그는 유대인들이 고국으로 돌아가게 될 것이라 예언했다. 그는 이스라엘의 미래를 자세히 보여주는 여러 가지 놀라운 환영들을 보았다. 한번은 천상의 건축가가 그에게 파괴된 대성전의 자리에 다시 세워질 새로운 대성전을 구경시켜 주었다.

그런데 그가 본 가장 유명한 환영은 외견상 "죽은" 유대 민족의 부활을 암시하는 환영이었다. 에스겔에 따르면 하나님은 그를 생명이 없는 뼈들로 가득한 골짜기에 데려다 놓았다. 시체들이 뜨거운 태양 아래 너무 오랫동안 노출되어 있어서 살들이 말라 벗겨졌던 것이다. 하나님이 에스겔에게 물었다.

"사람아, 이 뼈들이 살아날 수 있겠느냐?"

에스겔이 대답했다.

"주 여호와여, 주께서 아십니다."

그러자 하나님은 에스겔로 하여금 뼈들에게 다음과 같이 예언하라고 명한다.

"마른 뼈들아, 여호와의 말씀을 들으라! 이 뼈들에게 주 여호와가 이렇게 말한다. 내가 너희 안에 생기를 들어가게 할 터이니 너희는 살게 될 것이다. 내가 너희에게 힘줄을 붙이고 그 위에 살을 붙이고 그 위에 살갗을 덮고는 너희 안에 생기를 불어넣을 것이다. 그러면 너희는 살게 될 것이고 내가 여호와임을 알게 될 것이다."

에스겔이 여호와의 말씀을 전하자마자 덜그럭거리는 소리가 나더니 뼈와 뼈가 맞붙어서 뼈들이 함께 모였다. 그리고 힘줄과 살이 뼈들 위에 올라왔고 거기에 살갗이 붙었지만 그것들 안에 생기는 없었다. 그 후 곧바로 하나님이 에스겔에게 지시했다.

"사람아, 생기에게 예언하여라. 너는 생기에게 예언해 말하여라. '주 여호와가 이렇게 말한다. 생기야, 사방에서 나와서 이 살해당한 사람들에게 붙어서 그들이 살아나게 하여라.'"

여호와가 명령한 대로 에스겔이 예언했더니 생기가 그들 안에 들어갔다. 그러자 그들이 살아나서 두 발로 일어서서는 엄청나게 큰 군대가 됐다. 그러자 하나님이 에스겔에게 말했다.

"사람아, 이 뼈들은 모든 이스라엘 족속이다. 그들이 말한다. '우리의 뼈들은 말랐고 우리 소망은 사라졌으며 우리가 스스로를 쓰러뜨렸다.' 그러므로 예언하여라. 그들에게 말하여라. '주 여호와가 이렇게 말한다. 내 백성들아, 내가 너희 무덤을 열어서 무덤에서 올라오게 하고 너희를 이스라엘 땅으로 데려갈 것이다. 내 백성들아, 무덤을 열어서 내가 너희를 무덤에서 올라오게 할 때 내가 여호와임을 너희는 알게 될 것이다. 내가 너희 안에 내 영을 줄 것이니 너희가 살아날 것이다. 너희를 너희의 땅에서 살게 할 것이다. 그러면 내가 여호와임을 너희는 알게 될 것이다. 내가 말했으니 내가 실천할 것이다. 여호와의 말씀이다(에스겔 37:1-14).'"

많은 유대인들이 홀로코스트 후 불과 3년 만에 이스라엘이 재건되는 것에서 에스겔이 2천6백 년 전에 본 기이한 환영이 실현되는 것을 보았다. 장구한 유대 역사 전반에 걸쳐 이 예언은 하나님이 언젠가는 죽은 사람들을 부활시켜주리라는 믿음의 근거로서 인용되어오기도 했다.

그럼에도 불구하고 에스겔을 기원전 6세기만큼이나 20세기의 예언자로 만들어주는 것은 에스겔의 환영이 유배 생활에서 다시 고국의 삶으로 돌아오는, 마르고 희망이 없는 유대 민족의 이미지였다는 것이다.

■■■ 52

정의를 강물처럼 흐르게 하고 의를 시냇물처럼 흐르게 하라

나단이나 엘리야 같은 초창기 예언자들의 경우에는 그들의 예언이 고대 이스라엘 사람들의 일반적인 역사를 기술한, 사사기와 사무엘 상하, 열왕기 상하 등과 같은 다른 책들의 일부분으로서 기록되어 있다. 즉 성경에는 나단이나 엘리야를 제목으로 하는 책이 없다는 것이다. 성경에는 사무엘을 제목으로 하는 책이 두 권 있다. 하지만 사무엘은 사무엘하가 시작되기 전에 죽을 뿐만 아니라 사무엘상에서조차도 주인공이 아니다.

아모스서는 유대의 종교적 발전에 있어 새로운 단계의 출발점이었다. 자기 이름을 제목으로 한 책에 자기 글이 실린 예언자들을 흔히 후기 예언자 또는 '문인 예언자'라고 부르는데, 아모스가 그 최초의 예언자였다. 앞서 논의한 이사야와 예레미야, 에스겔 역시 '문인 예언자'에 해당한다. 아모스서는 기원전 775년에서 기원전 750년까지 아모스가 이스라엘의 유대인들에게 전한 예언들로 이루어져 있다.

아모스는 예루살렘에서 12마일 떨어진 작은 도시인 드고아 출신이다. 아모스는 유다 왕국 및 이스라엘 왕국이 안전하고 성공적이던 시기에 살았다. 이스라엘의 숙적인 시리아가 아시리아와의 전쟁에서 패했는데, 그 후 승전국인 아시리아를 통치한 일련의 약한 왕들은 지중해 지역을 건드리지 않았다. 이스라엘 왕국은 아시리아의 이러한 온건 정책 아래에서 번영했다. 교역이 급속도로 활발해짐에 따라 이스라엘에선 새로운 부유층이 생겨났다. 그들은 겨울 궁궐과 여름 궁궐에 살면서 상아로 만든 침대에서 자고 최고급 기름을 발랐다(아모스 3:15, 6:4-6). 반면 그들 밑의 계층은 안타깝게도 그들의 부를 공유하지 못했다. 그들은 점점 더 가난에 빠졌던 것이다.

만일 이 신흥 귀족들이 가난한 사람들을 도우라는 토라의 계명만 이행했더라도 큰 문제는 일어나지 않았을 것이다. 하지만 그들은 그렇게 하지 않았다. 신명기 15장 7절과 8절은 가난한 이웃에게 마음이 인색해지거나 주먹을 움켜쥐는 일이 없어야 하며 오히려 손을 벌려 그가 필요한 모든 것을 대가 없이 빌려주라고 명하고 있다. 빚을 진 가난한 사람들은 심지어 그 빚이 신발 한 켤레에 불과하더라도 노예로 팔리고 있다고 아모스는 전한다(2:6). 출애굽기 22장 25절과 26절은 이웃에게 돈을 빌려주고 담보물로 그 이웃의 외투를 가져왔다면 해가 지기 전에 그 외투를 돌려주어야 한다고 명하고 있다(이는 꽤나 번거로운 일일 것이기에 가난한 사람에게서 담보물을 받는 것을 자제시키려는 의도임이 분명해 보인다.). 그럼에도 이 부유한 유대인들은 모든 제단 옆에서 저당 잡은 옷을 깔고 누웠다고 아모스는 전한다(2:8). 아모스는 이 부유한 압제자들이 대성전에서 의식을 치르는 데는 상당히 세심한 구석이 있었다는 점에 특히 더 화가 났다. 아모스는 부유층이 하나님의 주된 요구를 이행하고 있다는 착각을 하며 대성전에 바치는 각종 제물들(십일조 및 감사 제물과 자유 제물)에 대해 자세히 묘사하고 있다.

아모스는 대성전의 제사장들에게도 똑같이 분노했다. 제사장들은 그들의 부유한 후원자들에게 대성전에 제물을 바치기만 하면 하나님의 눈에 들 수 있다는 확신을 심어주었기 때문이다(당연히 부유층의 제물로 제사장들 역시 부유하게 되었다.).

아모스의 용기는 그의 분노와 맞먹는 것이었다. 그는 어느 축제일 아침에 벧엘에 있는, 이스라엘 왕국의 주요 성전에 모습을 드러냈다. 그리고 부유한 후원자들과 제사장들이 있는 자리에서 하나님의 이름으로 다음과 같이 선언했다.

> 나는 너희 명절 축제를 미워하고 싫어한다.
>
> 너희 종교적인 모임을 내가 기뻐하지 않는다.

너희가 내게 번제와 곡식제사를 드려도
내가 그것들을 받지 않을 것이다.
너희가 살진 짐승으로 화목제를 드려도
내가 돌아보지 않을 것이다. (아모스 5:21-22)

아모스에 따르면 하나님께 기쁨과 만족감을 선사할 수 있는 길은 오직 하나밖에 없었다.

"오직 정의를 강물처럼 흐르게 하고 의를 시냇물이 마르지 않고 흐르는 것처럼 항상 흐르게 하라(5:24)."

그렇게 하지 않으면 하나님은 이스라엘 왕국을 멸할 거라 확언했다.

"이삭의 산당들이 무너지고 이스라엘의 성소들이 파괴돼 무너질 것이다. 내가 일어나서 여로보암의 집을 칼로 칠 것이다(7:9)."

아모스는 또한 선택받은 민족이라는 이유만으로 하나님으로부터 특별한 대우를 받을 수 있을 거라 기대해선 안 된다고 유대 사람들에게 경고하기도 했다. 선택받은 민족이라는 사실은 그들로 하여금 오히려 더 많은 책임을 지게 할 뿐이었다.

"내가 이 세상의 모든 민족들 가운데 오직 너희만 안다. 그러므로 너희 모든 죄로 인해 내가 너희를 심판할 것이다(3:2)."

정의에 대한 집착은 분명 아모스의 두드러진 동기였다. 그런데 유대 역사의 관점에서 보면 그의 가장 중요한 기여는 그가 자신의 예언을 글로 기록했다는 데 있다. 그가 그렇게 한 것은 그의 메시지가 그와 함께 죽지 않도록 하기 위함이었을 가능성이 가장 크다. 그는 일종의 보장성 보험에 가입하는 심정으로 그의 예언을 기록으로 남겼을 것이고, 결국 그의 의도대로 그의 예언은 영원한 생명을 얻었다. 비록 당시엔 그의 메시지가 얼마나 위력을 발휘했는지는 의문으로 남지만 그가 자신의 예언을 기록으로 남기고 약 2천8백 년이 지난 지금에도 우리는 여전히 그의 글을 읽고 감화를 받는다는 것은 분명한 사실이다.

한편, 고대 유대인들에 대한 시각은 어땠을까? 고대 유대인들은 특별히 혐오스러운 사람이었을까? 아모스나 다른 예언자들의 글을 보면 분명 그런 사람들로 보인다.

예언자들은 유대인들을 상당히 비판적으로 묘사한다. 이스라엘 장윌Israel Zangwill은 반농담조로 고대 유대인들은 세계 최초의 반유대주의자들에 속한다고 말한 적이 있다. 실제로, 중세 기독교 신학은 유대인들의 영원히 변치 않는 사악함을 입증하려고 종종 예언자들의 글을 인용했다.

하지만 그것은 단순한 생각에서 비롯된 것이다. 그것은 마치 지금으로부터 5백년 후에 한 사학자가 공산주의를 예찬하는 러시아 일간지와 미국의 부정부패를 힐난하는 뉴욕타임스의 사설들만을 근거로 러시아가 미국보다 훨씬 살기 좋은 곳이었다고 결론짓는 것과 마찬가지다.

우리는 유대 민족의 이웃들에 대해 꽤 많은 것을 알고 있다. 그들에게 유대 전통에서 볼 수 있는 도덕적 자기비판의 전통은 없었다고 해도 대량학살과 침략, 추방, 임산부의 배를 가르는 만행(아모스 1-2 참조) 등을 비롯해 그들이 저지른 죄악은 아모스가 유대인들이 저지른 것으로 묘사한 죄악보다 훨씬 심각했다는 것을 우리는 잘 알고 있다. 이스라엘은 오랫동안 비난의 대상이 되어왔다. 하지만 그것은 이스라엘이 다른 민족보다 더 사악해서가 아니라 더 높은 기준을 세웠기 때문이다 (3:2).

고대 유대인들이 저지른 죄악을 논하기 전에 우리는 먼저 그들이 그들의 비판을 신성시했다는 점에 주목할 필요가 있다. 그들은 다른 민족들이라면 태워버렸을 글들을 취해 유대 역사 전반에 걸쳐 유대인들에게 가르침을 준 성스러운 책으로 탄생시켰다.

이것은 이제껏 다른 어떤 민족이나 종교도 하지 않은 일이다. 신약과 코란에는 초기 기독교도 및 이슬람교도가 저지른 악행을 장황하게 비난하는 대목이 없다. 따라서 우리는 초기 기독교도와 이슬람교도는 극도로 윤리적이지 않는 한 자기비판의 전통이 없었다는 결론을 도출할 수밖에 없다.

53

오직 선행만을 실천하라

예언자 요나에 대해 모든 사람이 알고 있는, 그가 고래에게 잡아먹혔다는 사실은 아마 잘못된 것이리라. 성경이 요나를 잡아먹은 생명체에 대해 우리에게 전하는 유일한 정보는 그것이 "큰 물고기"였다는 것이다.

물고기의 뱃속에서 3일 동안 살았다는 의심스러운 사실은 우리가 요나에 대해 알고 있는 두 가지 특이한 사항 중 하나이다. 요나는 하나님의 명령을 거부한 유일한 예언자이기도 하다. 하나님의 뜻에 정면으로 맞섰다는 면에서 분명 요나는 예언자의 임무로부터 자신들을 해방시켜달라고 하나님께 간청한 모세와 예레미야를 능가한다. 하나님께서 그에게 이교도들이 사는 아시리아의 수도 느니웨로 가서 그 주민들에게 그 도시의 임박한 멸망에 대해 경고할 것을 지시하자 요나는 곧바로 배를 타고 그 반대 방향으로 향해 갔다.

그가 그렇게 한 이유는 요나서 마지막 장에 이르러서야 분명해진다. 아시리아가 기원전 722년에 이스라엘의 열 지파를 멸한 나라라는 이유로 요나는 그 수도인 느니웨를 증오했던 것이다. 그래서 그는 그 도시에 회개할 수 있는 기회를 주지 않고 그 도시가 벌을 받길 원한 것이다.

하지만 하나님으로부터 도망간다는 요나의 해법은 당연히 결코 성공할 수 없는 것이었다. 그 즉시 하나님은 바다에 폭풍을 보냈고, 예기치 못한 폭풍으로 두려움에 휩싸인, 요나의 배에 탄 이교도들은 그들의 신들 중 하나가 그들에게 벌을 주기 위해 폭풍을 보냈다고 확신한다. 이교도 선원들이 자신들을 구해달라고 각자의 신들에게 간절히 기도하는 동안 요나는 배 밑층에 내려가 깊은 잠에 빠진다. 자신을 하나님으로부터 소외시킨 요나는, 삶 자체를 포기한 듯 보였다. 결국 선원들은 이 재난이 누구의 탓인지 알아내기 위해 제비뽑기를 하기에 이른다. 몇 차례 제비뽑기의 결과가 모두 요나를 지목하자 선원들은 요나에게 설명을 요구한다. 이에 요나는 "나는 히브리 사람입니다."라고 말하고는 폭풍우를 일으킨 분은 하나님이시고, 배를 구할 수 있는 유일한 길은 자신을 바다에 던지는 것이라고 대답한다. 요나의 대답을 들은 선원들은 망설이긴 했지만 결국 요나를 바다에 던진다. 그러자 그 즉시 사나운 바다가 고요해졌다.

그 후에 '큰 물고기'가 요나를 삼키고, 3일 후에 요나를 아무런 상처 없이 육지에 토해낸다. 요나는 하나님의 지시대로 니느웨로 가서 "40일 후에 니느웨는 무너질 것이다."라고 선포한다. 이때 요나가 물고기 뱃속에서 생존한 기적에는 조금 못 미치지만 그래도 놀라운 기적 하나가 더 일어난다. 니느웨 사람들이 실제로 요나가 전하는 메시지에 귀를 기울였던 것이다. 왕조차 "왕좌에서 일어나 왕의 옷을 벗고 굵은 베옷을 두른 뒤 잿더미 위에 주저앉아(요나서 3:6)" 온 지역에 이렇게 선포한다.

"왕과 왕의 대신들의 이름으로 법령을 내리니 사람이든, 짐승이든, 소든, 양이든, 어느 누구도 아무것도 입에 대지 말라. 아무것도 먹지도 말고 마시지도 말라. 오직 사람이든 짐승이든 굵은 베옷을 두르고 하나님께 부르짖으라. 각자가 자기의 악한 행동과 난폭함을 회개해야 한다(3:7-8)."

니느웨에 국가적인 대변혁이 이루어지자 하나님은 그들이 그 악한 길에서 돌이킨 행위에 마음을 누그러뜨리고 그들에게 내릴 거라고 말한 재앙을 내리지 않는다(3:10).

니느웨 사람들이 보여준 회개의 위력은 너무도 감명적인 것이어서 랍비들은 회개의 날인 속죄일에 시나고그에서 낭송하는 주된 읽을거리로 이 짤막한 요나서를 선택했다. 랍비들은 성경이 니느웨 사람들의 회개를 평가하는 데 사용한 유일한 기준이 윤리적 기준이었다는 사실에 특히 더 감명받았다. 이에 대해 미슈나는 이렇게 가르치고 있다.

"하나님은 그들이 굵은 베옷을 입고 금식하는 것을 보시고 그들을 용서하셨다고 성경은 말하지 않는다. 하나님은 그들이 악한 길에서 돌이킨 행위에 주목하셨던 것이다(미슈나 타아닛Mishna Ta'anit 2:1)."

만일 요나서가 신약이나 코란에 등장했다면 니느웨 사람들이 기독교나 이슬람교로 개종하는 것이 그들이 회개했다는 확실한 증거가 되었을 것이다. 히브리 성경은 비유대인 세계에 한층 더 절제된 호소를 한다. 즉 니느웨 사람들은 악행을 삼가고 선행을 실천한 것만으로 하나님의 용서를 받았다는 것이다. '큰 물고기 이야기'가 아니라 바로 이 점이 요나서에서 우리가 기억해야 할 가장 중요한 사실이다.

■■■ 54

공의에 맞게 행동하고 긍휼을 사랑하며 겸손하라

예언자 미가는 유대인의 삶에서 특별하고 경탄할 만한 전통을 수립한 인물이다. 즉 유대교의 윤리적 핵심을 위해선 유대교를 기꺼이 '약화'시킬 수 있다는 전통을 수립한 것이다. 미가는 하나님이 유대인에게 요구하는 핵심을 최대한 직접적인 언어로 요약했다.

"공의에 맞게 행동하고 긍휼을 사랑하며 겸손히 네 하나님과 함께 행하는 것이다(미가 6:8)."

미가가 전하는 메시지가 너무 단순하다는 이유로 사람들은 가끔 그것을 진부하다고 생각한다. 언젠가 나는 어떤 사람이 이렇게 말하는 것을 들은 적이 있다.

"그래서 그 말에 어떤 대단한 통찰이 담겨 있단 말이죠? 하나님께서 우리 인간에게 최우선적으로 요구하시는 것이 윤리적인 행동이라는 것에 동의하지 않는 사람이 있나요?"

하지만 실제로 그럴까? 오늘날 유대교나 기독교, 이슬람교의 종교지도자 대다수가 전하는 메시지들에 대해 생각해보라. 그들은 하나님에 대한 사람들의 복종을 평가하는 데 좀처럼 미가의 지침을 인용하지 않는다. 어떤 유대인을 종교적이라고 생각하는지 아무 유대인에게 물어보라. 아마 유대교의 윤리를 잘 지키는 사람이라고 답하는 사람은 거의 없을 것이다. 거의 모든 유대인이 유대교 의식을 잘 지키는 사람을 독실한 유대교도로 여기기 때문이다. 우리는 마치 하나님이 윤리 준수를 우리에게 추가점을 주기 위한 선택 사항으로 정하기라도 한 것처럼 종교적 독실함을 가늠할 땐 유대교의 윤리를 가볍게 여기는 경향이 있다.

미가가 윤리를 가장 중요하게 강조한 최초의 위대한 스승임에는 틀림없다. 그런데 그로부터 수백 년 후에 탈무드의 위대한 랍비들 중 두 명이 그의 통찰을 다시 언급했다. 유대교로의 개종을 고려하던 한 이교도가 힐렐에게 유대교의 핵심을 한 문장으로 정의해달라고 요청했을 때 이 현자는 윤리에 초점을 맞춰 대답했다.

"네 자신이 싫어하는 일을 이웃에게도 행하지 말라는 것이 유대교 율법의 전부일세. 나머지는 그에 대한 설명일 뿐이지. 이제 돌아가서 공부를 하시게."

그로부터 1세기 조금 더 후에 랍비 아키바는 이렇게 가르쳤다.

"'네 이웃을 네 자신처럼 사랑하라.'는 토라의 주요 원칙이다."

문인 예언자(자신의 메시지를 직접 기록한 예언자들) 중 한 명인 미가는 기원전 8세기 후반에 유다에서 살았다. 미가는 유다의 종교적 · 정치적 지도자들의 악행 탓에 유다가 멸망할 것임을 최초로 예언한 예언자였다.

"그러므로 너희 때문에 시온은 밭처럼 갈아엎음을 당할 것이며 예루살렘은 폐허가 되고 성전이 있는 산은 수풀에 뒤덮일 것이다(3:12)."

유대 민족의 미래에 대한 이 우울한 정서가 미가서에서 가끔 만날 수 있는 절박한 어조를 설명해준다. 미가는 유대 민족에게 서둘러 변화를 꾀할 것을 강력히 권했다. 시간이 그리 많지 않다는 것이었다. 미가서의 뒤쪽 절반은 희망의 예언들도 담고 있는데, 그중 가장 이목을 끄는 예언은 이사야의 가장 유명한 예언과 아주 흡사한 다음의 예언이다.

"그들이 자기 칼을 두드려 쟁기를 만들고 자기 창을 두드려 낫을 만들 것이다. 민족들이 서로 칼을 들이대지 않을 것이며 다시는 전쟁을 준비하지 않을 것이다(4:3)."

대다수 성경학자가 둘 중 이사야가 먼저 이러한 말을 했을 것으로 추정하지만 확실한 사실은 아니다.

하지만 오늘날 미가가 유대인들 사이에서 명성을 얻는 데 가장 크게 기여한 것은 여전히 하나님이 우리에게 요구하는 것을 호소력 있게 한 문장으로 요약한 다음의 구절이다.

"여호와께서 네게 원하시는 것은 공의에 맞게 행동하고 긍휼을 사랑하며 겸손히 네 하나님과 함께 행하는 것이다."

■■■ 55

내겐 부족한 것이 없다는 믿음

150편의 시로 구성된 시편은 지금까지 쓰인 종교적 시들 중 가장 유명한 시들이다. 이 시들은 서구 문화에서 상당히 많은 부분을 차지하게 되어 그것들의 원전이 히브리 성경이라는 것을 모르는 유대인들도 많다. 내가 아는 한 남자가 아들을 한 개신교 장례식에 데리고 갔는데, 아들이 집으로 돌아오는 길에 그에게 이렇게 말했다는 것이다.

"우리 유대인들에게도 '여호와는 내 목자시니 내게 부족한 것이 없습니다.'와 같은 아름다운 기도문이 있으면 좋을 텐데 말이죠."

물론 이 구절은 시편 중 가장 유명한 23번째 시의 첫 구절이다.

유대 전통은 시편의 저자를 다윗 왕으로 간주하지만 시편의 일부 시들은 분명 다윗 왕이 죽고 난 후에 쓰였다. 예를 들어 시편 137장은 기원전 586년에 이스라엘에서 바빌론으로 추방당한 유대인들이 부른 애가이다.

"바빌론 강가에 앉아 우리가 시온을 기억하면서 울었습니다."

후에 이 시의 5절과 6절은 유대 민족주의의 신조가 되어 모든 유대인들에게 이스라엘 땅과의 영원한 결속을 상기시켜주었다.

"오 예루살렘아, 만약 내가 너를 잊는다면 내 오른손이 그 재주를 잃게 될 것이다. 내가 너를 기억하지 못한다면, 내가 예루살렘을 내 가장 큰 기쁨으로 여기지 않는다면 내 혀가 내 입천장에 붙어버릴 것이다."

150편의 시는 서로 분량 차이가 크게 난다. 117장은 단지 두 구절로

만 이루어진 시인 반면, 119장은 이합체 시(각 행의 첫 글자를 아래로 연결하면 특정한 어구가 되게 쓴 시)로서 각각의 히브리 알파벳 22자가 서로 다른 여덟 구절의 첫 글자가 되어 총 176구절로 이루어져 있다.

시편은 히브리 기도서의 중추다. 예를 들어 시편 145장은 신앙심이 깊은 유대인들이 전문을 암송할 정도로 그들에게 낯익은 아슈레이Ashrei 기도의 거의 모두를 구성한다. 그런데 낯익음은 가끔 무지를 낳기도 한다. 언젠가 레우벤 키멜만Reuven Kimelman 교수가 내게 자신은 종종 독실한 유대교도 친구들에게 아슈레이 기도의 내용을 요약해보라고 요구함으로써 그들을 쩔쩔매게 한다고 말했다. 그들 중 거의 모두가 아슈레이 기도의 내용을 제대로 요약하지 못했다는 것이다. 그들은 아슈레이 기도문을 낭송하는 데 너무 익숙해진 탓에 그 기도문이 담고 있는 두 가지 주요 주제, 즉 하나님을 믿고 칭송하는 사람들이 느끼는 행복감과 하나님은 도움을 필요로 하는 모든 사람에게 도움을 준다는 하나님의 관대함을 파악하지 못했던 것이다.

종교적인 유대인들은 시편 암송을 하나님의 자비를 구하는 가장 효과적인 방법 중 하나라고 여긴다. 그래서 그들은 아픈 사람들이나 위험에 처한 유대 공동체를 위해 시편을 암송한다. 예루살렘에 있는 '통곡의 벽'을 찾는 방문자들이 이용할 수 있는 두 가지 책도 기도서와 시편이다.

■■■ 56

우리가 욥의 입장이라면

욥은 신앙심 깊은 성자였음에도 어떠한 유대 아이의 이름도 그의 이름을 따서 지어지지 않는데, 이는 그가 성경 인물 중 가장 고통스러운 삶을 살았기 때문이다.

성경에는 그의 이름이 품고 있는 몇 가지 이상한 요소가 있다. 히브리 성경에는 신의 아들 중 하나인 사탄이 단 한 차례 등장하는데, 이때 하나님은 사탄에게 자신의 능력을 보여주려는 단 한 가지 목적으로 욥의 인생을 황폐하게 만드는, 도덕적으로 의심스러운 역할을 맡게 된다.

이야기는, 드물게 인자하고 신앙심이 깊은 욥에 대한 논의가 벌어지고 있는 천상의 법정에서 시작한다. 사탄은 하나님이 욥의 머리에 가능한 한 모든 축복을 내려주셨기에 욥이 그토록 신앙심이 깊은 것은 조금도 놀라운 일이 아니라고 주장하며 욥의 독실함을 조롱한다.

"하지만 주께서 손을 뻗어 그가 가진 모든 것을 쳐보십시오. 그러면 그가 분명 주의 얼굴에 대고 저주할 것입니다(욥기 1:11)."

하나님은 사탄이 제안하는 도전을 받아들이기로 결정하고 욥과 그의 가족의 운명을 사탄에게 맡긴다. 하나님은 욥에게 어떤 일이 일어나더라도 욥은 끝까지 자신을 섬기리라는 걸 사탄에게 입증해보이려 했던 것이다. 사탄은 먼저 욥의 재산을 멸한 다음, 곧이어 욥의 아들딸 열 명의 목숨을 앗아간다. 그리고는 욥에게 말할 수 없이 고통스러운 악성 종양이 생기게 한다. 그러자 욥의 아내가 하나님을 저주하라고 욥을 부추긴다.

"아직도 그 잘난 충성심이나 붙들고 있다니! 차라리 하나님을 저주하고 죽어버려요!"

그러자 욥은 이렇게 답한다.

"정말 어리석은 여자처럼 말하는군. 그래, 우리가 하나님께 좋은 것만 받고 고난은 받지 않겠다는 것이오?(2:10)"

다른 곳에서 그는 이렇게 말하기도 한다.

"여호와께서 주신 것을 여호와께서 가져가시니 여호와의 이름이 찬양받으시기를 바랍니다(1:21)."

욥의 세 친구가 욥에게 닥친 이 모든 고난에 대해 듣고는 욥을 위로하기 위해 욥을 찾아온다. 그리고는 바닥에 눌러앉아 7일 밤낮을 욥과 함께 지낸다(직계 가족이 죽으면 장례식 후 7일간 죽은 이를 애도하는 유대인들의 시바 shiva 전통은 여기에서 비롯되었다.). 욥의 친구들은 욥에게 하나님이 그에게 벌을 내린 이유가 되는 그의 죄들을 회개할 것을 종용한다. 이에 욥은 자신은 그런 재난을 당할 정도의 큰 죄를 지은 적이 없다고 주장한다. 욥의 친구들은 욥의 비타협적인 태도에 불쾌함을 느끼며 욥에게 묻는다.

"누가 죄 없이 망하겠나?"

하지만 욥은 친구들의 책망에 굴복하지 않고 자신을 그릇되게 비난하지 않는다. 욥은 하나님이 자신에게 이러한 고통들을 주신 것은 기꺼이 받아들이려 하지만 그것이 자신의 죄들에 대한 징벌임은 인정하지 않았던 것이다.

욥기 전반에 걸쳐 욥은 자신에게 왜 이러한 재난이 닥쳤는지 말씀해 달라고 하나님께 반복적으로 요구한다.

긴박한 서른일곱 장이 지난 후에 하나님은 비로소 다음과 같이 말한다.

"너는 대장부처럼 허리를 묶고 나서라.
내가 네게 물을 테니 내게 대답해보아라.
내가 땅의 기초를 놓을 때 네가 어디 있었느냐?
아는 게 있으면 말해보아라.
네가 아침에게 명령을 내린 적이 있느냐? ……
죽음의 문이 네게 열린 적이 있느냐? ……
땅이 얼마나 드넓은지 깨달은 적이 있느냐? ……
네가 이 모든 것을 안다면 말해보아라.
네가 때에 따라 별자리를 낼 수 있느냐? ……
매가 떠올라서 남쪽으로 그 날개를
뻗고 나는 것이 네 지혜로 인한 것이냐?
독수리가 하늘로 날아오르고 높은 곳에
그 둥지를 만드는 것이 네 명령으로 인한 것이냐?"
여호와는 욥에게 또 대답하고 말한다.
"전능자와 싸운다고 그를 가르치겠느냐?
하나님을 나무라는 사람아, 대답해보아라!"
그러자 욥이 여호와께 대답한다.
"보십시오. 저는 보잘것없는 사람입니다.
제가 어떻게 주께 대답하겠습니까?

손으로 입을 막을 뿐입니다.

한 번 제가 말했었지만 대답하지 않을 것이며

두 번 말했지만 다시는 하지 않겠습니다."

(욥기 38:3-4, 12, 17-18, 32; 39:26-27; 40:1-5)

데니스 프레이저와 나는 이와 관련해《유대교에 대해 사람들이 궁금해 하는 9가지》에서 다음과 같이 썼다.

"하나님은 하나님이다. 이 세상에서 일어나는 모든 일을 이해할 수 있다고 생각하는 우리는 누구일까? 누가 이 세상을 창조했을까? 우리일까? 아니면 하나님일까? 이것이 우리가 바라던 대답은 아닐 수 있다는 것은 인정하는 바이다. 하지만 우리는 어떤 대답을 원해야 할까? 만일 하나님은 하나님이고, 인간은 인간이라면 욥이 하나님으로부터 들은 대답 이외에 다른 가능한 대답이 있을까?"

욥기는 '하나님은 왜 이 우주에 악을 허용하는가'라는 종교에 가장 도전적인 질문을 다루고 있기에 욥기의 질문들은 종교적으로 민감한 거의 모든 사람의 마음을 사로잡았다. 홀로코스트의 후유증에 시달리며 살고 있는 유대인들은 종종 인생의 길을 찾기 위해 욥기에 의지하곤 한다. 물론 홀로코스트 이후의 상황이 욥의 상황과 흡사하다고는 말하기 어렵다. 하나님은 욥에게 그가 왜 고통 받는지에 대해선 말하지 않지만 욥이 마침내 하나님의 목소리를 듣게 된다는 사실 자체만으로 욥은 하나님은 엄연히 존재하고, 따라서 일어난 모든 일에는 반드시 그 이유가 있다는 확신을 가질 수 있게 된다. 그런데 홀로코스트 이후에 하나님이 우리에게 드러내는 것은 상대적으로 더 모호했기에 사람들은 욥이 던진 "왜?"라는 질문뿐만 아니라 "과연 하나님은 존재할까?"라는 좀 더 고통스러운 질문도 던지게 되었다.

탈무드의 한 위대한 랍비가 욥은 실존 인물이 아니며 욥기 전체는 하나님과 악의 문제에 대한 상징적인 풍자일 뿐이라고 주장한 이유는 아마 욥기가 하나님을 돋보이게 조명하지 않았기 때문일 것이다.

■■■ 57

유대인이 된다는 것의 핵심적 의미

"아메이크 아미, 베엘로-하이-이크 엘로-하이Ameikh ami, ve'Elo-hai-ikh Elo-hai"라는 단순한 히브리어 단어 네 개로 이루어진 이 말에서 유대교로 개종하길 바라는 모압 여성 룻은 유대인이 된다는 것의 핵심적 의미를 보여주고 있다. 그녀가 "어머니의 민족이 제 민족이며 어머니의 하나님이 제 하나님이십니다."라는 말을 한 지 3천 년이 된 지금도 민족과 종교를 갈라놓을 수 없다는 이 개념은 유대교와 다른 종교를 구분지어 주는 유대교만의 특징적인 개념으로 남아있다.

언뜻 보면 룻은 성경의 영웅으로는 꽤나 어울리지 않는 인물 같다. 룻은 이스라엘의 숙적인 모압 출신인 데다 그녀의 유대인 남편이 죽기 전까진 유대교로 개종하지 않았기 때문이다.

룻의 남편이 모압에서 죽자 그녀의 시어머니 나오미는 고향인 이스라엘로 돌아가기로 마음먹었다. 룻은 그녀의 고국에 남아 고국의 신들을 모시며 재혼하라는 나오미의 권고를 뿌리치고 나오미와 동행해 이스라엘로 향했다. 그녀는 시어머니에게 말한다.

"자꾸 저한테 어머니를 떠나거나 어머니에게서 돌아서라고 하지 마십시오. 어머니가 가시는 곳이면 저도 갈 것이고 어머니가 머무는 곳이면 저도 머물 것입니다. 어머니의 민족이 제 민족이며 어머니의 하나님이 제 하나님입니다. 어머니가 죽는 곳에서 저도 죽을 것이고 저도 거기에서 묻힐 것입니다. 죽음 외에 그 어떤 것도 어머니와 저를 갈라놓을 수 없습니다. 그렇지 않으면 여호와께서 내게 심한 벌을 내리고 더 내리셔도 좋습니다(룻기 1:16-17)."

두 여성의 우정은 성경에서 다윗과 요나단에 못지않은 우정 모델이 된다.

두 사람이 이스라엘에 도착한 지 얼마 되지 않아 나오미는 룻에게 자신의 사촌 보아스와 재혼할 것을 권한다. 세 세대가 지난 후 그 결혼의 후손으로 이스라엘 왕이자 메시아의 조상이 될 운명을 타고난 다윗이 태어난다(4:17).

룻기는 지나치게 국수주의적인 경향이 있는 사람들에게 필요한 해독제 역할을 오랫동안 해왔다. 맹목적인 국수주의자가가 어떻게 조상이 원래 이교도였던 메시아를 기다리는 종교를 믿을 수 있겠는가?

■■■ 58

정말 모든 것이 헛될까

신앙심이 깊은 나의 아버지는 매년 초막절마다 분량이 그리 많지 않은 전도서가 시나고그에서 낭송될 때 예배식에 전도서 낭송이 포함된 것을 애통해 했다. 아버지는 "전도서는 상당히 유대교답지 않은 책이지."라고 단언했고, 나는 아버지의 불만이 이상다고 생각했다. 전도서도 엄연히 성경의 한 책이라는 생각이 들었기 때문이다. 그런데 세월이 지남에 따라 나는 아버지의 판단에 점점 더 동의하게 되었다. 실제로 다수의 랍비들이 전도서의 정서가 지나치게 염세주의적이라는 이유로 전도서를 성경에서 제외시켜야 한다고 주장하기도 했다. 그럼에도 전도서가 성경에 포함된 데는 두 가지 이유가 있다. 즉 전도서의 저자가 솔로몬 왕이라는 믿음과 전도서의 마지막 구절인 "모든 것의 결론은 이것이다. 하나님을 경외하고 그분의 계명을 지켜라. 이것이 사람의 본분이다(전도서 12:13)."가 나머지 부분의 웅변을 덮어버린다는 이유 때문이다.

유대 전통은 실제로 전도서를 기원전 10세기 인물인 솔로몬 왕이 쓴 세 권의 책 중 한 권으로 여긴다. 솔로몬 왕은 젊었을 때 매우 낭만적인 아가를 썼고, 중년이 되어 지혜롭고 사색적인 잠언을 썼으며, 노년기에 음울한 전도서를 썼다는 것이 랍비들의 믿음이었다. 하지만 오늘날엔 전도서의 저자가 솔로몬 왕이라고 생각하는 학자는 거의 없다. 한 가지 이유로 솔로몬 왕 시대에는 알려지지 않은 단어들이 전도서에 들어있다는 점을 꼽을 수 있다. 예를 들면 '과수원' 또는 '낙원'을 뜻하는 페르시아어 단어인 '파르데스pardes'는 적어도 기원전 6세기 이후에야 유대인들에게 알려졌다. 그보다 4세기 앞서 쓰인 글에서 '파르데스'란 단어를 만난다는 것은 셰익스피어가 쓴 소네트에서 '자동차'란 단어를 발견하는 것과 마찬가지일 것이다.

전도서의 주요 메시지는 대체적으로 전도서 1장 2절 "허무하다. 허무하다. 정말 허무하다 모든 것이 허무하다!"로 요약된다. '유대출판협회'의 성경 개정판은 이 구절을 다소 격조는 떨어지지만 더 정확하게 번역해놓았다.

"완전히 헛되다! …… 모든 것이 헛되다!"

자신을 코헬렛Kohelet이라고 부르며 이스라엘의 왕이자 다윗 왕의 아들(전도서의 저자를 솔로몬 왕으로 여기게 된 대목)로 소개하는 전도서의 저자는 자신은 훌륭한 지혜를 축적했지만 마치 아무것도 축적한 게 없는 것처럼 자기 삶이 무의미하게 느껴졌다고 기술한다. 유대계 영국인 저술가인 레너드 울프Leonard Woolf는 이와 놀랍도록 흡사한 정서를 표현한 적이 있다.

"88세가 되어 삶을 돌아보니 실질적으로 성취한 것이 아무것도 없음을 분명하게 보게 된다. 만일 내가 지난 57년간 위원회에 앉아 있고 책을 쓰고 메모를 한 대신 그저 온종일 탁구만 쳤더라도 세상과 그동안의 인류 역사는 조금도 바뀌지 않았을 것이다."

이와 비슷한 낙관적인 태도로 코헬렛은 다음과 같은 결론을 내린다.

"먹고 마시고 하는 일이 잘되는 것보다 사람에게 더 좋은 것이 무엇이겠는가?(2:24)"

전도서 저자의 감정적 고갈은 낯익은 것이다. 우리의 삶과 노력이 무의미하며 우리가 성취하는 어떤 것도 실질적인 세상의 변화를 야기하지 못한다는 감정은 우리 모두가 주기적으로 경험하는 감정이기 때문이다. 만일 내가 전도서의 염세주의는 성경에서 이례적인 것이라고 주장한다면 전통적인 유대 사고는 우리의 사기를 꺾는 이 공허함을 어떻게 해결할까? 인간은 단지 제한된 목표들만을 성취할 수 있다는 것을 인정하는 동시에 그 제한된 목표들을 성취해야 한다는 것을 고집함으로써 이러한 공허함을 줄일 수 있다. 2세기 현자인 랍비 타르폰이 "세상을 완벽하게 만드는 일을 마무리 짓는 것은 네 의무가 아니다. 그렇다고 네가 할 수 있는 일을 그만두어서도 안 된다.(《아버지들의 윤리》 2:16)"라고 말했듯이 말이다. 20세기의 비종교적인 저자 알베르트 까뮈는 똑같은 바람을 더 구체적으로 표현했다.

"우리는 아마 이 세상을 어떠한 아이들도 고통당하지 않는 세상으로 만들 순 없을 것이다. 하지만 우리는 고통당하는 아이들의 수를 줄일 수는 있다."

전도서에서 가장 유명한 부분 중 하나는 1960년대에 미국의 록그룹 버즈가 노래로 만들어 대단한 인기를 끈 전도서 3장이다.

> 모든 것에는 시기가 있고
> 하늘 아래 모든 일에는 목적에 따라 때가 있으니
> 태어날 때와 죽을 때가 있고,
> 심을 때와 뿌리째 뽑을 때가 있고,
> 죽일 때와 치료할 때가 있고,

허물 때와 세울 때가 있고,
울 때와 웃을 때가 있고,
입 다물 때와 말할 때가 있고,
사랑할 때와 미워할 때가 있고,
전쟁의 때와 평화의 때가 있다. (전도서 3:1-8)

전도서는 돈을 축적하는 데 인생을 바치는 사람들을 특히 경멸한다.

"돈을 사랑하는 사람마다 돈으로 만족하는 법이 없고 부를 사랑하는 사람마다 재산이 아무리 불어나도 만족하는 법이 없다. 이것 또한 허무한 것이다(5:9)."

전도서 저자는 다른 구절에서 이렇게 말하기도 한다.

"그가 자기 어머니의 모태에서 벌거벗은 모습대로 나올 때처럼 돌아가며 그가 열심히 일해서 얻은 것은 아무것도 가져가지 못할 것이다. 이것 또한 통탄할 만한 악인데 사람이 올 때처럼 되돌아가게 된다는 것이다. 겨우 한 자락 바람을 잡으려고 이토록 열심히 일했으니 무슨 이익이 있겠는가?(5:15-16)"

특히 혼란을 야기하는 전도서의 특징 중 하나는 전도서가 사후세계 및 보상과 징벌에 대한 믿음을 전면적으로 부정한다는 것이다. 하나님은 선인을 악인과 다르게 다루지 않는다고 전도서는 주장한다.

"모든 사람 앞에 놓인 운명은 다 같다. 의인이나 악인이나 선한 사람이나 나쁜 사람이나 정결한 사람이나 부정한 사람이나 희생제물을 드리는 사람이나 드리지 않는 사람이나 다 마찬가지다. 선한 사람도 똑같고 나쁜 사람도 똑같고 맹세하는 사람도 똑같고 두려운 마음에 맹세하지 못하는 사람도 똑같다. 이것은 해 아래에서 일어나는 모든 일들 가운데 악한 것이다. 모든 사람의 운명이 다 같으니, 곧 사람들은 마음이 악으로 가득 차서 미친 듯이 살아가다가 결국 죽은 사람들에게로 돌아가는 것이다(9:2-3)."

이 점을 보강하기 위해 전도서는 사람이 죽으면 일도, 계획도, 지식도, 지혜도 없다고 기록한다(9:10).

나는 랍비들이 솔로몬 왕에게 가벼운 복수를 하기 위해 이 고대 이스라엘 왕을 전도서의 저자로 둔갑시킨 것은 아닐까라는 생각을 가끔 해본다. 유대 전통은 솔로몬 왕을 역사상 가장 지혜로운 사람으로 간주하지만 성경은 솔로몬 왕이 말년에 이르러 다소 어리석고 오만한 사람이 되었음을 분명히 하고 있다. 그래서 솔로몬 왕이 말년에 전도서를 썼다고 말함으로써 랍비들은 전도서의 가치에 대한, 그들의 솔직한 감정에서 비롯된 "숨은" 평가(역설적이라는 전제 하에서)를 전하려 했을지도 모른다.

■■■ 59

어떤 사람도 홀대하지 말라

에스더는 아마 성경에서 가장 특이한 여성 영웅일 것이다. 아름다운 미모 덕분에 페르시아의 이교도 왕인 아하수에로 왕의 눈에 들어 페르시아의 왕비가 된 유대 여성 에스더는 결국 자신의 지위를 이용해 유대인을 몰살하려는 페르시아의 치밀한 계획으로부터 유대인들을 구한다.

성경에서 에스더서는 토라를 제외하고 현대 유대인들에게 가장 잘 알려진 책이다. 부림절마다 시나고그에서 낭송되는 에스더서는 에스더가 (사촌 오빠 모르드개의 명령으로) 그녀의 종교를 비밀로 한 채 아하수에로 왕의 '미인 대회'에 어떻게 선발되었는지에 대해 이야기한다. 에스더가 '미인 대회'에서 아하수에로 왕의 눈에 들어 왕비가 된 지 얼마 지나지 않아 모르드개는 아하수에로 왕의 가장 힘 있는 심복인 하만에게 무릎을 꿇고 절하는 것을 거부함으로써 그를 격노케 한다. 하만은 모르드개 한 명에게만 복수하는 것으로는 성에 차지 않아 왕국 전역에 있는 모르드개의 민족인 유다 사람들을 모조리 쓸어버릴 묘안을 찾는다. 하만은 그때 이후로 반유대주의자들의 무기 중 일부가 된 논리를 펼치며 아하수에로 왕에게 말한다.

"왕의 왕국 모든 지방에 있는 여러 민족들 사이에 흩어져 살고 있는 한 민족이 있는데 그들의 관습은 다른 모든 민족들과 다르고 또 그들은 왕의 법률을 따르지 않고 있습니다. 그들을 그냥 내버려두는 것은 왕께 좋을 것이 없습니다(에스더 3:8)."

아하수에로 왕은 하만의 계획을 묵인했는데, 둘 모두 아하수에로 왕의 사랑스런 왕비가 유대인 출신이라는 것은 알지 못했다.

하만의 음모에 대한 소문이 떠돌자 모르드개는 에스더에게 왕을 설득해줄 것을 요청한다. 처음에 에스더의 직감은 모르드개의 요청을 거부하는 것이었다. 왕의 부름을 받지 않고 왕에게 가는 것은 사형 죄에 해당된다는 사실을 에스더가 모르드개에게 알린다. 그럼에도 모르드개는 자기주장을 꺾지 않는다.

"네가 유다 사람들 가운데 혼자 왕의 집에 있으니 이 일을 피할 수 있다고 생각하지 마라. 네가 만약 이번에 침묵한다면 다른 어디에서든 유다 사람들은 안녕과 구원을 얻을 것이다. 그러나 너와 네 아버지의 집안은 망할 것이다. 하지만 네가 이때를 위해 왕비의 자리에 오르게 됐는지 누가 알겠느냐?(4:13-14)"

결국 에스더는 아하수에로 왕의 마음을 돌려놓고 하만을 궁지에 몰아넣는 데 성공한다. 하만은 교수형을 당하고, 유다 사람들은 위기에서 벗어나고, 에스더는 아마 그 후로 행복하게 살았을 것이다.

자주 언급되진 않지만 에스더서가 주는 더 중요한 교훈은 유대 공동체는 어떠한 유대인도 소홀히 하지 않도록 상당한 주의를 기울여야 한다는 것이다. 바빌로니아의 여신 이슈타르Ishtar(이슈타르란 이름을 갖는 것은 오늘날 유대 여성이 크리스틴이라는 이름을 갖는 것과 비슷한 경우이다.)와 비슷하게 들리는 에스더라는 이름 자체는 그녀가 상당히 동화된 그녀의 배경과 어울리지 않아 보인다. 자신의 종교적 정체성을 숨기고 다른 종족의 왕과 결혼한 아름다운 왕비가 자기 민족을 위해 목숨까지 무릅쓸 가능성은 희박하다고 생각하는 것도 무리는 아니다. 그럼에도 에스더는 유대 민족을 위해 자신의 목숨까지 무릅썼고, 그녀의 이름을 가진 유대인 여성의 수가 반영하듯 유대 역사에서 가장 위대한 여성 영웅으로 남아있다.

하만은 심지어 파라오를 능가하는, 당시의 히틀러가 될 뻔한 반유대주의자의 상징이 된다. 그에게 행해진 보복이 "눈에는 눈"의 원칙을 탁월하게 만족시킨 이유가 바로 여기에 있다. 하만은 그 자신이 모르드개를 목매달기 위해 준비한 바로 그 나무에 목이 매달리고, 모르드개는 하만의 이전 자리에 오른다.

에스더서의 행복한 결말에도 불구하고 안타깝게도 하만은 유대인들에게 결코 생소한 인물이 아니다. 한 이디시어 속담은 통렬한 어조로 유대 역사에서 더 불행한 사건들을 이렇게 요약하고 있다.

"하만은 너무도 많은데, 부림절은 하나뿐이로구나."

■■■ 60

사자 굴속의 청년 이야기

다니엘서는 바빌론 유폐(기원전 586년) 이후 페르시아 왕 다리오의 통치 아래서 엄청난 권력을 행사할 수 있는 자리에 오른 한 유대 청년에 대해 이야기한다.

다니엘은 세 명의 총리(가장 높은 직책) 중 한 명으로 일한다. 다른 두 총리와 여러 지방 장관들은 다리오가 다니엘에게 엄청난 권력을 준 것에 분개해 다니엘을 살해할 음모를 꾸민다. 그들은 앞으로 30일 동안 왕이 아닌 다른 어떤 신이나 사람에게 기도하는 것을 금하고 이를 어기는 자는 누구라도 사자 굴속에 던져 넣는다는 법령을 공표할 것을 왕에게 탄원한다.

이 법령이 시행된 걸 알면서도 다니엘은 법령을 무시하고 평소대로 자신의 집에서 하루 세 차례 하나님께 기도한다. 그의 적들이 몰려와 기도하는 그를 잡아 왕에게 데리고 간다. 다리오 왕은 다니엘을 아꼈기에 법령대로 그를 벌할 생각이 없었다. 하지만 어쩔 수 없는 노릇이었다. 페르시아 법은 설령 왕 자신이 정한 법령일지라도 왕이 법령을 취소하는 것을 금하고 있었기 때문이다.

결국 그날 저녁 왕의 명령으로 신하들은 다니엘을 사자 굴속에 던져 넣고 그가 도망갈 수 없도록 굴 입구를 바위로 봉쇄한다. 다니엘에게 벌을 내린 것에 크게 상심한 다리오 왕은 밤새도록 잠을 이루지 못한다. 다리오 왕은 이튿날 날이 새자마자 서둘러 사자 굴을 살피러 간다. 왕은 사자 굴에 가까이 가서 슬피 울부짖으며 다니엘을 부른다.

"살아 계신 하나님의 종 다니엘아, 네가 항상 섬기는 네 하나님께서 너를 사자들로부터 구해주셨느냐?"

다니엘이 왕에게 대답한다.

"왕이여, 만수무강하소서! 내 하나님께서 천사를 보내 사자들의 입을 막으셔서 사자가 나를 해치지 못했습니다(다니엘 6:19-22)."

다리오 왕은 다니엘이 무사히 살아 있는 것에 안도하며 모든 백성들에게 다니엘의 하나님을 숭배할 것을 명한다.

탈무드는 랍비 탄훔을 주인공으로 내세워 약간 변형된 형태로 이 이야기를 다시 한다. 사자들이 랍비 탄훔을 그대로 내버려두자 "한 이교도가 말했다. '사자들은 배가 고프지 않아 그를 잡아먹지 않은 것이라오.' 이에 사람들은 그 이교도를 사자들에게 던졌고, 사자들은 그를 잡아먹었다(산헤드린 39a)."

다니엘서의 이전 에피소드는 첫 번째 대성전을 파괴한 느부갓네살 왕의 아들인 바빌론의 왕 벨사살의 왕궁 잔치에서 벌어지는 일이다.

벨사살 왕은 그의 아버지가 예루살렘의 대성전에서 약탈한 금 그릇과 은 그릇을 가져오게 해 그것들로 귀족들과 왕비들과 후궁들과 함께 술을 마신다. 그런데 어느 순간 갑자기 거대한 사람의 손가락이 나타나 벽에 알 수 없는 글을 써 향연이 중단된다. 겁에 질려 사색이 된 벨사살 왕은 이 미스터리한 글을 해독하기 위해 바빌론의 마법사와 주술사, 점성술사, 점쟁이들을 부르지만 그들은 그 글을 해독하지 못한다. 요셉의 '7년의 풍년과 7년의 흉년' 이야기를 떠올리게 하는 이 에피소드에서 왕비가 벨사살 왕에게 신과 같은 지혜를 가졌다는 명성을 얻은 다니엘을 부를 것을 제안한다. 왕궁에 온 다니엘은 이 이상한 글을 해독한다.

"여기 새겨진 글씨는 이렇습니다. 메네 메네 테켈 그리고 파르신, 이 말의 뜻은 이렇습니다. 메네는 하나님께서 왕의 나라의 시간을 재어 보니 이미 끝이 났다는 뜻이고 테켈은 왕을 저울에 달아 보니 무게가 모자란다는 뜻이고 페레스는 왕의 나라가 나뉘어 메대와 페르시아 사람에게 넘어갔다는 뜻입니다."

그날 밤 벨사살 왕은 살해된다.

■■■ 61

도덕적이고 우호적인 리더

노아와 더불어 페르시아 왕 고레스는 성경에서 가장 중요한 비유대인 영웅이다. 예언자 이사야는 비유대인 군주에게 유래 없는 존경을 표하는 구절들에서 고레스를 여호와의 '기름 부은 고레스'라 칭하기도 하고 하나님의 '목자'라 부르기도 한다(이사야 45:1, 44:28). 정복한 민족들을 추방한 바빌로니아 사람들과는 달리 고레스는 정복당한 민족들을 그의 통치 아래서 그들의 고국에 그대로 살면서 그들의 문화를 발전시킬 것을 장려했다. 고레스가 기원전 539년에 바빌론을 무찔렀을 때 그는 거기에 살던 유대인들에게 그들의 고국인 이스라엘로 돌아가 대성전을 재건할 기회를 주었다. 대다수 유대인은 바빌론을 떠나지 않았지만 약 4만 명의 유대인은 그의 제안을 받아들여 페르시아의 통치를 받으며 유대 국가를 재건했다.

성경에서 고레스는 페르시아의 독립적인 왕으로서보다는 이스라엘 하나님의 특사로서 더 많이 그려진다. 유대인들이 팔레스타인으로 돌아가는 것을 허용하는 그의 칙령은 이렇게 시작한다.

"하늘의 하나님 여호와께서 내게 세상의 온 나라를 주셨고 그분을 위해 유다의 예루살렘에 성전을 세울 임무를 주셨다(에스라 1:2)."

유대인들에게 고레스가 도덕적이고 우호적인 리더로 남아있다는 것은 전혀 놀랄 일이 아닐 것이다. 1917년에 아서 밸푸어가 영국은 유대인이 팔레스타인에 유대 국가를 건설하는 것을 지지한다는 내용의 밸푸어 선언을 공표했을 때 유대인은 그를 현대의 고레스로 보았다.

■■■ 62

인간에게는 공동체가 필요하다

에스라와 느헤미야라는 이름은 항상 연관성을 가짐에도 불구하고 두 사람이 실제로도 만났는지는 불확실하다. 하지만 두 사람은 여전히 바빌론 유폐 이후에 유대인들이 이스라엘로 돌아가는 데 가장 큰 영향력을 행사한 사람들로 남아있다.

유대 전통에서는 두 사람 중 에스라가 더 중요한 인물로 간주된다. 에스라서는 에스라가 태어나기 훨씬 전에 고레스 왕이 유대인들에게 이스라엘로 돌아가 대성전을 재건하는 것을 허용하는 칙령을 공표한 시점에서 시작한다. 그로부터 약 1세기 후, 당시 페르시아 왕은 에스라에게 유다로 가서 유대인들을 돌보는 임무를 맡긴다. 왕은 그에게 하나님의 율법에 따라 유다와 예루살렘을 돌볼 수 있는 엄청난 권한을 부여한다(에스라 7:14). 에스라는 심지어 토라의 율법을 어기는 자들을 벌할 수 있는 권한도 부여받는다(7:26).

이스라엘에 도착한(기원전 458년이 아니면 428년에 도착했을 가능성이 가장 크다.) 에스라는 유대인들이 일반적으로 당시의 문제라고 생각하는 이교도와의 혼인을 목격하게 된다. 많은 유대인 남성들, 특히 상류층 남성들이 비유대인 여성을 아내로 맞이하고 있었던 것이다(9:2).

이에 대한 에스라의 대처는 극단적이고 단호했다. 그는 즉시 지역의 유대인 리더들과 함께 모든 이족혼인을 해체하는 작업에 돌입해 비유대인 아내들과 자녀들을 추방하기에 이른다.

그런 다음 그는 전국 각지의 남녀들을 예루살렘으로 모이게 하는 대규모 회합을 소집한다. 이 회합에서 그는 새벽부터 저녁까지 토라가 적힌 두루마리를 들고 큰 소리로 토라를 읽는다. 며칠 동안 계속된 그의 토라 낭송이 끝나자 회합에 참석한 유대인들 모두가 다른 종족과 혼인을 하지 않고, 안식일에는 거래를 하지 않고, 예루살렘의 대성전을 후원하는 헌금을 내겠다는 서약을 한다(느헤미야 10:31).

유대 전통은 에스라를 유대 민족이 절멸할 위기에 처했을 때 유대 민족을 구해낸 인물로 간주한다. 탈무드는 이렇게 언명한다.

"이스라엘에서 모세가 먼저 태어나지 않았다면 에스라가 토라를 받았을 것이다(산헤드린 21b)."

에스라가 회중 앞에서 토라를 낭송한 일은 토라를 성직자들뿐만 아니라 가장 평범한 유대인 노동자들도 소유할 수 있는 성스러운 책으로 만들어주는 역할을 했다. 다시 말해 에스라는 이 성스러운 문서의 민주화를 구현했던 것이다. 이족혼인에 대한 에스라의 대처가 강경했다는 것은 틀림없는 사실일 것이다. 하지만 만일 에스라가 그렇게 하지 않았다면 당시 유대인들이 이웃 국가의 종교와 생활방식에 동화되어 오늘날 유대 민족은 이 지구상에 존재하지 않았을지도 모른다.

에스라와는 달리 느헤미야는 종교적인 리더로서의 색채보다는 정치적인 리더로서의 색채가 더 강했다. 유대 민족이 팔레스타인으로 돌아온 뒤 몇 세대가 지난 시점에 페르시아에 살았던 느헤미야는 팔레스타인 유대 공동체가 흔들리고 있다는 소식을 접했을 때 여전히 그들과 강한 연대감을 느낀다.

"나는 이 말을 듣고 그만 주저앉아 울고 말았습니다. 나는 몇 날 며칠 동안 슬픔에 잠긴 채 금식하면서 하늘의 하나님 앞에 기도하며 말했습니다(느헤미야 1:4).”

느헤미야는 아닥사스다 왕에게 술을 따르는 일을 전담하는 사람이었다. 이 영예로운 직책은 독이 들어 있지 않다는 것을 확인하기 위해 왕이 마실 술을 먼저 시음하는 일도 포함했기에 잠재된 위험에 노출되어 있는 일이기도 했다. 느헤미야는 예루살렘으로부터 비보를 접하고 얼마 지나지 않아 아닥사스다 왕의 술시중을 들었다. 그때 느헤미야가 평소와는 다르다는 것을 눈치 챈 아닥사스다 왕이 그에게 물었다.

“네가 아프지도 않은데 네 안색이 왜 그리 슬퍼 보이느냐? 마음에 근심이 있는 게 분명하다.”

느헤미야는 왕의 갑작스런 질문에 놀라고 두려웠지만 용기를 내어 대답했다.

“왕께서는 만수무강 하옵소서! 제 조상들이 묻혀 있는 성이 폐허가 됐고 그 성문들이 불에 타 허물어졌으니 어찌 슬프지 않겠습니까?(느헤미야 2:2-3)”

느헤미야의 슬픔에 공감한 아닥사스다 왕은 자신을 예루살렘으로 보내 예루살렘 성을 재건하게 해달라는 느헤미야의 간청을 들어주었다. 느헤미야는 그 계획을 반대하는 비유대인들의 사악한 반발에도 불구하고 예루살렘 주위에 성을 재건하는 것을 감독했고, 재건한 성은 그곳 유대 공동체의 물리적인 안전을 회복시켜주었다. 에스라와 마찬가지로 느헤미야 또한 ‘이족혼인 반대 캠페인’을 열정적으로 벌였다.

2부

고난과 영광이 뒤섞인 삶

■■■ 63

폭군의 폭압에 저항하라

시리아의 왕 안티오쿠스Antiochus는 폭군에게 드물지 않은 조합인 잔혹함과 오만함을 겸비했다. 안티오쿠스 자신이 선택한, '입증된 신'이란 뜻의 그리스어인 '에피파니스Epiphanes'라는 칭호 자체가 그가 자신을 얼마나 높이 평가하는지를 여실히 보여주고 있다.

안티오쿠스의 통치를 받는 불운한 지역 중 하나가 유대였다. 그는 유대인의 종교가 그의 그리스화 정책에 대한 광범위한 반발의 뿌리라고 확신하게 되어(아마 그리스화된 유대인들의 주장에 영향을 받아) 유대교를 말살하려고 체계적인 노력을 기울였다.

이 시리아 왕은 먼저 유대교의 가장 기본적인 율법들과 상징들을 공격했다. 그는 할례 의식과 안식일을 지키는 것, 심지어 성경을 소지하는 것까지 법으로 금했고, 이를 어기는 자는 사형에 처했다. 한번은 그가 몰래 아들을 할례 받게 한 두 여성을 체포해 군중이 보는 가운데 두 여성으로 하여금 할례 받은 아들을 가슴에 안고 예루살렘 거리를 행진하게 했다. 그런 다음 그는 네 사람 모두를 성벽 밖으로 던져 죽게 했다. 또한 그는 자기 군사들에게 명령해 대성전에 돼지들을 제물로 바치게 하고 유대인들에게도 그렇게 하도록 강요한 다음 대성전의 지성소에 로마 신 주피터를 모시게 한 적도 있다. 놀라운 사실은 유대인들이 결국엔 그의 이러한 정책을 참지 못하고 반란을 일으켰다는 것이 아니라 다수의 동화된 유대인들도 처음부터 반란에 동참했다는 것이다.

유대교를 말살하려는 안티오쿠스의 노력이 성공했다면 유대 역사뿐만 아니라 세계 역사도 바뀌었을 것이다. 기원전 2세기의 유대인들은 당시 세계에서 유일한 일신교도들이었기에 유대교가 말살되었다면 기독교와 이슬람교도 세상에 모습을 드러내지 않았을 가능성이 크기 때문이다.

다행히 안티오쿠스의 광적인 압제는 마타티아스Mattathias와 마카비 일족Maccabees의 성공적인 반란으로 막을 내렸다. 그 후, 안티오쿠스 에피파니스는 유대 역사에서 사라졌다. 그는 페르시아의 한 신전을 약탈하고 4년이 지난 기원전 163년에 성병에 걸려 죽은 것으로 전해진다. 안티오쿠스는 지금도 자신의 이름에 친숙한 유일한 민족이 한때 자신이 탄압했던 독실한 유대교도들의 후손이라는 것을 알면 틀림없이 놀랄 것이다. 그들은 유대교를 말살하려는 안티오쿠스의 시도에 대한 그들 조상의 반란을 기념하기 위한 하누카에 매년 8일을 할애한다.

■■■ 64

애석한 아이러니

유대 역사에서 애석한 아이러니 중 하나는 유대인들을 탄압한 안티오쿠스 왕을 상대로 한 반란을 성공적으로 이끈 마카베오가家가 그들 자신도 유대인들의 압제자가 되었다는 것이다.

안티오쿠스 왕을 상대로 한 반란은 기원전 167년에 예루살렘에서 북서쪽으로 17마일 떨어진 모데인(모디인)Modi'in이라는 도시에서 시작되었다. 안티오쿠스는 대성전을 훼손한 후에 자신의 군사들을 유대의 모든 마을로 보내 지역의 유대 리더에게 돼지를 제물로 바칠 것을 강요하도록 했다. 모데인의 한 관리가 노년의 성직자인 마타디아에게 제물을 바칠 것을 강요했지만 마타디아는 이를 거부했다. 그러자 곧바로 또 다른 유대인이 왕의 명령을 관철하기 위해 나섰다. 이에 마타디아는 벌떡 일어나서 그 유대인과 관리 모두를 살해하고, 재단을 허문 다음 군중을 향해 소리쳤다.

"율법에 대한 열성이 있고 우리 조상들이 맺은 계약을 지키려고 하는 사람은 나를 따라 나서시오(마카베오상 2:27)."

유대인 군중의 다수가 그를 따라 따랐고, 마침내 마카베오가家의 반란이 시작되었다.

마타디아는 다섯 아들의 도움을 받아 시리아 군대를 상대로 게릴라전을 펼쳤다. 마타디아는 자신의 공동체 내에서도 몇몇 이상한 발상들과 투쟁을 했다. 마카베오상 2장 32절에서 38절에 따르면, 반란 초기에 독실한 유대인 군사 다수가 안식일에 자신들을 방어하는 것을 거부했다. 그들은 심지어 자기 방어를 위해서일지라도 안식일에 싸우는 것은 이 성스러운 날을 모독하는 것이라 믿었던 것이다. 얼마 지나지 않아 안티오쿠스 군사들은 이러한 유대인 군사들을 전멸시켰다. 이에 마타디아는 이 순교자들의 논리에 강력한 반대 의사를 표명하고 뛰어난 상식으로 군대를 통솔했다.

"만일 우리 모두가 이미 죽어간 형제들을 본받아, 우리의 관습과 규칙을 지키느라고 이방인들과 싸우지 않기로 한다면 멀지 않아 그들은 우리를 이 지상에서 몰살시키고 말 것이다(2:40)."

그날, 유대인 반란군들은 다음과 같이 결의했다고 마카베오서는 전한다.

"우리를 공격하는 자가 있으면 안식일이라도 맞서서 싸우자. 그래야만 피신처에서 죽어간 우리 형제들처럼 몰살당하는 일이 없을 것이다(2:41)." (마타디아의 결정이 유대인 군사라도 필요한 경우 안식일에 싸워야 한다는 근거로 자주 인용되는 한편, 나는 지금까지도 이 유대인 순교자들의 논리를 설명할 길을 찾지 못했다. 나의 아버지가 다음과 같이 말했듯이 말이다. "그보다 8백 년도 더 전에 다윗 왕은 수많은 전쟁을 치렀지. 그런데 그때 만일 다윗 왕이 안식일에는 싸우지 않는 것을 원칙으로 했다면 그의 적들은 안식일에만 다윗 왕의 군대를 공격해 쉽게 승전하지 않았을까?")

반란을 일으킨 지 1년도 안 돼 마타디아는 셋째 아들 유다에게 군 통솔권을 위임한다는 명령을 남기고 죽었다. 유다의 전투 방식은 매우 공격적이어서 그에게 '망치'라는 뜻의 마카베우스Maccabeus란 별명이 붙었다. 별명은 적절했다. 그는 시리아의 모든 전초 기지를 계속해서 '때려 부수었고', 2년 후엔 시리아가 화평을 요청했다. 이에 유대인들은 예루살렘의 통치권을 양도받았고, 시리아인들은 그 대가로 예루살렘 성벽 반대쪽의 아크라Acra를 안전한 요새로 삼을 수 있도록 허가받았다.

예루살렘에 입성한 유다와 그의 군대는 폐허가 된 대성전을 발견했다. 그들은 옷을 빌려 입고 며칠간 애도의 기간을 가진 뒤 대성전을 재건하기 시작했다. 시리아 사람들이 대성전에 돼지들을 제물로 바치기 시작한 날로부터 정확히 3년 후인 기원전 164년 12월(유대력으로는 키슬레우월 스물다섯 째 날)에 유대인 반란군은 그들의 가장 성스러운 건물에 다시 봉헌했다. 그 후 8일 동안 대성전을 찬양하고(유대인들이 그해 지킬 수 없었던 초막절을 대신해) 하나님의 영광 안에서 제물을 바치기 위해 유대인 군중이 벌떼처럼 모여들었다. 하누카Hanukka는 이 8일을 기념하는 유대 축제이다.

그리스 문화에 동화된 일부 지역 유대인들은 마카베오가의 승리에 정신을 잃고 시리아 군대에 입대해 계속해서 유다 마카베오를 괴롭혔다. 시리아 사람들은 다시 결집해 유다 마카베오를 죽이고 유대인들을 무찔렀다. 그로부터 2년 후, 유다의 동생 요나단이 숨어 있던 광야에서 모습을 드러내며 또 다른 반란을 일으켰다. 요나단은 유대인 자치권을 쟁취하는 데 성공했지만, 그로부터 몇 년 후에 시리아 사람들이 다시 돌아와 그를 살해했다. 그래서 그의 형 시몬이 전쟁을 맡게 되었다. 기원전 142년, 마카베오가는 마침내 오래 지속된 승리를 쟁취했고, 유대인들은 그해부터 자주권을 행사했다.

"이스라엘 민족은 그들의 공문서와 계약서에 '유다인의 대사제이며 사령관이며 지도자인 시몬 제일년'이라고 쓰기 시작하였다(마카베오상 13:42)."

안타깝게도 마카베오가는 통치보다는 반대 세력을 숙청하는 데 더 치중했다. 그들은 싸움에 너무 익숙해져 그들의 뜻에 조금이라도 반대하는 사람은 누구와도 함께 일할 수 없는 것으로 보였다. 시몬의 손자인 알렉산더 야나이Alexander Yannai 왕은 반대 세력인 바리새파 사람 8백 명을 처형했는데, 그 전에 그들로 하여금 먼저 그들의 아내와 자녀가 처형되는 것을 지켜보게 했다. 살육이 진행되는 동안 야나이 왕은 살육 현장에서 그리스 스타일의 주연을 벌이며 살육을 지켜보았다(유대인들에게 이 에피소드는 두 배로 비극적인 것이었다. 마라노Marranos[1] 후손들이 후에 '스페인 종교재판'의 주동자들이 된 것과 비슷한 꼴이기 때문이다.).

마카베오가의 윤리적 · 종교적 쇠퇴는 그들이 왜 탈무드에 거의 언급되지 않는지를 설명해준다. 사실 오늘날 유대인들이 하누카의 기적에 대해 생각할 때 그들은 대성전이 다시 봉헌되던 8일 동안 탔던 작은 기름병보다도 마카베오가의 반란에 대해 더 많이 생각하지 않는다.

유대 문헌에서 마카베오가를 '하스몬가家'라 칭하기도 한다. 다시 말해 둘은 서로 바꿔 쓸 수 있는 명칭이다. '마카베오가'라는 명칭은 유대의 장군이자 역사가인 요세푸스가 '마카베오가'란 명칭을 처음으로 사용했으며 실제로 마카베오서 어디에도 '마카베오가'란 명칭을 찾아볼 수 없다.

기원전 63년, 하스몬가의 두 형제간에 일어난 내전 동안 중재를 위해 예루살렘으로 온 로마 사람들이 종국에는 예루살렘을 점령했다. 비극이 막을 내린 것이다. 원래 마카베오가가 외세의 통치로부터 유대인

1 중세 스페인 · 포르투갈에서 그리스도교로 개종당한 유대인

들을 해방시켰다. 이교도의 권력에 예속된 부패한 그들이 유대인들을 통치한 것이다. 그들은 자신들이 그들의 선조인 마타디아가 한때 반역자로 여겨 살해한 그런 부류의 유대인이 되었다. 그들의 운명은 사울과 요나단에 대한 다윗의 애가를 바꾸어 표현하는 데 영감을 주었다. "위대한 가문의 후손들이 쓰러졌구나(사무엘하 1:25)."

■■■ 65

우상숭배 거부로 처형된 어머니

유대인 이야기들 중 가장 슬픈 이야기는 아마 우상에 절하는 것을 거부해 처형된 일곱 아들의 어머니인 한나의 이야기일 것이다.

안티오쿠스 군대에 잡힌 한나의 가족 전체가 이 시리아의 폭군 앞으로 끌려갔다. 안티오쿠스는 한나의 맏아들에게 우상에 절할 것을 명령했다. 하지만 한나의 맏아들은 "나는 네 하나님 여호와다(출애굽기 20:2)."라는 성경 구절을 인용해 말하며 우상숭배를 거부했다. 그러자 안티오쿠스 왕은 즉결로 이 소년을 처형시켰다.

둘째 아들 역시 맏아들이 간 길을 따라갔다. 그런데 둘째는 다음의 다른 성경 구절을 말하며 우상숭배를 거부했다.

"너는 내 앞에서 다른 어떤 신도 없게 하여라(출애굽기 20:3)."

셋째와 넷째, 다섯째, 여섯째 역시 형들과 똑같이 행동했고, 차례로 처형되었다.

끝으로, 안티오쿠스는 어린 아이에 불과한 일곱째에게 다가와 "우상을 숭배하라."라고 명령했다. 막내 역시 안티오쿠스의 명령을 따르지 않았다. 막내가 너무 어려 동정심이 발동했거나 아니면 막내가 자신에게 복종하는 것을 신하들에게 보여주기 위해(후자일 가능성이 더 크다.) 안티오쿠스는 막내의 귀에 대고 타협안을 속삭인 뒤 바닥에 자신의 반지를 떨어뜨렸다. 막내는 바닥에 떨어진 반지를 주워 안티오쿠스에게 가져다주기만 하면 목숨을 부지할 수 있었던 것이다. 안티오쿠스는 막내에게 그렇게 하면 신하들은 막내가 우상에게 절을 한 것으로 여길 것이라고 말했다. 하지만 막내는 안티오쿠스의 이러한 제안조차 받아들이지 않았다.

막내는 안티오쿠스에게 이렇게 말했다.

"당신에게 재난이 닥칠 것입니다. 당신이 당신의 영예에 대해 그토록 걱정한다면 내가 하나님의 영예에 대해 얼마나 많이 걱정해야 하겠습니까?"

이 말을 들은 안티오쿠스는 막내도 처형하라고 명했다.

어머니 한나는 막내가 끌려가기 전에 "막내에게 입맞춤할 수 있도록" 조금만 시간을 달라고 청했다. 한나는 몸을 숙여 막내에게 말했다.

"나의 아들아, 너희의 선조이신 아브라함에게 가서 이렇게 말하거라. '당신은 당신의 아들 이삭을 번제물로 바치기 위해 제단 하나를 세웠습니다. 그런데 저희 어머니는 일곱 개의 제단을 세웠습니다.'"

그런 다음 한나는 지붕으로 올라가서 뛰어내려 숨을 거두었다. 유대 전통에서 한나와 그의 일곱 아들은 하나님의 이름을 거룩하게 하기 위해 목숨을 바친 유대인들의 본보기가 되었다.

■■■ 66

유대 역사의 부끄러운 사건

유대 역사에서 부끄러운 사건 중 하나는 기원전 63년에 로마가 침략을 통해서가 아니라 초대를 받아 예루살렘을 점령한 사건이다.

기원전 63년에 슈롬치온 알렉산드라Shlomtzion Alexandra 여왕이 죽었을 때 왕위에 오를 사람은 장자인 히르카누스Hyrcanus 2세였다. 그런데 동생 아리스토불루스Aristobulus가 자신이 장악한 군을 앞세워 형 히르카누스를 몰아냈다. 이 사건은 결국 두 형제와 그 지지자들이 싸우는 내란으로 이어졌다. 이 내란이 한창일 때 로마는 유대의 이웃 나라인 시리아를 합병하는 과정에 있었다. 두 형제는 시리아에 주둔하고 있던 로마의 장군 폼페이우스에게 이 분쟁의 심판을 맡기기로 결정했고, 이에 폼페이우스는 둘 중 히르카누스가 더 순응적이라고 판단해 히르카누스의 손을 들어주었다. 막강한 로마군을 상대하기엔 역부족이었던 아리스토불루스는 결국 폼페이우스에게 항복했다. 이제 히르카누스의 통치력은 로마의 지원에 전적으로 의존할 수밖에 없게 되었다. 그래서 그는 로마군을 초대해 예루살렘을 점령하도록 했다.

폼페이우스는 성전산Temple Mount에서만 저항에 부딪쳤다. 3개월간의 포위 작전 끝에 로마군은 수천 명의 제사장들 및 대성전을 수호하려던 사람들을 살해하고 대성전에 들어가는 데 성공했다. 폼페이우스는 1년에 속죄일에 한 차례 대제사장만 들어갈 수 있는 대성전의 지성소에 곧장 걸어들어감으로써 유대인들을 또 한 번 두려움에 떨게 했다.

폼페이우스의 예루살렘 점령은 유대인 국가의 독립에 종지부를 찍는 일이었다. 폼페이우스는 유대 왕국을 로마의 속국으로 만드는 데 주저함이 없었다. 히르카누스가 맡은 주된 책임은 로마의 주인들을 위해 공물을 거두어들이는 일이었다.

기원전 1세기의 유대인들은 분명 이러한 일이 내란을 해결하기 위해 로마를 끌어들였기 때문에 일어났다는 사실을 안타까운 마음으로 자주 상기했을 것이다. 마치 히르카누스와 아리스토불루스의 자멸적인 행위에 대해 유대인들이 과도하게 가슴을 치며 통탄하는 것을 사그라뜨리기라도 하듯 역사학자 메나헴 스턴Menachem Stern은 우리에게 다음의 빈약한 위안을 준다.

"로마가 시리아를 합병하기로 결정했을 때 로마가 유다에 개입하는 것은 불가피하게 되었다. 형제간의 전쟁이 발발했을 때 그것은 로마의 개입을 앞당겼을 뿐이었다."

■■■ 67

유대교를 가장 잘 대변한 사람

힐렐은 유대교를 가장 잘 대변하는 인물이다. 유대 문헌이 묘사하는 그의 장점들은 미국인들이 이야기하는 아브라함 링컨의 장점들과 이상하게도 닮아 있다. 둘 모두 공부와 사람들을 사랑했고, 지독한 가난을 극복했다. 힐렐의 경우 그의 이 두 가지 덕목은 그를 유대인들의 의식에 들어가게 해준 한 이야기에서 잘 드러나 있다.

"힐렐은 매일 일했고, 하루에 1트로파이크tropaik밖에 벌지 못했다. 그럼에도 그 돈의 절반은 '교육원'의 문지기에게 지불하는 수업료로 썼고, 나머지 절반만으로 가족의 생계를 유지했다. 어느 날 일거리를 찾지 못한 힐렐이 수업료를 내지 못하자 교육원의 문지기는 힐렐을 교육원으로 들여보내주지 않았다. 그래서 그는 랍비 슈마야와 랍비 아브탈리온의 입으로 전하는 생생한 하나님의 말씀을 듣기 위해 교육원의 지붕으로 올라가 거기에 있는 채광창으로 가서 앉았다. 그날은 한겨울 금요일 저녁이었고, 힐렐은 하늘에서 떨어지는 눈을 맞고 있었다. 동이 텄을 때, 랍비 슈마야가 랍비 아브탈리온에게 말했다. '아브탈리온 형제, 이 교육원은 이때쯤 매일 환했는데, 오늘은 어둡군요.' 위를 올려다 본 두 사람은 채광창에서 한 남자의 형체를 보았다. 곧장 지붕으로 올라간 두 사람은 4피트 두께의 눈에 덮인 힐렐을 발견했다. 둘은 그를 밑으로 데려와 목욕을 시키고 성유를 발라준 다음(일반적으로 안식일에는 허용되지 않는 행위이다.) 불 앞에 두고는 이렇게 말했다. '이 남자를 위해서는 안식일의 계율을 어길 수 있어요. 그에게는 그럴 만한 자격이 있으니 말입니다.'(요마Yoma 35b)"

그로부터 몇 해 후, 힐렐은 슈마야와 아브탈리온의 계승자가 되어 당대의 가장 위대한 학자로 인정받았다.

그런데 힐렐이 우리에게 물려준 가장 큰 유산은 그의 학구열도 아니고 그의 자상한 성품도 아니었다. 그것은 유대교를 티쿤 올람tikkun olam(윤리적인 완벽함)의 목표로 인도한 그의 실천력 있는 지력이었다. 힐렐에 대한 가장 유명한 일화에서 한 비유대인이 힐렐에게 다가와 자신이 한 발로 서 있는 동안 유대교의 핵심을 정의해주면 유대교로 개종하겠다고 말한다. 이에 힐렐은 이렇게 대답한다.

"네 자신이 싫어하는 일을 이웃에게도 행하지 말라는 것이 유대교 율법의 전부일세. 나머지는 여기에 대한 설명일 뿐이네. 이제 돌아가서 공부를 하시게(바빌로니아 탈무드, 샤밧 31a)."

그의 가장 두드러진 사법적 작품은 돈을 빌려주고 받는 일에 관한 것이다. 최하층 채무자를 영구적인 채무자로 만들지 않을 목적으로 토라는 개인의 채무는 7년마다 무효화된다는 율법을 재정했다(신명기 15:1-2). 하지만 안타깝게도 이 이상적인 율법은 이 율법이 도우려던 바로 그 계층에게 해를 끼쳤다. 사람들은 더 이상 가난한 사람에게 돈을 빌려주지 않으려 했기 때문이다(특히 반복되는 7년 주기의 말미가 가까워지면 더 더욱).

토라의 이상적인 율법이 가난한 사람들을 돕는다는 토라의 윤리를 파괴하고 있음을 안타깝게 여긴 힐렐은 율법 주위에서 한 가지 방법을 찾았다. 토라의 율법은 7년에 한 차례 오직 개인적인 채무만을 무효화했지 법정에 지불해야 하는 채무는 무효화하지 않았다. 힐렐의 시대 이전에조차 사람들은 7년에 한 차례 개인적인 채무가 무효화되는 것을 피하기 위해 채무를 법정으로 돌렸다. 즉 법정이 그들의 지정 대리인 역할을 했던 것이다. 예를 들어 A가 B에게서 돈을 빌리면 A는 법정에 돈을 갚고 법정은 A에게서 받은 돈을 B에게 지불한다. 채무를 법정으로 돌리는 것은 번거로운 절차일 수 있기에 힐렐은 돈을 빌려주는 사람이 직접 돈을 받을 것이라고 법원에 서면을 고지하는 '프로스불prosbul'이라 불리는 절차를 도입했다. 이 사전 통보로 채무자에게서 돈을 받을 권리가 자동적으로 채권자에게서 법정으로 넘어갔던 것이다.

결과적으로 프로스불은 토라 율법의 원칙도 따르고 가난한 사람들을 돕는다는 토라의 율법도 따랐다. 물론 힐렐이 토라를 그대로 수용하지 않을 이유가 없었다고 주장할 수도 있다. 즉 돈을 돌려받든 돌려받지 못하든 가난한 사람들에게 돈을 빌려주어야 한다고 힐렐이 설파할 수도 있었다는 말이다. 하지만 힐렐은 무익한 설교를 원치 않았다. 그는 가난한 사람들에게 실질적인 도움을 주고 싶었던 것이다. 후대에 탈무드는 사람들이 돈을 빌려주길 꺼린다는 것을 알게 된 힐렐이 더 나은 세상을 만들기 위해 프로스불을 도입했다고 설명했다.

단지 전통만을 따르는 것이 아니라 티쿤 올람, 즉 윤리적인 완벽함을 추구하는 유대 율법의 토대를 마련하고자 했던 힐렐의 도전은 후대 랍비들로 하여금 여러 가지 새로운 윤리적 도전을 감행할 수 있게 해준 선례가 되었다. 예를 들면 손상을 초래한 사람이 항상 그 손상에 대한 책임을 져야한다는 유대 율법의 기본 원칙에도 불구하고 12세기의 위대한 율법서 편찬자인 마이모니데스는 '착한 사마리아인'의 사례에서는 다음과 같은 판결을 내렸다.

"'쫓기는 사람'을 구하기 위해 '쫓는 사람'을 추격하다가 어떤 물건을 파손했다면, 그 물건이 누구의 것이든 변상할 필요가 없다. 이 원칙은 엄격한 성경 율법에 의거한 것은 아니다. 이 원칙은 다른 사람을 구하지 않거나 '쫓는 사람'을 쫓을 때 지나치게 조심함으로써 시간을 허비하는 일이 없도록 하기 위해 제정된 율법이다."

엄격한 정의에 의거하면 '착한 사마리아인'에게 파손에 대한 책임이 있다는 것을 탈무드는 인정했다.

"하지만 이러한 율법이 없다면 '쫓는 사람'으로부터 이웃을 구하려고 나서는 사람은 아무도 없을 것이다(산헤드린 74a)."

힐렐은 통찰력 있는 격언을 많이 탄생시켰는데, 그중 다수가 《아버지들의 윤리》에 기록되어 있다. 그의 가르침 중 하나가 "수줍어하는 사람은 결코 배우지 못할 것이다(2:5)."인데, 그는 이 가르침을 통해 과도한 수줍음 탓에 질문을 하지 못하는 사람은 적절한 이해에 도달할 수 없음을 말하려 했다. 그는 또한 옳은 일을 하려면 좋은 의도뿐만 아니라 그 일이 옳음을 알기 위한 지식도 있어야 하기에 "무지한 사람은 성스러운 사람이 될 수 없다."라고도 설파했다. 《아버지들의 윤리》에 등장하는 그의 가장 유명한 가르침은 이렇다.

"내가 나 자신을 위하지 않는다면 누가 날 위할 것인가? 하지만 내가 나 자신만을 위한다면 나는 도대체 무엇인가? 그리고 지금이 아니라면 언제일까?(1:14)"[2]

유대인들에게 힐렐은 랍비 샴마이의 영원한 경쟁자로도 기억된다. 탈무드는 두 사람 간의 논쟁 및 이후 그들 제자 간의 논쟁을 상당수 기록하고 있다. 두 학파 모두 많은 제자들을 거느리고 있었지만 유대 율법은 거의 항상 힐렐 학파의 손을 들어주었다. 탈무드의 가장 특이한 이야기 중 하나가 그 이유를 설명한다.

"천상의 목소리가 선언했다. '두 학파 모두의 가르침이 살아 숨 쉬는 하나님의 말씀이지만, 율법은 힐렐 학파의 가르침을 따르느니라. 그들은 이해심이 많고 겸손하며 자기 학파의 견해를 공부할 뿐만 아니라 샴

2 나훔 글라처의 《장로 힐렐: 정통 유대교의 출현The Emergence of Classical Judaism》, 아론 블루멘달Aaron Blumenthal의 《내가 나 자신만을 위한다면: 힐렐 이야기If I Am Only for Myself: The Story of Hillel》

마이 학파의 견해도 공부하고, 자신들의 가르침을 언급하기 전에 샴마이 학파의 가르침부터 겸손하게 언급하기 때문이니라.'(에루빈Eruvin 13b)"

힐렐 학파와 샴마이 학파의 논쟁 중 다수가 '의례적인' 문제에 관한 것이었다는 점을 고려하면 힐렐 학파의 손을 들어준 율법의 결정이 "힐렐 학파는 이해심이 많고 겸손하며 …… 자신들의 가르침을 언급하기 전에 샴마이 학파의 가르침부터 겸손하게 언급하기 때문이니라."라는 그들의 윤리성에 근거했다는 것은 놀라운 일이다. 심지어 '의례적인' 쟁점이 대두될 때조차 윤리에 대한 변함없는 강조는 힐렐 학파의 2천 년 유산에서 아마 가장 생명력이 강한 부분일 것이다.

■■■ 68

유대의 재판 제도

고대 유대의 고등 법정인 산헤드린은 모든 시에 있었다. 오늘날 미국의 대법원에 비견할 수 있는 유대의 최고 법정인 대산헤드린Great Sanhedrin의 구성원은 71명이었고, 그들이 모이는 곳은 예루살렘의 대성전이었다(구성원의 수가 홀수인 것은 같은 수의 표가 나오지 않도록 하기 위함이었다.). 대산헤드린은 유대인들에게 가장 권위 있는 법적 · 종교적 기관이었다. 미국 대법원이 헌법을 해석하듯 대산헤드린의 가장 중요한 임무는 성경의 율법을 해석하는 것이었다. 하지만 미국의 대법원과는 달리 대산헤드린은 필요한 경우 새로운 법률을 제정할 수 있는 권한을 가졌다. 대산헤드린의 사법부는 매일 아침부터 오후 중반까지 업무를 보았다.

덜 중요한 지역 산헤드린에는 23명의 구성원이 있었다. 유대 전역의 도시마다 있는 지역 산헤드린은 민사 및 형사 사건을 담당했다.

형사 사건의 경우, 산헤드린이 시행하는 재판 제도는 미국의 재판 제도와 판이하게 달랐다. 사형에 처해질 수 있을 정도의 중범죄 사건을 맡으면 산헤드린 의장은 여러 재판관들을 두 집단으로 나눠 한 쪽에는 피고인의 죄를 입증할 수 있는 증거를, 다른 한 쪽에는 피고인의 결백을 입증할 수 있는 증거를 찾을 것을 지시했다. 그러면 조사를 맡은 재판관들은 자신들이 조사한 결과를 다른 재판관들에게 보고했다. 요즘의 검사나 변호사와는 달리 산헤드린의 재판관들은 유죄 선고의 좋은 기록을 쌓거나 죄가 있는 피고인을 무죄 석방시킬 수 있는 확정적 권리가 없었다. 산헤드린의 독특한 조항은 만일 그 구성원들이 만장일치로 피고인에게 사형을 선고한다면 그 피고인은 처형되지 않는다고 규정했다. 만장일치의 경우 어떤 재판관도 무죄임을 입증하는 증거를 적극적으로 찾으려 하지 않으리라는 것을 랍비들이 우려했기 때문이다. 만장일치가 아닌 경우, 37명 이상의 재판관이 유죄 선고에 찬성하면 유죄를 선고할 수 있었다. 사형 선고 투표를 하는 날에는 재판관들이 음식을 먹거나 음료를 마시는 것을 금지했다. 투표를 할 때는 가장 최근에 재판관으로 임명된 최연소자가 제일 먼저 투표를 했는데, 이는 그들이 연장자 동료들의 투표에 압박을 받지 않도록 하기 위해서였다.

탈무드는 두 곳(산헤드린 17a와 36b)에서 산헤드린의 구성원이 될 수 있는 요건을 인용한다. 산헤드린의 구성원이 되려면 토라 및 수학과 의학을 비롯해 일반 과학에 정통해야 했다. 유대 율법이 주술이나 마술을 금함에도 산헤드린 재판관들은 마녀와 관련된 사건을 재판할 자격을 갖추기 위해 그들의 의식에는 정통해야 했다. 그들은 또한 통역관의 힘을 빌리지 않기 위해 여러 언어에도 능통해야 했다. 노인이나 환관은 유연함이 부족할 수 있다는 우려로 인해 산헤드린의 재판관으로 임명하지 않았다. 랍비들은 자녀를 키워본 사람이 상대적으로 더 동정심이 있고 겸손하다고 믿었기에 자식이 없는 사람도 재판관으로 임명하지 않았다. 후에 마이모니데스는 유대 법정의 재판관으로 임명될 수 있는 자격 요건을 추가적으로 7가지 더 성문화했다. 즉 "지혜와 겸손, 하나님에 대한 경외감, 부당 이익에 대한 혐오, 진실에 대한 사랑, 인간에 대한 사랑, 좋은 명성" 등을 추가적으로 성문화했던 것이다.[3]

서기 70년에 두 번째 대성전이 파괴된 후, 산헤드린은 '야브네Yavneh'에서 다시 소집되었다. 바르-코크바Bar-Kokhba 반란이 실패로 돌아간 뒤 산헤드린은 갈릴리 사람들의 다양한 도시에서 소집되었다. 산헤드린은 로마의 박해를 받았던 대략 서기 425년에 해체된 것으로 보인다.

이스라엘이 건국된 1948년에 이스라엘의 최초의 랍비 정치가인 랍비 유다 레이브 마이몬Judah Leib Maimon은 유대인들이 직면한 새로운 딜레마를 다루기 위해 산헤드린을 재조직할 필요가 있다고 주장했다. 하지

3 산헤드린의 구성원이 되기 위한 자격 요건과 관련한 규정들은 마이모니데스의 유대 율법서인 《미슈네 토라the Mishneh Torah》 2장 '산헤드린의 율법Laws of the Sanhedrin'에서 찾아볼 수 있다. 유대 재판관이 되기 위한 7가지 자격 요건에 관한 진술은 2장 7절에 기록되어 있다. 게달리아 알론Gedaliah Alon의 《탈무드 시대에 자신들의 땅에 살았던 유대인들The Jews in Their Land in the Talmudic Age》 185-252쪽과 시드니 호니그Sydney Hoenig의《대산헤드린The Great Sanhedrin》, 휴고 맨텔Hugo Mantel의 《산헤드린의 역사에 대한 고찰Studies in the History of the Sanhedrin》도 참조하기 바란다.

만 이스라엘의 종교 지도자 대다수가 현대 유대인들이 위대한 탈무드 랍비들의 위상을 침해하는 것은 건방진 일이라는 이유로 그의 제안에 반대했다. 이스라엘의 수상 데이비드 벤-구리온이 마이몬에게 부당 이익을 혐오해야 한다는 토라의 기준(출애굽기 18:21)을 충족시킬 71명의 재판관을 어디에서 찾을 수 있겠냐고 비꼬는 투로 묻자 독설가로 정평이 난 마이몬은 "제게 충분한 돈만 주신다면 부당 이익을 혐오하는 71명의 재판관을 찾아드리겠습니다."라고 응수했다고 한다.

■■■ 69

신의 징벌을 받은 부끄러운 왕

나는 가끔 비유대인들을 강제로 유대교로 개종시켜선 안 된다는 유대교의 기본 원칙을 어긴 데 대한 하나님의 징벌이 헤롯이 아닐까 생각하곤 한다. 하스몬가의 왕 요한 히르카누스가 기원전 125년에 예루살렘 남쪽의 작은 국가인 이두메아Idumea를 점령한 후에 바로 그런 악행을 저질렀다. 히르카누스는 정복당한 이두메아 사람들에게 유대교를 받아들일 것을 강요했는데, 이것이 유대인이 비유대인을 강제로 개종시킨 유일한 역사적 사건이라고 알려져 있다. 당시 히르카누스 왕이 유대교로 개종시킨 사람들 중에 헤롯의 조부모가 있었다.

비상한 아첨과 음모, 무자비함을 통해 헤롯은 로마 의회로 하여금 자신을 유대의 왕으로 임명케 하는 데 성공했다. 아마 역대 유대 왕 중 가장 비윤리적이었을 헤롯은 유대의 고등 법원인 산헤드린의 구성원 45명을 살해하는 것으로 헤롯 정권의 시작을 알렸다. 헤롯은 외부인들에게만 잔혹하고 자기 가족은 감싸는 그런 부류의 인간도 아니었다. 그는 하스몬가의 마리암네 공주였던 그의 첫째 부인과 그 사이에서 태어난 두 아들을 살해했다. 후에 그는 다른 부인과 낳은 아들 안티파터도 살해함으로써 로마 황제 아우구스투스로 하여금 "헤롯의 아들로 태어나는 것보다 헤롯의 돼지로 태어나는 것이 더 낫다."는 생각을 하게 했다. 그는 또한 장모와 처남, 대제사장도 살해했다. 이쯤 되면 그가 죽었다는 헛소문이 돌았을 때 그의 정권을 뒤엎으려는 반란이 일어난 것은 전혀 놀라운 일이 아닐 것이다. 헤롯은 특유의 잔인한 방법으로 반란을 주동한 42명을 불에 태워 죽였다.

사람들을 죽이지 않을 때의 헤롯은 상당히 생산적인 왕이었다. 그는 만 명의 일꾼과 천 명의 제사장을 동원해 9년에 걸쳐 두 번째 대성전을 대규모로 꾸미고 증축했다. 대성전 데크의 남쪽 끝에 있는 '왕실 포르티코The Royal Portico' 하나만을 받치는 기둥이 무려 162개였는데, 그중 가장 높은 기둥의 높이가 백 피트였다. 헤롯의 영혼이 얼마나 종교적이었는지는 알 길이 없지만 그는 아마 이 대규모 프로젝트를 통해 사람들의 환심을 사려 했을 것이다.

헤롯은 또한 예루살렘 성벽도 재건했고, 팔레스타인의 로마 수도가 된 카이사레아Caesarea라는 새로운 항구 도시도 만들었으며, 팔레스타인 전역에 걸쳐 요새와 극장, 경기장, 항구 등도 건설했다. 아이러니하게도 1세기 후에 로마를 상대로 한 유대인 반란에 마지막 전초 기지가 되어준 마사다를 재건한 것도 바로 이 로마의 속국이었다.

기원전 4년에 헤롯이 죽자 아우구스투스 황제는 헤롯의 왕국을 그의 세 아들에게 나누어주었다. 유대를 받은 아르켈라우스Archelaus가 유대를 완전히 장악하지 못하자 아우구스투스 황제는 그를 추방했고, 그때부터 유대는 행정 장관을 통해 로마가 직접 통치했다. 헤롯의 또 다른 아들 헤롯 안티파스는 갈릴리를 통치했는데, 그는 그의 아버지의 성격을 닮은 것으로 보인다. 신약은 헤롯 안티파스가 살로메를 기쁘게 하기 위해 호위병으로 하여금 세례 요한을 살해해 그의 목을 쟁반에 담아 살로메에게 주게 했다고 기록하고 있다(마가복음 6:21-28).

■■■ 70

예수는 어떤 인물인가

신약의 묘사에 따르면 예수는 대체적으로 율법을 잘 따르고, 매우 민족적이며, 윤리 의식이 투철한 유대인이었다. 다수의 위대한 유대교 랍비와 마찬가지로 예수 역시 이웃에 대한 사랑을 종교의 핵심 요구로 보았다. 많은 기독교인들이 예수는 유대교가 율법을 강조하는 것을 반대했다는 생각을 갖고 있지만 실제로 예수는 율법을 버릴 것을 주장하는 사람을 비난했다. 예수는 초기 제자들에게 이렇게 선언했다.

"내가 율법이나 예언자들의 말씀을 없애러 왔다고 생각하지 말라. 없애러 온 것이 아니라 완전하게 하러 온 것이다. 진실로 내가 너희에게 이르노니, 하늘과 땅이 없어지기 전에는 율법 가운데 한 점, 한 획이라도 없어지지 않고 다 이루어질 것이다. 이 계명 가운데 아주 하찮은 것 하나라도 어기고 또 남에게도 그렇게 하도록 가르치는 사람은 하늘나라에서 가장 작은 사람이라고 불릴 것이다. 그러나 누구든지 이 계명을 지키며 가르치는 사람은 하늘나라에서 큰 사람이라고 불릴 것이다(마태복음 5:17-19)."

예수는 적어도 하나의 율법적 쟁점에 있어서는 보다 엄격한 학파의 견해에 동의했다. 보다 우세한 학파인 힐렐 학파는 이혼은 이유를 막론하고 허용된다고 가르쳤지만 샴마이 학파는 성적으로 부절적한 행위가 관련된 경우에만 이혼이 허용된다고 가르쳤다(미슈나 기틴 9:10). 그런데 후에 예수는 신약에서 샴마이 학파의 입장을 취했던 것이다(마태복음 5:31-32). 이후 가톨릭은 모든 이혼을 금함으로써 이혼에 있어서는 예수의 율법적 기준보다도 더 엄격한 기준을 정한 것으로 보인다.

영원히 흥미로운 물음이지만 결코 답할 수 없을 것 같은 물음은 '예수가 자신을 어떻게 보았는가?'라는 물음이다. 예수는 자신을 메시아(구세주)로 보았을까? 그랬을지도 모른다. 하지만 우리는 서력기원 처음 몇 세기 동안 '메시아'라는 단어가 오늘날과는 다른 뜻으로 쓰였다는 걸 기억할 필요가 있다. 오늘날 예수를 믿는 사람들은 대개 메시아를 전적으로 영적인 인물이라 생각한다. 하지만 당시 메시아라는 단어는 외세(로마)의 통치로부터 유대인들을 해방시켜 곳곳에 흩어진 유대인들을 한 곳에 모아 평화의 시대를 열어줄 군사지휘자를 뜻했다. 예수가 죽고 1세기 후, 유대인들은 유대 장군 바르-코크바를 메시아로 여겼다. 비록 그의 가장 열렬한 지지자였던 랍비 아키바조차도 그의 영적인 위대함에 대해선 언급한 적이 없지만 말이다. 실제로 로마의 지배자들이 예수를 위험한 인물로 보고 십자가에 매달기로 결정한 것은 바로 '메시아'라는 단어가 군대와 연관성이 있었기 때문이다. '유대인의 왕'을 표방한 예수의 죄의 상징인 예수의 육체를 로마 사람들이 뇌리에서 지울 수 없었던 것은 아무래도 그의 행동 방향이 군사적이고 정치적이었음을 한 번 더 입증하는 대목인 것처럼 보인다.

가끔 눈살을 찌푸리게 하는 맹목적 애국주의로 넘쳐나는 예수의 국가주의는 마태복음의 한 일화에서 잘 그려지고 있다.

"예수께서 그곳을 떠나 두로와 시돈 지방으로 가셨습니다. 그 지방에 사는 한 가나안 여자가 예수께 와서 울부짖었습니다. '자비를 베풀어 주십시오! 주 다윗의 자손이여! 제 딸이 귀신이 들려 몹시 괴로워하고 있습니다.' 그런데 예수께서는 아무 대답도 없으셨습니다. 그러자 제자들이 예수께 와서 간청했습니다. '저 여인을 돌려보내시지요. 계속 우리를 따라오면서 소리 지르고 있습니다.' 예수께서 대답하셨습니다. '나는 이스라엘 집의 잃어버린 양들 외에는 보냄을 받지 않았다.' 그 여인이 예수 앞에 나아가 무릎을 꿇고 말했습니다. '주여, 나를 도와주십시오!' 예수께서 대답하셨습니다. '자녀들의 빵을 가져다 개들에게 던져주는 것은 옳지 않다.' 그 여인이 말했습니다. '그렇습니다, 주여. 하지만 개들도 주인의 상에서 떨어지는 부스러기는 먹습니다.' 그제야 예수께서는 '여인아, 네 믿음이 크구나! 네 소원대로 될 것이다'라고 대답하셨습니다. 그리고 바로 그때에 그 여인의 딸이 나았습니다(마태복음 15:21-28)."

신약에서는 예수를 처형한 본디오 빌라도가 대체로 호의적으로 그려지는데, 우리는 이와 모순되는 자료를 꽤 많이 가지고 있다. 심지어 유대를 통치한 잔혹한 총독들 중에서도 빌라도는 악명 높기로 으뜸인 인물로 꼽힌다. 결국 그는 사마리아 사람들을 학살한 후에 교체되었다. 그가 권력을 유지하면 반란이 계속 일어날 뿐이란 것을 로마인들이 깨달았던 것이다. 가슴 깊숙한 곳에선 결코 예수를 해하길 원치 않았던 온화하고 친절한 신약의 빌라도는 허구의 인물이다. 대다수의 꾸며낸 이야기처럼 빌라도의 이야기를 만든 데에도 뚜렷한 목적이 있었다. 신약이 쓰였을 당시엔 로마법이 기독교를 금지하고 있었다. 자신들이 기독교의 창시자를 처형했다는 것을 잘 인식하고 있었던 로마 사람들은(실제로 로마의 역사가 타키투스Tacitus가 예수의 십자가형을 언급한 것은 신약 밖에서는 예수가 기독교의 창시자였음을 최초로 암시한 것에 속한다.) 자신들의 반기독교 법률을 폐지할 이유가 없었다. 기독교가 그 적법성을 인정받는 유일한 희망은 예수를 십자가에 매단 것은 엄청난 실수였고 유대인들이 빌라도에게 강요했기 때문에 일어난 일이라는 것을 로마에 입증하는 것이었다. 그래서 신약은 "십자가에 매달라."라고 소리치는 대규모 유대인 군중을 방해할 장치를 마련하기 위한 목적만으로 빌라도를 예수가 처형되지 않길 바라는 인물로 묘사한 것이다. 그런데 신약은 한 가지 단순한 사실을 간과했다. 유대에서 빌라도의 힘은 절대적이었다. 만일 그가 예수에게 죄가 없음을 선언하길 원했다면 그는 충분히 그렇게 할 수 있었다. 다시 말해 빌라도는 자신이 혐오하는 유대인 군중의 강요에 못 이겨 자신이 존경하는 사람을 죽일 정도로 힘이 없지 않았다. 당시 빌라도는 절대 권력자였기 때문이다.

유대 율법은 고문의 한 형태라는 이유로 로마의 처형 방식인 십자가형을 금지했다. 1세기에 대략 5만에서 10만 명의 유대인이 로마인들에 의해 십자가형을 당했다. 따라서 유대인들이 역사적으로 예수의 십자가형을 야기한 사람들로서 십자가와 관련이 있었다는 것이 얼마나 아이러니한 일인가.

유대인들이 예수를 어떻게 생각하는지에 대한 유대인들의 일치된 의견이 있을까? 아마 없을 것이다. 하지만 최근 수십 년 전부터 많은 유대 학자들이 예수를 1세기와 2세기에 자신이 메시아라고 주장하며 로마의 압제자들로부터 유대를 구하려 한 몇몇 사람 중 한 명으로 보는 경향이 있다. 반면 예수가 새로운 종교를 만들려 했다고 믿는 유대 학자들은 거의 없다. 오늘날 예수가 이 세상에 돌아온다면 그는 분명 교회보다 시나고그를 더 편하게 여기리라는 것이 대다수 유대인들의 믿음이다. 기독교의 진짜 창시자는 1세기의 또 다른 유대인인 바울이라고 믿는 유대 학자들이 점점 더 늘고 있다.

신약에 기록된 예수의 말은 유대교의 가르침을 따르는데, 이는 전혀 놀라운 일이 아니다. 예수는 주로 바리새인(탈무드)의 유대교를 실천했기 때문이다. 그럼에도 예수의 가르침 중 최소한 세 가지 가르침은 유대교의 가르침과는 전혀 다른 혁신적인 것이었다.

1. 예수는 모든 죄를 용서한다: "인자가 땅에서 죄를 용서하는 권세를 가지고 있음을 너희에게 알려 주겠다(마태복음 9:6)." 하나님은 오직 하나님께 지은 죄만을 용서한다는 것이 유대교의 믿음이다. 미슈나가 다음과 같이 가르치고 있듯이 말이다. "속죄일에는 하나님께 지은 죄만을 속죄한다. 상처받은 상대가 치유되지 않았다면 인간에게 지은 죄는 속죄할 수 없다(요마 8:9)." 예수는 모든 죄를 용서한다는 믿음은 윤리적 위험성을 내포한다. 예

수 시대로부터 대략 1천5백 년 후, 개신교 개혁가 마틴 루터는 예수의 말에 영감을 받아 다음과 같은 가르침을 기록으로 남겼다. "죄인이 되어 열정적으로 죄를 저질러야 하오. 하지만 그보다 훨씬 더 열정적으로 죄와 죽음, 세상에 대한 승리자이신 그리스도 안에서 믿고 기뻐하시오. 하나님의 무한한 영광을 통해 세상의 죄들을 짊어진 어린 양 예수를 아는 것으로 충분하오. 그러면 죄는 우리를 잘라내지 못할 것이오. 심지어 우리가 하루에 수천 번 간음과 살인의 죄를 범할지라도 말이오.(1521년 8월에 필립 멜란히톤Philip Melanchthon에게 보낸 서한에서)" 유머 작가 줄스 파이퍼Jules Feiffer는 마틴 루터와 같은 견해를 가진 사람들을 날카롭게 풍자했다. "그리스도는 우리의 죄를 위해 죽었다. 그러니 어떻게 우리가 감히 죄를 짓지 않음으로써 그의 순교를 무의미하게 만들 수 있겠는가?"

2. 악인에 대한 예수의 태도: 악인에 대한 예수의 태도는 "악에 맞서지 말라. 누가 네 오른뺨을 치거든 왼뺨마저 돌려 대어라(마태복음 5:39)." 및 "너희 원수를 사랑하고 너희를 핍박하는 사람을 위해 기도하라(마태복음 5:44)."라는 두 구절로 대변된다. 이에 반해 토라는 악인에게 강력하게 저항할 것을 명한다. "너희 가운데서 악을 없애라(신명기 17:7)." 토라는 다른 구절에서 모세가 유대인 노예들을 때리고 있던 이집트 감독관을 살해한 일화를 동의하는 어조로 기록하기도 한다.

미국이 제2차 세계대전에서 살아남을 수 있었던 것은 미국의 거의 모든 기독교인들이 "악인에게 저항하지 말라"는 예수의 가르침을 거부했기 때문이다. 예수의 이러한 가르침을 일상생활에 실제로 적용하는 몇 안 되는 종파 중 하나인 '여호와의 증인'은 나치 강제수용소에서 이발사로 일했다. 나치 무장친위대가 '여호와의 증인' 신도들은 자신들 및 다른 나치 학살자들에게 어떠한 해도 끼치지 않으리란 걸 확신했기 때문이다. 유대교는 적을 사랑하라고 요구하지 않는다. 예를 들어 유대인들에게는 마태복음의 가르침에 따라 나치를 사랑할 의무가 전혀 없다.

예수는 자신을 통하지 않으면 사람들은 하나님께 갈 수 없다고 주장한다: "내 아버지께서 모든 것을 내게 맡기셨습니다. 아버지 외에는 아들을 아는 사람이 없고 아들과 또 아들이 택해 계시해준 사람들 외에는 아버지가 누구인지 아는 사람이 없습니다.(마태복음 11:27)" 근본주의 개신교도 다수가 믿는, 이 구절이 암시하는 바는 예수를 믿는 사람만이 하나님께 갈 수 있다는 것이다. 반면 유대교는 누구라도 하나님께 갈 수 있다고 주장한다. 시편 작가가 다음과 같이 전하고 있듯이 말이다. "여호와께서는 주를 부르는 모든 사람들, 진심으로 주를 부르는 모든 사람들 가까이에 계십니다(시편 145:18)."

■ ■ ■ 71

바울에 대한 유대인의 평가

바울의 자서전적인 기록에 따르면 타르수스Tarsus에서 출생한 바울은 사울이란 이름을 가진 독실한 유대인으로서 성장했다. 젊었을 때 그는 글을 썼고, 바래새파의 일원이었으며, 랍비 감리엘의 제자였고, 심지어 잘못된 믿음을 따르는 예수의 제자들을 자신이 처형했다고 주장하기도 했다.

바울은 다마스쿠스로 여행하던 중 하나님으로 나타난 예수의 환영을 보았다. 바울의 이 경험은 그의 삶뿐만 아니라 세계의 역사까지 변모시켰다. 바울이 환영을 경험하기 전, 예수의 제자들은 자신들을 토라를 따르는 유대인으로 여겼다. 다른 유대인들과 구별되는 그들의 특징은 예수는 메시아이고, 언젠가 유대 민족을 구원하기 위해 그가 돌아오리라는 그들의 믿음이었다.

바울은 이 작은 유대 종파를 유대교와 확연히 구분되는 새로운 종교로 급진적으로 재정립했다. 바울은 하나님이 중요하게 여기시는 것은 토라를 따르는 것이 아니라 예수에 대한 믿음이라고 설파했다. 예수에게서 직접 가르침을 받은(바울은 그렇지 않았다.), 생존한 기독교인들은 바울의 이러한 가르침을 강력하게 거부했다. 신약의 사도행전 10장 14절은 가톨릭교회가 최초의 교황으로 여기는 베드로가 카슈루트kashrut(유대교의 식사계율)를 세심하게 지키는 것을 기록하고 있다. 사도행전 2장 46절과 3장 1절에 따르면 예수의 제자들은 정기적으로 대성전에서 예배를 드렸다. 예수의 동생 야고보는 안디옥에 몇몇 사람들을 보내 유대인들은 모두 할례를 받아야 한다는 말을 전하게 했다(사도행전 15:1, 갈라디아서 2:12). 그런데 바울이 야고보의 명령을 거부하고 다음과 같이 가르쳤다.

"우리는 사람이 율법의 행위와 상관없이 믿음으로 의롭다는 인정을 받는다고 생각합니다(로마서 3:28)."

결국 야고보의 가르침이 아닌 바울의 가르침이 기독교에서 승리했다. 그 결과 가톨릭은 그들의 의례를 지키는 것뿐만 아니라 예수에 대한 믿음도 하나님이 의인을 평가하는 주요 잣대로 삼게 되었다. 개신교의 창시자인 마틴 루터는 믿음만으로 충분하다는 가르침을 폈기에 가톨릭교회와는 노선을 달리했다. 마틴 루터는 1520년에 자신이 발행한 소책자 《기독교인의 자유에 관해On Christian Liberty》에서 이렇게 썼다.

"율법을 따르지 않더라도 믿음만 있으면 정당화되고, 자유로울 수 있으며, 구원받을 수 있다는 나의 말을 최우선적으로 마음에 새겨야 한다."

바울은 토라의 의례와 윤리적 계명을 지키는 사람이 하나님의 눈에 의로운 사람이라는 유대인의 믿음과 치열하게 싸웠다. 이러한 유대인의 믿음이 옳다면 사람들은 노력만으로 정의에 도달할 수 있을 것이고, 그렇게 되면 예수가 십자가에 못 박힌 목적이 사라져 "예수는 결국 헛되게 죽었을 뿐(갈라디아서 2:21)"이라는 것이 바울의 논리였다.

바울도 다른 유대인들과 마찬가지로 하나님이 인류에게 토라를 주셨다고 믿었다. 하지만 그는 다른 유대인들과는 달리 인간은 토라의 율법을 완벽하게 지킬 때에만 구원받을 수 있다는 입장을 고수했다.

바울에 따르면 그렇게 하는 것은 불가능한데, 하나님은 토라의 어떠한 율법이라도 어기는 사람은 저주할 것이기에 토라의 수많은 율법들은 축복이 아니라 저주로 보아야 하고, 인류는 오로지 예수를 믿는 것만으로 구원받을 수 있다(갈라디아서 3:10, 21-22 및 로마서 3:28)는 것이다.

유대교는 사실상 바울의 논리적 전개의 모든 대목에 동의하지 않는다. 유대교는 토라를 철저하게 지킬 것을 강조하긴 했지만 사람들이 불가피하게 죄를 지으리란 것도 인식했다(전도서 7:20). 예수와 바울의 시대 훨씬 전부터 유대교는 회개 제도(히브리어로 테슈바teshva)도 널리 시행했다. 그런데 안타깝게도 하나님은 토라 율법을 하나라도 어기는 사람은 모두 저주하신다는 바울의 주장은 서구 사회의 많은 사람들로 하여금 히브리 성경의 하나님은 냉혹하고 복수심에 불타는 신이라는 믿음을 갖게 했다.

기독교라는 이 작은 종파가 예수에 대한 특정 믿음들과 관련해서만 다른 유대인들과 다른 입장을 취했을 때까지만 해도 그들은 여전히 유대 공동체의 일부로 남아있었다. 하지만 바울이 토라를 버리고 개종에 필요한 율법적 요건들을 무시한 이후로 기독교는 더 이상 유대교의 한 종파가 아니었다. 다시 말해 유대교와는 완전히 분리된, 새로운 종교가 되었다. 기독교의 관점에서는 이것이 바울을 위대한 영웅, 성바울로 만들었다. 하지만 대다수의 유대인은 바울을 그렇게 높이 평가하는데 어려움을 느낀다.[4]

4 바울에 대한 유대인들의 두 가지 대조적인 관점(하나는 적대적이고 다른 하나는 훨씬 더 호의적인 관점)은 하암 맥코비의 《신화 작자: 바울과 기독교의 발명The Mythmaker: Paul and the Invention of Christianity》 및 리처드 루벤스타인Richard Rubenstein의 《나의 형제 바울My Brother Paul》에서 읽을 수 있다. 아울러 앨런 세갈의 《개종자 바울Paul the Convert》과 E.P. 샌더스Sanders의 《바울과 팔레스타인

■■■ 72

고대 유대교의 교파

많은 유대인들이 현재 그들의 공동체가 여러 교파로 나뉜 것을 새로운 현상이라고 생각한다. 그들은 과거 유대인들은 모두 공통적인 생각과 행동을 한 것으로 알고 있다. 하지만 두 번째 대성전 시기 동안 존재했던 유대교 교파는 오늘날 개혁파와 보수파, 정통파로 나뉘는 것처럼 서로 심오한 차이점을 갖고 있었다.

■ 바리새파

바리새파에 대해 알아야 할 가장 중요한 사실은 그들이 현재 모든 유대인의 조상이라는 것이다. 당시 그들과 함께 존재했던 다른 교파들은 두 번째 대성전이 파괴되고 곧바로 자취를 감추었다. 그들이 사라지자 바리새파는 더 이상 그 이름으로 불리지 않았다. 그들의 종교적 관례는 유대교의 규범이 되었다. 안타깝게도 모든 유대인이 스스로를 바리새인으로 규정해가던 바로 그 무렵 그 단어는 매우 경멸적인 새로운 의미를 갖기 시작했다. 신약은 반복적으로 바리새인을 편협한 종교적 위선자로 묘사했다. 그 결과 영어에서 '바리새인'이라는 말은 '위선자'와 동의어가 되었는데, 이는 'to jew(유대인 짓거리를 하다)'가 '값을 깎다' 또는 '속이다'라는 유대인을 비하하는 표현이 된 것과 마찬가지로 유대

유대교Paul and Palestinian Judaism》, 데니스 프레이저와 조셉 텔루슈킨이 공동으로 저술한 《유대교에 대해 사람들이 궁금해 하는 9가지》도 참조하기 바란다.

인에게 상당한 불쾌감을 주는 것이다. 탈무드 시대의 위대한 유대 스승인 힐렐과 랍비 요카난 벤 자카이, 랍비 아키바 등과 같은 인물도 분명 바리새인이었기 때문이다.

유대교를 이해하는 데 있어 바리새파의 특징은 '구전 율법Oral Law'에 대한 믿음이다. 하나님은 모세에게 토라를 주실 때 토라 율법들을 어떻게 실천하는지를 정확히 규정한 '구전 율법'도 함께 주셨다는 것이 그들의 믿음이었다. 예를 들면, 토라는 "눈에는 눈"을 요구하지만 바리새파는 하나님의 이 말씀은 결코 똑같은 육체적 응징을 의미하는 것은 아니라는 입장을 고수했다. 즉 다른 사람의 눈을 멀게 한 사람은 피해자에게 실명에 상응하는 보상을 해야 한다는 뜻으로 받아들였던 것이다. 바리새파는 '구전 율법' 또한 유대 율법에 필요한 수정을 하고, 이를 예기치 못한 상황에 적용하는 권한을 자신들에게 준다고 믿었다.

탈무드의 한 유명한 전설(아가다타Aggadata)에는 약 천3백 년 후로 가서 랍비 아키바의 설교를 앉아서 듣고 있는 모세가 등장한다. 아키바의 상세한 설명에도 불구하고 아키바의 말을 전혀 이해하지 못하는 모세는 점점 더 의기소침해진다. 그때 아키바가 하나의 구체적인 판결을 선언하자 그의 제자가 묻는다.

"어디에서 그것을 아셨습니까?"

아키바가 대답한다.

"그것은 모세가 시내 산에서 받은 율법이지."

이 말에 위안을 받은 모세가 비로소 마음이 편안해졌다고 탈무드는 전한다(메나크훗Menakhot 29b). "그것은 모세가 시내 산에서 받은 율법이지."라는 아키바의 말은 당연히 거짓이 아니었다. 아키바는 모세가 세운 원칙들을 근거로 판결을 내렸던 것이다.

바리새파는 하나님이 의인은 보상하고 악인은 벌하는 사후세계를 믿기도 했는데, 그들의 논적인 사두개파는 이러한 믿음을 조롱했다. 바리새파는 또한 언젠가 메시아가 나타나 범우주적인 평화의 시대를 열고 곳곳에 흩어진 유대 민족을 이스라엘로 인도하리라는 믿음도 있었다. 끝으로, 하나님은 앞날의 모든 사소한 일까지 아시지만 인간에게는 도덕적 선택의 완전한 자유가 있다는 다소 자기모순적인 개념도 그들의 확고한 믿음이었다.

■ 사두개파

바리새파의 논적인 사두개파는 일반적으로 더 부유한 계층에 속했고, 그중 다수는 대성전의 제사장이었다. 사두개파는 토라의 율법을 어떻게 실천해야 하는지에 대한 그들 자신의 설명을 구전하는 몇몇 전통을 포기하지 않았음에도 바리새파의 '구전 율법'은 인정하지 않는, 성경 직역자에 가까웠다. 예를 들면, 사두개파는 '눈에는 눈'을 문자 그대로 해석했고, 토라에 없다는 이유로 사후세계의 개념을 받아들이지 않았다.

그들의 주된 종교적 초점은 대성전의 의식과 제물이었던 것으로 보인다. 바리새파는 사두개파가 의식과 제물에 과도하게 집착한다고 생각하고 여기에 대해 못마땅함을 드러냈다.

"도살에 사용한 칼의 불결함은 도살 자체보다도 더 나쁜 것이었다(토세프타 요마Tosefta Yoma 1:10)."

안타깝게도 사두개파의 글은 남아있지 않다. 그래서 우리가 그들에 대해 아는 전부는 그들의 논적인 바리새파를 통한 것이다.

사두개파는 서기 70년에 대성전이 파괴된 후 역사에서 사라졌다. 그들의 종교 생활은 대성전에 지나치게 초점을 맞춘 것이었기에 대성전이 파괴된 것은 아마 그들에게서 존재 이유를 박탈했을 것이다. 중세 카라이트파(사두개파와 마찬가지로 '구전 율법'을 인정하지 않는 유대교의 한 교파)의 종교적 관례는 일부 사두개파의 가르침을 토대로 했다고 추정하는 학자들도 있다.

역사적 유사점을 찾는 데 가끔 환원주의자가 되는 것이 힘들 때가 있다. 그럼에도 세 번째 교파인 에세네파는 보다 금욕적이고 절제된 히피족을 연상시킨다. 도시의 삶이 타락하고 있다고 믿은 그들은 팔레스타인의 외진 지역, 특히 사해 부근 사막으로 이주했다. 대다수 에세네파 공동체는 독신주의를 표방했다. 따라서 그들의 생존은 지속적으로 개종자를 확보하는 데 달려 있었다. 그들의 짧은 수명을 가장 잘 설명해주는 것은 무엇보다 그들의 독신주의일 것이다.

사두개파와는 달리 에세네파는 대성전과 관계를 맺길 조금도 원치 않았다. 아마 사두개파 제사장들이 대성전을 타락시켰다고 여겼을 것이다. 에세네파 공동체들은 순결과 불결을 구분 짓는, 매우 엄격한 율법들을 따랐다. 그래서 목욕 의식은 그들의 가장 중요한 의식 중 하나였던 것으로 보인다.

에세네파는 순응하지 않는 언행을 참지 못했고, 공동체의 규율을 어기는 구성원은 파문당했다. 허용되는 음식은 공동체가 제공하는 음식

뿐이라는 믿음을 버리지 않은 구성원에게 파문은 사형선고와 같은 것이었다. 음식 공급처가 끊겨 결국 굶어죽을 수밖에 없었기 때문이다.

에세네파의 규율은 수도사의 규율과 닮아 있었다. 구성원들은 식사를 하기 전과 후에 함께 기도를 드리는 것을 제외하곤 식사 시간에 철저하게 침묵을 지켜야 했다. 단체생활을 하는 그들은 개인 주택도 소유할 수 없었을 뿐만 아니라 개인 재산도 소유할 수 없었다.

■ 사해파

사해파로 알려지게 된 교파는 사막에서 거주한 또 다른 교파였다. 사해파의 존재와 그들이 쓴 글은 그들이 쿰란Qumran 동굴에 남긴 두루마리를 1947년에 베두인족Bedouin의 한 목동이 발견했을 때 비로소 세상에 알려지게 되었다. 이 교파의 두루마리는 그들이 에세네파에서 떨어져 나온 극단주의자들임을 시사했다.[5]

■■■ 73

유대인의 대반란

서기 66년에 로마에 대항해 일어난 유대인의 대반란은 유대

5 요세푸스Josephus의 《유대인의 전쟁The Jewish War》에서 각 교파의 주된 믿음을 읽을 수 있다. 리 레빈Lee Levine이 엮은 《두 번째 대성전 시대의 유대교 교파와 단체, 그리고 이데올로기Jewish Sects, Parties and Ideologies in the Second Temple》도 참조하기 바란다.

인의 삶에서 가장 큰 재앙 중 하나였기에 돌이켜보면 치명적인 실수였을 가능성이 크다.

유대인들이 로마의 통치에서 벗어나길 원했다는 데 동의하지 않는 사람은 없을 것이다. 로마가 기원전 63년에 처음으로 이스라엘을 점령한 이래 그들의 통치는 유대인들에게 점점 더 큰 짐이 되었다. 서력기원의 시작과 거의 동시에 유대는 로마가 보낸 총독에 의해 통치되었는데, 그들의 주요 임무는 1년마다 세금을 거둬들여 로마 왕국에 바치는 것이었다. 총독은 할당량을 초과해 거둬들이는 모든 것은 그 자신이 소유할 수 있었다. 따라서 그들이 종종 몰수에 가까운 세금을 부과했다는 것은 전혀 놀라운 일이 아닐 것이다. 역시 유대인들을 격노하게 만든 일은 로마가 대제사장의 임명권까지 빼앗았다는 것인데, 이는 무솔리니가 교황의 임명권을 행사해 가톨릭 신자들을 격노케 한 사건에 비견될 만하다. 그 결과 가장 신성한 행사들에서 하나님 앞에 유대인들을 대표하는 대제사장은 점차 로마에 협력을 더 잘하는 유대인들로 바뀌었다.

서력기원이 시작되었을 무렵 젤로트파(히브리어로는 카-나-임Ka-na-im)라는 새로운 유대인 집단이 생겨났다. 이들 반로마 집단은 60년 이상 활발하게 활동했고, 후에 유대인 대반란을 선동했다. 그들의 가장 기본적인 믿음은 정치적 자유와 종교적 자유를 쟁취하기 위해서라면 어떠한 수단도 정당화된다는 것이었다.

서기 39년에 자신을 전지전능한 신이라 선언하고 로마 왕국의 모든 신전에 자신의 조각상을 세우도록 명령한 반미치광이 황제 칼리굴라Caligula의 통치 기간 동안 유대인들의 반로마 감정은 극에 치달았다. 로마 왕국에서 유대 민족만이 그의 명령을 거부했다. 그들은 하나님의 대성전을 이교도 왕의 조각상으로 더럽히길 결코 원치 않았던 것이다.

이에 칼리굴라는 대성전을 파괴하겠다고 협박했다. 그래서 유대인들은 그를 진정시키기 위해 대표단을 파견했다. 하지만 소용없는 일이었다. 칼리굴라는 격노하며 그들에게 말했다.

"너희가 신들의 적이란 말이지. 나의 신성을 인정하길 거부하는 유일한 민족이 바로 너희들이냐."

결국 칼리굴라 황제의 갑작스럽고 끔찍한 죽음이 대학살로부터 유대인들을 구했다.

칼리굴라의 행동은 보다 온건한 유대인들마저 급진적으로 변모시켰다. 또 다른 로마 통치자가 대성전을 모독하거나 유대교를 말살하지 않으리라고 그들은 어떻게 확신할 수 있었을까? 칼리굴라의 갑작스런 죽음은 유대인들이 로마에 맞설 용기만 발휘한다면 하나님은 유대인들과 함께 싸우실 거라는 젤로트파의 믿음을 확증하는 것으로 해석되었을 수도 있다.

칼리굴라가 죽고 수십 년에 걸쳐 유대인들은 그들의 종교가 주기적으로 모진 수모를 당하는 것을 경험해야 했다. 로마 군사들은 대성전에 무리지어 나타나기도 했고 토라 두루마리를 불태우기도 했다.

결과적으로, 재정적인 착취와 유대교에 대한 로마 사람들의 억제되지 않은 경멸, 이스라엘에 사는 이교도들에 대한 로마 사람들의 노골적인 편애 등이 어우러져 반란을 야기했다.

서기 66년, 마지막 로마인 유대 총독 플로루스Florus가 대성전에서 엄청난 양의 은을 훔친 사건이 터졌다. 이에 격노한 유대 군중이 폭동을 일으켜 예루살렘에 주둔하던 소규모의 로마군을 전멸시켰다. 그러자 이웃 시리아를 통치하던 로마인 총독 케스티우스 갈루스Cestius Gallus가 더 많은 수의 군사들을 예루살렘에 파병했다. 하지만 유대인 폭도들은 그들 역시 완패시켰다.

이 사건은 매우 고무적인 승리였지만 끔찍한 결과를 초래했다. 많은 유대인들이 갑자기 로마를 무찌를 수 있다는 자신감을 갖게 되어 젤로트파 구성원이 기하급수적으로 늘어났지만 유대인들은 그 후로 다시는 그런 승리를 쟁취하지 못했다.

로마인들은 6만 명의 중무장한 정예 군사를 거느리고 예루살렘으로 돌아왔다. 그들은 유대 국가에서 가장 급진적인 지역인 북쪽 지역 갈릴리를 처음으로 공격했다. 로마 군대는 갈릴리를 완파했고, 그 결과 10만 명의 유대인들이 살해되거나 노예로 팔려갔다.

로마군이 이 지역을 정복하는 동안 예루살렘의 유대 지도층은 궁지에 몰린 그들의 형제들을 거의 돕지 않았다. 그들은 안타깝지만 반란군이 승리하기에는 너무 늦었다고 판단하고 가능한 한 유대인 사상자를 줄이고자 했던 것으로 보인다.

갈릴리 대학살을 피하는 데 성공하고 강한 적의를 품은 피난민들은 유대인들의 마지막 주요 피난처인 예루살렘으로 도망갔다. 거기서 그들은 그들처럼 급진적이지는 않은 유대 지도자들을 눈에 띄는 대로 살해했다. 그래서 반란이 시작된 서기 66년 당시 보다 온건한 유대 지도자들은 서기 68년에 이르러 모두 죽었다. 그들 중 어느 누구도 로마인의 손에 죽지 않았다. 그들 모두가 동포들에게 살해되었던 것이다.

이제 상황은 반란의 마지막 혼돈으로 치달았다. 예루살렘 밖에서는 로마군이 예루살렘을 포위할 준비를 했고, 예루살렘 안에서는 유대인들의 자멸적인 내란이 한창이었다. 후에 랍비들은 로마군이 우세했기 때문이 아니라 유대인들 사이의 정당한 이유가 없는 증오 탓에 반란이 실패하고 대성전이 파괴되었다는 다소 과장된 선언을 했다(요마 9b). 어떤 경우에도 로마가 전쟁에서 승리했겠지만 유대 내란이 로마의 승리를 앞당겼을 뿐만 아니라 사상자의 수도 크게 증가시켰다고 말하는 것이 타당할 것이다. 몹시 안타까운 예를 하나 들면, 로마인들에게 포위당할 것을 두려워한 예루살렘의 유대인들이 다년간 예루살렘 사람들을 먹여 살릴 말린 식량을 비축했는데, 전쟁 중인 한 젤로트파 무리가 이 '안전장치'를 없애면 모두가 반란에 동참하리라는 생각으로 비축한 식량을 모두 불태워버렸다. 이 광적인 행동으로 말미암은 기아는 로마인들이 가한 어떠한 고통 못지않은 고통을 야기했다.

우리는 고대 이스라엘의 몇몇 위대한 인물이 반란을 반대했다는 것을 알고 있는데, 그중 가장 주목할 만한 인물이 '랍비 요카난 벤 자카이'이다. 젤로트파 지도자들이 로마에 굴복하는 것을 지지하는 사람들은 모조리 처형하라고 명령했기에 랍비 요카난은 제자들로 하여금 자신을 시체로 위장하여 예루살렘 밖으로 빼내도록 했다. 그는 안전한 상황이 되자 곧바로 로마 장군 베스파시안에게 투항했고, 베스파시안은 유대 공동체를 지속하는 것을 인정해주었다.

서기 70년 여름 동안 로마인들은 예루살렘 성벽을 무너뜨리고 광란의 폭력과 파괴를 일삼았다. 그리고 곧바로 두 번째 대사원을 파괴했다. 이것은 유대에 가한 로마의 마지막 공격이자 가장 파괴적인 공격이었다.

로마에 대항한 유대인의 대반란에서 약 백 만 명의 유대인이 사망한 것으로 추정된다. 오늘날 사람들이 거의 2천 년간 유대인들이 나라 없이 떠돌이 생활을 한 것에 대해 이야기할 때 그들은 대반란이 실패하고 두 번째 대성전이 파괴된 시점으로 거슬러 올라간다. 실제로 바르-코크바 반란이 있고 대략 60년 후인 서기 66년부터 70년까지 있었던 유대인의 대반란은 유대 역사에서 홀로코스트 이전에 있었던 가장 큰 재난이었다. 실패로 돌아간 이 반란으로 백 만 명 이상의 유대인이 죽은 것에 덧붙여 유대인들은 1948년까지 이스라엘에서 어떠한 정치권도 행사하지 못했다. 이러한 박탈로 인해 이스라엘은 더 이상 다른 곳에서의 박해를 피해 도망쳐 나온 다수의 유대인들을 위한 피난처로 사용되지 못했기에 이 박탈은 이후의 유대 재앙들을 더 악화시켰다.

■■■ 74

국가 없이도 살아남을 수 있었던 힘

현재 거의 모든 유대인이 랍비 요카난 벤 자카이를 영웅으로 여기지만, 당시에는 그를 반역자로 본 유대인들이 많았고, 마사다에서 싸웠던 유대인들을 비롯해 일부 유대인들은 그를 죽이는 데 주저하지 않았을 것이다.

로마가 예루살렘을 포위한 서기 70년에 랍비 요카난은 예루살렘에 살고 있었다. 유대인 반란군 지도자들은 예루살렘 거주자들이 로마에 항복하지 못하도록 하기 위해 예루살렘을 떠나는 사람을 죽음으로 응징하겠다고 선언했다. 랍비 요카난은 포위당한 예루살렘을 벗어나는 길을 필사적으로 찾았다. 그는 로마가 조만간 반란군을 진압해 예루살렘을 정복하고 대성전까지 파괴할 수 있다는 것을 인지하고 있었다. 그렇게 되면 유대교의 생존이 위협당하는 것이었다. 그래서 랍비 요카난은 반란군의 지도자 중 한 명인 그의 조카 아바 시크라Abba Sikra를 불러 이렇게 말했다.

"내가 예루살렘을 빠져나갈 수 있는 방법을 찾아다오. 아마 내가 구할 수 있는 것이 있을 것이다."

시크라가 대답했다.

"병에 든 척 하시어 사람들로 하여금 삼촌을 방문하게 만드십시오. 악취를 풍길 수 있는 것을 구해 그 악취가 코를 찌르게 하시어 삼촌이 죽었다고 사람들이 믿게 하십시오. 그런 다음 다른 사람들이 눈치 채지 못하도록 제자들 중 두 명으로 하여금 삼촌을 옮기게 하십시오."

랍비 요카난은 조카가 시키는 대로 했다. 랍비 엘리에제르가 그의 머리를, 랍비 조슈아가 그의 발을 들고 앞장 서 걸어가는 아바 시크라를 따라갔다. 성문 앞에 당도했을 때 성문을 지키는 보초병들이 물었다.

"이것이 무엇이오?"

그들이 대답했다.

"남자의 시체요. 시체는 예루살렘에 하루 동안 놔둘 수 없다는 것을 모르시오?"

보초병들은 시체인지를 확인하기 위해 칼로 랍비 요카난을 찌르길 원했다. 그러자 아바 시크라가 그들에게 말했다.

"그렇게 하면 로마 사람들이 소식을 듣고 '그들은 스승의 시신을 칼로 찌르는 사람들이지.'라고 말할 것이오……."

보초병들은 성문을 열었고, 그들은 성문 밖으로 걸어 나갔다. 그들은 랍비 요카난을 예루살렘 밖의 공동묘지에 내려놓고 그곳을 떠나 예루살렘으로 돌아왔고, 랍비 요카난은 로마 장군 베스파시안의 막사로 갔다.

저명한 유대 지도자의 항복에 기뻐한 베스파시안이 랍비 요카난에게 말했다(랍비 요카난은 베스파시안에게 그가 언젠가 로마 황제가 될 것이라는 예언을 전하기도 했다.).

"원하시는 것 하나를 말씀하시면 들어주겠소이다."

이에 랍비 요카난이 말했다.

"제게 야브네와 그곳의 현자들을 주십시오."

이것은 외진 도시인 야브네에 유대 학교를 설립할 수 있게 해달라는 요청이었다. 베스파시안은 랍비 요카난의 청을 들어주었다.

이 이야기는 랍비 요카난이 반란군의 지혜를 크게 의심했음을 보여주는 몇몇 이야기 중 하나이다. 랍비 요카난은 극도로 상식적인 인물이었다. 그는 반란이 일어나자마자 결코 반란군이 승리할 수 없음을 이해했다. 수많은 유대인이 순진하게도 하나님의 개입으로 로마의 훨씬 더 우세한 군사력을 꺾고 세상을 뒤엎으리라는 광적인 확신에 차 죽어가는 것을 랍비 요카난은 결코 지켜보고 싶지 않았을 것이다. 랍비 요카난은 생사가 걸린 결정을 하는 데 이러한 신비주의적인 생각이 끼어드는 것을 결코 용납하지 않았다. 한번은 그가 이렇게 조언했다.

"사람들이 너희에게 메시아가 왔다고 말할 때 너희 손에 묘목을 들고 있다면 너희는 먼저 그 묘목을 심고 메시아를 맞이하러 나가야 한다."

패배라는 재앙이 닥쳐 예루살렘과 대성전이 모두 파괴되었을 때 많은 유대인들은 하나님이 자신들을 버렸다고 확신하며 깊은 절망감에 빠졌다. 하지만 랍비 요카난은 그렇지 않았다. 야브네에 유대인들을 위한 새로운 삶의 터전을 건설하느라 정신없이 바빴기 때문이다. 한 제자가 이제 대성전이 파괴되어 제물을 바치고 속죄하는 것이 불가능해졌다며 자신의 절망감을 표현하자 랍비 요카난은 그 제자를 이렇게 위로했다.

"나의 제자야, 슬퍼하지 마라. 우리가 속죄함에 있어 그 못지않은 방법이 있다. 하나님이 '내가 바라는 것은 인애이지 제사가 아니며 하나님을 아는 것이지 번제가 아니다(호세아 6:6).'라고 말씀하신 것처럼 우리는 자애로운 친절을 실천하는 것으로 제사와 번제를 대신할 수 있다."

야브네에 설립한 랍비 요카난의 유대 학교는 얼마 지나지 않아 예루살렘의 산헤드린을 계승할 충분한 자격을 갖추게 된다. 대성전과 제사, 심지어 국가가 없어도 살아남을 수 있는 유대교의 모델을 구축하는 데 랍비 요카난만큼 크게 기여한 인물도 없을 것이다.[6]

6 랍비 요카난이 베스파시안에게 항복한 이야기는 탈무드 기틴 56a–b에 등장한다(나의 글은 주로 주다 나디크의 《유대의 두 번째 연합국에 대한 전설Jewish Legends of the Second Commonwealth》273–275쪽의 번역을 따랐다.). 자애로운 친절 행위가 제사를 대신한다는 랍비 요카난의 말은 주다 골딘Judah Goldin이 번역한 《아보트 드랍비 나단Avot d'Rabbi Nathan》 4장에서 인용했다. 게달리아 알론의 《탈무드 시대에 자신들의 땅에 살았던 유대인들》86–118쪽도 참조하기 바란다.

■■■ 75

유대인들의 염원

육체적 고통의 차원에서 보면 두 번째 대성전의 파괴는 유대인 대반란 동안 유대인들이 겪은 최악의 고통은 아니었다. 하지만 심적 고통의 차원에서 대성전의 파괴는 유대인들에게 가장 큰 고통을 주었다. 오늘날까지 유대인들은 실패한 유대인 대반란의 비극을 이야기할 때 대개 두 번째 대성전의 파괴에 대해 가장 먼저 언급한다.

두 번째 대성전의 파괴는 꽤 빨리 이루어진 듯하다. 서기 70년 여름, 아브월 9일(오늘날까지도 유대인들은 금식을 하며 이 날의 아픔을 상기한다.)에 로마군은 대성전에 횃불을 던져 엄청난 화재를 일으켰다. 화재가 진압되었을 때 유대교의 성스러운 장소에서 남은 것은 대성전 뜰의 서쪽 방면에 있는 외벽뿐이었다. 그때 이후로 '통곡의 벽'으로 불린 이 벽은 오늘날까지 유대인들의 삶에서 가장 성스러운 곳으로 남아있다.

두 번째 대성전을 잃은 것이 유대인들에게 유대인 대반란의 실패를 가장 분명하게 알려주었다. 탈무드는 헤어나지 못하는 절망감에 빠져 고기와 포도주를 멀리하는 금욕주의가 된 유대인들에 대해 이야기한다.

"랍비 조슈아가 그들과 대화하기 시작했다. '이스라엘의 아들들이여, 왜 고기를 먹지 않고 포도주를 마시지 않느냐?' 그들이 대답했다. '이제 더 이상 제단이 없는데 제물로 바쳤던 고기를 저희가 먹어야 하겠습니까? 이제 제단이 없는데 제단 위에 헌주로 바쳤던 포도주를 저희가 마셔야 하겠습니까?' 이에 랍비 조슈아가 말했다. '그렇다면 우리는 빵도 먹지 말아야 한다. 이제 제단에 음식을 바치는 일도 끝났기 때문이다.' 그들이 말했다. '옳은 말씀입니다. 저희는 과일만 먹고도 살 수 있을 것입니다.' '하지만 우리는 과일도 먹지 말아야 한다.' 랍비 조슈아가 말을 이었다. '이제 처음으로 수확한 과일을 바치는 일도 끝났기 때문이다.' 금욕주의자들이 응수했다. '그렇다면 저희는 대성전의 제단에 바치지 않은 종류의 과일만 먹겠습니다.' 이에 랍비 조슈아가 말했다. '하지만 우리는 물도 마시지 말아야 한다. 이제 제단에 물을 따르는 일도 끝났기 때문이다.' 이 말에 그들은 아무런 대꾸도 하지 않았다. 그러자 실용적인 사고방식을 가진 랍비 조슈아가 그들에게 이렇게 조언했다. '이스라엘의 아들들아, 이리로 와서 내 말 좀 들어보아라. 재앙이 닥쳤기에 조금도 슬퍼하지 않을 수는 없다. 하지만 우리는 우리 공동체로 하여금 공동체의 대다수 사람이 견디지 못할 고난의 짐을 짊어지게 해서도 안 되기에 지나치게 슬퍼할 수도 없다.'"

그래서 그는 유대인들에게 대성전의 파괴를 슬퍼하는 세 가지 방식을 제안했다.

"자기 집 벽에 회반죽은 바를 수 있지만 작은 부분은 회반죽을 바르지 말고 그대로 내버려두어야 하고, 성찬은 준비할 수 있지만 한두 가지 음식은 생략해야 하며, 여자는 갖고 있는 장신구를 모두 착용할 수 있지만 한두 가지 장신구는 빼놓아야 한다(바바 바스라 60b)."

이 규율이 여전히 유효하다는 것을 알고 있는 사람들은 그리 많지 않다. 특히 성찬 접대에 이 규율을 적용하는 유대인은 거의 없을 것 같다고 나는 가끔 생각하곤 한다.

정통파 유대인들은 지금도 여전히 대성전이 복원되고 그곳에서의 제사가 부활되길 염원하는 기도를 하루에 세 차례 올린다.

■■■ 76

플라비우스 요세푸스

플라비우스 요세푸스는 거의 2천 년 전의 인물임에도 불구하고 유대인들은 지금까지도 그가 애국자인지 반역자인지를 놓고 열띤 토론을 벌인다. 하지만 그를 폄하하는 사람들조차도 요세푸스의 글이 유대인 대반란에 관한 한 가장 중요한 역사적 문헌이라는 것은 인정한다. 젊었을 때 요세푸스는 로마를 방문하고 로마군의 엄청난 군사력에 감탄한다. 그래서 유대인들이 서기 66년에 로마에 대항한 반란을 일으켰을 때 그가 갈릴리의 장군으로 임명된 것은 다소 의외의 일이다. 후에 그는 반란이 실패할 거라고 생각한 것을 인정했다.

갈릴리는 순식간에 패배했고, 그 결과 수많은 유대 투사가 전사하거나 부상을 입었다. 조토파타 성읍이 함락되었을 때 요세푸스는 40명의 투사와 함께 동굴로 도망쳤다. 로마군에 포위당한 것을 안 그들은 투항 대신 서로를 죽이기로 결심했다. 후에 쓴 요세푸스의 기록에 따르면 그는 자신이 마지막에 남은 두 사람이 되도록 계속해서 제비뽑기를 조작했다. 그런 다음 그는 끝까지 남은 다른 한 사람을 설득해 그와 함께 로마군에 투항했다.

로마 장군 베스파시안에게 좋은 인상을 준 요세푸스는 베스파시안으로부터 전쟁 상황을 기록하는 임무를 부여받았다. 베스파시안이 차기 로마 황제가 될 것이라는 요세푸스의 자신만만한 예언도 베스파시안이 유대 장군 요세푸스에게 남다른 애정을 갖게 하는 데 분명히 영향을 끼쳤을 것이다. 전쟁 막바지에 이르러 포위된 도시 예루살렘에 있던 유대인들이 투항하기를 거부했을 때 요세푸스는 성문 밖의 한 자리를 맡고 있었다. 요세푸스는 성문 안에 있는 유대인들에게 큰 소리로 항복하라고 외쳤다. 심지어 그는 6백 년 이전에 바빌론을 상대로 가망 없는 반란을 일으킨 유대인들에게 항복할 것을 종용한 예언자 예레미야의 말까지 인용하며 열정적으로 유대인들을 설득했다. 하지만 요세푸스의 호소는 유대인들에게 거의 영향을 끼치지 못했다. 19세기의 위대한 유대 역사가 하인리히 그라에츠Heinrich Graetz는 예레미야와 요세푸스가 똑같이 항복을 권유했는데 왜 후대 유대인들이 예레미야는 영웅으로, 요세푸스는 반역자로 여겼는지 의문을 제기했다. 예레미야는 예루살렘에서 호소했지만, 요세푸스는 로마 진영에서 호소했기 때문이라는 것이 하인리히 그라에츠의 설명이었다. 그라에츠의 통찰은 신랄하지만 다소 비약적이다. 만일 요세푸스가 예루살렘에서 유대인들에게 항복을 호소했다면 유대인 동포들은 그 즉시 요세푸스를 죽였을 것이다.

전쟁이 끝나자 요세푸스는 로마로 가서 《유대인의 전쟁들The Jewish Wars》이라는 유대인 대반란에 대한 책을 썼는데, 이 책은 당대 사람이 유대인 대반란에 대해 광범위하게 기술한 유일한 책이다. 요세푸스는 로마 사람들의 보호를 받으며 살고 있었기에 전쟁 동안 로마가 한 행위에 대해 호의적으로 묘사했다. 유대인들에 대한 로마의 분노를 누그러뜨리기 위해 요세푸스는 반란에 대한 책임을 젤로트파에게 전가했다. 이 소규모 유대 혁명가 집단이 전체 유대인들을 반란의 소용돌이로 끌어들였다는 것이 그의 주장이었다. 자신을 바리새인으로 여긴 요세푸스는 그들에 대해 상당히 우호적으로 기술했다.

말년에 요세푸스는 유대 역사 전반에 대한 역사서인 《옛날이야기The Antiquities》뿐만 아니라 이집트의 반유대주의를 신랄하게 비판한 《습지 이집트에 반대하며Against Apion》를 세상에 내놓기도 했다. 기독교 세계에서의 그의 중요성은 예수에 대해 그가 썼다고 하는 글이 들어있는, 그의 저서들을 슬라브어로 옮긴 한 번역서에서 엿볼 수 있다. 이 번역서에는 “한 남자가 일어났다. 그를 감히 한 남자라고 부를 수 있다면 말이다.”라는 예수를 묘사한 구절이 등장하는데, 만일 이 구절이 실제로 요세푸스가 쓴 것이라면 이 구절은 신약과 십자가형에 대한 타키투스의 언급 이외에 비교적 당대에 예수를 묘사한 유일한 글이 된다. 하지만 오늘날 모든 학자가 예수에 대한 구절은 후에 어느 기독교인이 끼워 넣은, 위조된 글이 틀림없다고 확신한다.

■ ■ ■ 77

후손에게 마사다를 가르치는 이유

오늘날 마사다는 유대 민족에게 가장 큰 상징 중 하나이다. 이스라엘 군인들은 마사다에서 “다시는 마사다를 쓰러지지 않게 할 것입니다."라는 맹세를 한다. 마사다는 예루살렘 다음으로 이스라엘을 찾는 관광객들에게 가장 인기 있는 관광명소이다. 나는 랍비로서 마사다에서 다섯 번이나 바르 미츠바와 바트 미츠바 의식을 거행한 영광을 누렸다. 1세기에 960명의 유대인이 그곳에서 자살했다는 이유 하나만으로 알려지게 된 마사다가 현재 유대 생존의 상징이 되었다는 것은 상당히 아이러니한 일이다.

더 이상한 것은 마사다에 얽힌 이야기가 탈무드에 등장하지 않는다는 것이다. 랍비들은 왜 로마를 상대로 한 유대인 반란의 마지막 투사들이 걸어간 용맹스러운 발자취와 비극적인 운명을 무시하기로 마음먹었을까?

로마가 70년에 예루살렘을 점령하고 두 번째 대성전을 파괴했을 때 유대인 대반란은 사실상 막을 내렸다. 이러한 상황에서 예루살렘에서 살아남은 젤로트파 사람들이 사해 부근의 마사다 요새로 도망갔다. 거기서 그들은 3년간 저항했다.

마사다 요새로 가는 유명한 '뱀길snake path'을 올라가 본 사람이라면 마사다 요새를 포위한 로마군이 왜 일정 기간은 그곳을 포위하는 것으로만 만족해야 했는지를 이해할 수 있었을 것이다. 마사다는 고립된 거대한 바위 정상에 위치해 있다. 따라서 마사다 요새를 공격하려고 그곳으로 오르는 사람은 쉽게 공격당할 수 있었다. 그럼에도 포위당한 유대인들은 결코 안전하다고 느끼지 못했다. 그들은 아침에 눈뜨자마자 '로마 10군단the Roman Tenth Legion'이 파성퇴ram 및 다른 무기들을 만드느라 분주하게 일하는 것을 보았기 때문이다. 마사다 요새를 방어하는 960명의 유대인들이 결국에는 로마군이 유대인들의 마지막 거점인 마사다 요새를 정복할 만한 가치가 없을 정도로 하찮은 것이라 여기길 바랐다면 그것은 그들의 오판이었을 것이다. 로마 사람들은 마사다의 젤로트파가 유대인 대반란을 일으킨 장본인이라는 사실을 너무도 잘 알고 있었기 때문이다. 사실 젤로트파는 서기 6년부터 로마에 대항하는 반란을 일으켜왔다. 아마 끈질기고 지독한 그들 반란의 특징이 로마가 결코 마사다 요새와 이 소규모 반항아 집단을 그냥 내버려두지 않으려 한 이유를 가장 잘 설명해줄 것이다.

로마 10군단의 파성퇴와 투석기가 조만간 마사다 요새의 벽을 허물어뜨릴 것이라는 사실이 분명해지자 이들 젤로트파의 리더인 엘라자르 벤 야이르Elazar ben Yair는 마사다 요새의 모든 유대인들이 자살해야 한다는 결정을 내렸다. 유대 율법은 자살을 엄격하게 금하기에 이 결정은 당시 엘라자르의 동포들에게보다 오늘날 유대인들에게 더 충격적으로 들릴 수 있다. 마사다에서 행해진 집단자살은 존스타운에서 행해진 광신도들의 집단자살과는 성격이 판이하게 달랐다. 마사다 요새를 지키던 유대인들이 투항할 경우 그들을 기다리고 있는 미래는 죽음보다 결코 매력적이지 않았다. 그들 중 남성은 노예로, 여성은 노예나 창녀로 팔려갈 게 뻔했기 때문이다.

아이러니하게도 마사다 요새의 유대인들이 반역자로 생각해 기꺼이 죽였을 플라비우스 요세푸스가 그곳의 마지막 순간에 대해 우리가 알고 있는 모든 정보를 제공한 인물이다. 요세푸스는 유대인의 대반란에 대한 역사를 썼을 때 마사다 몰락에 대한 전반적인 이야기를 주로 동정어린 어조로 기술했다. 요세푸스의 기록에 따르면 집단 자살이 거행되는 동안 두 여성과 다섯 아이가 도망쳤는데, 그중 한 여성이 요세푸스에게 엘라자르 벤 야이르의 마지막 연설에 대해 얘기해주었다고 한다. 요세푸스는 아마 엘라자르의 마지막 연설을 좀 더 감동적으로 각색했을 것이다. 하지만 이 점을 감안하더라도 엘라자르의 웅변은 분명 거장다운 면모를 보여주는 것이었다. 엘라자르는 이렇게 말하기 시작했다.

"우리는 절대 로마인들의 종도, 또 유일한 진리이자 인류의 주이신 하나님 이외 어느 누구의 종도 되지 않겠다고 오래 전에 결심했습니다. 이제 그 결심을 실제로 실행에 옮길 때가 되었습니다. …… 우리는 로마와 싸운 최초의 사람들이자 최후의 사람들입니다. 나는 자유의 몸으로 용감하게 죽을 수 있는 힘이 여전히 우리에게 남아있다는 것은 하나님께서 우리에게 허락하신 은총이라 확신하기에 하나님을 찬양하지 않을 수 없습니다."

이 마지막 순간에서조차 엘라자르는 자신들의 반란이 실패한 주된 이유가 로마군의 우세한 군사력에 있었다는 것을 인정하지 않았다. 대신 그는 하나님이 유대 민족에게 등을 돌리셨다는 자신의 믿음에 갇혀있었다. 마침내 그는 결론을 내려야 하는 피할 수 없는 시간을 맞이했다.

"우리의 아내들이 학대당하고 우리의 아이들이 노예 생활을 맛보기 전에 그들에게 죽음을 선사합시다. 가족들을 먼저 보낸 후 우리끼리 서로에게 영광스러운 죽음을 선사합시다."

엘라자르는 식량 이외의 모든 소유물을 파기할 것을 명했다.

"식량은 그대로 남겨두십시오. 우리가 죽었을 때 남은 식량이 우리는 식량 부족으로 죽은 것이 아니라 우리의 애초 결심대로 노예 생활을 선택하지 않고 죽음을 선택했다는 것을 보여줄 것입니다."

엘라자르의 연설이 끝나자마자 남자들은 자신의 아내와 아이들을 죽인 후 서로를 죽였다.

나는 탈무드가 마사다 이야기를 생략한 것에는 두 가지 이유가 있지 않을까 추측해본다. 첫째, 마사다에서 최후를 맞이한 극단주의자 집단인 젤로트파에 여전히 분노를 느끼던 랍비들이 많았다. 우리는 랍비 요카난 벤 자카이가 마사다에서 최후를 맞이한 사람들과 같은 부류의 사람들의 손에 죽지 않으려고 몰래 예루살렘을 떠나야 했다는 것을 알고 있다. 이에 덧붙여, 대성전과 나라 없이도 생존할 수 있는 유대교를 재건하려고 필사적으로 노력하던 시기였기에 랍비들로서는 나라 없는 삶은 살 가치가 없다고 믿는 유대인들이 집단 자살한 것을 찬미하는 데 관심을 가질 이유가 없었을 것이다.

마사다 이야기는 요세푸스의 글을 통해 살아남았다. 그럼에도 요세푸스의 글을 읽는 유대인들은 많지 않았고, 그 후 천5백 년 동안 마사다 이야기는 유대 역사에서 거의 잊힌 에피소드였다. 그러던 중 1920년대에 유대인 저술가 이삭 람단이 적들로 가득 찬 세상을 상대로 한 유대인들의 험난한 싸움의 시적 역사인 '마사다'에 대한 글을 썼다. 데이비드 로스키스David Roskies 교수에 따르면 람단의 시는 후에 바르샤바 게토 봉기를 일으키는 데 "어떤 문헌보다도 더 큰 영향을 준 시"였다. 지금은 고인이 된 고고학자 이가엘 야딘Yigael Yadin의 발굴로 마사다는 최근에 널리 알려지게 되었다. 이가엘 야딘은 마사다 사람들이 목욕 의식에 사용한 욕조 두 개와 그들의 시나고그뿐만 아니라 총 24명의 남자와 여자, 아이의 뼈를 발굴했다. 1969년에 그들은 군장軍葬으로 마사다에 묻혔다.

■■■ 78

어떻게 살고 어떻게 죽을 것인가

매우 흥미로운 인물인 랍비 아키바Rabbi Akiva는 논쟁의 여지는 있지만 탈무드의 가장 위대한 학자였고, 탈무드의 가장 위대한 순교자였음에 틀림없다.

유대교의 다른 두드러진 현자들과 달리 그는 유명한 랍비 집안의 출신이 아니었다. 그는 유대교 개종자의 아들 또는 손자였다. 젊었을 때 양치기였던 그는 교육을 전혀 받지 못했다. 그럼에도 아주 부유한 그의 주인 칼바 사부아Kallba Savua의 딸인 라헬Rachel은 그에게서 영적인 특별함을 발견하고 그가 토라를 배운다는 조건으로 그와 결혼하는 데 동의했다. 이러한 조건은 40세인 아키바에게는 벅차게 느껴졌던 것처럼 보인다. 적어도 떨어지는 물방울로 움푹하게 구멍이 파진 돌 하나를 그가 우연히 발견하기 전까지는 말이다. 그는 그 돌을 보고 이렇게 생각했다.

'만일 부드러운 물이 딱딱한 돌을 닳게 만들 수 있다면 강철같이 견고한 토라의 말씀은 부드러운 살과 피로 이루어진 내 심장에 얼마나 큰 영향을 줄 수 있겠는가?'

그와 라헬은 칼바 사부아의 반대에도 불구하고 결혼했다. 그러자 칼바 사부아는 곧바로 딸과 의절했다. 그 후, 이 부부가 처한 끔찍한 가난에도 불구하고 라헬은 지치지 않고 아키바를 격려해 그가 공부를 포기하지 않게 했다.

몇 해 후, 아키바의 특별한 자질을 깨달은 사람은 라헬만이 아니었다. 과거 문맹의 양치기에 불과했던 그에게 랍비들은 점점 더 높은 직위를 주었고 마침내 그는 당대의 위대한 학자로 인정받았다.

아키바는 지혜로웠을 뿐만 아니라 용감하기도 했다. 로마 왕정이 토라 공부를 사형죄로 규정했을 때에도 그는 토라를 가르치는 것을 그만두지 않았다. 무모해 보이는 랍비 아키바의 용기에 충격을 받은 그의 동료 파포스 벤 주다Pappos ben Judah가 그에게 물었다.

"자네는 사악한 로마 왕정이 두렵지도 않은가?"

이에 아키바는 이렇게 대답했다.

"우화로 답을 대신하겠네. 어느 날 강가를 거닐고 있던 여우가 초조해하며 이리저리 왔다갔다 헤엄치고 있는 물고기 떼를 보고 물고기들에게 물었다네. '무엇에 쫓기고 있지?' 그러자 물고기들이 이렇게 대답했다네. '사람들이 우리를 잡으려고 던지는 그물에 쫓기고 있지.' 이에 여우가 이렇게 말했다네. '육지에서 살면 안전할 텐데 여기로 올라오지 그래? 나와 함께 평화롭게 살 수 있게 말이야.' 물고기들이 대답했다네. '사람들이 동물 중 가장 영리하다고 말하는 여우가 맞아? 너는 영리하기는커녕 어리석군. 우리가 살아갈 수 있는 곳에서 두려운 것이 한 가지 있다면 우리가 확실히 죽게 될 곳에서는 두려워해야 할 것이 얼마나 많겠어?' 우리의 상황도 이와 마찬가지라네. 우리가 앉아서 우리의 생명을 지탱해주는 토라를 공부하는 것이 그렇게 위험하다면 우리가 토라를 외면하는 것은 얼마나 더 위험하겠는가! 토라도 이렇게 말하고 있다네. '너희 하나님 여호와를 사랑하고 그분의 음성에 귀 기울이며 그분을 단단히 붙들라. 여호와는 너희 생명이시다. 그분께서 너희 조상 아브라함, 이삭, 야곱에게 주시겠다고 맹세하신 그 땅에서 너희가 살 것이다(신명기 30:20)'(브라크홋Berakhot 61b)."

아키바의 반로마적인 행동은 토라를 가르치는 것으로 그치지 않았다. 시몬 바르-코크바Simon Bar-Kokhba가 132년에 로마에 대항해 반란을 일으켰을 때, 아키바는 그의 가장 열렬한 지지자 중 한 명이 되었다. 그는 운명적인 실수로 바르-코크바가 메시아라고 확신하게 되어 수천 명의 제자를 종용해 불운하게 끝난 바르-코크바의 반란에 동참케 했다. 아키바의 동시대 인물인 랍비 요카난 벤 토르타는 바르-코크바에게 메시아의 칭호를 부여한 것에 대해 아키바를 조롱했다.

"아키바, 자네의 광대뼈에서 풀이 자라더라도 메시아는 오지 않을 걸세."

로마는 반란을 진압한 후 랍비 아키바에게 사형을 선고했다. 그는 '슈마 이스라엘Sh'ma Yisrael' 기도문("이스라엘아, 들으라. 우리 하나님 여호와는 오직 한 분인 여호와시다.")을 낭송하는 이른 아침에 화형장으로 끌려갔다. 그는 불에 타고 있을 때조차 입가에 미소를 머금으며 계속 '슈마 이스라엘' 기도문을 암송했다. 그의 화형을 담당한 로마 장군은 고통에 대한 그의 무감각에 크게 놀라며 그에게 마법사가 아니냐고 물었다. 이에 아키바는 이렇게 대답했다.

"나는 마법사가 아니오. 나는 일생 동안 '네 마음과 영혼, 힘을 다해 하나님을 사랑하여라.'라는 구절을 말할 때 내가 언제 이 명령을 실천에 옮길 수 있을지 생각하며 번뇌했다오. 나는 내 마음과 힘을 다해 하나님을 사랑해왔지만 내 모든 영혼을 바쳐 하나님을 사랑하는 것을 실천할 수 있는지는 알지 못했다오. 그런데 나는 지금 내 생명을 하나님께 바치며 슈마 이스라엘을 암송하는 시간을 보내고 있으면서도 나의 결심이 흔들리지 않고 있다는 것을 확실히 느끼고 있다오. 이러한 상황에서 어찌 내가 웃지 않을 수 있단 말이오?"

그가 말을 마치자 그의 영혼이 떠났다(팔레스타인 탈무드 브라크홋 9:5, 브라크홋 61).

순교자의 본질을 보여준 아키바는 하나님의 이름을 거룩하게 하기 위해 죽음을 선택했다. 그가 죽은 이래로 천8백여 년 동안 유대인들은 어떻게 살고 어떻게 죽어야 하는지 본보기로서 그의 삶을 공부해왔다.[7]

79

바르-코크바의 반란

일반적으로 사람들은 자신들이 높이 사는 대담한 행동은 용감한 행동으로, 탐탁잖아 보이는 대담한 행동은 무모한 행동으로 간주한다. 1980년에 이스라엘 대중은 2세기에 로마에 대항해 반란을 일으

7 루이스 핀켈스타인Louis Finkelstein 《학자이자 성자이자 순교자였던 아키바Akiba: Scholar, Saint and Martyr》 참조.

켰던 유대의 위대한 영웅 시메온 바르-코크바Simeon Bar-Kokhba는 용감한 인물이 아니라 무모한 인물이었다는 이스라엘의 장군 예호샤팟 하르카비Yehoshafat Harkabi의 주장에 충격을 받았다. 이스라엘 군사 정보부 수장을 지낸 하르카비는 바르-코크바가 일으킨 반란은 불필요했을 뿐만 아니라 성공할 가망성이 전혀 없었다고 주장했다.

바르-코크바(132-135년)가 반란을 일으킨 이유는 불분명하다. 일부 탈무드 텍스트는 로마 왕정이 할례 의식과 토라 공부를 사형죄로 규정하며 유대교 말살 정책을 폈다고 주장한다. 아울러 이들 텍스트의 주장에 따르면 당대의 가장 위대한 영적 지도자인 랍비 아키바는 바르-코크바의 반란에 동참했을 뿐만 아니라 그를 메시아라 선언함으로써 그의 반란을 열렬히 지지했다고 한다. 반면, 다른 탈무드 텍스트는 바르-코크바의 인품과 그가 메시아라는 주장들에 강한 의심을 드러낸다.

로마가 실제로 유대교를 말살하려 했다면 승산이 아무리 없더라도 바르-코크바가 반란을 일으킨 것은 이해할 만하다. 그런데 하르카비는 로마가 유대교를 말살하려 하지 않았음을 암시하는, 좀처럼 주목하지 않지만 상당히 중요한 사항을 인용한다. 즉 바르-코크바의 반란에 동참하지 않은 이스라엘 북쪽의 갈릴리 유대인들은 반란이 진압된 후에도 평소처럼 종교 활동을 자유롭게 했다는 것이다. 아울러 로마가 반란이 일어난 유대를 파괴했기에 갈릴 리가 유대인들에게 새로운 삶의 중심지가 되었다. 그로부터 1세기가 채 지나지 않아 그곳에서 미슈나가 탄생했다. 따라서 바르-코크바 시대에 유대교의 생존이 위태롭지 않았을 수 있고, 반란은 로마의 통치로부터 독립을 쟁취하려는 유대인들의 끊임없는 열망이 낳은 자연스러운 결과물일 수 있다.

수만 명의 유대인이 바르-코크바의 군대에 입대한 것만 보더라도 바르-코크바는 분명 카리스마가 있는 인물이었을 것이다. 반란 초기에는 그의 군대가 로마군에 많은 사상자를 냈을 뿐만 아니라 예루살렘까지 장악하기도 했는데, 이러한 행보는 로마 황제 하드리아누스가 예루살렘을 이교도 로마인들의 도시로 만들려고 했기에 특히 더 중요한 의미가 있다(반란이 불필요했다는 하르카비의 논지를 반박할 수 있는 내용).

예루살렘에서의 승리는 안타깝게도 일시적이었다. 여기에 대해 하르카비는 이렇게 기술했다.

"전쟁에서 가장 중요한 것은 마지막 전투에서 승리하는 것이지 첫 전투에서 승리하는 것이 아니다."

그의 말을 빌자면 유대인들은 전쟁에서 가장 중요한 것을 놓쳤다. 결국 로마 왕정은 율리우스 세베루스Julius Severus가 이끄는 강력한 로마군을 보냈다. 로마 역사가 디오 카시우스Dio Cassius는 이 로마 장군의 전략을 상세히 묘사했다.

"그는 엄청난 적의 수와 그들의 극단적인 분노를 보고 그들과 정면으로 싸우길 꺼렸다. 그의 전략은 자신의 여러 장교들과 군사들로 하여금 그들이 유리한 장소들에서 적들을 개별적으로 생포하거나 포위해 적들의 식량 공급을 차단하는 것이었다. 그는 이러한 전략을 통해 위험성 없이 적들을 교란해 꼼짝달싹하지 못하게 한 다음 진압했다. 그러면 살아남는 유대인들은 거의 없었다. 로마군은 유대인의 강력한 요새 50곳과 주요 거주지 985곳을 파괴했다. 또한 전투와 소규모 접전에서 580명의 유대인들을 살해했고, 수많은 유대인들을 굶주림과 화재, 칼로 죽게 했으며, 유대의 거의 모든 지역을 폐허로 만들었다."

유대 군사들 역시 로마군에 많은 사상자들을 냈다. 그래서 로마 황제 하드리아누스가 로마 의회에 승전을 전했을 때 관례적인 서두인 "나와 나의 군대들은 잘 있소."를 생략했다. 그럼에도 유대인들은 전투에서 연이어 패배해 결국 예루살렘 남서쪽 베타르Betar에 있는 마지막 요새까지 밀려났다. 유대 전통에 따르면 예루살렘은 두 대성전이 파괴된 날인 아브월 9일에 함락되었다.

로마군이 반란 진압을 종료했을 때 유대 인구의 절반이 사망했다. 바르-코크바의 반란이 실패로 돌아간 뒤, 유대에는 유대인들보다 비유대인들이 더 많았다. 전쟁에서 살아남은 유대인들의 상황도 좋은 것은 아니었다. 수만 명의 유대인 남녀가 노예로 팔려갔고, 일부 여성은 강제로 매춘부가 되었다. 유대인들은 또한 예루살렘 방문을 금지당하기도 했다.

여러 유대 역사가들의 견해에 따르면 유대인 대반란 및 바르-코크바 반란의 실패는 홀로코스트 전에 유대 민족에게 닥친 가장 큰 재앙이었다.

■■■ 80

랍비에 버금가는 여성 베루리아

탈무드에 등장하는 천5백 명이 넘는 랍비들은 모두 남성이다. 그런데 이들의 학식에 버금가는 학식을 지닌 한 여성이 탈무드에 등장한다. 바로 2세기 인물 랍비 메이어Meir의 아내 베루리아Beruriah이다. 최근에 그녀는 신앙심이 깊은 유대인 여성들의 헤로인이 되었다. 유명한 여성 신학대학이 그녀의 이름을 학교명으로 삼은 것은 그녀의 상승하는 지위를 반영한다고 할 수 있다.

베루리아에 대한 탈무드 이야기들이 그녀의 예리한 지성을 강조하긴 하지만 그 이야기들은 또한 그녀 성격의 더 복잡한 면을 보여주기도 한다. 그녀가 상냥하게 나오는 이야기도 있고, 그녀가 분노하는 모습으로 보이는 이야기도 있으며, 그녀가 비극적이 되는 이야기도 있다. 가장 행복한 일화는 바르크홋 10a에 등장한다. 불량배들이 그녀의 남편 메이어를 괴롭히자 메이어는 그들이 죽게 해달라고 하나님께 기도드린다. 이에 베루리아가 남편을 질책한다.

"시편이 '지상에서 죄가 멈추게 해주십시오.'라고 말한 것으로 당신의 기도를 정당화하는 건가요? 하지만 죄를 멈추기 위해 죄인이 죽어야 할 필요는 없어요. 그들이 더 이상 죄를 짓지 않는 것으로 충분하니까 말이죠."

이에 랍비 메이어는 불량배들이 자신들의 악행을 회개하게 해달라고 기도했고, 그들은 그렇게 했다.

베루리아의 가장 유명한 일화는 그녀와 남편의 인생에서 가장 비극적인 사건을 다룬다. 어느 안식일 오후, 그들의 두 아들이 죽었다(탈무드에서는 두 아들이 무엇 때문에 죽었는지에 대한 언급이 없다.). 랍비 메이어가 집에 돌아와 아이들을 찾자 베루리아는 아이들이 집에 없다며 거짓말을 했다. 그래서 랍비 메이어는 안식일을 마무리하는 기도문인 하브달라를 암송했다. 그 후, 베루리아가 남편에게 질문 하나를 던졌다.

“일전에 한 남자가 찾아와 제게 보물 하나를 맡기고 갔습니다. 그가 이제 보물을 찾으러 온다고 하네요. 제가 그에게 보물을 돌려주어야 하나요?”

아내의 질문에 어리둥절해하며 랍비 메이어가 대답했다.

“당연히 원래 주인에게 보물을 돌려주어야죠.”

이에 베루리아는 남편을 아이들의 침실로 데리고 가 두 아들의 시체를 보여주며 말했다.

“이 아이들이 제가 말한 보물이에요. 하나님께서 이 보물들을 다시 가지고 가셨죠(얄쿠트Yalkut 잠언 964).”

만일 이 이야기가 베루리아에 대한 유일한 이야기라면 그녀는 재능 있는 여인으로서, 또 유대 여성들에게 학문적인 영감을 주는 여인으로서 유대인들의 가슴에 남았을 것이다. 하지만 베루리아를 역할 모델로 삼는 것은 진보적인 종교 텍스트들을 철저히 조사하는 여성들의 개념을 좋아하지 않았던 일부 격렬한 보수주의 유대인들에게는 반감을 일으킨 것으로 보인다. 탈무드에는 없고 오로지 중세의 아주 중요한 탈무드 주해서에만 등장하는, 베루리아와 랍비 메이어를 부정적으로 조명한 한 이야기가 떠돌기 시작했다. 이 이야기에 따르면 베루리아가 어느 날 “여성은 생각이 모자라 쉽게 조종된다.”는 탈무드의 경구를 조롱했다. 그녀가 탈무드의 경구를 모욕하는 것을 못마땅해 한 랍비 메이어가 그 경구가 옳다는 것을 입증하는 일에 착수했다. 랍비 메이어는 자신의 제자 한 명을 설득해 베루리아를 유혹하게 했다. 랍비 메이어의 제자가 베루리아를 유혹하는 데 성공했을 때 랍비 메이어의 명예는 실추되었고, 베루리아는 욕정을 참지 못해 간음의 죄를 저지른 것에 깊은 수치심을 느끼고 스스로 목을 매달아 죽었다. 이 이야기가 주는 교훈은 명확했다. 즉 학식은 있지만 몸가짐이 헤픈 여자는 닮지 말아야 한다는 것이다. 다행히 현대 유대교는 일반적으로 이 이야기를 무시해왔고, 그녀에 대한 좋은 기억만을 저장해놓았다.

■■■ 81

유대의 구전 율법과 성문법

성문법은 토라의 또 다른 이름이다. 구전 율법은 토라의 계율을 어떻게 실천하는지를 보여주는 율법적 설명이다. 상식에 의거하면 성문법에는 일종의 구전 전통이 항상 수반될 필요가 있다. 토라에 613개의 계율이 있다고 하더라도 토라만으로는 유대인의 삶으로 인도하는 데 부족하기 때문이다. 예를 들면 십계명의 네 번째 계명은 "너는 안식일을 기억하여 거룩하게 지켜라(출애굽기 20:8)."라고 명한다. 십계명에 안식일에 대한 계명이 포함된 것을 보면 토라가 안식일을 중요한 날로 여기는 것은 분명하다. 그런데 그날을 어떻게 지켜야 하는지를 규정하는 구체적인 성경 계율들로는 불을 지피지 말고, 거주지를 벗어나지 말며, 나무를 자르지 말고, 쟁기질을 하지 말고, 추수를 하지 말라는 경고들이 전부이다. 그럼 이러한 몇 가지 일만 하지 않는다면 안식일을 거룩하게 하라는 성경의 계율을 모두 이행하는 것일까? 안식일의 거룩함과 가장 관련이 있는 안식일 의례들(촛불을 켜고, 키두쉬를 낭송하고, 그 주에 읽어야 하는 토라 구절을 읽는 등의 의례)은 토라가 아니라 구전 율법이 설명한다.

토라는 또한 여러 중요한 주제에 대해서도 침묵을 지킨다. 우리는 결혼을 앞둔 대다수의 유대인 남녀가 유대교 결혼식을 원한다는 것을 당연하게 여긴다. 하지만 토라는 결혼식에 대해서는 어떠한 언급도 하지 않는다. 토라는 분명 사람들이 결혼을 한다는 것은 인식하고 있다.

"그러므로 남자가 자기 아버지와 어머니를 떠나 그 아내와 결합해 한 몸을 이루게 되는 것입니다(창세기 2:24)."

하지만 토라는 어디에도 결혼식에 대해 기록해놓지 않았다. 우리는 오직 구전 율법을 통해서만 어떻게 유대교 결혼식을 거행하는지에 대한 자세한 내용을 알 수 있을 뿐이다.

구전 전통이 없다면 토라의 몇몇 계명들을 포괄적으로 이해할 수 없을 것이다.

슈마 기도문의 첫 구절에서 성경은 다음과 같이 가르친다.

"이스라엘아, 들으라. 우리 하나님 여호와는 오직 한 분인 여호와시다. 너는 네 온 마음을 다하고 영혼을 다하고 힘을 다해서 네 하나님 여호와를 사랑하여라. 내가 오늘 너희에게 주는 이 명령들을 네 마음에 새겨 너희 자녀들에게 잘 가르치되 너희가 집에 앉아 있을 때나 길을 걸을 때나 누울 때나 일어날 때 그들에게 말해주어라. 또 너는 그것들을 네 손목에 매고 네 이마에 둘러라(신명기 6:4-8)."

마지막 구절은 "또 너는 그것들을 네 손목에 매고 네 이마에 둘러라."라고 가르친다. 그런데 무엇을 손목에 매고 이마에 두르라는 말인가? 토라는 여기에 대해 말하지 않고 있다. 우리는 오직 구전 율법을 통해서만 유대 남성들이 손목에 매고 이마에 두르는 것이 테필린 teffillin(성구함)이라는 것을 알 수 있다.

끝으로, 그대로 실천할 경우 큰 문제를 야기할 수 있는 특정 범주의 토라 율법을 완화하는 데 구전 율법이 필요하다. 예를 들면 성문법은 "눈에는 눈으로(출애굽기 21:24)"라고 명한다. 이 율법은 정녕 어떤 사람이 실수로 다른 사람의 눈을 멀게 했다면 그 대가로 그 사람의 눈도 멀게 해야 한다는 의미일까? 그것이 토라가 바라는 것처럼 보인다. 하지만 구전 율법은 이 구절을 금전적인 보상의 차원에서 이해해야 한다고 설명한다. 즉 실수로 다른 사람의 눈을 멀게 한 사람은 눈이 먼 사람에게 눈의 가치에 상응하는 보상을 해야 한다는 말이다.

상기의 세 가지 이유, 즉 구체적인 설명이 부족한 토라 율법과 토라에 등장하는 이해할 수 없는 용어, 또 문자 그대로 해석해선 안 되는 몇몇 토라 율법 등이 존재하기에 구전 율법이 항상 필요한 것이다.

이상한 일은 오늘날 구전 율법은 미슈나와 탈무드에 성문화되어 있다는 것이다. 시내 산에서 모세가 하나님의 계시를 받았을 때부터 대다수의 구전 율법이 이들 책에 기록되었다는 것이 정통파 유대인들의 믿음이다. 그들의 믿음에 따르면 하나님은 모세에게 토라를 주셨을 때 구전 율법에 있는 모든 상세한 내용도 그에게 전했는데, 모세는 이를 그의 후계자 여호수아에게, 여호수아는 이를 다시 그의 후계자에게 전했고, 이러한 전승은 오늘날에도 계속 이어지고 있다는 것이다.

구전 율법의 권위가 이런 식으로 전승되었다면 왜 미슈나와 탈무드는 구전 율법에 대한 랍비들의 논쟁들로 가득 차 있을까? 구전 율법을 전해 받은 모든 계승자가 결국 똑같은 내용을 전해 받았기에 구전 율법에 대해선 이견이 없어야 하지 않을까? 정통파 유대교의 스승들에 따르면 제자들이 스승에게서 전해들은 구전 율법의 일부를 기억하지 못했거나 구전 율법 역시 특정 쟁점에 대한 구체성이 부족했기 때문에 랍비들이 논쟁하게 되었다는 것이다.

보수파 및 개혁파 유대인들은 토라의 율법을 이해하고 실천하기 위해선 특정 종류의 구전 율법이 반드시 필요하다는 믿음은 받아들이지만 탈무드의 대부분이 모세 시대에 형성된 것이라는 믿음은 받아들이지 않는다. 그들은 탈무드와 구전 율법을 진화의 결과물로서 보는 경향이 있다. 즉 탈무드와 구전 율법은 랍비들이 여러 세대에 걸쳐 토라를 유대인들의 삶에서 어떻게 구체화시킬 것인지에 대해 논의하고 논쟁해서 얻은 결과물이라는 것이다. 이러한 이유로 보수파와 개혁파는 정통파보다 구전 율법을 무시하거나 수정하거나 바꾸는 데 더 자유롭다. 구전 율법에 대한 정통파 유대교와 보수파 유대교의 이러한 서로 다른 시각이 아마 둘을 구분 짓는 주요 쟁점일 것이다.

■■■ 82

구전 율법의 총론 탈무드

팔레스타인의 유대 공동체는 유대인 대반란과 바르-코크바 반란 동안 엄청난 피해를 입었다. 이 실패한 반란으로 1만 명이 넘는 유대인들이 죽었고, 수천 명의 랍비와 그 제자들이 몸담고 있던 주요 예시바가 문을 닫았다.

학식 있는 유대인들의 수가 급격히 줄어든 것이 랍비 주다 더 프린스가 서기 200년 즈음에 구전 율법을 기록으로 남기기로 마음먹은 결정적인 요인이었던 것으로 보인다. 수세기 동안 유대교의 주요 랍비들은 구전 율법을 기록으로 남기는 것을 거부했다. 구두로 율법을 가르치면 제자들의 입장에서는 스승과 긴밀한 관계를 유지하려고 노력할 수밖에 없다는 것을 랍비들은 알고 있었다. 그들이 배워야 할 유대전통을 가장 잘 전달해주는 것은 책이 아니라 스승이라는 것을 그들은 너무도 잘 알고 있었기 때문이다. 그런데 두 반란의 실패로 수많은 스승이 목숨을 잃었고, 이에 랍비 주다 더 프린스는 구전 율법을 기록으로 남기지 않으면 그것이 잊힐지도 모른다는 두려움을 느낀 것으로 보인다.

랍비 주다가 기록한 63권의 소책자로 구성된 미슈나에서는 토라에서와는 달리 유대 율법이 체계적으로 성문화되어 있다. 예를 들면 만일 당신이 토라에서 그것이 전하는, 안식일에 관한 모든 율법을 찾으려 한다면 당신은 출애굽기와 레위기, 민수기 등을 오가며 여기저기 흩어져 있는 정보를 발견해야 한다. 다시 말해 특정 주제에 관해 토라가 말하는 모든 것을 찾기 위해서는 토라 전체를 읽거나 토라의 어떤 부분에 어떤 내용이 있는지를 기억하고 있어야 하는 것이다. 랍비 주다 더 프린스는 미슈나를 주제별로 기록함으로써 이러한 문제점을 해소했다. 즉 안식일과 관련한 모든 율법은 샤밧('안식일'이라는 뜻의 히브리어)이라 불리는 하나의 소책자에서 모두 찾아볼 수 있는 것이다. 그뿐만 아니라 24장으로 구성된 《샤밧》이 담고 있는 율법은 토라가 전하는 안식일 관련 율법보다 훨씬 더 광범위하다. 미슈나는 광범위한 구전 율법을 요약해 기록하고 있기 때문이다. 《샤밧》은 미슈나를 구성하는 6권의 책 중 하나인 "모에드Mo'ed('축제일'이란 뜻의 히브리어)"라는 더 큰 책의 일부분이다. 《모에드》에 속하는 몇몇 다른 소책자들은 유월절(페사칭)과 푸림(메길라), 신년제(로쉬 하샤나), 속죄일(요마), 초막절(장막절, 수콧) 등에 관한 구전 율법을 상술한다.

미슈나의 첫 번째 책인 《제라임Zera'im》('씨앗들'이란 뜻)은 고대 팔레스타인의 농경법을 다루는데, 예루살렘 대성전에 제물로 바치는 농작물의 경작법을 특히 더 상세히 다룬다. 하지만 《제라임》에서 가장 유명한 소책자인 《브라크홋》('축복'이란 뜻)은 농업과 거의 무관하다. 《브라크홋》에는 다양한 축복의 기도 및 그것을 언제 낭송하는지에 관한 율법들이 기록되어 있다.

미슈나의 또 다른 책인 네지킨Nezikin('상해'란 뜻)은 유대인의 형사법 및 민사법을 요약한 10권의 소책자로 구성되어 있다.

결혼에 관한 율법들을 상술한 소책자 키두쉰Kiddushin과 이혼에 관한 율법들을 상술한 소책자 기틴을 포함하는 또 다른 책 나쉼Nashim('여자'란 뜻)은 남성과 여성 간의 쟁점들을 다룬다.

미슈나의 다섯 번째 책 코다쉼Kodashim은 제물 및 의례를 위한 도살에 관한 율법들을 개괄한다. 여섯 번째 책 타하롯Taharot은 순결함과 불결함에 관한 율법들에 대해 이야기한다.

랍비 주다는 미슈나의 많은 부분을 무미건조한 법적 설명에 할애했음에도 불구하고 종종 소수의 견해를 제시함으로써 텍스트에 활기를 불어넣곤 했는데, 그는 이것이 후대의 학자들에게 하나의 지침이 되길 바라기도 했다(미슈나 에두욧Eduyot 1:6). 유명한 한 사례에서 랍비 주다 더 프린스는 랍비 재판관들이 사형 사건들의 증인들에게 전한 긴 경고를 인용함으로써 법규를 거의 시적인 수준으로 만들어놓았다.

"경외감을 가져야 하는 사형 사건의 증인은 어떻게 영감을 받아야 할까? 그들에게 다음과 같이 경고해야 한다: 당신이 추측 또는 믿을 만하다고 당신이 생각하는 사람으로부터 전해들은 말이나 간접적인 증거만을 바탕으로 증언하길 원하는 경우에 해당되거나 당신이 우리가 질문과 반대 심문으로 당신을 검증할 것이라는 점을 모르고 증언하길 원하는 경우에 해당된다면 한 사람의 목숨이 달린 사형 사건은 금전으로 해결할 수 있는 민사 사건과는 다르다는 것을 알라. 민사 사건에서 잘못된 증언을 했다면 금전적인 보상을 함으로써 용서받을 수 있지만 형사 사건에서는 억울하게 사형을 당한 사람의 피뿐만이 아니라 태어나지 못하게 된 그의 모든 자손의 피까지 잘못된 증언을 한 증인의 머리에 영원히 떨어질 것이다. 우리는 이것을 자기 동생 아벨을 죽인 가인의 사례를 통해 알 수 있다. 하나님은 '네 동생의 피들이 땅에서 내게 울부짖고 있다(창세기 4:10).'고 말씀하셨다. 즉 하나님은 아벨의 피뿐만 아니라 영원히 태어나지 못하게 된 그의 자손들의 피까지 땅에서 울부짖고 있다고 말씀하셨던 것이다. …… 그래서 하나님은 한 생명을 멸하는 자는 온 세상을 멸하는 것으로 여기고 한 생명을 구하는 자는 온 세상을 구하는 것으로 여긴다는 것을 우리에게 가르치시기 위해 최초의 인류로 아담만을 창조하셨다. 그뿐만 아니라 하나님은 아무도 다른 사람에게 '내 아버지가 네 아버지보다 더 훌륭하다.'고 말하지 못하게 해 사람들이 서로 평화롭게 살도록 하기 위해 오로지 아담만을 창조하셨다. 또한 거룩하시고 축복받으신 하나님의 위대함을 보여주시기 위해 아담만을 창조하시기도 했다. 만일 인간이 똑같은 주형으로 몇 개의 동전을 찍어낸다면 그것들은 모두 똑같은 모양일 테지만, 왕 중의 왕이신 성스럽고 축복받으신 하나님은 최초의 인간인 아담의 이미지로 모든 인간을 만드셨음에도 서로 똑같은 모습의 인간은 단 한 명도 존재하지 않기 때문이다. 따라서 개개인 모두는 이렇게 말할 의무가 있다. '세상은 나를 위해 창조되었다.'(미슈나 산헤드린 4:5)"

한 주해서는 이렇게 기술하고 있다.

"위증을 함으로써 자신을 타락시키고, 그 결과 온 세상을 살해하는 윤리적 죄악을 범하는 것은 자신에게 얼마나 무거운 책임을 지우는 것인가!"

미슈나의 소책자 63권 중 하나는 어떠한 율법도 언급하지 않는다. 일반적으로 '아버지들의 윤리'로 번역되고 피르케이 아봇Pirkei Avot이라 불리는 이 책에는 랍비들의 가장 유명한 경구와 격언이 기록되어 있다.

랍비 주다 더 프린스가 미슈나를 엮은 후 여러 세기 동안 여러 세대의 랍비들이 미슈나를 속속들이 공부했다. 결국 이러한 랍비들 중 일부가 미슈나에 대한 랍비들의 논의와 해석을 기록으로 남겨 탈무드라 불리는 일련의 책을 탄생시켰다. 팔레스타인의 랍비들은 약 400년에 미슈나에 대한 그들의 논의들을 엮었는데, 이것이 팔레스타인 탈무드로 알려지게 되었다. 팔레스타인 탈무드는 히브리어로 '탈무드 예루샬미'인데 이것은 '예루살렘 탈무드'라는 뜻이다.

그로부터 1세기 조금 더 후에 바빌로니아 왕국의 뛰어난 랍비들 중 일부가 미슈나에 대한 또 다른 논의들을 엮었다. 그 즈음 이러한 노력들은 이미 3백 년 전부터 계속되고 있었다. 바빌로니아 탈무드는 팔레스타인 탈무드보다 훨씬 더 포괄적이어서 바빌로니아 탈무드(히브리어로는 '탈무드 바블리Talmud Bavli'이다.)가 가장 권위 있는 구전 율법 모음집이 되었다. 사람들이 탈무드를 공부한다고 말하면 그들이 공부하는 것은 거의 항상 팔레스타인 탈무드가 아니라 바빌로니아 탈무드이다.

탈무드에 등장하는 논의들은 일정한 형식으로 기록되어 있다. 즉 먼저 미슈나에 기록된 율법 하나를 인용하고, 그 다음으로 그 율법에 대한 랍비들의 생각들을 기술하는 형식을 취하는 것이다. 유대인들은 일반적으로 '게마라'와 탈무드를 동일한 말로 사용하지만 실제로 탈무드는 미슈나와 '게마라'라고 불리는 랍비들의 논의들로 구성된다.

피력한 견해가 미슈나에 인용된 랍비들을 탄나임('스승들'이란 뜻의 아람어)이라 부르는 한편, 게마라에 인용된 랍비들은 아모라임('해설가' 또는 '통역가'라는 의미)이라 부른다. 탄나임이 아모라임보다 더 이전에 살았고, 따라서 시간상으로 시내 산에서 모세가 계시를 받았을 때와 더 가깝기에 탄나임의 가르침을 아모라임의 가르침보다 더 권위 있는 것으로 여긴다. 같은 이유로 유대 전통은 일반적으로 구전 율법에 대한 설명에 있어서는 아모라임의 가르침을 현대 랍비들의 가르침보다 더 권위 있는 것으로 여긴다.

율법에 대한 광범위한 논의들(히브리어로 '할라카halakha')에 덧붙여 랍비들은 윤리적 문제들과 의학적 조언, 역사적 정보, 전통 문화 등에 대한 지침(이러한 지침들을 통틀어 아가다타aggadata라고 부른다.)을 탈무드에 통합시킨다.

일반적으로 게마라는 미슈나를 자세히 읽는 것으로 시작한다. 예를 들면 미슈나의 바바 메지아Bava Mezia 7장 1절은 "한 남자가 아침 일찍부터 밤늦게까지 일을 시키려고 일꾼들을 고용했더라도 그렇게 일하는 것이 그곳의 관례가 아니라면 그 남자는 일꾼들에게 아침 일찍부터 밤늦게까지 일할 것을 강요할 수 없다."라고 가르치고 있다. 이 가르침에 대해 게마라(바바 메지아 83a)는 다음과 같은 견해를 밝힌다.

"고용주가 일꾼들에게 지역의 관례를 따르지 말 것을 요구할 수 없다는 것은 명백한 사실이지 않을까? 여기서 논의해야 할 사례는 고용주가 일꾼들에게 일반적인 임금보다 더 높은 임금을 지불한 경우이다. 이러한 경우 고용주가 일꾼들에게 '내가 당신들에게 더 높은 임금을 지불한 이유는 당신들에게 아침 일찍부터 밤늦게까지 일을 시키기 위해서요.'라고 말할 수 있다고 주장할 수도 있다. 이때 율법에 따르면 일꾼들은 다음과 같이 대답할 수 있다. '당신이 우리에게 더 높은 임금을 지불한 이유는 노동 시간을 늘리기 위해서가 아니라 일의 질을 높이기 위해서요.'"

신앙심이 깊은 유대인들 사이에서 탈무드 학자들은 노벨상 수상자들에 버금가는 경탄과 존경의 대상이다. 그럼에도 지금까지 미슈나와 탈무드 공부는 엘리트 계층에 국한되지 않았다. 나치가 불태운 수백 만 부에도 불구하고 살아남아 지금은 뉴욕의 이보YIVO 박물관에 보관된 한 권의 《미슈나》에는 '베르디체프Berdichev에서 미슈나를 공부하는 벌목꾼 협회'라는 스탬프가 찍혀 있다. 기본적으로 글을 읽고 쓸 줄 아는 능력이 필요 없는 고된 노동인 나무를 베는 일을 하는, 베르디체프 벌목꾼들이 유대 율법을 공부하기 위해 정기적인 만남을 가졌다는 사실은 유대 공동체 전반에 걸쳐 지속되는 구전 율법 공부의 열정을 보여주고 있다.

■■■ 83

유대의 법률과 관습

탈무드는 구전 율법의 가장 포괄적인 모음집이다. 여러 권으로 된 탈무드를 통해 우리는 랍비들이 할라카(전적으로 법률적인 문제)와 아가다타(윤리 및 전통 문화 고찰)라는 두 가지 형태의 논의를 했다는 것을 알 수 있다.

바바 메지아의 처음 미슈나는 전통적인 할라카 논의이다.

"두 남자가 망토 하나를 들고 재판관 앞으로 왔다. 한 사람이 말했다. '제가 이 망토를 발견했습니다.' 다른 한 사람이 말했다. '제가 이 망토를 발견했습니다.' 만일 두 사람 모두 '이 망토는 제가 먼저 발견했으니 제 것입니다.'라고 말한다면 둘 모두 자신에게 최소한 망토의 절반에 대한 소유권은 있다고 맹세해야 한다. 그런 다음 두 사람은 망토를 반으로 나눠 가진다.

만일 한 사람이 '이 망토는 제가 먼저 발견했으니 제 것입니다.'라고 말하고, 다른 한 사람이 '우리 두 사람이 이 망토를 동시에 발견했으니 이 망토의 절반은 제 것입니다.'라고 말한다면 '이 망토는 제가 먼저 발견했으니 제 것입니다.'라고 말한 사람은 자신에게 최소한 망토의 4분 3에 대한 소유권이 있다고 맹세해야 하고, 다른 한 사람은 자신에게 최소한 망토의 4분의 1에 대한 소유권이 있다고 맹세해야 한다. 그런 다음 한 사람은 망토의 4분의 3을, 다른 한 사람은 망토의 4분의 1을 취한다."

이 미슈나에 대한 탈무드의 논의는 매우 광범위하고, 직간접적으로 수많은 법률적 쟁점을 제기한다. 그중 몇 가지 예를 들어보자. 첫째, 두 사람 모두 망토를 구입한 것이 아니라 발견했다는 것을 인정했다. 그렇다면 망토의 원래 주인은 어떻게 되는 걸까? 망토를 그에게 돌려주어야 하는 것이 아닐까? 이 에피소드의 정황상 우리는 망토가 버려졌거나 망토 주인을 찾지 못했다고 추정해야 한다.(탈무드에는 신명기 22:1-3에 기록된 성경 율법들을 토대로 분실물을 주인에게 돌려주는 것에 대한 광범위한 율법들이 있다.)

둘째, 미슈나가 두 사람이 함께 망토를 들고 법정에 왔다고 묘사한 데는 이유가 있다. 일반적으로 유대 율법은 "물건을 가진 사람에게 10분의 9의 소유권이 있다는 원칙"을 인정한다. 따라서 두 사람이 함께 망토를 들고 왔다고 묘사한 것은 두 사람 모두에게 망토 소유권을 주장할 권리가 있음을 분명히 밝히려는 의도로 볼 수 있다. 만일 한 사람이 혼자 망토를 들고 왔다면 다른 사람이 망토를 그 사람에게 빼앗겼다는 것을 법정에서 입증하지 못하는 한 망토의 소유권은 망토를 들고 온 사람에게 있는 것으로 간주한다.

셋째, 왜 맹세가 필요했을까? 왜 그냥 망토를 반으로 나누지 않았을까? 맹세의 목적은 거짓말쟁이에게 두려움을 줘 그로 하여금 더 이상 거짓말을 못하도록 하기 위함이다. 맹세를 하지 않으면 거짓말쟁이는 그가 빼앗는 것은 상대가 돈을 지불한 것이 아니라 주운 것이기에 자신의 거짓말로 실질적인 손해를 볼 사람은 없다고 느끼며 더 마음 편하게 거짓말을 할 수도 있기 때문이다. 랍비 루이스 제이콥스는 이러한 맹세의 타당성을 뒷받침해주는 원칙을 요약한다.

"자기 소유가 아닌 것을 얻으려고 거짓말을 하려는 사람은 법정에서 진실만을 말하겠다고 맹세하는 일이 꺼려질 것이다."

유대 율법에서 특히 심각한 죄인 위증죄는 십계명의 아홉 번째 계명이 금지하는 죄이기도 하다.

넷째, 랍비들은 왜 그토록 이상한 맹세를 하게 했을까? 소송 당사자인 두 사람 모두 "이 망토는 제가 먼저 발견했으니 제 것입니다"라고 주장할 경우 왜 둘 모두로 하여금 자신에게 망토 전체에 대한 소유권이 있다고 맹세하게 하지 않았을까? "적어도 이 망토의 절반에 대한 소유권은 제게 있다고 맹세합니다."라고 말하게 한 이유는 무엇일까? 이 이상한 맹세 뒤에는 윤리적인 고찰이 있다. 두 사람 각자가 자신에게 망토 전체에 대한 소유권이 있다고 맹세하게 한다면 법정은 거짓 맹세를 부추기는 꼴이 된다. 두 사람 모두가 하나의 망토 전체를 소유할 수 없기 때문이다. 하지만 두 사람 각자가 망토의 반에 대한 소유권만 있다고 맹세한다면 두 사람은 망토 전체에 대한 소유권이 있다는 자신의 이전 주장에 대한 법적 책임에서 벗어날 수 있을 것이다. "제게는 망토의 반에 대한 소유권이 있습니다."라고 맹세하게 하는 이유가 바로 여기에 있다. 두 사람이 동시에 망토를 주웠을 수도 있고, 이 경우 이 맹세만이 두 사람 모두에게 유일한 진실이 된다.

두 번째 경우엔 왜 한 사람에게는 망토 가치의 4분의 3을, 다른 한 사람에게는 망토 가치의 4분의 1만을 주기로 결정했을까? 탈무드의 설명에 따르면 자신에게 망토의 반에 대한 소유권이 있다고 주장하는 사람은 나머지 반에 대한 소유권이 다른 사람에게 있다는 걸 인정하기 때문에 법정이 직면하는 분쟁은 망토의 반에 대한 것으로 제한된다는 것이다. 그래서 법정은 나머지 반을 다시 반으로 나누어 한 사람에게는 4분의 3을, 다른 한 사람에게는 4분의 1을 주기로 결정했던 것이다.

반으로 나누는 것에 대한 이 장황한 논의가 나에게 유대 유머 하나를 떠올려주었다. 한 남자가 자신의 친구에게 하소연했다.

"큰일 났네. 내 딸이 내일 결혼하는데, 난 그 애에게 결혼 지참금으로 5천 루블을 주겠다고 약속했었지. 그런데 지참금의 반이 없어졌지 뭐야."

"걱정하지 말게."

친구가 남자를 안심시켰다.

"보통 약속한 지참금의 반만을 준다는 걸 모르는 사람이 없으니까 말일세."

"없어진 지참금이 바로 그 반일세."

아가다타는 의학적 조언이나 역사적 일화, 윤리적 훈계, 전통 문화 등과 같은 탈무드의 모든 비율법적 논의들을 다룬다. 그중 특히 유명한 아가다타로 탈무드 바바 메지아 59b에 실린 것이 있다. 이 아가다타는 랍비들이 불결해진 화덕을 정화할 수 있는지를 놓고 논쟁을 벌이는 할라카 논의 뒤에 등장한다. 거의 모든 현자가 불결해진 화덕은 정화할 수 없다고 생각한 반면, 고독하지만 위대한 학자인 랍비 엘리에제르Eliezer는 불결해진 화덕도 정화할 수 있다고 주장했다.

> 그날 랍비 엘리에제르는 세상의 모든 주장을 펼쳤지만, 현자들은 그의 주장들을 받아들이지 않았다.

마침내 그가 현자들에게 말했다.

"만일 율법이 저를 따른다면 저 캐럽 나무가 그것을 증명할 것입니다."

그가 가까이 있는 캐럽 나무를 가리키자 그것이 백 큐빗 정도 움직였다. 어떤 사람은 4백 큐빗 정도 움직였다고도 말했다.

현자들이 말했다.

"캐럽 나무가 움직였다고 해서 그것이 입증되는 것은 아닐 것입니다."

랍비 엘리에제르가 말했다.

"만일 율법이 저를 따른다면 저 물의 흐름이 그것을 증명할 것입니다."

그러자 물이 반대 방향으로 흘렀다.

현자들이 말했다.

"물의 흐름을 바뀌었다고 해서 그것이 입증되는 것은 아닐 것입니다."

랍비 엘리에제르가 말했다.

"만일 율법이 저를 따른다면 성직자 연수원의 벽이 그것을 증명할 것입니다."

그러자 성직자 연수원의 벽이 안으로 휘기 시작했다. 그때 랍비 조슈아가 일어나 성직자 연수원의 벽을 꾸짖으며 말했다.

"하나님의 자녀들이 유대 율법을 놓고 서로 논쟁을 벌이는데 네가 무슨 권리로 끼어드느냐?"

성직자 연수원의 벽은 랍비 조슈아에게 경의를 표하는 뜻으로 더 이상 안으로 휘지 않았다. 그런데 랍비 엘리에제르에게도 경의를 표하기 위해 원래대로 펴지지도 않았다. 그래서 그 벽은 지금까지도 그렇게 휜 채로 남아있다.

얼마 후, 랍비 엘리에제르가 현자들에게 말했다.

"만일 율법이 저를 따른다면 하늘이 그것을 증명할 것입니다."

그러자 천상의 목소리가 말했다.

"랍비 엘리에제르는 너희에게 어떤 의미이겠느냐? 어느 곳에서라도 율법은 그를 따른다."

이에 랍비 조슈아가 일어나 말했다.

"율법은 하늘 위에 있지 않습니다(신명기 30:12)."

랍비 조슈아는 왜 이 말을 인용했을까? 랍비 예레미야가 말했다.

"그가 말하고자 한 바는 이미 시내 산에서 토라를 받았기 때문에 우리는 더 이상 천상의 목소리에 귀 기울일 필요가 없다는 것입니다. 하나님은 토라에 이미 '다수의 편에 서서 공의를 그르치는 일이 없게 하라(출애굽기 23:2).'라고 썼기 때문입니다."

랍비 나단이 선지자 엘리자를 만나 물었다.

"성스럽고 축복받으신 하나님은 그때 무엇을 하셨습니까?"

엘리자가 말했다.

"그분은 웃으시며 이렇게 말씀하셨습니다. '내 자녀들이 나를 이겼느니라. 내 자녀들이 나를 이겼느니라.'"

영국 출신의 유대 학자이자 저술가인 히암 맥코비는 이 이야기에 대해 이렇게 언급했다.

"이 특별한 이야기는 탈무드의 핵심을 건드린다. 하나님은 당신의 자녀들이 성장해 독립하길 바라는 좋은 아버지이시다. 그분은 우리에게 당신의 토라를 주셨는데, 이제 그것을 우리가 발전시키길 원하신다."

랍비 문헌의 세 번째 범주는 미드라시인데, 이것은 두 가지 형태로 나뉜다. 미드라시 아가다Midrash aggada는 성경 구절이 함축하는 교훈을 이야기하고, 미드라시 할라카는 성경의 율법들을 이야기한다. 사람들이 '미드라시'라고 말하면 그것은 보통 미드라시 마가를 가리킨다. 랍비들은 토라의 말씀 모두가 하나님으로부터 온 것이라고 믿었기에 토라에는 불필요한 말이 없다고 생각했다. 그들은 불필요해 보이는 단어나 표현을 만나면 성경이 그러한 단어나 표현을 사용하여 전달하고자 하는 새로운 개념이나 뉘앙스가 무엇인지를 이해하려고 노력했다. 그래서 우리는 노아와 관련된 창세기 구절에 관한 다음의 논의를 만날 수 있는 것이다.

"노아의 이야기는 이렇다. 노아는 의로운 사람으로 당대에 완전한 사람이었으며 하나님과 동행하는 사람이었다(창세기 6:9)."

이 구절에서 어떤 말이 불필요할까? '당대에'이다. 랍비들은 토라가 왜 이 말을 포함시켰을 것이라고 생각했을까?

늘 그렇듯 두 가지 이상의 견해가 제시되었다. 랍비 요카난은 이렇게 말했다.

"노아의 당대는 특히 끔찍했기에 다른 세대가 아니라 노아의 세대에 노아가 의롭고 완전한 사람으로서 하나님과 동행하는 사람이었다."

레쉬 라키쉬는 이렇게 말했다.

"노아가 그의 세대에서도 그 정도였다면 다른 세대에서는 얼마나 더 그랬을까?(산헤드린 108a)"

이 미드라시는 이러한 독창적인 설명들도 제시하지만 읽는 사람이 자기 경험을 바탕으로 텍스트를 이해하는 것이 어떤 것인지를 보여주기도 한다. 레쉬 라키쉬가 주장하는 바는 노아가 그런 끔찍한 세대에서도 그토록 의로웠다면 다른 사회에서는 훨씬 더 의로웠을 거라는 것이다. 탈무드의 다른 구절에 따르면 레쉬 라키쉬는 뒤늦게 종교에 귀의했다. 노상강도와 검투사, 곡예사들 사이에서 성장한 그는 그런 비도덕적인 환경에서 성장한 사람이 선인이 된다는 것이 얼마나 어려운지를 잘 알고 있었다. 그래서 그는 그런 비도덕적인 사회에서도 의로운 사람이 된 노아가 만일 도덕적인 사람들 사이에서 성장했다면 그보다 훨씬 더 의로운 사람이 되었으리라고 생각했던 것이다.

미드라시는 계속해서 창조된다. 예를 들어 창세기 19장은 롯과 그의 가족이, 하나님이 소돔과 고모라에 내린 재앙을 피해 도망가는 것을 기록하고 있다. 천사들이 롯의 가족에게 도망가는 동안 뒤를 돌아보지 말 것을 당부한다. 하지만 롯의 아내는 뒤를 돌아보아 소금 기둥으로 변하게 된다.

이 구절이 도대체 우리의 삶과 어떤 관련이 있을까? 나의 한 친구가 어느 양로원에서 이 장에 대해 강의를 했을 때 그곳 노인들이 이 구절이 의미하는 바가 무엇인지에 대해 논쟁을 벌였다고 한다. 그때 85세의 할머니 한 분이 자신의 견해를 이렇게 피력했다는 것이다.

"그것도 이해하시지 못하겠단 말인가요? 항상 뒤를 돌아보면 우리는 당연히 무생물이 되는 거라오."

3부

신과 인간이 다르지 않다는 믿음

■ ■ ■ 84

모하메드는 왜 유대교를 등졌나

초년에 모하메드Mohammed(571-632)는 유대인과 유대교에 대해 애정이 각별했다. 유대인들에게서 하나님에 대한 지식을 얻었다고 기꺼이 인정했을 정도였으니 말이다. 후에 모하메드는 코란에서 모세의 이름을 백 번 넘게 인용했고, 아랍인은 아브라함과 그의 아들 이스마엘의 자손들이라고 주장했다. 그의 새 종교 초창기, 모하메드는 예루살렘을 향해 기도하고 유대교 속죄일에 금식을 하기까지 했다.

안타깝게도 유대교에 대한 그의 깊은 애정은 유대인들이 그를 하나님의 예언자로 인정함으로써 그의 선의에 화답하는 것을 거부하자 극심한 분노로 바뀌었다. 기독교의 경우와 마찬가지로 유대인들은 모하메드의 메시지에서 진실인 것은 새로운 것이 아니고, 새로운 것은 진실이 아닌 것이라 믿었다. 그뿐만 아니라 히브리 성경에 대한 모하메드의 지식에도 흠이 있었다. 코란 28장 38절에서 모하메드는 (출애굽기에 등장하는) 바로로 하여금 (에스더서에 등장하는) 하만에게 바벨탑을 세울 것(창세기 첫 부분에 등장하는 에피소드)을 부탁하게 한다. 여기에 덧붙여 유대인들은 순종하지 않는 아내는 때려야 한다는 모하메드의 주장(코란 4:34)에도 거부감을 느꼈을 것이다(이 문제에 있어선 기독교인들도 마찬가지였을 것이다.).

유대인들에게는 유감스럽게도, 그를 거부한 유대인들에 대한 모하메드의 격노한 반응은 이슬람교의 성서인 코란에 기록되었다. 코란에서 모하메드는 몇 가지 방식으로 유대인들과 유대교를 공격했다. 그중 하나로, 그는 아브라함을 이슬람교도로 만들었다.

"아브라함은 유대교도도 기독교도도 아니었다. 그는 알라신을 숭배했다. …… 당연히 알라신과 가장 가까이 있는 사람들은 이 예언자를 따르는 사람들이다.(3:67-68)"

모하메드는 유대인들이 고의로 그에 대한 예언들을 성경에서 제외시켰다며 유대인들을 비난했다(9:32). 가장 놀라운 것은 유대인들은 예언자 에스라를 신으로 숭배했기에 진정한 일신교도가 아니라고 그가 주장했다는 것이다. 이러한 비방은 에스라가 정확히 누구인지조차 모르는 이들이 대다수인 현대 유대인들에게는 특히 더 충격적인 것이다.

유감스럽게도, 이슬람교도들은 유대인들에 대한 모하메드의 분노에 찬 말들은 그가 알라신의 말씀을 전한 것이고 유대인들 모두에게 변함없이 적용되는 말이라 생각한다. 예를 들어 코란 2장 61절에서 모하메드는 이렇게 말했다.

"그들에게는 굴욕과 가증스러움의 낙인이 찍혔고, 하나님의 노여움이 그들을 찾았다."

이집트 대통령 안와르 사다트Anwar Sadat는 이스라엘과 평화조약을 체결한 후에 이집트가 이스라엘을 패배시켰을 때 이슬람교도가 유대인들에게 어떤 대우를 할 것인지를 설명하는 데 이 구절을 즐겨 인용했다.

모하메드가 유대인들에게 화가 났음에도 불구하고 그의 궁극적인 논쟁거리는 유대교였다. 일반적으로, 이슬람교로 개종하는 유대인은 누구라도 이슬람 사회에 완전히 받아들여졌다.[1]

■■■ 85

이슬람과의 악연

시온주의가 아랍인들에게 반유대주의 감정을 불러일으키기 전까지는 이슬람 세계가 유대인들에게도 동등한 시민의 권리를 부여했다는 근거 없는 믿음이 만연해 있었다. 하지만 실제로는 이슬람 세계에 천 년 이상 체류하는 거의 모든 세월 동안 유대인들은(기독교인들도 역시) 2등 시민으로서 종종 굴욕을 당하며 살았다.

유대인들의 지위는 일신교도가 아닌 사람들의 지위보다는 나은 형편이긴 했다. 이슬람교 군대가 정복한 지역에서 일신교도가 아닌 사람들은 이슬람교로 개종하든가 죽든가 둘 중 하나밖에 선택할 수 없었

1 고이텐S.D. Goitein의 《유대인과 아랍인: 여러 세대에 걸친 그들의 접촉Jews and Arabs: Their Contacts Through the Ages》, 버나드 루이스Bernard Lewis의 《이슬람 세계의 유대인The Jews of Islam》, 데니스 프레이저, 조셉 텔루슈킨의 《왜 하필 유대인인가? 반유대주의의 근거》 참조

다. 이슬람 세계에서 딤미dhimmi(피보호민이란 뜻)로 불린 유대교도와 기독교도는 그들의 종교 활동이 허용되었다. 그들의 삶은 약 720년의 것으로 추정되는 문서인 우마르 협정서로 규제되었다. 우마르 협정은 딤미가 여러 방면에서 이슬람교도에 종속됨을 인정하는 것을 의무화했다. 분리주의자 짐 크로우Jim Crow가 미국 남부에서 흑인 차별 정책을 시행했을 때 흑인의 경우와 마찬가지로 유대교도와 기독교도는 이슬람교도가 원하면 자리를 양보해야 했다. 또한 유대교도와 기독교도 모두 어떤 사람이라도 자신들의 종교로 개종시킬 수 없었고 이슬람교로 개종하기 위해 자신들의 종교를 버리려는 사람을 막을 수도 없었다. 딤미는 심지어 장례식에서 목소리를 높이지 않겠다는 서약도 해야 했다. 그들에게 말이나 노새를 타는 것을 금지시킨 것은 특히 잔인한 규제였다. 그들의 낮은 지위와 어울리지 않는다는 것이 그 이유였다. 당나귀만 탈 수 있었던 그들은 안장도 사용할 수 없었다.

유감스럽게도, 우마르 협정은 딤미를 옥죄는 법률의 서막에 불과했다. 그 후 몇 세기 동안 다양한 이슬람 사회에서 유대교도와 기독교도는 주기적으로 그들에게 굴욕감을 주는 법률에 복종해야 했다. 가끔 그들에게 우스꽝스러운 옷을 입히기도 했다. 그들을 쉽게 판별하고 어리석게 보이게 하는 것이 그 목적이었다. 예를 들면 서기 807년에 바그다드의 아바스 왕조 5대 칼리프(초기 이슬람 국가의 최고 통치자 – 옮긴이)인 하룬 알-라쉬드Haroun al-Raschid는 유대인은 원뿔 모양의 기다란 모자를 쓰고 노란 허리띠를 매야 한다는 법령을 제정했다(이 법령이 아마 유대인들로 하여금 노란색 배지를 달게 한 중세 유럽 법령의 모델이 되었을 것이다.). 11세기 바그다드에서 유대 여성들은 검정 신발 한 짝과 흰 신발 한 짝을 신어야 했고, 목이나 신발에 작은 놋쇠 종을 달아야 했다.

다행스럽게도, 이러한 법령이 시행되지 않고 유대인들이 높은 지위까지 오를 수 있었던 황금시대도 있었고, 중세에는 아랍 세계의 유대인들이 유럽의 유대인들보다 일반적으로 더 안전했다. 그럼에도 11세기 이집트 파티마 왕조의 6대 칼리프인 하킴은 기독교도에게는 2피트 길이의 십자가를 팔에 두를 것을, 유대교도에게는 5파운드 무게의 종을 목에 매달 것(한때 그들의 조상이 숭배했던 송아지 머리를 '기념'하기 위해)을 명했다. 1948년에 예멘을 떠나기 전까지 모든 유대인은 남녀노소를 막론하고 딤미로서의 그들의 낮은 지위에 어울리게 걸인처럼 옷을 입도록 강요당했다.

19세기에 아랍과 시온주의자들의 충돌이 있기 전까지 팔레스타인에 거주하는 유대인들은 이슬람교도들의 왼쪽 편에서 걸어야 했다. 이슬람교는 왼쪽을 사탄과 연결 지었기 때문이다. 좁은 인도에서 이슬람교도와 마주치면 유대인은 법적으로 도로로 내려와 이슬람교도에게 길을 비켜줄 의무도 있었다. 또한 시나고그는 눈에 띄지 않는 외진 지역에 자리 잡아야 했고, 유대인들은 기도할 때 소리를 내지 말아야 했다. 1850년대에 팔레스타인에서 영국 영사로 있었던 제임스 핀James Finn은 그의 저서 《격동의 시대Stirring Times》에서 이렇게 묘사했다.

"아랍 상인들은 팔리지 않는 물건들을 이웃 유대인들에게 떠넘기곤 했다. 그들은 자신들을 두려워하는 유대인들이 감히 구매를 거부하거나 반품하지 못한다는 것을 잘 알고 있었기 때문이다."

20세기에 북아프리카에서 성장한 저명한 유대계 프랑스인 작가 알베르 멤미Albert Memmi는 아랍 세계에 사는 유대인들의 상황을 다음과 같이 요약했다.

"대충 말해 유대인들이 보호되는 정도는 기껏해야 인간의 재산과도 같은 개와 같았다. 만일 얼굴을 들거나 사람처럼 행동하는 유대인이 있으면 그는 자기 분수를 항상 기억할 수 있도록 흠씬 두들겨 맞았다."

1941년 6월에는 6백 명 이상의 유대인이 이라크에서 자행된 대규모 집단 학살의 희생양이 되었다.

딤미의 낮은 지위는 왜 아랍 세계의 많은 유대인들이 유럽의 유대인들과 마찬가지로 유대 국가의 개념을 열렬히 지지했는지를 설명해준다. 실제로, 아랍 세계 출신의 이스라엘 유대인들은 그들의 쓰라린 역사적 경험으로 인해 아랍 세계를 가장 신뢰하지 않고 그들과 타협하길 가장 꺼리는 집단으로 지나치게 대변되는 경향이 있다.[2]

■■■ 86

너무도 신성해 버릴 수 없는 책들

유대 전통은 토라 두루마리와 각종 기도서, 탈무드 등과 같은

2 예멘의 유대인들이 받은 극심한 차별은 고이텐의 《유대인과 아랍인: 여러 세대에 걸친 그들의 접촉》 74-78쪽에서 묘사하고 있다. 19세기 팔레스타인에서의 유대인들의 낮은 지위는 1976년 2월호 《주해서Commentary》 47-56쪽에 실린 데이비드 랜데스David Landes의 글 "시온주의자들이 등장하기 이전의 팔레스타인Palestine Before the Zionists"에서 상술하고 있다. 알베르 멤미의 글은 그의 저서 《유대인과 아랍인Jews and Arabs》 33쪽에서 인용했다. 데니스 프레이저와 조셉 텔루슈킨의 《왜 하필 유대인인가? 반유대주의의 근거》 100-107쪽도 참조하기 바란다. 이슬람교도들의 반유대주의에 대한 개괄은 데이비드 버거David Berger가 엮은 《역사와 증오History and Hate》 73-93쪽에 실린 제인 거버Jane Gerber의 글 "반유대주의와 이슬람 세계Anti-Semitism and the Muslim World"에서 만날 수 있다.

책은 너무도 신성해 버릴 수 없는 책으로 간주한다. 이런 신성한 책들이 더 이상 사용할 수 없는 상태가 되면 그것들을 땅에 묻는 것이 일반적인 관례이다. 실제로 이교도에 의해 일부가 불에 탄 몇 개의 토라 두루마리를 1988년에 뉴욕 공동묘지에 공개적으로 매장한 일도 있었다. 대안으로 중세 카이로의 에스라 시나고그에서 그랬듯이 땅 위에서 보관하기도 한다. 이 경우 게니자(보관소 또는 은신처라는 뜻)라 불리는 큰 다락방을 별도로 마련했다. 이 다락방에서 책들이 잘 보존된다는 것을 확신한 중세 이집트 유대인들은 그곳에 다른 중요한 문서들도 보관하기 시작했다. 얼마 지나지 않아 카이로 게니자는 사적 · 사업적 기록 및 서신, 역사 문헌, 아주 다양한 종교 문헌 등을 보관했다.

수백 년 동안 그 누구도 카이로 게니자에 보관된 것들을 만지거나 뒤적이지 않았다. 카이로 유대인들 사이에는 카이로 게니자에 보관된 신성한 문헌들을 만지는 사람은 누구라도 저주를 받을 것이라는 미신이 떠돌았다(아마 투탕카멘Tutankhamen의 무덤을 여는 사람에게 저주가 내릴 것이라는 믿음과 유사한 믿음이었을 것이다). 그런데 카이로 게니자를 방해하지 않게 한 것은 미신뿐만이 아니었다. 그 다락방은 좀처럼 접근할 수 없는 것이었다. 문도 창문도 없는 카이로 게니자에 들어갈 수 있는 유일한 방법은 사다리를 타고 다락방 벽에 난 큰 구멍으로 들어가는 길뿐이었다.

1896년에 마침내 카이로 게니자가 공개되었고, 곧바로 위대한 유대학자 솔로몬 셰크터Solomon Schechter가 카이로 게니자에 보관된 것들을 조사했다. 그의 감독 아래 약 10만 쪽에 달하는 카이로 게니자 문헌들이 셰크터가 여러 해 동안 교수로 있었던 영국 캠브리지 대학으로 옮겨졌다. 그로부터 1세기 후 이 컬렉션 연구를 감독하기 위해 또 다른 종신

학자가 고용되었다.

카이로 게니자의 문헌 25만 건이 발견된 이래 그 문헌들은 유대 문물의 보물 중 하나로 인정받아왔다. 카이로 게니자의 문헌 중 가장 유명한 발견은 아마 이전엔 그리스 번역판으로만 알려진, 구약 외전 중 하나인 집회서의 히브리어 원서일 것이다. 하지만 그보다 더 의미심장한 발견은 모하메드 시대부터 1차 십자군 전쟁 시기까지 이집트와 이스라엘에 거주한 유대인들의 역사에 대한 수많은 문헌이다. 그 전에는 이 시기에 대해 알려진 바가 전혀 없었기 때문이다. 카라이트의 역사에 대한 문헌 또한 다수가 발견되었다. 카이로 게니자의 문헌들을 연구하는 데 50년을 바친 위대한 학자 슈로모 도브 고이텐은 그동안의 연구를 바탕으로 《지중해 사회A Mediterranean Society》라는 제목의 총 5권짜리 책을 출간했다. 고이텐은 이 책에서 중세 아랍 세계 유대인들의 종교적 · 지적 · 사회적 생활상을 놀랍도록 자세히 묘사했다.[3]

■■■ 87

유대인의 황금시대

10세기에서 12세기까지는 스페인 유대인의 황금시대로 알려

3 고이텐 《지중해 사회: 카이로 게니자의 문헌들이 말하는 아랍 세계의 유대 공동체A Mediterranean Society: The Jewish Communities of the Arab World as Portrayed in the Documents of the Cairo Geniza》(총 5권)

져 있는데, 유대 역사에서 이 시기는 종종 현재 미국 유대인의 황금시대와 가장 닮은 시기로 간주된다. 이 3세기 동안 많은 유대인들이 왕정의 고위 직책에 올랐고, 유대인의 종교생활과 문화생활도 번성했다.

황금시대의 대부분 동안 스페인은 아주 관대한 일련의 이슬람교 리더들의 통치를 받았다(이 시기는 스페인이 기독교도들에게 재정복되기 이전의 시기이다. 이슬람교도들의 통치는 711년에 시작해 스페인을 부분적으로 통치하던 1492년까지 지속되었다.). 10세기의 두드러진 유대인인 하스다이 이븐 샤프루트Hasdai ibn Shaprut는 이 시기에 유대인이 어느 정도로 성공할 수 있었는지를 보여주는 좋은 본보기이다. 하스다이는 두 명의 칼리프의 주치의이자 정치 고문으로 일하며 수많은 정치적 임무에서 왕정을 대표했다. 그는 스페인에서 가장 영향력 있는 인물 중 한 명으로 널리 인정받았다. 뼛속까지 유대인이었던 하스다이는 자신의 권력과 영향력을 이용해 유대 학자들 및 학교들을 후원하는 데 매우 적극적이었다.

그는 하자르Khazars의 마지막 유대 지도자 중 한 명인 요셉 왕에게 보낸 감동적인 서신으로 특히 잘 기억된다. 당시 세계에서 유일했던 유대인 군주에게 보낸 서한에서 그는 그와 그의 동포들의 정치적 독립에 대한 염원을 감동적으로 표현했다. 요셉 왕은 하스다이 서한의 논리와 호소력에 감동받아 그에게 자신의 왕정을 위해 일해줄 것을 요청했다. 하스다이가 그렇게 했는지는 논란의 여지가 있을 뿐만 아니라 그리 중요한 문제도 아니다. 그로부터 몇 해 후 러시아가 하자르를 정복해 유일한 유대 왕국도 붕괴했다.

황금시대에 몇몇 위대한 유대 시인과 철학자들이 번영했는데, 그중 가장 유명한 인물이 시인이자 철학자인 유다 할레비Judah Halevi였다. 할

레비 시대 반세기 이전의 시인이자 철학자인 솔로몬 이븐 가비롤Solomon ibn Gabirol의 글들은 중세의 유대교 세계뿐만 아니라 기독교 세계에도 깊은 영향을 주었다. 그는 철학적 · 시적 재능뿐만 아니라 예리한 심리학적 안테나도 지니고 있었다. 그는 자신의 저서 《주옥같은 지혜Pearls of Wisdom》에서 이렇게 물었다.

"당신은 누가 당신의 친구이고 누가 당신의 적인지 알겠는가? 당신 자신의 마음을 주목하라."

그는 이 책의 다른 곳에서 이렇게 기술하기도 했다.

"나의 친구는 개인적으로 나의 잘못들을 말해주는 사람이다."

황금시대의 또 다른 유대 사상가 바크야 이븐 파쿠다Bakhya ibn Pakuda는 유대교의 윤리 신학을 체계적으로 정리한 《마음의 의무Duties of the Heart》를 썼는데, 지금도 전 세계 예시바에서 이 책을 공부하고 있다. 바크야는 이 책의 서문에서 그에게 가르침을 주었던 수피 이슬람교도들을 하시디즘(경건함)을 따르는 사람들이라고까지 추켜세웠는데, 이것은 당시 유대인들과 그들 이웃들 간의 관계가 일반적으로 원만했음을 암시한다. 하지만 우리가 만날 수 있는 중세 유대인의 글들 중에 비유대인 스승에 대해 이토록 애정을 담아 쓴 글은 많지 않다. 황금시대 말기에 두각을 나타낸 인물로 성경학자 아브라함 이븐 에스라를 꼽을 수 있는데, 독실한 유대교도들은 지금도 토라에 대한 그의 주석을 공부하고 있다.

하지만 황금시대에도 유대인에 대한 재앙이 없지는 않았다. 1066년, 그라나다 왕의 다소 거만한 고관이었던 요셉 이븐 나그델라Joseph ibn Nagdela에게 반유대주의적 감정이 폭발했다. 요셉의 적들은 그가 그라나다 왕국을 배신하고 적국의 도움을 받아 왕이 되려는 음모를 꾸미고 있다는 거짓 소문을 퍼뜨렸다. 이에 왕궁에 있던 요셉의 거처가 공격당했다. 요셉은 얼굴을 목탄으로 검게 칠하고 목탄 창고에 숨어 있었지만 허사였다. 결국 그는 살해당해 십자가에 매달렸다. 그 후, 그라나다는 엄청난 유대인 집단 학살을 감행했다. 이 집단 학살로 약 4천 명의 유대인이 목숨을 잃었다. 그럼에도 불구하고 스페인의 나머지 지역의 유대인들은 또 다른 1세기 동안 번영을 누렸다.

스페인 유대인들의 황금시대가 끝났을 때 그것은 시간을 두고 훌쩍거리는 슬픔이 아니라 순식간에 밀려오는 충격이었다. 12세기에 북아프리카를 정복한 이슬람 왕 알모하드는 스페인까지 통치하게 되었고, 번영과 성공의 세월을 누리던 유대 공동체는 갑자기 받아들이기 쉽지 않은 세 가지 선택 사항에 직면해야 했다. 즉 그들은 이슬람교로 개종하든가 추방당하든가 죽든가 셋 중 하나를 선택해야 하는 처지에 놓이게 되었다. 그 후, 스페인 유대인의 상황이 조금 개선되긴 했지만, 1492년에 스페인 유대인들의 추방으로 정점을 찍은 과정은 이미 시작되었다.[4]

4 맥스 마골리스Max Margolis, 알렉산더 마르크스 《유대 민족의 역사A History of the Jewish People》 308-333쪽. 사람들이 하스다이 이븐 샤프루트가 권력의 단맛을 보았다고 믿는 데는 그만한 이유가 있었다. 현존하는 그의 또 다른 서신은 그가 하자르 왕에게 보낸 서신에 비해 의식을 고양시키는 힘이 훨씬 부족했다. 메나헴 이븐 세루크Menahem ibn Seruq는 한때 하스다이를 위해 일했던 시인이었는데, 실제로 하스다이가 하자르 왕에게 보낸 서신의 초고를 썼다. 두 사람은 관계가 틀어져 결별했고, 후에 세루크는 하스다이에게 불만을 토로하는 서신을 보냈다. "신성한 안식일에 그들은 당신이 보는 앞에서 저의 예복을 벗기고 제 머리카락을 잡아당기며 저를 때렸습니다. …… 그리고 축제일에 …… 당신은 저의 집을 부수라는 명령을 내리셨죠." 하스다이의 대답은 퉁명스럽고 오만했다. "만일 네가 잘못을 저질렀다면 …… 나는 이미 네게 응분의 벌을 주었다. 그리고 만일 네가 잘못을 저지르지 않았다면 나는 이미 너를 영원한 삶으로 인도했다." 세루크는 물러나길 거부했다. 그는 스페인의 유대인 리더를 꾸짖는 용기를 발휘했다. "당신이 '만일 네가 잘못을 저질렀다면, 그리고 만일 네가 잘못을 저지르지 않았다면'이라고 말

■■■ 88

개종과 죽음 중에 하나를 선택해야 하는 운명

알모하드 왕조는 유대교도와 기독교도로 하여금 이슬람교로의 개종과 죽음 중에(가끔 세 번째 옵션으로 '추방'을 추가하는 자비를 베풀기도 했다.) 하나를 선택하게 한 강하고 광신적인 이슬람 왕조였다. 그들이 12세기 모로코와 스페인에 갑자기 출현한 것은 이슬람 세계에서 유대인의 삶이 급격히 쇠락하는 시발점이 되었다.

알모하드 왕조가 지배력을 행사하기 이전에는 모든 이슬람교도가 유대교도와 기독교도를 '성경의 사람들'로 여겼다. 즉 유대교와 기독교 모두 일신교라는 이유로 용인되었던 것이다. '성경의 사람들'이 공적으로나 사적으로 딤미로 살아가는 굴욕적인 삶을 받아들이는 한 이슬람교도들은 그들의 살 권리를 보장했다.

하지만 알모하드 왕조는 이러한 용인을 폐지하기 위해 종교적인 이유를 만들어냈다. 그들의 리더들은 모하메드의 옛 가르침을 따르는 것이라고 주장했다. 이 가르침에 따르면 이슬람교도가 유대교도를 용인하는 것은 모하메드 시대로부터 5백 년 후에 끝난다는 것이었다. 그때까지 유대교의 메시아가 모습을 드러내지 않으면 유대인들은 그들의

했을 때 '만일'을 근거로 판단을 하시는 것이 적절하다고 생각하십니까? …… 당신과 저는 같은 것으로 만들어졌습니다. 저를 만드신 창조주는 당신을 만드신 창조주이시기도 합니다. …… 비록 지금은 정의가 구현되고 있지 않지만 저는 당신이 무력에 의지할 수 없는 심판의 날을 기다릴 것입니다." 세루크와 하스다이가 주고받은 서신은 H.H. 벤-사손이 엮은 《유대 민족의 역사》 452-453쪽에서 인용했다.

종교를 버리고 이슬람교로 개종해야 한다는 것이었다.

1146년, 북아프리카에 알모하드 제국을 건설한 압드 알-무민Abd al-Mu'min은 모로코의 수도 페즈Fez에 사는 유대인들로 하여금 이슬람교와 칼 중에 하나를 선택하게 했다. 그 후 얼마 지나지 않아 페즈에 살고 있던 거의 모든 유대인이 살해되었다. 이슬람교로의 개종을 선택한 극소수의 유대인은 끊임없는 감시를 받으며 살았는데, 그중 유대교 의식을 지키다 붙잡힌 사람들은 가차 없이 처형되었다.

알모하드의 위협으로 수만 명의 유대인이 더 나은 환경에서 살기 위해 스페인과 모로코로 도망쳤다. 알모하드의 박해의 희생자들 중 가장 유명한 사람은 모세 마이모니데스였다. 그는 가족과 함께 스페인에서 모로코를 거쳐 이집트로 피신했다. 이슬람 세계의 통치를 받은 유대인들의 역사에 정통한 위대한 역사학자 슐로모 도브 고이텐은 알모하드 왕조가 유대인들을 지배한 세기를 한 문장으로 요약했다.

"15세기 '스페인 종교재판Spanish Inquisition'의 모든 참상은 알모하드가 통치하던 시기에 이미 예견되었다."

■ ■ ■ 89

위대한 사상가 마이모니데스

"마이모니데스가 한 남자의 이름이라는 것을 모르는 사람은 마이모니데스가 우주의 이름이라고 생각할 것이다."라고 아브라함 조슈아 헤셸이 썼다. 12세기의 이 유대 현자의 글과 업적은 불가능해 보일 정도로 많은 분야를 넘나들었다. 마이모니데스는 《미슈나 토라》라는 유대 율법을 체계적으로 정리한 율법서를 쓴 최초의 인물이고, 《혼란으로의 안내The Guide to the Perplexed》라는 책을 출간해 유대교에 대한 탁월한 철학적 해석을 제시했으며, 미슈나 전체의 주해서를 집필했고, 이집트 술탄의 주치의로 일했으며, 수많은 의학 서적을 쓰고, '여가 시간'에는 카이로 유대 공동체의 지도자로 일했다. 《혼란으로의 안내》(아랍어로 썼다.)의 히브리어 번역가 슈무엘 이븐 티본Shmuel ibn Tibbon이 번역에 있어 몇 가지 어려운 문제를 논의하기 위해 방문하고 싶다는 내용의 서신을 마이모니데스에게 보냈을 때 마이모니데스가 티본의 방문을 꺼렸던 것도 전혀 놀라운 일이 아니다.

> 저는 포스타트에 머물고 있고, 술탄은 카이로(포스타트와 약 1마일 반 거리)에 거주하고 있습니다. …… 술탄에 대한 저의 의무는 아주 무겁습니다. 저는 매일 아침 일찍 술탄을 방문할 의무가 있고, 술탄이나 그의 자녀 중 한 명이나 하렘에 기거하는 그의 아내들 중 한 명이 몸이 좋지 않으면 저는 감히 카이로를 떠나지 못하고 왕실에서 더 많은 시간을 머물러 있어야 합니다. 두 명의 왕실 고관 중 한 명이 아픈 일도 종종 일어납니다. 그러면 저는 그들도 치료해야 합니다. 그래서 일반적으로 저는 아주 이른 시간에 카이로로 가고, 특별한 일이 일어나지 않더라도 오후가 되어서야 포스타트로 돌아옵니다. 그러면 저는 허기가 져서 거의 죽을 지경이 됩니다. …… 저는 유대인과 이교도, 귀족과 평민, 재판관과 집행관, 친구와 적 등 제가 돌아올 시간만을 기다리는 모든 부류의 사람들이 대

기실을 메운 것을 보게 됩니다.

저는 제 짐승에서 내려 손을 씻고 환자들에게 가서 잠시 숨 돌릴 시간을 좀 달라고 양해를 구합니다. 그리고는 하루 중 유일한 식사를 합니다. 식사를 마치면 환자를 돌보러 가서 그들의 다양한 질병에 따라 처방전과 치료법을 적습니다. 환자들은 해질녘까지 드나드는데, 가끔 그 후 2시간 이상 연장되기도 한다는 것을 당신께 확실히 말씀드릴 수 있습니다. 저는 너무 피곤해 누워 있는 동안에도 환자들과 대화를 하고 처방을 합니다. 밤이 되면 너무도 피곤해 말하기도 힘듭니다.

그래서 속죄일을 제외하고는 어떠한 이스라엘 사람도 저와 개인적인 대화를 나누지 못합니다. 속죄일에는 모든 신도나 대다수의 신도가 아침 예배를 끝내고 저를 찾아옵니다. 그러면 저는 그들에게 한 주 동안 공부할 것을 일러준 다음 그들과 함께 정오까지 약간의 공부를 합니다. 그들 중 일부는 오후 예배를 마치고 다시 제게 와서 저녁 기도 시간까지 함께 책을 읽습니다. 저는 이런 식으로 하루를 보냅니다.

마이모니데스의 완전한 이름은 모세 벤 마이몬Moses ben Maimon이고, 히브리인들 사이에서는 랍비 모세 벤 마이몬의 두문자어인 람밤Rambam으로 알려져 있다. 그는 광적인 이슬람 왕 알모하드 왕이 스페인을 점령하기 직전에 그곳에서 태어났다. 유대인들과 기독교인들로 하여금 이슬람교로의 개종과 죽음 중에 하나를 선택하게 한 알모하드 왕조의 종교적 박해를 피하기 위해 마이모니데스는 가족과 함께 처음에는 모로코로, 후에는 이스라엘로, 마지막에는 이집트로 피신했다. 그는 계속 공부하고 싶었던 것으로 보인다. 하지만 보석상인 그의 형 다윗이 집안 재산 대부분과 함께 인도양에서 사라지자 마이모니데스는 돈을 벌 수밖에 없는 상황에 처하게 되었다. 그가 의사로 일하기 시작한 것이 아마 그때부터였을 것이다.

유대인들의 삶에 기여한 마이모니데스의 가장 큰 공헌은 유대 율법을 정리한 그의 율법서 《미슈나 토라》로 남아있다. 그가 이 율법서를 저술한 의도는 유대인들로 하여금 엄청난 양의 탈무드를 뒤적일 필요 없이 토라와 그의 율법서만을 읽고도 모든 상황에서 어떻게 행동해야 하는지를 알 수 있게 하기 위함이었다. 말할 필요도 없이 이 도발적인 발상은 사람들이 마이모니데스의 율법서에만 의지하고 더 이상 탈무드를 공부하지 않는 상황을 우려한 전통적인 유대인들의 반감을 샀다. 그러나 가끔 있는 강력한 반대에도 불구하고 《미슈나 토라》는 유대인의 생활에 일반적인 지침이 되었다. 《미슈나 토라》는 후에 《슐칸 아루크》(지금도 여전히 정통파 유대인들 사이에서 그 권위를 인정받고 있다.)라는 16세기 유대 율법서의 본보기 역할을 하기도 했다.

철학적으로, 마이모니데스는 종교적인 이성주의자였다. 마이모니데스는 자신이 미개하다고 여기는 생각들을 갖고 있는 사람들을 비판하며 공격했는데, 이에 격노한 그의 반대파는 그의 율법서 일부와 《혼란으로의 안내》 전체를 금지했고, 조금 더 진보적인 다른 사람들은 아이들에게 국한해 《혼란으로의 안내》만을 금지했다. 이러한 랍비들은 유대인이 《혼란으로의 안내》에서 종교에 대한 이성주의자들의 공격을 요약한 부분만을 읽고 마이모니데스가 이에 대한 반론을 펼치는 부분을 읽기 전에 잠들어 이단자로 밤을 보내게 될 것을 두려워했다는 옛 유머가 있다.

하지만 마이모니데스의 적수들이 그의 저서들에 반응한 방식은 결코 유머가 아니었다. 세 명의 프랑스 주요 랍비는 '프랑스 종교재판'을 주도한 도미니크회 수사들에게 마이모니데스의 저서들을 고발했다. 이에 종교재판관들은 이 사건에 기꺼이 개입해 마이모니데스의 책들을 불태웠다. 그로부터 8년 후, 도미니크회 수사들이 탈무드를 불태우기 시작했을 때 이 사건에 연루된 랍비 중 한 명인 랍비 요나 게론디Jonah Grondi는 마이모니데스를 부당하게 비난한 것에 대해 하나님이 프랑스 유대인들을 벌하시고 있다고 결론짓고, 마이모니데스에게 용서를 구하기 위해 이스라엘의 도시 티베리아스에 있는 그의 무덤을 찾기로 마음먹었다.

물론 유대 세계 대부분에 걸쳐 마이모니데스는 영웅으로 남아있었다. 그가 죽었을 때 이집트 유대인들은 삼일장을 치렀고, "하나님의 궤가 빼앗겼습니다(사무엘상 4:11)."라는 성경 구절을 인용하며 그의 죽음을 애도했다.

오늘날까지 가장 널리 학습되는 유대인 학자는 마이모니데스와 프랑스 유대인 현자 라쉬Rashi이다. 오늘날의 예시바 학생들은 일반적으로 《미슈나 토라》와 토라의 613 계율을 정리한 마이모니데스의 또 다른 저서 《계명의 책Book of Commandments》을 집중적으로 공부한다. 마이모니데스는 또한 믿음에 대한 13편의 글을 통해 유대교의 신조를 명확히 표명하기도 했는데, 이를 다시 작업한 유명한 기도문(이그달Yigdal 기도문)은 유대 기도서 대다수에 등장한다. 이 신조는 다른 무엇보다 하나님은 유일신이시고, 토라는 하나님의 말씀이며, 사후세계는 존재한다는 믿음을 공고히 한다. 유대인들이 나치의 가스실로 걸어가면서 한 마지막 말 중에는 "저는 메시아가 오시리라는 것을 온 마음으로 믿습니다. 설령 메시아가 지체하시더라도 저는 여전히 그분을 기다립니다."라는 믿음에 대한 마이모니데스의 12번째 진술도 있었다.

마이모니데스는 비유대인 세계에도 영향을 준 가르침을 편 몇 안 되는 유대인 사상가 중 한 명이기도 했다. 《혼란으로의 안내》에서 만날 수 있는 그의 철학적 글들의 많은 부분은 유대인들에게만 국한되지 않은 하나님 및 다른 일반적인 신학적 쟁점을 다루었다. 토마스 아퀴나스는 그의 글에서 '랍비 모세'를 언급하면서 《혼란으로의 안내》에 대해 잘 알고 있음을 드러냈다. 1985년, 마이모니데스 탄생 850주년을 맞아 파리에서 마이모니데스를 주제로 개최한 유네스코 컨퍼런스의 후원국 중에는 이스라엘을 국가로 인정하는 않는 파키스탄과 쿠바도 있었다. 구소련의 학자인 비탈리 나움킨Vitali Naumkin은 이 사건에 대해 다음과 같이 피력했다.

"마이모니데스는 아마 그리스 · 로마 문화와 아랍 문화, 유대 문화, 서양 문화, 이 네 가지 문화의 합류점을 상징하는 중세의(심지어 지금까지도) 유일한 철학자일 것이다."

이보다 더 놀라운 사실은 쿠웨이트 대학의 이슬람교 학과 교수인 아브데라마네 바다위Abderrahmane Badawi가 "나는 마이모니데스가 최초이자 최고의 아랍 사상가라고 생각한다."고 선언했다는 것이다. 사우디아라비아 교수 후세인 아타이Huseyin Atay도 "마이모니데스가 유대인이라는 것을 모르는 사람은 그의 글을 읽고 그를 이슬람교도라고 오인하는 실수를 쉽게 범할 것이다."라는 말을 통해 이러한 정서를 드러냈다. 아마 마이모니데스 학자인 슈로모 피네스가 파리 컨퍼런스에서 가장 정확한 평가를 했을 것이다.

"마이모니데스는 중세에 가장 영향력 있는 유대 사상가임에 틀림없다. 그리고 모든 시대를 통틀어 가장 영향력 있는 유대 사상가일 수도 있다.(1985년 12월 23일자《타임》지)"

중세의 유명한 유대 표현 역시 "모세(토라의 모세)에서 모세(마이모니데스)까지 모세와 같은 인물은 없었다."라고 말하고 있다.

■■■ 90

아내가 원치 않는 이혼의 금지

10세기에 독일에서 활동한 랍비 게르숌Gershom은 유대 율법에서 여성의 지위를 크게 격상시키고 다른 영역에서 유대 윤리를 변모시킨 공을 인정받고 있다. 그가 제정한 세 가지 가장 유명한 법령은 일부다처제를 금하고, 아내가 원치 않는 이혼을 금하며, 다른 사람의 편지를 읽는 것을 금한다.

두 명 이상의 아내를 취하는 것을 금하는 법령은 비록 일부다처제가 유대인들 사이에서 최소 천 년 동안 널리 실행되었음에도 이들 법령 중 가장 잘 알려져 있는 것이다. 우리가 아는 한 탈무드에 등장하는 천 5백 명 이상의 랍비 중 두 명 이상의 아내를 취한 랍비는 없다. 그럼에도 그 전까지 복수 혼인은 법으로 금지된 적이 한 번도 없었으며 그 법령이 공표된 당시에도 가끔 이루어지고 있었다.

일부일처제를 따르는 이웃 기독교인들에 비해 유대인들이 윤리적으로 열등하다고 여겨졌기 때문에 랍비 게르숌은 일부다처제를 하나님의 이름을 더럽히는 것으로 보았다. 랍비 게르숌은 토라 율법이 일부다처제를 허용했음에도 토라 속 이야기는 일부다처제를 반대했다는 기이한 사실에도 영향을 받았을지 모른다. 실제로 성경에 묘사된 일부다처의 관계는 모두가 상당히 불행하다. 예를 들면, 사라 자신이 아브라함에게 하갈을 첩으로 삼을 것을 권했지만 후에 두 여성은 서로를 증오하는 사이가 되었다. 그로부터 두 세대 이후, 야곱은 자매인 레아와 라헬과 결혼했다. 이 일부다처의 혼인으로 야기된 불행은 다음 세대로까지 이어졌다. 레아의 아들들이 라헬의 맏아들 요셉을 증오했기 때문이다. 그로부터 한참 후에 성경은 솔로몬 왕이 여러 명의 아내를 취한 것을 못마땅하게 묘사했다. 그들이 이스라엘에 우상을 소개했기 때문이었다. 따라서 성경은 일부다처를 허용했음에도 일부일처제를 확실히 선호했던 것으로 보인다. 토라는 창세기에서 "그러므로 남자가 자기 아버지와 어머니를 떠나 그 아내와 결합해 한 몸을 이루게 되는 것입니다(2:24)."라고 가르친다. 토라가 일부일처제를 선호한다는 가장 확실한 증거는 하나님이 태초에 창조하신 인간이 아담과 이브였지, 아담과 이브와 조안이 아니었다는 것이다.

유럽 유대인들과는 달리 복수의 아내를 취하는 것이 높은 신분의 상징이었던 이슬람 세계에 살던 유대인들은 일부다처제에 대해 전혀 반감을 갖지 않았기에 랍비 게르숌의 일부다처제 금지 법령을 따르지 않았다. 1948년에 이스라엘이 건설되었을 때 아랍 세계(특히 예멘)에서 이스라엘로 이민 온 일부 유대인들은 두 명 이상의 아내를 데리고 왔다.

이에 정부는 이미 이루어진 이러한 혼인은 법으로 인정했지만 새로운 복수 혼인은 금했다. 따라서 오늘날 유대 국가 및 전 세계 유대 공동체에서는 일부다처제 금지령이 무리 없이 받아들여진다.

아내가 원치 않는 이혼을 금한다는 랍비 게르숌의 법령은 오래 지속된 부당한 유대 법령을 바로 잡았다. 성경 및 탈무드 율법을 따르면 남편은 어떠한 이유에서라도 아내의 뜻과 상관없이 이혼할 수 있었다. 그래서 랍비들은 무거운 위자료를 부과함으로써 이러한 이혼을 막아보려고 애썼지만 그것이 생각만큼 큰 저지력을 발휘하진 못했다. 그러나 랍비 게르숌의 법령이 시행된 이후로 양측은 합의를 해야만 이혼이 이루어지게 되었다.

다른 사람의 편지를 읽는 것을 금하는 법령은 편지가 정부 기관을 통해 배달되지 않고 사적인 전달자를 통해 배달되던 시대에는 특히 중요했다. 이 법령을 재정한 이유는 자명해 보임에도 불구하고 랍비 게르숌이 이 법령이 필요하다고 생각한 데는 나름의 타당한 이유가 있었다. 심지어 오늘날에조차 많은 사람들이 편지를 개인 소유물처럼 확실한 개인 자산이라고 여기지 않는 경향이 있다. 그들은 허락을 받지 않고 다른 사람의 차를 빌리는 것보다 허락을 받지 않고 다른 사람의 편지를 읽는 것에 양심의 가책을 덜 받는다. 하지만 유대 율법의 관점에선 두 행동이 똑같이 엄격하게 금지된다. 나는 이스라엘에 살 때 편지를 받는 당사자가 아니면 편지를 읽는 것을 금한다는 10세기 법령을 상기시켜주는 "타카나트 라베누 게르숌Takkanat Rabbenu Gershom(랍비 게르숌의 법령)"이라는 문구가 편지 봉투 날개에 적혀 있는 것을 보곤 했다.

랍비 게르숌의 네 번째 법령에는 특별한 예리함이 있다. 이 법령은 유대인 공동체로 돌아온 유대인 변절자에게 그가 범한 죄를 상기시키는 것을 금한다. 랍비 게르숌에게는 강제로 기독교로 개종당해 회개하기 전에 죽은 아들 하나가 있었다. 그럼에도 불구하고 랍비 게르숌은 유대 율법들을 따라 아들의 장례식을 치렀다.

랍비 게르숌이 제정한 법령의 포괄적이고 인도주의적인 특징 덕분에 그는 그의 히브리어 이름에 거의 항상 따라다니는 '메오르 하-골라 Me'or ha-Golah(유배 중인 유대인들에게 빛을 선사한)'라는 칭호를 얻었다.

■■■ 91

유대교의 가장 위대한 스승 라쉬

마이모니데스가 중세 유대교의 가장 위대한 철학자이자 지성인으로 평가받는다면, 라쉬는 유대교의 가장 위대한 스승으로 평가받는다. 약 9백 년 전 그가 죽은 이래로 유대교의 가장 중요한 두 책인 토라와 탈무드를 공부한 유대인들은 거의 항상 라쉬 주석의 도움을 받았다. 6세기 이후에 출간된 많은 부수의 탈무드 중에서 이 프랑스 현자의 주석 없이 출간된 것은 거의 없다. 실제로 라쉬가 탈무드의 난해한 아람 말들을 설명하고 탈무드의 복잡하고 종종 혼란스러운 논리 형태를 풀어가며 학생들을 인도하는 탈무드 주석을 달지 않았다면 탈무드는 크게 빛을 발하지 못했을 수도 있다.

유대 스승 중 가장 위대한 스승인 라쉬는 1040년에 프랑스 트루아

Troyes에서 태어났다. 라쉬는 그의 완전한 이름 랍비 슈로모 벤 이삭Rabbi Shlomo ben Issac의 두문자어이다. 그의 일생 동안 트루아에는 백 명 남짓한 유대인들만이 살았다. 작은 유대인 공동체에 사는 현대 유대인들이 대개 자신의 자녀에게 양질의 유대 교육을 시킬 수 없음을 안타까워한다는 점을 고려하면 그토록 위대한 학자가 그렇게 작은 마을에 살았다는 사실은 꽤나 놀라워 보인다.

젊었을 때 라쉬는 랍비 게르숌이 설립한, 마인츠Mainz에 위치한 예시바에서 몇 해를 보냈고, 25세가 되었을 무렵에는 트루아로 돌아와 자신의 유대 학교를 열었다. 그런데 라쉬는 자신의 학교에서 봉급을 받기를 거부하고, 자신이 소유한 몇 개의 포도밭에서 얻는 수입으로만 생계를 꾸리길 고집했다. 그가 쓴 편지 한 통에서 그와 그의 가족이 포도를 수확하느라 바빠 답장이 늦은 것을 사과한 것으로 보아 그는 가끔 포도밭 일로 바빴던 것으로 보인다. 하지만 평상시에 그는 포도밭 일에 많은 시간을 할애하지 않았고, 주석을 다는 일에 충분한 시간을 할애한 것으로 보인다. 프랑스와 독일을 쓸어버린, 반유대주의를 표명한 십자군은 그의 말년도 엉망으로 만들어놓았다. 비록 트루아는 십자군 전쟁의 직접적인 피해를 받지 않았지만 유럽의 다른 지역은 십자군 전쟁으로 엄청난 피해를 입었다. 그 전쟁으로 수천 명의 유대인들이 죽었고, 수천 명의 유대인들이 크게 다쳤으며, 수천 명의 유대인들이 도탄에 빠졌다. 이에 덧붙여 목숨을 부지하려고 기독교로 개종했다가 후에 다시 유대교로 돌아오길 원했던 유대인들도 많았다. 라쉬는 관대하고 수용적인 태도로 그들을 대하라고 가르쳤다.

"우리에게 다시 돌아온 사람들을 외면하지 않도록 주의하자. ……

그들은 단지 죽는 것이 두려워 기독교로 개종했을 뿐이고, 위험이 사라지자마자 서둘러 원래의 믿음으로 돌아왔다."

그의 주석의 가장 큰 특징은 간결함과 명료함이다. 그는 자신의 주석을 보다 정확하고 간결하게 만들기 위해 반복적인 수정 작업을 마다하지 않았다. 한번은 그가 어느 탈무드 구절에 장황한 주석을 단 것에 대해 그의 손자 랍비 사무엘을 나무랐다고 한다.

"네가 이런 식으로 탈무드 전체에 주석을 단다면 네 주해서는 마차만큼 무거울 거다."

라쉬의 문체는 오늘날까지 유대인들의 글쓰기에 영향을 주고 있다. 위대한 유대 시인 하임 나만 비아리크Hayyim Nahman Bialik는 슈무엘 요세프 아그논Shmuel Yosef Agnon이 1966년에 노벨 문학상 수상 소감을 말할 때 했던 말과 똑같은 말을 했다. 그들은 라쉬가 자신에게 큰 영감을 주었다고 말했던 것이다.

라쉬는 문자 그대로의 뜻과 설교적인 뜻 둘 모두를 토대로 토라를 설명한다. 그리고 이 둘은 종종 한 가지 설명으로 결합된다. 예를 들어, 창세기 25장 21절 "이삭은 자기 아내가 임신하지 못해서 그녀를 위해 여호와께 간구했습니다. 그러자 여호와께서 그의 간구를 들어주셔서 그의 아내 리브가가 임신하게 됐습니다."에서 라쉬는 먼저 "'간구하다'는 '진심으로 많은 시간을 기도하다'라는 뜻인데, 여러 성경 인용문이 이를 뒷받침한다."고 설명한다. 그런 다음 그는 히브리어 성경에 등장하는 특이한 표현인 '레-노카크 이슈토le-nokhach ishto'에 주목한다. 대개 '그녀를 위해 간구했습니다.'로 번역되는 이 히브리어 문구의 문자 그대로의 뜻은 '아내의 다른 편에서'인데, 이는 탈무드가 "이삭은 한쪽 모퉁이에서 기도했고, 리브가는 다른 한쪽 모퉁이에서 기도했다." 라고 기술한 토대가 되었다. 라쉬는 독자에게 토라 구절의 문자 그대로의 의미만을 설명하는 데 그치지 않고 이삭과 리브가가 기도한 방의 시각적인 묘사까지 제시했던 것이다. 후에 불임으로 고통 받는 여러 유대인 부부가 라쉬의 설명에 따라 남편은 방의 한쪽 모퉁이에, 아내는 다른 한쪽 모퉁이에 자리 잡고 기도했으리라고 우리는 충분히 짐작할 수 있다.

라쉬가 그의 토라 주석에서 탈무드와 미드라시의 전설을 즐겨 인용한 것은 후에 성경 주석가인 아브라함 이븐 에스라의 날카로운 공격을 받았다.

"라쉬의 주석에서 이성적인 설명은 천 개 중 하나도 되지 않는다."

물론 에스라의 이러한 주장은 터무니없는 과장이다. 비록 "라쉬가 말년에 자신에게 시간이 더 많았더라면 텍스트의 문자 그대로의 의미에 더 충실하게 자신의 주석을 다시 썼을 것"이라고 그의 손자 랍비 사무엘에게 고백한 사실이 있긴 하지만 말이다.

토라의 첫 구절 "하나님께서 태초에 하늘과 땅을 창조하셨습니다." 에 대한 라쉬의 주석은 현재 아랍과 이스라엘의 분쟁을 마음에 두고 쓴 것처럼 들린다. 그는 이렇게 기술한다.

"엄격히 말해, 토라는 유대인들에게 주어진 첫 번째 계명인 '이 달이 너희에게 첫 달, 곧 한 해의 첫 달이 될 것이다(출애굽기 12:2).'로 시작했어야 했다. 그렇다면 토라는 왜 천지창조에 대한 설명으로 시작했을까? 이는 창조주 하나님이 온 세상을 소유하신다는 것을 보여주기 위함이었다. 따라서 세상 사람들이 이스라엘 사람들에게 '당신들은 가나안 사람들의 일곱 개 국가의 영토를 점령한 강도들이오.'라고 말하면 이스라엘 사람들은 이렇게 대답할 수 있다. '지상의 모든 것은 하나님의 소유이십니다. 하나님이 모든 것을 창조셨기에 하나님은 당신이 원하시는 누구에게라도 그것을 주실 수 있습니다.'"

창세기 6장 9절 "노아는 의로운 사람으로 당대에 완전한 사람이었으며 하나님과 동행하는 사람이었습니다."에 대한 라쉬의 주석은 노아의 인품에 대한 랍비들의 유명한 논쟁에서 양측이 주장한 것을 모두 전한다.

"일부 현자는 이 구절을 노아에게 우호적인 입장으로 해석한다. 즉 그런 사악한 사람들 사이에서도 그렇게 의롭게 산 노아가 만일 의로운 사람들 사이에서 살았다면 얼마나 더 의로웠겠는가!, 라는 견해를 피력한 것이다. 하지만 또 다른 일부 현자는 그에 대한 존경심을 떨어뜨리는 방향으로 이 구절을 해석한다. 즉 이 구절은 노아가 그의 시대의 잣대로는 의로운 사람이었지만 아브라함 시대의 잣대로는 보잘것없는 사람이었을 뿐이라는 것을 암시한다는 것이다."

라쉬의 토라 주석은 일주일 토라 분량을 그의 주석과 함께 공부하는 것이 유대인들의 의무가 될 정도로 널리 인정받았다. 1475년에 라쉬의 주석이 처음으로 히브리어로 된 책으로 출간되었는데, 당시는 심지어 토라도 출간되지 않았을 때였다. 필립 비른바움Philip Birnbaum 박사가 기술했듯이 "라쉬의 주석과 함께 하는 토라 공부는 여러 세대에 걸쳐 모든 곳에서 이루어진 일상적인 유대인 교육을 의미했다." 지난 9세기 동안 라쉬의 토라 주석에 대한 주석만 무려 9백 편이 집필되었다.

라쉬의 탈무드 주석은 심지어 라쉬의 토라 주석보다 더 많은 필요성을 충족시켰다. 토라의 어휘는 그리 복잡하거나 이해하기 어렵지 않다. 하지만 아람어와 히브리어가 혼용된(가끔 그리스어 용어도 쓰였다.) 탈무드의 주석을 다는 것은 훨씬 더 벅찬 작업이다. 오늘날까지 탈무드를 공부하는 사람에게 권장하는 것은 스스로 탈무드 텍스트의 의미를 유추하기 전에 라쉬의 주석과 함께 탈무드를 읽어나가라는 것이다.

출간된 모든 탈무드 판에는 라쉬의 주석 맞은편에 토사포트Tosafot로 알려진 또 다른 주석이 있다. 토사포트 주석은 2세기에 걸쳐 주로 라쉬의 후손 다섯 명(라쉬의 사위 두 명과 손자 세 명)이 작업한 합작품이다. 그 중 한 명인 라쉬의 손자 랍비 야곱 탐(라베누 탐Rabbenu Tam으로 알려져 있기도 하다.)은 라쉬가 죽고 몇 십 년 후에 프랑스 유대 공동체의 리더가 되었다. 그는 일류 학자였을 뿐만 아니라 자신감과 결단력이 있는 리더이기도 했다. 라베누 탐은 유대의 이혼 법령의 합법성에 의문을 제기하는 어떤 유대인이라도 파문할 수 있음을 세부적인 설명을 제시하며 정식으로 인정하기도 했다.

라베누 탐의 가장 유명한 논쟁은 존경받는 그의 할아버지인 라쉬와의 논쟁이었다. 그는 자신의 할아버지와 토라를 성구함에 넣는 순서에 대해 논쟁을 벌였다. 비록 유대 공동체는 라쉬의 해석을 따르긴 했지만 라베누 탐도 상당히 존경했기에 신앙심이 깊은 일부 유대인은 아침에 두 쌍의 성구함을 착용했다. 즉 처음엔 라쉬의 해석에 따라, 그 다음엔 라베누 탐의 해석에 따라 각각 한 쌍의 성구함을 착용했던 것이다(라베누 탐의 해석에 따라 착용하는 성구함은 실제로 '라베누 탐 성구함'으로 알려져 있다.).

■■■ 92

십자군 전쟁의 상흔

우리 가족이 조부모 댁에서 며칠을 보내고 있는 동안, 당시 여덟 살이던 나는 어린이를 위해 쓰인 한 권짜리 세계 역사책을 읽고 있었다. 중세 부분을 막 읽은 나는 축제일 식사 중간에 갑자기 입을 열었다.

"하나님을 위해 목숨까지 무릅쓴 십자군은 훌륭한 사람들이 아니었나요?"

마치 내가 할머니의 게필테 피쉬gefilte fish(송어나 잉어 살에 계란과 양파 등을 잘 섞어 둥글게 뭉쳐 끓인 유대인의 전통 요리 – 옮긴이)를 돼지고기로 만들자고 제안한 것처럼 식탁에는 순간 기이한 침묵이 감돌았다. 후에 나는 '십자군 전쟁'이란 단어가 기독교도의 귀에 들리는 것과 유대교도에게 들리는 것이 아주 다르다는 것을 이해하게 되었다. 많은 기독교인에게는 십자군 전쟁이 종교적 이상주의의 정점을 의미한다. 그들은 이슬람교도들에게서 예루살렘을 빼앗기 위해 인생과 가정을 포기하고, 가끔은 목숨까지 희생한 십자군을 존경한다. 하지만 대다수 유대인에게는 '십자군 전쟁'이란 단어가 살인과 강압적 세례라는 두 가지 상이한 의미로 다가온다.

1095년, 교황 우르바노스 2세Pope Urban II가 '이교도들'에게서 팔레스타인을 탈환하기 위해 십자군 전쟁을 선포했을 때 수만 명의 기독교인들이 이 성스러운 땅을 향해 진군했다. 십자군이 지나가던 도시들에 살고 있던 유대인들은 대개 개종과 죽음 중 하나를 선택해야 하는 불운한 상황에 놓이게 되었다. 몇몇 유대 공동체는 엄청난 뇌물을 바치는 것으로 다행히 이러한 선택을 강요받지 않고 무사할 수 있었다. 1096년 5월, 십자군은 독일 보름스의 유대 공동체를 포위했다. 이에 그 지역 주교는 보름스 유대인들을 살리기 위해 그들에게 기독교로 개종할 것을 권했다. 하지만 보름스의 거의 모든 유대인이 이를 거부했고, 결국 8백 명의 유대인이 학살되었다.

제1차 십자군 전쟁이 시작된 지 몇 달 만에 약 1만2천 명의 유대인이 학살되었다(종종 지역 주교의 뜻을 따르지 않고). 유대교는 이러한 유대인들을 하나님의 이름을 거룩하게 하기 위해 목숨을 바친 사람으로 간주한다. 지금도 유대인들은 안식일 아침 예배를 드릴 때 그들을 기억해주고 그들의 피에 대한 복수를 해줄 것을 자비로운 하나님께 탄원하는 시간을 갖는다. 1096년의 십자군 전쟁 중 만들어진 것으로 추정되는 이 기도문은 "하나님의 이름을 거룩하게 하기 위해 목숨을 바친 성스러운 유대 공동체들"에 대해 이야기한다.

"사랑받고 행복한 삶을 산 그들은 죽으면서도 유대교와 결별하지 않았다."

1099년에 십자군이 예루살렘을 함락시켰을 때 그들은 예루살렘의 모든 유대인을 한 시나고그에 모아 산 채로 불태웠다. 그 후로 그들은 비기독교들이 예루살렘에 사는 것을 금했다.

기독교로 개종해 생존한 유대인들 중 다수는 십자군이 떠난 후에 유대교로 돌아오려고 애썼다. 그들은 비종교적인 통치자가 지배하는 도시들에서는 그렇게 할 수 있었지만 교회가 우세한 도시들에서는 기독교도로 남아있을 것을 강요받았다. 그로부터 1세기가 조금 더 지난 1201년 9월, 교황 인노첸시오 3세는 칙령을 통해 이 금지법을 공식화했다.

"…… 폭력과 두려움, 고문에 의해 기독교로 개종하고, 해를 입지 않기 위해 세례라는 성례를 받은 사람에게도 실제로 기독교의 인장이 찍힌 것이다. …… 따라서 강압에 못 이겨 받아들인 기독교의 믿음일지라도 그들은 그 믿음을 따라야 할 의무가 있다."

십자군 전쟁은 유럽 유대인들에게 운명의 급격한 쇄락을 예고했다. 그들은 그 후 수세기 동안 폭력과 비방, 추방의 대상이 되었다.[5]

■■■ 93

주홍글씨가 된 노란 배지

기독교는 예수는 유대인이고, 그의 제자들도 유대인이며, 예수는 유대인들에게 가르침을 폈고, 예수를 알았던 유일한 민족은 유대민족이라는 사실을 부정했다. 따라서 일부 기독교인(특히 극단적인 반유대주의자인 교황 인노첸시오 3세)이 유대인들의 존재 자체를 매우 거슬려 했다는 것은 그리 놀라운 일이 아닐 것이다.

5 십자군 전쟁 동안 유대인들이 겪은 것에 대한 광범위한 개관은 레온 폴리아코프Leon Poliakov의 《반유대주의의 역사: 예수 시대에서 법정에 선 유대인의 시대까지The History of Anti-Semitism: From the Time of Christ to the Court Jews》에서 만날 수 있다.

1215년에 교황 인노첸시오 3세가 소집한 제4차 라테란 공회의Fourth Lateran Council에서 가톨릭교회는 기독교 땅에 사는 유대인들은 항상 눈에 띄는 배지를 옷에 달아야 한다는 칙령을 공표했다. 일반적으로 바느질로 상의에 다는 노란색 원 모양인 이 배지를 유럽 유대인들로 하여금 의무적으로 달게 한 이 칙령은 그 후 수백 년 동안 유럽에서 주기적으로 부활되었다. 이 노란색 배지는 후에 제2차 세계대전 동안 나치가 유대인들에게 달도록 강요한 노란색 별 배지의 모델이 되기도 했다. 역사가 막스 부름브란드Max Wurmbrand와 세실 로스Cecil Roth는 이 노란색 배지에 대해 이렇게 기술했다.

"배지의 도입으로 유대인들은 열등 인종으로 간주되어 다른 사람들과 구별되었고, 항상 모욕과 공격의 대상이 되었다."

성변화聖變化를 가톨릭교회의 공식 교리로 받아들인다는 제4차 라테란 공회의의 또 다른 결정은 유대인들과는 무관한 것으로 보였다. 이 교리는 가톨릭 미사에서 사용되는 제병과 포도주를 예수의 실제 살과 피가 기적적으로 실체화된 것으로 본다는 의미일 뿐이었기 때문이다. 하지만 그로부터 30년이 채 지나지 않아 이 교리로 인해 독일 베르리츠Berlitz의 유대 공동체가 전멸되었다. 그들이 제병 하나를 훔쳐 고문했다는 혐의를 받은 것이 그 이유였다. 불행히도 베르리츠의 대학살이 유일한 사건만은 아니었다. 반유대주의에 대한 한 역사적 연구는 이렇게 기술하고 있다.

"1389년 프라하에서는 제병을 나르는 수도사 한 명이 공격당한 것에 대한 책임을 프라하의 유대인 공동체 전체에 물었다. 엄청난 수의 기독교인이 이웃 유대인들을 둘러싸고 그들에게 개종과 죽음 중에 하나를 선택할 것을 강요했다. 이에 개종을 거부한 3천 명의 유대인이 학살되었다. 1510년 베를린에서는 '주인을 모독했다'는 이유로 26명의 유대인이 화형에 처해졌고, 2명이 참수되었다."

라테란 공회의에서 내려진 결정들은 교황 인노첸시오 3세가 일찍이 네베르스Nevers 백작에게 보낸 편지에서 상술한, 유대인들에 대한 그의 비전을 실현하는 데 도움을 주었다.

"동생을 살해한 가인처럼 도망자이자 방랑자로 지상을 떠돌아다닐 운명을 타고 난 유대인들은 온 얼굴에 수치심을 가득 드러내야 한다."

■■■ 94

화형에 처해진 탈무드

유대교 문헌의 두 기둥은 성경과 탈무드이다. 성경이 기독교의 중심 문헌이 되었다면, 탈무드는 거의 유대교인만이 진지하게 공부하는 문헌으로 남아있다. 중세의 일부 기독교 지도자들은 탈무드가 없어진다면 유대인들에게는 성경만 남을 것이고, 그러면 그들은 더 쉽게 기독교로 개종할 것이라는 결론을 내렸다. 가톨릭 고위 관리들은(가끔은 교황들이 직접) 열다섯 차례나 탈무드를 금서로 선언하고 태울 것을 명했다. 가장 유명한 탈무드 화형은 파리 재판에서 탈무드가 '신성 모독죄'로 유죄 판결을 받은 1240년에 있었다.

아이러니하게도 유대교 광신자들이 이 끔찍한 사건을 촉발한 것으로 보인다. 마이모니데스의 《혼란으로의 안내》를 이단적이라 여기고 격노한 세 명의 프랑스 랍비가 도미니크회 수사들을 찾아가 그들에게 《혼란으로의 안내》를 불태워줄 것을 요청했다. '프랑스 유대교 박해'를 주도한 도미니크회 수사들은 이 의외의 요청을 기회로 삼아 다른 유대 문헌들도 살펴보기 시작했다.

그로부터 몇 년 후, 변절한 유대인인 니콜라스 도닌Nicholas Donin은 교황 그레고리우스 9세에게 탈무드에 대한 35가지 고발 사항을 적은 메모를 제출했다. 그중엔 탈무드는 기독교에 대한 증오심을 표현했고 예수와 성모 마리아를 모독했다는 주장도 있었다. 이에 프랑스 왕 루이 9세는 탈무드를 재판에 회부하라고 명했다. 재판에서 랍비 변호인단의 수석 변호인인 랍비 예히엘Yechiel은 블랑쉬 왕비 앞에서 이렇게 선언했다.

"저희는 탈무드를 위해 죽을 준비가 되어 있습니다. …… 저희의 육체는 당신의 권력에 달려있지만 저희의 영혼은 그렇지 않습니다."

물론 평결은 예정되었기에 탈무드는 유죄였다. 그로부터 2년 후인 1242년 6월 17일에 종교재판위원회의 명령에 따라 우마차 24대분의 육필 탈무드가 화형에 처해졌다.

이후 14차례에 걸쳐 탈무드를 불태우는 사건이 있었음에도 불구하고 탈무드는 오늘날까지 건재해 대다수의 유대 학교에서 핵심 교육과정으로 자리 잡았다.

■■■ 95

유대교와 기독교의 논쟁

유대인은 말하기 좋아하는(가끔은 토론하기 좋아하는) 민족이라는 평판을 오랫동안 받아왔다. 위대한 이디시어 저술가인 아이작 페레츠 Issac Peretz는 유대인을 "잠을 자지 않고, 다른 사람을 자지 않게 만드는 민족"으로 묘사하기도 했다. 그런데 지금까지 유대인이 가장 싫어했던 논쟁들은 중세 서유럽에서 기독교인들과 벌였던 논쟁들이었다. 이러한 논쟁들은 대개 가톨릭 사제들의 뜻에 따라 군주들이 명령한 것들이었다. 가톨릭교회가 이러한 논쟁들을 주도한 목적은 분명했다. 즉 가톨릭교회의 사제들이 논쟁에서 유대인 대표들을 꺾는다면 유대인들이 기독교의 진리를 인정하고 기독교로 개종하리라고 계산했던 것이다.

유대인 변호인단을 곤란하게 만들기 위해 가톨릭교회는 유대인 변호인단이 할 수 있는 주장에 엄격한 제한을 두었다. 이를테면 유대인 변호인단은 기독교를 공격하거나 모욕하는 것으로 간주되는 어떠한 말도 할 수 없었는데, 대개 가톨릭교회 사제들이 어떤 말이 그런 말인지를 판단했다. 이러한 상황에서 유대인들이 이들 논쟁에서는 무조건 질 수밖에 없다고 생각한 것은 전혀 놀랄 일이 아닐 것이다. 논쟁에서 지면 유대인들은 기독교로 개종해야 했다. 설령 논쟁에서 지지 않는다고 해도 유대인 변호인단과 유대 동포들은 물리적인 공격을 당할 뿐이었다.

유대교와 기독교의 논쟁 중 가장 유명한 것은 변절자 유대인인 파블로 크리스티아니Pablo Christiani와 중세의 가장 위대한 학자 중 한 명인 모세 나크마니데스 간의 논쟁이었다. 이 논쟁이 진행되는 동안 줄곧 몇몇 사제가 고문으로서 파블로 크리스티아니를 도왔다. 토론은 스페인 아라곤의 제임스 왕이 보는 가운데 진행되었는데, 나크마니데스는 자유롭게 말할 수 있는 권리를 거의 보장받지 못했다. 제임스 왕의 검열이나 응징이 두려웠기 때문이다. 제임스 왕은 세 가지 질문을 던졌다.

1. 기독교인들의 주장대로 메시아는 이미 오셨는가? 아니면 유대인들의 주장대로 메시아는 아직 오지 않았는가?
2. 기독교인들의 말대로 메시아는 신인가? 아니면 유대인들의 말대로 메시아는 사람인가?
3. 유대인들이 진정한 율법을 따르는가? 기독교인들이 진정한 율법을 따르는가?

첫 번째 질문에 나크마니데스는 예수가 히브리 성경이 기록하는 메시아에 대한 예언들을 충족시키지 못했기에 유대인들은 예수를 메시아로 보지 않는다고 대답했다. 가장 중요한 사실로 예수는 "나라와 나라가 칼을 들고 서로를 치지 않을 것이며, 다시는 군사훈련도 하지 않을 것이다."라고 이사야가 예언한 세계 평화를 가져오지 못했다고 나크마니데스는 말했다. 이사야의 예언이 실현되지 않았을 뿐만 아니라 예수의 제자들은 종종 유혈 사태를 조장한 사람들이라고 나크마니데스는 덧붙였다.

기독교와 유대교를 구분 짓는 핵심 쟁점은 예수가 메시아인지 아닌지에 대한 쟁점이 아니라 예수가 신인지 인간인지에 대한 쟁점이라고 주장했다. 유대교에는 메시아를 포함해 어떤 인간도 신이라고 믿을 만한 근거가 없다고 나크마니데스는 말했다. 나크마니데스에겐 "하늘과 땅의 창조주가 어느 유대 여성의 뱃속으로 들어가 거기서 아홉 달을 보내고 아기로 태어나 성장한 뒤 배신을 당해 적들의 손에서 처참하게 처형당한 다음 …… 부활해 다시 자신이 살던 곳으로 돌아간다."는 것은 가장 기이한 이야기로 들린 듯하다. 그는 유대인의 이성뿐만 아니라 다른 모든 사람의 이성도 이 이야기를 받아들일 수 없을 것이라고 말했다. 나크마니데스는 제임스 왕에게 이렇게 말했다.

"당신은 당신의 머리와 골수를 채운 이 교리를 사제들로부터 평생 들어오셨습니다. 그래서 이 교리가 마치 습관처럼 당신 안에 뿌리내린 것입니다."

나크마니데스는 만일 제임스 왕이 어른이 되어 처음 이 교리를 접했다면 이를 결코 받아들이지 않았으리라는 것을 말하려 했던 것이다.

나크마니데스의 논적들은 그의 '신성 모독'을 저지하려 했지만 그는 물러서지 않았다. 나크마니데스는 근거 없는 모욕을 하지 않고 자신의 주장을 펼쳐나갔기에 그의 상대인 사제들의 입장에선 그의 말을 막으려고 부당한 판결을 내리기가 어려웠다.

유대 율법은 여전히 유효한지를 묻는 세 번째 질문에 나크마니데스는 토라의 계명들이 불필요할 정도로 세상과 인간의 속성이 바뀐 것은 전혀 없다고 답했다.

제임스 왕의 그 모든 좋은 의도에도 불구하고 토론이 끝났을 때 나크마니데스는 스페인을 떠나 팔레스타인으로 이주하는 것이 신중한 판단이라는 것을 깨달았다.

다른 유명한 유대교와 기독교의 두 논쟁은 훨씬 더 유감스러운 에피소드였다. 1240년에 팔레스타인에서 있었던 논쟁에선 탈무드가 화형을 당하는 것으로 마무리되었다. 1413년에서 1414년에 스페인 또르또사Tortosa에서 있었던 훨씬 더 길었던 토론은 '포위' 상황에서 열렸다. 따라서 스페인에서 유대인의 권리는 이미 박탈당한 상태였고, 21개월에 걸쳐 진행된 토론에서 랍비 변호인단은 그들의 주장이 상대 기독교인들의 심기를 불편하게 할 때마다 생명의 위협을 느꼈다. 토론 막바지에 스페인에서 유대인의 지위를 하층민으로 격하시키는 새로운 법령들이 공표되었다.

기독교뿐만 아니라 어떠한 종교도 정치적인 힘을 가졌을 때에는 그 종교의 정점에 있지 않다고 말해도 큰 무리는 없을 것이다. 다른 사례와 마찬가지로 유대인과 기독교인 간의 이러한 토론들도 이 명제에 대한 확실한 증거가 되어준다.

■ ■ ■ 96

모든 나라에서 추방당해온 시련

1492년에 있었던 스페인의 유대인 추방은 많은 유대인들이 알고 있지만 유대인들이 살았던 거의 모든 유럽 국가에서 한 차례 이상 유대인들이 추방당했다는 사실을 알고 있는 유대인은 그리 많지 않다. 유대인들은 1306년과 1394년에 프랑스로부터 추방당했고, 1349년에서 1360년까지 헝가리로부터, 1421년에 오스트리아로부터, 14세기와 16세기 사이에 독일의 여러 지역으로부터, 1445년과 1495년에 리투아니아로부터, 1492년에 스페인으로부터, 1497년에 포르투갈로부터, 1744년에서 1745까지는 체코 보헤미아와 모라비아로부터 추방당했다. 또한 15세기와 1772년 사이에는 유대인들이 러시아에 거주하는 것이 허용되지 않았다. 유대인들이 러시아에 거주하는 것이 마침내 허용되었을 때 그들은 '창백한 정착지the Pale of Settlement'라 불리는 지역에서만 거주해야 했다. 1948년에서 1967년까지 아덴과 알제리, 이집트, 이라크, 시리아, 예멘 등에 거주하던 거의 모든 유대인들이 비록 공식적으로는 추방당하지 않았지만 생명의 위협을 느끼고 이들 국가를 떠났다.

그런데 최초의 전국적인 유대인 추방은 1290년에 영국에서 일어났다. 그 동기는 경제적 긴장과 종교적 증오의 조합인 것으로 보인다. 유대인 대금업자에게 큰 빚을 진 다수의 영국 귀족은 자신의 채권자를 제거하길 원했다. 당시 영국 왕 에드워드 1세는 귀족들의 이러한 바람을 지지했다. 에드워드 1세 역시 유대인들의 재산을 탐냈기에 그들을 추방한 뒤 그와 왕가는 그들 재산의 많은 부분을 몰수했다.

지방의 영국 서민들은 종교적인 이유로 유대인들을 추방하는 것을 더 지지하는 경향이 있었다. 그들은 수세기 동안 존재했던 반유대주의적 중상과 유대인의 의례적 살해(인간 제물은 영국에서 유래했다.)에 대한 비난으로 인해 유대인들을 증오하도록 조건 지어져 있었다. 영국에서의 유대인 추방이 있기 전 35년 동안에만 영국 링컨에서 재판 없이 19명의 유대인이 교수형을 당했고, 휴라는 이름의 무고한 유대 청년이 억울하게 십자가형을 당했다.

영국은 1290년 7월 18일에 유대인 추방령을 공표했는데, 이 날은 유대인들이 두 차례의 대성전 파괴를 기리며 금식하는, 유대인들에게는 가장 슬픈 날인 아빕월 9일이었다.

유대인들은 1650년대에 올리버 크롬웰이 영국을 통치기하기 전까지 약 4세기 동안 영국으로 돌아오는 것을 금지당했다. 한편, 유대인들이 영국에서 추방당한 동안에도 영국에서의 반유대주의는 약화되지 않았다. 영국에서 유대인이 추방된 후 1세기가 지났을 무렵 초서는 《캔터베리 이야기Canterbury Tales》에서 유대인들의 의례적 살해를 비난했고, 그로부터 2세기 후에 셰익스피어는 안토니오의 살을 담보로 돈을 빌려준 악랄한 고리대금업자 샤일록을 통해 유대인에 대한 반감을 드러냈다.

기이하게도, 중세 영국에서 극심한 반유대주의가 기승을 부리던 시기에 유대주의를 옹호하는 흐름도 거셌던 것으로 보인다. 19세기 유대인들 사이에서 시온주의가 퍼지고 있을 바로 그 무렵 영국에서는 기독교도 시온주의자들의 운동이 전개되었는데, 이것은 이후 1917년에 밸푸어 선언이 세상에 공표되는 데 영향을 주었다.

■■■ 97

육체를 고문해 영혼을 구하려는 비뚤어진 시도

스페인 종교재판(이단 심문)은 육체를 고문해 영혼을 구하려는 비뚤어진 시도였다. 종교재판관들의 논리에 따르면 순수한 믿음을 가진 기독교인들만이 천국에 가고 나머지 사람들은 영원한 고문을 당해야 하는 지옥에 가기에 불순한 믿음을 가진 사람들이 예수를 받아들일 때까지 일시적으로 그들을 고문해 그들의 영혼을 구함으로써 그들이 다음 세상에서 영원한 고통을 당하지 않게 하는 것은 합당한 처사라는 것이다.

일반적인 생각과는 달리 유대인들만이 아니라 이단으로 취급되는 모든 사람들이(특히 기독교로 개종한 전 유대인들) 종교재판의 대상이었다. 기독교로 개종한 유대인은 대개 목숨을 부지하거나 생계를 유지하기 위해 협박에 못 이겨 개종을 선택했기에 가톨릭교회는 그들의 진정성을 믿지 못할 충분한 이유가 있었다. 종교재판관들은 보고자들의 도움을 받으며 이 새로운 기독교인들을 지속적으로 면밀히 살폈다. 만일 그들의 행동을(이를테면 돼지고기를 먹지 않거나 안식일에 요리를 하지 않는 등의 행동) 통해 그들이 은밀히 유대교를 믿고 있다는 것이 의심되면 이 '새로운 기독교인들'은 종교재판소로 회부되었다. 그러면 모두가 가톨릭교회 사제인 종교재판관들은 피고인에게 '은밀한 유대교도'인지를 물었다. 자신이 은밀한 유대교도임을 즉시 시인하고 다른 은밀한 유대교도들의 이름을 대는 피고인은 가벼운 벌만 받았다. 즉 그들은 한 종교의식에서 공개적으로 고해를 하고 다양한 형태의 굴욕감을 맛보아야 했다. 은밀한 유대교도로 유죄 판결을 받은 후 고해를 하는 피고인은 비교적 덜 고통스러운 처형을 보장받았다. 즉 그들은 교수형으로 목숨을 잃은 후에 화형에 처해졌던 것이다.

유죄 판결을 받은 후에도 고해를 거부하거나 자신은 변함없는 유대인임을 용기 있게 주장하는 유대인은 기독교의 진리를 인정할 때까지 반복적인 고문을 당해야 했다. 종교재판이 위세를 떨치던 수세기 동안 수천 명의 은밀한 유대교도들이 콧구멍을 막은 후 강제로 목구멍을 통해 물을 넘기게 하는 물고문이나 다양한 형태의 고문을 당했다. 이 모든 고문은 사제들에 의해 자행되었는데, 그들은 고문당하는 사람들을 사랑하기 때문에 그들을 고문한다고 주장했다.

종교재판관들의 모진 고문에도 불구하고 기독교를 인정하지 않는 유대인들은 아우토다페auto-da-fé로 알려진 공개 의식에서 화형에 처해졌다. 수천 명의 종교재판 희생자 중 발다자르 로페즈Balthazar Lopez라는 이름을 가진 한 유대인은 생의 마지막 순간까지 잃지 않은 반어적 유머 감각으로 두드러진다.

1654년 6월, 로페즈는 다른 9명의 은밀한 유대교도들과 함께 화형에 처해졌다. 마지막 순간에 그의 담당 사제는 그에게 기독교가 진리임을 선언해 최악의 고문은 피하라고 말하며 그를 설득했다. 그러자 로페즈는 그렇게 했고, 이에 또 다른 사제는 그에게 크게 기뻐하라고 말했다. 그의 회개는 그가 이제 천국으로 갈 수 있다는 의미이기 때문이라는 것이었다. 교수형 집행인이 그를 교수형에 처할 준비를 하고 있을 때 그에게 크게 기뻐하라고 말한 사제가 로페즈에게 정말 회개를 했는지 물어보았다. 그러자 로페즈는 "신부님, 지금이 농담하실 때라고 생각하세요?"라고 말했다.

종교재판은 죽은 이교도들에게도 똑같이 적용되었다. 1480년대 어느 날, 은밀한 유대교도로 살다 죽은 사람 백 명의 뼈를 발굴해 공개적으로 화형에 처하는 사건이 일어났다.

강압에 못 이겨 기독교로 개종했지만 은밀한 유대교도로 살아간 스페인 유대인들은 '돼지'라는 경멸적인 뜻을 가진 '마라노Marranos'로 불리게 되었다. 마라노는 직계 가족이나 그들과 가까운 사람들을 제외한 모든 사람에게 그들의 정체를 숨겼다. 가끔 그들은 지하 저장실에서 은밀하게 유대 의식을 치르기도 했다. 일반적으로 그들은 이러한 지하 저장실에서 유월절을 기념했다. 마라노는 거의 항상 그들의 어린 자녀에게도 자신들의 정체를 감췄다. 자녀가 분별력이 있는 나이가 되었다고 생각될 때에만 자신들의 정체에 대해 자녀에게 말해주었던 것이다. 후에 다수의 마라노가 스페인을 떠나 그들에게 보다 관대한 유럽 국가들, 특히 네덜란드로 향했다.

여러 세기에 걸쳐, 스페인을 떠나지도 않고 종교재판에 회부되지 않은 거의 모든 마라노는 스페인 사회에 동화되었다. 역사가들은 레빈이라는 이름이 붙은 견고한 스페인 가톨릭교회의 변칙적인 것들에 오랫동안 주목했다. 수세기 동안, (특히 스페인 뒤에 종교재판이 시행되었던 포르투갈에서) 일부 마라노 가족은 유대인이라는 자신들의 뿌리를 희미하게 반영하는 전통들을 유지했다. 돼지고기를 먹지 않는 관습이 어떻게 유래했는지 모르면서도 토요일에는 돼지고기를 먹지 않는 한 집단이 20세기에 포르투갈에서 발견되었다. 최근 들어 스페인 유대계 혈통으로서 가톨릭교도로 자랐지만 랍비에게 찾아와 자신의 집안이 오랫동안 지켜온 유대 관습(금요일 밤에 촛불을 켜는 것과 같은)에 대해 이야기하는 사람들(그들 중 다수는 미국 남서부 출신이다.)이 늘고 있다. 그들 중 일부는 후에 유대교로 개종했다.

■■■ 98

다른 나라에서 가장 높은 직위에 오른 유대인

아마도 돈 이삭 아브라바넬Don Isaac Abravanel(1437–1508)은 요셉 이후 다른 나라 왕정에서 가장 높은 직위에 오른 유대인이었을 것이다. 아브라바넬은 스페인의 페르디난드 왕과 이사벨라 왕비를 위한 재무장관이었다. 요셉은 이집트에서 노예로 시작해 권력을 잡았지만 아브라바넬은 곧바로 권력과 명예를 누렸다. 유대인들이 스페인에서 추방될 때인 그의 말년에 그는 그들의 유배 길에 동행하기로 결정했다. 아브라바넬의 결정에 당황한 페르디난드와 이사벨라는 그에게 기독교를 받아들이고 추방령에서 제외될 것을 강권했다. 하지만 스페인 군주보다 이스라엘 하나님을 더 섬겼던 아브라바넬은 그들의 권고를 따르지 않았다.

아브라바넬은 정치적 재능만큼 학자로서의 성취로도 두각을 나타냈다. 유대인들은 그가 재무장관 시절에 집필한 성경 주석을 지금까지도 공부하고 있다. 그가 쓴 성경 주석은 당시 다른 여러 학자의 성경 주석보다 더 현대적이었다. 사무엘상 8장에 등장하는 군주제에 대해 언급할 때 아브라바넬은 당시 유럽 사회의 일반적인 사회 구조와의 유사점과 차이점에 주목했다. 그는 성경 구절들에 대한 그리스론적 해석을 자주 반대했지만 가끔은 기독교 성경 주석가들의 해석을 수용하기도 했다. 그는 열왕기상 8장에 대한 자신의 주석에서 다음과 같이 기술했다.

"이 문제에 대해 정녕 나는 내가 언급한 랍비들의 말보다 그들의 말이 더 설득력이 있다고 생각한다."

그는 자신의 주석에서 예언서에 대한 포괄적인 서문도 썼는데, 거기서 다양한 예언자들의 스타일과 방식을 서로 비교해놓았다.

일부 사람이 신빙성이 없다고 여기기도 하는 한 이야기에 따르면, 페르디난드 왕과 이사벨라 왕비가 스페인 유대인 추방령을 공표했을 때 유대인 재무장관 돈 이삭 아브라바넬이 페르디난드 왕을 찾아가 엄청난 뇌물을 제시하며 칙령을 무효화해줄 것을 요청했다고 한다. 추방령에 대한 두 사람의 대화가 여전히 이어지고 있을 때 옆방에서 두 사람의 이야기를 듣고 있었던 스페인 종교재판소의 수장인 토마스 데 토르케마다Tomas de Torquemada가 접견실로 불쑥 들어와 자신의 십자가를 내동댕이치며 소리쳤다.

"폐하는 유다가 은화 30닢 때문에 주 예수를 배신했듯 3만 디나르 때문에 우리 주 예수를 배신하실 겁니까?"

자신의 제안이 받아들여질 가능성이 없다는 것을 깨달은 아브라바넬은 이탈리아로 피신해 거기서 성경 주석과 (유배 생활로 사기가 저하된 유대인들을 위로하기 위한) 철학서들을 계속 집필했다.

■■■ 99
1492년의 악몽

크리스토퍼 콜럼버스의 일기는 이렇게 시작한다.

"페르디난드 왕과 이사벨라 왕비께서 당신들의 왕국과 영토로부터 모든 유대인을 추방한다는 칙령을 공표하신 그달에 왕비께서는 내게 충분한 사람들을 데리고 인도를 발견하기 위한 원정을 떠날 것을 명하셨다."

콜럼버스가 말하는 추방은 아주 격변적인 사건이어서 그 후로 1492년은 미국 역사에 못지않게 유대인 역사에서도 중요한 해가 되었다. 그해 7월 30일, 유대 공동체 구성원 전부에 해당하는 약 20만 명의 유대인이 스페인에서 추방당했다.

수만 명의 유대 난민이 안전한 장소에 도달하기 전에 목숨을 잃었다. 스페인 선장들이 유대인들에게 과도한 뱃삯을 받고 그들을 배에 태운 뒤 바다 한 가운데에 그들을 빠뜨리는 경우도 가끔 있었다. 추방령이 내려지기 전 며칠 동안 도망가는 유대인 난민들이 금과 다이아몬드를 삼켰다는 소문이 스페인 전역에 퍼졌다. 이에 노상강도들은 금과 다이아몬드를 찾으려고 많은 유대인들의 배를 갈랐다.

유대인 추방은 토마스 데 토르케마다 신부가 이끄는 종교재판소가 특히 관심을 가진 프로젝트였다. 토르케마다 신부는 유대인들이 스페인에 머무는 한, 기독교로 개종한 지 얼마 되지 않은 수만 명의 유대인이 그들의 영향을 받아 계속 유대교 전통을 따를 것이라고 믿었다. 페르디난드와 이사벨라는 스페인군이 그라나다에서 이슬람 병력을 무찔러 스페인 전역을 기독교 통치로 복구한 1492년 1월이 되어서야 비로소 유대인을 추방하자는 토르케마다 신부의 요청을 받아들였다. 스페인의 통일이라는 그들의 가장 중요한 프로젝트를 완수하기 위해 왕과 왕비는 마침내 유대인들을 제거하기로 마음먹었던 것이다. 그들은 정확히 4개월 후에 효력을 발휘하는 유대인 추방령을 3월 30일에 공표했다. 비교적 짧은 이 기간은 나머지 스페인 사람들에게 큰 이익을 안겨주었다. 시간적인 압박으로 인해 유대인들은 자신들의 집과 사업체를 터무니없이 낮은 가격에 처분할 수밖에 없었기 때문이다. 정신없이 분주하게 돌아가는 이 4개월 동안 도미니크회 수사들은 유대인들에게 기독교로 개종해 이 세상과 다음 세상 모두에서 구원받을 것을 적극적으로 권했다. 망명길을 떠난 유대인들 중 터키에 당도하는 데 성공한 유대인들이 가장 운이 좋았다. 술탄 바야제Bajazet가 그들을 따뜻하게 맞아주었기 때문이다. 묻기를 좋아하는 술탄 바야제가 이렇게 말했다.

"어떻게 자기 영토를 빈곤하게 만들면서 우리 영토를 부유하게 해주는 아라곤의 페르디난드를 현명한 왕이라 부를 수 있단 말인가?"

반면, 가장 불운한 유대인 난민들은 이웃 국가 포르투갈에 간 사람들이었다. 1496년, 포르투갈의 마누엘 왕은 스페인 군주의 딸인 이사벨라와의 결혼에 동의했는데, 스페인 왕가는 결혼 조건 중 하나로 포르투갈이 그들 나라에서 유대인을 추방할 것을 요구했다. 마누엘 왕은 부와 능력을 겸비한 포르투갈의 유대 공동체를 잃는 것을 달가워하지 않았음에도 스페인 왕가의 제안을 받아들였다.

결국, 8명의 포르투갈 유대인만이 실제로 추방당했고, 다른 수천 명의 유대인들은 죽음을 모면하기 위해 어쩔 수 없이 기독교로 개종했다.

랍비장인 랍비 시몬 마이미Simon Maimi는 끝까지 개종을 거부한 유대인들 중 한 명이었다. 그는 머리를 제외한 온몸이 땅에 묻힌 상태로 일주일을 버티다 결국 죽음을 맞이했다. 이 모든 사건은 결국 토마스 데 토르케마다라는 한 남자의 끈질기고 무자비한 집념이 빚어낸 결과였다.

터키와 북아프리카, 이탈리아를 비롯한 유럽 각지 및 아랍 세계에 정착한 스페인 유대인들은 히브리어로 스페인이라는 뜻의 '세파라드Sefarad'에서 유래한 단어인 '세파르디Sephardi'로 불리게 되었다. 스페인 추방령 이후, 세파르디는 유대인들에게 스페인에 다시 정착하는 것을 금하는 비공식적인 금지령을 내렸다. 특히 스페인에서의 예전 삶이 상당히 만족스러웠기 때문에 유대인들은 스페인이 자신들을 추방한 것을 엄청난 배신으로 여겼고, 그 후로 유독 비통한 감정을 느끼며 이 사건을 기억했다. 유대인들이 감내해야 했던 수십 차례의 추방 중 이 스페인 추방은 유대 역사를 통틀어 가장 혹독한 것으로 남아있다. 1930년대에 유대 학자 아브라함 조슈아 헤셸은 스페인 유대인들의 엄청난 고통에 위안이 될 만한 사실 하나를 언급했다.

"스페인 유대인들은 추방당하기 전에 눈에 띄는 직위를 갖고 있었지만, 추방령으로 인해 신세계 정복에 동참할 수 없었다. 만일 스페인 유대인들이 계속 이베리아 반도에 남아있었더라면 그들은 아마 정복자들의 모험적인 계획에 동참했을 것이다. 정복자들이 아이티에 도착했을 때 백만 명이 넘는 원주민이 그곳에 살고 있었다. 하지만 그로부터 20년 후에는 단지 천 명의 원주민만 생존했다. 1492년에 절망감을 느꼈던 유대인들은 그들에게 어떤 호의가 베풀어졌는지를 알지 못했다."

■■■ 100

초만원의 유대인 거주지

게토는 중세 유대인들이 강제로 수용되었던 초만원의 유대인 거주지 명칭이다. '게토ghetto'는 '대포 공장'이란 뜻의 이탈리아어 '게토getto'에서 유래한 말이다. 최초의 게토인 베니스 게토가 대포 공장 옆에 위치해 있어서 그 옆의 유대인 거주지도 자연스럽게 게토라 부른 데서 유래했던 것이다.

게토를 최초로 지정한 이탈리아에서는 게토들이 교황의 통치를 받았다. 적의에 찬 반유대주의자인 교황 바오로 4세는 1555년에 '쿰 니미스 압수르둠Cum nimis absurdum' 칙령을 통해 이 유대인 거주지를 공식화했다. 그는 칙령에서 "죄를 지어 하나님께 저주받은 민족을 기독교인들이 사랑으로 대하는 것은 합당하지 않다."고 주장했다. 이러한 이유로 교황 바오로 4세는 교황의 통치를 받는 지역에 사는 유대인들을 따로 분리해 게토에서만 거주하게 하는 법령을 제정했다. 유대인들은 일터에 가기 위해 게토를 벗어나는 것은 허용되었지만 밤에 게토 밖에 있는 것은 허용되지 않았다. 게토의 문은 매일 저녁과 기독교 축제일에 굳게 닫혔다. 그리고 하나의 게토에는 하나의 시나고그만이 허용되었다. 기독교인들이 유대인들을 곧바로 알아볼 수 있도록 유대인들은 게토를 벗어날 때 독특한 모양의 노란 모자를 써야 했다. 교황 바오로 4세의 칙령이 공표된 이후, 게토는 급속도로 이탈리아 전역으로 퍼졌고, 거기서 다시 다른 유럽 국가들로 퍼졌다. 몇몇 지역에선 정부 당국이 고의로 게토 내부 또는 근처에 사창가를 두었다.

로마 교황청은 이탈리아 게토들에 거의 절대적인 권력을 행사했다. 1858년에 일어났던 한 악명 높은 사례를 살펴보자. 어느 이탈리아 여성이 고해성사에서, 6년 전에 죽어가던 한 유대인 남자 아기를 돌본 적이 있는데 자신이 그 아기에게 아무도 모르게 세례를 주었고, 그 후에 아기가 회복되었다고 신부에게 고백했다. 신부는 교회 당국에 이를 보고했고, 그로부터 며칠 후에 교황의 치안대가 볼로냐 게토로 쳐들어가 에드가 모타라라는 이름을 가진 소년을 부모로부터 빼앗아 갔다. 부모의 간청과 세계 도처의 유대인 및 비유대인 리더들의 항의에도 불구하고 부모의 품으로 돌아가지 못한 이 7살 소년은 커서 신부가 되었다.

1870년에 교황이 정치적 권력을 잃게 되자 게토 제도도 폐지되었다. 그런데 나치가 그로부터 약 70년 후에 그의 지배하에 놓이게 된 유대인들을 가두어두기 위해 게토 제도를 부활시켰다. 나치 치하에서 가장 유명한 게토는 한때 약 50만 명의 유대인까지 수용했던 바르샤바 게토였다.

오늘날 '게토'란 단어는 일반적으로 유대인들이 자발적으로 모여든 유대인 밀집 지역을 일컫는 말로 사용된다. 즉 누군가가 부정적인 의도를 전혀 갖지 않고 버로우 파크(브룩클린에 있는, 정통파 유대인들이 밀집해 사는 지역)를 '유대인 게토'로 설명할 수도 있다는 말이다. 다시 말해 오늘날 유대인들 사이에서 통용되는 게토란 단어에는 경멸적인 의미가 전혀 함축되어 있지 않다. 하지만 게토란 단어가 브라운스빌의 흑인 게토 또는 와츠의 흑인 게토 등과 같은 식으로 빈민가에 적용될 때는 여전히 다소 부정적인 의미를 함축하고 있다.

■■■ 101

유대교의 모든 신비주의적인 활동

카발라는 유대교의 모든 신비주의적인 활동에 붙여진 이름이다. 유대 율법은 하나님이 인간에게 원하는 것이 무엇인지에 초점을 맞추는 한편, 카발라는 하나님의 본질 자체를 더 깊게 꿰뚫어보려 노력한다.

성경에는 카발라의 요소들이 있다. 예를 들어 에스겔 1장에서 예언자 에스겔은 자신이 하나님을 경험한 것을 다음과 같이 묘사한다.

"…… 나는 하나님이 하늘을 열어 보여주신 환상을 보았다. …… 그때에 내가 바라보니, 북쪽에서 폭풍이 불어오는데, 큰 구름이 밀려오고, 불빛이 계속 번쩍이며, 그 구름 둘레에는 광채가 나고, 그 광채 한가운데서는 불 속에서 빛나는 금붙이의 광채와 같은 것이 반짝였다."

그 후 에스겔은 하나님의 생물과 바퀴, 덮개, 광채 등을 묘사한다.

탈무드 시대의 랍비들은 하나님에 대한 신비주의적 접근은 중요한 동시에 위험한 것으로 간주했다. 탈무드의 한 유명한 이야기는 함께 모여 신비주의적인 공부를 하는 네 명의 랍비, 즉 아자이Azzai와 벤 조마Ben Zoma, 엘리샤 벤 아부야Elisha ben Abuyah, 아키바에 대해 이야기한다. 탈무드는 기록에 따르면 "그것을 보고 아자이는 미쳤고, 벤 조마는 죽었다." 엘리샤 벤 아부야는 유대교를 버리고 이교도가 되었다. 랍비 아키바 혼자만이 "평화롭게 들어갔다 평화롭게 떠났다(토세프타 하기가Tosefta Hagigah)."

이 탈무드 이야기와 더불어 이후 신비주의적인 활동들을 하다 정신 이상자가 된 사람들, 그리고 샤베타이 제비Shabbetai Zevi라는 가짜 메시아의 재앙 등이 17세기 랍비들로 하여금 40세 이상의 유부남인 동시에 토라와 탈무드 학자인 사람만이 카발라를 공부할 수 있다는 율법을 제정하게 만들었다. 중세 랍비들은 성숙한 인격의 성인만이 카발라를 공부하길 원했다.

가장 유명한 카발라 서적인 조하르Zohar는 13세기에 모세 데 레온에 의해 유대인들에게 소개되었다. 모세 데 레온은 조하르의 원저자는 2세기 랍비 시몬 바르 요카이Shimon bar Yochai라고 주장했다. 하지만 현대의 거의 모든 유대 학자는 데 레온이 조하르를 썼다고 믿는다. 반면 다수의 정통파 신비주의자는 모세 데 레온의 주장을 여전히 사실로 받아들이고 있다. 정통파 신비주의자들은 바르 요카이를 조하르의 저자라기보다는 모세 시대의 신비주의적인 전통들을 기록한 기록관으로 보는 경향이 있다. 나는 정통파 신비주의자들이 이러한 자신들의 믿음을 어느 정도까지 확신하는지를 예전에 노년의 한 종교 학자와 유대 율법에 대한 논쟁을 벌였을 때 실감할 수 있었다. 그는 토라가 특정 문제에 대해 기록하고 있다고 말했고, 나는 토라의 어디에 그런 기록이 있는지를 물었다. 그러자 그는 이렇게 말했다.

"조하르에 있죠. 토라에 기록된 것이나 마찬가지 아닌가요?"

조하르는 탈무드와 마찬가지로 아람어로 쓰였다. 대다수의 성경 주석이 이야기와 율법을 기술한 책으로서 토라를 해석하는 반면, 신비주의자들은 "우주 법칙의 비밀과 하나님의 비밀을 드러내는 상징체계로서(데보라 케르데만Deborah Kerdeman과 로렌스 쿠슈너Lawrence Kushner가 공동 집필한 《보이지 않는 마차The Invisible Chariot》 90쪽에서)" 토라를 해석한다.

예를 들어 레위기 26장은 하나님이 유대 민족에게 제시하신 '당근과 채찍'에 대해 기록하고 있다. 레위기 26장에 따르면 유대 민족이 하나님의 규례와 계명을 따르면 하나님은 그들에게 보상할 것이다. 하지만 그렇지 않을 경우 하나님은 유대인들을 엄하게 벌할 것이다.

"너희는 너희가 지은 죄보다 일곱 배나 더 벌을 받게 될 것이다. …… 나는 너희를 여러 민족 사이로 흩어버리고, 칼을 뽑아 너희 뒤를 쫓게 할 것이다. 너희가 살던 땅은 버려진 채, 거칠고 쓸모없이 될 것이며, 너희가 살던 마을들은 폐허가 될 것이다(26:28, 33)."

이 장의 결론에서 하나님은 이렇게 말한다.

"그러나 이런 것에도 불구하고 그들이 그들의 원수들의 땅에 있을 때 내가 그들을 저버리지도 그들을 미워하지도 아니해 그들을 완전히 멸망시키지도, 그들과 맺은 내 언약을 파기하지도 않았다. 이는 내가 그들의 하나님 여호와기 때문이다(26:44)."

이 일련의 경고에 대해 조하르는 다음과 같이 언급한다.

"와서 이스라엘의 거룩하신 하나님의 순수한 사랑을 보라. 비유: 계속 못된 짓을 하는 외동아들을 둔 왕이 있었다. 어느 날 그 아들이 왕을 화나게 하는 행동을 했다. 왕이 말했다. '나는 그동안 수도 없이 너를 벌했지만 너는 바뀌지 않았다. 이제 내가 너를 어떻게 해야 하겠느냐? 만일 내가 너를 이 나라에서 추방한다면 맹수나 늑대 또는 강도들이 너를 공격해 죽일 것이다. 내가 어떻게 할 수 있겠느냐? 유일한 해결책은 내가 너와 함께 이 나라를 떠나는 것이다.' 그래서 거룩하신 하나님이 다음과 같이 말씀하셨다: '이스라엘아, 내가 너희를 어떻게 해야 하겠느냐? 나는 이미 너희를 벌했지만 너희는 나에게 주의를 기울이지 않았다. 무시무시한 전사들을 보내 너희를 공격하게 했는데도 너희는 나를 따르지 않았다. 내가 너희를 이 땅에서 추방한다면 늑대와 곰 떼가 너희를 공격해 너희는 더 이상 이 세상에 존재하지 않게 될 것이다. 유일한 해결책은 내가 너희와 함께 이 땅을 떠나 유배 길에 오르는 것이다. 나는 너희를 추방함으로써 너희를 훈육할 것이다. 하지만 내가 너희를 버릴 것이라고 너희가 생각한다면 나 또한 너희와 함께 할 것이다.'"

카발라에는 여러 영역의 가르침이 있다. 예를 들어, 중세 신비주의자들은 하나님을 한계가 없는 존재를 뜻하는 '엔 소프En Sof'라고 말하는 습관이 있었다. 엔 소프는 우리 인간이 접근할 수도, 알 수도 없는 존재이다. 하지만 하나님은 열 차례의 현시, 즉 열 차례의 '세피로트sefirot'를 통해 인류에게 당신 자신을 드러냈다. 첫 번째 세피라sefira(세피로트의 단수형 – 옮긴이)는 '케테르keter(왕관)'인데, 이는 하나님의 창조 의지를 가리킨다. 다른 세피라인 비나binah(이해)는 창조의 세부 사항에 대한 하나님이 마음을 가리키고, 또 다른 세피라 헤세드hesed(자애로운 친절)는 억제되지 않고 흐르는 하나님의 관용을 가리킨다. 대다수의 세피라는 명상의 적절한 대상으로 간주된다. 그것들은 인간이 하나님과 접촉할 수 있는 방식들이다. 다시 말해 명상과 선행을 통해 인간도 하나님의 은총을 이 세상에 불러들일 수 있다는 것이다.

지난 세기 동안 카발라 분야에서 가장 위대한 학자이자 역사가로 명성을 떨친 인물은 지금은 고인이 된, 예루살렘에 위치한 '히브루대학Hebrew University' 교수였던 게르숌 숄렘Gershom Scholem이었다. 유대교 관습을 따르지 않는 유대인이었던 숄렘은 자신이 어떻게 극소수의 사람만이 이해하는 카발라에 끌리게 되었는지를 설명하길 좋아했다.

"나는 카발라 분야에서 명성 있는 학자인 독일의 유명한 한 랍비 집을 방문하고 유대 신비주의를 공부하기로 결심했다. …… 그의 책장에서 아주 흥미로운 제목이 붙은 몇 권의 신비주의 책들을 본 나는 젊은 열정을 다해 그에게 그 책들에 대해 물었다. 그러자 그 랍비는 웃으면서 내게 말했다. '그 쓰레기들 말이냐? 내가 저런 터무니없는 책들을 읽느라 시간을 낭비해야 하겠니?' 그 순간 나는 바로 이 분야가 내가 두각을 나타낼 수 있는 분야라고 생각하고 이 분야를 공부하기로 마음먹었다. 이 랍비가 그 책들을 읽지도 않고 이 분야의 권위자가 될 수 있었다면 그 책들을 실제로 읽는 사람은 어떻게 될까?"

일반적으로 '메쿠발림mekubbalim(카발라를 적극적으로 공부하고 실천하는 사람들)'은 카발라를 진리로 받아들이지 않고 그저 대학의 교과목으로서 연구하는 숄렘과 같은 사람들에게 회의적이다. 메쿠발림 중 한 명인 랍비 아브라함 켄Abraham Chen은 숄렘의 학생들이 주최한 한 세미나에서 다음과 같이 말한 적이 있다.

"신비주의 학자는 회계사와 같습니다. 그는 모든 보물이 어디에 있는지는 알아도 그것을 마음대로 사용할 수는 없으니까 말입니다."

확고부동한 이성주의자이자 유대교 신학대학 학계에서 위대한 탈무드 학자로 정평 난, 지금은 고인이 된 사울 리베르만Saul Lieberman 교수는 메쿠발림과 정반대의 견해를 취했다. 히브루 대학에서 열린 숄렘의 한 강연에서 리베르만 교수는 숄렘의 강연에 앞서 이렇게 말했다.

"몇 해 전에 몇몇 학생이 저를 찾아와 카발라 서적들을 공부할 수 있는 수업을 개설해줄 수 있는지를 물었습니다. 저는 그건 불가능하다고 대답했죠. 하지만 원한다면 우리 대학에서 카발라의 역사는 배울 수 있다고 학생들에게 말했습니다. 대학에서 비상식적인 것을 상식적인 것인 양 가르칠 수는 없지만 비상식적인 것의 역사는 가르칠 수 있기 때문이었습니다."

카발라에 대한 리베르만의 신랄한 혹평에도 불구하고 카발라는 오랫동안 유대인의 사고에 큰 영향을 끼친 영역 중 하나였다. 현시대의 많은 유대인들이 유대교에서 벗어난다고 여기는 개념들이 가끔 카발라에서 발견되는데, 그중 두드러진 것이 환생에 대한 믿음이다. 숄렘은 이렇게 기술했다.

"1500년에서 1800년 사이에는 카발라가 진정한 유대 신학으로 널리 인정받았다."

숄렘의 말대로 당시엔 카발라를 공격하는 사람이 거의 없었다. 하지만 신비주의적인 사고보다 이성적인 사고를 훨씬 더 높이 평가하는 현대 사회에 유대인이 동참하면서 카발라의 가치는 격하되거나 무시되는 경향을 보였다. 하지만 최근 들어 카발라에 대한 관심이 엄청나게 급증해 하시디즘 유대인들과 반문화에 일조하는 비정통파 유대인들 사이에서 카발라가 널리 연구되고 있다. 다수의 비유대인과 더불어 그들은 카발라를 또 다른 영성의 길로 보고 있다.

■■■ 102

중세 유대인의 율법서

16세기 중엽에 위대한 세파르디 랍비인 랍비 요셉 카로가 엮은 '슐칸 아루크'로 알려진 유대 율법서는 지금까지도 유대교의 표준 율법서이다. 유대 율법에 관한 질문을 받을 때 일반적으로 랍비들(특히 정통파 랍비들)이 제일 먼저 펼쳐보는 책이 《슐칸 아루크》이다. 《슐칸 아루크》가 널리 인정받은 가장 큰 이유는 세파르디 유대인과 아슈케나지 유대인의 서로 다른 관습과 율법을 모두 기록한 최초의 율법서라는 데 있다(예를 들어 이전 율법서인 마이모니데스의 미슈네 토라는 세파르디 유대인의 율법만을 담았다.). 이 독특한 특징은 요셉 카로가 의도한 것이 아니라 행운의 산물이었다. 카로가 율법서를 엮고 있었던 바로 그 시점에 유대인들 사이에서 라마로 알려진 폴란드 랍비 모세 이셀리스Moses Isserles도 율법서를 엮을 계획을 하고 있었다. 카로가 율법서를 엮고 있다는 소식을 접하게 된 이셀리스는 좌절감을 느꼈다. 이셀리스는 카로가 자신보다 더 위대한 학자라는 사실을 잘 알고 있었기 때문이다. 그런데 이셀리스는 곧바로 카로의 율법서나 자신의 율법서 하나만으로는 모든 유대인의 필요를 충족시킬 수 없다는 것을 깨달았다. 그래서 결국 《슐칸 아루크》는 먼저 카로의 율법을 기술한 다음 카로의 율법과 상반되거나 카로의 율법을 보충하는 이셀리스의 율법을 이탤릭체로 기술하는 방식으로 엮어지게 되었다.

《슐칸 아루크》는 다음의 네 권으로 구성되어 있다.

1. 오라크 하임Orakh Hayyim – 기도와 축제일에 대한 율법
2. 요레 데아Yoreh Deah – 자선(체다카tzedaka)과 토라 공부, 식사 등에 대한 율법
3. 에벤 하 에제르Even ha-Ezer – 결혼과 이혼에 대한 율법
4. 코셴 미슈파트Khoshen Mishpat – 유대인의 민법

오늘날까지 일반적으로 《슐칸 아루크》(특히 카슈루트)와 관련해 검증된 사람만이 랍비로 임명된다. 그런데 《슐칸 아루크》의 율법들에 대한 단순한 지식만으로는 랍비가 되기에 부족하다. 랍비 서임을 받기 위한 시험을 보려고 저명한 랍비를 찾은 젊은이에 대한 유명한 유대 설화가 있다. 랍비의 첫 질문은 "《슐칸 아루크》의 다섯 권의 책이 무엇인지 말해보게."였다.

젊은이는 랍비가 잘못 말한 것으로 생각하고 《슐칸 아루크》의 네 권의 이름을 말했다. 그러자 랍비가 젊은이에게 《슐칸 아루크》의 다섯 번째 책이 무엇인지 물었다. "《슐칸 아루크》는 네 권으로 되어있습니다." 젊은이가 말했다.

이에 랍비가 말했다.

"다섯 번째 책도 있다네. 상식이 바로 《슐칸 아루크》의 다섯 번째 책이

라네. 자네에게 상식이 없다면 자네가 《슐칸 아루크》의 나머지 네 권을 모두 암기한다 하더라도 그것들은 자네에게 아무 소용이 없는 걸세."

《슐칸 아루크》가 얼마나 자세한 율법까지 언급하는지는 토라 공부에 대한 율법을 열거한 부분에서 인용한 다음의 글을 통해 짐작할 수 있다. 카로는 이 글에서 스승과 제자 모두에게 이른다.

"제자의 이해력이 부족해 제자가 어떤 율법을 잘 이해하지 못하더라도 랍비는 제자에게 화내지 말고 제자가 그 율법의 진정한 의미를 이해할 때가지 계속 설명해주어야 한다. 제자는 어떤 율법을 이해하지 못하고도 이해했다고 말하지 말고 그 율법의 진정한 의미를 이해할 때까지 계속해서 스승에게 물어야 한다. 만일 랍비가 제자가 계속 묻는 것에 화를 낸다면 제자는 이렇게 말해야 한다. '스승님, 이것은 토라이고 저는 토라를 알고 싶지만 제 이해력이 부족합니다.'(요레 데아 246:10)"

■■■ 103

유대인 옹호자에서 유대인 증오자로 변모한 사람

마틴 루터는 유대인 옹호자에서 유대인 증오자로 변모한 역사상 가장 극단적인 사례이다. 그는 유대인들이 그의 종교로 개종하길 거부하자 유대인들을 증오하기 시작했다.

로마 교황청에 대항해 반란을 일으키고 루터 교회라는 독립적인 종교를 만든 루터는 원래 가톨릭 수도사였다. 반란 초년에 루터는 가톨릭교회가 실패한 것을 자신은 성취할 수 있다고 확신했다. 즉 그는 많은 유대인들을 기독교로 개종시킬 수 있다고 확신했던 것이다. 이 목적을 이루기 위해 루터는 1523년에 《예수 그리스도는 유대인으로 태어났다That Jesus Christ Was Born A Jew》라는 소책자를 집필했다. 그는 이 책에서 피의 비방을 중상모략으로 간주했고, 유대인들을 멀리하는 가톨릭교회를 비난했다.

"만일 내가 그런 머저리들이 기독교라는 종교를 이끌고 가르치는 것을 목격하는 유대인이라면 나는 기독교인이 되기보다 차라리 돼지가 되는 것을 선택할 것이다."

루터는 유대인들이 시장에서 공정하게 경쟁할 수 있도록 반유대주의적인 법률을 폐지할 것을 열정적으로 주장했다.

하지만 그로부터 20년이 채 지나지 않아 동일 인물이 히틀러 시대 이전까지의 독일 역사상 가장 반유대주의적인 글들을 썼다. 유대인들이 그의 새로운 기독교를 받아들이지 않는 데 격분한 루터는 유대인들에게 복수할 여덟 가지 행동을 정했다.

1. 모든 시나고그를 불태운다.
2. 유대인의 집을 모두 파괴한다.
3. 유대인의 성서들을 모두 몰수한다.
4. 랍비들이 무엇을 가르칠 때는 사형에 처한다.
5. 유대인이 여행하는 것을 금지한다.
6. 유대인의 재산을 몰수한다.

7. 유대인에게 육체노동을 시킨다.

8. 이 모든 사항들이 부족하다고 판단될 경우엔 모든 유대인을 추방한다.

일찍이 기독교인의 사랑을 주창했던 이 남자가 이렇게 말한 적도 있었다.

"만일 그들이 하나님은 단순한 단일체가 아닌 삼위일체라는 진리를 인정하길 거부한다면 나는 그들에게 목에서 혀를 잘라내겠다고 협박할 것이다."

유감스럽게도, 상기의 반유대주의적인 루터의 글은 파급력이 있었다. 이 글은 독일 전역에 걸쳐 잘 알려지게 되었다. 그로부터 4백 년 후, 히틀러는 이 글을 근거로 루터를 자신의 지지자라고 주장하기까지 했다.

"루터는 오늘날 우리가 겨우 보기 시작한 유대인들의 면모를 확실히 보았다."

나치가 1938년 11월 9일과 10일 양일간 그 악명 높은 '크리스탈나흐트Kristallnacht[6]' 사건을 일으켰을 때 그들은 루터의 생일(11월 10일)을 기리기 위해 이러한 조치를 취한 것이라고 선언했다. 뉘른베르크 재판에서 나치의 선전원이었던 율리우스 슈트라이허Julius Streicher는 자신은 유대인에 대해 마틴 루터보다 더 나쁘게 말한 것이 없다고 주장하며 자신을 변호했다.

6 수정(水晶)의 밤이라는 의미인 크리스탈나흐트는 1938년 11월 9일 나치 대원들이 독일 전역의 수만 개에 이르는 유대인 가게를 약탈하고 250여 개의 시나고그에 방화했던 날을 말한다.

유대인에 대한 루터의 적대감에도 불구하고 그가 시작한 종교개혁은 유대인들에게는 긍정적인 방향으로 발전되었다. 종교개혁 전에 유럽은 하나의 기독교(가톨릭교)만을 공유했고, 유대교는 주요 종교로서는 기독교 이외의 유일한 종교였다. 유럽에서 기독교가 통일성을 잃자 다양한 종교가 발전했고, 이로 인해 유대교는 보다 관대한 대접을 받게 되었다. 같은 지역에 다양한 종교 집단이 있으면 그들은 결국 다원주의의 필요성을 깨닫게 될 수밖에 없기 때문이다. 그것은 마치 개신교의 출현이 민주주의의 토대를 마련하는 데 도움을 준 것과 같다. 열렬한 반유대주의자가 시작한 어떤 프로세스가 결국 유대인들에게 유리하게 작용했다는 것은 역사의 아이러니 중 하나이다.

■■■ 104

세파르디 유대인과 아슈케나지 유대인

유대 공동체는 일반적으로 아슈케나지 유대인과 세파르디 유대인으로 나뉜다. 히브리어로 '아슈케나즈Ashkenaz'는 '독일'을 뜻하고 '세파라드Sefarad'는 '스페인'을 뜻하기에 이러한 구분은 다소 이상해 보인다. 실제로는 유럽에서 거주한 조상을 가진 대다수의 유대인은 아슈케나지 유대인으로, 스페인이나 아랍 세계에서 거주한 조상을 가진 유대인은 세파르디 유대인으로 불리기 때문이다. 하지만 만일 당신이 아슈케나지라는 성을 가진 유대인을 만난다면 그는 거의 틀림없이 세파르디 유대인이다. 여러 세대 전, 아슈케나지라는 성을 가진 유대인들이 세파르디 유대인들이 있는 곳으로 가서 그들과 함께 살았고, 거기서 그들은 '아슈케나지'로 불렸다. 그래서 그들의 후손들이 세파르디 유대인이 되었을 때에도 '아슈케나지'라는 성을 가졌던 것이다.

중세 시대 전반에 걸쳐 스페인 출신의 세파르디 유대인은 자신들을 엘리트 유대인으로 여겼다. 유럽의 다른 대다수 유대인과는 달리 스페인 유대인은 종종 비종교적인 교육 수준이 높았고 상당히 부유했다. 1492년, 스페인에서 추방당한 이후에도 스페인 유대인은 대단한 집단적 자부심을 유지했다. 그들은 편지에 서명할 때도 '쉰 테트Shin tet'라는 히브리어 머리글자를 사용했는데, 이것은 아마 아슈케나지 유대인의 피가 섞이지 않은 '순수한 세파르디'를 뜻한 것 같다. 하지만 일부 학자들은 이것이 '좋은 의도를 가진 사람'이란 뜻으로 단순히 기독교로 개종하지 않기 위해 스페인을 떠난 사람이라는 뜻이라고 주장하기도 한다. 어떤 경우든 스페인을 떠나 유럽의 다른 지역에 정착한 세파르디 유대인은 다른 유대인을 차별적으로 대했다. 18세기 암스테르담과 런던에 있었던 세파르디 유대인의 시나고그들에서는 아슈케나지 유대인은 세파르디 유대인처럼 자리에 앉지 못하고 뒤에 서 있어야 했다. 1766년에 런던의 세파르디 유대인 공동체는 세파르디 남편을 잃은 아슈케나지 과부에게는 세파르디 유대인의 지원금을 주지 않는다는 규칙을 정했다. 세월이 지나면서 이러한 가혹한 태도는 일반적으로 약화되었다. 아랍 세계의 유대인들 역시 세파르디 유대인으로 알려지게 되었는데, 이는 그들이 아슈케나지의 관습이 아니라 세파르디의 관습을 따랐기 때문인 것으로 보인다.

오늘날 이스라엘에 거주하는 세파르디 유대인들이라고 하면 대개 모로코, 이라크, 예멘 등 아랍 세계에서 온 유대인들을 지칭한다. 이들은 스페인 출신 세파르디 유대인들과는 달리 대개 이스라엘에서 부유하지 못한 계층으로 살아왔다. 하지만 미국에선 뿌리가 아랍 세계인 유대인들이 금전적으로 크게 성공한 경우가 많다. 뉴욕 지역에서 가장 잘 알려진 세파르디 유대인 공동체는 7만 이상의 시리아 유대인들이 거주하는 브룩클린과 뉴저지인데, 이들 조상의 대다수가 알레포 Alleppo(시리아 할라브 주의 주도)에서 이곳으로 건너온 유대인이었다. 이 유대인 공동체는 상당히 결속력이 있고, 비유대인과의 혼인율이 미국에서 가장 낮으며, 유대인 학교에 다니는 아이들의 비율이 상당히 높다. 현재 로스앤젤레스와 뉴욕 주에는 이란에 뿌리를 둔 세파르디 유대인 공동체도 많고, 그 규모도 큰데, 이들 공동체 역시 결속력이 강하고 금전적으로 성공한 공동체이다.

세파르디 유대인들의 경우와 마찬가지로 아슈케나지 유대인들 사이에서도 차별적인 요소가 존재한다. 일반적으로 독일계 유대인이 동유럽 출신 유대인보다 지적인 면에서 더 우월하다고 자부하는 경향이 있다. 미국에 먼저 건너온 독일 유대인들은 그 후에 미국으로 건너온 폴란드 및 러시아 유대인들이 미국에 정착하는 데 도움을 주는 아량을 베풀었지만, 그들을 낮춰 보았다. 독일계 유대인이 1843년에 브나이 브리스B'nai B'rith(유대인 문화 교육 촉진 협회)를 설립했을 때 그들은 처음부터 동유럽 태생의 유대인은 회원으로 받아들이지 않았다.

동유럽에 뿌리를 둔 유대인들 역시 독일계 유대인들에 대한 편견들을 갖고 있었다. 초기의 한 시온주의자 총회에서 러시아 태생의 위대한 유대인인 하임 바이츠만Chaim Weizmann이 몇몇 독일계 유대인 대표들과 설전을 벌였는데, 후에 그는 다음과 같이 독일계 유대인들에 대한 자신의 견해를 피력했다.

"독일계 유대인들의 문제가 무엇인지 아는가? 그들의 문제는 독일의 모든 매력과 유대인의 모든 겸손함을 동시에 지녔다는 것이다."

독일계 유대인들의 별명은 그 기원을 정확히 알 수 없는 '예케스Yekkes'였는데, 이 별명은 지금도 유대인들 사이에서 독일계 유대인을 지칭할 때 사용된다. 비록 정확하고 신속하며 고지식하고 다소 냉철한 예케스의 전형적인 기질을 가진 사람을 지칭할 때도 이 별명을 종종 사용하지만 말이다.

유대인들이 스페인에서 살 때, 그들은 몇몇 두드러지는 유대 문화와 관습의 영향에도 불구하고 스페인어를 사용했다. 그리고 스페인에서 추방당한 이후에도 일종의 유대-스페인어를 계속 사용했는데, 이것은 후에 라디노Ladino로 알려졌다. 최근 들어 라디노로 된 여러 고전 작품이 히브리어와 영어로 번역되고 있음에도 불구하고 오늘날 라디노를 사용하는 사람은 극히 드물다.

유럽에선 많은 유대인들이 주로 독일어와 히브리어를 토대로 한 이디시어를 사용했다. 이디시어로 '유대인'은 '이드Yid'이다. 그래서 이디시어를 사용하는 사람들 중에는 자신들은 '유대어Jewish'를 사용한다고 말하는 사람들도 있다. 하지만 그렇게 말하는 것은 잘못된 것이다. 이디시어가 올바른 언어명이기 때문이다.

일반적으로 동등한 권리를 갖지 못한 사회에서 거주한 유대인들만이 이디시어를 사용했다. 예를 들면 폴란드와 러시아에 거주한 유대인들은 이디시어를 사용한 반면, 19세기에 프랑스와 독일에 거주한 대다수의 유대인들은 각각 프랑스어와 독일어를 사용했다. 동등한 권리를 가지는 나라들로 이주한 1세대 유대인들은 대개 이디시어를 사용했다. 1920년대에 뉴욕에서 출간된 이디시어 신문은 매일 20만 부 이상이 팔렸다.

이디시어는 특별히 다채로운 언어이다. 미국에서는 특별히 좋은 의미를 가진 이디시어 단어들이 꽤 많이 다른 언어의 어휘로 편입되었다. 유엔 주재 미국 대사를 역임한 진 커크패트릭Jeane Kirpatrick은 1988년 미국 대선에 출마할 것인지를 묻는 질문을 받고 이렇게 대답했다.

"저는 선거운동이나 '슈렙핑shlepping(이리저리 다니는 것)'은 꺼리지 않아요. 제게는 대선 출마를 하는 데 문제가 되는 것이 질문과 위험성이죠."

여배우 캔디스 버겐Candice Bergen은 한 기사에서 자신은 중국에 대한 '마벤maven(전문가)'이 아니라고 고백했다. '키비츠kibitz'는 '슈레미엘shlemiel'과 '슈레마잘shlemazal'과 마찬가지로 '결코 잘하지 못한다.'라는 뜻의 이디시어 단어이다. 유대 민담에 따르면 '슈레마젤'은 항상 찻잔을 엎지르는 사람이고 '슈레미엘'은 항상 넘어지는 사람이다. 미국인들이 즐겨 쓰는 다른 이디시어 단어로는 멘슈mensch(훌륭한 사람), 메슈가meshugga(미친), 바겔bagel과 옌타yenta(두 단어 모두 지나치게 말이 많은 사람이라는 뜻) 등이 있다.

지금까지도 이디시어를 주요 언어로 사용하는 유대 공동체는 일부 하시디즘 종파밖에 없다. 하지만 이디시어의 종말을 예상하는 것은 시기상조이다. 1978년에 노벨문학상을 수상한 이디시어 작가인 아이작 바셰비스 싱어Isaac Bashevis Singer는 그가 1935년 미국에 건너온 이래로 사람들이 이디시어의 종말을 예상해온 것에 주목했다. 사람들의 이러한 예상에도 불구하고 이디시어는 여전히 끈질긴 생명력을 보여주고 있다.

■■■ 105

크미엘니츠키 대학살

오늘날 크미엘니츠키 대학살에 대해 알고 있는 사람은 드물지만 홀로코스트가 있기 3세기 전에 나치의 유대인 대학살에 버금가는 유대인 대학살은 분명히 일어났다.

우크라이나의 폴란드 통치에 항거한 반란을 성공적으로 이끈 우크라이나 반란군 수장인 보그단 크미엘니츠키Bogdan Chmielnitzki가 1648-1649년에 크미엘니츠키 대학살을 지휘했다. 우크라이나에 토지를 소유한 폴란드 귀족들 밑에서 일한 유대인이 많았기에 크미엘니츠키는 유대인들에게도 강한 적개심을 느꼈다. 히틀러와 마찬가지로 크미엘니츠키도 유대인라면 물불을 가리지 않고 증오했던 것 같다. 전 세계적으로 유대인 인구가 150만 명을 넘지 않았던 당시에 그의 군대가 학살한 유대인 수는 10만 명 이상이었던 것으로 추정된다.

다음의 묘사는 크미엘니츠키 대학살에서 일반적으로 자행된 잔혹함을 선명하게 보여준다. 심장이 약한 사람은 아래의 글을 읽지 말길 바란다. 나는 이런 끔찍한 구절을 이 책에 포함시키는 것이 적절할까 많이 망설이긴 했지만, 그보다는 유대 역사에서 이러한 비극적 사건이 잊힐 수도 있다는 걱정이 더 컸다.

> "그들은 유대인의 살점을 뜯어 그것을 개들에게 던져주기도 했고, 유대인의 손발을 잘라 길에 던져 지나가는 마차에 밟히도록 했다. …… 그리고 수많은 유대인을 생매장했다. 아이들은 어머니의 품에서 살해당했다. 물고기처럼 갈가리 찢겨 버려진 아이들이 많았다. 그들은 임산부의 배를 갈라 아직 태어나지 않은 아이를 꺼내 임산부의 얼굴에 던졌다. 그들은 유대인의 배를 가르고 그 안에 살아 있는 고양이를 앉히기도 했는데, 그 전에 유대인의 양손을 잘라 자기 배에서 고양이를 꺼내지 못하도록 했다. 그들이 실천에 옮기지 않은 살인 방식은 이 세상에 존재하지 않았다."

하나님의 형상으로 창조된 인간들이 그런 만행을 저질렀다는 것은 정말 믿기 힘든 사실이다. 우크라이나 국민들이 지금도 보그단 크미엘니츠키를 국민적 영웅으로 추앙한다는 사실 또한 똑같이 믿기 힘든 사실이다. 러시아 민족주의자들까지 크미엘니츠키를 우크라이나와 러시아의 통합을 주도한 '위대한 애국주의자'로서 높이 평가한다. 내가 1973년에 소련을 방문했을 때 나의 관광 안내원은 내게 모스크바에 크미엘니츠키 거리가 있을 정도로 크미엘니츠키는 소련에서 '위대한 군인이자 영웅'으로 인정받아왔다고 설명해주었다. 그녀는 내가 크미엘니츠키를 알고 있다는 사실에 놀랐고, 그에 대한 나의 평가가 상당히 부정적이라는 사실에 더욱 놀랐다.

크미엘니츠키 대학살 동안 살아남은 다수의 유대인은 주로 콘스탄티노플Constantinople 노예 시장에 노예로 팔렸다. 그로부터 여러 해 동안 유럽 전역의 유대인 공동체들은 기금을 모아 이러한 노예들을 구원하고 해방시켰다.

크미엘니츠키 대학살이 야기한 공포와 좌절감은 그로부터 약 20년 후에 많은 유대인들이 거짓 메시아인 샤베타이 제비Shabbetai Zevi를 메시아로 섬기는 데 상당한 영향을 끼친 것으로 보인다.

■■■ 106

가짜 메시아를 구별하는 지혜

1655년에 아마 세계 유대인의 절반 이상이 터키 유대인인 샤베타이 제비Shabbetai Zevi(1626-1676)를 메시아로 믿었을 것이다. 그들은 샤베타이 제비가 머지않아 터키의 통치로부터 팔레스타인을 해방시키고 그곳에 독립적인 유대인 국가를 재건해주리라고 믿었다. 여러 기록들에 따르면 영국 유대인들은 '메시아의 재건'은 십중팔구 2년 이내에 일어날 것이라 점쳤다고 한다. 독일의 상류층 유대인들은 팔레스타인으로 가는 긴 여정을 준비하기 위해 큰 짐을 꾸렸다.

하지만 재앙이 닥쳤다. 샤베타이 제비가 터키의 술탄을 만나 팔레스타인의 반환을 요구하는 일은 일어나지 않았고, 대신 술탄이 샤베타이를 위협했다. 이슬람교로 개종하지 않으면 죽을 때까지 고문을 하겠다는 것이었다. 그로부터 얼마 지나지 않아 술탄의 궁전에 들어간 샤베타이는 메헤메트 에펜디Mehemet Effendi라는 이슬람 이름을 짓고 머리에 터번을 둘렀다.

유대 공동체는 엄청난 충격을 받았다. 유대인들은 또 한 번 '메시아'의 큰 실패로 고통을 받아야 했다. 예수는 기독교의 아버지가 되었고, 바르-코크바는 파멸을 초래한 반란에 유대인들을 끌어들였는데, 이제 샤베타이는 이슬람교도가 된 것이다.

샤베타이에 대한 유대인들의 대대적인 지지는 다소 놀라운 것이었다. 샤베타이는 오랜 기간에 걸쳐 자신이 상당히 이상한 인물이라는 증거를 보여주었기 때문이다. 샤베타이는 자신과 토라 두루마리와의 상징적인 결혼식을 거행하기도 했고, 유대 전통이 속죄일에 예루살렘 대성전의 대제사장에게만 허용한 행위인 하나님의 이름을 부르기도 했다. 그뿐만 아니라 두 차례 결혼했지만 부부관계도 갖지 않고 이혼까지 했다.

그럼에도 불구하고 꽤 많은 랍비들을 비롯해 엄청나게 많은 유대인들이 '메시아 광란'에 빠졌다. 그렇게 된 데는 샤베타이의 탁월한 홍보 담당자인 가자Gaza의 나단Nathan의 힘이 컸다. 나단은 사라진 열 지파의 임박한 귀환과 터키 술탄의 전복, 그리고 그 후 메시아 샤베타이의 성공적인 통치를 예견한, 설득력 있게 작성한 성명서를 유대 세계 전체에 뿌렸다. 널리 퍼져 있고 흔히 순진한 면모를 보이는 종교적 독실함으로 인해 많은 유대인들이 이 메시지를 거부할 수 없었다. 10만 명 이상의 유대인들의 목숨을 앗아간 끔찍한 크미엘니츠키 대학살 후에 나단의 성명서가 발표되었기에 유럽에서 나단의 성명서는 특별히 열렬한 환영을 받았다. 실제로 그토록 많은 유대인들로 하여금 메시아의 시대가 임박했음을 믿게 한 것은 다름 아닌 크미엘니츠키 대학살의 공포였다.

샤베타이가 이슬람교로 개종한 후에도 나단은 계속해서 그가 메시아라고 주장했다. 나단의 주장에 의하면 메시아로서의 샤베타이의 임무는 이슬람교라는 더 낮은 세계로 내려가 이슬람교의 불순한 불꽃들을 순수한 불꽃들로 바꾸는 것도 포함되기에 그가 이슬람교로 개종했다는 것이었다. 샤베타이가 구세주라는 데 자신들의 명예를 건 수천 명의 유대인들은 나단의 설득력 없는 설명을 받아들였다.

터키에서는 도엔메Doenmeh라 불리는 한 유대인 집단이 샤베타이가 메시아라는 믿음을 고수하면서 이슬람교로 개종했다. 그들은 샤베타이가 메시아라고 확신했기에 독립된 이슬람교 종파로서 제1차 세계대전 후까지 생존할 수 있었다.

샤베타이가 죽은 지 수십 년이 지난 시점에 동유럽에 거주하는 제이콥 프랭크Jacob Frank라는 한 악당은 자신이 샤베타이의 후계자라고 주장했다. 그는 새로운 메시아 시대에 유대 율법은 효력이 없다고 주장하는 운동을 주도했다. 프랭크는 심지어 아내를 바꾸는 스와핑 난행을 벌이기도 했는데, 이는 곧바로 조직화된 유대인 공동체가 그를 처형하는 결과로 이어졌다. 1759년에 프랭크의 추종자들은 집단적으로 가톨릭교로 개종해 이전에 종교적으로 한 배를 탔던 사람들을 기독교도들(가톨릭교도들)을 살해해 그들의 피를 마셨다는 죄목으로 고소했다.

물론 대다수의 유대인은 샤베타이가 이슬람교로 개종했다는 이야기를 듣고 그를 더 이상 메시아로 여기지 않았다. 하지만 이전의 황홀한 기대 후에 맛본 유대인들의 고통은 크미엘니츠키 대학살 후 곧바로 닥친 것이어서 특히 더 심했음에 틀림없다.

그러면 이 유감스러운 에피소드가 야기한 좋은 점은 전혀 없었을까? 위대한 카발라 학자이자 천 쪽에 달하는 샤베타이 전기를 쓴 게르숌 숄렘의 주장에 따르면 1665–1666년의 처음 몇 달 동안 전 세계 유대인들은 머지않아 자신들이 구원받고 팔레스타인을 되찾을 것이라는 믿음으로 합심했다는 것이다. 자유가 어떠하다는 것을 잠깐 맛본 유대인들 중 다수에게는 자신들의 무력한 상황을 묵묵히 받아들이는 것이 불가능했다(심지어 샤베타이가 가짜 메시아라는 것이 드러난 후에도). 숄렘은 시온주의 운동과 동등한 권리를 보장받으려는 유대인들의 투쟁을 어느 정도 '샤베타이의 메시아 소동'이 야기한 사회적 · 종교적 격변의 산물로 보았다.

'메시아'에 대해 말하자면, 그는 악의적인 사기꾼이었을까, 아니면 정신이상자였을까? 최근에 이루어진 몇몇 분석에 따르면 샤베타이는 심각한 조울증 환자였다는 것이다. 그가 죽은 지 3세기가 지나서 이 진단의 정확성을 평가하는 것은 불가능하지만, 이 진단은 현존하는 그의 전기나 일화가 보여주는, 환희의 시기와 의기소침한 우울의 시기가 번갈아 찾아오는 그의 삶과 부합하는 듯 보인다. 샤베타이가 기분이 고양된 시기에 술탄이 팔레스타인을 자신에게 넘겨주리라 예상하며 술탄과의 만남을 고대했을 가능성은 충분히 있다. 하지만 안타깝게도 술탄의 위협은 그의 들뜬 기분을 순식간에 가라앉혀 공포와 우울로 바꾸어놓았다. 샤베타이는 이슬람교로 개종한 뒤 10년밖에 살지 못하고 알바니아에서 유배 생활을 하다 죽었다.

■■■ 107

하나님이 자연이고 자연이 하나님이다

저명한 유대 역사학자 아서 헤르츠베르그Arthur Hertzberg는 바루크 스피노자Baruch Spinoza(1632-1677)가 기독교로 개종하지 않고 유대인 공동체를 떠난 최초의 유대인이라는 점에서 그를 최초의 현대 유대인으로 묘사하곤 했다.

스피노자는 범신론자였다. 그는 하나님은 독립적인 의지를 가진 분리된 존재가 아니라 자연 안에 있다고 믿었다. 유대인 철학자인 루이스 제이콥스는 이렇게 기술한 바 있다.

"스피노자의 체계에 따르면 하나님과 자연은 서로 다른 이름을 가졌지만 동일한 것으로 다루어진다. 다시 말해 하나님은 자연 밖에 존재하거나 자연과 분리되어 있지 않다는 것이다. 그의 체계에서는 하나님이 자연을 창조하지 않았고, 하나님이 자연이고 자연이 하나님이다."

이러한 이론을 근거로 스피노자는 유대교와 기독교 모두를 터무니없는 종교로 여겼다. 그의 시각에선 하나님에게 의지나 지력과 같은 속성을 부여하는 것은 가당찮은 일이었다. 그에게 그것은 마치 사람들이 시리우스를 큰개자리라고 부른다고 해서 그 항성에게 짖어대기를 요구하는 것과 같았다. 스피노자는 초자연적인 계시가 아닌 이성에 기반을 둔 윤리 체계를 구축하려고 애썼다.

스피노자는 20대 중반에 암스테르담 랍비들에게 파문당했다. 천사는 존재하지 않고 영혼은 불멸하지 않으며 토라는 하나님의 말씀이 아니라고 주장했기 때문이다. 공동체 리더들은 스피노자에게 더 이상 이단적인 발언을 하지 말라고 경고했다. 하지만 스피노자는 그들의 경고를 무시했고, 이에 그들은 다음과 같은 글을 공표했다.

"그가 밖에 나갈 때도 저주받게 하시고 집으로 들어올 때도 저주받게 하소서. 주께서 그의 죄들을 용서하지 마옵소서. 주의 분노와 노여움이 이 남자에게 미치게 하시고, 그에게 토라에 기록된 모든 저주를 내리옵소서. 주께서 하늘 아래에서 그의 이름을 없애주소서. 그리고 주께서 그를 파멸하시고 이스라엘의 모든 지파에서 그를 몰아내소서……."

히브리어로 '케렘kherem'으로 알려진 스피노자의 파문은 전적인 것이었다. 어떠한 유대인도 그와 거래를 하거나 말을 하거나 네 걸음 이내에 서있지 말아야 했다. 케렘 이후에 스피노자가 정말 어떠한 유대인과도 말하지 않았다는 것을 확실히 입증해주는 증거는 없다.

스피노자는 자신의 후기 글들로 성경을 비판하는 선구자가 되었다. 익명으로 출간한 스피노자의 저서 《신학적 · 정치적 평론Theological-Political Tractate》에서 그는 한 사람이 토라를 썼을 리가 없을 뿐만 아니라 토라 전체가 모세 시대에 완성된 것도 아니라고 주장했다. 그는 모세 시대 후 약 8백 년이 지나 에스라에 의해 토라가 완성되었다는 것을 사실로 가정했다. 그는 토라를 하나님의 말씀으로 보지 않고 인간의 기록으로 보았다. 스피노자는 자신의 철학에 의거해 자연법칙에 어긋난다는 이유로 성경의 기적들이 일어난다는 것은 불가능하다고 믿었다.

진보적인 유대인들은 오랫동안 종교적으로 편협하다는 이유로 스피노자의 파문을 비난했다. 1950년대에 당시 이스라엘의 수상이었던 데

이비드 벤-구리온David Ben-Gurion은 스피노자의 파문 해제를 건의했다. 하지만 암스테르담의 랍비들은 벤-구리온의 뜻을 따르지 않았다.

지난 세기 동안, 유대 세계에서 파문 사례는 거의 없었는데, 이는 파문의 영향력이 엄청나게 파괴적일 수 있다는 점을 고려할 때 참으로 다행스러운 일이다. 스피노자가 파문되기 몇 년 전에 또 다른 네델란드 유대인인 우리엘 다 코스타Uriel da Costa(1585-1640년) 또한 암스테르담의 유대교 지도층과 충돌해 파문당했다. 스피노자와는 달리 우리엘 다 코스타는 동료 유대인들이 자신을 거부하는 것에 감정적으로 큰 충격을 받고 파문의 원인이 된 그의 견해를 철회했다. 유대인 공동체가 다시 그를 받아주기 전에 그는 공개적으로 채찍을 맞는 모멸적인 처벌도 받았다. 그 후 얼마 지나지 않아 우리엘 다 코스타는 스스로 목숨을 끊었다.

오늘날에는 아내에게 유대 이혼 증서를 주지 않고 이혼하는 남편을 가끔 파문하는 경우를 제외하고는 파문하는 사례가 거의 없다.

108

중세 왕실의 유대인들

중세 유럽에서 유대인들이 어떤 제한적인 권리를 가졌든 그것은 대개 법률에 의해서가 아니라 개인에 의한 것이다. 예를 들면 비유대인 리더가 자신의 공동체에 유대인의 정착을 허용했을 때 유대인은 그곳에 정착할 수 있었다. 따라서 유대인들에게 우호적인 이교도 통치자가 죽으면 유대인들은 긴장했다. 그 후계자가 유대인들을 추방하거나 유대인의 재산을 몰수하거나 유대인들에게 지나친 세금을 징수할 수도 있었기 때문이다.

유대인 동포들을 대표해 외부 세계와 접촉하는 유대인들을 슈타드라님shtadlanim이라 불렀는데, 11세기에 이 용어가 생겼다. 슈타드라님은 종종 왕실 유대인(지역 통치자의 신하로 일한 유대인들에게 주어진 칭호)이었다. 왕실 유대인은 많았는데, 여러 작은 공국으로 나뉜 독일에 특히 왕실 유대인이 많았다.

왕실 유대인의 주요 임무는 대부 기한을 연장하고 대부금을 조정하며 군수품 구매를 담당하는 것이었다. 상황이 좋을 때는 대개 유대 공동체에서 가장 부유한 사람들인 왕실 유대인들이 권력과 영향력을 행사할 수 있는 위치에 있었다. 하지만 상황이 나쁠 때는 왕실 유대인들이 종종 반유대주의를 표방하는 군주에게 가장 먼저 희생되었다.

가장 유명한 왕실 유대인은 18세기에 뷔르템베르크Württemberg의 군주 밑에서 재무장관으로 일한 요세프 쉬스 오펜하이메르Joseph Süss Oppenheimer였다. 뷔르템베르크의 군주로부터 두터운 신임을 얻은 그는 막강한 권력을 행사할 수 있는 인물이 되었다. 하지만 군주가 갑자기 죽자 오펜하이메르의 적들은 즉시 그를 붙잡아 사형을 선고했다. 이에 리거 목사가 그에게 기독교로 개종하면 목숨을 구할 수 있다고 말했다. 오펜하이메르는 비록 유대 의례를 철저히 지키는 유대인은 아니었지만 리거 목사의 제안을 받아들이지 않았다.

"나는 유대인이고 유대인으로 남을 것입니다. 내게 황제 자리를 준다 해도 나는 기독교로 개종하지 않을 것입니다. 개종은 자유인에게는 고려의 대상이지만 죄수에게는 사악한 일입니다."

오펜하이메르는 슈마 이스라엘 기도문을 읊조리면서 형장의 이슬로 사라졌다.

왕실 유대인들과 슈타드라님은 권리가 아니라 사적인 호감과 뇌물을 기반으로 동료 유대인들을 옹호했기에 슈타드라님이란 단어는 오늘날 부정적이고 다소 무기력한 의미를 함축한다. 특정 쟁점에 대해 적극적인 시위를 해야 한다고 주장하는 유대인이 있고 소리 없는 외교를 펼치는 것을 옹호하는 유대인이 있을 때 전자는 후자를 엉클 톰을 연상시키는 슈타드라님이라 비난하는 경향이 있다.

■■■ 109

날마다 혁신해야 할 대상은 바로 종교

현대 유대인들은 종종 '하시딤Hasidim(하시디즘 구성원들)'을 초정통파ultra-Orthodox 유대인들과 같은 말로 사용하지만, 18세기 동유럽에서 일어난 종교 운동인 하시디즘은 원래 혁신적이고 진보적인 종교 운동으로 간주되었다. 미트나그딤Mitnagdim으로 알려진 하시딤의 반대파 유대인들이 정통파 유대인들이었다. 무엇보다 두 집단이 각각의 랍비 리더들에 대해 말하는 이야기들이 두 집단의 차이점을 분명하게 보여준다. 미트나그딤은 그들의 리더인 빌나 가온Vilna Gaon이 일곱 살도 채 되지 않았을 때 탈무드에 대한 수준 높은 담론을 펼쳤고, 하루에 18시간 유대 문헌들을 공부했다는 사실을 자랑스럽게 여긴다.

하시디즘의 창시자인 이스라엘 바알 쉬엠 토브Israel Ba'al Shem Tov(1700-1760)는 아주 다른 종류의 이야기들에서 영웅으로 그려진다. 하시디즘 사람들에 따르면 바알 쉬엠 토브는 유대 초등학교인 체데르cheder에서 보조 교사라는 낮은 직위의 직업에 종사하며 십대 시절을 보냈다. 그는 매일 아침 아이들의 집을 돌며 아이들을 모아서 노래를 부르며 아이들을 학교로 데리고 왔다. 결혼을 하고 나서 그와 그의 아내는 멀리 떨어진 카르파티아 산맥Carpathian Mountain에 가서 살았다. 거기서 바알 쉬엠토브는 점토와 석회를 캐는 노동자로 일했고, 그의 아내는 마을로 가서 그것들을 팔았다.

이 시기 동안 바알 쉬엠 토브는 근처 숲에서 명상과 고독을 즐기며 많은 시간을 보냈다. 그의 추종자들은 이 시기를 모세가 미디안에서 장인의 양을 돌보며 보낸 명상과 고독의 시기와 연결 지었다.

1736년경에 바알 쉬엠 토브는 치유자이자 리더로 세상에 모습을 드러냈다. '좋은 이름의 주인'이란 뜻을 가진 그의 성은 종종 유대인들 사이에서 기적적인 결과를 이끌어내는 일꾼이나 치유자들에게 붙여졌다. 그는 1740년에 폴란드와 우크라이나의 국경에 인접해 있고 리투아니아와도 그리 멀지 않은 메지보즈Meziboz라는 마을로 이주했다. 주변 나라들로부터 많은 제자들이 그를 찾아오기 시작했다. 그런데 그의 가르침은 예시바의 가르침과는 전혀 달랐다. 그는 복잡한 율법보다 하나님 및 동료들과의 개인적인 관계에 훨씬 더 중점을 두었던 것이다. 하시딤이 바알 쉬엠 토브에 대해 전하는 이후의 이야기들은 항상 손에 파이프를 든 그가 등장하는, 깊은 종교적 의미를 담은 일견 세속적인 일화들이다(이들 일화에선 바알 쉬엠 토브를 대개 바알 쉬엠 토브의 단축형인 베슈트 Besht로 칭한다.). 그는 메즈리치Mezrich의 도브 바에르Dov Baer를 후계자로 남겨 두고 1760년에 세상을 떠났다. 베슈트(바알 쉬엠 토브)는 임종 직전에 그의 병상 주위에 서 있는 사람들에게 이렇게 말했다고 한다.

"저는 저의 죽음을 슬퍼하지 않습니다. 저는 하나의 문이 닫히는 동안 또 다른 문이 열리는 것을 볼 수 있기 때문입니다."

베슈트의 가르침에서 두드러진 여러 주제들은 그의 제자들이 발전시킨 하시디즘 운동이 중점적으로 강조한 주제들이 되었다. 전적으로 혁신적이진 않지만 베슈트가 유대교에서 크게 강조한 주제들이 있었는데, 미트나그딤은 대개 이것들을 경시하거나 무시했다. 그중 하나가 마음이다. 베슈트는 "하나님은 마음을 열망하신다(산헤드린 106b)."라는 탈무드 구절을 특히 좋아했는데, 그는 이 구절을 하나님은 탈무드에 대한 지식보다 순수한 종교적 영혼을 더 중요하게 여기신다는 의미로 해석했다. 다음은 베슈트에 대한 일화이다.

> 속죄일에 글을 모르는 한 가난한 유대인 목동이 예배를 드리기 위해 시나고그를 찾았다. 목동은 예배에 깊은 감동을 받았지만 기도문들을 읽을 수 없어 낙심했다. 그래서 목동은 멋지게 할 수 있다는 자신감으로 휘파람을 불기 시작했다. 목동은 자신의 휘파람을 하나님께 선물로 드리고 싶었던 것이다. 회중은 목동의 이 불경한 행동에 크게 당황했다. 목동에게 고함을 치는 사람들도 있었고 그를 시나고그에서 내쫓길 원하는 사람들도 있었다. 바알 쉬엠 토브는 곧바로 그들을 저지하며 말했다.

"지금까지 저는 우리의 기도가 천상에 도달하려는 것을 막는 것이 있다고 느꼈습니다. 그런데 이 목동의 휘파람 소리가 너무도 순수해 우리의 기도가 곧바로 하나님께 미칠 수 있도록 장애물을 걷어주었습니다."

바알 쉬엠 토브가 특별히 강조했던 또 다른 고대 유대인의 원칙은 "온 세상이 하나님의 영광으로 가득하다."라는 이사야서의 한 구절을 토대로 한다. 만일 온 세상이 하나님의 영광으로 가득하다면 우리는 세상적인 즐거움에 등을 돌려야 한다는 미트나그딤과 금욕주의자들의 생각은 잘못되었다는 것이 베슈트의 논리였다. 베슈트는 이렇게 말하곤 했다.

"어떤 소녀가 아름답다는 것을 거부하지 말라. 그 소녀의 아름다움을 인식하는 것은 당신을 그 아름다움의 원천인 하나님께로 데려다준다는 것을 확신하기 바란다."

그렇게 할 수 있는 사람은 심지어 그 자신의 육체적인 즐거움으로도 영적인 성장을 야기할 수 있다는 것이 베슈트의 주장이었다.

세상은 하나님으로 가득하기 때문에 사람은 항상 즐거워야 하는데, 실제로 가장 위대한 창조 활동은 즐거운 분위기에서 행해졌다는 것이 베슈트의 믿음이었다. 그는 이렇게 선언했다.

"모든 아이들이 기쁨과 즐거움을 통해 태어난다. 이런 맥락에서, 자신의 기도가 열매를 맺길 바라는 사람은 기쁨과 즐거움으로 기도해야 한다."

이러한 그의 주장은 당시 유대인들이 가졌던 여러 개념들에 거세게 도전했다. 다수의 종교적인 유대인, 특히 그중 신비주의자들은 금욕주의를 설파하고 매주 월요일과 목요일에 유대인들이 금식하는 것을 지지했다. 반면 바알 쉬엠 토브는 사람들에게 금욕주의를 멀리하라고 가르쳤다. 금욕주의자들은 즐거움이 아니라 우울감에 빠질 수 있다는 것이 그 이유였다. 베슈트의 가르침에 익숙하지 않은 외부인들에게 하시디즘의 기도 예배는 가끔 위엄이 없게 보였고, 심지어 무질서하게 보이기까지 했다. "내 모든 뼈들이 '오 여호와여, 힘겨워하는 약한 사람들을 구해내시고 돈도, 힘도 없는 사람들을 강한 사람들에게서 구해내시니 주와 같은 분이 어디 있겠습니까?' 할 것입니다.(시편 35:10)"라는 시편의 황홀한 선언을 실현하기 위해 하시디즘 예배자들은 물구나무서기까지 했기 때문이다. 베슈트는 다음의 이야기로 하시디즘 예배에서의 이러한 행동들을 개성 있게 변호했다. 한 귀머거리 사내가 결혼 피로연이 열리고 있는 홀 옆의 복도를 지나갔다. 사내는 창문을 통해 사람들이 왁자지껄하며 흥겹게 춤을 추고 있는 것을 보았다. 하지만 사내는 음악을 들을 수 없었기에 홀 안의 사람들이 미쳤다고 생각했다.

베슈트는 또한 '차디크Tzaddik(하시디즘의 종교 지도자)'는 어떻게 종교 생활을 해야 하는지를 보여주는 본보기가 되어야 한다고 가르치기도 했다. 하지만 베슈트는 차디크와 관련한 원칙을 자신의 후계자들만큼 강조하지 않았다. 반면 그의 바로 다음 후계자인 도브 바에르는 차디크와 관련한 원칙을 하시디즘의 핵심으로 삼았다. 도브 바에르는 하나님은 차디크의 아주 사소한 행동을 통해서도 당신을 드러내신다고 가르쳤다. 뛰어난 차디크는 평범한 유대인들보다 하나님과 더 가까운 관계를 맺기에 사람들에게 축복을 내릴 수 있고, 사람들은 그 보답으로 차디크에게 선물을 주어야 한다고 도브 바에르는 가르쳤다.

차디크의 권능과 위대함에 대한 믿음은 하시디즘의 가장 강력한 동시에 가장 논란이 많은 사상 중 하나가 되었다. 하시디즘의 반대파들은 차디크가 종종 제자들을 희생시켜 자신의 배를 불렸다고 비난했다. 도브 바에르 이후, 수많은 신생 하시디즘 그룹이 형성되었는데, 각각의 그룹에는 '레베rebee'라 불리는 차디크가 있었다. 이들 레베는 유대 왕족과 흡사했다. 레베가 죽으면 그의 아들이나 사위가 레베 자리를 계승했기 때문이다. 탁월한 가문을 구축한 하시디즘 집단들이 성공했다. 하지만 많은 하시디즘 집단들이 그들의 레베가 죽어 능력이 떨어지는 후계자가 그 자리를 계승했을 때 점차 쇠락했다.

미국에서 가장 유명한 하시디즘 집단은 브룩클린에 본부를 둔 루바비치Lubavitch파派이다. 1700년대 후반에 하시디즘 운동이 시작된 이래로 그들의 7번째 레베가 된 인물은 1994년에 사망한 메나헴 멘델 슈니어손Menachem Mendel Schneersohn이다. 루바비치는 하시디즘 운동의 다양한 봉사활동으로 인해 비정통파 유대인들이 가장 많이 모이는 경향이 있는 하시디즘 단체지만 미국과 이스라엘에는 수십 개의 다른 하시디즘 단체가 있다. 하시디즘 운동 초기에 하시딤이 샤베타이 제비가 창시한 종파와 유사한 또 다른 이교도 종파가 될 것을 우려한 미트나그딤이 하시딤을 적극적으로 처형했다. 하지만 하시디즘 운동 형성기에 하시딤은 이스라엘의 구원이 아니라 개인의 종교적 성장에 가장 큰 역점을 두는 현명함을 발휘했다. 다시 말해 메시아적인 요소를 경시했던 것이다. 하지만 그것조차 미트나그딤을 달래기에는 역부족이었다. 적절한 기도 시간에 대한 자유방임적인 태도와 같은 하시디즘의 다른 특징들은 하시디즘의 반대파들을 크게 자극했다. 하시딤은 반대파들에게 자신들은 세 차례의 일일 기도 예배 시간을 정확히 정할 수 없다고 답했다. 자신들은 열정적으로 기도하기에 시계를 보면서 시간을 잴 여유가 없다는 것이었다.

이스라엘의 역사학자 제이콥 카츠Jacob Katz는 하시딤의 다른 관행들이 어떻게 하시딤과 다른 유대인들을 구분 짓는지에 대해 기록했다. 일례로 하시딤은 동물들을 도살할 때 미트나그딤 도살자가 사용하는 칼보다 더 예리한 칼을 사용할 것을 종용했는데, 이것은 사회적인 분열을 초래했다. 즉 이 원칙으로 인해 하시딤은 더 이상 미트나그딤의 집에서 식사를 할 수 없었던 것이다. 하시딤은 또한 자신들만의 기도서를 사용했기에 그들의 시나고그 예배는 다른 유대인들의 시나고그 예배와는 다소 차이가 있었다. 때문에 그들은 다른 유대인들과 별도로 시나고그 예배를 드렸다. 그들의 가장 뛰어난 '홍보 활동'은 그들 자신을 '독실하고 성스럽다'는 뜻의 히브리어인 '하시딤'이라 부르고, 그들의 적수들을 '반대파'라는 뜻의 히브리어인 '미트나그딤'이라 부른 것이다. 이 용어들은 두 집단 중 하시딤을 더 역동적이고 긍정적으로 보이게 만들었다.

시간이 흐름에 따라 하시딤과 미트나그딤의 차이점들은 점점 더 사소해져 갔다. 특히 19세기에 하시딤과 미트나그딤의 공동 적인 하스칼라(유대 계몽주의)가 등장했을 때는 더욱 그랬다. 지금까지 하시딤 자녀나 미트나그딤 자녀가 상대 진영으로 가지 않을까 우려했던 유대 부모들은 이제 그들의 자녀가 종교성을 모두 잃지 않을까 하며 훨씬 더 우려하게 되었다.

하시딤과 미트나그딤의 분열을 줄인 또 다른 요인은 19세기와 20세를 거치면서 하시딤이 탈무드 공부를 점점 더 강조했다는 점이다. 이러한 움직임이 확대되면서 하시딤은 명상과 하나님과의 교감을 덜 강조했고, 유대의 전통적인 가르침을 더 강조하게 되었다. 그 결과 오늘날의 하시딤은 더 이상 혁명가들로 여겨지지 않는다. 실제로 그들 중에는 18세기와 19세기의 남성 하시딤이 입고 쓴 검정 외투와 모자를 여전히 입고 쓰는 정통파 유대교의 보수적인 사람이 많다.

그럼에도 유대교에 대한 하시딤의 접근법은 미트나그딤의 접근법과는 상당한 차이가 있다. 일반적으로 하시딤은 '계율을 수행하는 즐거움(심차 셸 미츠바simcha shel mitzvah)'에 훨씬 더 역점을 둔다.

■■■ 110

진리가 있는 곳엔 사사로운 감정이 없다

빌나 가온Vilna Gaon(1720-1797)의 원래 이름은 빌나Vilna의 랍비 엘리야Elijah이다. 일찍이 그에게 주어진 호칭인 '가온'은 '천재'라는 뜻이다. 따라서 그가 일반적으로 불리는 빌나 가온을 번역하면 '빌나의 천재'가 된다. 앨버트 아인슈타인이 천재의 전형이라면 빌나 가온은 종교적인 천재이다. 뛰어난 지적 능력을 보이지 않는 자녀에 대해 보통 부모가 "우리 애는 아인슈타인은 아니에요."라고 말한다면 독실한 유대교도 부모는 "우리 애는 빌나 가온이 아니에요."라고 말할 것이다.

교훈을 주는 유명한 이야기에 따르면 아인슈타인은 어렸을 때 아인슈타인이 아니었던 것으로 보인다. 그런데 역사 자료에 따르면 가온은 아주 어렸을 때부터 뚜렷한 천재성을 보였다고 한다. 가온은 여섯 살 때 성경과 탈무드를 혼자서 공부했다. 그의 선생들이 그와 보조를 맞추는 데 어려움을 겪었기 때문이다. 그로부터 1년이 채 지나지 않아 가온은 빌나에서 가장 큰 시나고그에서 탈무드에 대한 담론을 펼쳤다. 그러자 빌나의 랍비장은 혹시 가온이 준비한 이야기를 앵무새처럼 말한 것은 아닐까 의심하며 가온과 면담을 했다. 면담을 끝낸 랍비장은 곧바로 이 어린아이가 자기가 한 말의 모든 복잡한 사항까지 이해한다고 결론지었다.

가온은 십대에 유대의 거의 모든 종교 문헌을 섭렵했음에도 불구하고 77세에 생을 마감할 때까지 매일 18시간씩 공부했다. 유명한 유대 전설 하나는 어떤 사람이 가온의 제자 중 한 명에게 가온은 거의 모든 주요 유대 문헌을 암기하고도 왜 계속해서 그렇게 열심히 공부하는지를 물었다고 전한다. 이에 그 제자는 이렇게 답했다고 한다.

"만일 빌나 가온이 하루 18시간 토라 공부를 한다면 폴란드의 랍비들은 하루 10시간 토라 공부를 할 것입니다. 만일 폴란드 랍비들이 하루 10시간 토라 공부를 한다면 좀 더 개화된 환경에서 사는 독일 랍비들은 하루 6시간 토라 공부를 할 것입니다. 만일 독일 랍비들이 하루 6시간 토라 공부를 한다면 영국의 랍비들은 하루 2시간 토라 공부할 것입니다. 그리고 만일 영국의 랍비들이 하루 2시간 토라 공부를 한다면 영국의 유대인들은 최소한 안식일을 지킬 것입니다. 하지만 만일 빌나 가온이 하루 10시간밖에 토라 공부하지 않는다면 폴란드 랍비들은 하루 6시간, 독일 랍비들은 하루 2시간, 영국 랍비들은 하루 1시간 반밖에 공부하지 않을 것입니다. 만일 영국 랍비들이 하루 1시간 반밖에 공부하지 않는다면 영국 유대인들은 과연 안식일을 지키겠습니까?"

가온의 글은 그의 생전에는 출간되지 않았지만, 이 금욕적인 정통파 학자는 자신의 텍스트를 분석하면서 일찌감치 여러 현대적인 작문 기법을 적용했다. 만일 탈무드의 한 구절이 다른 구절과 모순된다면 빌나 가온은 탈무드 구절의 오류를 지적하는 데 거리낌이 없었을 것이다. 그는 자신의 백과사전적 기억 덕분에 이러한 탈무드 구절들을 많이 발견할 수 있었다. 가온은 다음과 같이 말하기를 즐겼다.

"진리가 있는 곳에는 사사로운 감정이 없다."

천성적인 금욕주의자였던 가온은 유대인 공동체에서 어떠한 공직도 맡지 않았다. 홀로 공부하는 것을 선호한 그는 공직의 부담에서 해방되길 원했다. 그럼에도 불구하고 리투아니아 유대인들과 러시아 유대인들은 가온을 이론의 여지가 없는 영적 지도자로 받아들였다.

후에 그가 열정적으로 공직 세계에 뛰어들었을 때 그 결과는 참담했다. 가온은 1700년대에 이스라엘 바알 쉬엠 토브에 의해 시작된 새로운 하시디즘 운동이 유대교를 위협한다고 확신했다. 그는 일부 하시디즘 기도 예배에서 신도들이 종종 적절한 기도 시간을 무시한 채 열광적으로 기도한다는 소식을 전해 들었다. 가온은 그가 대개 무식하다고 여긴 하시디즘 지도자들에게 하시딤이 대단한 존경심을 보이는 것도 상당히 못마땅했다. 이에 덧붙여 가온은 하나님은 만물에 존재한다는 것을 강조하는 하시디즘의 교리가 범신론의 한 형태라는 것도 파악했다. 가온은 거짓 메시아 운동이 진행 중임을 확신했다.

가온은 1781년과 1796년 두 차례에 걸쳐 하시딤과의 거래나 결혼을 금하면서 하시딤의 파문을 선언했다.

"할 수만 있다면 저는 선지자 엘리야가 바알의 제사장들에게 한 것처럼 할 것입니다."

엘리야는 바알 제사장들 450명을 기손 골짜기에서 살해하도록 명했기에(열왕기상 18:40) 그의 이러한 진술은 유대의 주요 리더들이 공개적으로 한 말 중에 가장 악의적인 것일 수 있다. 이 선언은 당시 정통파와 개혁파의 분쟁 관계를 거의 화기애애한 관계처럼 보이게 만들었다.

1797년에 가온이 죽었을 때 빌나의 하시딤은 그의 사망 소식을 듣고 춤을 추었다고 한다. 이에 가온의 제자들은 확실한 복수를 맹세했다. 머지않아 가온의 제자 한 명이 루바비치 하시딤의 초대 레베인 리아디Liady의 슈네우르 잘만Shneur Zalman이 러시아 정부를 침해하기 위해 터키와 손을 잡았다고 러시아에 보고했다. 당시 잘만이 팔레스타인(당시 터키의 통치를 받았다.)에 있는 제자들에게 돈을 보내고 있었다는 이유로, 황당해 보이는 이 밀고는 러시아의 신뢰를 얻었다. 이에 사형 선고를 받고 투옥된 잘만은 53일 만에 혐의를 벗고 석방되었다. 잘만이 석방된 날인 키슬레이브월(대개 양력 12월에 해당한다.) 19일은 오늘날까지 루바비치 하시딤의 주요 축제일로 남아있다.

하시디즘에 대한 가온의 지나친 증오에도 불구하고 가온의 탁월함은 워낙 두드러져 가온은 하시딤 사이에서 여전히 널리 존경받는 인물로 남아있다.

히브리 속담 중에는 "시간은 마음이 해낼 수 없는 것을 해낸다."라는 속담이 있다. 가온이 바알 쉬엠 토브와 하시딤을 하나님과 유대교의 큰 적으로 보았음에도 불구하고 오늘날 종교적인 유대인들은 하시디즘의 창시자인 이스라엘 바알 쉬엠 토브와 가온 둘 모두를 위인으로 평가한다.

가온이 후대 유대 세계에 남긴 정신적 유산은 분명하다. 종교적이긴 하지만 비윤리적인 유대인들에 대해 토라가 인간의 영혼에 미치는 영향력은 비가 토양에 미치는 영향력에 비견될 만하다. 비는 흙에 뿌려진 어떠한 씨라도 자라게 한다. 그것이 독성 식물의 씨라고 할지라도 말이다. 마찬가지로 토라 역시 자아 완성을 위해 노력하는 사람들을 긍정적으로 성장시킬 수도 있고, 다듬어지지 않은 사람들을 부정적으로 성장시킬 수도 있다(잠언 24:31 및 25:4에 대한 주해). 가온의 삶은 바로 그것을 말해주고 있다.

■■■ 111

독일인들이 좋아하게 된 유대인

모세 멘델스존Moses Mendelssohn(1729-1786)은 18세기의 가장 중요한 독일 유대인이었음에도 불구하고 그의 자녀 여섯 명 중 네 명이 기독교로 개종했다. 심지어 그중 한 명인 아브라함은 죽은 멘델스존이 자신이 기독교로 개종한 것을 못마땅하게 여기지 않았다고 주장하기도 했다. 이 유대 철학자가 자신의 자녀로 하여금 끝까지 유대교도로 남아있게 하는 데 실패한 것이 그의 철학적 오류 때문인지, 아니면 1700년대 후반에 독일 유대인들이 경험한 사회적·정치적 압력 때문인지를 두고 유대 학자들은 지금까지도 논쟁을 벌이고 있다.

멘델스존은 반유대주의를 적극적으로 표명했던, 독일의 한 지역에서 태어나고 성장했다. 그는 출생지인 데사우Dessau를 방문할 때마다 이 도시에 들어오는 모든 가축과 유대인에게 부과되는 특별세인 인두세를 내야 했다. 멘델스존은 그의 생애 대부분을 베를린에서 살았지만 그곳에서 영구적으로 살 수 있는 권리가 주어지는 '특권층 유대인'이 되기까지는 여러 해를 기다려야 했다. 이토록 어렵게 영주권을 취득한 유대인조차 일반적으로 그 영주권을 장남에게만 물려줄 수 있을 뿐이었다. 18세기 독일 유대인들은 심지어 정부의 허가 없이는 결혼도 할 수 없었다. 유대인들은 종종 이러한 결혼 허가를 쉽게 받지 못했는데, 이는 독일 통치자들이 유대인의 인구가 증가하는 것을 못마땅하게 생각했기 때문이다.

하지만 모든 것이 암울하지만은 않았다. 주로 멘델스존의 학식과 매력, 지혜 덕분에 유대인들에 대한 더 나은 처우를 요구하는 유명 독일인들이 나타나기 시작했다. 그중 가장 두드러진 인물은 체스를 통해 멘델스존과 친구가 된 독일의 위대한 극작가 고트홀트 레싱Gotthold Lessing이었다. 레싱의 가장 유명한 희곡 중 하나인 《지혜로운 나단Natha the Wise》의 주인공은 멘델스존을 모델로 한 것이다. 레싱은 이전의 희곡 《유대인들The Jews》에서도 한 유대인 영웅을 주인공으로 내세웠다.

독일 반유대주의자들은 레싱이 유대인들을 긍정적으로 묘사한 것은 언어도단이라며 레싱을 비난했다. 그들은 마치 19세기 미국 남부인들이 흑인 주인공을 위대한 학자나 성자로 그린 극작가에게 반응했을 법한 방식으로 반응했다. 당시 저명한 독일 신학자였던 요한 미카엘리스 Johann Michaelis는 레싱의 희곡 《유대인들》은 감동적인 작품이지만 이 희곡에 등장하는 유대인과 같은 유대인은 이 세상에 존재하지 않는다고 선언했다. 이에 멘델스존은 신랄한 통찰로 반박했다.

"우리가 수많은 방법으로 기독교 세계의 잔혹한 증오의 희생양이 되어야 하는 것으로는 부족하다는 말이오? 우리에게 가해지는 불의를 정당화하기 위해 정녕 중상모략을 보태고 우리의 인격을 난도질해야 한다는 말이오?"

멘델스존의 글은 대부분 특정한 유대 쟁점이 아니라 일반적인 철학 문제를 다룬다. 1767년, 형이상학적 진실은 과학적 진실만큼 쉽게 입증될 수 있다는 것을 보여주기 위해 쓴 에세이로 멘델스존은 '프로이센 아카데미'가 수여하는 상을 수상했다. 더 놀라운 사실은 경쟁에서 그에게 뒤진 다른 철학자들 중 한 명이 임마누엘 칸트였다는 것이다.

멘델스존은 독일인들이 좋아하게 된 유대인이 되었다. 독일인들은 그에 대해 이렇게 말했다.

"모든 유대인이 그와 같기만 하다면."

독일인들은 심지어 그가 유대 율법을 철저히 지키는 것까지 용서하려 했다. 그런 철저함이 본질적으로 독일인처럼 보였기 때문이다. 그가 정부의 지지를 받는 반유대주의에 시달리고 있을 때 그는 프리드리히 왕이 독일어가 아니라 프랑스어로 시를 쓴 것을 비난했다.

멘델스존은 항상 자부심이 강한 유대인으로 남아있었고, 자신의 지식과 특권을 다른 유대인들을 위해 쓰길 원했다. 그는 유대인들이 세속적인 교육을 받고 독일 기독교인들이 독일 유대인들을 자신들과 동등하게 인식하길 바랐기에 유대 및 독일 세계 모두를 진정으로 변모시키고 싶어 했다(당시에는 주로 이디시어로 의사소통을 하고 독일어 구사력은 형편없는 유대인이 대다수였다.).

그가 성경을 독일어로 번역해 거기에 히브리어 주석을 달아 출간한 것은 유대인의 교육을 개선시킨 그의 두드러진 노력 중 하나였다. 멘델스존이 성경을 독일어로 번역한 주요 목적은 독일 유대인들에게 독일어 공부를 장려하는 것이었다. 멘델스존은 독일 유대인들이 독일어를 유창하게 쓰고 말할 수 있길 원했다. 그의 이러한 노력은 결실을 보았다. 수만 명의 유대인이 멘델스존의 성경 번역판을 공부하는 것으로 독일어 실력을 향상시킬 수 있었던 것이다. 처음엔 일부 유대교 지도자들이 그의 성경 번역판을 열렬하게 환영했지만 얼마 지나지 않아 다수의 랍비들이 그것을 비난했다. 이 새로운 번역판은 대중에게 성경 지식을 전파하는 것이 아니라 독일어 및 독일어를 통한 독일 문화를 가르치고 있다는 것을 그들이 깨달았기 때문이다. 그 이후로 멘델스존은 정통파 유대인들 사이에서 의심의 대상이 되었다.

멘델스존은 유대인들을 '독일화'하려고 노력함과 동시에 독일의 기독교인들로 하여금 유대인들에게 직업적인 기회를 부여해줄 것을 종용했다. 그는 이렇게 항변했다.

"당신들은 우리의 손을 묶어 놓고 우리에게 손을 사용하지 않는다고 나무라고 있소."

유감스럽게도, 멘델스존은 독일인들과 세속적인 교육을 받은 유대인들에게 유대교를 더욱 매력적으로 보이게 하려는 노력의 일환으로 종종 유대교에 대한 믿음을 흔들리게 하는 유대 철학을 제안하기도 했다. 그는 유대교의 가장 중요한 진리들(하나님의 유일성, 하나님의 섭리, 불멸의 영혼)을 받아들이려고 유대교도가 될 필요는 없다고 믿었다. 멘델스존은 이러한 개념들은 모든 인류의 유산이라 여겼던 것이다.

한편, 방대한 양의 유대 율법은 유대인들만이 지켜야 하는 계율로 여겨질 것이다. 이러한 율법들은 유대인들을 한 민족으로 결집시키는데, 멘델스존은 그것들이 보편적인 진리나 교훈을 담고 있다고 믿지 않았던 같다. 알프레드 조스페Alfred Jospe 박사는 멘델스존의 이러한 논리에 대해 다음과 같이 기술했다.

"이성주의자이자 깨우친 자인 그가, 다시 말해 이성에 반한다면 어떠한 믿음도 타당하지 않다고 생각하는 그가 이성적인 모든 개념과 사상이 유대교가 아니며 유대교는 오직 이성적이지 않은 요소들로만 구성되어 있기에 유대교는 이성이 입증할 수도, 이해할 수도 없고 오직 믿음으로 받아들여야 하며, 따라서 하나님은 신비하고 비이성적인 계시를 통해 유대인에게 유대교를 드러내셔야 한다고 선언한 것은 자기 모순적이다."

그의 사고에서 이러한 철학적 결점은 아마 왜 그의 제자들이 그렇게 많이 유대교를 떠났는지를 설명하는 데 도움이 될 것이다.

멘델스존의 제자들이 발전시킨 운동은 하스칼라Haskala(계몽 운동)로 알려지게 되었다. 마스킬림(계몽하는 사람들, 즉 하스칼라의 구성원들)은 유대인들에게 중세적 사고방식을 버리고 현대 세계로 들어올 것을 종용했다. 그들은 이디시어를 독일어 은어로 여겨 무시하고 히브리어로 글을 썼다. 마스킬림은 유대교와 세속적인 세상 둘 모두에서 최고의 것을 끌어와 유대의 문화적 르네상스를 불러일으키려고 애썼다. 하지만 결국 그들은 대체로 세상의 잣대로 유대교를 판단했고, 종종 유대교를 편협하고 고루하다고 생각했다. 그들은 뿔로 들이받는 황소들과 같은 주제들에 대한 탈무드의 법적 논의(당시 대다수 예시바에서 주요 학과목으로 채택했다.)는 당시 유대인들의 삶과 무관한 하찮은 것으로 여겼다.

그로부터 수십 년 후, 하스칼라는 서유럽에서 러시아 및 폴란드 유대인들에게 전파되었다. 정통파 유대교는 동화의 첫걸음으로 간주하며 계몽 운동과 싸웠다. 그들은 종종 세속과 유대교가 결합하면 유대교가 멸망할 것이라는 증거로 멘델스존 자녀들의 기독교 개종을 언급했다.

물론 정통파 지도층이 멘델스존과 하스칼라를 무조건적으로 거부한 것은 옳은 처사가 아니었다. 하지만 결국에는 멘델스존과 하스칼라가 제안한 철학적 · 문화적 해법은 유대교와 세속의 성공적인 결합을 이끌어내지 못했다. 유대인들이 서방 세계로 진출한 이래 유대인들을 계속 따라다니는 '현대성과 유대 전통이 완전히 결합할 수 있을까?'라는 질문에 완전히 답하는 데는 계몽 운동가들도 그들의 반대파들도 아직까지 성공을 거두지 못했다.

4부

서구의 영혼을 물들이다

■■■ 112

인간으로서의 평등한 권리

1780년에 유대인들에게 평등권을 부여했던 유일한 나라가 어느 나라인지 유대인들에게 물어본다면 정확한 답을 말하는 유대인은 거의 없을 것이다. 사람들은 대개 그 나라를 프랑스나 독일, 네덜란드 또는 영국으로 추정한다. 정답은 미국이다. 하지만 혁명 시대에 미국에 거주하고 있었던 유대인들은 불과 2천 명에 지나지 않았기에 미국 유대인들의 '차별적 대우로부터의 해방'은 다음 세기까지는 유대인의 삶에 큰 의미가 있는 것은 아니었다.

유대인들에게 동등한 권리를 부여한 최초의 유럽 국가는 프랑스였다. 프랑스가 1791년에 유대인들에게 평등권을 부여한 것은 프랑스 혁명의 결과였다. 프랑스 국민의회에서 '유대인 해방'에 대한 논쟁이 벌어지고 있을 동안 '해방'의 지지자조차 '조건부 해방'을 주장했다. 그중 한 사람인 클레몬트-토네레Clermont-Tonnerre는 다음과 같이 말했다.

"개인으로서의 유대인들에게는 모든 권리를 부여할 수 있지만, 민족으로서의 유대인들에게는 어떠한 권리도 부여해선 안 됩니다."

'해방'의 결과로 프랑스 유대인들이 더 이상 다른 나라들의 유대인들과 연대감을 느끼지 않았다는 것은 충분히 이해할 만한 일일 것이다.

프랑스 국민의회에서 이러한 논의가 있고 수십 년이 지난 시점에 유대교의 새로운 개혁 운동은 유대교에서 민족적인 요소를 배제함으로써 클레몬트-토네레의 도전에 대응했다. 그로부터 1세기 후, 미국에서의 유대인 개혁 운동은 유대교의 중요한 요소로 민족성을 유대인의 삶에 다시 불러들였다. 종교적 순수성을 오염시키는 유대적인 모든 것들을 버려야 한다고 클레몬트-토네레가 주장한 지 2세기가 지난 오늘날 민족성은 많은 유대인들에게 있어 유대 정체성의 주요 요소로 작용하고 있다.

■■■ 113

유대인은 기독교인과 결혼할 수 있는가

고대 유대의 고등 법정 명칭이었던 산헤드린은 정치적 문제뿐만 아니라 종교적 문제에서도 권위를 가졌다. 따라서 산헤드린은 유대의 종교적 주권의 상징이었다.

1806년, 프랑스 황제 나폴레옹 보나파르트Napoleon Bonaparte는 이 고대 유대인의 기관을 부활시키기로 결정했다. 하지만 그의 의도는 유대인의 주권을 회복시키려는 것이 아니었다. 나폴레옹의 목적은 프랑스 유대인들이 프랑스에만 충성을 다하도록 만드는 것이었다. 산헤드린이라는 명칭을 차용한 것은 고도의 전략이었다. 즉 나폴레옹은 산헤드린이란 명칭을 사용함으로써 프랑스 유대인들 및 유럽 전역의 다른 유대인들로 하여금 프랑스가 유대인들에게 옛 영광의 일부를 되찾아주려 한다고 느끼게 만들었다.

1807년 2월에 71명의 임원으로 구성된 산헤드린이 파리에서 회합을 가졌다. 나폴레옹은 유대인들이 충성스러운 프랑스인이 되는 것에 걸림돌이 되는 유대 율법이 실제로는 유대인들에게 어떠한 의무도 부과하지 않는다는 사실을 말해주는 답변들을 기대하며 산헤드린에 일련의 질문들을 던졌다. 나폴레옹의 첫 번째 질문은 "유대인들은 두 명 이상의 아내를 취하는 것이 허용되는가?"였다. 랍비 게르숌의 10세기 선언에 의거해 산헤드린은 허용되지 않는다는 명확한 답을 내놓았다. 다른 몇몇 질문은 비유대인에 대한 유대교의 태도(예: 유대인은 프랑스인을 형제로 생각하는가? 아니면 이방인으로 생각하는가?)와 프랑스 정부에 대한 유대교의 입장(예: 프랑스에서 태어난 유대인은 프랑스를 조국으로 여기며 프랑스를 수호하고 프랑스 법을 지키려 하는가?)에 초점을 맞춘 것이었다. 산헤드린은 이러한 질문들에도 나폴레옹이 원하는 답변들을 제시하는 데 어려움을 겪지 않았다. 프랑스 유대인은 우선 프랑스인이고 유대교는 프랑스 유대인의 종교일 뿐이며, 따라서 프랑스 유대인은 당연히 프랑스 국민 모두를 사랑하고 프랑스를 위해 기꺼이 싸울 것이라고 산헤드린은 답변했다. 또 다른 질문에 대한 답변으로 산헤드린은 유대 율법은 비유대인과의 사업적 거래에서 속임수를 쓰는 것과 고리 대금업을 절대로 할 수 없다고 말했다.

산헤드린이 나폴레옹이 원하는 대로 정확히 답하지 못한 유일한 질문은 "유대인은 기독교인과 결혼할 수 있는가?"였다. 이 질문에 산헤드린 대표들은 프랑스 법률은 서로 다른 종교를 가진 사람들끼리의 결혼을 인정하지만 유대 율법은 다른 종교를 가진 사람과의 결혼을 금한다고 답했다.

이 마지막 답변은 미래까지 내다보는 것이었다. 그로부터 거의 2백년이 지난 오늘날, 민주주의 국가에 살고 있는 종교적인 유대인들은 그 나라의 거의 모든 분야에서 왕성한 활동을 함에도 불구하고 여전히 비유대교도와의 결혼은 반대한다.

나폴레옹의 산헤드린은 다시는 소집되지 않았다. 따라서 그것은 유대인의 삶에 중요한 역할을 하지 않았다. 오늘날 나폴레옹의 산헤드린은 주로 19세기 유대 역사에서 독특한 사건으로 기억된다.

■■■ 114

개종의 문제에 대하여

오래된 유대 이야기 하나를 소개한다.

한 유대인 남자가 컨트리클럽에 가입하고 싶었지만 유대인이라는 이유로 가입하지 못했다. 그래서 그는 컨트리클럽에 가입하기 위해 다른 종교로 개종했다. 컨트리클럽 위원회가 그에게 물었다.

"성함이 어떻게 되시죠?"

남자는 "허치슨 리버 파크웨이 3세"와 같은 거창한 이름을 댔다.

"어떤 일을 하시죠?"

"저는 뉴욕 주식시장에서 한 자리를 하고 있고 말들을 키우는 부동산 하나도 갖고 있습니다."

그는 컨트리클럽의 회원이 되는 데 아무런 문제가 없어 보였다.

"마지막 질문을 드리겠습니다. 어떤 종교를 갖고 계시죠?"

"종교 말입니까? 음, 저는 비유대교도입니다."

역사적으로 볼 때, 기독교로 개종한 대다수의 유대인이 기독교가 유대교보다 더 많은 진리를 담고 있다는 확신 때문에 기독교로 개종한 것은 아니다. 중세 시대에 기독교로 개종한 유대인들은 압력에 못 이겨 기독교로 개종했다. 다시 말해 기독교로 개종하지 않으면 그들의 목숨이 위태로웠던 것이다. 지난 2세기 동안 기독교로 개종한 유대인들은 기독교인이라기보다 비유대인에 가까웠다. 다시 말해 그들의 절대 다수가 유대교도라는 사실로 당해야 하는 엄청난 사회적 · 직업적 불이익에서 벗어나기 위해 개종을 선택한 것이다. 예를 들면 19세기 독일에서는 하인리히 마르크스가 변호사로서 일하기 위해 개종했다. 1824년에는 하인리히 마르크스가 아들 칼 마르크스를 포함해 네 명의 자녀를 개종시켰다. 그들 또한 반유대주의의 희생양이 될 수 있었기 때문이다. 그즈음 아이작 디스라엘리Isaac Disraeli는 아들 벤자민을 영국 국교회로 개종시켰고, 그것이 발판이 되어 벤자민은 영국 수상이 될 수 있었다. 기독교로 개종한 유명한 유대인인 하인리히 하이네Heinrich

Heine는 개종을 이렇게 표현했다.

"유대인에게 세례는 유럽 문화로 들어가는 입장권이다."

19세기 유럽에서 기독교로 개종한 유대인은 다른 유대인들에게 꽤 다양한 반응을 보였다. 하이네와 디스라엘리 같은 사람들은 계속해서 유대인들과 공감대를 형성했다. 디스라엘리는 심지어 평등권을 위한 영국 유대인들의 투쟁에 적극 가담하기까지 했다. 반면, 정통파 랍비 두 명의 손자인 칼 마르크스는 극단적인 유대인 증오자가 되었다.

19세기 전반기에 서유럽에서는 수많은 유대인들이 기독교로 개종했는데, 이러한 개종은 대부분 계몽운동이 낳은 사고가 승리한 결과였다. 계몽운동은 많은 유대인들의 종교성을 약화시켰다. '계몽된' 많은 유대인들은 자신들이 더 이상 믿지 않는 종교 때문에 고통당해야 한다는 점을 점점 더 불합리하게 생각했던 것이다. 모세 멘델스존의 수제자 중 한 명이자 계몽운동에 크게 영향을 받은 데이비드 프리드랜더 David Friedlander는 베를린 목사 윌리엄 텔러William Teller에게 예수의 신성 및 기타 기독교 교리들을 받아들이지 않는다는 조건으로 자신과 다른 유명한 유대인들이 기독교로 개종하는 것을 허용해달라고 요청했다. 그의 이러한 요청은 거부당했다. 그로부터 1세기 후, 테오도르 헤르츨 Theodor Herzl은 시온주의자가 되기 직전의 시기에 먼저 저명한 유대인들을 가톨릭교로 개종시키는 것으로 유대인들의 대대적인 개종을 유도해 반유대주의의 종말을 고하겠다는 생각을 했다. 여기서도 개종의 동기는 기독교의 믿음과는 무관했다.

미국 유대 사회의 특징 중 하나는 기독교로 개종하는 미국 유대인이 드물었을 뿐만 아니라 개종한 유대인의 경우에도 사회적인 이유가 아니라 순수하게 종교적인 이유로 개종을 선택했다는 것이다. 유럽과는 달리 미국에서는 유대교의 지위가 높았다. 미국은 자국을 유대교-기독교 국가로 규정한 최초의 국가일 뿐만 아니라 실제로 기독교로 개종하는 유대인보다 유대교로 개종하는 비유대인이 더 많은 국가이기도 하다.

■■■ 115

균형 있는 개혁이 필요하다

개혁파 유대교는 정통파 유대교의 엄격함과 과거지향적인 교리에 대한 반발 및 독일의 보다 자유로워진 새 정치 풍토(자신들을 다른 독일인들로부터 고립시키는 전통들에서 벗어나길 원한 유대인들에게 보다 개방적인 정치 풍토)의 결과로 1800년대 초 독일에서 생겨났다. 개혁파 유대교는 유대교의 세 기둥인 하나님과 토라, 민족성 중에서 토라와 민족성을 크게 변모시켰다.

개혁파 유대교의 가장 의미심장한 움직임은 유대인이 민족이라는 믿음을 버렸다는 것이다. 개혁주의 운동의 주요 사상가들은 유대교는 하나의 종교일 뿐이라고 주장했다. 즉 유대인은 다른 유대인들, 특히 다른 나라에 사는 유대인들에 대해 특별한 민족적 유대감을 느끼지 말아야 한다고 주장했던 것이다. 짧은 시간에 독일 개혁파 유대교의 주요 랍비가 된 아브라함 가이거Abraham Geiger는 1840년에 '피의 비방'으로 누명을 쓴 다마스쿠스 유대인들을 돕는 것을 반대했다. 그는 그 이유를 이렇게 피력했다.

"내가 아시아나 아프리카의 유대인들에게 인간적인 연민을 느끼지 않는 것은 아니지만 나에게는 아시아나 아프리카의 모든 유대인이 구제되는 것보다 프로이센의 유대인들이 약사나 변호사로 일할 수 있는 것이 더 중요하다."

후에 랍비 가이거는 반유대주의로 인한 각종 공격에 고통받는 루마니아 유대인들에 대한 걱정을 피력했다.

토라 또는 유대 율법과 관련한 개혁파 유대교의 초기 변화는 주로 시나고그 예배의 개혁이었다. 개혁파 유대교는 민족주의 및 국수주의를 반대하는 맥락에서 팔레스타인으로 돌아가는 것을 염원하는 기도문들을 버렸다. 그뿐만 아니라 개혁파 유대교의 일부 시나고그에서는 기도문 낭송과 랍비 설교가 독일어로 이루어지기도 했다. 이상하게도, 독일어 설교는 정통파 지도자들의 심기를 크게 불편하게 했다. 심지어 일부 정통파 랍비들은 개혁파 유대교는 불법적인 종교 혁신을 감행하기에 독일어 설교를 금해야 한다고 독일 정부에 호소하기까지 했다. 결과는 정통파 유대교의 패배였다. 머지않아 다수의 정통파 유대교 랍비들 역시 독일어로 설교를 했기 때문이다.

기도의 미적 경험을 고양시키기 위해 개혁파 유대교는 종종 예배 시간에 오르간 연주자로 하여금 반주를 하게 했다. 전통적인 유대 율법은 안식일에 악기를 연주하는 것을 금하기에 이것 또한 전통적인 유대인들을 자극했다.

개혁파 유대교가 발전함에 따라 유대 율법은 점점 더 많이 개혁되었다. 개혁파 유대교가 모습을 드러낸 지 수십 년 만에 거의 모든 개혁파 유대인이 유대교의 식사계율인 카슈루트를 지키지 않았고, 보다 급진적인 일부 랍비들은 할례 의식을 폐지할 것을 주장하기까지 했다. 랍비 가이거는 비록 공개적으로 할례 의식을 반대하지는 않았지만 한 서신에서 할례 의식을 '야만적인 유혈 의식barbaric bloody rite'으로 규정했다. 베를린의 개혁파 유대인들은 이웃 기독교인들과 같은 날 안식일을 지키기 위해 안식일을 일요일로 변경했다. 유럽의 개혁파 유대교는 결코 개혁주의의 가장 급진적인 요소들을 앞세우지는 않았지만 19세기 미국 개혁파 유대교에 지대한 영향을 끼쳤다.

기도 예배는 크게 줄었고, 그나마 살아남은 부분도 주로 독일어의 힘을 빌었다. 개혁파 유대교의 새 기도서 서문에 이런 설명이 등장한다.

"하나님이 한때 우리의 선조들에게 율법을 주실 때 사용한 언어는 성스럽다. …… 하지만 인자하고 정의로운 우리의 왕이 우리에게 그의 법령을 선언하실 때 사용하신 언어는 그보다 7배나 더 성스럽다."

독일어로 기도하는 실제 이유는 히브리어를 아는 유대인이 점점 더 줄어들었기 때문이다. 개혁파 유대인들이 이 안타까운 사실을 묵인한 것은 정통파 유대인들을 한층 더 자극했을 뿐이다. 랍비 아키바 에게르는 이렇게 기술했다.

"이러한 사실을 공공연하게 묵인하는 것은 우리의 성스러운 언어를 멸시하기에 아이들에게 그것을 가르치지 않겠다는 뜻이다. 그들은 아이들에게 프랑스어와 라틴어 및 기타 언어들은 가르치지만 우리의 성스러운 언어는 가르치지 않는다. 우리는 다른 모든 나라보다 열등하다. 다른 모든 나라는 자국의 언어를 개발시키는데 우리는 우리의 언어를 멸시하기 때문이다."

개혁파 유대교가 히브리어에 관심을 두지 않는 이유 중 하나는 당연히 개혁파 유대교의 지도자들이 전 세계 유대인들을 통합시키는 하나의 언어를 영속시킬 필요성을 느끼지 못했다는 것이다.

개혁파 유대인들은 하나님에 대한 믿음과 관련해선 유대교의 전통적인 일신론을 고수했다. 그들은 우리 인간에게 최우선적으로 윤리적인 행동을 요구하는 하나님 한 분만이 이 세상을 통치한다는 믿음을 전파하기 위해 '윤리적 일신론'이라는 용어를 탄생시켰다. 개혁파 유대교의 훌륭한 가르침 중 하나로 여전히 건재하고 있는 이 교리는 토라의 황금률("너는 네 이웃을 네 자신처럼 사랑하라. 나는 여호와다") 및 예언자 미가와 랍비 힐렐의 가르침과도 완전히 일치한다. 하지만 개혁파 유대교가 유대교의 윤리적 가르침들에 대해 강조한 것은 어느 정도는 그들이 윤리와 일신론에 관한 쟁점에 대부분의 초점을 맞춘 성경 예언자들의 손을 들어주기 위해 암묵적이고 가끔은 노골적으로 탈무드를 거부한 결과였다. 급진적인 개혁파 랍비 중 한 명인 랍비 사무엘 홀드하임Samuel Holdheim이 "탈무드는 그 당시의 이념을 말하기에 그 당시에는 옳았다. 하지만 나는 내 시대의 더 높은 이념을 말하기에 지금은 내가 옳다."고 말했듯이 말이다

현대 개혁파 유대교 신학자인 제이콥 페투초프스키는 19세기 개혁파 유대교를 유대교와 소원해진 유대인들 및 유대교에서 기독교로 개종하려는 유대인들을 다시 유대교로 인도하는 기차역에 비유했다. 최근 들어 개혁파 유대교는 그들의 선배들이 거부한 유대교의 여러 면들을 다시 받아들였는데, 그중 가장 두드러진 것이 민족의식과 더 많은

종교의식의 필요성이었다.

많은 유대인들이 19세기 유대교는 특히 종교의식보다 윤리를 더 강조한 점을 비롯한 개혁들이 어느 정도 필요했다는 데 동감하지만, 초기 개혁파 유대교 지도자들 중 다수는 아예 새로운 종교를 만드는 것에 더 가까울 정도로 유대교의 너무 많은 요소들을 버리려 했던 것처럼 보인다.

■■■ 116

법은 지키되 정신은 개화하라

독일 랍비 삼손 라파엘 히르슈Samson Raphael Hirsch와 관련된 신정통주의 운동은 주로 유대 사회에서의 개혁파 유대교의 혁신에 대한 반응이었다(이전 장 참조). 히르슈는 한편으로 유대 율법에 관한 그의 정통파적인 입장을 양보하지 않았다. 그는 개혁이 필요한 것은 유대교가 아니라 유대인이라고 믿었다. 하지만 다른 한편으로 그는 자신이 비본질적이라 여긴 쟁점들에서 동유럽 랍비들과 다른 노선을 걷길 원했다. 예를 들면 러시아와 폴란드의 거의 모든 정통파 랍비가 세속적인 공부를 비종교성으로 가는 첫걸음이라는 이유로 금지했음에도 불구하고 히르슈는 유대인들의 대학 진학을 옹호했다(그 자신도 본 대학the University of Bonn에서1년 동안 수학했다). 동유럽 랍비들에게는 폴란드어나 러시아어로 설교하는 것은 상상조차 할 수 없는 일이었음에도 불구하고 히르슈는 독일어로 설교를 하기도 했다.

히르슈의 철학적인 글들에서 엿볼 수 있는 그의 몇몇 사상은 개혁파 유대교의 사상과 많이 닮아 있었다. 히르슈는 '이스라엘의 사명'은 전 세계 국가에 '순수한 인간성'을 퍼뜨리는 것이라고 가르쳤는데, 이는 개혁파 유대교의 '윤리적 일신론' 개념과 크게 다르지 않은 것이었다. 개혁파 유대인들과 마찬가지로 히르슈도 유배 생활을 하는 유대인들의 긍정적인 기능을 보았다. 즉 그들은 그들의 이웃들에게 하나님의 지식을 전파한다는 것이었다. 히르슈는 이러한 믿음을 근거로 유대인들이 그들의 조국을 건설하기 위해 팔레스타인으로 돌아오는 것을 보는 것에 거의 관심을 갖지 않았다. 그가 사망한 후 그의 추종자들은 대개 시온주의에 적대적이었다.

하지만 '순수한 인간성'과 '이스라엘의 사명'에 대한 히르슈의 모든 말들에도 불구하고 히르슈는 종교적으로 전혀 진보적이지 않았다. 그는 정통파 및 개혁파 유대교의 지도자들과 협력하거나 유대 관계를 형성하는 것을 단호하게 거부했다.

정통파 세계에서는 히르슈를 새로운 부류의 랍비로 보았는데, 그 주된 이유는 그가 현대 언어로 유대교의 가장 전통적인 가르침을 폈기 때문이다. 당시에는 정통파 랍비 중 어느 누구도 독일어로 글을 쓰지 않았다. 히르슈가 스물여덟 살 때 쓴 그의 첫 저서 《벤 우지엘의 19통의 편지The Nineteen Letters of Ben Uzziel》는 사과를 하지 않는 정통파 유대인들의 종교적인 삶의 방식을 옹호했다. 장황한 저술가인 히르슈는 평생 영적인 저술가로 남았다.

수천 명에 달하는 히르슈의 미국 추종자들은 여섯 권짜리 토라 주해서와 토라의 613 계율을 설명한 두 권짜리 저서 《호렙Horeb》을 비롯해 상당히 많은 그의 저서들을 영어로 번역했다. 히르슈는 유대교에 대한 그의 새로운 접근법을 '현대 문화와 토라의 만남'이라고 불렀다. 실제로 동유럽 정통파 유대인들과는 달리 그를 따르는 독일 정통파 유대인들은 일반적으로 유대 율법을 철저히 지키는 동시에 세속적인 직업도 가졌다. 히르슈가 생각하는 이상적인 유대인은 율법을 지키면서도 개화된 이스라엘 사람(지스로엘멘슈Jissroelmensch)이었다.

히르슈를 따르는 추종자들은 독일 전역에 걸쳐 있었지만 그의 가장 열렬한 추종자들은 그가 37년 동안 랍비로 봉직했던 도시인 프랑크푸르트에 있었다. 이러한 추종자들 덕분에 그의 시나고그는 그가 1888년에 사망한 후에도 그로부터 반세기 후 나치가 유대 공동체를 파괴하기 전까지 존속되었다.

1930년대 중반에 수천 명의 독일 유대인이 미국으로 도피했을 때 히르슈의 추종자들 중 다수가 맨해튼의 워싱턴하이츠Washington Heights 지역에 정착했다. 그래서 히르슈가 죽은 지 1세기가 지난 오늘날까지 이 지역은 그의 정통파 유대교의 중심지로 남아있다.

■■■ 117

유대 역사의 중대한 전환점

다마스쿠스의 '피의 비방'(1840년)은 유대 역사에서 중요한 전환점이 되는 사건이었다. 전 세계 유대인들이 처음으로 반유대주의와 싸우기 위해 단결했기 때문이다.

이 사건은 단순하고 비극적이다. 1840년에 시리아의 다마스쿠스에서 브라더 토마스Brother Thomas라는 카푸친회Capuchin(중세 가톨릭 수도회의 하나) 수도사가 실종되자 그 지역의 프랑스 영사인 라띠-망통Ratti-Menton이 유대인들이 한 종교의식에서 그를 살해한 것으로 의심된다며 경찰에 신고했다. 이에 몇몇 유대인들이 체포되어 고문을 당했고 그중 한 명이 고문에 못 이겨 거짓 자백을 했다. 시리아 경찰은 또한 60명이 넘는 유대인 아이들도 잡아들였다. 아이들의 부모들을 협박해 그들에게서 브라더 토마스를 숨긴 곳을 자백받기 위해서였다. 프랑스 관리들의 요구로 시리아 통치자 모하메드 알리Mohammed Ali가 체포당한 유대인들을 재판에 회부하려 하자 전 세계 유대 지도자들이 반발하기 시작했다. 그들 중 가장 유명한 인물은 영국의 유대인 박애주의자인 모세 몬티피오리Moses Montefiore였다. 그는 이집트에 있는 알리의 본부들을 직접 방문해 유대 공동체 및 영국 정부의 분개를 표출했다. 프랑스 유대인 지도자인 아돌프 크레미유Adolphe Cremieux는 '피의 비방'을 부추긴 자신의 정부에 용감하게 반기를 들며 몬테피오리의 항거에 동참했다. 미국에서는 유대인들이 마틴 반 뷰런Martin Van Buren 대통령에게 이 사건에 항의하는 성명을 발표할 것을 요구했다. 하지만 그에게 압력을 가할 필요는 없었다. 그 전에 반 뷰런 대통령이 자발적으로 서신을 보냈기 때문이다.

국제적인 유대인 압력은 모하메드 알리와 그의 주요 지지국인 프랑스로 하여금 '피의 비방'을 철회하게 만들었다. 그로부터 몇 달 후, 생존한 유대인 희생자들 모두가 석방되었지만, 그들 중 두 명은 석방되자마자 곧바로 죽었고 일곱 명은 고문 탓에 평생 불구로 지내야 했다.

유감스럽게도 '피의 비방'이 아랍 세계에 소개되자 그것은 결코 사라지지 않았다. 1970년대에 사우디아라비아의 파이살Faisal 왕은 그를 방문하는 신문 기자들과 세계 각국의 지도자들에게 유대교는 그 신도들에게 비유대인을 살해해 그들의 피를 마실 것을 요구한다고 되풀이해 말했다. 2000년대 초기에 일어난 가장 두드러진 반유대주의 사례로 꼽을 수 있는 것은 유대인들이 아랍인들의 피를 마시는 만화가 이를 '입증'한다는 기록들과 함께 아랍 세계의 각종 신문에 실린 사건이다.

한편, 누가 브라더 토마스를 살해했는지는 밝혀지지 않았다. 만일 그를 살해한 사람이 이 사건의 용의자로 유대인들을 지목하며 경찰에 신고한 프랑스 영사 라띠-망통인 것으로 드러난다면 참으로 아이러니가 아닐 수 없을 것이다.

■■■ 118

이웃의 물질적인 풍요와 자신의 영혼을 걱정하라

앨버트 슈바이처는 "성자가 되기 위해 천사가 될 필요는 없다."고 말했는데, 19세기의 랍비 이스라엘 살란터는 둘 모두에 상당히 가까운 사람이었다. 살란터는 박식한 학자임에도 자신의 삶과 가르침에서 윤리에 가장 큰 관심을 두었다. 그에 관한 유명한 두 일화는 축제일 중 가장 엄격하게 지켜야 하는 속죄일과 관련한 그의 윤리적인 엄격함을 보여준다.

어느 해 속죄일 전야에 살란터는 시나고그에 예배를 드리러 오지 않았다. 이에 회중은 크게 걱정했다. 그들로서는 자신들의 랍비가 갑자기 사고를 당했거나 병에 걸렸다는 생각 밖에 할 수 없었다. 랍비 살란터가 없으면 어떠한 경우에도 예배를 시작할 수 없었기 때문이다.

그가 나타나길 기다리는 동안 한 젊은 여성 신도는 불안에 어찌할 바를 몰랐다. 침대에서 자고 있는 아기를 집에 혼자 두고 나왔기 때문이었다. 그녀는 잠시만 집을 비울 생각이었다. 그러나 살란터가 나타나지 않아 예배가 제 시간에 시작되지 않자 그녀는 아기가 괜찮은지 확인하기 위해 혼자 조용히 시나고그를 빠져나와 집으로 갔다. 집에 돌아왔을 때 그녀는 랍비 살란터가 팔로 그녀의 아기를 안고 부드럽게 흔들고 있는 광경을 보았다. 시나고그로 걸어가다 그녀의 집에서 들려오는 아기 울음소리를 듣고 아기 엄마가 예배에 참석하기 위해 집을 비웠을 거라 생각한 랍비 살란터가 그녀의 집으로 들어가 아기를 달래고 있었던 것이다. 유대 학자인 루이스 긴즈버그는 살란터의 이러한 행동에 대해 이렇게 기술했다.

"살란터의 이 행동을 제대로 인식하기 위해선 해마다 속죄일 전 40일 동안 세상을 등지고 오로지 기도에만 전념하는 살란터와 같은 사람에게 속죄일 전야의 시나고그 예배가 어떤 의미인지를 기억해야 한다."

또 다른 해의 속죄일에는 랍비 살란터가 다른 여러 랍비들과 심한 마찰을 빚은 일이 있었다. 빌나에 콜레라 전염병이 돈 1848년에 몇몇 의사들이 살란터에게 속죄일에 금식하면 면역력이 떨어져 생명을 위협하는 이 질병에 걸릴 확률이 높아진다는 조언을 해주었다. 그해 속죄일 전야에 살란터는 올해에는 속죄일에 금식을 하지 않아도 되고 아픈 사람들을 돕는 데 더 많은 시간을 할애할 수 있도록 기도 시간을 줄일 것을 권장한다는 내용의 공고문을 빌나 전역에 붙였다. 다음 날 아침, 랍비 살란터는 자신의 유연한 결정을 과감하게 실천하는 사람이 거의 없다는 걸 알게 되었다. 사람들은 생명이 위태로울 수 있음에도 축제일 중 가장 엄숙한 이날에 감히 음식을 먹을 수 없었던 것이다. 이에 랍비 살란터는 곧바로 빌나에서 가장 큰 시나고그로 가서 연단에 올라 회중 앞에서 음식과 포도주를 준비해 축복 기도를 낭송한 다음 그것들을 먹고 마셨다. 그제야 회중도 금식에서 자유로워질 수 있었다. 후에 일부 랍비들이 속죄일의 신성함을 모독한 것에 대해 살란터를 비난했음에도 살란터는 하나님이 자신에게 많은 생명들을 구할 수 있는 기회를 주신 것에 항상 자부심을 느꼈다.

살란터의 성자다움은 그의 행동들 자체만으로는 충분히 표출되지 않는다. 우리는 상황을 고려할 때 비로소 그의 성자다움을 충분히 이해할 수 있다. 살란터는 상황이 요구할 때면 과감하게 관습의 틀을 깼다. 제정 러시아 시대의 황제인 니콜라스 1세가 러시아 군대에 25년간 복역할 유대 젊은이들의 강제징병을 단행했을 때 랍비 살란터의 또 다른 일화가 탄생했다. 유대 공동체들의 지역 평의회는 아들이 있는 집에서 한 명의 아들도 징집되지 않은 집이 있는 한, 다른 집에서 두 명의 아들을 징집할 수 없다는 규칙을 세웠다. 그 후, 어느 도시를 방문한 랍비 살란터는 비탄에 빠져 흐느껴 울고 있는 한 가난한 과부를 만났다. 과부는 살란터에게 지역의 한 부자가 자기 아들들 모두가 징집되지 않도록 관계 당국에 손을 쓴 탓에 그녀의 둘째 아들이 징집될 것이라는 소식을 막 들었다고 말했다. 당국이 부자의 압력에 못 이겨 그의 아들 대신 과부의 둘째 아들을 러시아 군대에 보내기로 결정했던 것이다.

그날 오후 그 지역 시나고그에 간 살란터는 한 남자가 기도 예배를 인도하려고 일어났을 때 이렇게 외쳤다.

"당신은 하나님과 토라를 믿지 않는 이교도이므로 기도 예배를 인도해선 안 됩니다."

다른 남자가 일어났다. 살란터는 그에게도 소리 높여 같은 말을 되풀이했다. 또 다른 남자가 일어났을 때도 살란터는 똑같이 반응했다. 마침내 회중이 살란터에게 그렇게 말한 이유를 물었다. 이에 살란터는 다음과 같이 대답했다.

"기도를 한다는 것이 믿는다는 것을 입증하지는 않습니다. 당신들은 당신들의 아버지가 기도한다는 이유만으로 기도하기 때문입니다. 만일 당신들이 토라가 진정한 하나님의 목소리라고 믿는다면 어떻게 감히 과부를 학대하지 말고 힘 있는 사람들의 편에 서서 불공정한 재판을 하지 말라는 토라의 율법을 무시할 수 있겠습니까? 이러한 율법을 무시하는 것은 하나님과 토라를 진정으로 믿지 않는다는 것을 의미합니다."

살란터는 열과 성을 다해 윤리를 다시 유대교의 중심에 두려 했다. 이 목적을 달성하기 위해 살란터는 유대교 윤리 문헌들의 연구를 강조하는 무사르('윤리'라는 뜻의 히브리어) 운동을 시작했다. 무사르 운동가들 사이에서 가장 유명한 텍스트는 모세 하임 루짜또Moshe Chaim Luzzatto가 18

세기에 쓴 메실라트 예샤림Mesilat Yesharim('옳은 길'이란 뜻)이다.

언젠가 한 남자가 랍비 살란터에게 하루에 공부할 시간이 15분밖에 없는데 그 시간에 무사르와 탈무드 중 어떤 것을 공부해야 되는지를 물었다. 이에 살란터는 남자에게 무사르를 공부할 것을 권한 뒤 이렇게 덧붙였다.

"무사르를 공부하면 당신은 먼저 하루 계획을 세워야 한다는 것을 깨닫게 됩니다. 그러면 하루에 15분 이상은 무사르 공부에 할애할 수 있다는 걸 알게 되죠."

무사르 운동은 태동 이래로 줄곧 거의 모든 주요 예시바의 교육과정에 영향을 미치며 정통파 유대인 세계에서 영향력을 발휘했다. 가장 유명하고 극단적인 무사르 운동의 한 갈래는 랍비 살란터의 제자인 나바라독Navaradok의 랍비 요셉 호로비츠Joseph Horowitz가 창시한 나바라독 무사르 학파이다. 레브 야이젤Reb Yaizel이라고도 불린 랍비 호로비츠는 제자들에게 그들의 독특한 유대교 비전을 전파하는 힘을 가지려면 우선 그들에 대한 다른 사람들의 반응을 무시하는 법을 배워야 한다고 가르쳤다. 조소를 무시할 수 있도록 제자들을 단련시키기 위해 그는 제자들에게 기이한 행동들을 할 것을 요구했다. 일례로 제자들로 하여금 철물점에 가서 계란을 달라고 말하게 해 다른 사람들의 조롱을 받게 했다. 레브 야이젤은 제자들이 이러한 행동들을 통해 조롱받는 것을 개의치 않는 데 익숙해지면 그들에게 종종 적대적인 세상에 그들의 관점을 주장할 용기를 갖게 될 수 있다고 믿었다.

무사르 운동의 가장 특징적인 가르침은 이런 것들이다.

"일반적으로 우리는 자신의 물질적인 풍요와 이웃의 영혼에 대해 걱정한다. 그러나 반대로 우리는 이웃의 물질적인 풍요와 자신의 영혼에 대해 걱정해야 한다(랍비 이스라엘 살란터)."

"사람들이 마을에서 몰아내길 원치 않는 랍비는 랍비가 아니며, 자신을 마을에서 몰아내지 않으려는 랍비는 사람이 아니다(랍비 이스라엘 살란터)."

"언젠가 어떤 왕이 신하들에게 양동이를 나눠주며 그것으로 우물에 가서 물을 길으라고 지시했다. 물을 길어본 신하들은 양동이에 여러 개의 구멍이 있어 양동이를 우물 꼭대기까지 끌어올리면 양동이의 물이 모두 새어버린다는 것을 알게 되었다. 그래서 그들은 더 이상 물을 긷지 않았다. 후에 왕이 신하들에게 자신이 시킨 대로 했는지를 묻자 신하들은 양동이의 구멍 때문에 그렇게 하지 않았다고 대답했다. 이에 왕이 말했다. '너희는 계속 물을 길어 올려야 했다. 나는 물이 필요해서가 아니라 양동이를 씻기 위해 너희에게 물을 길을 것을 명했던 것이다.' 토라 공부도 이와 마찬가지다. 공부한 것의 내용은 시간이 지나면 잊어버릴 수 있다. 그런데 토라를 공부하는 과정은 그 자체로 우리를 정화시켜준다(랍비 나다니엘 버시워)."

■■■ 119

부의 상징이자 유대 정신의 귀감

미국인들에게 부의 상징이 록펠러 일가라면 유대인들에게는 로스차일드 일가가 부의 상징이다. 록펠러 일가가 더 이상 미국의 가장 부유한 일가가 아니듯 로스차일드 일가도 더 이상 유대의 가장 부유한 일가가 아니지만 그 이름은 여전히 유대인들에게 부와 권력을 상징한다. 로스차일드 일가가 부를 축적한 과정을 다룬 할리우드 영화와 브로드웨이 연극도 있을 정도로 그들의 존재감은 결코 무시할 수 없는 것이다.

1743년에 태어난 이 일가의 가장 메이어 암셸Meyer Amschel 로스차일드는 독일 프랑크푸르트에서 은행을 경영했고, 후에 자신의 네 아들 나단과 제임스, 살로몬, 칼을 각각 유럽 주요 도시인 런던과 파리, 비엔나, 나폴리로 보내 그곳에서 은행을 설립하게 했다. 다섯 째 아들 암셸은 그와 함께 프랑크푸르트에 남았다. 형제들 각자의 은행 제국이 점점 더 커져갔음에도 형제들은 서로 매우 친밀한 관계를 유지했는데, 결국 이러한 협조 관계가 그들을 유럽에서 가장 큰 금융 세력으로 만들어주었다. 정부 지도자들은 일상적으로 로스차일드 일가에 재정적인 도움을 요청했고, 로스차일드 일가는 이에 화답했다. 다시 말해 로스차일드 일가는 종종 그들의 재력을 이용해 모든 유대인의 상황을 개선하는 데 적극적으로 나섰다. 1814년과 1815년에 걸쳐 로스차일드 일가는 비엔나 의회에서 유대인 해방을 위한 공격적인 로비를 했고, 때때로 성과를 내기도 했다.

초창기의 로스차일드 일가는 정통파 유대인들이었다. 하지만 시간이 흐름에 따라 로스차일드 일가의 종교성은 희미해졌다. 그럼에도 그들 대다수는 유대 민족에게 여전히 충성을 다했다. 19세기 말, 파리에 거주하던 에드먼드 드 로스차일드 남작은 많은 유대인들이 팔레스타인에 정착하는 것을 독자적으로 후원했다. 그는 익명으로 기부했지만 그것은 공공연한 비밀이었다. 팔레스타인 유대인들은 그를 '알려진 은인'이란 뜻의 히브리어인 '하-나드반 하-야-두아Ha-nadvan ha-ya-du'a'라고 불렀다. 그로부터 수십 년 후, 영국에서 다수의 상류층 영국 유대인들이 시온주의를 반대했을 때 영국의 한 로스차일드는 '시온주의자 연방the Zionist Federation'의 수장을 맡았다. 1917년 11월 2일에 영국의 이 로스차일드 경卿이 받은 서신이 아마 20세기 유대 역사에서 가장 중요한 서신일 것이다. 그것이 바로 '밸푸어 선언'이었기 때문이다.

수십 년 전, 메이어 암셸 로스차일드의 손자인 라이오넬Lionel 로스차일드는 평등권을 위한 영국 유대인들의 시위에 중심적인 역할을 했었다. 1847년에 그는 영국 하원 의원으로 당선된 최초의 유대인이었다. 하지만 라이오넬 로스차일드는 의원직을 수행할 수가 없었다. '기독교인의 진실한 믿음'을 맹세하며 선서하는 것을 거부했기 때문이다. 거듭되는 선거에서 그의 런던 선거구민은 그를 계속해서 국회로 보냈지만 그때마다 그는 똑같은 이유로 국정 활동을 금지당했다. 오랜 기간에 걸친 격렬한 투쟁 끝에 마침내 기독교 용어 없이 히브리 성경으로 선서하는 것을 허용하는 법안이 1858년에 통과되었다. 그런데 이상하게도 라이오넬 로스차일드는 영국 하원에 입성하자 어떠한 토론에서도 목소리를 높이지 않았다.

19세기 이후로 줄곧 로스차일드 일가는 유대 민속folklore에 비중 있게 등장했다. 영국에서는 각종 유대인 자선 단체 책임자들이 로스차일드 경을 떠올리며 "주인님이 도와주실 것입니다."라는 재담을 하곤 했다. 또 다른 이야기에서는 한 로스차일드가 러시아의 어느 슈테틀shtetl(과거 동유럽에 있던 소규모 유대인 촌)에 있는 여관에 묵었다. 이튿날 여관에서 아침식사로 계란 두 개를 먹은 로스차일드는 25루블이라는 엄청난 액수가 적힌 계산서를 건네받고 화가 치밀어 소리쳤다.

"이게 도대체 말이 되는 가격이오. 여기선 계란이 이토록 귀하단 말이오?"

여관 주인이 대답했다.

"아닙니다. 이곳에도 계란은 많아요. 로스차일드 일가가 귀할 뿐이죠."

유럽의 유대인들은 로스차일드 가문을 자랑스러워했다. 유대인들이 완전히 해방되지 않았던 시기에 로스차일드 가문은 왕족처럼 대접받았다. 많은 유대인 졸부들이 기독교로 개종했음에도 로스차일드 가문에선 단 한 명도 기독교로 개종하지 않았다. 유대 사회에서 로스차일드 가문은 지금까지도 귀족으로 남아있다.

■■■ 120

'나와 당신'의 관계와 '나와 그것'의 관계

이야기를 통해 삶에 대한 자신의 철학을 설파하는 것이 마틴 부버Martin Buber(1878-1965)의 주된 방식이었기에 이 장도 부버 자신에게 일어난 중대한 사건 하나를 이야기하는 것으로 시작해볼까 한다. 당시 젊은 학자였던 부버가 집에서 학술 원고 편집 작업에 열중하고 있을 때 초인종이 울렸다. 불안과 흥분이 뒤섞여 제정신이 아닌 듯 보이는 한 청년이 부버에게 얘기를 나눌 수 있는지를 물었고, 이에 부버는 그를 집안으로 맞이해 질문에 답했다. 후에 부버는 하고 있던 편집일이 걱정되어 "그가 묻지 않은 질문들에는 대답하려고 애쓰지 않았다."고 고백했다.

그로부터 얼마 후, 부버는 그 청년이 자살했다는 소식을 전해 들었다.

"그 청년이 자살하고 얼마 후에 청년의 친구가 제게 말해주었죠. 그가 나를 찾은 것은 일상적인 대화를 하기 위해서가 아니라 생사가 달린 결정을 하기 위해서였다고 말이죠."

그때 이후로 부버는 학문이나 초자연적인 사색보다 사람들과의 만남을 더 중요시했다.

만남에 대한 부버의 이러한 집착은 그의 가장 유명한 저서인《나와 당신I and Thou》의 토대가 되었다. 이 책에서 부버는 사람들이 다른 사람들 및 세계와 갖는 관계를 두 가지로 구분한다. 즉 '나와 당신'의 관계와 '나와 그것'의 관계로 분류한다.

'나와 당신'의 관계에서는 자신의 존재 전체에 반응한다. 예를 들어 성경을 공부하는 데 이러한 접근법을 적용하면 성경 텍스트는 독자에게 아주 구체적이고 개인적인 의미를 전한다. 예를 들면, 에덴동산에서 죄를 지은 아담과 이브는 수치심을 느끼게 되어 하나님을 피해 숨는다. 이에 하나님이 아담을 부른다.

"네가 어디 있느냐?(창세기 3:9)"

순전히 이성적인 차원에서 생각하면 하나님의 이 질문은 논리적으로 타당하지 않다. 하나님은 하나님이기에 아담이 어디에 있는지를 이미 알기 때문이다. 그런데 부버는 이 난제를 '루바비치 운동'을 주도한 리아디의 랍비 슈네우르 잘만Shneur Zalman의 말을 인용하는 것으로 해결했다. 랍비 슈네우르 잘만은 이렇게 말했다.

"'네가 어디 있느냐?'는 하나님을 피해 숨으려는 모든 세대의 모든 사람에게 하나님이 던지는 질문이다. '네가 어디 있느냐?'"

부버의 관점으론 '나와 당신'의 관계는 항상 개인과 하나님과의 관계에 적용되고, 항상 개인과 다른 개인 간의 조우에서 발현될 가능성이 있다.

부버가 '나와 그것'의 관계를 저속한 관계로 간주했다는 대중적인 오해는 부분적으로는 '그것'이란 단어가 가지는 부정적인 의미에서 비롯되었음이 분명해 보인다. 부버는 사실 '나와 그것'의 관계를 세상이 돌아가는 데 필수적인 관계로 보았다. '나와 그것'의 관계는 단순히 그 핵심에 의미심장한 감정적인 조우가 없다는 의미일 뿐이다. 택시를 타는 사람은 택시 기사가 자신을 목적지까지 데려다주길 기대할 뿐이다. 다시 말해 그도 택시 기사도 서로 간에 깊이 있는 관계가 형성되길 열망하지 않는다. 의사가 환자를 수술하는 경우와 같은 특정 관계에선 '나와 당신'의 관계가 유해할 수도 있다.

그럼에도 부버에겐 '나와 당신'의 관계가 인간 존재의 정점을 의미했다. 그는 여러 글들을 통해 '나와 당신'의 관계가 어떻게 초기 하시디즘의 초석이 되어주었는지를 보여주고자 했다. 특히 그를 매료시킨 것은 하시디즘 설화였다. 그는 이러한 설화가 철학적인 체계보다 더 구체적으로 인간의 상황을 밝혀줄 수 있다고 믿었다. 예를 들어 인간은 자기 자신의 삶을 통해 의미와 영감을 찾으려고 노력해야 하는지, 아니면 삶의 의미와 영감을 찾는 것을 랍비나 스승에게 의존해야 하는지에 대해 당신은 숙고할 수 있다. 부버는 랍비 부남Bunam이 하곤 했던 크라코우Cracow 출신인 예클Yekl의 아들 랍비 이삭에 대한 이야기를 언급하는 것으로 이 쟁점에 대한 자신의 생각을 드러냈다.

여러 해 동안 가난에 찌들려 살면서도 하나님에 대한 랍비 이삭의 믿음은 결코 흔들리지 않았다. 그러던 어느 날 랍비 이삭은 한 남자가 프라하에 있는 왕궁으로 가는 다리 밑에 보물이 있다고 알려주는 꿈을 꾸었다. 랍비 이삭은 이 꿈을 세 번 꾸게 되자 프라하로 향했다. 그런데 병사들이 밤낮으로 왕궁으로 가는 다리에서 보초를 섰기에 그는 선뜻 땅을 팔 수 없었다. 그럼에도 그는 매일 아침 다리로 가서 저녁까지 다리 주위를 걸어 다녔다. 그런 그를 줄곧 지켜본 보초 대장이 마침내 랍비 이삭에게 찾는 것이나 기다리는 사람이 있는지를 상냥하게 물었다. 이에 랍비 이삭은 보초 대장에게 자신을 먼 나라에서 이곳까지 오게 한 꿈 이야기를 해주었다. 그러자 보초 대장이 웃으며 말했다. "한낱 꿈 때문에 신발이 다 닳을 정도로 힘들게 이곳까지 오셨단 말이오! 내가 꿈을 믿는 사람이라면 일전에 누군가 제 꿈에 나타나 크라코우로 가서 예클의 아들 이삭의 집 난로 밑에 보물이 있다고 말했을 때 저는 크라코우로 갔을 것이오. 예클의 아들 이삭! 그것이 집주인의 이름이었소. 그런데 그곳에 사는 유대인들 절반의 이름이 이삭이고 또 다른 절반의 이름이 예클이오. 나는 그곳에서 얼마나 많은 집을 찾아다녀야 할지 충분히 상상할 수 있었소." 그리고 그는 다시 웃었다. 랍비 이삭은 보초 대장에게 정중히 인사를 하고 집으로 돌아와 자신의 집 난로 밑을 파서 보물을 찾았다…….

부버가 다양한 삶의 상황에 대한 영혼의 즉각적인 반응을 강조한 것은 유대교 정통 교리와 상충하는 것이다. 유대교 정통 교리는 우리가 처하는 거의 모든 개개의 상황에 따르는 정확한 행동 방식을 규정하는 율법 체계를 토대로 하기 때문이다. 그런데 부버의 삶이나 철학에는 즉각적이거나 개인적이지 않은 반응이 들어갈 공간이 거의 없었다. 부버는 하나님을 신성시하는 방식이 한 가지만 있는 것은 아니라고 주장했다. 즉 어떤 사람들은 고급스럽게 먹는 것으로, 어떤 사람들은 금식하는 것으로, 어떤 사람들은 토라를 공부하는 것으로, 어떤 사람들은 기도하는 것으로 하나님을 신성시할 수 있다는 것이었다. 물론 정통파 유대인은 한 사람이 네 가지 모두를 할 수 있다고 응수했다. 즉 한 사람이 고급스럽게 먹기도 하고, 안식일에는 축복의 기도문을 낭송하며, 속죄일에는 금식하고, 하루 세 차례 기도할 수도 있다는 것이었다.

하지만 부버는 율법 체계가 자발성을 억누른다고 느꼈다. 즉 다른 성스러운 사람들의 행동들을 모방할 것을 강요한다고 여겼던 것이다. 자신의 아버지와는 다르게 행동한 것으로 비난받은, 하시디즘을 따르는 한 아들에 대한 이야기를 부버는 즐겨 했다. 아들은 이러한 비난을 반박했다.

"저의 행동과 아버지의 행동은 다르지 않습니다. 단지 아버지는 아버지의 방식대로, 저는 저의 방식대로 하나님을 섬겼을 뿐입니다."

모든 사람이 하나님께 다가가는 각자의 고유한 방식을 찾을 수 있기에 다른 사람의 행동을 모방할 이유가 없다고 부버는 주장했다. 랍비 조슈아는 이 쟁점과 관련해 다음과 같이 말했다.

"내가 죽어 천상의 법정에 섰을 때 그들이 내게 '조슈아야, 너는 왜 아브라함과 같지 않았느냐?'라고 묻는다면 나는 '저에게는 아브라함의 지력이 없었습니다.'라고 대답할 것이다. 그들이 내게 '너는 왜 모세와 같지 않았느냐?'고 묻는다면 나는 '저에게는 모세의 리더십이 없었습니다.'라고 대답할 것이다. 그런데 그들이 만일 내게 '너는 왜 조슈아와 같지 않았느냐?'라고 묻는다면 나는 아무런 말도 하지 못할 것이다."

부버의 《나와 당신》 및 《하시디즘 사람들의 이야기Tales of the Hasdim》는 유대 사상가들뿐만 아니라 다수의 기독교인에게도 깊은 영향을 주었다. 실제로 어떤 사람들은 부버가 유대 사상보다 기독교 사상에 더 많은 영향을 주었다고 주장하기도 한다. 헤르만 헤세가 하시디즘에 관한 부버의 글들을 보고 부버를 노벨문학상 후보로 추천한 것은 삶에 대한 부버 철학이 일반 대중에게 끼친 영향력을 반영한다.

부버는 적극적으로 활동한 시온주의자이기도 했다. 1938년에 나치 독일에서 팔레스타인으로 이주한 부버는 예루살렘에 있는 히브루대학 교수로 임명되었다. 정치 성향이 좌파인 그는 두 국적이 공존하는 유대-아랍 국가를 세울 것을 여러 해 동안 주장했다.

개인적으로 의례를 지키지 않는 부버가 서구인들, 특히 다수의 유대인에게 엄격하게 의례를 지키는 것으로 알려진 하시디즘을 만드는 데 큰 역할을 했다는 것은 역사의 아이러니라 할 수 있다.

■■■ 121

편협하지 않은 포용력

유대 세계에 미친 프란츠 로젠츠바이크Franz Rosenzweig(1886-1929)의 지속적인 영향력은 최소한 그의 철학적 글들만큼이나 그의 인생 드라마와 영웅적 행위에도 기인한다.

로젠츠바이크는 독일 문화에 동화된 유대 가정에서 성장했다. 그에게 종교성이 있었음에도 그의 가정이 유대 지식과 의례를 소홀히 한 탓에 그는 유대교가 자신에게 줄 수 있는 것은 아무것도 없다는 결론을 내렸다. 그는 여전히 젊었을 때 기독교에서 자신의 영적 탐구에 대한 해답을 찾으리라 결심했다. 하지만 유대인의 자긍심과 유대인에 대한 신의로 인해 그는 초기 기독교도의 방식으로 개종하기로 마음먹었다. 즉 먼저 잠시나마 진정한 유대교도로 살아본 후에 기독교로 개종하기로 결심했던 것이다. 그가 세례를 받기로 한 날 이전의 속죄일에 그는 베를린의 어느 작은 정통파 시나고그에서 가진 일련의 예배에 참석했다. 로젠츠바이크는 그의 글 어디에서도 그날 자신에게 정확히 어떤 일이 일어났는지에 대해 언급하지 않았지만, 어쨌든 그는 속죄일이 끝났을 때 기독교인이 되겠다는 생각을 완전히 버렸다. 그 후로 그는 유대교를 공부하고 가르치면서 평생을 보냈다.

제1차 세계대전 동안 독일군으로 징집된 로젠츠바이크는 폴란드에서 세계대전 기간의 일부분을 보냈다. 이 기간을 바르샤바 유대인들을 만나는 기회로 활용한 그는 아주 전통적인 이 유대인 공동체의 경건함과 활력에 거듭 충격을 받았다. 전쟁 기간 동안 그는 줄곧 신학적인 성찰로 가득한 엽서와 편지를 집으로 보냈는데, 그것들이 그의 가장 유명한 저서 《구원의 별The Star of Redemption》의 토대가 되었다.

로젠츠바이크는 독일로 돌아온 지 몇 해가 지난 후에 대학생뿐만 아니라 성인도 유대교와 유대 역사, 히브리어 등의 과정에 등록할 수 있는 혁신적인 '유대 자유 대학'인 프랑크푸르트 레르하우스Lehrhaus를 설립했다. 레르하우스의 분위기는 일반 대학에 비해 덜 형식적이고 더 열정적이었다. 완전한 학문적 객관성이라는 겉치레가 없었던 레르하우스의 목표는 유대인의 교양을 향상시키고 유대인의 참여를 조장하는 것이었다. 레르하우스는 유대교와 관련한 어떤 하나의 철학적 관점이나 교파적 관점을 강요하지 않았다. 미국에서는 로젠츠바이크 프로그램이 다수의 유대인 성인 교육 프로그램의 모델이 되었다. 로젠츠바이크는 마틴 부버(이전 장 참조)와 게르숌 숄렘, 레오 스트라우스, 에리히 프롬 등을 비롯해 다수의 위대한 독일 유대인들을 등용해 자신의 학교에서 가르치도록 했다.

그 후, 로젠츠바이크와 부버는 성경을 독일어로 번역하는 새로운 성경 번역 작업에 힘을 모았다. 독일어로 번역한 성경은 이미 많았지만 그중 어떤 것도 히브리 성경의 리듬을 충분히 반영하지 못했다. 기존의 독일어 성경은 종종 부자연스럽고 다소 과장된 독일어를 사용했기에 낭송하도록 쓰인 히브리 성경의 긴박감을 제대로 전달하지 못했던 것이다. 처음에는 주눅이 들게 하는 이 프로젝트의 규모가 로젠츠바이크로 하여금 서두르는 부버를 거부하게 했다. 처음에는 프로젝트의 규모가 어마어마하다고 느낀 로젠츠바이크가 부버의 신속한 추진력을 마음에 들어 하지 않았다. 이에 부버는 역동적인 독일어를 구사한 번역이 얼마나 다를 수 있는지를 보여주는 몇몇 사례들을 제시하는 것으로 로젠츠바이크를 더 이상 망설이지 않게 만들었다.

창세기 2장 4절에서 7절은 부버-로젠츠바이크의 혁신적인 성경 번역을 여실히 보여주는 한 예다.

"하나님이 하늘과 땅을 만드신 날, 들판의 모든 수목은 그때까지 지상에 없었고 모든 풀은 돋아나지 않았습니다. 하나님이 아직 지상에 비를 내리지 않으셨고 땅을 돌볼 아담도 창조하지 않으셨기 때문입니다. 대신 땅에서 안개가 솟아나와 온 땅을 촉촉이 적셨습니다. 그 후, 여호와 하나님께서는 땅에서 취하신 흙으로 사람을 빚으시고 그 코에 생기를 불어넣으시자 그 사람이 생명체가 됐습니다."

1966년, 《주해서》 지誌가 여러 명의 저명한 미국 랍비들을 초빙해 '유대인의 현재 믿음The State of Jewish Belief'을 주제로 한 심포지엄을 개최했을 때, 이 심포지엄을 소개하는 글을 쓴 밀턴 힘멜파르브Milton Himmelfarb는 개혁파 유대인 및 보수파 유대인 참가자들이 자신들에게 영향을 주었다며 가장 많이 언급한 인물이 로젠츠바이크였다는 사실에 주목했다. 그 주된 이유 중 하나는 모든 유대 전통을 끌어안은 로렌츠바이크의 편협하지 않은 포용력일 수 있다. 그는 어느 하나의 종파나 접근방식만을 고집하지 않음으로써 이러한 개방성을 유지할 수 있었다. 누군가 로젠츠바이크에게 성구함을 착용하는지를 묻자 그는 "아직까지는 착용하지 않고 있습니다."라고 대답했다는 특징적인 이야기가 있다. 그는 당시에는 이 계율을 자신의 삶에 포함시킬 정도로 자신이 영적으로 준비되어 있다고 느끼지 않았지만 언젠가는 그렇게 되리라 생각했던 것이다. 그는 성구함 착용이 그의 종교성을 자연스럽게 표출하는 것이 될 날을 마음속으로 그릴 수 있었다. '아직까지는 못하고 있습니다.'라고 말하는 로렌츠바이크의 접근법 역시 종파의 벽을 허물고 유대인들을 통합시키는 힘이 있다. "당신은 유대교의 의례적 · 윤리적 율법들을 모두 철저하게 지키고 있습니까?"라는 질문에 "아직까지는 그러지 못하고 있습니다."라고 대답하지 않을 자격이 있는 유대인은 단 한 사람도 없기 때문이다.

로젠츠바이크는 그의 생애 마지막 7년간 극심한 질병에 시달린 후 42세의 나이로 생을 마감했다. 질병으로 먼저 사지가 마비된 그는 시간이 지남에 따라 성대를 포함해 온몸이 마비되었다. 그럼에도 그의 정신은 질병에 굴하지 않았다. 그를 위해 특별한 타자기가 만들어졌다. 즉 팔걸이 붕대로 매단 그의 팔로 그가 원하는 활자를 가리키면 그의 아내가 그것을 받아쳤던 것이다. 그는 질병에 시달린 대부분의 기간 동안 창작 활동을 멈추지 않았다. 그가 부버와 함께 성경 번역 작업을 한 것도 이 기간의 일이었다. 질병에 걸린 첫 해 동안 생기 있는 삶을 유지했던 로젠츠바이크는 어머니에게 다음과 같은 편지를 썼다.

"어머니가 사용하시는 통증이나 고통과 같은 단어는 저게는 꽤 이상하게 들려요. 한 사람을 서서히 미끄러지듯 나아가게 하고 그 결과 거기에 익숙해지게 만드는 상태는 고통이 아니랍니다. 그것은 다른 사람들처럼 기쁨과 고통을 느낄 수 있는 공간을 주는 하나의 상태일 뿐이죠. 다른 사람들에게는 고통처럼 보이는 것이 실제로는 극복할 수 있는 일련의 어려움일 뿐이죠."

이 편지가 상당히 난해한 방식으로 작성되었다는 점을 고려하면 그의 어조는 놀라울 정도로 차분해 보인다.

로젠츠바이크의 절묘한 지력은 그의 육체가 완전히 악화되기 직전까지도 전혀 손상되지 않았다. 그는 죽기 몇 달 전에 이렇게 썼다.

"나는 햄릿처럼 '최근에 즐거움을 잃었다…….'고 말할 수 있다. 나는 지금 결말을 환영해야 하는 시점에 와 있을 뿐이다. 물론 자기 분석적 일반론이 항상 그렇듯 두 명제 모두 확실한 진실은 아니다. 나는 여전히 어떤 것들은 즐길 수 있기 때문이다. 단지 고통을 느끼는 나의 능력이 즐거움을 느끼는 나의 능력보다 더 빠르게 성장했을 뿐이다."

로젠츠바이크의 마지막 말은 통렬하고 우리의 마음을 저미게 한다. 특유의 타자기 방식을 통해 로렌츠바이크는 자신의 아내에게 말했다.

"이제 주께서 내 꿈에 나타나 진정으로 드러내신 모든 순간의 마지막 순간에 이르렀소. 그 순간에는……." 그는 마지막 문장을 끝내지 못하고 죽음을 맞이했다.

키에르케고르는 이렇게 말했다.

"독재자가 죽으면 그의 영향력은 끝나지만 순교자가 죽으면 그의 영향력은 시작된다."

끔찍한 질병으로 순교한 프란츠 로젠츠바이크의 영향력 역시 그의 죽음과 함께 본격적으로 시작된 것으로 보인다.

■■■ 122

동유럽의 작은 마을 슈테틀

유대인들을 도시인들로 생각하는 것이 통념이지만, 미국 유대인들의 조상 중 다수가 이디시어로 슈테틀Shtetl이라고 불리는 동유럽의 작은 마을에 살았다.

대다수의 유대인 및 다수의 비유대인은 뮤지컬 《지붕 위의 바이올린Fiddler on the Roof》에서 낭만적으로 묘사한 아나테브카Anatevka를 통해 슈테틀을 접해보았다. 유대인들이 향수에 젖어 슈테틀의 삶에 대해 말하는 것이 일반적인 일이 되긴 했지만, 슈테틀에 거주한 대다수의 유대인은 매우 궁핍한 삶을 살았다. 그래서 19세기 말과 20세기 초에 수백만 명의 슈테틀 유대인들이 가난을 벗어나기 위해 미국으로 이주했다.

슈테틀의 삶이 비록 궁핍하긴 했지만 슈테틀 거주민들의 공동체 생활은 서로에 대한 투철한 책임감으로 특징지어졌다. 두코르Dukor라는 러시아 슈테틀의 랍비였던 나의 할아버지 니센 텔루슈킨은 매년 유월절 전에 도움이 필요한 사람들을 위한 자선기금을 모으기 위해 슈테틀의 모든 집을 방문하곤 했다는 이야기를 내게 들려주었다. 슈테틀의 사람들은 도움을 줄 수도 있고 받을 수도 있었지만 가난한 사람에게 무관심할 수는 없었다. 종종 이보다 호소력이 약한 유대 공동체의 특징은 슈테틀 및 보다 큰 도시 모두에 '체데르Cheder'라는 유대 초등학교가 있었다는 것이다. 이러한 학교의 이름을 '방'이라는 의미의 히브리어 체데르로 명명한 것은 적절한 듯 보인다. 학교는 종종 방 하나가 전부였고, 가끔 교사의 집이 학교를 대신하기도 했기 때문이다. 체데르에서의 배움은 주로 암기로 이루어졌다. 학생들은 토라의 구절을 히브리어로 읽은 후, 곧바로 그 구절에 해당하는 이디시어로 번역문을 낭송했다.

유감스럽게도 어린 아이들을 가르치는 직업은 낮은 직위와 수입을 의미했다. 그래서 체데르의 교사들은 대개 질이 낮았고 그들의 훈육 방식은 매우 가혹했다. 20세기의 위대한 유대 시인 하임 나흐만 비아리크Hayyim Nachman Bialik는 그의 자전적 글에서 체데르의 교육을 끊임없이 부정적으로 묘사했다.

"교사들은 오로지 각자의 방식으로 학생들에게 상처를 주는 것만을 알았다. 교사는 채찍과 주먹, 팔꿈치, 자기 아내가 쓰던 밀방망이 등을 비롯해 고통을 줄 수 있는 모든 것을 이용해 학생들을 때리곤 했다. 보조 교사는 그가 던지는 질문에 내가 제대로 답변하지 못할 때마다 나에게 다가와 손을 뻗어 내 목을 움켜잡았다. 그가 마치 표범이나 호랑이 같은 맹수처럼 나를 뚫어지게 쳐다보면 나는 두려움에 떨었다. 나는 그가 그의 더러운 손톱으로 내 눈을 뽑아버릴지도 모른다는 공포감에 휩싸였고, 이러한 공포감은 나의 머리를 마비시켰다. 그러면 나는 전날 배운 것들을 모조리 잊어버렸다."

하임 나흐만 비아리크의 경험은 극단적인 것임에 의심의 여지가 없지만 나는 종종 어린 시절 체데르에 다녔던 유대 노인들로부터 비아리크의 경험에 약간 못 미치는 끔찍한 이야기들을 들었다. 물론 체데르에는 훌륭한 교사들도 있었다. 사실 비아리크 자신도 그 후에 훌륭한 교사를 만났다. 하지만 이것은 전적으로 운의 문제였다. 대다수의 체데르 교사가 훌륭한 교사와는 거리가 멀었기 때문이다. 체데르에서 질이 나쁜 교육을 받은 것은 많은 유대인들이 미국에 도착했을 때 유대 율법을 지키지 않은 요인 중 하나였다.

오늘날 우리는 특정 초정통파 집단들에 속한 부모들이 초등학교 대신 체데르라는 용어를 쓰는 것을 들을 수 있다. 이 경우 체데르는 단순히 초등학교와 동의어이다.

■■■ 123

유대인을 살해하고 약탈한 폭동 포그롬

포그롬pogrom은 반유대주의가 현대 단어집에 추가한 네 단어 중 하나이다. 나머지 세 단어는 한 민족 전체의 말살을 의미하는 제노사이드genocide와 나치가 1935년에서 1945년까지 6백 만 명의 유대인을 학살한 것을 의미하는 홀로코스트Holocaust, 홀로코스트 시기를 포함해 20세기까지 유럽의 여러 도시에서 유대인들을 강제로 거주시켰던 유대인 집단 거주 지역을 의미하는 게토ghetto이다. 엄밀히 따지면 '포그롬'이란 단어는 러시아 유대인들을 대상으로 한 1881–1884년과 1903–1906년, 1918–1920년에 이루어진 세 차례의 공격을 가리키지만, 오늘날 이 용어는 살의가 있는 반유대주의적인 공격을 통칭한다.

세 차례의 러시아 포그롬은 유대인의 삶을 순식간에 변화시켰다. 러시아 출신의 조상을 가진 미국 유대인들은 포그롬으로 인해 미국에 살게 되었을 가능성이 상당히 크다. 포그롬이 시작된 1881년에는 세계 유대인의 반 이상이 러시아의 통치를 받았다. 하지만 폭력적인 공격이 시작되자 유대인들은 서둘러 살던 나라를 떠났는데, 그들 대다수의 목적지가 바로 미국이었다. 그로부터 20년 후, 두 번째 포그롬 기간 중 1905-1906년 동안에만 미국으로 이주한 유대인의 수가 20만 명을 넘었다.

포그롬은 또한 시온주의에 대한 유대인의 지지를 급증시키는 데 주요한 역할을 하기도 했다. '1차 알리야(팔레스타인으로의 이주 물결)'는 1881년의 러시아 포그롬에 대한 반동이었고, '2차 알리야'는 1903년에 시작된 러시아 포그롬에 대한 반동이었다. 1989년에서 1990년에 곧 포그롬이 일어날 것이라는 소문이 떠돌았는데, 이 소문은 소련 유대인들의 이스라엘 이주를 곧바로 증폭시켰다.

살인과 약탈에 덧붙여 우리의 마음을 극도로 어지럽히는 포그롬의 특징은 러시아 정부가 포그롬을 후원했다는 사실이다. 1903년에서 1906년까지 일어난 6백 건의 포그롬 직후, 제정 러시아 황제의 비밀경찰이 포그롬을 종용하는 팸플릿을 제작했다는 사실이 드러났다. 두코르라는 러시아 슈테틀의 랍비였던 나의 할아버지 니센 텔루슈킨은 나에게 러시아 유대인들은 경찰서장이 부패한 인물이길 바라곤 했다고 말했다. 부패한 경찰서장은 포그롬을 멈추게 하는 조건으로 뇌물로 매수할 수 있기 때문이었다. 유대인들이 '이상주의적인' 경찰서장을 두려워했다. 이러한 경찰서장은 일단 포그롬 명령이 선포되면 뇌물로 매수할 수 없기 때문이었다.

포그롬은 어땠을까? 숄렘 슈바르츠바드Sholem Schwartzbard는 충격적인 목격담을 들려준다. 나는 이 목격담을 전하기가 망설여진다. 그의 묘사는 너무도 소름끼치는 것이어서 거기에 등장하는 이미지들이 이따금씩 나의 밤을 괴롭히기 때문이다. 슈바르츠바드는 우크라이나가 사이먼 페트루라Simon Petlura의 통치를 받는 독립 공화국이었을 무렵인 1918-1920년에 있었던 포그롬의 생존자였다. 우크라이나가 소련에 패한 후, 파리로 도망간 페트루라를 1926년에 슈바르츠바드가 암살했다. 슈바르츠바드는 페트루라와 그의 군대와 우크라이나 군중이 유대인들에게 저지른 만행의 증거를 법정에 제시했는데, 3주간의 재판이 끝났을 때 프랑스 법정은 슈바르츠바드에게 무죄를 선고했다. 슈바르츠바드의 증언록에서 발췌한 다음의 글은 포그럼의 본색을 드러내준다.

> 1919년 8월 말, 제가 키예프Kiev에 있을 때 페트루라의 선발대가 진군해 왔습니다. 그들은 진군하면서 눈에 띄는 유대인들은 모조리 살해했습니다. 볼샤야 바실코프스카야Bolshaya Vasilkovskaya 거리 중심에서 저는 한 부인이 인도에 쓰러져 있는 한 청년의 시체에 머리를 묻고 통곡하는 모습을 보았습니다. 청년은 부인의 외아들이었습니다. 폭도들은 부인의 절망을 조롱하며 큰소리로 음담패설을 쏟아냈습니다. 한 사람이 설교하듯 이렇게 말했습니다. "좋아. 우리가 빌어먹을 너희 유대인들을 모조리 죽여줄 테니 똑똑히 지켜보라고."
>
> 다른 곳에서 그들은 불운한 유대인들에게 그들의 대변을 먹였습니다. 그리고는 그 유대인들을 생매장했습니다. 그들은 죽은 유대인들도 가만두지 않았습니다. 다섯 번째 포그롬이 끝난 후, 페트루라가 태어난 곳인 드

네프르Dnieper의 트라이폴Tripole에는 47구의 노인과 병자, 어린아이의 시체가 거리에 버려져 있었고, 살아 있는 유대인은 단 한 명도 보이지 않았습니다. 얼마 후, 개들과 돼지들이 시체들을 뜯어먹기 시작했습니다. 이윽고 유대인들을 위해 일했던 이교도 한 명이 연민을 느껴 땅을 파서 시체들을 묻어주었습니다. 이 사실을 전해들은 우크라이나 군인들은 결국 그 이교도를 살해했습니다…….[1]

■■■ 124

부활절에 벌어진 도시의 살육

1903년 4월 6일과 7일, 부활절에 일어난 키시네프Kishinev 포그롬은 모든 유대인 및 다수의 개화된 비유대인을 몸서리치게 만들었다. 이 포그롬에 대한 분노가 반유대주의와의 투쟁이 주요 목적인 '미국 유대인 위원회the American Jewish Committee'를 탄생시킨 주요 원인이었다. 키시네프 포그롬 또한 20세기의 위대한 유대 시인 하임 나흐만 비아리크로 하여금 그의 가장 영향력 있는 두 편의 시 "살육의 도시"와 "살육에 대해"를 쓰게 했다. 그는 이 두 편의 시에서 폭도들의 잔혹함을 맹렬히 공격했다.

1 루시 다비도비츠Lucy Dawidowicz가 엮은 《황금 같은 전통: 동유럽 유대인의 삶과 생각》에 실린 글 "한 암살자의 회고록Memoirs of an Assassin"에서 인용.

나무와 돌, 울타리, 진흙 벽에서,

망자들의 튀긴 피와 메마른 뇌를 바라보라.

비아리크는 역시 유대인의 고통에 대한 하나님의 무심함을 원망했다. "그리고 만일 정의가 있다면 즉시 정의가 나타나게 하소서……."

그런데 그의 가장 강력한 공격 대상은 무자비한 공격을 당하면서도 반격하지 않은 러시아 유대인들이었다. 비아리크의 관점에 따르면 그들은 '마카비 일족의 자손'임에도 인간 이하의 상태로 전락했다.

그들이 도망가는 꼴은 쥐와 같았다,

그들의 도망은 총총 기어가는 바퀴벌레의 도망이었다,

그들은 개처럼 죽어 시체가 되었다.

널리 읽힌 비아리크의 논쟁으로 더욱 불이 붙은 키시네프 포그롬에 대한 유대인들의 분노로 인해 러시아 전역에 걸쳐 방위 부대가 조직되었고, 전 세계적으로 시온주의를 지지하는 유대인들이 점점 더 늘어났다. 키시네프 포그롬은 또한 젊은 러시아 유대인 시인 블라디미르 야보틴스키Vladmir Jabotinsky를 시온주의자로 만들었고, '2차 알리야'로 알려진 유대인들의 팔레스타인으로의 대규모 이주를 촉발하기도 했다. 키시네프 포그롬 및 러시아 전역에 걸쳐 일어난 기타 수백 건의 포그롬은 수십 만 명의 러시아 유대인들이 미국으로 이주하는 결과를 낳았다.

키시네프에서 살해된 유대인들의 수는 49명이었다. 홀로코스트 시기 동안 나치에 의해 매일 학살된 수천 명의 유대인들보다, 결과적으로 이 49명의 희생자들은 생존한 다른 유대인들에게 더 많은 근심과 불안, 분노를 불러일으켰다.

■■■ 125

유대의 마크 트웨인

솔롬 알레이헴Sholom Aleichem(1859–1916)은 유대인들에게 마크 트웨인Mark Twain과 같은 존재였다. 동시대 작가인 이 두 작가에 대한 유사점은 심지어 그들 생전에도 주목을 받았다. 두 사람이 만났을 때 숄롬 알레이헴이 "사람들이 저를 유대의 마크 트웨인이라고 부르죠."라고 말하자 마크 트웨인이 "저는 미국의 숄롬 알레이헴으로 불린답니다."라고 응수했을 정도로 말이다.

숄롬 알레이헴이 탄생시킨 불후의 인물은 일련의 단편 소설을 통해 이디시어를 사용하는 모든 유대인들에게 알려진 낙농업자 테비에Tevye이다. 테비에는 유명한 뮤지컬(후에 영화로도 만들어졌다.) 《지붕 위의 바이올린》을 통해 유대인뿐만 아니라 비유대인들 사이에서도 널리 알려지게 되었다. 《지붕 위의 바이올린》은 브로드웨이 역사상 가장 성공한 뮤지컬 중 하나였다.

테비에에게는 일곱 딸이 있었는데, 그는 인생의 황금기를 딸들에게 '좋은' 결혼을 주선한다는 야심찬 목표를 위해 노력하는 데 썼다. 하지만 그의 노력은 허사였다. 테비에의 딸들은 자율적인 성향이 강했다.

아버지처럼 고집이 센 딸들은 자신들의 사랑을 스스로 찾겠다는 의지가 투철했던 것이다. 맏딸은 아주 괜찮은 사람이지만 가난한 양복점 직공을 선택했다. 둘째 딸은 젊은 유대인 혁명가와 사랑에 빠져 제정 러시아 정부가 그를 먼 곳으로 추방했을 때 그와 함께 하기 위해 고향을 떠났다. 셋째 딸은 비유대인과 결혼하기 위해 기독교로 개종했는데, 이에 상심한 테비에는 종교와 민족을 버린 셋째 딸과 의절할 수밖에 없다고 느꼈다. 넷째 딸은 유명한 부자 과부의 아들과 사랑에 빠졌는데, 과부는 아들이 테비에 집안과 같은 소박한 집안의 딸과 결혼하는 걸 원치 않았기에 자신의 아들과 테비에의 넷째 딸을 떼어놓았다. 곧이어 숄롬 알레이헴은 테비에로 하여금 강에 빠져 자살한 넷 째 딸의 시체와 마주하게 함으로써 그가 탄생시킨 장면 중 가장 안타깝고 슬픈 장면을 묘사한다.

요컨대, 《지붕 위의 바이올린》은 거의 암울한 이야기들의 연속처럼 보인다. 그럼에도 테비에의 쾌활한 영혼으로 말미암아 관객들은 눈물이 고이는 순간에조차도 웃고 있는 자신을 발견하게 된다. 이와 관련해 이디시 문학 비평가 슈무엘 니거Shmuel Niger는 다음과 같이 기술했다.

"테비에에게 재앙이 꼬리를 물고 일어나지만 우리는 안타까운 마음으로 그를 책망하지 않는다. 그에게 닥친 어려움들이 그를 낙담시키거나 좌절시키지 않고 그의 인간다움만을 더 깊어지게 할 뿐이라는 것을 우리가 똑똑히 목격하기 때문이다."

테비에가 등장하는 대다수 이야기의 특징은 그가 계속해서 하나님을 대상으로 독백을 한다는 것이다. 매우 종교적인 테비에는 계속해서 하나님께 성경 구절을 말하고 그에 대한 자신의 해석을 읊조린다. 예를 들면, "하나님의 집에 거하는 자들은 축복이 있을지어다." – '맞습니다! 하나님의 집은 저의 집보다 더 넓을 것입니다.' 또는 "주님은 모든 사람에게 좋으신 분입니다." – '이따금씩 주님이 잊어버리는 사람도 있죠. 선하신 주님의 머리가 너무 복잡하신가요?'

테비에를 창조한 숄롬 알레이헴은 인간의 약점을 탓하기보다 인간의 약점에 공감하며 가끔 아주 유쾌하고 기발한 관찰력을 발휘하곤 했다. 예를 들면 그의 등장인물 중 하나가 이웃의 시샘을 사지 않는 법에 대해 멋진 조언을 한다.

"우리는 항상 이웃의 감정을 고려해야 해요. 예를 들면, 시장에서 물건을 다 팔고 주머니에 돈을 가득 넣어 날아갈 것 같은 기분으로 집으로 돌아올 때마다 나는 내 이웃에게 돈을 몽땅 잃어버려 빈털터리가 되었다고 말하죠. 그래야지 나도 행복하고 이웃도 행복하니까요. 하지만 반대로 내가 실제로 시장에서 돈을 몽땅 잃고 빈털터리가 되어 침통한 마음으로 집으로 돌아오면 나는 항상 이웃에게 오늘같이 장사가 잘 된 적은 이제껏 한 번도 없었다고 말하죠. 무슨 말인지 아시겠어요? 그래야지 내 이웃도 나와 함께 비참한 신세가 되거든요."

숄롬 알레이헴에게 있어서는 종종 연민을 자아내는 힘과 유머의 경계선이 모호하다. 짤막한 이야기 "산 자들에 대한 연민A Pity for the Living"에서 그는 어머니에게서 양파를 강판에 갈아달라는 부탁을 받은 한 소년에 대해 기술한다. 어머니는 자리를 비우기 전에 소년에게 눈물이 나니 눈을 감고 양파를 갈아야 한다고 경고한다.

"네가 우는 것이 내 눈에 띄면 나한테 맞을 줄 알아라."

소년은 앉아서 어머니의 말을 곰곰이 생각하니 조금씩 분노가 치밀어 오른다. 소년은 생각한다.

"그런 식으로 날 협박하는 건 너무 부당해."

그리고 소년은 자신이 목격한 다른 부당한 일들에 대해 생각하기 시작한다. 언젠가 소년은 가정부가 고양이를 발로 걷어차는 것을 보았다. 가정부는 자신이 차려놓은 음식을 고양이가 먹었다고 생각했던 것이다. 하지만 후에 그녀는 그 음식이 그대로 있는 것을 보았다. 소년이 고양이에게 사과하라고 가정부에게 말하자 가정부는 소년에게 고함을 질렀다. 소년은 또 다른 부당한 사건을 떠올린다. 어느 토요일, 제일 좋은 바지를 골라 입은 소년은 두 명의 시골 소년이 새 둥지에 돌을 던지는 것을 보고 그들에게 다가가 그만하라고 말했다. 그러자 그들은 소년을 때리고 소년의 바지를 찢었다. 집에 돌아온 소년은 있었던 일을 설명하기도 전에 안식일에 싸움을 하고 바지를 찢어놓았다는 이유로 아버지에게도 맞았다. 곧바로 소년은 훨씬 더 심각한 불의를 떠올린다. 한 절름발이 소녀가 소년의 집 마당에 살고 있었다. 소년은 이 절름발이 소녀를 등에 업고 거리를 돌아다니며 함께 웃으며 놀곤 했다. 그러던 어느 날, 포그롬 끄나풀들이 소녀의 집에 침입해 소녀를 창문 밖으로 던져버렸다. 소년은 숨이 멎은 채 거리에 버려져 있는 소녀를 떠올리며 눈물을 흘리기 시작했다. 바로 그때 소년의 어머니가 방으로 다시 들어와 소년이 우는 것을 보고 소년을 때렸다.

"양파를 갈 땐 계속 눈을 감고 있으라고 말하지 않았니."

숄롬 알레이헴의 영혼은 그가 창조한 허구의 인물의 영혼만큼 온화한 듯하다. 그는 자신의 기일에 가족이 모인 가운데 그가 만든 이야기들 중 비교적 유머러스한 이야기들을 골라 읽어달라는 유언을 남겼다고 한다.

■■■ 126

서구 의학의 패러다임을 바꾼 사람

칼 마르크스와 앨버트 아인슈타인, 지그문트 프로이트Sigmund Freud(1856-1939)는 종종 19세기 및 20세기 서방 세계에 가장 큰 영향을 준 세 명의 유대인으로 꼽힌다. 하지만 여기에 마르크스를 포함시키려면 '유대인'이라는 단어의 뜻을 확장할 필요가 있다. 그의 아버지는 그를 여섯 살 때 기독교로 개종시켰고, 그는 일생 동안 공격적인 반유대주의자였기 때문이다. 반면, 아인슈타인의 유대 정체성은 상당히 긍정적이었다. 이스라엘의 초대 대통령 하임 바이츠만Chaim Weizmann이 사망했을 때 아이슈타인은 그를 대신해 대통령직을 맡아달라는 제안을 받았다. 그는 이 제안을 받아들이지는 않았지만, 대통령직 제안을 받고 자신이 얼마나 감동했는지를 기술한 격조 있는 서신을 보냈다.

지그문트 프로이트의 유대 정체성은 마르크스의 유대 정체성보다는 훨씬 더 긍정적이었고, 아인슈타인의 유대 정체성보다는 더 복잡했다. 무신론자임을 자인한 프로이트는 유대교의 의례에 거의 매력을 느끼지 못했다. 그는 유대교의 핵심적인 믿음을 거부한 만큼 박해와 끊임없는 적의에 직면했지만, 유대교에 대한 믿음을 유지한 유대민족에 속했다는 사실은 자랑스럽게 여겼다. 유대인의 이러한 강인함과 완고함이 거의 일률적으로 자신의 정신분석 이론에 적의를 드러내는 의학계에 맞서 자신의 이론을 고수하는 데 필요한 불굴의 용기를 자신에게 주었다고 프로이트는 믿었다. 프로이트는 자신이 회원으로 있는 빈의 브나이브리스 회원들 앞에서 이렇게 선언했다.

"다른 사람들에게는 지력을 사용하는 데 제약이 되는 여러 편견들로부터 제 자신은 자유롭다는 걸 알게 되었습니다. 제가 유대인이기 때문이죠. 저는 유대인으로서 소수 집단에 동참해 다수 집단의 동의 없이 제 일을 해나갈 마음의 준비가 되어 있습니다."

프로이트는 가끔 유대인과 관련한 특정 쟁점에 대해 기술했다. 유머에 관한 그의 저서 《농담 및 농담과 무의식의 관계Jokes and Their Relation to the Unconscious》에는 다른 어느 집단의 유머보다 유대인의 유머가 더 많이 실려 있다. 프로이트는 유대인들이 자신들의 단점에 대해 농담하는 수위에 깊은 인상을 받았다. 특히 그는 유대인 특유의 뻔뻔스러움에서 드러나는 건전한 자아감을 즐겼다. 그가 좋아하는 우스개 이야기 중 하나는 부유한 남작을 찾아가 오스텐드 휴양지로 여행을 떠날 수 있게 도움을 달라고 요청한 유대인 거지에 대한 이야기이다. 거지는 건강이 나빠진 자신에게 의사가 해수욕을 권했다고 남작에게 말했다. 부유한 남작은 "아주 좋아. 자네에게 도움을 좀 주겠네. 그런데 해수욕을 위한 휴양지 중 가장 값비싼 오스텐드를 고집해야 하는가?" 이에 거지는 못마땅한 듯 대답했다. "남작님, 제 건강을 위해서라면 어떠한 가격도 비싸지 않다고 생각합니다만."

프로이트의 마지막 저서 《모세와 일신교Moses and Monotheism》는 프로이트에게 유대인 친구를 거의 선사하지 못했음에도 전반적으로 유대교 주제를 다루었다. 감지할 수 있을 정도로 사실보다 이론을 선호하는 프로이트는 모세가 유대인이 아니라는 입장을 취했다. 모세는 파라오를 상대로 한 유대인들의 반란을 주도한 이집트인이고, 후에 그가 도움을 준 유대인들에게 살해되었다는 것이 프로이트의 주장이었다. 모세를 살해한 유대인들은 곧바로 죄책감과 회한에 휩싸였고, 그 결과 어니스트 반 덴 헤이그Ernest van den Haag의 표현으로 "그들이 살해한 '아버지'의 열성적이고 순종적인 아들들"이 되었다고 프로이트는 생각했다. 이 책을 읽어보면 전반에 걸쳐 프로이트가 정신분석의 '토라'를 종종 적대적인 세상에 드러내면서 자신을 어느 정도 모세로 본다는 것을 감지할 수 있다.

한편, 프로이트는 《모세와 일신교》에서 반유대주의에 대한 도발적인 설명을 내놓는다. 즉 유대인들은 예수를 죽인 것 때문이 아니라 예수를 탄생시킨 것 때문에 증오의 대상이 되었다는 것이다. 기독교 세계는 예수가 요구한 원대한 윤리적 책무들에 항상 분개해왔다고 프로이트는 믿었다. 즉 자신들의 종교와 예수라는 인물을 통해 이러한 윤리적 책무들을 탄생시킴으로써 서방 세계의 나쁜 양심이 된 유대인들에게 기독교인들이 좌절감과 분노를 발산했다는 것이다.

프로이트는 전 생애에 걸쳐 반유대주의의 흉포함을 이해하는 데 집착하는 것처럼 보일 정도로 깊은 관심을 가졌다. 이와 관련해 프로이트는 이렇게 썼다.

"반유대주의와 관련해 나는 진정으로 설명을 찾길 원치 않는다. 나는 이 문제를 나의 일시적인 감정들에 맡기며 인류는 대체적으로 비참한 운명을 맞이한다는 전적으로 비과학적인 나의 믿음에 확신을 갖고 싶은 강한 충동을 느낀다."

《꿈의 해석The Interpretation of Dreams》에서 가장 감동적인 구절 중 하나는 프로이트가 빈에서 반유대주의에 대한 아버지의 이야기를 듣는 장면이다.

"아버지가 나를 데리고 산책하면서 우리가 살고 있는 세상에 대한 아버지의 견해를 들려주기 시작한 것은 내가 열 살 또는 열두 살이 되었을 무렵의 일이었다. 아버지가 나에게 당시 상황이 그 전보다 얼마나 나아졌는지를 알려주려고 이야기 하나를 들려준 것도 그 시절 아버지와 함께 산책을 하던 때였다. 아버지는 이렇게 말했다. '내가 어렸을 때 어느 일요일에 산책을 하러 (빈의) 거리로 나간 적이 있었지……. 그때 나는 옷을 말쑥하게 차려입었고 새 모피 모자를 쓰고 있었지. 산책을 하고 있는 데 한 기독교인이 나에게 다가와 갑자기 내 모자를 손으로 쳐서 바닥에 떨어뜨리고는 "유대인! 당장 인도에서 내려오도록 해"라고 고함을 치더구나.' 나는 아버지에게 '그래서 어떻게 하셨어요?'라고 물었다. 그러자 아버지는 나지막하게 '도로로 내려가서 모자를 주웠지.'라고 말했다."

인간의 비열함을 느끼게 만드는 이야기의 주인공이 자신의 아버지였다는 것을 아는 것은 소년에게는 꽤나 충격적인 일이었다.

프로이트는 거의 전 생애를 빈에서 살았다. 그런데 그가 죽기 1년 전에 나치가 오스트리아를 점령했고, 게슈타포가 세 차례나 그의 집을 급습해 결국 취조를 하기 위해 그의 딸 안나를 끌고 갔다. 고문을 당하면 자살하려고 안나가 수면제를 가져갔을 정도로 당시 오스트리아 유대인들은 공포에 떨며 살고 있었다. 전 세계에 걸친 저명한 유대인들의 도움으로 프로이트와 그의 딸은 영국으로의 이주 허가를 받을 수 있었다. 부녀가 빈을 떠나기 전, 게슈타포는 프로이트에게 자신들로부터 대우를 잘 받았다는 내용의 진술서에 서명할 것을 강요했다. 여기에 대해 프로이트는 특유의 신랄한 위트로 이렇게 썼다.

"나는 기꺼이 게슈타포에게 내 최고의 찬사를 보냈다."

역사가인 조지 버클리는 이렇게 기술했다.

"게슈타포에게는 아이러니라는 것이 먹히지 않는 듯 보였다. 그들은 진술서를 받아들였고 프로이트를 보내주었다."

제2차 세계대전 동안 오스트리아를 떠나지 않은 프로이트의 네 누나는 모두 나치에게 학살당했다.

프로이트의 일생 동안 유대인들이 그의 정신분석 이론을 가장 열정적으로 지지했다. 정신분석 이론 초창기에 프로이트는 그의 측근 중 유일한 비유대인인 칼 구스타프 융의 참여를 소중하게 여겼다. 프로이트는 한 서신에서 이렇게 썼다.

"정신분석이 유대인의 전유물이 되는 위험성에서 벗어날 수 있었던 것은 오로지 그의 등장 덕분이었다."

실제로 프로이트는 반유대주의자들이 정신분석을 유대 과학으로 여겨 묵살하지 않을까 오랫동안 두려워했는데, 이것은 후에 나치들에 의해 현실이 되었다. 정신의학은 지금까지도 변함없이 유대인들에게 특별한 매력을 발산해왔다. 의학 분야에서 정신의학만큼 유대인들이 적극적으로 참여한 분야도 아마 없을 것이다.

언젠가 프로이트는 유대인들이 자신에게 경의를 표한 것에 대한 견해를 이렇게 피력했다.

"빈의 유대 사회 및 내가 이사로 있는 예루살렘 대학을 비롯해 유대 공동체 전체가 나를 마치 국가적 영웅인 양 칭찬해주었다. 내가 유대의 이상을 위해 한 일은 지금까지 내가 유대인임을 단 한 번도 거부한

적이 없다는 단 한 가지 사실뿐임에도 말이다."

■■■ 127

유대인의 삶을 심각하게 훼손한 유대인 혁명가

레온 트로츠키Leon Trotsky(1880-1940)는 1917년 러시아 공산주의 혁명의 핵심 리더 중 한 사람이었는데, 후에 적군파 수장이 되었다. 본명이 레프 다비도비치 브론스타인Lev Davidovich Bronstein인 그는 태생적으로는 유대인이었다.

1917년 러시아 공산주의 혁명 이후에 있었던 2년간의 내전 동안 우크라이나의 반공산주의 군대는 5만 명에 달하는 우크라이나 유대인을 학살했는데, 이를 주도한 인물이 바로 우크라이나 군사들에게 볼셰비키 군대를 이끄는 사람은 '유대인인 트로츠키'임을 끊임없이 상기시킨 사이먼 페트루라(128장 '포그롬' 참조)였다. 그런데 모스크바의 랍비장인 랍비 마제Mazeh가 트로츠키에게 유대인으로서 적군파를 이용해 포그롬을 멈춰달라고 호소했을 때 트로츠키는 자신이 유대인임을 부인했다. 트로츠키의 태생을 언급했을 때 트로츠키 특유의 반응은 "당신이 잘못 알고 있소. 나는 사회민주주의자일 뿐이오."였다. 랍비 마제는 트로츠키와의 만남을 다음과 같이 결론지었다고 한다.

"트로츠키는 혁명을 일으켰고 수많은 브론스타인은 그 대가를 치르고 있다."

역사가 폴 존슨은 이렇게 기술했다.

"많은 사람들이 유대인이 공산주의 혁명을 일으켰다고 오해하게 만든 것은 트로츠키의 책임이 가장 크다."

만연하는 이러한 오해로 인해 유대인들은 큰 대가를 치러야 했다. 반유대주의자들은 공산주의 운동에 가담한 유대인의 비율이 상당히 높다는 것은 쉽게 입증했지만 유대인 공산주의자들은 일반적으로 반유대주의자들만큼 유대인에게 적대적이었다는 사실을 언급하는 데는 실패했다. 공산주의 이론의 창시자 칼 마르크스는 1818년에 유대인 집안에서 태어났지만 그가 일곱 살이 되던 해에 그의 부모가 그를 기독교로 개종시켰다. 그의 첫 주요 에세이 《유대인 문제에 대해On the Jewish Question》는 유대인과 유대교에 대한 극단적인 증오로 가득 차서 마치 나치의 글처럼 느껴질 정도였다.

"유대인은 세속적으로 무엇을 숭배할까? 흥정이다. 그들의 세속적인 신은? 돈이다. 그렇다면 그야말로 세속적인 유대교의 흥정과 돈에서 해방되는 것은 현시대에서 우리 자신을 해방시키는 것이 된다. …… 돈은 이스라엘의 시기하는 신이기에 그 옆에는 어떠한 신도 서지 못할 것이다."

후에 히틀러는 자신이 반유대주의자가 된 데는 이 에세이의 영향이 컸다고 말했다.

마르크스는 다수의 유대인 공산주의자들이 유대인과 유대교에 대해 품은 증오의 색깔을 결정했다. 트로츠키의 반유대주의는 마르크스의 반유대주의에 결코 근접하지 못했지만 그래도 그는 유대인에게 보탬

이 되는 것은 적극적으로 반대했다. 그가 러시아에서 권력을 쥐고 리더십을 발휘하는 동안 러시아의 대다수 시나고그가 문을 닫았고 히브리어 공부가 금지되었으며 러시아 정통파 교회 역시 공격당했다. 그뿐만 아니라 30만 명의 구성원을 보유한 러시아 시온주의 운동도 와해되었다. 시온주의 운동의 주동자들은 정치범 수용소로 보내졌는데, 거의 모두가 그곳에서 죽음을 맞았다.

트로츠키가 유대인의 삶에 심각한 손상을 주는 데 큰 역할을 했다는 것을 고려해볼 때, 그가 유대인 태생이라는 사실이 스탈린이 레닌을 계승한 주요한 원인이었다는 것은 그를 특히 화나게 했을 것이다. 윈스턴 처칠은 이러한 사실이 유발한 트로츠키의 좌절감을 강렬하게 묘사했다.

"그는 여전히 유대인이었다. 그 어떤 것도 이를 부정할 수 없었다. 자기 가족을 버리고, 자기 민족을 거부하고, 자기 아버지의 종교에 침을 뱉은 그가 매우 편협한 이유로 엄청나게 큰 상을 받지 못한 것은 불운이다."

수년 후, 러시아에서 추방당해 멕시코로 간 트로츠키는 스탈린의 반유대주의를 맹렬히 비난했다. 그러자 아이러니하게도 미국 유대인 공산주의자들은 오히려 트로츠키를 비난했다. 그가 스탈린의 반유대주의를 비난하는 것은 그들이 알고 있는 한 사회에 존재했던 반유대주의의 유대인에 대한 증오가 없었다고 주장하는 것이나 마찬가지였기 때문이다.

오늘날까지도 트로츠키는 초기 볼셰비키 리더 중 가장 이지적인 인물로 여겨진다. 하지만 유대 쟁점들에 관한 그의 글들만으로 그의 지성을 평가한다면 그의 지성은 전혀 인상적이지 않다. 두 가지 예를 들어보자. 1904년, 트로츠키는 시온주의를 조롱하며 시온주의가 머지않아 자취를 감출 것이라고 장담했다. 제1차 세계대전이 발발하고 거의 1년 후인 1940년 7월, 트로츠키는 시온주의는 유대인을 절대 도울 수 없다고 말하며 여전히 시온주의를 공격했다. 그는 이렇게 주장했다.

"유대 민족의 구원이 자본주의 체제의 전복과 직결된다는 것이 오늘날처럼 명백한 사실이었던 적은 없었다."

보통의 지성만을 소유한 유대인조차도 유대인이 그 어떤 체제보다 자본주의체제에서 훨씬 더 많은 용인과 훨씬 더 적은 반유대주의를 경험했다는 점을 잘 알고 있었다. 트로츠키는 그의 이론에 도전하는 사실들을 인식하지 못할 정도로 지나치게 이론에 얽매인 공산주의자였다.

위의 주장을 펼치고 겨우 한 달이 지나 트로츠키는 스탈린이 보낸 암살자에 의해 멕시코에서 살해되었다.

■■■ 128

20세기 지성과 윤리의 거인

앨버트 아인슈타인은 20세기의 가장 유명한 유대인일 것이다. 인류 역사상 천재라는 이유만으로 아인슈타인보다 더 유명해진 사람은 아마 없을 것이다. 아인슈타인의 유명세는 주로 그의 상대성 이론 덕분이다. 미국 역사에서 그의 중요성은 주로 1939년 그가 프랭클린 루스벨트에게 보낸 서신에서 비롯된다. 그는 이 서신에서 루스벨트에게 컬럼비아대학의 핵분열 실험에 주목할 필요가 있다고 전한다. "최근 E. 페르미E. Fermi와 L. 질라드L. Szilard가 시행한 몇몇 연구로 인해 저는 우라늄 원소가 가까운 미래에 중요한 새 에너지 자원이 될 수 있다는 결론을 내렸습니다. …… 이 새로운 현상은 또한 폭탄 제조로 이어질 수 있습니다. 상상을 초월할 정도로 막강한 새로운 형태의 폭탄이 탄생할 가능성이 없지 않습니다. 확실하지는 않지만 말입니다."

아인슈타인의 서신과 세계적인 명성은 루스벨트가 곧바로 '맨해튼 프로젝트Manhattan Project'를 추진하는 데 주요 요인으로 작용했다. 그로부터 5년 후, 맨해튼 프로젝트는 제2차 세계대전을 미국의 승리로 이끌어준 핵폭탄을 생산했다. 히로시마에 핵폭탄을 투하했다는 소식을 들은 아인슈타인의 반응은 간단했다. "이런!"

20세기에 과학과 예술 분야에서 두각을 나타낸 대다수 유대인과는 달리 아인슈타인은 자신의 민족인 유대인들을 열정적으로 사랑했다. 아인슈타인은 개인적인 명성을 떨칠 때조차 유대인들의 고통에 통감했다. 한 기자가 아인슈타인에게 국제사회가 그의 과학적 발견에 대해 어떻게 반응할 것으로 생각하는지를 묻자 독일 태생인 아인슈타인은 다음과 같이 대답했다.

"만일 저의 상대성 이론이 사실로 입증되면 독일은 저를 독일인이라고 주장할 것이고, 프랑스는 저를 세계의 시민으로 공언할 것입니다. 하지만 만일 저의 이론이 틀린 것으로 판명나면 프랑스는 저를 독일인이라고 할 것이고, 독일은 저를 유대인이라고 할 것입니다."

그는 비록 종교적인 관습은 따르지 않았지만 초자연적인 존재에 대한 믿음은 확고했다. 아인슈타인은 우주를 관장하는 것은 무질서가 아니라 질서라는 자신의 확신을 다음과 같이 표현했다.

"하나님은 우주를 상대로 주사위 놀이를 하지 않으신다."

아인슈타인의 인생 이야기는 오랫동안 학교생활을 썩 잘하지 못하는 자녀를 둔 부모들에게 위안이 되어주었다. 어렸을 때 아인슈타인은 관심이 가는 일을 하는 데 더 몰두했던 평범한 학생이었다(최근 보고에 따르면 아인슈타인의 부진한 학교생활은 다소 과장된 것이라고 한다.). 어른이 된 아인슈타인은 얼빠진 교수의 전형이었다. 그는 그의 트레이드마크인 낚시꾼 모자를 쓰고 잘 맞지 않는 바지를 입고 샌들을 신은 채 결혼식 피로연에 나타나는 그런 사람이었다.

그는 비록 원자폭탄을 만들길 바랐던 사람들과 관련이 있었지만 그의 인생 대부분을 평화주의자로 보냈다. 그런데 나치의 등장은 그로 하여금 전쟁을 전적으로 반대하는 자신의 견해를 다시 생각해보게 했다. 그는 평화적으로 나치를 대하는 것은 나치의 승리를 보장하는 길이라고 믿었던 것이다.

나치는 권력을 잡자마자 아인슈타인에 대한 경멸과 증오를 분명하게 드러냈다. 1933년, 아인슈타인이 미국에서 강의를 하던 동안 나치 군대는 아인슈타인의 집을 샅샅이 뒤져 엉망으로 만들어놓았다. 그 후로 그는 영영 독일로 돌아가지 않았다. 대신 그는 프린스턴 대학의 고등연구소 교수직 제안을 받아들였다. 그는 1955년에 사망할 때까지 그곳에 있었다. 프린스턴 대학에 있을 동안 그는 베를린에 있는 카이저 빌헬름연구소Kaiser Wihelm Institute의 독일 과학자 오토 한Otto Hahn을 위해 일하던 유대인 여성 리제 마이트너Lise Meitner에게서 충격적인 소식을 전해

들었다. 오토 한이 이끄는 독일 과학자 팀이 핵분열을 토대로 전례 없는 파괴력을 가진 폭탄을 개발하고 있다는 것이었다. 아인슈타인은 즉시 그 일이 어떤 의미인지, 또 미국도 이 분야에 대한 연구를 서두를 필요가 있다는 것을 감지했다. 그래서 아인슈타인이 루스벨트 대통령에게 서신을 보냈던 것이다. 그런데 아이러니하게도 나치의 반유대주의는 제2차 세계대전에서 나치가 패하는 것을 확실하게 해주었다. 결국 나치의 반유대주의가 아인슈타인과 마이트너를 독일에서 추방했기 때문이다. 만일 나치의 반유대주의가 없었다면 독일이 세계 최초로 원자폭탄을 개발했을 것이고, 그렇게 되면 세계 역사는 완전히 달라졌을 것이다. 아인슈타인은 일생 동안 변함없는 시온주의자였고, 예루살렘 히브루대학의 초창기 지지자였다. 비록 아인슈타인이 팔레스타인에 거주한 적은 없었지만 이스라엘 초대 대통령 하임 바이츠만이 1952년에 세상을 떴을 때 당시 이스라엘 수상 데이비드 벤-구리온은 아인슈타인에게 이스라엘의 두 번째 대통령이 되어달라고 부탁했다. 대체로 의례상의 직책인 대통령직을 제안 받은 것을 영광스럽게 생각하긴 했지만 아인슈타인은 벤-구리온의 제안을 정중하게 거절했다. 그는 벤-구리온에게 이렇게 썼다.

"저는 당신의 제안에 깊이 감동했습니다. 하지만 저는 그 직책에 적합한 사람이 아닙니다."

그는 말년에도 과학자로 일하는 것을 선호했다. 아인슈타인은 그의 이름이 도움이 되는 곳이라면 어디든 그의 이름을 사용할 수 있게 했다. 그래서 예시바대학은 부속 의과대학의 명칭을 '앨버트아인슈타인 의과대학'으로 지을 수 있었다. 아인슈타인은 또한 비교적 유명하지 않은 기관에도 관대함을 보였다. 유대인이 후원하는, 뉴욕에 있는 한 작은 병원의 운영자들이 1930년대에 나의 이모 눈야 비아리크Nunya Bialik를 찾아와 아인슈타인에게 병원 이사회 이사가 되어달라고 부탁하는 편지를 보내줄 것을 요청했다. 나의 이모는 그들의 부탁을 들어주었다. 아인슈타인은 꽤 빨리 답장을 보냈다. 자신의 일정 탓에 이사회에 참석하지 못하더라도 양해 받을 수만 있다면 병원 이사회의 일원이 되는 것을 영광으로 생각하며 기꺼이 이사회에 합류하겠다는 것이었다. 세계에서 가장 유명한 과학자의 이름이 이제 그들의 돛대 꼭대기를 장식할 것이라는 사실에 기쁨을 감추지 못한 병원 운영자들은 아인슈타인이 제시한 결코 불합리하지 않은 조건을 기꺼이 받아들였다.

아인슈타인은 지금까지도 유대인들뿐만 아니라 많은 비유대인들에게도 지성의 전형이자 윤리의 거인으로 남아있다.

5부

앞서간 죽음을 망각하지 말라

■■■ 129

히틀러를 잊지 말라

아돌프 히틀러Adolf Hitler(1889-1945)는 인종차별주의자였을 뿐만 아니라 반유대주의자이기도 했다. 일본인과 독일인은 분명 서로 다른 인종임에도 불구하고 히틀러는 일본과 군사적 동맹을 맺고 황인종인 일본 국민들을 '명예 아리아인'이라 선언하는 데 전혀 거리낌이 없었다. 하지만 히틀러는 유대인을 '명예 아리아인'이라 선언하는 것이 독일에게 득이 되는 경우에도 결코 그렇게 하지 않았다. 히틀러는 유대인들을 학살하기 훨씬 전부터 독일에서 으뜸가는 몇몇 과학자를 그들이 독일에 정착한 유대인이라는 이유만으로 반복적으로 조롱했다. 아이러니하게도 그들 중 한 명인 앨버트 아이슈타인은 미국으로 건너가 원자폭탄을 만드는 데 중요한 역할을 했다.

히틀러가 고집스럽게 유대인을 증오한 이유는 뭘까? 히틀러에 대한 방대한 전기가 많이 쓰였지만 아무도 그 이유를 확실히 알지 못한다. 가령 히틀러가 유대인과 관련해 개인적으로 좋지 않은 경험을 했다는 증거가 없다. 오히려 히틀러의 어머니는 한 유대인 의사의 탁월한 능력으로 죽음을 피할 수 있었다. 그런데 히틀러가 유대인을 증오한 만큼 유대교와 유대교가 말하는 하나님의 개념을 증오한 것은 분명하다. 히틀러는 한때 그의 동지였던 헤르만 라우슈닝Hermann Rauschning에게 '포악한 신'과 그의 '삶을 거부하는 십계명'을 세상에 끌어들인 것은 유대인이라고 설명했다. 히틀러는 유대인들이 계명으로 정한 수많은 금기사항과 더불어 유대인들의 십계명을 상대로 전쟁을 일으키고 싶다고 말했다. 그는 세상의 모든 유대인을 살해해야만 유대인의 유일신 개념과 하나의 윤리 기준을 종식시킬 수 있다고 결론 내렸다.

히틀러의 관점에 의하면 유대인들은 기독교로 개종하거나 유대교를 버리고 공산주의자가 되더라도 '유대교 사상'을 유지한다는 것이다. 이 점에서 히틀러는 이전의 거의 모든 반유대주의자와 달랐다. 그는 기독교와 마르크스주의를 독일 아리아인의 가치를 전복시키려고 유대인이 얄팍하게 변장시킨 유대인의 창조물로 보았다.

그렇다면 아리아인의 가치관들은 도대체 뭘까? 학자들이 일관성 있는 아라이인의 가치관으로서 유일하게 규명한 것은 유대인과 유대교에 대한 증오이다. 그밖에 아리아주의는 어떤 일이 있더라도 한 명의 최고 지도자인 히틀러의 말에 복종하는 건강한 금발 국민 양성에 초점을 맞출 뿐인 것으로 보였다. 즉 아리아주의는 원초적인 한 사내 및 그의 영토와 문화를 찬양하는 퇴보적인 이데올로기에 지나지 않는 것으로 보일 뿐이었다. 철학적 체계가 결여된 히틀러의 이데올로기는 독일에게 고통을 준 세계에 대한 감정적인 반응에 불과했다.

독일은 당연히 제1차 세계대전을 일으킨 데 주된 책임이 있다. 제1차 세계대전이 끝나자 승리한 연합군은 독일로 하여금 독일을 상대로 싸운 나라들에 엄청난 보상을 하게 함으로써 독일을 벌했다. 연합군은 또한 독일 군대의 규모를 크게 축소시키기도 했다. 히틀러는 프랑스 베르사유에서 타결된 이 보상 협약을 독일에 '굴욕감을 주는 것'이라며 끊임없이 비난했다.

히틀러는 수십 명으로 나치당을 창단했지만 당원 수는 급격히 증가했다. 당원 수가 급격히 증가한 것은 그의 카리스마와 1920년대와 1930년대에 걸쳐 독일 전역에 만연한 경제침체를 적절히 활용한 그의 능력을 입증해주는 것이라고 볼 수 있다. 당시 불황은 전 세계적인 현상이었지만 수백만 명이 일자리를 잃은 독일의 불황은 특히 심각한 것이었다. 몇 해 전인 1923년, 수백만 명의 독일인이 천문학적인 비율로 치달은 급진적 인플레이션으로 생존을 위협받았다. 20년 동안 연금기금을 납입한 어느 남자가 연금을 탔는데 그 돈으로 빵 두 조각밖에 살 수 없었다는 악명 높은 사례도 있었다. 이러한 극단적인 불황의 시기에 히틀러가 독일 국민들에게 전달한 두 가지 메시지, 즉 "내가 당신들에게 일자리를 주겠다."와 "유대인들이 독일을 뒤에서 찔렀다."는 많은 독일인에게 설득력을 발휘했다.

1923년, 뮌헨에서 바이에른 정부를 상대로 일으킨 폭동에서 수백 명의 독일인이 히틀러를 따랐다. 히틀러는 경찰 국장이 연설을 하고 있던 어느 대형 맥주홀에서 쿠데타를 시도했고, 이 쿠데타는 '맥주홀 쿠데타 시도'로 알려지게 되었다. 반란은 곧바로 진압되었는데, 히틀러에게는 다행스럽게도 당시 독일 지도자들은 히틀러보다 훨씬 더 관대했다. 히틀러는 징역 5년형을 선고받았는데 불과 9개월 만에 가석방되었다. 히틀러는 감옥에 있는 동안 그의 정치적 견해를 밝힌 《나의 투쟁 Mein Kampf》을 집필했다. 몇 년 후, 특히 그가 정권을 잡은 후에 이 책은 그에게 엄청난 부를 안겨주었다. 《나의 투쟁》은 1939년까지 무려 520만부가 팔렸다. 이를테면 독일의 신혼부부는 모두 이 책을 구입해야 했다.

히틀러는 독일의 모든 병폐를 유대인 탓으로 돌려 권력을 쟁취했다는 것이 사람들의 보편적인 믿음이다. 하지만 제1차 세계대전이 끝나고 얼마 지나지 않아 정치학자 에바 라이흐만Eva Reichmann은 히틀러는 주로 경제적인 쟁점들을 이용해 권력을 잡았다는 사실을 입증해 보였다. 실제로 히틀러는 선거운동을 하는 동안에는 중산층 유권자들이 자신을 정계의 괴짜로 여겨 외면할까봐 두려웠던 까닭에 자신의 반유대주의를 드러내지 않으려고 애썼다(어쨌거나 독일인은 모두 히틀러가 유대인을 증오한다는 사실을 알고 있었다.). 히틀러는 민주적인 선거에서 한 번도 절대다수의 표를 얻지 못했지만 1932년 7월 선거에서 나치당은 다른 어느 당보다도 더 많은 표를 얻었다. 1933년 1월, 독일 대통령 파울 폰 힌덴부르크Paul von Hindenburg는 히틀러를 독일 수상으로 임명했다. 그로부터 반년이 채 지나지 않아 독일에서는 민주주의가 법으로 금지되었다.

히틀러는 권력을 잡자마자 자신의 반유대주의 사상을 실행에 옮겼다. 그는 법조계와 같은 유대인들이 많이 종사하는 직업 분야에서 유대인이 일하는 것을 금지했다. 아울러 유대인이 소유한 상점을 상대로 정부가 불매운동을 주도하겠다고 선언하고 나치 병력을 유대인 상점 앞에 배치했다. 돌이켜보면 나치의 초창기 반유대주의 행위를 직접 경험한 독일 유대인들 중 다수는 그나마 운이 좋은 사람들이었다. 그들은 나치의 차별대우에 시달리다 못해 독일을 떠남으로써 더 큰 화를 피할 수 있었기 때문이다. 브룩클린의 나의 어느 이웃은 우리 가족에게 1934년에 그가 버스에서 나치 제복을 입은 한 사내에게 구타당했을 때 어떤 승객도 그를 돕지 않았다고 말했다. 그래서 그는 며칠 후에 독일을 떠났다고 했다.

하지만 독일 유대인 절반이 상황이 호전되길 기대하며 독일에 남았다. 그로부터 몇 년 후, 쓰라린 유대 경구 하나가 당시 상황을 적절하게 요약했다.

"비관론자들은 피난을 갔고 낙관론자들은 가스실로 갔다."

히틀러는 권좌에 오른 지 2년이 지난 1935년에 이르러 자신의 반유대주의 정책을 강화했다. 뉘른베르크 법은 모든 독일 유대인에게 독일 시민권을 박탈했고 유대인과 독일인 간의 성관계나 결혼을 불법으로 간주했다. 그 후 제정된 나치 법률은 비유대인이 유대인을 위해 일하는 것과 유대인이 비유대인들 사이에서 공부하는 것을 금했다.

20세기가 낳은 가장 유명한 독일 철학자 마르틴 하이데거는 나치주의를 공개적으로 지지했고, 후에 프라이부르크 대학의 총장으로 선출되었다. 하이데거는 '나의 가장 친한 친구 몇몇은 유대인이다' 범주에 드는 반유대주의자였다. 그가 사랑한 유일한 여자가 유대인 정치학자 한나 아렌트였던 것으로 보이기 때문이다. 심지어 그는 그의 아내에게 아렌트를 진정으로 사랑했다고 털어놓기도 했다.

1941년에서 1945년까지 히틀러에게는 유대인을 학살하는 것이 제2

차 세계대전에서 승리하는 것만큼 중요한 문제였다. 1944년, 나치가 그리스에서 철수해야 했을 때 거의 모든 독일 열차들이 나치 군인들을 실어 나르기 위해 그리스를 우회했다. 하지만 유대인들을 죽음의 수용소로 데리고 가는 열차들은 단 한 대도 우회하지 않았다. 나치가 여름에 남부 러시아에서 공격을 하기 위해 비군사적 열차 통행을 전면적으로 금지했을 때 이 명령에서 유일하게 제외된 열차들이 바로 유대인들을 죽음의 수용소로 실어 나르는 열차들이었다. 사실 히틀러의 유대인 대학살 정책은 나치가 전쟁을 치르는 데 불리하게 작용했다. 나치 입장에서는 유대인들에게 강제 노동을 시키는 것이 더 실용적이었기 때문이다. 강제 노동에 동원된 유대인들의 경우에도 나치의 모진 학대를 견디지 못하고 수개월 만에 목숨을 잃는 사람들이 많았다. 1942년 9월, 나치 장군 쿠르트 프라이헤르 폰 그리나스Kurt Freiherr von Grienanth가 "필수적인 전시 노동을 희생시키지 않는 범위 내에서만 유대인들을 제거해야 한다는 것을 원칙으로 삼아야 한다."고 제안했을 때 그는 그의 제안을 유대인들을 돕기 위한 교묘한 술책이라며 맹렬히 비난한 게슈타포 대장 하인리히 히믈러Heinrich Himmler에 의해 강등되었다.

돌이켜 생각해보면 히틀러의 삶을 지배한 열정은 반유대주의인 것으로 보인다. 히틀러가 자살하기 전날에 독일 국민들에게 전한 마지막 말에서 그는 "모든 국가의 죄수들인 전 세계 유대인들을 상대로 무자비한 저항"을 계속 할 것을 호소했다.[1]

1 이 장을 집필하는 데 큰 도움을 준, 이스라엘 구트만Israel Gutman이 엮은 4권으로 구성된 《홀로코스트 백과사전Encyclopedia of the Holocaust》은 아마 홀로코스트에 관한 최고의 참고 서적일 것이다. 히틀러는 가능한 한 많은 열차들을 군사적 목적으로 이용해야 했음에도 유대인들을 죽음의 수용소로 수송하는 열차들은 오로지 그들을 죽음의 수용소로 실어 나르는 데만 이용하게 했다는 대목은 다비도비치가

■■■ 130

유대인을 골라내는 노란 별 무늬

나치가 유대인이 소유한 모든 상점에 대한 보이콧을 선언한 1933년 4월 1일에 그들은 유대인 상점들의 진열창에 노란색 다윗별을 그리고 그 안에 '유대인'을 뜻하는 독일어 단어 'Jude'를 써넣었다. 상점에 들어가려는 아리아인들에게 유대인이 소유한 상점임을 알리기 위해서였다. 이후 유대인들이 사람들의 눈에 잘 띄도록 자기 의복에 달고 다녀야 했던 이 악명 높은 노란색 별은 시각적으로 가장 두드러진, 나치의 반유대주의 상징물이 되었다.

유대인이 달고 다녀야 했던 이 노란색 별 배지 개념을 나치가 만들지 않았다는 것을 아는 사람은 드물다. 이 개념은 9세기에 유대인들로 하여금 항상 노란색 허리띠를 두르게 만든 아바스 왕조의 5대 칼리프 하룬 알-라쉬드의 발상이었다. 그로부터 약 4세기 후인 1215년, 제4차 라테란 공회의에서 가톨릭교회는 가톨릭 치하의 모든 유대인으로 하여금 의복을 눈에 띄게 입게 하는 법률을 제정했는데, 다행히도 나중에 정치 권력자들이 이 법률의 시행을 폐지했다.

쓴 《유대인들을 상대로 한 전쟁》 141-142쪽에서 인용했다. 유대인들을 즉시 학살하지 말고 그들에게 강제 노동을 시켜야 한다는 제안을 해 강등된 나치 장군 쿠르트 프라이헤르 폰 그리나스의 이야기는 다비도비치의 《한 홀로코스트 독자A Holocaust Reader》 85쪽에 실려 있다. 에바 라이흐만이 쓴 《문명의 인질: 전국의 반유대적 사회주의자의 근원Hostages of Civilisation: The Sources of National Socialist Anti-Semitism》도 참조하기 바란다. 미국 정치 논객 조지 윌은 히틀러를 다음과 같이 신랄하게 비판했다. "히틀러의 사악한 삶에 대해 할 말은 한 가지뿐이다. 그의 삶은 개인이 아니라 오직 엄청난 비개인적 힘만이 세계를 흔들 수 있다는 이론에 이의를 제기한다."

나치는 복수심으로 노란색 배지 법령을 시행했다. 1941년, 이 법령의 시행으로 만6세 이상의 모든 유대인은 육각형 별모양 안에 'Jude'라고 새긴 배지를 항상 가슴에 달고 다녀야 했다. 폴란드에서 나치는 기독교로 개종한 유대인을 포함한 모든 유대인에게 만일 그들 옷의 앞뒤에 노란색 배지를 달지 않으면 사형에 처한다고 경고했다.

1933년 4월, 나치가 유대 상점에 대한 보이콧을 단행한 것에 대한 반응으로 독일 시온주의 리더 로버트 벨치Robert Weltsch는 당시 독일에 존재했던 제한적인 언론 자유를 이용해 '자긍심을 갖고 노란색 배지를 달자Wear the Yellow Badge with Pride'라는 제목의 사설을 발표했다. 벨치는 유대인 동포에게 나치의 선전에 영향을 받아 자아상을 떨어뜨리지 말라고 강력히 권고했다. 벨치에게는 유대인들이 저지르는 유일한 잘못은 테오도르 헤르츨이 전하는 다음의 메시지에 주의를 기울이지 않는 것이었다.

"유대인들이 독일을 배신했다는 나치의 주장은 사실이 아니다. 유대인들이 무언가를 배신했다면 그것은 그들 자신과 유대교이다."

자아 확신의 메시지를 담은 벨치의 사설은 독일 유대인들의 사기를 크게 드높였다.

하지만 전쟁 후에 벨치는 그의 친구들에게 이러한 사설을 쓴 것을 후회한다는 심경을 토로했다. 즉 유대인들에게 자긍심을 가질 것을 권고하는 대신 목숨을 잃지 않기 위해 독일을 떠날 것을 종용했어야 했다고 말했던 것이다. 물론 벨치가 사설을 썼던 1933년에는 나치가 유대인 문제에 대한 '최종 해결책'을 계획하리라고 예상한 사람은 아무도 없었다.

나치가 정복한 모든 유럽 국가에서 유대인은 의무적으로 노란 색 별을 달고 다녀야 한다는 법령이 통과되었다. 폴란드와 같이 반유대주의가 만연한 국가에서는 사람들이 이 배지를 통해 유대인들을 즉시 알아보고 식료품 등을 사기 위해 긴 줄에 선 유대인들을 밀쳐내곤 했다.

■■■ 131

평화도 싸워야 얻어지는 것

영국 수상 네빌 체임벌린Neville Chamberlain에 대해 말할 수 있는 가장 너그러운 면모는 그가 필사적으로 평화를 원했다는 것이다. 하지만 그는 어리석었다.

1938년, 아돌프 히틀러는 약 3백 만 명의 독일인 선조가 살았던 체코슬로바키아의 주데텐란트Sudetenland를 합병하겠다고 공언했다. 이에 체코슬로바키아인들을 비롯한 많은 사람이 히틀러를 맹렬히 비난했다. 하지만 체임벌린은 아돌프의 공언에 당혹스러워 할 이유를 찾지 못했다. 체임벌린은 히틀러와 협상하기 위해 독일 뮌헨으로 떠나기 전날인 1938년 9월 27일에 영국의 한 라디오 방송을 통해 다음과 같이 말했다.

"우리가 알지 못하는 사람들이 사는 먼 나라들 간의 분쟁 때문에 우리가 여기서 참호를 파고 방독면을 시험해봐야 한다는 것이 얼마나 기막힌 일이겠습니까."

체임벌린의 연설을 들은 사람은 이틀 후 그가 주데텐란트에 대한 히틀러의 요구에 응했을 때 전혀 놀라지 않았다.

안타깝게도 체코슬로바키아는 이 전략적 요충지를 잃음으로써 무방비 상태가 되었고, 5개월 후에 독일은 체코슬로바키아 전체를 점령했다. 체임벌린이 체코슬로바키아에 대한 히틀러의 요구에 동의한 후 퍼졌던 당시의 한 씁쓸한 유머에서 독일 독재자 히틀러는 체임벌린에게 체임벌린이 항상 가지고 다니던 우산을 달라고 요구한다.

"우산은 드릴 수 없습니다." 체임벌린이 말했다.

"왜 안 됩니까?"

"우산은 제 것이니까요. 히틀러 씨."

체임벌린은 히틀러에게 서방 세계는 독일의 영토 요구를 더 이상 용인하지 않을 것이라고 말했고, 히틀러는 다시는 그런 요구를 하지 않을 것이라며 체임벌린을 안심시켰다. 그러자 영국으로 돌아온 체임벌린은 '이 시대의 평화'를 되찾았다고 선언했다.

영국의 주요 인물 중 최소 한 명은 체임벌린의 말을 듣고도 안심하지 않았다. 체임벌린의 뒤를 이어 영국 수상이 될 윈스턴 처칠은 체임벌린을 히틀러의 부도덕한 요구들을 들어주면 히틀러의 호의를 살 수 있다고 믿은 순진한 타협가라며 맹렬히 비난했다. 처칠은 이렇게 말했다.

"전쟁과 불명예 중 하나를 선택해야 하는 상황에서 당신은 불명예를 선택했습니다. 그래서 전쟁을 치르게 될 것입니다."

평화주의가 분위기를 주도하던 당시 영국에서 처칠의 이 수사법은 많은 영국인으로 하여금 처칠은 히틀러를 광적으로 증오하는 사람이라는 확신을 갖게 했다. 그래서 그들은 처칠이 한 위의 말을 무시해도 된다고 생각했다.

그로부터 1년이 채 지나지 않아 히틀러는 새로운 요구사항을 들고 체임벌린과 마주했다. 이제 폴란드를 원하는 히틀러는 1939년 8월에 소련과 불가침 조약을 체결했다. 여기서 양측은 폴란드를 나눠 갖기로 은밀히 합의했던 것이다. 1939년 9월 1일, 나치가 폴란드로 진군했을 때 히틀러가 유럽 전체를 점령할 속셈이라는 것을 드디어 깨달은 체임벌린은 전쟁을 선포했다.

그로부터 8개월 후, 처칠이 체임벌린의 뒤를 이어 새로운 영국 수상이 되었다.

체임벌린이 그토록 히틀러를 달래고자 했던 것은 그가 독일군의 전력을 크게 두려워했기 때문이고, 이러한 두려움은 영국 주재 미국 대사관 조셉 케네디Joseph Kennedy(존 F. 케네디의 아버지)와 항공계의 미국 영웅 찰스 린드버그Charles Lindbergh에 의해 더욱 커진 것으로 보인다. 케네디와 린더버그는 독일이 영국보다 훨씬 더 강하기에 히틀러에 대한 저항은 재앙을 초래할 것이라 확신했다. 체임벌린이 뮌헨으로 떠나기 전, 케네디와 린드버그의 이러한 우려가 체임벌린에게 전해진 듯하다.

만일 뮌헨에서 체임벌린이 히틀러와 대적했다면 제2차 세계대전으로 5천5백만 명이 죽는 것보다 더 큰 재앙이 일어났을 거라 상상하긴 어렵다. 그랬다면 히틀러는 주장을 굽히고 그의 학살 행위를 그의 모국 독일에 국한시켰을 가능성이 크다.

제2차 세계대전 이래로 '타협가appeaser'란 용어는 '악에 맞서지 말고 악을 달래기 위해 악의 요구를 들어주어야 한다.'고 주장하는 정치인들을 일컫는 데 사용되었다. 아울러 도시명 뮌헨은 악과 손을 잡는 것을 상징하게 되었다.

■■■ 132
깨진 유리의 밤

히틀러가 권력을 잡은 처음 5년 동안 나치는 유대인의 삶을 황폐화하기 위해 많은 일을 했다. 그들은 유대인에게서 시민권을 박탈했고, 독일 학교에서 유대인 학생을 쫓아냈으며, 유대인 상점을 보이콧했고, 다수의 직종에서 유대인의 활동을 금지했다. 가끔 유대인을 강제수용소에 보내기도 했다. 하지만 그때까지만 해도 나치는 죽음의 수용소는 만들지 않았고, '매우 놀랍게도' 이따금씩 강제수용소에 수용한 유대인들을 집으로 돌려보내기도 했다.

1938년 11월 9일에서 10일에 걸친 밤에 유대인들에 대한 나치의 차별 정책은 대규모 폭력으로 바뀌었다. 즉 이 밤에 그들은 세계 역사상 가장 규모가 큰 포그롬을 단행했던 것이다. 17세 유대인 소년 헤르셸 그린스판Herschel Grynspan이 직위가 낮은 독일 외교관 한 명을 파리에서 살해한 사건이 이 포그롬의 공식적 구실이었다. 폴란드 태생인, 소년의 부모는 몇 주 전에 먼저 독일에서 폴란드로 추방당했다. 그런데 폴란드인들은 그린스판의 부모와 함께 독일에서 추방당한 1만7천 명의 폴란드 태생 유대인들은 받아들이길 거부했다. 이 불운한 유대인 난민들은 독일과 폴란드 사이의 무인 지대에 무일푼으로 버려졌다. 결국 부모와 연락이 끊긴 그린스판은 앙심을 품고 독일 외교관을 총으로 쏘아 죽였던 것이다. 독일 외교관이 죽었을 때 나치는 독일 유대인 모두를 벌하기로 결정했다.

그 후 곧바로 단행한 포그롬은 '깨진 유리의 밤'이라는 뜻의 '크리스탈나흐트Kristallnacht'로 알려지게 되었다. 그날 밤, 독일에 있는 거의 모든 시나고그의 유리창과 대다수 유대인 상점이 산산조각 났고, 거의 모든 독일 유대인들의 삶도 산산조각 났다. 크리스탈나흐트 동안 91명의 유대인이 살해되었고, 3만 명의 유대인이 체포되어 강제수용소로 보내졌으며 그중 수백 명이 그곳에서 목숨을 잃었다.

전 세계 리더들은 크리스탈나흐트를 맹렬히 비난했고, 미국 유대인들은 유대인 박애주의자 단체인 UJA를 설립하는 것으로 반응했다. UJA는 얼마 지나지 않아 유대 역사상 가장 큰 모금 단체가 되었다. 나치는 이러한 시위들을 비웃었다. 그들은 히틀러가 대단히 존경한 16세기의 반유대주의적 종교 개혁가인 마틴 루터의 생일을 기리기 위해 이 포그롬을 단행했다고 선언했다. 나치는 또한 유대인들에게 10억 마르크의 벌금을 부과한다고 공표하기도 했다. 독일인들이 유대인의 시나고그와 사유재산에 입힌 손해를 유대인들이 보상해야 했던 것이다.

독일 유대인들은 이제 그들의 상황이 절망적임을 알게 되었다. 그들 중 다수가 나치 통치 처음 5년 동안 독일을 떠났지만 60만 명의 유대인 공동체 절반은 나치의 반유대주의가 수그러들길 바라면서 여전히 독일에 남아있었다. 하지만 크리스탈나흐트가 휩쓸고 간 후에 그들은 이러한 바람이 환상에 불과했다는 것을 깨달았다. 크리스탈나흐트가 있고 난 후부터 제2차 세계대전이 발발하기까지 약 10개월 동안 실제로 모든 독일 유대인이 독일을 떠나려고 애썼다. 하지만 그들을 기꺼이 받아주려는 나라는 거의 없었다. 영국은 팔레스타인이 히틀러를 피해 달아난 유대인들의 피난처가 되지 않도록 하기 위해 팔레스타인에 백서를 도입했다. 미국으로 이주를 시도한 유대인들 중 일부는 미국 이주에 성공했지만 대다수는 성공하지 못했다. 캐나다의 한 정부 고관이 캐나다는 몇 명의 유대인 이주자를 수용할 수 있느냐는 질문을 받았다. 이에 그는 "한 명도 너무 많아요."라고 대답했다.

크리스탈나흐트가 후에 재정적으로 이스라엘을 가장 많이 지원한 UJA의 설립을 야기했다는 것은 결코 우연이 아니다. 당시, 다른 어떤 사건보다 크리스탈나흐트가 더 많은 유대인을 시온주의자로 전향시켰다. 그들은 국가가 없는 것으로 치르는 대가가 너무 크다는 것을 깨달았던 것이다.

■■■ 133

6백만 명이 죽는 동안

히틀러는 연합군이 절대 아우슈비츠나 죽음의 수용소로 이어지는 철도를 파괴하지 않을 것이라고 믿었다. 연합군이 내심 유대인 학살을 달가워할 것이라는 확신 때문이었다. 유감스럽게도 히틀러의 이러한 믿음은 전혀 근거가 없지 않았다. 오늘날 우리는 연합군이

1944년 여름 동안 두 차례 아우슈비츠를 폭격했다는 사실을 알고 있다. 그 당시 연합군은 꽤 자세한 수용소 지도를 갖고 있었기에 수용소 수감자들이 나치를 위해 강제 노동을 하던 합성유 공장인 부나Buna에만 폭격을 가할 수 있었다. 연합군 폭격기들은 합성유 공장에서 5마일도 채 떨어지지 않은, 나치가 유대인들의 시체를 태우던 화장터도, 나치가 유대인들을 학살하던 가스실도 폭격하지 않았다. 연합군 폭격기들이 머리 위를 날고 있을 때 아우슈비츠에 있었던 한 유대인 여성은 나에게 그녀를 비롯한 다른 수감자들 모두 "설령 그것이 우리의 죽음을 의미하더라도" 폭격기들이 가스실들을 폭격하게 해달라고 기도했다고 말했다.

연합군 지도부가 히틀러가 점령한 유럽 유대인들의 운명에 비교적 무관심했다는 것은 부인할 수 없는 사실이다. 영국은 나치를 피해 달아난 유대인들이 팔레스타인을 피난처로 삼는 것을 크게 제한하는 백서를 발표하는 것으로 히틀러의 유대인 박해에 반응했다. 미국의 여론조사에 따르면 유대인 난민들이 미국으로 대거 유입되는 것을 원치 않는 미국인이 대다수였다.

세인트 루이스호(독일과 북미 간의 끝없어 보인 루이스호의 항해는 "저주받은 이들의 항해"로 알려지게 되었다.)의 운명은 그 어떤 것보다 유대인의 상황에 대한 미국 및 미국 대통령 프랭클린 루스벨트의 반응에 대해 더 잘 요약해준다.

세인트 루이스호는 크리스탈나흐트 포그롬이 있고 약 6개월 후인 1939년 5월에 독일에서 처음으로 출항했는데, 당시 승선한 937명의 유대인 거의 모두가 쿠바 비자를 갖고 있었다. 항해 중 하바나에 있는 쿠바 정부가 교체되었는데, 새 정부는 구 정부가 발급한 비자를 인정하길 거부했다. 쿠바 정부로부터 세인트 루이스호의 입국 승인을 받기 위해 여러 국제 유대인 단체 대표들이 윤리적인 설득을 해본 후 뇌물 공세까지 시도했던 며칠 동안 세인트 루이스호는 승객들을 태우고 하바나 항구에 정박해 있었다. 하지만 이러한 시도들은 아무 소용이 없었다.

마찬가지로 미국 유대인들도 미국 정부가 세인트 루이스호를 탄 유대인 난민들을 받아들이게 하려고 상당한 노력을 기울였지만 이 또한 허사였다. 미국 정부는 세인트 루이스호에 승선한 유대인 난민들 중 단 한 명도 입국시키지 않았다. 나는 1989년에 세인트 루이스호 생존자와 실제로 얘기를 나눈 적이 있는데, 그는 나에게 세인트 루이스호가 플로리다 영해로 접근했을 때 연안 경비대가 세인트 루이스호를 향해 경고 사격을 했다고 말했다.

그 동안 히틀러는 황홀감에 빠졌다. 이들 세계 지도자는 공개적으로는 나치의 반유대주의를 공격했지만 그들도 분명 히틀러 못지않게 유대인의 종말을 원했기 때문이다.

이들 죽음의 무의미함은 앞서 언급한 생존자(그녀와 그녀 가족은 영국의 입국 허가를 받았다.)로 더욱 부각된다. 그녀는 나에게 이렇게 말했다.

"우리는 하바나를 선명하게 볼 수 있을 정도로 하바나와 아주 가까운 곳에 있었어요."

그 애타고 화나게 하는 기억은 의심의 여지없이 이전 세인트 루이스호의 승객 중 다수가 죽음의 수용소들로 끌려간 것을 상기시켰다.

이 에피소드 전체에서 몇 안 되는 영웅 중 한 명은 쿠바 및 미국 영해를 버틸 수 있을 때까지 떠나지 않으려 했던 세인트 루이스호의 독일인 선장 구스타프 슈뢰더Gustav Schroeder였다. 유럽으로 돌아가는 도중 슈뢰더는 어떤 나라의 비자도 받지 못할 경우 승객들이 구출되길 바라면서 영국 근해에서 고의적으로 배를 침몰시키려 했다.

1967년, 아서 모스Arthur Morse는 유대인들의 운명에 대한 루스벨트 및 다른 연합군 리더들의 근본적인 무관심에 대해 처음으로 체계적인 설명을 한 선구자적인 저서 《6백만 명이 죽는 동안While Six Million Died》을 출간했다. 그때 이후로 다른 여러 역사적 연구들이 모스의 핵심 논지를 확증해주었다. 모스의 책이 출간되기 전, 루스벨트는 대개 유대인들의 좋은 친구이자 영웅으로 여겨졌다. 1970년대 초에 나는 한 시나고그 심포지엄에서 제2차 세계대전 동안 루스벨트가 보여준 행동을 어떻게 생각하느냐는 질문을 받았다. 이에 나는 낮은 지붕 위에 서있는 소년에게 소년의 아버지가 뛰어내리라고 말하는 것으로 시작하는 한 이야기가 생각난다고 대답했다. 소년의 아버지가 소년에게 약속한다.

"아빠가 받아줄 테니 걱정 말고 뛰어내리렴."

그래도 소년은 두려움에 여전히 망설인다. 아버지가 말을 잇는다.

"걱정 말고 뛰어내리기만 하렴. 아빠가 확실히 받아줄 테니."

소년은 마침내 지붕 위에서 뛰어내렸다. 그런데 소년의 아버지는 약속을 지키지 않았다. 소년은 그냥 땅에 떨어졌던 것이다. 다친 소년은 소리 높여 울기 시작했다. 그러자 소년의 아버지가 입을 열었다.

"누구도 믿어선 안 된다는 걸 명심하렴."

■■■ 134

유대인을 집단으로 학살한 특수부대

나치의 집단학살이 처음 시작된 곳은 강제수용소나 가스실이 아니었다. 나치의 집단학살은 1941년 6월에 나치가 러시아를 침략했을 때 시작되었다. 당시 아인자츠그루펜Einsatzgruppen으로 알려진 특수 병력이 독일 군대와 동행했는데, 그들에게 주어진 임무는 한 가지였다. 그것은 바로 러시아 유대인을 닥치는 대로 붙잡아 모조리 학살하는 것이었다.

안타깝게도 러시아 유대인들은 나치의 위협에 특히 더 취약했다. 다른 나라 유대인들과는 달리 그들은 나치가 자신들을 얼마나 깊이 증오하는지 몰랐다. 스탈린과 히틀러 간에 체결된 1939년에서 1941년까지의 평화조약 동안 소련의 독재자 스탈린은 나치의 반유대주의에 관한 모든 뉴스를 검열했다. 그 결과 아인자츠그루펜이 러시아의 여러 도시에 도착해 유대인에게 한 곳에 모이라고 명령을 때 그들 대다수가 그 명령을 따랐다. 지정된 모임 장소에 도착한 러시아 유대인들은 거의 곧바로 독일군이 자신들을 살해하리라는 것을 깨달았다. 하지만 그 때는 이미 상황을 돌이키기에 너무 늦었다. 중무장한 독일군이 그들을 둘러싸고 있었기 때문이다. 나치는 유대인들로 하여금 큰 구덩이를 파게하고 그들을 그 앞에 세워 놓고 총을 쏘았다. 열 지어 선 사람들이 차례로 살해됨에 따라 구덩이 안에서는 시체들이 쌓여갔다. 이 대학살에서 살아남은 극소수의 유대인은 심한 상처를 입고 죽기만을 기다리는 사람들이었다.

아인자츠그루펜의 지도층 인사들은 대다수가 고학력 출신이었다는 것이 후에 드러났다. 제2차 세계대전 후 전범으로 재판받은 24명의 아인자츠그루펜 지도층 인사들 중 석사 학위를 소지한 사람의 수가 전체의 절반을 훌쩍 넘었다. 예를 들면 그들은 변호사 9명, 건축가 1명, 경제 전문가 2명, 교수 1명, 은행가 1명, 치과의사 1명, 목사 1명 등으로 구성되어 있었다. 일반적으로 나치군은 지역 러시아 대중의 도움을 받았는데, 우크라이나에서는 특히 더 그러했다. 1648년의 크미엘니츠키 포그롬으로까지 거슬러 올라가는 우크라이나의 반유대주의 역사는 유혈이 낭자한 역사였다. 유대인 뉴욕 시장 에드 코크Ed Koch가 뉴욕에서 열리는 '우크라이나인의 날' 퍼레이드에 귀빈으로 초대받았을 때 우스개 삼아 퍼레이드를 주관하는 우크라이나 리더에게 다음과 같이 말했을 정도로 유대인들은 오랫동안 우크라이나의 반유대주의를 의식했다.

"제가 이곳 뉴욕에서 이 퍼레이드의 귀빈으로 초대되니 기분이 좋군요. 예전의 나라에서는 거리를 뛰며 달아나는 저를 당신이 칼을 들고 쫓아올 텐데 말이죠."

아인자츠그루펜이 자행한 가장 악명 높은 유대인 대학살은 바비야르Babi Yar라는 우크라이나 도시에서 유대교 신년제가 열리던 동안 이루어졌다. 이틀에 걸친 이 대학살로 3만3천 명의 유대인이 죽임을 당했다. 그들은 엄청난 크기의 구덩이에 묻혔는데, 수년 후 그곳 땅 밑에서 피가 솟구쳐 올라왔다고 한다.

제2차 세계대전 후, 바비야르는 나치와 우크라이나의 극단적인 반유대주의의 상징이 되었을 뿐만 아니라 소련의 상징이 되기도 했다. 공산주의 러시아의 리더들은 유대인들이 바비야르의 희생자들을 추모하는 기념비를 세우는 것을 허용하지 않았다. 매년 대학살이 행해진 그날이 되면 유대인들은 단체로 바비야르를 찾아와 순교자들을 위해 예배를 드리곤 했는데, 운이 좋은 경우에는 러시아 관리들이 그들을 해산시키는 것으로 그쳤지만 운이 나쁜 경우에는 그들을 체포했다.

1961년, 러시아 시인 예프게니 예프투센코Yevgeny Yevtushenko는 바비야르의 희생자들에 대한 다음과 같은 감동적인 시를 썼다.

> 바비야르에는 단 하나의 묘비도 서 있지 않다.
> 오직 거친 흙만이 깊은 상처 위에 거칠게 덮여 있을 뿐……

1년 후, 디미트리 쇼스타코비치가 이 시를 노래로 만들었다. 1974년에 마침내 바비야르 희생자들을 기리는 추모비가 세워졌지만 추모비에 이 끔찍한 장소에서 유대인들이 학살되었음을 설명하는 글귀는 없었다. 독일인의 손에 학살된 유대인 6백만 명 중에 약 150만 명이 아인자츠그루펜의 손에 학살된 것으로 추정된다.

우크라이나 도시 두브노에서 자행된 아인자츠그루펜 대학살을 목격한 독일인 엔지니어 헤르만 그라에베가 묘사한 학살 현장은 다음과 같다.

"그들은 비명을 지르거나 흐느껴 울지 않으며 옷을 벗고 가족끼리 서서 서로 작별 인사를 주고받은 후, 구덩이 옆에 채찍을 들고 서있는 나치 친위대 대원의 신호를 기다렸다. 나는 50대인 부부와 스무 살에서 스물네 살 정도로 보이는 자녀들, 그리고 20대 후반으로 보이는 성인 두 명 등 대략 8명으로 구성된 한 가족을 지켜보았다. 백발의 한 노부인은 한 살짜리 아기를 안고 아기를 간질이며 아기에게 노래를 불러주고 있었다. 아기는 즐거워하며 재잘거리고 있었다. 아기 부모는 눈에 눈물이 고인 채 물끄러미 아기를 쳐다보고 있었다. 아빠는 10살 정도로 보이는 아들의 손을 잡고 아들에게 부드럽게 말하고 있었다. 아들은 눈물을 참으려 애쓰고 있었다. 아빠는 한 손으로는 하늘을 가리키고 한 손으로는 아들의 머리를 쓰다듬으며 무언가를 설명하는 듯했다.

그 순간 구덩이 옆에 서있던 나치 친위대원이 그의 동료에게 어떤 말을 외쳤다. 이 말을 들은 동료는 약 20명을 세어 흙더미 뒤로 가라고 지시했다. 그들 중에는 앞서 언급한 가족도 있었다. 나는 검정색 머리의 날씬한 한 여성을 또렷하게 기억하고 있다. 그녀는 내 곁을 지나며 손가락으로 자신을 가리키며 "스물 셋이에요."라고 말했다. 나는 흙더미 주위를 걸어 엄청난 크기의 무덤 앞에 섰다. 사람들은 서로의 몸 위에 빽빽하게 누워 있었기에 그들의 머리만이 보일 뿐이었다. 거의 모두가 머리에서 어깨로 피를 흘리고 있었다. 총을 맞고도 여전히 움직이는 사람들도 있었다. 그중 몇몇은 팔을 들고 고개를 돌리며 자신이 여전히 살아있음을 알리려 애쓰기도 했다. 구덩이는 거의 3분의 2가 채워졌다. 구덩이를 채운 사람의 수는 이미 천 명쯤 되어 보였다. 나는 총을 쏘는 한 사내를 쳐다보았다. 나치 친위대원인 그는 구덩이 위로 자기 발을 흔들며 구덩이의 좁은 끝에 앉아 있었다. 그는 담배를 피우며 무릎 위에 놓은 기관총을 쏘고 있었다. 완전히 벌거벗은 사람들이 구덩이로 발을 디뎠고 그것은 구덩이 벽을 깎았다. 그리고 그들은 구덩이 안에 누워있는 사람들의 머리 위를 나치 친위대원이 지시한 곳까지 기어갔다. 그중 몇몇은 여전히 살아 누워있는 사람들을 어루만지며 그들에게 작은 목소리로 말했다.(로버트 페인Robert Payne《아돌프 히틀러의 삶과 죽음The Life and Death of Adolph Hitler》 472–473쪽)"

■■■ 135

아무 죄도 없이 왜 죽어야 하는가

악인은 좀처럼 자기 자신을 악인으로 보지 않는다. 그런 사람 중에 한 사람으로서 미국 역사에 적잖은 영향을 끼쳤을 아브라함 링컨의 암살범 존 윌크스 부스는 자기 자신을 순수한 마음을 가진 성인聖人으로 보았다. 링컨 살해 후 며칠이 지나 그는 은신한 상황에서 다음과 같은 글을 썼다.

"나는 절망감을 느끼며 여기에 있다. 왜일까? 브루투스를 존경받게 한 행동과 텔을 영웅으로 만든 행동을 했음에도 나는 지금 여기에 숨어있기 때문이다. 사실 나의 행동은 그들의 행동보다 더 순수했다. …… 나는 범죄자처럼 죽기에는 너무 위대한 영혼을 가지고 있다."

히틀러 또한 자신을 인류에 지대한 공헌을 한 사람으로 보았다. 이것이 그가 모든 유대인을 학살한다는 그의 계획에 '유대인 문제에 대한 최종 해결책'이라는 '이상적인 명칭'을 붙인 한 가지 이유인 것은 분명해 보인다. 히틀러는 이전 세대가 '유대인 문제'에 대한 다른 해결책을 제시했다는 것을 알고 있었다. 가령 기독교인들은 모든 유대인을 기독교로 개종시키길 오랫동안 열망해왔다. 중세 시대에는 유대인 추방이라는 또 다른 '해결책'이 널리 시행되었는데, 그중 가장 유명한 것이 1492년에 스페인이 시행한 유대인 추방이었다. 19세기에는 러시아 종교계의 최고위 관리이자 제정 러시아 정부 정책의 설계자인 콘스탄틴 포베도노스체프Konstantin Pobedonostsev는 유대인에 대한 세 갈래 접근법을 반포했다. 즉 유대인의 3분의 1은 기독교로 개종시키고, 3분의 1은 죽이고, 3분의 1은 추방해야 한다는 것이었다.

히틀러는 유대인 문제를 다룬 이전의 이 모든 노력들을 비효과적이라 여겼다. 유대인들을 기독교로 개종시키려는 천5백 년간의 노력에도 불구하고 대다수 유대인은 기독교도가 되지 않았다. 히틀러는 기독교로 개종한 유대인들조차 유대 사상으로 오염되어 있었다고 여겼다. 어쨌든 히틀러는 기독교를 인상적으로 여기지 않았다. 기독교의 토대를 구축한 두 명의 인물인 예수와 바울 모두 유대인이었기 때문이다. 히틀러의 관점에서 유대인은 악마의 화신이었다. 그래서 히틀러에게는 유대인들을 추방하는 것만으로는 부족했다. 유대인들이 존재하는 한 비유대인들에게 해를 끼칠 것이라 여겼기 때문이다. 거기다 유대인들이 언젠가 추방당한 나라들에 다시 돌아올 위험성이 항상 도사리고 있다고 여기기도 했기 때문이다.

따라서 '유대인 문제'를 효과적으로 해결할 수 있는 유일한 해결책은 지구상에서 모든 유대인을 제거하는 것이었다. 오늘날까지 히틀러가 유대인 학살을 명령한 구체적인 기록은 어디에서도 발견되지 않았다. 그는 그의 직속 참모들에게 유대인 학살을 명령했고, 직속 참모들은 그들의 부하들에게 이 명령을 하달한 것이 분명해 보인다. 이렇듯 은밀하게 명령이 하달되었음에도 불구하고 나치는 유대인들을 살해하는 것을 그들의 가장 위대한 행위로 보았다. 1943년 10월 4일, 게슈타포 대장 하인리히 히믈러는 나치 친위대 장교들에게 다음과 같은 내용의 은밀한 연설을 했다.

"여기서 나는 매우 중차대한 문제에 대해 솔직하게 이야기할 것이다. 이 문제를 우리끼리는 솔직하게 거론해야 하지만 절대 발설하지는 말아야 할 것이다. 나는 지금 유대인을 전멸시키는 것에 대해 이야기하고 있다. …… 우리 대다수가 백 구나 오백 구, 또는 천 구의 시체가 나란히 누워있는 것을 보는 것이 어떤 의미인지를 알고 있다. 인간의 나약함에도 불구하고 시체들을 늘리는 것, 우리의 온전함을 수호하는 것, 이것이 우리를 힘들게 해왔다. 우리 역사에서 이 과업은 결코 기록되지 않는 영광의 페이지로 남을 것이다."

한 민족 전부를 쓸어버리려는 히틀러의 노력은 역사상 전례를 찾아볼 수 없는 것이었다. 제2차 세계대전 동안 터키인들은 아르메니아인들에게 끔찍하고 살인적인 공격을 퍼부었다. 하지만 이 공격도 아르메니아에 사는 아르메니아인들에게 국한되었다. 오스만 제국의 심장부인 이스탄불에 거주하는 아르메니아인들은 이 살인 공세의 표적이 아니었다. 하지만 나치에게는 모든 유대인이 독일의 치명적인 적이었다. 그래서 독일군은 유대인 아기들을 부모에게서 빼앗아 전기가 흐르는 철조망에 던지거나 공중으로 던져 떨어질 때 총검에 꽂는 만행을 저지르고도 죄책감을 느끼지 않았다. 모든 유대인이 나치의 살인 대상이었기 때문이다. 폴란드 유대인인 국제변호사 라파엘 렘킨Raphael Lemkin이

한 민족 전체를 제거하려는 이러한 노력을 칭하기 위해 탄생시킨 신조어가 '종족학살genocide'이다.

'홀로코스트'라는 말은 제2차 세계대전 중에는 사용되지 않았고, 지금까지 아무도 이 용어가 언제 처음으로 사용되었는지 밝히지 못했다. 그런데 1950년대 말부터 '홀로코스트'라는 용어는 나치의 유대인 학살을 칭하는 일반적인 용어로 자리 잡았다. 홀로코스트라는 용어 자체는 대성전에 바친 동물 제물 중 하나를 일컫는, 종교적인 용어이다. 대다수 동물 제물의 경우, 동물의 일부 부위만을 하나님께 바치고 나머지 부분은 제사장들이 나눠먹었다. 하지만 '홀로코스트'는 전체를 구워 하나님께 모두 바쳤다. 물론 히틀러에게 희생당한 6백만 명의 유대인 대다수가 나치에 의해 전신이 태워졌다. 따라서 유대인들의 죽음을 '홀로코스트'로 칭하는 것은 그들의 죽음을 하나님께 바치는 제물로 여겨야 한다는 의미를 내포한다.

■■■ 136

인간에게 자행된 가장 비인간적인 행위

유대인들을 상대로 한 전쟁에서 유대인을 전멸시키는 것만이 히틀러의 궁극적인 목적은 아니었다. 히틀러는 그의 희생자들에게 먼저 고통과 굴욕감을 안겨주길 원했다. 나치 강제수용소의 일상적인 날에 대한 도브 프라이부르그Dove Freiburg의 소름끼치는 묘사는 그 어떤 문헌 못지않게 히틀러와 그를 지지한 독일인 다수의 성격에 대한 깊은 이해를 도모한다.

> 여느 때와 다름없는 어느 일상적인 날에 대한 이야기를 하려 한다. 그날 나는 창고를 청소하고 있었다. …… 우산 하나가 지붕 들보에 끼어 떨어지지 않았는데, 나치 무장친위대원인 폴 그로스가 한 소년에게 그 우산을 내려오라고 명령했다. 소년은 지붕으로 기어 올라갔지만 떨어졌고, 결국 부상을 입었다. 그로스는 스물다섯 대의 채찍질로 소년을 벌했다. 그로스는 방금 일어난 일에 재미있어하며 다른 독일 병사를 불러 자신이 유대인들 사이에서 "낙하산 부대원"을 찾았다고 말했다. 우리는 한 명씩 차례차례로 지붕을 기어 올라가야 했다. …… 우리 대부분이 성공하지 못하고 바닥에 떨어져 다리가 부러졌고, 채찍질을 당했으며, 독일 세퍼드 배리에게 물어 뜯겼다. 그리고 총을 맞았다.
>
> 이 놀이는 그로스에게 충분하지 않았다. 주변에는 생쥐들이 많았는데, 우리 모두가 각자 생쥐 두 마리씩을 잡으라는 명령을 받았다. 그로스는 다섯 명의 수감자를 선택해 이들에게 바지를 벌리게 했고, 우리들에게는 잡은 생쥐를 그 안에 넣게 했다. 이들은 움직이지 말고 차렷 자세 그대로 있으라는 명령을 받았지만, 그렇게 하지 못했다. 이들 모두가 채찍질을 당했다.
>
> 하지만 그로스에게는 이것도 충분하지 않았다. 그는 한 유대인을 불러 그가 죽을 때까지 술을 먹였다. …… 우리는 그의 시체를 판자 위에 눕혀 들고는 장송행진곡을 부르며 천천히 걸어나가라는 명령을 받았다.

이것은 어느 평범한 날의 이야기이다. 그리고 이보다 훨씬 더 가혹한 날들도 많았다.

가장 규모가 큰 나치 강제수용소는 폴란드 도시 오시비엥침Oswiecim(영어로는 아우슈비츠) 부근에 있었다. 약 150만 명의 유대인이 이 강제수용소 가스실에서 죽어간 것으로 추정된다. 수감자들이 이 지옥으로 들어갔을 때 처음으로 보게 되는 것 중 하나는 독일어로 '일은 자유롭게 한다ARBEIT MACHT FREI'라고 쓰인 큰 간판인데, 이는 가스실로 들어오는 수감자들에게 나치는 그들에게 사악한 의도가 없다는 확신을 심어주려는 잔인한 시도였다.

실제로 이 간판을 본 유대인 대다수가 24시간 이내에 살해되었다. 유대인들이 강제수용소로 들어오면 나치는 거의 곧바로 유대인들로 하여금 독일인 의사들 앞에 줄을 서게 했다. 그러면 의사들은 신속하게 수감자 한 사람 한 사람을 오른쪽이나 왼쪽으로 보냈다. (요세프 멩겔레Josef Mengele는 죽음의 수용소 의사들 중 가장 악명 높은 인물이었다.) 그들은 노인과 어린이, 병이 들거나 허약한 사람은 왼쪽으로 보냈다. 몇 시간 이내에 그들은 가스실로 알려진 크고 밀폐된 방을 가득 채웠는데, 독일군은 여기에 '자이클론 B'라는 독가스를 방출했다. 수 분 이내에 가스실 안의 모든 사람이 질식사로 생을 마감했다. 나치는 살해에 필요한 최소한의 가스만을 사용했기에 그들의 끔찍한 죽음의 고통이 다소 연장되기는 했지만 말이다. 나치가 유대인 한 명을 살해하는 데 든 가스 비용은 1펜스도 채 되지 않았다(약 3분의 2펜스). 랍비 어빙 그린버그는 "제2차 세계대전 동안 나치가 군림한 유럽에서 유대인 한 명의 목숨은 1펜스의 가치도 되지 않았다."고 기술했다.

다행히 오른쪽으로 보내진 유대인들은 독일군이 시키는 강제노동을 해야 했다. 그런데 강제노동 현장의 상황은 고문에 가까웠다. 대다수 노동자가 강제노동으로 병이 들었고, 병이 든 노동자는 곧바로 가스실로 보내졌다.

강제수용소에서 생존한 사람들은 일반적으로 전쟁 막바지에 그곳으로 끌려간 사람들이었다. 모든 강제수용소가 아우슈비츠나 트레블링카 수용소처럼 죽음의 수용소였던 것은 아니다. 몇몇 수용소는 비록 노동 환경 및 수감자에 대한 대우가 너무도 참혹해 종종 수감자를 사형에 처하는 것과 마찬가지인 상황이 연출되긴 했지만 외형적으로는 단순한 '강제수용소'였다. 나치의 강제수용소에서 사망한 유대인들은 매장되지 않았다. 나치는 대형 화장장에서 하루에 수천 구의 유대인 시체를 불에 태웠다. 이것이 오늘날 화장을 혐오하는 유대인이 많은 이유 중 하나이다(유대 율법이 화장을 금하기도 한다.). 시체들을 운반해 화장장에 던져 넣고, 후에 그 재를 치우는 끔찍한 일을 하도록 강요당한 유대인 수감자들 자신도 몇 주 혹은 몇 달 뒤에 살해되었다. 나치는 자신들이 저지른 만행을 증언할 증인을 살려두길 원치 않았다.

몇몇 강제수용소에서는 거의 몰살에 가까운 학살이 이루어졌다. 트레블링카 수용소에서는 학살당한 유대인 수가 약 87만 명인데 비해 생존자는 불과 70명에 지나지 않았다. 1만2천 명 당 한 명도 채 안 되는 사람만이 살아남은 희박한 생존율인 것이다.

테레지엔슈타트Theresienstadt 강제수용소는 주목할 만한 곳이다. 그곳은 상대적으로 가장 '지내기 좋은' 수용소였다. 나치가 보여주기 위한 목적으로 그곳을 운영했기 때문이다. 1943년 7월 23일에 나치는 심지어 자신들이 유대인들을 학대하지 않는다는 것을 입증해보이기 위해 국제적십자에 테레지엔슈타트 강제수용소를 공개하기도 했다. 수용소 공개를 준비하는 과정에서 나치는 테레지엔슈타트 강제수용소가 덜 붐비게 보이도록 하기 위해 다수의 수감자를 아우슈비츠로 이송했다. 그뿐만 아니라 가짜 상점들과 카페, 은행, 정원, 학교 등을 만들어놓기도 했다. 언급할 필요도 없이 국제적십자 방문 동안 수감자들은 평소보다 훨씬 더 양질의 식사를 배급받았다. 물론 수감자들은 적십자 시찰단과 사적으로 얘기하거나 그들에게 수용소의 실상을 얘기할 수 있는 기회를 전혀 갖지 못했다.

일반적으로 나치가 강제수용소에 수감된 유대인들에게 양질의 음식을 제공하는 유일한 날은 속죄일과 티샤 베아브 금식일이었다. 나치가 유대인들로 하여금 그들의 가장 신성한 전통을 깨도록 하는 것은 나치에게 심리적으로 중요한 문제였기 때문이다. 유대 율법은 목숨이 위태로울 때는 금식을 하지 않는 것을 허용함에도 불구하고 놀랍도록 많은 수의 유대인이 나치가 제공하는 식사를 거부했다.

연합군은 강제수용소 수감자들을 해방시켰을 때 피골이 상접한 그들의 기아 상태에 큰 충격을 받았다. 그들이 너무도 불쌍해 보인 나머지 일부 군인은 그들에게 많은 양의 음식을 주었다. 그런데 이것은 비극적인 결말로 이어졌다. 굶주림에 시달린 지 몇 년 만에 처음으로 제대로 된 음식을 잔뜩 먹은 수감자들 중 많은 수가 복부가 터져 사망한 것이다. 이 같은 사고로 목숨을 잃은 수감자 수는 수천 명에 달했다. 연합군 사령관 드와이트 아이젠하워Dwight Eisenhower는 강제수용소 부근에 거주하는 독일 민간인들에게 유대인 시체 수천 구를 매장할 무덤을 파라고 지시했다. 이에 독일 민간인들은 수용소 안에서 어떤 일이 벌어지는지 전혀 몰랐다고 주장했는데, 후에 그들의 주장이 거짓이었음이 드러났다.

유대인만이 강제수용소로 끌려간 것은 아니었다. 독일군은 집시들도 학살했다. 그런데 집시에 대한 나치의 노선은 일관적이지 못했다. 실제로 일부 집시는 독일군에 입대하기도 했다.

나치는 동성애자 및 나치의 정적도 상당수 강제수용소로 보냈는데, 그들 중 일부는 기독교도와 공산주의자였다. 나치는 그들 중 다수도 살해했다. 나는 나치가 수감자들을 학살한 것을 묘사하는 일반적인 용어인 '박멸하다'를 사용하지 않는다. 나치가 자신들이 살해한 것은 인간들이 아니라 쥐들이었다는 것을 암시하는 데 이 단어를 선택했기 때문이다.

유대인 공동체는 오랫동안 유대인에 대한 나치의 학대를 방관한 바티칸에 불만을 품어왔다. 그런데 바티칸은 나치와 충돌한 가톨릭 사제들에게도 거의 도움을 주지 않았다. 아이러니하게도 1988년에 카르멜회 수녀 일단이 아우슈비츠 희생자들의 영혼을 위해 기도할 목적으로 아우슈비츠에 수녀원을 지었다. 카르멜회 수녀들은 종종 아우슈비츠에서 살해된 사람 중에 가톨릭으로 개종해 카르멜회의 교리를 따른 유대인 에디스 스타인Edith Stein에 주목한다. 나치는 스타인이 가톨릭교도이거나 수녀였기 때문이 아니라 그녀의 몸에 유대인의 피가 흐르고 있다는 이유로 그녀를 살해했다.

오늘날 나치의 강제수용소들은 인간이 같은 인간을 상대로 자행할 수 있는 비인간적 행위의 가장 강력한 상징으로 남아있다.

■■■ 137

죽음을 몰고 온 괴물

홀로코스트와 관련된 독일 인물 중 히틀러와 아이히만Eichmann 다음으로 유명한 인물은 요세프 멩겔레Josef Mengele(1911–1978?) 박사이다. 아우슈비츠 최고위 의사인 멩겔레는 강제수용소로 매일 도착하는 열차에서 내리는 유대인들을 맞이하는 나치 의사들 중 한 명이었다. 그는 자신 앞으로 줄지어 걸어오는 유대인들을 빠른 속도로 검사했다. 그가 육체적으로 노동에 적합하다고 판단해 오른쪽으로 보낸 사람들은 강제수용소 노예로 일하게 되었고, 그가 노동에 적합하지 못하다고 판단해 왼쪽으로 보낸 사람들은 몇 시간 이내에 아우슈비츠 가스실에서 살해되었다. 안타깝게도 멩겔레의 첫 번째 관문에서 살아남은 수감자들조차 그로부터 영원히 안전하지는 못했다. 그는 아우슈비츠의 한 구역이 이에 감염되었다는 것을 알았을 때 그곳에 수감된 750명의 여성을 가스실에 보내는 것으로 그 문제를 해결했다.

멩겔레는 소위 생체실험이라 불리는 실험도 자행했다. 그는 유대인 및 비유대인 수감자들을 고문하는 데 전혀 죄책감을 느끼지 않았다. 과학적인 탐구욕이 있는 동시에 사디스트인 멩겔레와 같은 사람들에게는 아우슈비츠가 유토피아였다. 아우슈비츠에서는 잔혹하다는 이유로 허용되지 않는 생체실험은 없었기 때문이다. 그가 '샴쌍둥이'를 탄생시키기 위해 어린 집시 쌍둥이를 꿰매어 붙인 사례는 유명하다. 쌍둥이들에게 특히 매료된 이 '죽음의 천사(아우슈비츠 수감자들이 멩겔레에게 붙여준 별명)'는 쌍둥이들을 대상으로 한 야만적인 생체실험들을 많이 했다. 아우슈비츠 밖에서 그는 금발에 푸른 눈을 가진 아리아 거인족을 탄생시키기 위한 실험에 돌입했다. 이따금씩 그는 수감자들의 정맥과 심장에 해로운 물질을 주입해 그것들이 수감자들에게 어느 정도의 고통을 주고, 수감자들을 얼마나 빨리 죽음에 이르게 하는지를 측정하기도 했다.

나치 독일의 지도부에 사디스트가 부족했던 것은 아니지만 유대 및 서방 세계 사람들이 멩겔레에게 특히 오랫동안 적개심을 품어온 것은 그가 의사였다는 점에 기인한다. 간단히 이유를 말하면, 대다수 사람은 교육 수준이 높은 사람, 특히 히포크라테스 선서를 한 사람에 대한 윤리적인 기대치가 높기 때문이다. 1970년대 말에 전 세계 유대인들이 멩겔레가 브라질에서 익사한 것으로 보인다는 소식을 접했을 때 엄청난 좌절감을 느꼈다. '아우슈비츠 괴물(아우슈비츠 강제수용소 수감자들이 멩겔레에게 붙인 또 다른 별명)'이 재판과 징벌을 피할 수 있었다는 사실 자체가 유대인들에게는 홀로코스트의 또 다른 충격적인 불공정함이었기 때문이다.

■■■ 138

누가 이런 상황을 겪게 했을까

홀로코스트로 목숨을 잃은 6백만 명의 유대인 중 가장 유명한 사람은 나치가 네덜란드를 점령했을 때 암스테르담에 살았던 유대인 소녀 안네 프랑크Anne Frank(1929-1945)일 것이다. 독일군이 유대인들을 강제 추방하기 시작한 1942년 7월에 안네와 안네 아버지, 어머니, 언니는 안네 아버지 사업체의 일부였던 창고 뒤, 몇 개의 방이 있는 별채에 은신했다. 그로부터 2년 동안 안네의 가족은 네 명의 다른 유대인과 함께 그곳에서 지냈다. 그들은 그들의 영웅적인 비유대인 친구들에게서 식료품과 생필품을 공급받았다. 그곳에서 지냈던 8명의 유대인 모두 2년 동안 한 번도 바깥 외출을 하지 않았다. 그런데 그들이 모르는 어떤 적이 그들의 은신처를 나치에게 알려주었고, 1944년 8월 4일에 독일군이 그곳을 덮쳐 그들 모두를 강제수용소로 끌고 갔다. 안네는 1945년 3월에 베르겐벨젠Bergen-Belsen 강제수용소에서 꽃다운 나이에 생을 마감했다.

안네가 강제수용소로 끌려간 뒤, 안네의 비유대인 친구들이 안네의 일기장을 발견했다. 친구들은 후에 그 일기장을 안네 가족 중 유일한 생존자였던 안네 아버지 오토 프랑크에게 주었다. 안네의 일기는 1947년에 유럽에서 처음으로 출간되었지만, 세계적인 베스트셀러가 된 것은 미국에서 영어로 번역되어 출간된 이후였다. 결국 안네의 일기는 서른두 가지 언어로 번역되었다. 안네의 일기로 많은 사람들이, 특히 비유대인들이 홀로코스트가 실제로 존재했음을 실감하게 되었다. 6백만 명의 이름도 얼굴도 없는 사람들에게 일어난 이 엄청난 사건이 더 이상 한순간의 이례적인 사건이 아니었음을 생생하게 느낄 수 있게 되었던 것이다.

안네의 일기를 보면 안네 프랑크는 감수성이 특별히 뛰어나고 생각이 매우 깊은 소녀라는 것을 알 수 있다. 그래서 안네의 일기에서 가장 유명한 말인 "이 모든 것에도 불구하고 여전히 나는 사람들의 마음은 진정으로 선하다고 믿는다."가 다소 진부한 문구라는 것이 유감스럽다. 물론 안네가 베르겐벨젠 강제수용소로 끌려간 후에도 그런 믿음을 유지했는지는 알 길이 없다. 안네의 다음 말은 위의 말보다 훨씬 더 심오하다.

"어느 누구도 더 나은 세상을 만들기 위해 조금도 기다릴 필요가 없다는 것은 얼마나 멋진 일인가!"

안네는 또 다른 멋진 말을 남겼다.

"인간의 가치는 부나 권력에 있지 않고 인격이나 선량함에 있다. …… 사람들이 이러한 선량함을 개발하기 시작하기만 한다면."

비록 안네 프랑크가 거주 국가에 동화된 가정환경에서 성장하긴 했지만 안네가 숨어 지낸 2년이라는 기간은 유대인으로서의 안네의 자부심을 드높여주었다. 안네는 또한 나치의 반유대주의에 대한 상당히 통찰력 있는 몇 가지 견해를 피력하기도 했다. 안네는 1944년 4월 11일의 일기에서 다음과 같은 의문을 제기했다.

"누가 우리에게 이러한 상황을 겪게 했을까? 누가 우리 유대인을 다른 민족들과 다르게 만들었을까? 지금까지 누가 우리로 하여금 이토록 끔찍한 고통을 당하게 했을까? 우리를 현재의 상황에 있게 하신 분도 하나님이시지만 우리를 다시 일으켜 세우실 분도 하나님이실 것이다. 우리가 이 모든 고통을 참아낸다면, 이 모든 고통이 끝났을 때 유대인이 여전히 남아있다면 유대인은 다시는 불행한 운명을 맞지 않고 하나의 본보기로서 계속 존재할 것이다. 세상과 모든 민족이 우리 종교에서 좋은 것을 배웠고, 바로 그 이유, 단지 그 이유 때문에 우리가 고통 받고 있는 것은 아닐까? 우리는 이러한 이유 때문에 결코 오직 네덜란드인이나 영국인, 또는 다른 나라 국민이 될 수 없다. 우리는 항상 유대인으로 남을 것이고, 그것은 우리가 원하는 것이기도 하다."

유대계 미국인 소설가 메이어 레빈Meyer Levin은 미국인 중에서는 안네 프랑크의 일기를 가장 먼저 발견한 사람 중 한 명이었는데, 안네의 일기 영문판이 세상의 빛을 본 데에도 그의 힘이 컸다. 레빈은 또한 안네의 아버지 오토 프랑크에게서 안네의 일기를 연극으로 만들어도 좋다는 허락을 어렵게 받아내기도 했다. 레빈이 쓴 각본은 안네 프랑크의 원본 일기에 매우 충실하긴 했지만 당대의 가장 유명한 극작가 중 한 명인 릴리언 헬만Lillian Hellmann은 오토 프랑크에게 레빈의 각본으로는 연극을 만들 수 없다고 말했다. 친스탈린주의자였던 헬만은 그녀의 상당한 영향력을 이용해 친구들을 끌어들여 그들과 함께 《안네의 일기》 각본을 다시 썼다. 레빈의 각본이 아니라 이 각본이 후에 상연된 연극의 각본이었다. 새 각본에서는 유대교와 그 이상이 나치 반유대주의의 근본적인 원인이었다는 안네의 말을 삭제했다. 대신 안네가 한 번도 언급하지 않은, 극작가들의 세계관을 반영한 다음과 같은 대사를 포함시켰다.

"우리 민족만이 고통받아야 했던 것은 아니다. …… 이전에 다른 민족, 다른 인종도 우리와 마찬가지로 고통받아야 했다."

오늘날, 프랑크 가족이 암스테르담에서 숨어 지냈던 집은 '안네 프랑크 하우스'로 불리며 매년 수십만 명의 관광객이 찾는 관광 명소가 되었다.

만일 홀로코스트가 없었다면 안네 프랑크는 지금쯤 거의 80세가 되었을 것이다. 하지만 《안네의 일기》를 읽는 독자에게 안네 프랑크는 영원히 소녀로 남아있다.[2]

■■■ 139

아이들과 기꺼이 죽음을 선택한 스승

바르샤바 게토 거주자들의 반란은 제2차 세계대전 동안 유대인이 나치에 대항해 일으킨 반란 중 가장 큰 것이었다. 결국 나치군은 폴란드 전역을 점령할 때보다 이 반란을 진압하는 데 더 많은 시간을 할애했다.

2 후에 안네의 아버지 오토 프랑크는 나치가 그들의 은신처를 급습한 날의 한 장면을 묘사했다. "한 나치 친위대 대원이 서류가방 하나를 집어들고 그 안에 보석이 있는지 내게 물었다. 나는 가방엔 서류만 들어 있다고 대답했다. 그는 서류와 안네의 일기를 마룻바닥으로 집어던졌다. 그리고는 자신의 가방에 우리가 하누카를 기념하는 데 사용하는 은식기와 촛대를 넣었다. 만일 그가 안네의 일기도 가져갔다면 아무도 우리 딸의 목소리를 듣지 못했을 것이다.(루이스 L. 스나이더 박사《나치 독일 백과사전》 97쪽)"

파괴되기 전까지 바르샤바 게토는 나치가 유대인들을 수용한 게토 중 가장 규모가 큰 게토였다. 바르샤바 전체 면적의 불과 2.4%밖에 되지 않는 바르샤바 게토는 바르샤바 전체 인구의 30%나 되는 인구인 50만 명까지 수용한 적도 있었다. 하지만 나치는 이 인구수를 아주 짧은 시간에 줄였다. 바르샤바 게토가 생기고 처음 18개월 동안 그곳 거주자의 15%에서 20%가 굶어죽었다. 게토 거주자가 하루에 배급받는 음식의 평균 열량은 184칼로리였는데, 이는 정상적인 성인이 하루에 필요로 하는 열량의 14분의 1에 지나지 않는 열량이었다. 1943년 겨울, 바르샤바 게토에는 6만 명밖에 되지 않는 유대인만이 남아있었다. 나머지 40만 명이 넘는 유대인은 죽었거나 강제수용소로 끌려갔는데, 강제수용소에서도 대다수가 며칠 이내에 살해되었다.

바르샤바 게토에서 강제수용소로 끌려간 유대인들 중 가장 유명한 이들은 아마 세계적으로 유명한 교육자 야누츠 코르차크Janusz Korczak 및 그가 운영한 고아원생 2백 명일 것이다. 노년의 코르차크는 자신의 목숨을 구하기 위한 제안들을 받아들이지 않고 아이들과 함께 강제수용소로 가는 길을 선택했다. 당시 바르샤바 게토에 거주했던 엠마누엘 링겔블룸Emmanuel Ringelblum은 자신의 일기에 코르차크와 그의 아이들이 끌려가는 장면을 기록했다.

"코르차크가 아이들 앞에서 운을 떼었다. '우리 모두(고아원의 모든 교사)가 함께 (강제수용소로) 가야 합니다.' 일부 기숙학교 교장들은 그들이 강제수용소로 가지 않는 방법을 알고 있었지만 이 암흑의 시대에 아이들을 저버릴 수 없다는 생각으로 죽음으로 가는 길에 아이들과 동행해야만 했습니다.'"

코르차크와 아이들은 네 줄을 맞춰 행군하듯 기차역으로 걸어갔다. 코르차크는 맨 앞에서 양손으로 두 아이의 손을 잡고 걸어갔다.

바르샤바 게토의 인구가 6만 명으로 줄어든 후에 생존자들 다수가 나치에게 마지막 저항을 하기로 결심했다. 바르샤바 게토 거주자들은 반란으로 승리할 가능성은 전혀 없을 뿐만 아니라 생존할 가능성도 희박하다는 사실을 잘 알고 있었다. 그들에게는 완전무장한 독일군과 맞서 싸우는 데 필요한 무기가 전혀 없었고, 폴란드 지하단체(그들 자체가 반유대주의자들로 넘쳐났다.)도 그들의 유대인 동포들에게 무기를 거의 공급하지 않았다. 이러한 상황에도 불구하고 대개 같은 건물에 거주하던 유대인들이 무리를 지어 지하벙커를 파는 것으로 반란을 준비했다.

나치는 1943년 4월 19일, 유월절 첫날에 마지막 강제 수송을 하기로 계획했다. (즐거운 유대인 축제일을 슬픈 애도의 날로 만드는 것은 나치의 전통적인 전술이었다.) 위르겐 스트루프Jürgen Stroop 장군의 지휘 아래 나치 병력은 새벽 3시에 바르샤바 게토를 급습했다. 그들은 무장한 유대인들의 저항을 받고 후퇴했다.

그 후 며칠 동안 나치는 건물들을 하나씩 불태워가며 게토를 쑥대밭으로 만들기 시작했다. 유대인들은 지하벙커에 숨어 있었지만 지상의 불은 이내 지하벙커로 번졌다. 독일군은 수류탄과 최루탄을 지하벙커로 던졌고, 결국 거의 모든 유대인이 지하벙커를 떠날 수밖에 없었다. 놀랍게도, 지하벙커를 빠져나온 유대인들은 그들의 시야에 처음으로 들어오는 독일군에게 여전히 최소 한 발의 총알은 쏠 수 있었다. 쇠약해진 상태거나 의식이 완전하지 않은 상태였음에도 불구하고 말이다.

반란이 시작된 지 27일이 지난 5월 16일에 스트루프는 반란을 완전히 진압했다고 선포했다.

바르샤바 게토 거주자들의 반란은 영광스러운 실패였다. 반란은 당연히 실패로 돌아갈 수밖에 없었다. 몇 백 자루의 권총과 소총, 몇 백 개의 화염병만을 가진 민간인들이 탱크와 기관총으로 중무장한 숙련된 군인들을 무찌른다는 것은 처음부터 불가능한 일이었다. 하지만 이 영웅적인 반란은 곧바로 유럽 및 세계 전역으로 알려지게 되었고, 그 후로 모든 유대인에게 끊임없이 영감을 주었다. 반란을 일으킨 지 4일째 되던 날 바르샤바 게토에서 밀반출한, 바르샤바 저항세력을 지휘한 모데카이 아니레비츠Mordecai Anielewicz의 편지에는 다음과 같은 구절이 있다.

"중요한 것은 내 인생의 꿈이 실현되었다는 것이다. 나는 우리 유대인들이 게토에서 위대하고 영광스러운 저항을 하는 것을 지켜보기 위해 살았다."

역사가 이스라엘 구트만은 이렇게 기술했다.

"바르샤바 게토 반란은 나치가 점령한 유럽에서 도시 거주자들이 나치를 상대로 일으킨 최초의 반란이었다."

■■■ 140

전쟁에 대한 책임을 반드시 물어라

독일 뉘른베르크에서 21명의 나치 지도자가 제2차 세계대전 동안 독일군이 행한 범죄 행위들에 대한 재판(1946년)을 받았다. 국제군사재판위원회는 미국과 영국, 프랑스, 소련 등의 재판관들로 구성되었다. 물론 나치의 가장 중요한 인물인 아돌프 히틀러는 법정에 출두할 수 없었다. 독일이 연합군에 항복하기 1주 전인 1945년 4월 30일에 히틀러는 스스로 목숨을 끊었기 때문이다.

재판 동안 강제수용소 및 유대인들과 기타 수감자들의 체계적인 학살 등에 대한 많은 증거와 증언이 제시되었다. 한때 오만하고 악랄했던 나치 지도자들 대다수가 자신은 홀로코스트에 대해 몰랐다고 주장하거나 그저 명령에 복종했을 뿐이라고 주장하면서 자신을 변호하기에 급급했다. 그들 중 단 한 명, 즉 악명을 떨쳤던 폴란드 주재 나치 사령관 한스 프랑크Hans Frank만이 기본적으로 자신의 죄를 인정하고 독일이 저지른 범죄 행위에 대한 깊은 회한을 드러냈다. 프랑크는 다음과 같이 언명했다.

"천 년이 가도 독일의 죄는 지워지지 않을 것이다."

물론 이것은 '패배 이후' 프랑크의 견해였다. 전성기 때 그는 거의 모든 폴란드 유대인에 해당하는 350만 명의 유대인을 강제수용소로 수송하는 것을 감독했다. 그는 1941년 12월 16일 연설에서 다음과 선언했다.

"제가 유대인들에게 요구하는 것은 이 세상에서 사라져달라는 것뿐입니다. …… 우리는 유대인들을 만날 때마다, 또 기회가 될 때마다 그들을 살해해야 합니다."

유대인을 증오하는 것으로는 히틀러에 버금가는, 신문 발행인 율리우스 슈트라이허Julius Streicher는 자신은 유대인에 대해 약 4백 년 전에 마틴 루터가 한 말보다 더 나쁘게 말하지 않았다는 기이한 말로 자신을 변호했다. 그의 말은 유대인에 대한 루터의 걷잡을 수 없는 증오에 주의를 환기시키지만 터무니없는 과장이었다. 후에 슈트라이허는 교수대로 걸어가면서 '푸림페스트Purimfest'라고 외쳤는데, 이는 즐거운 유대 축제일인 부림절을 가리킨 것이었다. 부림절 이야기에서도 히틀러처럼 유대인을 전멸시키려 한 하만의 열 아들이 교수형에 처해졌다.

뉘른베르크 재판에서 11명의 나치가 교수형을 선고받았는데, 그중 한 명인 헤르만 괴링Hermann Göring은 청산가리 알약을 삼키고 자살해 교수형을 피했다. 나머지 10명의 나치 지도자는 1946년 10월 16일에 교수형에 처해졌다.

전 세계적으로, 뉘른베르크 전범재판을 비판하는 사람들은 결코 적지 않았다. 미국에서는 오하이오 주 상원의원 로버트 태프트Robert Taft가 뉘른베르크 재판을 반대한 사람 중 가장 눈에 띄는 인물이었다. 그는 나치 독일이 범죄로 여기지 않은 행위들을 한 것으로 나치 지도자들이 재판을 받고 있는 것이라며 그들에 대한 재판을 반대했다. 태프트의 논리는 그럴듯해 보이기는 하지만 분명 잘못된 것이다. 나치 지도자 대다수가 기소당한 죄목은 전 세계가 확실한 죄로 인정하는, 무고한 사람들을 살해한 것이기 때문이다. 비록 나치의 관점에서는 유대인들을 학살하는 것이 멋진 일이기는 하지만 말이다.

태프트가 뉘른베르크 재판을 반대한 것은 상당한 분노를 야기했다. 후에 미국 부통령이 된 켄터키 주 상원의원 알벤 바클리Alben Barkley는 "지독하게 보수적인 태프트는 1932년의 무료급식소에 대한 심장의 크레센도를 경험하지 못했고, 그의 심장은 뉘른베르크에서 재판을 받는 전범들을 걱정하고 있다."고 언명했다.

기이하게도, 존 F. 케네디는 퓰리처상을 수상한 그의 저서《용기 있는 사람들Profiles in Courage》에서 태프트가 취한 태도를 정치적 용기로 보고 미국 상원의원들이 취한 여덟 가지 정치적으로 용기 있는 태도 중 하나로 꼽았다.

■■■ 141

문명국으로 다시 인정받고 싶었던 독일의 태도

제2차 세계대전 동안 나치는 6백만 명의 유대인을 살해했을 뿐만 아니라 모든 유대인 희생자들의 재산도 약탈했다. 전쟁이 계속되고 있는 동안에도 전 세계의 많은 유대인이 나치 학살에 살아남는 유대인들에게 독일이 재정적인 보상을 할 제도적 장치가 마련되어야 한다고 느꼈다. 재정적인 보상은 경우에 따라 희생자들이 약탈당한 재산에 대한 보상이 되기도 할 것이고, 희생자들이 나치 강제수용소에서 강요받은 강제노동에 대한 보상이 되기도 할 것이었다. 물론 독일이 그들에게 학살된 사람들의 생명까지 보상해줄 수 있다고 생각하는 사람은 아무도 없었다. 특히 인간의 생명은 무한한 가치를 지닌다고 여기는 유대 율법의 관점에서 보면 잃어버린 생명에 대한 보상은 더더욱 절망적인 것이다.

전쟁이 끝난 후, 목소리가 큰 소수의 유대인은 독일로부터 돈을 받는 것을 반대했다. 나는 그들 중 한 명을 알고 있다. 나치는 그의 가족 전체를 살해했고, 그는 바르샤바 게토 반란에 동참했다. 그가 말했다.

"독일인들이 우리 가족을 살해하기 전에 우리 가족의 재산을 몰수한 건 사실입니다. 하지만 어떤 이유인지는 몰라도 나는 내 부모를 살해한 나라로부터 돈을 받기는 싫습니다."

1952년, 독일이 이스라엘에 공식적인 보상을 할 가능성이 제기되었을 때 유대인 공동체에서는 험악하고 폭력적인 싸움이 벌어졌다. 당시 건국된 지 4년이 지난 이스라엘은 재정적인 어려움을 겪고 있었다. 당시 이스라엘 인구는 1948년에 이스라엘이 건국되었을 때의 두 배로 증가했고, 이스라엘에 정착한 이민자들 중 다수가 나치 강제수용소 생존자들이었다. 재원 마련을 필사적으로 모색하고 있던 당시 이스라엘 수상 데이비드 벤-구리온은 독일이 6백만 명의 유대인을 학살했을 뿐만 아니라 그들의 재산도 약탈했다는 사실에 심란했다.

동시에 당시 독일 수상 콘라드 아데나워Konrad Adenauer는 유대인들에게 보상을 해주길 원했다. 유대인들에게 행한 나치 범죄의 심각성을 대다수 독일인보다 더 잘 인식하고 있던 아데나워는 독일이 문명국으로 다시 인정받으려면 어떤 식으로든 유대인 희생자들에 대한 보상을 해야 한다고 믿었다. 1951년, 아데나워는 이스라엘 및 '디아스포라 유대교' 대표들과 협상을 한 후에 서독은 이스라엘에 재정적인 보상을 할 의향이 있음을 밝혔다.

그의 말은 1952년에 아데나워와 시온주의자 리더 나훔 골드만Nahum Goldmann이 만나게 된 배경이 되었다. 골드만은 이스라엘은 독일로부터 최소 10억 달러를 받길 원하는데, 이 금액은 이스라엘이 수십 만 명의 홀로코스트 생존자를 흡수하는 데 드는 비용의 일부가 될 것임을 강조하면서 아데나워에게 긴 연설을 했다. 골드만은 아데나워에게 만일 독일이 보상금을 흥정하려 한다면 이는 독일에 대한 유대인들의 반감을 더욱 심화시킬 것이기에 아예 협상을 하지 않는 편이 더 나을 것이라고 경고했다. 아데나워는 곧바로 골드만의 생각에 전적인 동감을 표하며 그의 뜻을 따르겠다고 말했다.

골드만과 아데나워가 만난 후, 벤-구리온은 이스라엘 국회에 독일과의 이러한 협상을 원론적으로 인정해 줄 것을 요청했다. 벤-구리온 자신의 정당인 노동당의 몇몇 의원은 보상금을 '피의 대가'로 간주하며 벤-구리온의 요청을 달가워하지 않았다. 독일로부터 보상금을 받는 것은 독일이 전 세계의 인정을 받는 데 도움이 된다는 것을 모든 사람이 잘 알고 있다는 것도 독일로부터 보상을 받는 것을 그들이 반대하는 또 하나의 이유였다. 보상을 받는 것을 가장 강력하게 반대한 사람은 벤-구리온의 숙적이자 우익 정당인 헤루트 당의 총수인 메나헴 베긴이었다. 베긴은 독일에게서 돈을 받는 것은 죽은 유대인들의 시체를 파는 행위와 마찬가지로 생각했다. 베긴은 거리로 나가 사람들을 선동해 이스라엘 정부를 상대로 폭동을 일으켰다. 이스라엘 경찰이 시위자들을 해산시키려고 최루탄을 쏘았을 때 베긴은 이스라엘 경찰이 사용하는 최루탄이 독일제라며 비난의 목소리를 높였는데, 이는 사실이 아니었다. 벤-구리온을 향한 베긴의 공격이 너무도 도발적이어서 이스라엘 국회 크네세트는 그를 크네세트에서 일시적으로 쫓아냈다. 결국 크네세트는 61표 대 50표라는 근소한 표차로 독일과의 보상 협상을 승인했다.

독일은 이스라엘에 막대한 원조를 했는데, 이는 이례적인 상황을 연출했다. 홀로코스트로 인해 많은 미국 유대인이 폭스바겐을 구입하지 않았다. 하지만 이스라엘에서는 폭스바겐이 가장 인기 있는 자동차가 되었다. 독일의 보상이 상당 부분 돈이 아니라 물품의 형태로 이루어졌기 때문이다.

1950년대와 1960년대 동안, 미국 유대인과 유럽 유대인 및 이스라엘 유대인 사이에서는 폭스바겐을 비롯해 기타 독일 제품을 구매해야 하는지를 놓고 열띤 공방이 벌어졌다. 의미심장한 사실은 일반적으로 독일 제품에 대한 보이콧은 유대인 공동체 내에서 제기된, 독일에 대한 가장 형편없는 보복의 형태였다는 것이다. 유대인들은 기억력이 좋은 것으로 정평이 나 있음에도 불구하고 대체로 보복을 하려는 성향이 강한 민족은 아닌 듯하다.

■■■ 142

15년 동안 숨어 지낸 전범의 최후

이스라엘 역사상 가장 중요한 재판은 비유대인이자 이스라엘 거주자가 아닌 한 남자에 대한 재판이었다. 심지어 그의 범죄도 이스라엘이 존재하기 전에 자행되었다. 하지만 반유대주의자를 제외하고는 나치의 '최종 해결책'의 최고 집행자인 아돌프 아이히만을 재판할 이스라엘의 권리에 이의를 제기하는 사람은 거의 없었다. 제2차 세계대전이 끝나기 직전, 나치가 전쟁에 패하리라는 것이 분명해 보일 때 아이히만은 그의 공모자들에게 다음과 같이 말하며 흡족해 했던 것으로 보인다.

"6백만 명의 유대인을 학살했으니 기쁜 마음으로 무덤으로 들어갈 수 있겠군."

전쟁이 끝나자 아이히만은 많은 나치 도망자에게 피신처가 되어준 아르헨티나로 달아났다. 그는 부에노스아이레스에서 15년 동안 남의 눈에 띄지 않게 조용히 살았다. 그동안 비엔나에 기반을 둔 유명한 나치 사냥꾼 시몬 비젠탈은 끊임없이 아이히만의 소재에 대한 정보를 모았다. 그때까지도 여전히 자유의 몸이었던 아이히만과 요세프 멩겔레(아우슈비츠의 나치 의사들 중 가장 유명한 인물)는 가장 악명 높은 두 전범이었다. 이스라엘 또한 아이히만을 잡길 간절히 바랐는데, 그 이유 중 하나는 단순히 홀로코스트 후의 15년이라는 세월에 있었다. 15년이라는 세월이 홀로코스트의 잔혹 행위에 대한 기억을 희석시키고 있었던 것이다.

정보부가 아이히만이 부에노스아이레스에 있다는 것을 알았을 때 이스라엘 정부는 당혹감을 느꼈다. 아르헨티나가 아이히만을 인도하지 않으리라는 것을 알고 있었기 때문이다. 1960년 5월, 이스라엘 각료 아바 에반이 EL AL기로 아르헨티나로 날아가 여객기를 타고 아르헨티나를 떠날 계획을 세웠다. 에반의 아르헨티나 방문과 동시에 이스라엘 정보원들은 부에노스아이레스의 어느 거리에서 아이히만을 납치했다. 그리고 그에게 약물을 투여해 휠체어에 태워 아르헨티나 출입국 관리소를 통과했다. 그들은 출입국 관리에게 아이히만이 약속의 땅에서 죽길 원하는 부유한 병자라고 말했다. 그로부터 몇 시간 후, 이스라엘 정보부 부장 이세르 하렐Isser Harel은 이스라엘 수상 데이비드 벤-구리온에게 기념비적인 소식을 전했다.

"이제 아이히만이 이스라엘에 있습니다."

아이히만에 대한 긴 재판은 그 어떤 사건보다도 홀로코스트에 대한 실상을 더 자세히 세계에 알렸다. 뉴욕에서는 아이히만 재판의 하이라이트가 매일 30분간 텔레비전으로 방송되었다. 이스라엘에서 이 재판은 대중에게 큰 반향을 불러일으켰다. 20만 명이 넘는 이스라엘의 홀로코스트 생존자 중 다수가 매일 그들의 악몽을 다시 체험했다.

이스라엘의 젊은이들은 복잡한 반응을 보였다. 많은 젊은이가 대다수 유대인이 나치에 대항해 싸우지 않았다는 사실을 부끄럽게 여기며 이스라엘군의 '용맹함'에 견주어 그들의 '소심함'을 비판했다. 그들은 시편 44장 23절을 조금 변형한 "그들은 마치 도살장에 끌려가는 양 같은 신세였다."라는 표현을 사용하며 6백만 명의 홀로코스트 희생자들을 비하하고 모욕했다. 당연히 그들 다수는 이스라엘 군대가 잘 훈련되고 군비를 충분히 갖추었기에 이스라엘이 살아남았다는 사실을 간과했다. 나치에게 끌려간 유대인들에게는 군대도 무기도 없었다. 바르샤바 게토 반란이 일어났을 때 40명의 유대인으로 빽빽이 찬 지하벙커에는 흔히 한 자루의 소총밖에 없었다. 종종 윤리적인 문제로 죽음을 모면하기 위해 강제수용소를 탈출하려는 유대인 수감자들의 의지가 꺾였다. 설령 그들이 탈출에 성공하더라도 나치가 그에 대한 보복으로 수십 명이나 수백 명의 다른 수감자들을 고문하고 살해할 수도 있었기 때문이다. 그뿐만 아니라 그들은 죽음의 수용소 부근에 거주하는 비유대인들의 도움도 기대할 수 없었다. 달아나는 유대인들을 발견하는 폴란드 농부들이 그들을 도울 가능성보다 나치에게 신고할 가능성이 훨씬 더 높았기 때문이다.

세계적으로 유명한 정치학자인 한나 아렌트Hannah Arendt는 《뉴요커The New Yorker》 지誌 기자로서 아이히만 재판을 여러 차례 참관했다. 그 후, 그녀는 아이히만 재판에 관한 그녀의 생각을 담은 《예루살렘의 아이히만Eichmann in Jerusalem: On the Banality of Evil》이라는 책을 출간했다. 아렌트는 아이히만 재판 동안 줄곧 아이히만의 믿기 어려울 정도의 평범함과 '시시함'에 충격을 받았다. 그는 그가 역사상 가장 악랄한 집단학살자라는 사실을 전혀 짐작할 수 없게 하는 외모와 태도, 표정을 갖고 있었다. 그는 차라리 상점 점원처럼 보였다.

아렌트는 나치의 끔찍한 요구를 순순히 따른 것에 대해 주덴라트(유럽 전역에 걸쳐, 나치가 지역 유대인 공동체와 원활하게 연락을 취하기 위해 그들이 점령한 나라들에 둔 유대인 지도자 단체)를 고발하며 유럽 유대인 공동체에 비난의 화살을 쏘기도 했다. 나치가 주덴라트에 강제수용소에 보낼 유대인들을 차출해 오라고 명령했을 때 주덴라트는 나치의 명령을 따르지 않으면 나치가 더 많은 유대인들을 학살할 것이라는 우려로 나치의 명령에 순응했다. 아렌트의 주장도 다소 일리가 있긴 하지만 그녀가 주덴라트에 '최종 해결책'에 대한 책임을 지나치게 전가시킨 것은 《예루살렘의 아이히만》을 당대에 가장 논란이 많은 유대인 관련 서적으로 만들었다. 위대한 신비주의 학자인 게르숌 숄렘은 유대인 학자에 요구되는 중요한 특질, 즉 유대인에 대한 사랑이 부족하다는 이유로 아렌트를 비난했다. 아이히만 재판이 진행되는 동안 줄곧 전 세계 유대인들은 아이히만이 사형 선고를 받길 바라며 하나가 되었다. 이스라엘은 일반적으로 사형을 선고하지 않지만 아이히만 재판이 있기 몇 년 전에 이례적으로 나치 전범들에게 사형을 선고했다. 그럼에도 불구하고 철학자 마틴 부버는 어떤 경우에도 사형은 정당화될 수 없다는 신념으로 아이히만을 사형시키는 것을 반대했다. 유대인 6백만 명의 죽음은 '하나님의 뜻'으로 이해해야 한다는 아이히만 변호사의 항변에도 불구하고 전 세계 모든 유대인이 바라던 대로 법정은 아이히만에게 사형을 선고했다. 1962년 5월 31일, 이스라엘 대통령 이츠하크 벤-즈비가 관용을 베풀어달라는 아이히만의 간청을 거절한 후 아이히만은 교수형에 처해졌다. 그가 사형당하기 전에 마지막으로 남긴 말 중에는 "나는 이상주의자다."라는 말도 있었다. 그의 시체는 화장되어 지중해에 뿌려졌다. 이스라엘은 나치와 반유대주의자들이 성지로 삼을 그의 묘지를 원치 않았다.

아이히만 재판 동안 아랍 신문들은 아이히만에 대한 지지를 표명했다. 레바논 일간신문 《알-안와르》에는 벤-구리온과 아이히만이 이야기하는 것을 보여주는 만화가 실렸다. 벤-구리온이 말한다.

"당신은 6백만 명의 유대인을 학살했기에 사형 선고를 받아 마땅합니다."

이에 아이히만은 응수한다.

"내가 나머지 6백만 명의 유대인들까지 죽이지 못했기에 사형 선고를 받아 마땅하다고 말하는 사람들도 많습니다."

1961년 4월 24일, 요르단의 일간 영자신문 《예루살렘 타임스》에 실린 '아이히만에게 전하는 공개서한'은 다음과 같이 끝을 맺는다.

"그래도 용기를 잃지 마십시오. 이 재판은 언젠가 당신의 피에 대한 복수로 나머지 6백만 명의 유대인을 제거하는 것으로 끝날 것이라는 사실을 위안으로 삼으십시오."

■■■ 143

중요한 것은 망각하지 않는 것

이 글을 쓰는 지금, 미국에만 150곳이 넘는 홀로코스트 박물관과 센터가 있는데, 이는 1950년대에 홀로코스트 자체가 잊힐 위험성이 없지 않았던 것을 고려하면 놀라운 통계 수치이다. 1950년대 당시 새로 건설된 이스라엘은 전 세계적으로 가장 중요한 홀로코스트 센터가 된 야드 바쉬엠을 예루살렘에 건설했다. 야드 바쉬엠은 시온주의 창시자인 테오도르 헤르츨이 묻힌 '마운트 헤르츨Mount Herzl' 옆에 세워졌다. 이 명망 있는 장소는 이스라엘이 야드 바쉬엠에 두는 중요성을 더욱 부각시킨다. 마치 미국이 링컨 기념관 옆에 특별한 박물관을 지은 것처럼 말이다.

'손(또는 기념비)과 이름'이라는 뜻의 히브리어 야드 바쉬엠은 이사야 56장 5절에서 따온 말이다. 이 구절에서 선지자 이사야는 자녀가 없는 유대인들에게 그들이 후손들에게 잊히지 않을 것이라는 확신을 심어준다. 그는 여호와의 말씀을 전한다.

"내가 내 집과 내 성전에서 아들이나 딸보다 나은 기념물과 이름을 그들에게 주겠노라. 내가 그들에게 영원히 끊어지지 않는 이름을 주겠노라."

야드 바쉬엠은 서쪽 성벽(통곡의 벽)에 버금가는, 이스라엘 초기 관광지 중 하나이다. 야드 바쉬엠 기념관에는 홀로코스트와 관련한 수많은 전시물이 있는데, 그중 가장 유명한 것은 나치 강제수용소들의 위치를 보여주는, 바닥에 붙인 대형 지도이다. 야드 바쉬엠 벽은 나치가 유대인들을 다루는 장면을 담은 기록 사진들로 가득 채워져 있다. 또한 야드 바쉬엠에는 역사가들이나 홀로코스트 학자들에게 주요 자료처가 되어주는 대형 도서관 겸 리서치 센터도 있다. 10년간의 공사 끝에 최근에 완공한 '홀로코스트 역사박물관Holocaust History Museum'은 원본 유물과 생존자들의 증언, 홀로코스트 후에 입수한 희생자들의 개인 소지품 등을 통한 방문객들의 생생한 체험을 강조한다. 박물관 밖에는 '의인의 에버뉴Avenue of the Righteous'라 불리는 특별하고 아담한 숲이 있는데, 이곳에 제2차 세계대전 동안 목숨을 걸고 유대인들을 구한 비유대인들(또는 그들의 친척)이 나무를 심을 수 있다. 이러한 비유대인 영웅이 점차적으로 늘었기에 숲은 울창해졌는데, 이것은 유대인들에게 홀로코스트 동안 모든 비유대인이 유대인들의 비극을 방관한 것은 아니라는 점을 상기시킨다.

야드 바쉬엠에 있는 '홀 오브 네임즈'의 목적은 6백만 명의 홀로코스트 희생자 중 가능한 한 많은 사람의 이름을 등록하는 것이다. 2007년 현재, 거의 3백만 명의 이름이 등록되었다. 야드 바쉬엠은 또한 야드 바쉬엠이라는 출판사명으로 홀로코스트에 대한 많은 참고서적과 연구서적을 출판하기도 한다. 나치에게 학살된 백만 명 이상의 유대인 어린이를 추모하기 위해 최근 영구적인 전시관이 문을 열었다.

야드 바쉬엠을 방문하는 것은 이스라엘을 찾는 국빈들의 일정에 항상 포함된다. 이스라엘 정부는 유대인들이 국가가 없이 살았을 때 그들을 기다린 운명이 어땠는지 국빈들이 헤아리길 원하는 것이다. 하지만 이상하게도 몇 년 전 홀로코스트 생존자들이 모였을 때 그들은 그들의 주요 의식을 야드 바쉬엠이 아니라 서쪽 성벽에서 거행하길 원했다. 유대인의 생존을 상징하는 장소를 찾길 바랐던 그들은 서쪽 성벽이 그들의 취지에 더 적합하다고 판단했던 것이다.

미국에서 가장 유명한 홀로코스트 센터는 1993년 4월 워싱턴에서 개관한 '미국 홀로코스트 기념관the United States Holocaust Memorial Museum'이다. 엘리 비젤은 널리 방송된 기념관 개관식에서 이렇게 말했다.

"홀로코스트는 주로 유대인들의 비극이었지만 그것이 암시하는 바는 보편적인 것이다."

개관 후 13년이 지난 2006년까지 780만 명의 학생들을 포함해 총 2천4백만 명이 넘는 사람들이 이 기념관을 다녀갔는데, 방문객 대다수가 비유대인이었다.

이 기념관에서 가장 강렬한 전시물 중 하나는 역사가이자 홀로코스트 생존자이기도 한 야파 엘리아크Yaffa Eliach가 탄생시킨 것이다. 그녀는 그녀가 태어나고 어린 시절을 보낸 리투아니아의 한 마을인 에이시쇼크Eishishok의 역사를 수십 년에 걸쳐 정리했다. 한 탑에 전시된, 엘리아크가 에이시쇼크 마을을 샅샅이 뒤져 수집한 사진들은 9백년간 존재해온 한 유대 공동체의 활기와 1941년 9월 이틀간에 걸쳐 나치와 그들을 도운 리투아니아인들의 파괴와 살상을 보여준다. 다른 전시물들로는 아우슈비츠에서 목숨을 잃은 수감자들이 나치에게 빼앗긴 가방과 치약, 기도용 숄 등과 같은 개인 소지품이 있다.

홀로코스트를 잊지 않기 위해 세운, 야드 바쉬엠Yad Vashem과 미국 홀로코스트 기념관 및 기타 여러 홀로코스트 박물관과 기념관은 현대 유대 문화에 중요한 역할을 한다. 야드 바쉬엠 출입문 위에 쓰인, 하시디즘 창시자 바알 쉬엠 토브의 글귀처럼 "구원의 비밀은 잊지 않는 것"에 있기 때문이다.

■■■ 144

두 사람의 의로운 이교도

홀로코스트 이후, 사람들이 왜 반유대주의자나 나치가 되었는지 그 이유를 찾기 위한 연구조사가 엄청나게 많이 이루어졌다. '미국 유대인 위원회'는 가장 열정적으로 이러한 연구조사를 후원했는데, 그 첫 결과물이 《권위주의적인 성격The Authoritarian Personality》이라는 제목의 책이었다. 이러한 연구 모두가 일반적으로 인간은 선하게 태어났고, 선행이 아닌 것은 도리를 벗어난 행동이라는 두드러진 편견을 반영했다. 인간 본성에 대해 보다 냉철한 관점을 가진 사람들이 홀로코스트의 가장 중요한 일면 중 하나로 여겨 연구 대상으로 삼은 것은 나치가 아니라 목숨을 걸고 유대인들과 다른 나치 희생자들을 구하려 한 사람들이었다. 사실 이러한 사람들의 수는 나치나 나치 협력자들의 수보다 훨씬 적었다. 이러한 윤리적 거인들이 어떻게 탄생되었는지를 아는 것은 우리가 인류애를 가지는 데 큰 도움을 준다. 이들 영웅에 대한 초창기 연구들은 그들이 세속적인 가정이 아니라 종교적인 (엄격하지는 않은) 가정에서 성장했고 위험을 감수하며 모험을 하는 성향이 강함을 보여주었다. 의미심장한 사실은 그들 모두가 경제적으로 부유한 사람들이었고 종종 유대인들과 교류한 경험이 긍정적이었다는 것이다.

다수의 비유대인이 자신들의 목숨을 걸고 유대인들을 구하려 한 사례 중 가장 극적인 것으로 꼽히는 것은 카리스마 있는 개신교 목사 앙드레 트로끄메André Trocmé 목사가 이끄는 작은 개신교 마을 르샹봉Le Chambon에서 일어난 사례이다. 이 마을 사람들은 1941년에서 1944년까지 3천 명에서 5천 명의 유대인을 자신의 마을 및 인근 마을이나 농장에 숨겨주었다. 안타깝게도 앙드레 목사의 사촌 중 한 명인 다니엘 트로끄메는 나치에게 붙잡혀 부헨발트Buchenwald에서 살해되었다.

목숨을 걸고 나치로부터 유대인들을 구하려 한 사람들을 칭하는 히브리어 용어 '하시데이 움모트 하-올람Hasidei Ummot ha-Olam'('세계 여러 나라들의 의로운 사람들'이란 뜻. 줄여서 의역하면 '의로운 비유대인'이 된다.)은 탈무드에서 차용했다. 야드 바쉬엠은 이러한 사람들의 이야기들을 기록하고 종종 그들을 예루살렘으로 초대해 '의인의 에버뉴'라는 아담하고 특별한 숲에 나무를 심게 한다. 최근에 이스라엘 정부 및 몇몇 유대인 단체는 연로하고 가난한 '의로운 비유대인'에 대한 경제적인 지원을 시행하고 있다.

홀로코스트 동안 개인적인 차원에서 유대인들을 도운 사람 중 가장 유명한 인물은 2만 명에서 10만 명의 유대인을 구한 라울 발렌베르크

Raoul Wallenberg이다.

발렌베르크는 스웨덴에서 가장 부유하다고 꼽히는 집안에서 태어났다. 스톡홀룸의 한 관광 안내원은 나에게 "발렌베르크 가문은 스웨덴의 록펠러 가문이라 할 수 있죠."라고 말해주었다. 1944년, 발렌베르크는 외교관 자격으로 헝가리에 파견되었는데, 그의 임무는 부다페스트에 남아있는 20만 명의 유대인을 돕는 것이었다(43만 7천 명의 헝가리 유대인은 이미 아우슈비츠로 끌려갔다.). 스웨덴은 중립국이었기에 발렌베르크는 헝가리의 여러 지역을 돌아다닐 수 있었다. 헝가리 유대인들은 부다페스트에 있는 스위스 대사관으로 도망가면 망명을 승인받았지만 스위스 대사관이 수용할 수 있는 헝가리 유대인은 극히 제한적이었다. 이에 발렌베르크는 부다페스트에서 건물들을 사들여 그 건물들이 국제법으로 보호받는, 침범할 수 없는 스웨덴 자산이라고 공표했다. 그는 서둘러 31채의 '안전한' 집을 지었다. 그런 다음 발렌베르크는 부다페스트를 돌아다니며 수천 명의 유대인에게 스웨덴 시민권을 나눠주었다.

나치와 나치를 지지하는 헝가리인들은 그를 어떻게 다루어야 하는지 몰랐다. 그들은 스웨덴에 반감을 사길 원치 않았기에 그를 저지하지 않았던 것이다. 발렌베르크는 수송열차들을 쫓아다니며 유대인들을 스웨덴 국민이라 선언하며 그의 외교적 보호 아래 수송열차에서 끌어내렸다. 한 마디로 발렌베르크는 두려움 없이 행동했던 것이다.

발렌베르크의 전기 작가 존 비르만은 이렇게 기술했다.

"유대인 수천 명의 운명을 우려하며 너무 많이 일하는 발렌베르크는 개인적으로 친절을 베풀 시간을 갖지 못했다. 그러던 어느 날 발렌베르크가 티그리스 스트리트에 있는 공사관에서 일하고 있는 유대인 청년 티보르 반도르의 아내가 출산 직전이라는 이야기를 들었다. 당시 모든 병원은 유대인들을 받지 않았다. 이에 그는 서둘러 의사 한 명을 납치해 그와 반도르 부부를 오스트롬 스트리트에 있는 자신의 아파트로 데려왔다. 거기서 그는 곧 아기 어머니가 될 아그네스에게 자신의 침대를 내주고 아파트 복도로 나와 잠을 청했다."

발렌베르크의 목숨은 점점 더 위태로워졌다. 나치가 발렌베르크의 행동에 극도로 화가 나 있었기 때문이다. 그런데 그를 파멸시킨 것은 나치가 아니라 공산주의자들이었다. 소련이 독일로부터 부다페스트 통치권을 넘겨받았을 때 소련 공산주의 지도부는 발렌베르크를 미국 정보원으로 오인했다(발렌베르크는 '미국전쟁난민협회'로부터 얼마간의 금전적인 지원을 받았는데, 미국의 이러한 지원은 전쟁 후반기에 미국이 나치로부터 유대인들을 구하기 위해 벌인 주요 노력이었다.). 마르크스주의 세계관으로 무장한 소련 지도부는 스웨덴에서 가장 부유한 집안의 한 사람이 목숨을 걸고 유대인들을 구하려 한다는 것을 도저히 믿을 수 없었다. 발렌베르크의 영웅적인 행동을 고려했을 때 인류 역사 전체에서 발렌베르크보다 더 큰 불의를 경험한 사람이 있을지 의문스럽다. 그는 소련 공산주의자들에게 체포되어 시베리아 감옥으로 보내졌다. 소련의 반감을 사길 원치 않았던 소심한 스웨덴 정부는 소련 정부에 맡겨진 발렌베르크의 운명을 적극적으로 쟁점화하지 않았다.

발렌베르크는 체포 후 몇 년이 지나 스탈린 강제수용소 중 하나에서 살해되었다고 오랫동안 추정해왔다. 그런데 1960년대와 1970년대에 석방된 소련 정치범의 보고서에 따르면 자신이 발렌베르크라고 주장한 수감자가 여전히 수감 생활을 하고 있다는 것이었다. 그는 동료 수감자들에게 자신은 스웨덴의 유명 집안 출신이며 헝가리에서 많은 유대인을 구했다고 말했다고 한다.

발렌베르크의 가장 자연스러운 지지자들인, 그가 구한 유대인들은 전쟁이 끝날 무렵 산산조각 난 무일푼이었다. 따라서 그들에게는 발렌베르크를 위해 정치적인 영향력을 행사할 힘이 없었다. 세월이 흐르면서 점점 더 많은 생존자가 사회적인 명성을 얻었고, 발렌베르크가 살아있는지, 또 살아있다면 어떻게 그를 도울 수 있는지를 알고 싶어 했다. 마침내 발렌베르크가 구한 사람 중 한 명인 톰 란토스Tom Lantos가 북부 캘리포니아의 한 선거구에서 미국 하원 의원으로 선출되어 라울 발렌베르크를 두 번째 명예 미국 시민으로 추대하는 법안을 발의했다(첫 번째 명예 미국 시민은 윈스턴 처칠이다.). 란토스는 이 법안이 통과되면 미국 정부는 발렌베르크의 운명을 조사하는 데 더 많은 권한을 가질 수 있다고 생각했던 것이다. 발렌베르크가 1947년 소련에 의해 살해된 것으로 보임에도 불구하고 유감스럽게도 지금까지 발렌베르크에 대해 확실히 밝혀진 사실은 거의 없다.

발렌베르크는 유대 역사에서 위대한 영웅임에 틀림없다. 그의 사례는 오랜 반유대주의 역사에도 불구하고 유대인들에게는 멋진 비유대인 친구들이 없지 않았음을 상기시켜 준다.

가장 널리 알려진 또 다른 '의로운 비유대인'은 스티븐 스필버그의 아카데미상 수상작인 《쉰들러 리스트》의 주인공 오스카 쉰들러이다. 이 영화 초반에 그려지는 쉰들러는 평판이 좋지 않은 나치 당원, 호색가, 전쟁을 돈벌이 기회로 삼는 부정직한 사업가인데, 실제로도 그랬다. 쉰들러는 나치의 유대인 노예 노동자 수백 명을 고용한 공장을 총

괄하고 있었다. 그러던 어느 날 나치가 유대인들을 살해할 계획이라는 것을 알게 된 쉰들러는 딴사람이 된다. 그때부터 전쟁이 끝날 때까지 쉰들러는 그를 위해 일한 유대인들 모두를 지키기 위해, 또 다른 유대인들을 고용해 그들도 구하기 위해 최선을 다한다. 이 임무를 수행하기 위해 계속해서 자신을 위험에 빠트리는 쉰들러는 전쟁이 끝날 때까지 천백 명이 넘는 유대인의 목숨을 구한다. 영화 마지막 부분에서 특히 강렬한 장면은 다수의 생존자와 그의 자녀들이 예루살렘의 '마운트 지온Mount Zion'에 있는 가톨릭 공동묘지 한쪽에 자리 잡은 쉰들러 무덤에 경의를 표하는 장면이다. 영화가 완성된 1993년까지 쉰들러가 살린 유대인들의 후손은 수천 명에 이른다. 물론 쉰들러의 희생적인 노력이 없었다면 그들은 이 세상에 태어나지 않았을 것이다. 《쉰들러 리스트》의 개봉은 홀로코스트에 대한 인식과 목숨을 걸고 유대인을 구한 '의로운 비유대인들'에 대한 관심을 불러일으키는 데 중요한 역할을 했다. 미국에서 《쉰들러 리스트》를 보기 위해 영화관을 찾은 사람은 2천5백만 명, 《쉰들러 리스트》가 미국 TV에 처음으로 방영되었을 때 《쉰들러 리스트》를 본 사람은 6천5백만 명이었던 것으로 추산된다.

■■■ 145

생명의 존엄성을 엄숙히 지켜주는 나라

홀로코스트라는 어두운 밤을 밝힌 몇 안 되는 빛줄기 중 하나는 덴마크 유대인들을 향한 덴마크 비유대인들의 행동이었다. 독일은 1940년 4월 9일에 덴마크를 점령했다. 나치가 덴마크를 점령한 첫 1년간 8천 명으로 이루어진 작은 덴마크 유대인 공동체는 그들의 둥지를 지키는 것이 허용되었다. 하지만 1942년에 이르러 독일은 덴마크를 독일에 편입시키기로 했고, 1943년에 덴마크 유대인들을 죽음의 수용소로 보내기로 했다. 이 소문은 덴마크 저항 세력에 흘러들어갔고, 그들은 다른 덴마크 국민들과 협력해 덴마크 유대인들을 구할 결심을 했다.

유대인들에 대한 덴마크의 태도는 나머지 거의 모든 유럽 국가의 태도와는 뚜렷한 대조를 보였다. 다른 유럽 국가의 대다수 국민은 유대인 국민들을 체포하는 데 협조하거나 그들의 운명에 무관심한 태도로 일관했기 때문이다. 덴마크에서는 경찰이 유대인 체포에 동조하길 거부했다. 덴마크 왕 킹 크리스티안 10세는 덴마크 국민은 모두가 하나며 덴마크 유대인을 다른 덴마크인과 차별 대우할 권한은 그 누구에게도 없다고 선언함으로써 덴마크 유대인들을 도울 것을 장려했다. 비록 거짓으로 드러나긴 했지만 소문 하나가 떠돌았다. 유대인들이 의무적으로 달아야 하는 노란색 배지를 단 덴마크 왕이 덴마크인 국민들에게 모두 노란색 배지를 달라고 지시했다는 것이다.

덴마크가 실제로 한 일은 거의 모든 덴마크 유대인을 배에 태워 스웨덴으로 보낸 것이다. 제2차 세계대전 동안 중립국으로 남아있던 스웨덴이 덴마크 유대인 모두를 받아들이겠다고 공표했기 때문이다. '유대인 구조 작업'은 3주가 넘게 시행되었고, 나치가 1943년 10월 1일과 2일에 유대인들을 강제수용소로 수송하기 위해 덴마크에 왔을 때 그들은 그때까지도 덴마크를 떠나지 않은 약 4백 명의 유대인만을 발견했다.

이들 4백 명의 유대인은 테레지엔슈타트 강제수용소로 보내졌다. 덴마크 국민들은 그들까지도 버리지 않았다. 덴마크 정부가 나치에게 테레지엔슈타트 강제수용소를 시찰할 수 있게 해달라고 반복적으로 요청한 결과, 마침내 덴마크 적십자사가 테레지엔슈타트 강제수용소 방문 허가를 받았다. 덴마크 정부의 끊임없는 탄원 덕분에 테레지엔슈타트 강제수용소로 끌려간 덴마크 유대인들은 아우슈비츠로 이송되지 않았다. 테레지엔슈타트 강제수용소에 수감된 유대인들 중 51명이 자연사로 사망했다(물론 그곳의 끔찍한 생활환경이 그들의 수명을 단축시켰을 것이다.). 홀로코스트 동안 사망한 덴마크 유대인은 전체 덴마크 유대인의 불과 2%에 지나지 않았고, 유럽의 곳곳에서 살해된 유대인의 40분의 1도 되지 않았다. 전쟁이 끝나고 스웨덴에서 덴마크로 돌아온 덴마크 유대인 대다수가 온전히 남아있는 자신의 재산을 보고 안도했다.

제2차 세계대전 후, 의로운 비유대인들의 나라 덴마크는 유대인들에게 희망과 사랑의 상징이 되었다. 스무 살 때 유럽 여행을 한 내가 처음으로 찾은 나라가 덴마크였다. 십대 때부터 홀로코스트 관련 서적을 광범위하게 읽은 유대인으로서 나는 다른 유럽 국가들에서 느끼지 못한 확실한 애정을 덴마크에서만 느낄 수 있었다. 내가 아는 유대인들 다수도 나에게 덴마크에 대한 똑같은 정서를 표현했다.

■■■ 146

오늘날 경계해야 할 신나치주의

인류 역사상 홀로코스트보다 반유대주의를 더 불명예스럽게 만든 사건도 없다. 1945년 이전까지만 해도 유대인들에 대한 증오심을 공공연하게 드러내는 것을 두려워한 반유대주의자는 거의 없었다. 하지만 가스실의 실체가 드러나자 반유대주의는 극도로 혐오스러운 것으로 간주되는 분위기여서 반유대주의자들은 둘 중 하나를 선택할 수밖에 없었다. 즉 자신을 반유대주의가 아니라 반시온주의자로 표명하거나(일반적으로 이슬람 및 공산주의 세계의 유대인 증오자들이 선택한 전략) 단순히 홀로코스트가 일어난 것을 부인하는 것이었다.

놀랍게도, 홀로코스트를 입증하는 엄청난 양의 사진 자료와 목격담, 홀로코스트 생존자 수만 명의 증언, 홀로코스트 가해자 수천 명의 자백 등에도 불구하고 홀로코스트는 결코 일어나지 않았음을 주장하는 서적과 팸플릿, 기사들이 점점 더 늘어나고 있다. 이러한 주장을 하는 사람들은 자신의 사례를 학문적으로 그럴 듯하게 포장하기 위해 자신을 홀로코스트 수정주의자로 일컫는다.

실제로 이들 '수정주의자' 다수가 학계 출신이다. 시카고 근교에 자리 잡은 노스웨스턴 대학Northwestern University 전기공학과 교수인 아서 부츠Arthur Butz는 강제수용소는 노동수용소일 뿐 거기서 어떠한 유대인도 살해되지 않았다는 '증거'를 제시하는 《20세기의 거짓말The Hoax of the Twentieth Century》이라는 책을 썼다. 1945년 이후, 홀로코스트의 여파로 유럽에 거주하는 유대인 수가 크게 감소했는데, 부츠는 수백만 명의 유대인이 은밀하게 미국에 수용되었거나 소련으로 달아나 그렇게 된 것이라고 주장하며 이 반론의 여지가 없는 홀로코스트 증거를 부인했다. 미국에는 결코 흑인노예가 없었으며 아프리카 흑인들은 하인과 농장노동자 일로 돈을 벌려고 자발적으로 미국으로 이주해왔다고 말하는 것과 마찬가지로 부츠의 주장은 너무나도 터무니없다.

하지만 부츠의 책이 출간되고 얼마 지나지 않아 캘리포니아에 설립된 '역사검증협회the Institute for Historical Review'가 홀로코스트 수정주의를 지지하는 학술지를 발행했다. 1980년과 1981년에 이 협회는 나치의 '죽음의 수용소'가 실제로 존재했고 거기서 유대인들이 학살되었음을 입증하는 사람에게 5만 달러를 주겠다고 발표했다. 당시 로스앤젤레스에 거주하던 홀로코스트 생존자 한 명이 5만 달러의 상금을 요구했고, 역사검증협회가 이를 거절하자 그는 역사검증협회를 상대로 소송을 제기해 승소했다.

1980년대 초기, 신나치주의자 프랑스 교수인 로베르 포리송Robert Faurisson은 홀로코스트는 시온주의자들이 날조한 소설에 불과하다고 주장하는 책을 출간했다. 150만 명의 유대인이 아우슈비츠의 가스실에서 학살되었음에도 포리송은 아우슈비츠에는 가스실이 없었다고 주장했다. 그의 학계 동료들은 그의 저서가 그의 교수직을 박탈할 충분한 이유가 된다고 판단했다. 어느 국제 반유대주의자 단체는 포리송이 학문의 자유를 박탈당하고 있다며 항의했다. 하지만 이것이 쟁점은 아니었다. 이전의 비유로 돌아가면, 미국 대학은 아마 미국에는 흑인 노예제도가 없었다고 주장하는 책을 쓴 교수는 해고할 것이다. 버나드 바루크Bernard Baruch가 다음과 같이 말한 것을 근거로 해서 말이다.

"모든 사람은 자신의 견해를 가질 권리가 있다. 하지만 누구에게도 사실을 왜곡할 권리는 없다."

포리송을 지지하는 사람들 중에는 저명한 유대계 미국인 언어학자 노암 촘스키도 있었다. 많은 사람이 촘스키가 신나치주의의 대의를 지지하는 것을 이상하게 여겼지만 유대 운동가들은 촘스키가 이러한 노선을 선택한 것에 크게 놀라지 않았다. 촘스키는 오랫동안 반시온주의자로 알려졌을 뿐만 아니라 '자기 민족을 증오하는 유대인self-hating Jew'으로도 널리 알려졌기 때문이다. 자신은 단지 프랑스 교수의 학문적 자유를 옹호하는 데 관심이 있을 뿐이라고 촘스키가 주장했음에도 불구하고 《뉴욕타임스》 기자 허버트 미트강Herbert Mitgang은 촘스키에게 포리송의 견해에 대해 좀 더 분명히 설명해줄 것을 요청했다. 이에 촘스키는 자신에게는 홀로코스트와 관련해 언급할 견해가 없다고 대답했다. 《뉴 리퍼블릭New Republic》의 편집자 마틴 페레츠Martin Peretz는 촘스키의 대답에 대해 이렇게 기술했다.

"6백만 명의 유대인이 학살되었는지의 물음에 관한 한 노암 촘스키는 불가지론자인 것으로 보인다."

홀로코스트 수정주의자는 일반적으로 신나치주의자이다. 그들은 사람들이 나치를 혐오하는 주된 이유가 유대인을 상대로 저지른 나치의 극악무도한 범죄라는 것을 알고 있었다. 그래서 홀로코스트가 존재하지 않았다는 것을 입증하면 반나치 감정의 상당 부분을 종식시킬 수 있을 거라 생각했던 것이다. 아이러니하게도, 홀로코스트 수정주의자들이 홀로코스트는 일어나지 않았다고 주장함에도 불구하고 그들의 글은 독자에게 유대인들은 홀로코스트를 겪을 만하다고 그들이 생각한다는 인상을 강하게 남긴다.

몇몇 아랍 대변인 또한 홀로코스트 수정주의자들에게 동질감을 느낀다. 특히 그들은 시온주의자들이 세계적으로 유대 국가에 대한 지지를 불러일으키기 위해 홀로코스트 이야기를 지어냈다는 수정주의자들의 주장에 동조한다.

1993년, 에모리 대학의 데보라 립스타트 교수는 《홀로코스트의 부정Denying the Holocaust》를 출간했는데, 이 책은 신나치주의자와 그들의 지지자들이 사람들에게 홀로코스트는 결코 일어나지 않았다는 확신을 심어주려고 벌인 전 세계적인 캠페인에 대한 최초의 포괄적인 반박이었다. 립스타트 교수의 책을 날카롭게 비판한 사람 중에는 제2차 세계대전에 관한 책을 30권 이상 저술한 영국의 저술가 데이비드 어빙David Irving도 있었다. 립스타트는 "홀로코스트가 일어나지 않았음을 대변하는 사람들 중에서도 특히 위험한 대변가인 어빙은 정보를 수집해 그것을 자신의 결론에 부합되는 형태로 변형시키는 데 가장 탁월한 능력을 보이는 인물이다."라고 기술했다.

이에 어빙은 립스타트의 책이 역사학자로서의 그의 명성을 크게 실추시켰다고 주장하며 영국에서 립스타트를 명예훼손죄로 고소했다. 명예훼손 사건의 경우 미국 법정보다 영국 법정(피고는 자기주장이 사실임을 입증해야 한다.)이 피고에게 더 불리한 곳임에도 불구하고 립스타트가 완벽하게 승소했다. 영국 고등법원 판사 찰스 그레이Charles Gray는 어빙을 아돌프 히틀러를 긍정적으로 조명하기 위해 역사적 증거를 왜곡한, 인종차별주의자이자 홀로코스트 수정주의자로 보는 것이 합당하다는 판결을 내렸다.

2000년에 열린 이 재판에 대한 국제적인 관심이 엄청났기에 립스타트의 완벽한 승소는 특히 의미심장한 것으로 여겨졌다. 립스타트의 변호사인 안소니 줄리어스Anthony Julius가 다음과 같이 선언했듯이 말이다.

"홀로코스트 수정주의자들을 그들이 있던 반유대주의자 게토로 다시 돌려보내기 위해 그들을 상대로 완벽한 승리를 거둘 필요가 있다."

홀로코스트 수정주의자들의 노력이 점점 더 약화되고 있다는 소식을 전하면 좋겠지만 상황은 그렇지 않다. 2006년 12월, 이란 대통령 마흐무드 아흐마디네자드와 이란 외무부 장관은 테헤란에서 국제회의를 열어 세계 각국의 홀로코스트 수정주의자들을 한 곳에 불러 모았다. 그들 중에는 전 미국 KKK단 최고 지도자 데이비드 듀크David Duke도 있었는데, 그는 한 연설에서 유대인이 학살당한 가스실은 결코 존재하지 않았다고 말했다. 그들 중에는 또한 앞서 언급한 로베르 포리송도 있었다. 로베르 포리송은 홀로코스트는 이스라엘 건국을 정당화하기 위해 날조한 허구에 불과하다고 주장했는데, 아흐마디네자드도 종종 똑같은 주장을 했다(아흐마디네자드는 이스라엘을 지구상에서 영구히 제거해야 한다고 거듭 주장하기도 했다.). 아흐마디네자드가 국제회의를 소집하기 1년 전에 이란 정부는 홀로코스트 부정을 주제로 하는 만화 콘테스트를 후원했는데, 그중 한 만화에는 안네 프랑크와 아돌프 히틀러가 한 침대에 누워있는 장면이 그려져 있었다.

홀로코스트는 조작이었다는 확신을 세상에 심어주려는 홀로코스트 수정주의자들의 시도는 히틀러의 유명한 말에 의존한 것으로 보인다.

"대규모 집단의 사람들은 작은 거짓말보다 큰 거짓말에 더 잘 속는다."

유감스럽게도, 립스타트의 고무적인 승리에도 불구하고 수정주의자들이 앞으로도 계속 지지자들을 확보해나갈 것이라고 추정할 만한 이유가 아직도 남아있다. 세월이 지남에 따라 홀로코스트 생존자의 수가 점점 더 줄어들어 2025년에는 홀로코스트 생존자가 지구상에 거의 남아있지 않을 것이다. 유대인 공동체는 미래 세대들이 세계 역사상 가장 큰 범죄에 대한 완벽한 자료를 가질 수 있도록 지금 홀로코스트 생존자들의 경험을 기록하는 것이 매우 중요하다고 여긴다. 이러한 목적으로 스티븐 스필버그의 '쇼아 영상역사재단Shoah Visual History Foundation'은 홀로코스트 생존자 수만 명과의 광범위한 인터뷰를 영상으로 남겼다.

■■■ 147

"절대로 다시는"

유대인들이 '절대로 다시는Never Again'이라고 말할 때 그들은 홀로코스트가 절대로 다시는 일어나서는 안 된다는 것을 의미한다. 절대로 다시는 아우슈비츠도, 절대로 다시는 가스실도, 절대로 다시는 6백만 명의 학살된 유대인들도 없어야 한다.

하지만 유감스럽게도 만일 또 다른 히틀러가 권력을 잡는다면 유대인의 힘만으로 확실히 홀로코스트를 막을 수 있다고는 장담하지 못한다. 그럼에도 '절대로 다시는'은 제2차 세계대전이 끝난 이래 다른 어떤 말 못지않게 유대인의 정치적 행위를 잘 설명해준다.

가령 '절대로 다시는'은 나치가 권력을 잡은 후, 특히 제2차 세계대전 후에 왜 그토록 많은 유대인이 시온주의를 지지하게 되었는지를 설명해준다. 박해받는 모든 유대인을 환영해줄 수 있는 유대인의 국가를 건설하면 또 다른 홀로코스트가 일어날 가능성이 희박해진다는 것을 유대인들이 깨달았던 것이다.

마찬가지로 '절대로 다시는'은 1960년대에 미국에서 시작한, 소련 유대인들을 위한 대규모 시위를 설명해주기도 한다. 미국 유대인은 홀로코스트 동안 그들이 상대적으로 적극적인 활동을 하지 않았다는 것에 오랫동안 죄책감을 느껴왔다. 이제 그들은 다른 곳의 유대인들이 박해받을 때 '절대로 다시는' 침묵하지 않을 것을 다짐한다.

'절대로 다시는'의 정서는 이스라엘 수상 메나헴 베긴이 1981년에 원자폭탄을 생산하려는 이라크의 원자로를 왜 폭파했는지를 설명하는 데도 도움을 준다. 원자로가 건재하는 한 이스라엘 사람들은 히틀러가 야기한 위험과 비슷한 위험에 처하게 될 것이라고 베긴은 설명했다. 비록 세계가 이스라엘이 이라크 원자로를 폭파한 것을 비난했음에도 불구하고 이라크 원자로가 파괴되었을 때 안타까워하는 유대인은 거의 없었다. 그들은 홀로코스트를 경험한 까닭에 자신들을 죽일 의도를 공표한 적들로 하여금 집단학살을 가능하게 하는 무기를 절대로 다시는 만들게 하지 말아야 한다고 느꼈던 것이다. '절대로 다시는'은 전 세계 유대인들이 이스라엘의 군사력에 전념하는 것을 다른 어떤 말보다도 더 잘 설명해준다. 랍비 어빙 그린버그의 말처럼 "유대인들은 절대로 다시는 무력하지 않아야 한다. 유대인들을 파괴하도록 적들을 유도하는 것은 바로 무력함이기 때문이다."

1970년대 초에 지금은 고인이 된 랍비 메이어 카하네Meir Kahane가 이끈 '유대방어연맹' 회원들이 여러 차례 시위에서 '절대로 다시는'을 구호처럼 되풀이해 외치곤 했지만 '절대로 다시는'의 기원은 불분명하다. 하지만 최근 들어 훨씬 더 온건한 정치 단체들에 속한 유대인들도 이 짧고 강력한 말을 사용하곤 한다.

'홀로코스트'라는 말처럼 '절대로 다시는'이라는 표현도 많은 비유대인에게 친숙하다. 1989년, 뉴욕에서 한 무고한 흑인 청년이 십대 백인 갱들에게 살해되었을 때 루이스 파라칸Louis Farrakhan 목사(아이러니하게도 그 자신이 반유대주의자였다.)는 흑인들은 유대인의 표현인 '절대로 다시는'을 마음에 새겨 이러한 일이 절대로 다시는 일어나도록 해서는 안 된다고 언명했다.

■■■ 148

노벨평화상 수상자의 외침

엘리 비젤Elle Wiesel(1928-)은 유대인 및 비유대인의 홀로코스트에 대한 지식에 그 어떤 사람보다 더 큰 영향을 주었다. 비젤 자신의 홀로코스트 경험을 재현한 그의 저서 《나이트》는 나치의 강제수용소(죽음의 수용소)와 관련해 많은 사람이 처음으로 접한 글이었다. 비젤이 열여섯 살이었을 때 그와 그의 가족은 헝가리에서 아우슈비츠로 이송되었다. 거기서 비젤은 아버지의 죽음을 목격했지만 그 자신은 연합군이 아우슈비츠 강제수용소를 해방시키기 전까지 살아남았다. 그는 홀로코스트가 사람을 끊임없이 괴롭히는 극도로 암울한 경험이라는 점을 강조하기 위해 책 제목을《나이트》로 정했다.

비젤이 속한 헝가리 유대인 공동체는 맨 나중에 강제수용소로 끌려간 유대인 공동체였다. 나치는 1944년에 이르러서야 헝가리를 점령해 헝가리 유대인 80만 명을 학살하기 시작했다. 나치는 1941년 이래로 줄기차게 유대인들을 학살해왔지만 헝가리 유대인들은 나치가 그들을 어떻게 할 것인지를 모르고 있었다. 비젤은 나치가 헝가리를 점령하기 1년 전인 1943년 유월절을 기억한다. 그때 비젤의 고향 시게투의 유대인들은 바르샤바 게토에 거주하는 유대인들이 독일에 대항해 반란을 일으켰다는 소식을 접했는데, 비젤의 어머니는 그들의 반란을 무척 안타까워했다. 비젤의 어머니에게는 바르샤바 유대인들이 어리석은 행동을 하는 것으로 보였던 것이다. 비젤의 어머니는 말했다.

"왜 기다리지 않은 거지? 전쟁은 곧 끝날 테고, 그러면 모두가 살 수 있을 텐데."

비젤의 초기 글 중 하나인 "망자를 위한 탄원A Plea for the Dead"는 독일군에 대항하지 않은 홀로코스트 희생자들을 비판하는 사람들에 대한 강력한 반박이다. 비젤이 언급했듯이 유대인들에게는 무기가 없었다. 그들이 무엇으로 기관총과 탱크로 무장한 독일군에 대항할 수 있었겠는가? 불끈 쥔 주먹으로? 대신 그들을 숨겨주기보다 독일군에게 넘기려는 농부가 훨씬 더 많은 폴란드 시골 지역으로 그들이 달아나야 했을까? 비젤은 다음과 같이 결론 내린다.

"친구의 입장이 되기 전까지 절대로 친구를 판단하지 말아야 한다고 탈무드는 가르친다. 하지만 세상이 유대인들을 친구로 여긴 적은 한 번도 없었다. 그들은 친구가 없었기에 죽었다."

비젤은 홀로코스트를 널리 알렸을 뿐만 아니라 1960대에 있었던 소련 유대인들에 대한 탄압을 세상에 알리는 데도 결정적인 역할을 했다. 그의 저서 《침묵하는 유대인The Jews of Silence》은 소련 유대인들의 삶에 대해 쓴 책 중 가장 감동적인 책으로 꼽힌다. 비젤은 의도적으로 '침묵하는 유대인'이라는 이중적인 제목을 선택했다. 처음에 사람들은 이 제목이 소련 유대인들의 강요된 침묵만을 의미한다고 여기지만 이 책의 끝부분에서 비젤은 다른 유대인 동포의 고통을 보고도 소극적 자세를 취한 자유세계 유대인들의 침묵에 대해서도 분명히 비난하고 있다.

비젤은 1986년에 노벨상을 받았다. 그는 주로 작가로 알려져 있지만 그가 받은 노벨상은 노벨문학상이 아니라 노벨평화상이었다. 노벨상 위원회는 그의 글과 행동이 또 다른 홀로코스트가 일어날 가능성을 크게 줄이는 데 기여한 것으로 보았을 것이다.

1985년, 비젤은 거의 모든 미국 신문 일면에 모습을 드러냈다. 레이건 대통령이 서독을 공식적으로 방문할 계획이었는데, 방문기간 동안 레이건은 47명의 나치무장친위대(홀로코스트를 시행한 나치의 준군사 조직) 장교도 묻혀 있는 비트부르크 군인묘지를 참배하는 데 동의했다. 미국 유대인들은 레이건이 비트부르크 군인묘지를 방문하는 것에 동의했다는 데 크게 상심했다. 거의 언급되지 않았지만 방문단은 미국 참전용사들을 상징하기도 했기 때문이다. 한 백악관 의식에서 레이건이 비젤에게 '국회 금메달Congressional Gold Medal'을 수여하는 동안 비젤은 레이건에게 단호하지만 예를 갖추어 비트부르크 방문 일정을 취소할 것을 강력히 권고했다.

"거기는 대통령께서 가실 곳이 아닙니다. 대통령께서 가셔야 할 곳은 나치무장친위대의 희생자들이 있는 곳입니다."

레이건은 비젤의 말에 감동받은 것으로 보였다. 비록 비트부르크 군인묘지 방문 일정은 취소하지 않았지만 말이다.

1970년대 이래로 비젤은 미국 전역의 유대인들에게 가장 인기 있는 강연자로 활동했다. 최근 들어 그는 홀로코스트에 대한 강연은 줄이는 대신 성경과 탈무드, 하시디즘 세계 등에서 가져온 다양한 주제와 인물에 대한 강연은 늘이고 있다.

■■■ 149

전범에게 사후 승리를 안겨주지 말라

지난 2천 년간의 유대 역사에서 홀로코스트만큼 많은 유대인의 신념을 흔들어놓은 사건은 없었다. 홀로코스트로 인해 적지 않은 수의 유대인이 자신이 유대인이라는 이유만으로 치른 대가가 너무 컸다는 결론을 내렸다. 자녀들에게 기독교 세례를 받게 하고 그들이 유대인 출신이라는 사실을 감추려고 한 홀로코스트 생존자들을 나는 알고 있다. 다른 유대인들은 하나님이 존재하지 않거나 하나님은 숭배할 가치가 없는 존재이기에 홀로코스트가 일어났다고 결론 내렸다. 그 결과 그들 역시 유대인으로 살 만한 가치가 없다고 느꼈다.

지금은 고인이 된 유대 철학자 에밀 파켄하임Emil Fackenheim이 다음과 같이 기술했듯이 이러한 믿음은 아이러니한 결과로 이어졌다.

"홀로코스트로 인해 유대인이기를 포기하는 유대인은 단순히 히틀러의 임무를 수행하는 것이다."

나치의 꿈은 세상에서 유대인과 유대교를 없애는 것이었다. 따라서 다른 신념에 동화되기로 선택한 유대인들은 히틀러 사후에 히틀러의 꿈을 성취해나가고 있는 것이다. 홀로코스트에 대한 대응으로 파켄하임은 (토라의 613 계율에 덧붙여서) 그가 614번째 계율이라고 칭한 계명, 즉 "히틀러에게 사후 승리를 안겨주지 말라."는 계명을 탄생시켰다.

완전히 논리적인 차원에서 접근하면 파켄하임의 614번째 계율은 거의 말이 되지 않는다. 유대인이 유대교를 믿거나 믿지 않는 것은 유대교에 대한 히틀러의 반응이 아니라 당사자의 반응을 토대로 해야 하기 때문이다. 또 다른 유대 철학자 마이클 위쇼그라드Michael Wyschograd는 파켄하임을 비판했다.

"만일 히틀러가 우표 수집가들을 학살했다면 우리 모두가 우표를 수집할 의무를 져버려야 하는가?"

하지만 감정적인 차원에서는 파켄하임의 614번째 계율은 많은 유대인의 마음을 완전히 사로잡았다. 히틀러는 유대인들을 말살하길 원했기에 설령 유대교에 대해 의심이 가고 확신이 서지 않더라도, 설령 하나님께 화가 나더라도, 설령 반유대주의자들이 언젠가 다시 승리할지도 모른다는 두려움을 느끼더라도 우리는 유대인으로 살아가야만 한다는 것이 파켄하임의 계율에 깊이 공감하는 유대인들의 논리이다. 유대인이기를 포기하는 것은 반유대주의자들에게 승리를 안겨주는 것이다. 다시 말해 히틀러의 작업을 완수하는 일이기 때문이다.

6부

유대인이 상속받은 정신 유산

■■■ 150

자발적인 행위와 의무적인 행위

해박한 유대인들조차 미츠바Mitzvah라는 단어가 무슨 뜻인지를 묻는 질문에 '선행'이라고 답하는 경우가 적지 않다. 그러나 '선행'과 '계율'은 비록 미묘하긴 하지만 상당히 의미심장한 차이가 있다. '선행'은 자발적인 행위를 암시하는 반면, '계율'은 의무적인 행위를 암시하기 때문이다.

현대 서구 사회에서 대다수 사람은 자발적인 행위가 의무적인 행위보다 더 높은 차원에 있다고 여긴다. 자발적으로 행동하는 사람이 의무감 때문에 행동하는 사람보다 더 훌륭한 것은 당연한 소리라는 것이 그들의 논리다. 하지만 탈무드는 정반대의 입장을 취한다.

"계율이 명하는 대로 행하는 사람이 계율이 명하지 않는데도 자발적으로 행하는 사람보다 더 훌륭하다(키두쉰 31a)."

탈무드 랍비는 분명 의무적인 행위가 자발적인 행위보다 더 일관성이 있고, 더 지구력이 있다고 믿었다. 두 가지 예를 들어보자.

거의 모든 사람이 한 번쯤은 다이어트를 하는데, 거기에는 두 가지 대표적인 강력한 동기가 작용한다. 즉 육체적으로 매력을 더 많이 발산하고 싶다는 것과, 지금보다 더 건강해지고 싶다는 두 가지 동기에서 다이어트를 시작하는 사람이 많다는 것이다. 하지만 대다수 사람들이 너무 빨리 다이어트를 포기한다. 이 안타까운 현실과 카슈루트(유대식 식사 계율)를 철저히 지키는 사람들을 비교해보라. 카슈루트를 철저히 지킨다고 해서 건강이나 육체적인 매력이 향상된다는 보장은 없다. 그들은 그것이 지켜야 할 계율이기 때문에 평생 돼지고기나 조개를 먹지 않는 것이다. 미국 정부가 모든 초콜릿 제품에 돼지고기를 첨가하는 것을 법으로 의무화한다면 살을 많이 뺄 수 있을 텐데, 라는 생각을 나는 종종 한다.

같은 맥락으로 사람들은 재정난을 겪고 있더라도 세금은 어김없이 납부한다. 미국법이 세금 납부를 의무화하고 있고, 세금을 내지 않는 사람은 처벌받기 때문이다. 반면, 경기가 침체되면 자선 기부금은 현저하게 줄어드는데, 이는 기부가 자발적인 행위이기 때문이다.

토라(유대 율법) 자체는 수를 언급한 일이 없지만 탈무드 전통은 토라에는 613가지 미츠바가 있다고 가르치고 있다. 많은 유대인이 성경의 계율은 오직 의례와 관련 있는 것으로 잘못 알고 있다. 언젠가 내가 어느 시나고그에서 강연을 한 적이 있는데, 강연 후 한 여성이 나에게 이렇게 말했다.

"저는 613개의 계율에 대해 잘 알고 있어요. 그런데 제가 독실한 유대교도가 아니라서 그중 하나도 지키지 않고 있답니다."

나는 그녀에게 "만일 당신이 아버지나 어머니, 또는 형제자매와 성관계를 맺지 않으신다면 당신은 이미 토라의 두 가지 계율을 지키고 있는 것입니다."라고 말해주었다. 그 여성은 성경 계율이 의례적 쟁점뿐만 아니라 윤리적 쟁점과 사회적 쟁점도 다루고 있다는 것을 몰랐던 것이다.

오늘날, 유대인들 중에 613개의 계율을 모두 지키는 사람은 아무도 없다. 그중 수백 개의 계율이 정결함과 정결하지 못함, 동물 제물 등의 쟁점을 다루고 있기 때문이다. 위대한 동유럽 랍비이자 현자인 하페츠 하임Haffetz Hayyim(1838-1933)은 토라의 613가지 미츠바(계율) 중 오늘날에도 여전히 지켜지는 미츠바는 3백 가지도 채 되지 않을 것이라고 추산했다.

다음 페이지들에서 언급할 윤리적 개념과 계율 중 다수가 토라의 613 계율에 속하는 것이다. 여기서 논의할 몇몇 다른 윤리적 계율은 탈무드에서 규정한 계율들이다. 하지만 일반적으로 이런 계율들조차 탈무드 랍비들이 토라의 특정 구절과 연결시킨다.

계율들은 보편적으로 윤리적 계율과 의례적 계율로 분류한다. 윤리적 계율은 사람 간의 미츠바이고, 의례적 계율은 사람과 하나님 간의 미츠바로 알려져 있다. 하지만 의례적 계율 중에는 윤리적 계율의 속성이 강한 것도 있다. 예를 들어 카슈루트 계율들은 일반적으로 순수하게 의례적인 계율의 전형이다. 그럼에도 카슈루트는 식용 동물을 도살할 때는 동물의 고통을 가능한 한 최소화하기 위해 한 번에 도살해야 한다고 규정하고 있다. 사냥에서 흔히 볼 수 있는, 고통을 느끼며 서서히 죽어간 동물은 코셔(유대 음식)로 인정하지 않기에 먹는 것을 금한다. 그렇다면 도살과 관련한 카슈루트는 분명 의례적 계율일 뿐만 아니라 동물의 고통을 최소화한다는 도살 윤리가 포함된 윤리적 계율이기도 할 것이다.

■■■ 151

인간이 창조된 의미

성경이 우리에게 아담에 대해 일찌감치 전하는 사실은 아담이 '하나님의 형상'으로 창조되었다는 것이다(창세기 1:27). 이 구절은 적지 않은 사람들을 혼란에 빠트렸고, 크게 이질적인 방식들로 해석되었다. 언젠가 몰몬교 리더 한 명이 나에게 그것은 하나님이 육체를 가지셨고, 인간의 형태가 하나님의 육체의 형상대로 창조되었다는 뜻이라고 말했다. 하지만 유대교의 가르침에 따르면 하나님은 육체가 없는 무형의 존재이다(신명기 4:12, 15).

그렇다면 인간이 '하나님의 형상'으로 창조되었다는 말을 어떻게 이해해야 할까?

동물들과는 달리 인간에게는 논리적으로 생각하고 선악을 구별하는 능력이 있다. 예를 들어 사람들이 말하는 '착한' 개는 그저 주인에게 순종하는 개일 뿐이다. 따라서 반나치 게릴라의 훈련을 받아 나치를 공격하는 개도, 나치의 훈련을 받아 강제수용소에 있는 유대인들을 공격하는 개도 모두 '착한' 개다. 두 개 모두 주인의 말에 복종하기 때문이다. 동물들에게는 도덕적인 선택을 하는 데 필요한 추론 능력이 없다. 지구상에서 추론을 할 수 있는 생명체는 인간뿐인 것이다. 인간이 '하나님의 형상'대로 창조되었다는 말은 이러한 맥락에서 이해되어야 할 것이다.

■■■ 152

앞을 보지 못하는 사람 앞에 장애물을 놓지 말라

당신이 타고난 사디스트가 아니라면 눈먼 사람 앞에 장애물을 놓지 말라는 레위기의 계율은 당신에게 토라에서 가장 지키기 쉬운 계율로 보일 수 있다. 하지만 이 미츠바(계율)는 너무도 사소한 것이어서 분명 더 넓은 의미를 함축하고 있다고 탈무드 랍비들은 확신했다. 탈무드 랍비들은 "보지 못하는 사람이 보지 못한다고 그를 넘어뜨리는 장애물을 그 앞에 놓지 말라."는 성경 구절을 아주 광의적으로 해석했다. 그들은 '보지 못하는 사람'을 '당면한 상황에 대해 무지한 모든 사람'으로 해석했던 것이다. 그래서 오늘날 이 구절은 어기지 않기에 가장 힘든 계율 중 하나가 되었다.

예를 들어 랍비들의 관점에 따르면 내부 정보를 바탕으로 주식 거래를 해 돈을 번 사람은 다른 어떤 계율보다도 "보지 못하는 사람이 보지 못한다고 그를 넘어뜨리는 장애물을 그 앞에 놓지 말라."는 계율을 어긴 것이다. 그들에게 실제 가격보다 훨씬 싼 가격에 기꺼이 주식을 판 사람들은 그들이 알고 있는 내부 정보를 몰랐다는 점에서 분명 '보지 못한 사람들'이었기 때문이다.

실제로는 사랑하지 않는 여자에게 잠자리를 같이하기 위해 사랑한다고 말하는 남자도 "보지 못하는 사람이 보지 못한다고 그를 넘어뜨리는 장애물을 그 앞에 놓지 말라."는 계율을 어긴 것이라는 내 친구 데니스 프레이저의 말에도 지혜가 담겨 있다고 나는 생각한다. 여자가 남자의 진짜 감정을 안다면 하지 않을 일을 하도록 남자가 거짓말로 여자를 유혹했기 때문이다.

랍비들은 이 계율을 일견 애매해 보이는 사례들에도 적용한다. 예를 들어 토라 율법은 부모를 저주하거나 때리는 자녀는 엄하게 처벌해야 한다고 명한다(출애굽기 21:15, 17). 랍비들은 또 다시 "보지 못하는 사람이 보지 못한다고 그를 넘어뜨리는 장애물을 그 앞에 놓지 말라."는 레위기의 계율을 토대로 부모가 다 자란 자녀를 때리는 것을 금했다. 부모에게 맞은 자녀가 분노로 눈이 멀어 부모를 때리거나 저주해 토라의 중대한 계율을 어기게 되면 결국 자녀를 때린 부모가 '자녀를 넘어뜨린 장애물'이 된 꼴이기 때문이라는 것이다.

이 계율이 가장 보편적으로 적용되는 곳은 조언의 영역이다. 조언을 구하는 사람은 조언자가 그에게 혜택만을 줄 의도로 조언해주리라고 기대할 권리가 있다. 만일 어떠한 이유로 조언자가 조언을 구한 사람에게 공정한 조언을 해줄 수 없다고 느낀다면 조언자는 그 이유를 설명하거나 아예 조언을 하지 말아야 할 의무가 있다. 무엇보다 중요한 사실은 자신이 득을 볼 의도로 상대에게 조언하면서 상대를 위해 조언하는 척 하는 것을 랍비들이 금한다는 것이다. 이것 또한 다른 사람의 '보지 못함'을 이용하는 것이기 때문이다.

■■■ 153

정의에 대한 신념

토라는 "정의를, 정의를 따르라(신명기 16:20)."라고 특별한 열정으로 외친다. 일부 사람은 신명기의 이 구절에서 '정의'란 단어를 반복한 것은 수단과 목적 모두 정의로워야 함을 함축적으로 나타낸 것이라고 해석한다. 또한 정의는 사람과 사람을 결속시켜줄 뿐만 아니라 사람과 하나님도 결속시켜주는 것으로 여겨지기도 한다. 하나님께서 부적절한 행동을 하시고 있다고 아브라함이 믿었을 때 아브라함은 냉엄한 태도로 하나님과 대면했다.

"온 세상을 심판하시는 분인 주께서 공정하게 판단하셔야 하지 않겠습니까?(창세기 18:25)"

예언자들은 정의가 하나님께 가장 중요한 문제라고 여겼다. 아모서에서 가장 많이 인용되는 구절에서 아모스는 다음과 같은 하나님의 말씀을 선언한다.

"오직 정의를 강물처럼 흐르게 하고, 의를 시냇물이 마르지 않고 흐르는 것처럼 항상 흐르게 하라(5:24)."

토라가 정의를 강조한 것은 그 후 유대 율법에 깊은 영향을 끼쳤다. 예를 들어 자선을 뜻하는 영어 단어 'charity'는 '마음으로부터from the heart'란 뜻을 가진 라틴어 단어 '카리타스caritas'에서 유래했고, 'charity'에 해당하는 히브리어 단어 '체다카tzedaka'는 '정의'란 뜻의 히브리어 단어 '체데크tzedek'의 여성형이다. 따라서 유대 율법에 따르면 자선을 베풀지 않는 사람은 몰인정한 사람일 뿐만 아니라 정의롭지 못한 사람이기도 하다. 그래서 유대 법정은 여력이 있는 사람들에게 자선을 베풀 것을 강요하는 데 주저함이 없었다.

유대인들은 종종 정의의 이름으로 복수하는 것을 지지하는 것으로 비난을 받아왔다. 1989년 12월, 노벨평화상을 수상한 데스몬드 투투Desmond Tutu 주교는 예루살렘을 방문해 이스라엘 청중에게 유대인들이 6백만 명의 유대인들을 살해한 나치를 용서할 때가 되었다고 말했다. 투투 주교는 자유를 누리며 살고 있는 연로한 나치 전범들에게까지 용서의 미덕을 확대해야 한다고 주장했다. 거의 모든 유대인이 투투 주교의 충고를 모욕적으로 받아들였다. 유대 전통은 살인자를 용서하는 것을 부도덕한 것으로 여긴다는 것이 한 가지 이유였다. 또한 남녀노소를 가리지 않고 살해한 살인자들이 처벌받지 않고 편안하게 살아간다는 것은 정의롭지도 않기 때문이었다. 집단살인자들을 처벌하지 않고 내버려두어야 한다는 투투의 믿음은 대다수 유대인에게 너무도 부당한 발상으로 여겨졌다. 그것은 유대교의 가르침과도 거리가 먼 것이었기 때문이다.

154

"눈에는 눈으로"

비난받는 성경 구절들에 대해 이야기한다면 "눈에는 눈으로(출애굽기 21:24)"가 성경에서 가장 비난받는 구절일 것이다. 이 구절은 복수심으로 가득 찬 '구약' 윤리가 존재함을 입증한 후에 이를 용서라는 신약의 더 고귀하게 여겨지는 윤리와 대비하기 위해 흔히 인용된다. 비유대인들은 종종 "눈에는 눈으로"를 현대 유대인들과도 연결 짓는데, 거의 항상 경멸하는 투로 연결 짓는다. 예를 들어 이스라엘을 비판하는 사람들은 일반적으로 이스라엘이 아랍권의 테러에 보복할 때 이스라엘이 "눈에는 눈으로"의 윤리를 실천하는 것이라며 비난한다.

사실, 성경의 '눈에는 눈으로'의 기준은 고대 히브리인들을 둘러싼 사회들에서 만연했던 법률적 기준들과는 크게 대비된다. 토라보다 수백 년이 더 오래된 함무라비법전은 무고한 사람에게까지 보복을 하도록 규정했다. 즉 A가 B를 위해 집을 지었는데 집이 무너져 B의 딸이 죽었다면 A의 딸도 죽여야 한다는 것이었다(229호 법령). 성경의 "눈에는 눈으로" 계명은 처벌 대상을 가해자로만 제한했다. 그뿐만 아니라 함무라비법전과는 달리 실수로 다른 사람의 죽음을 야기한 사람을 처형하지도 않았다.

"눈에는 눈으로" 계명은 또한 복수를 제한하기도 했다. "눈에는 생명으로" 또는 심지어 "한 눈에는 두 눈으로"도 결코 허용하지 않았던 것이다. 성경의 적용 원칙은 처벌은 행위에 상응해야 한다는 것이었다.

즉 과도한 처벌을 하지 않는다는 것이 성경의 기본 원칙이었다. 피의 복수는 이스라엘의 이웃들 사이에서 오랫동안 행해졌고(실제로 피의 복수는 중동에서 최근까지도 끊이지 않았다.), 종종 어떠한 제한도 없이 이루어졌다.

기독교인들은 종종 예수는 "눈에는 눈으로"의 규범을 넘어 용서를 옹호했기에 복수를 인간에게 무가치한 일로 보았다고 주장한다. 하지만 신약은 예수가 이렇게 말했다고 기록하고 있다.

"그러나 누구든지 사람들 앞에서 나를 부인하면 나도 하늘에 계신 내 아버지 앞에서 그를 부인할 것이다(마태복음 10:33)."

다시 말해 예수는 다른 사람들이 자신을 대하는 대로 다른 사람들을 대하는 것을 옹호한 것으로 보이는데, 이는 "눈에는 눈으로" 계명이 요구하는 것에 정확히 상응하는 정의의 기준이다.

탈무드 시대에는 "눈에는 눈으로"를 사실상 실행하지 않았다. 정통파 유대교 학자들은 "눈에는 눈으로" 계명은 단 한 차례도 실천에 옮겨지지 않았다고 가르친다. 탈무드 랍비들은 가해자의 눈을 제거하는 과정에서 가해자가 죽을 수도 있음을 우려했다. 가해자를 죽음으로 몰고 가는 것은 당연히 "눈에는 눈으로"의 계명을 어기는 것이었기 때문이다(바바 카마 84a). 그래서 "눈에는 눈으로"의 계명은 눈의 가치에 상응하는 금전적 보상을 요구하는 계명으로 이해되었다. "이에는 이로, 손에는 손으로"를 포함해 이 성경 대목에서 열거한 다른 처벌 거의 모두도 이러한 맥락에서 이해되었다.

금전적인 보상으로 전환되지 않는 유일한 경우는 "목숨에는 목숨으로"였다. 살인자는 사형에 처했기 때문이다. 토라는 계획된 살인을 한 사람은 사형에 처하는 것이 마땅하다고 여겼기에 살인자를 사형에 처하는 데 주저함이 없었다. 하지만 유대 율법은 살인자를 가능한 한 가장 빠른 방법으로 사형시킬 것을 명했다. 그래서 후에 유대 율법은 로마인들이 행한 십자가형을 금했다.

토라 율법은 또한 벌금으로 살인죄를 면제해주는 것도 금지했다. 성경 윤리에 따르면 생명과 돈은 상응하지 않는다. 따라서 살인을 저지른 사람은 결코 돈으로 속죄할 수 없다. 이러한 점에서도 토라 율법은 고대 유대인들의 이웃 민족들이 제정한 법령과 달랐다. 그들은 가끔 하층민을 살해한 사람에게 벌금만을 부과했는데, 이것은 재산과 관련한 특정 범죄(예를 들면 불이 난 집의 물건을 훔치는 일)를 저지른 사람을 사형에 처하는 것으로 이어졌다. 유대 율법은 재산 관련 범죄를 저지른 사람을 결코 사형에 처하지 않는다. 또한 살인을 한 사람을 벌금만 받고 풀어주지도 않는다. 설령 희생자 가족이 금전적인 보상을 받아들일 의향이 있더라도 그렇게 하도록 하지 않는다(민수기 35:31과 미슈네 토라 "살인에 관한 율법" 1:4).

성경이 말하는 "눈에는 눈으로"의 정의正義는 악은 처벌되어야 하고 처벌에는 제한을 두어야 한다는 유대 율법의 기본 원칙이다.

■■■ 155

이웃이 피 흘리는 것을 지켜보고만 있지 말라

1964년 뉴욕 시에서 키티 제노비스Kitty Genovese라는 28세의 여성이 40분에 걸쳐 괴한의 칼에 찔려 죽어가는 것을 38명의 사람이 아파트 창문을 통해 목격한 암울한 사건이 크게 보도되었다. 목격자들은 살인 현장을 목격하면서도 어떠한 조치도 취하지 않았다. 그들 중 어느 누구도 경찰에 신고조차 하지 않았던 것이다. 경찰에 일찍 신고했더라면 최소한 여성의 생명은 구할 수도 있었는데 말이다. 너무 늦어버린 후에야 경찰에 신고가 접수되었고, 경찰은 다음날 아파트 주민들을 상대로 탐문 수사를 하고 나서야 비로소 그날 목격자들이 있었다는 것을 알게 되었다. 목격자들은 사건에 연루되고 싶지 않았다고 말했다.

이들 목격자의 행위가 세상에 널리 알려지자 이들은 지탄과 혐오의 대상이 되었다. 물론 그들 중 어느 누구도 법적인 처벌을 받지는 않았다. 미국 헌법으로는 공격당하는 사람을 도와야 할 의무가 없기 때문이었다. 이러한 이유로 수영장의 얕은 물에서 익사하기 직전에 있는 유아를 충분히 구할 수 있음에도 구하지 않은 사람도 미국 헌법으로는 무죄다. 그 사람이 아이와 특별한 관계이거나 아이에게 특별한 의무가 있는 부모나 베이비시터 같은 사람이 아니라면 말이다.

하지만 유대 율법의 관점에서는 키티 제노비스가 살해당하는 것을 목격한 사람들은 중죄를 저지른 것이다. 그들은 "네 이웃이 피 흘리는 것을 옆에서 지켜보고만 있지 말라(레위기 19:16).[1]"는 토라 율법을 어겼기 때문이다.

랍비들의 관점에 따르면 이 율법은 위험에 처한 사람을 도울 수 있는 사람에게 법적인 의무를 부과한다.

"어떤 사람이 물에 빠져 허우적대고 있거나 짐승의 공격을 받고 있거나 강도들의 습격을 받고 있다면 그 사람을 구하는 것이 옳다는 것을 어떻게 알 수 있을까? '네 이웃이 피 흘리는 것을 옆에서 지켜보고만 있지 말라.'는 하나님의 말씀으로 알 수 있다(산헤드린 73a)."

이 율법은 또 다른 경우에도 적용된다. 예를 들어 만일 당신이, 사람들이 어떤 사람에게 해를 끼치려는 음모를 꾸미는 것을 들었다면 당신은 그 사실을 그 사람에게 알릴 의무가 있다(슐칸 아루크, 초셴 미슈팟 426:1). 마찬가지로 만일 당신이 누명을 쓴 사람의 무죄를 입증하는 데 도움이 되는 증거를 갖고 있다면 이 율법은 당신에게 적극적으로 나설 것을 의무화한다(레위기 19:16에 대한 시프라).

지금으로부터 1세기 전, 이 성경 율법을 침해한 충격적인 사건이 있었다.

레오 프랭크는 애틀랜타 주에 있는 그의 연필공장에서 일하던 14세 소녀 메리 페간을 살해한 죄로 기소되었다. 검사 측의 주요 증인은 프랭크 공장의 또 다른 일꾼인 짐 콘리라는 흑인 사내였다. 콘리의 증언을 토대로 프랭크는 사형을 선고받았고, 후에 그를 납치한 갱단에 의

1 '우리말 성경'의 레위기 19:16은 "네 이웃의 목숨을 위태롭게 하지 마라."로 되어 있지만, 영어 원문 "Do not stand by while your neighbor's blood shed."를 직역하면 "네 이웃이 피 흘리는 것을 옆에서 지켜보고만 있지 말라."가 된다. – 옮긴이

해 교살되었다. 그로부터 69년 후, 당시에는 청년이었던 83세의 백인 아론조 만Alonzo Mann이 살인이 있던 날 콘리가 소녀의 시체를 끌고 계단을 내려가 공장 지하실로 들어가는 것을 목격했다고 진술했다. 사건 당일 아론조 만은 콘리로부터 협박을 받았다. 사실을 폭로하면 아론조 만을 죽이겠다는 것이었다. 사건이 알려졌을 때, 애틀랜타의 여론은 프랭크에게 매우 적대적이었고, 아론조 만의 어머니는 만에게 사건에 개입하지 말라고 일렀다.

나는 아론조 만과 그의 어머니의 경우보다 "네 이웃이 피 흘리는 것을 옆에서 지켜보고만 있지 말라."는 계명을 더 확실하게 어긴 경우를 떠올릴 수 없다. 아론조 만은 죽음을 맞이할 나이가 되었을 때에야 비로소 69년 전에 자신이 목격한 것을 털어놓았다.

이 성경 계명은 또한 우리가 없앨 수 있거나 줄일 수 있는 모든 억압적인 행위에 적극적으로 대응할 것을 의무화하기도 한다. 그래서 '미국유대인해외봉사회the American Jewish World Service'는 다른 유대인 및 비유대인 단체들과 함께 수단의 다르푸르 주 주민들을 상대로 광범위하게 자행된 학살을 중단시키기 위한 시위를 벌이는 데 중요한 역할을 하기도 했다.

■■■ 156

우리는 모두 이방인이다

일반적으로 잔혹함의 희생자가 자비로운 사람이 되는 경향이 있는 것은 아니다. 예를 들면 학대를 당한 아이들이 학대를 당하지 않은 아이들보다 커서 자녀를 학대하는 부모가 될 가능성이 훨씬 크다. 그래서 토라는 현재 고통 받고 있는 다른 사람들에게 어떻게 인정을 베풀 것인지를 과거에 자신이 다른 사람들로부터 고통 받은 경험으로부터 배우라고 가르친다. 유대인들이 이집트 땅에서 이방인과 노예로 고통 받았기에 토라는 유대인들에게 유대인들 가운데 있는 이방인들을 유대인들이 이집트에서 대우받은 것보다 더 잘 대우해주라고 거듭 상기시킨다.

"너희 가운데 사는 이방 사람을 본토 사람처럼 대해야 하며 그를 네 몸처럼 사랑해야 한다. 이는 너희가 이집트에서 이방 사람으로 지냈기 때문이다(레위기 19:34)."

토라는 유대인들이 다른 민족들에게 받은 고통으로 다른 민족들에게 고통을 주는 것을 합리화하는 대신, 그것 때문에 유대인들은 더 나은 민족이 되어야 한다고 역설한다.

"이는 너희 자신도 이집트에서 이방 사람들이었기 때문이다."라는 성경의 논리는 유대인들에게 그들 가운데 있는 비유대인들에 대한 의무를 상기시키기 위해 여러 차례 반복된다.

"이방 사람을 학대하거나 억압하지 말라. 너희도 이집트 땅에서 이방 사람이었다(출애굽기 22:20).”

“그러니 너희는 이방 사람들을 사랑해야 한다. 이는 너희 자신도 이집트에서 이방 사람들이었기 때문이다(신명기 10:19).”

“이방 사람이나 고아에게 억울한 일이 없게 하고 과부에게서 그 겉옷을 담보물로 잡지 마라. 네가 이집트에서 종이었고 너희 하나님 여호와께서 너를 그곳에서 구해내셨음을 기억하라. 그런 까닭에 내가 네게 이렇게 하라고 명령하는 것이다(신명기 24:17-18).”

역사적으로 유대인들이 오랫동안 인권운동과 시민운동에 참여한 것은 유대인들이 “이는 너희 자신도 이집트에서 이방 사람들이었기 때문이다.”라는 3천 년 전의 토라 계명을 마음에 새긴 자연스러운 결과라고 종종 일컬어진다.

■ ■ ■ 157

고아나 과부에게 잘못을 행하지 말라

성경에서는 이방인과 고아, 과부가 사회에서 가장 약하고 보호받지 못하는 사람들의 전형으로 종종 제시된다. 취약하고 상처받기 쉬운 그들의 특성 때문에 토라는 그들이 받아야 할 보호와 도움을 반복적으로 언급한다. 토라는 한 가지 정의의 기준이 이방인(비유대인)과 유대인 모두에게 적용되어야 한다고 규정한다(민수기 15:15, 레위기 19:34).

유명한 미국 노래가 “애치슨과 토라, 산타페”를 하나로 묶듯, 토라는 “이방인과 고아, 과부”를 자연스럽게 하나로 묶는다. 토라는 한 사회에 대한 윤리 수준은 그 사회가 사회적 약자를 어떻게 대하느냐로 측정할 수 있다고 거듭 암시한다.

이후 유대 율법은 과부와 고아에 대한 재정적 지원뿐만 아니라 감정적 지원도 필요하다고 명기한다. 마이모니데스는 다음과 같은 장황한 규정을 기술한다.

“과부와 고아의 영혼은 깊은 상실감과 우울로 인해 상처받기 쉬우므로 이들에게 특히 조심성 있게 행동해야 한다. 이들이 설령 부유하거나 왕의 과부나 고아라고 해도 이들에게 세심한 주의를 기울여야 한다. 하나님께서 ‘과부나 고아를 이용해먹지 말라(출애굽기 22:21).’고 말씀하셨기 때문이다. 그렇다면 이들을 어떻게 대해야 할까? 이들에게 항상 부드럽게 말해야 한다. 이들에게 항상 예의를 갖추어야 한다. 힘든 일로 이들의 육체를 괴롭히거나 가혹한 말로 이들의 감정을 상하게 하지 말아야 한다. 자기 자신의 재산보다 이들의 재산에 더 많은 주의를 기울여야 한다. 이들을 괴롭히거나 화나게 하거나 학대하거나 이들에게 상처를 주거나 금전적인 손실을 끼치는 자는 누구라도 죄를 범하는 것이다. 말씀으로 세상을 창조하신 하나님은 과부와 고아가 폭력에 시달려 소리치면 응답받으리라고 그들과 약속하셨다. 하나님께서 ‘어떤 식으로든 너희가 그들을 이용해먹으면 그들이 내게 부르짖을 것이고 내가 반드시 그들의 부르짖는 소리를 들을 것이다(출애굽기 22:23).’라고 말씀하셨기 때문이다.”

마이모니데스는 고아들의 선생들에도 명한다.

"선생은 고아들에게 특별한 호의를 베풀어야 한다. 선생은 최고의 애정과 호의로 고아들을 다정하게 인도해야 한다."

고아는 그가 더 이상 어른의 도움을 필요로 하지 않고 자신에게 필요한 것들을 스스로 얻을 수 있을 때까지 특별한 대우를 받을 자격이 있다.

오랫동안 유대 사회를 특징지어 온, 그물처럼 얽혀 있는 자선단체 네트워크는 과부와 고아, 이방인과 관련한 이 성경 계명의 직접적인 결과물이다.

■■■ 158

부모의 죄를 자녀에게 묻지 말라

이상적인 세계에서는 아이들이 부모의 죄나 악행 때문에 고통 받지 않지만, 현실 세계에서는 그렇지 않은 경우가 흔하다. 에이즈에 걸린 마약중독자 임산부들은 흔히 자기 아기에게 이 치명적인 질병을 전염시킨다. 마찬가지로 알코올중독자 자녀가 알코올중독이 아닌 사람의 자녀보다 알코올중독자가 될 가능성이 훨씬 크다.

자녀에게 대물림 되는 이러한 종류의 고통 중 상당 부분은 피할 수 없는 것일지도 모른다. 그런데 토라는 최소한 법정은 부모의 죄 때문에 자녀를 벌해서는 안 된다고 생각했다. 이 말이 진부할 정도로 명백해 보일 수도 있다. 하지만 20세기 초반까지만 해도 이러한 일이 있었다는 점은 분명 상기해볼 가치가 있다. 소련의 볼셰비키 정권은 쿨라크Kulak라 불리는, 많은 토지를 소유한 부농들을 살해했을 뿐만 아니라 그들의 자녀들도 살해했다.

토라가 쓰이기 전인 지금으로부터 약 4천 년 전, 바빌론의 함무라비법전은 부모의 잘못된 행동에 대해 자녀를 벌하는 경향을 성문화했다. 앞서 살펴보았듯이, 함무라비법전은 만일 한 남자가 다른 남자를 위해 집을 지었는데 집이 무너져 집주인의 딸이 죽었다면 집을 지은 사람의 딸도 죽여야 한다고 규정했다. 자녀는 부모의 자산이기에 부모가 죄를 지으면 부모 자산의 일부를 빼앗는 것은 적법하다는 것이 함무라비법전의 논리였다.

이러한 논리는 토라의 논리와 상반되는 것이었다. 토라는 개개인의 인간이 하나님의 형상으로 창조되었기에 모든 사람이 각자 자신만의 무한한 가치를 지닌다고 여긴다. 부모가 악하다고 해서 자녀도 악하게 되는 것은 아니다. 이 주제는 토라의 율법적인 부분뿐만 아니라 일부 이야기도 특징짓는다. 히브리인들의 모든 남자 아기를 익사시키라고 명령한 바로 그 파라오의 딸이 아기 모세를 불쌍히 여겨 구해주었다. 유감스럽게도, 그리고 아마 어느 정도 불가피하게, 유대인의 생활이 진화할수록 부모의 죄로 자녀를 법적으로가 아니라 사회적으로 고통 받게 하는 경향이 점점 더 두드러졌다. 동유럽 슈테틀(유대인 촌)에서는 불명예스러운 일을 한 부모를 둔 자녀들은 적합한 배우자를 찾기가 거의 불가능했다. 유대인들은 훌륭한 조상을 둔 것을 중요시하게 되었고, 그 결과 평범한 조상을 둔 유대인들은 종종 그 대가를 치러야 했다. 나는 토라가 이러한 종류의 차별도 근절하려 했다고 확신한다.

기이하게도, 또 다른 유명한 성경 구절에서는 하나님 자신이 부모의 죄로 자녀를 벌하는 권리를 행사하셨다.

"네 하나님 나 여호와는 질투하는 하나님이니 나를 미워하는 자들에 대해서는 아버지의 죄를 그 자식에게 갚되 3, 4대까지 갚고 나를 사랑하고 내 계명을 지키는 자들에게는 천 대까지 사랑을 베푼다(출애굽기 20:5-6)."

대다수 성경 주석가는 이 구절을, 사악한 부모가 행한 악을 자녀가 답습할 경우에만 하나님이 자녀를 벌하신다고 말씀하시는 것으로 해석한다.

■■■ 159

선민이라는 믿음

자기 민족이 선민이라는 유대인들의 믿음은 종종 비유대인들의 적대감을 촉발했다. 1930년대에 나치가 독일 유대인들의 목을 조이고 있을 때 조지 버나드 쇼George Bernard Shaw는 "만일 나치가 자신들의 아리아 민족 우월 개념이 유대인들의 선민사상과 얼마나 흡사한지를 안다면 즉시 그 개념을 포기할 것"이라고 말했다. 1973년, 제4차 중동전쟁이 끝났을 때 당시 유엔 주재 소련 대사였던 야코프 말리크Yakov Malik는 이렇게 말했다.

"시온주의자들은 터무니없는 이데올로기인 선민 이론을 들고 나왔습니다. 그것은 명백히 종교적인 인종차별주의죠."

실제로 역사적으로 유대인들에게 가장 큰 피해를 준 가짜 문서인 '시온 장로들의 의정서'는 '선민'이 세계를 지배하기 위해 국제적인 음모를 꾸미고 있다는 발상을 토대로 했다.

선민사상을 향한 이러한 공격들을 고려해볼 때 일부 유대인이 유대인들의 선민사상에 대한 믿음을 버리려는 노력을 해왔다는 것은 그리 놀라운 일이 아닐 것이다. 그중 가장 눈에 띄는 노력은 크지는 않았지만 영향력 있는 유대교 재건주의의 창시자인 랍비 모데카이 카플란이 기울인 노력이었다. 카플란은 선민사상의 포기를 주장하면서 두 가지 이유를 제시했다. 첫째는 버나드 쇼가 한 말과 같은 종류의 비난들, 즉 선민사상은 인종차별주의 이데올로기의 모델이라는 식의 비난들을 누그러뜨릴 필요가 있다는 것이었고, 둘째는 유대인들을 하나님이 선택하신 민족으로 보는 선민사상은 현대적인 사고에 반한다는 것이었다.

유대 문헌들에 따르면 선민의 의미는 '하나님을 세상에 알리기 위해 선택받은 민족'이다. 랍비 루이스 제이콥스가 다음과 같이 기술했듯이 말이다.

"우리는 입증할 수 없는, 독단적인 믿음을 이야기하는 것이 아니라 명백한 역사적 사실들을 이야기하는 것이다. 세계가 정의롭고 거룩하신 하나님을 알게 된 것은 이스라엘 덕분이었다. 즉 하나님이 인류에 알려지시게 된 것은 유대인들을 통해서였다."

유대교는 선민사상이 인종차별주의 이데올로기가 인종차별주의자들에게 부여하는 방식의 특별한 권리, 즉 '적절한 인종'으로서의 권리를 유대인들에게 부여한다고 믿을까? 전혀 그렇지 않다. 이 주제와 관련한 성경의 가장 유명한 구절은 정반대의 이야기를 한다.

"내가 이 세상의 모든 민족들 가운데 오직 너희만 안다. 그러므로 너희 모든 죄로 인해 내가 너희를 심판할 것이다.(아모스 3:2)"

선민사상은 인종차별주의에 대한 어떠한 개념과도 연결되어 있지 않기에 유대인들은 메시아가 유대교로 개종한 비유대인 여성인 루스의 자손 중에 한 명이 될 것이라고 믿는다.

그렇다면 왜 유대인들이 선택되었을까? 그들이 아브라함의 후손들이었기 때문이다. 그렇다면 왜 아브라함과 그의 후손들에게 하나님을 세상에 알리는 임무가 주어졌을까? 토라는 여기에 대해 전혀 언급하지 않는다. 신명기는 "여호와께서 너희를 기뻐하시고 선택하신 것은 너희가 다른 민족들보다 수가 많아서가 아니다. 너희는 오히려 민족들 가운데 수가 가장 적었다.(7:7)"라고 전할 뿐이다. 수가 가장 적은 유대인들이 온 세상에 하나님을 알리는 데 성공하면 그것은 아마 하나님의 개념에 대한 엄청난 위력을 입증하는 것일 터이다. 만일 유대인들이 막강한 군대를 보유한, 수가 가장 많은 민족이었다면 하나님을 세상에 알리는 데 성공하더라도 그 공은 하나님의 진리가 아니라 유대인들의 막강한 군사력으로 돌아갔을 것이다. 결국 아랍 세계에 살고 있는 비이슬람교도들도 무력을 통해 이슬람교를 믿게 된 엄청난 수의 사람들에게 거의 감명을 받지 않았기 때문이다.

다른 단체들이 선민의 개념을 도용할 정도로 이 개념은 매우 강력한 것이었다. 가톨릭교와 개신교 모두 하나님이 유대인들을 선택하셨지만 지금으로부터 2천여 년 전에 하나님이 기독교인들과 새로운 언약을 하셨다고 믿는다. 기독교 역사 대부분 동안, 그리고 복음주의 기독교인들 사이에서는 지금까지도 기독교 선민의식은 오로지 기독교인들만이 천국에 갈 수 있고, 비기독교인들은 지옥의 변방이나 지옥으로 간다는 것을 의미했다.

모하메드조차 아브라함이 하나님의 선택을 받았다는 것을 부인하지 않았다. 하지만 그는 아브라함이 이슬람교도였다고 주장했고, 유대인의 아버지들에게서 이슬람교도의 혈통을 찾으려 했다.

종교들뿐만 아니라 국가들도 자신들을 특별하게 본다. 나는 중국에 방문했을 때 '중국'의 의미가 '우주의 중심'이라는 것을 알게 되었다. 19세기와 20세기 초의 미국인들은 자신들이 북아메리카 대륙을 정복한 것은 '숙명'이라는 믿음을 갖고 있었다.

그럼에도 유대인들은 아마 독선적으로 들리거나 반유대주의를 자극할지도 모른다는 두려움 탓에 유대교의 선민사상에 대해 거의 얘기하지 않는다. 마이모니데스조차 '유대교 믿음의 13가지 원칙Thirteen Principles of the Jewish Faith'에 선민사상을 포함시키지 않았다.

■■■ 160

네 피가 더 붉다고 누가 말하는가

4세기 바빌론에서 한 남자가 랍비 라바를 찾아와 말했다.

"저희 마을 통치자가 제게 어느 무고한 사람을 살해하라고 시키면서 만일 제가 그를 죽이지 않으면 저를 죽이겠다고 했습니다. 제가 살기 위해 그를 죽여도 되겠습니까?"

라바는 그가 무고한 사람을 죽이는 것을 허락하지 않았다.

"당신이 죽임을 당하지 그를 죽이지는 말아야 하오. 당신의 피가 그 무고한 사람의 피보다 더 붉다고 누가 말할 수 있겠소? 그의 피가 더 붉을지도 모를 일이오."

다시 말해 라바를 찾은 남자가 무슨 근거로 통치자가 제거하려는 남자보다 더 살 가치가 있는 사람이라고 말할 수 있겠냐는 것이다. 설령 그가 자신의 삶이 더 가치 있음을 입증하더라도 자기가 살기 위해 무고한 사람을 살해하는 순간 그의 삶의 가치는 크게 떨어질 것이다. 물론 라바는 남자에게 '당신에게는 무고한 사람을 살해하라고 시킨 통치자를 죽일 권리가 있소.'라고 말할 수도 있었다. 유대교는 자기방어를 위한 살인을 허용하고, 그의 생명을 위협한 사람은 결국 통치자였기 때문이다. 탈무드가 다음과 같이 가르치고 있듯이 말이다.

"누군가가 당신을 죽이길 원한다면 일찍 일어나 당신이 먼저 그를 죽여라(산헤드린 72a)."

언젠가 내가 학생들에게 이 이야기를 들려주었을 때 한 학생이 라바의 논리에 이렇게 도전했다.

"이론적으로는 모두 좋은 이야기지만 실제로는 랍비가 그에게 어떤 말을 하든 그는 다른 남자를 죽일 거예요. 어떠한 대가를 치르더라도 살려고 하는 것이 인간의 본성이기 때문이죠."

어떠한 대가를 치르더라도 살려고 하는 것이 인간의 본성인지 그렇지 않은지는 몰라도 유대 역사 전반에 걸쳐 자기 목숨이나 사랑하는 자기 가족의 목숨까지 희생시키면서 라바의 금언을 따른 경건한 유대인들이 존재했다. 홀로코스트에 대한 가장 통렬한 기록 중 하나인 한 회답서를 쓴 헝가리 랍비인 랍비 츠비 히르슈 메이젤스Tzvi Hirsch Meisels도 랍비 라바가 받은 질문과 흡사한 질문을 받았다. 아우슈비츠에서 천4백 명의 유대인 십대들을 학살하라는 나치의 명령이 떨어졌다. 나치는 그날 밤 가스실로 보낼 소년들을 한 건물에 가두고 계속 보초를 세워 그들을 감시했다. 바로 그곳에 아들이 있는, 한 아버지가 랍비 메이젤스를 찾아와 말했다. 자기가 가진 것으로 보초들을 매수해 자기 아들을 풀어주도록 할 수 있는데, 그렇게 하면 보초들은 자기 아들을 대신할 또 다른 소년을 납치해 가스실로 보내야 한다는 것이었다. 나치에게 가스실로 보낼 소년들의 정확한 인원수를 보고해야 했기 때문이었다. 아버지는 보초들에게 뇌물을 주고 아들의 생명을 구하는 것이 다른 소년을 희생시키는 결과를 낳는데도 아들을 구하는 것을 유대 율법이 허용하는지를 물었다. 랍비 마이젤스는 답변을 회피했다. 현재 찾아볼 문헌들이 없고, 이 경우를 탈무드 사례에 적용할 수 있는지 확신이 서지 않는다고 그는 말했다. 라바의 사례에서는 그 남자가 직접 살인을 해야 하는 상황이지만 지금은 한 소년이 살해되는 것을 야기할 뿐인 상황이기 때문이라는 것이었다. 그럼에도 랍비 메이젤스는 소년의 아버지에게 그렇게 해도 좋다는 말은 할 수 없다고 느꼈다. 소년의 아버지는 거듭 답변을 요구했지만 메이젤스는 자신이 답변할 수 있는 문제가 아니라고 말했다. 소년의 아버지는 마침내 이렇게 말했다.

"제가 할 수 있는 일은 했다고 생각합니다. …… 저는 랍비인 당신에게 궁금한 것을 물어보았고 이곳에는 다른 랍비가 없기 때문입니다. 아들의 몸값을 지불하는 것이 허용된다는 답변을 끝내 못하셨기에 저는 율법이 그것을 허용하지 않을 수도 있다고 판단했습니다. 율법이 허용한다면 제게 분명한 답변을 해주셨을 테니까요. 그것으로 충분합니다. 토라와 율법에 따라 저의 외동아들은 가스실에서 죽음을 맞이할 것이고, 저는 그것을 받아들일 것입니다. …… 저는 그 아이를 위한 몸값을 지불하지 않을 것입니다. 토라가 그렇게 명하기 때문입니다."

유대 신년인 로슈 하-샤나Rosh ha-Shana이기도 한 그날 남은 시간 동안 소년의 아버지는 자신의 행동이 역시 로슈 하-샤나에 일어난 '이삭의 결박'과 동등하게 여겨지길 기도하면서 돌아다녔다고 랍비 마이젤스는 전한다.

"당신의 피가 더 붉다고 누가 말할 수 있겠소?"의 원칙은 생과 사의 상황보다 훨씬 더 보편적이고 덜 극적인 상황에도 적용될 수 있다. 예를 들면 우리는 새치기를 할 권리가 없다. 우리가 그들보다 더 나은 사람이기에 기다리지 않고 줄 앞쪽에 끼어들 자격이 있다고 말할 수 있는 사람은 아무도 없기 때문이다.

■■■ 161

유대인이 되기 어려운 이유

한 유명한 유대 속담은 "유대인이 되기란 어렵다."고 주장한다. 한 가지 이유는 당연히 유대인들이 종종 맞닥뜨리게 되는 그들에 대한 지독한 적대감 때문이다. 또 다른 이유는 지나치게 요구하는 것이 많은 유대 율법의 속성 때문이다. 유대인들은 토라의 613가지 계율뿐만 아니라 수천 가지의 탈무드 계명 및 기타 법령도 지켜야 한다.

유대 전통에 따르면 비유대인들은 이교도 중 도덕적으로 가장 훌륭한 노아에게 주어졌다고 추정되는 7가지 계율을 지켜야 한다. 노아의 일곱 계율 중 긍정문으로 된 계율은 마지막 한 계율밖에 없고 나머지 계율은 모두 부정문이다.

1. 하나님을 부인하지 말라(예를 들면, 우상을 숭배하지 말라.).
2. 하나님을 모독하지 말라.
3. 살인을 하지 말라.
4. 금지된 성관계(근친상간이나 간음, 동성애, 동물과의 성관계 등)를 갖지 말라.
5. 도둑질을 하지 말라.
6. 살아있는 동물에서 뜯어낸 사지를 먹지 말라.
7. 다른 여섯 가지 계율을 확실히 지킬 수 있도록 법정을 만들라.

(바빌로니아 탈무드, 산헤드린 56a)

각각의 계율은 확장되고 해석되기에 이교도들이 지켜야 할 계율은 실제로 7가지가 훨씬 넘는다.

유대교는 이 계율들을 지키는 비유대인을, 도래할 세계에서 한 자리를 보장받는 의로운 사람으로 간주한다. 마이모니데스는 하나님이 이 계율들을 명하셨기에 이 계율들을 지키는 비유대인만이 의로운 비유대인으로 간주된다고 믿었다. 하지만 이것은 탈무드의 관점이 아니라 그의 혁신적인 관점이었다.

노아의 일곱 계율은 유대인들이 비유대인 사회의 도덕성을 평가하는 기준이 되었다. 저 사회에는 폭력과 잔인함을 금지하는 법령이 있는가? 그 사회에는 무법 상태와 싸우는 법정들이 있는가? 노아 계율들과 토라 계율들의 주된 차이점은 토라 계율들에는 수백 가지의 긍정적인 행위를 명하는 계율이 있다는 데 있다. 예를 들면 비유대인들에게는 도둑질을 금하고 가난한 사람들에게 자선을 베풀 것은 명하지 않지만 유대인들에게는 자선을 베풀 것도 명한다.

유대 율법은 비유대인들에게 더 적은 요구를 하기에 역사적으로 비유대인들을 더 엄격한 유대교로 개종시키길 주저한 랍비가 많았다. 의로운 비유대인으로 남는 것이 계명을 철저히 지키지 않는 유대인이 되는 것보다 낫다고 생각했기 때문이다. 최근에는 노아의 일곱 계율을 지키려는 비유대인 단체들이 조직되고 있다.

■■■ 162

아무것도 두려워 말라

히브리 성경은 인간이 하나님에 대해 느끼는 두 가지 감정, 즉 사랑과 두려움(경외)에 대해 이야기 한다(신명기 6:5; 6:13; 10:20). 거의 모든 사람이 두려움의 감정에 있어서는 최소한 조금은 불편해한다. 성경은 하나님에 대한 두려움이 지혜의 시작이라고 가르치지만 그것은 노이로제의 시작인 경우가 더 많다고 《서머힐Summerhill》을 쓴 진보적인 교육자 닐A. S. Neil이 기술한 적이 있다. 하지만 토라에서는 하나님에 대한 두려움이 두 가지 긍정적인 결과를 낳는 것으로 조명된다.

1. 하나님에 대한 두려움은 사람들을 다른 사람들에 대한 두려움으로부터 자유롭게 한다.
2. 하나님에 대한 두려움은 강자로부터 약자와 빈자를 보호한다.

출애굽기 1장에서 파라오는 산파인 십브라와 부라에게 태어나는 유대 남자 아기를 나일강에 익사시키라고 명한다. 하지만 산파들은 칙령을 따르지 않는다. 성경은 최초로 기록된 '시민불복종' 행위에 대한 이유를 '하나님에 대한 두려움' 때문이라고 말한다. 다시 말해 '하나님에 대한 두려움'이 이보다 훨씬 더 자연스러운 두려움인 파라오에 대한 두려움으로부터 십브라와 부라를 자유롭게 해주었다는 것이다.

이 시점에서 좌절감을 느낀 파라오는 계획한 유대인 몰살을 실행하기 위해 모든 이집트인이 몰살에 적극 협조할 것을 명했고 그들은 파라오의 명령에 복종했다. 아마 파라오에 대한 이집트인들의 두려움은 그의 명령이 극도로 부도덕함에도 불구하고 그들을 복종시키기에 충분했을 것이다. 지난 세기 동안 전체주의와 무신론을 표명한 나치 독일 및 소련 정권에 저항한 소수의 사람은 거의 모두 신앙심이 깊은 사람들이었다. 십브라와 부라의 경우처럼 그들은 히틀러나 스탈린, 브레즈네프 등을 두려워하지 않은 것이 아니라 그들보다 하나님을 더 두려워했던 것이다. 1973년 모스크바에서 있었던 심캇 토라 축제일에 나와 함께 춤추었던 유대인들이 크렘린에서 불과 몇 분 동안 다음의 노래를 불렀던 것처럼 말이다.

> 저는 하나님 이외에는 아무도 두렵지 않아요.
>
> 오로지 하나님만 두려울 뿐이죠.

그뿐만 아니라 성경은 사회적 약자들을 보호하려는 분명한 의도로 "네 하나님을 경외하여라."라는 구절을 덧붙이기도 했다.

"너는 노인들 앞에서 공손하고 그들을 존중하며 네 하나님을 경외하여라(레위기 19:32)."

"네 형제가 가난해져서 네 가운데서 먹고 살기가 어렵다면 너는 그를 먹여 살려야 한다. 나그네와 임시 거주자가 네 환대를 받으며 함께 거하듯이 그는 너와 함께 살아야 한다. 그에게 그 어떤 종류의 이자도 받지 말며 네 하나님을 경외하여라(레위기 25:35-36)."

"너는 종들을 엄하게 부리지 말고 네 하나님 여호와를 경외하여라(레위기 25:43)."

"듣지 못하는 사람이 듣지 못한다고 그에게 저주하는 말을 하거나, 보지 못하는 사람이 보지 못한다고 그를 넘어뜨리는 장애물을 그 앞에 놓지 마라. 다만 너는 네 하나님을 두려워하라(레위기 19:14)."

일반적으로 다른 인간들에 대한 두려움은 그들을 해하려는 마음을 억누르기에 충분하다. 하지만 위의 토라 구절들의 사례에서는 대개 이러한 두려움이 적용되지 않는다. 학대받는 종은 대개 항의할 대상이 없는데, 이것이 바로 약자들의 편에 선 성경이 사람들에게 하나님을 두려워할 것을 상기시키는 이유다.

끝으로, 하나님에 대한 두려움은 하나님을 공포의 대상으로 여기라는 의미이기보다 하나님을 경외의 대상으로 여기라는 의미다. 이슬람 사상가 알-쿠샤이리Al-Qushayri가 다음과 같이 가르쳤듯이 말이다.

"어떤 것을 정말 두려워하는 사람은 그것으로부터 도망간다. 하지만 하나님을 정말 두려워하는 사람은 하나님에게로 도망간다."

■ ■ ■ 163

수입이 있을 때마다 자선을 실천하라

어느 날 무뚝뚝한 성격의 캘빈 쿨리지Calvin Coolidge(30대 미국 대통령)가 교회에서 예배를 마치고 집으로 돌아왔다.

그의 아내가 그에게 물었다.

"목사님이 무엇에 대해 얘기하셨죠?"

"죄에 대해서요."

쿨리지가 대답했다.

"죄에 대해 어떤 말씀을 하셨죠?"

"죄를 지으면 안 된다고 했소."

체다카Tzedaka에 대해 글을 쓰는 사람은 쿨리지가 다니는 교회 목사가 느낀 어려움과 유사한 어려움에 봉착할 수 있다. 체다카를 베푸는 것은 좋은 일이라고 말하고 나면 더 이상 무슨 말을 할 수 있겠는가? 그런데 유대 문헌들은 체다카에 대해 훨씬 더 많은 이야기를 한다.

'체다카'는 '정의'라는 뜻의 히브리어 '체데크tzedek'에서 파생한 단어이다. 정의로운 행동을 하는 것은 아마 유대교가 유대인들에게 부과하는 가장 중요한 의무일 것이다. 토라는 "정의를, 정의를 따르라(신명기 16:20)."라고 가르친다. 그로부터 수백 년 후, 탈무드는 "체다카는 다른 모든 계율을 합친 것과 똑같다(바바 바스라 9b)."라고 가르쳤다. 따라서 유대교의 관점에 따르면 체다카를 베푸는 사람은 정의롭게 행동하는 것이고, 체다카를 베풀지 않는 사람은 정의롭지 못하게 행동하는 것이다. 유대 율법에 따르면 정의의 결핍은 비열한 것일 뿐만 아니라 율법에 위배되는 것이기도 하다. 그래서 역사 전반에 걸쳐 유대 공동체가 스스로 통치할 때마다 유대인들은 오늘날 모든 사람이 세금을 내야하듯 체다카를 베풀어야 했다.

유대인들은 3년에 한 번 수입의 10%와 더불어 매년 특정 비율을 가난한 사람들에게 나누어주어야 한다고 토라는 규정했다(신명기 26:12; 레위기 19:9-10). 그로부터 수백 년 후, 대성전이 파괴되어 제사장들과 레위 사람들을 후원하기 위해 유대인들 각자에게 연간 십일조가 부과되자 탈무드는 유대들에게 연간 수입의 최소 10%를 체다카로 할애할 것을 명했다(마이모니데스 《미슈네 토라》 "가난한 사람들을 돕는 것에 관한 율법" 7:5).

몇 해 전, 수천 명의 유대인 및 비유대인 고등학생에게 내 친구 데니스 프레이저가 고안한 한 가상적인 사례에 대한 견해를 물어본 적이 있다. 가상적인 사례는 다음과 같다.

"자기 가족의 생존을 위해 음식과 돈이 절실하게 필요한 한 가난한 사람이 수입과 지출이 똑같은 두 사람에게 도움을 요청했다고 가정하

자. 첫 번째 사람은 가난한 사람이 겪은 끔찍한 일들을 듣고 눈물을 흘리며 마음에서 우러나는 선의로 그에게 5달러를 주었다. 두 번째 사람은 가난한 사람이 염려는 됐지만 울지는 않았고 바쁜 나머지 가던 길을 재촉했다. 하지만 그는 그의 종교가 그에게 수입의 10%를 가난한 사람들을 위해 써야 한다고 명했기에 그에게 도움을 요청한 사람에게 백 달러를 주었다. 누가 더 좋은 일을 했을까? 마음에서 우러나 5달러를 준 사람일까? 아니면 종교적인 의무감으로 백 달러를 준 사람일까?"

우리가 물어본 고등학생들의 70%에서 90%가 진심에서 우러나 5달러를 준 사람이 더 좋은 일을 했다고 주장했다.

학생들의 답변은 세속적인 사회에서는 심지어 자선조차 어느 정도 이기적인 행위가 되어가고 있다는 것을 암시한다. 많은 사람이 가난한 사람에게 어떤 마음으로 자선을 베푸는지를 자선한 돈의 액수가 그에게 어느 정도의 혜택을 주는지보다 더 중요하다고 여기는 것이다. 우리가 똑같은 학생들에게 만일 그들이 도움을 요청한 가난한 사람이라면 둘 중 누가 더 좋을 일을 했다고 생각할 것 같은지를 묻자 학생들은 순간 멈칫했다.

데니스 프레이저는 이 쟁점에 대해 다음과 같이 훌륭하게 자신에게 견해를 피력했다.

"유대교는 사람들이 마음에서 우러나 매년 수입의 10%를 자발적으로 헌금한다면 더할 나위 없이 좋아할 것이다. 하지만 사람들이 마음에서 우러나 수입의 10%를 자발적으로 내도록 기다린다면 아주 오랫동안 기다려야 할 것이라고 유대교는 생각한다. 그래서 유대교는 십일조를 내라고 말한다. 사람들이 마음에서 우러나 십일조를 낸다면 멋진 일이지만 그렇게 되기 전까지도 자선은 베풀어져야 하기 때문이다."

유대교는 체다카를 자발적으로 내는 기부로 보기보다 양심적으로 내는 세금으로 본다. 그래서 유대 공동체는 기부자의 기부 내용을 알리는 것을 정치적 선거의 후보자들에게 소득 신고서를 공개할 것을 요구하는 것과 비슷한 맥락으로 본다. 두 경우 모두 대중의 눈이 사람들로 하여금 더 정당하게 행동하도록 만들기 때문이다.

"하나님이 창조하신 모든 것에는 그 목적이 있다."고 한 하시디즘 랍비가 그의 제자들에게 말했다.

그러자 한 제자가 이렇게 말했다.

"그렇다면 하나님의 존재를 부정하는 이교도들이 존재하는 목적은 무엇입니까?

랍비가 대답했다.

"이교도들이 존재하는 것도 분명 목적이 있다. 너희는 도움이 절실히 필요한 사람을 만나면 그들을 도와줄 하나님은 없고 너희만이 그를 도와줄 수 있다고 생각해야 한다."

마이모니데스는 가장 높은 타원의 체다카를 이렇게 설명했다.

"체다카에는 8가지 등급이 있는데, 그중 가장 높은 등급은 가난한 유대인에게 선물을 하거나 돈을 빌려주거나 그 사람과 동업을 하거나 그 사람에게 일자리를 찾아줌으로써 그 사람이 자립할 수 있게 하는 것이다. 다시 말해 그 사람이 다른 사람의 도움 없이 살아갈 수 있도록 돕는 것이다(마이모니데스, 미슈네 토라, "가난한 사람을 돕는 것에 관한 율법" 7:7)."

루벤 키멜만Reuven Kimelman 교수 역시 현실적으로 체다카를 정의했다.

"체다카가 우리를 구원해 줄 수 없을지도 모른다. 하지만 체다카는 우리를 구원받을 만한 가치가 있는 존재로 만들어준다."

마르크 즈보로프스키Mark Zborowski, 엘리자베스 헤르조그Elizabeth Herzog는 그들의 저서 《삶은 사람들과 함께 하는 것이다Life is with People》에서 전통적인 유대 사회에 널리 퍼져 있는 체다카를 이야기하고 있다.

"슈테틀(동유럽의 작은 유대인 공동체)에서의 삶은 체타카로 시작해 체다카로 끝난다. 아이가 태어나면 그 아버지는 일정한 금액을 가난한 사람들에게 나눠주겠다고 서약한다. 장례식에서 상주와 문상객들은 '체다카는 죽음으로부터 구원해준다.'라는 짧은 기도문을 읊조리며 묘지에 모여든 걸인들에게 동전을 나눠준다. 그들의 삶이 변화를 맞는 순간마다 자선을 상기시키는 것들이 존재한다. …… 그들은 좋은 일이나 나쁜 일이 일어날 때 상자에 동전 하나를 넣는다. 주부는 안식일 촛불을 밝히기 전에 여러 상자들 중 하나에 동전 하나를 넣는다. 아이들은 자선을 하는 습관을 익힌다. 아버지는 걸인에게 직접 돈을 건네지 않고 그 돈을 자녀에게 줘 자녀로 하여금 걸인에게 돈을 건네도록 한다. 걸인들이 정기적으로 집집마다 구걸을 하러 돌아다닐 때 자녀가 '주 1회의 적선'을 담당하는 경우가 매우 흔하다. 그들에게 자선은 거의 반사적인 반응이다."

■■■ 164

멘슈가 되라

영어에서 "그는 진짜 남자다.He's a real man."라는 표현은 일반적으로 그 남자가 '남성미가 넘치는 바람둥이'임을 암시한다. 하지만 히브리어 표현인 "그는 진짜 멘슈('남자'라는 뜻의 히브리어)다."는 완전히 다른 뜻을 담고 있다. '멘슈mensch'는 우리가 전적으로 믿을 수 있는 예의 바르고 정직한 사람이다. 그뿐만 아니라 '멘슈'는 성의 구별을 두지 않는다. 즉 여성도 '멘슈'가 될 수 있다는 말이다.

'멘슈'는 다양한 문맥에서 사용될 수 있다. "멘슈가 되십시오."라는 말은 다른 사람을 공정하게 대하지 않는 사람에게 하는 조언이 될 수가 있다. "그 사람은 멘슈가 아니야."라고 말하면 듣는 이는 말하는 이가 그를 배우자나 동업자로서 적합하지 않은 사람으로 여긴다는 것을 안다.

'멘슈'에서 나온 단어인 '멘슈리크케이트menschlikhkeit'는 일반적으로 '윤리적인 행위'를 의미한다. 당신은 "중요한 것은 항상 멘슈리크케이트를 해야 한다는 것이야."라고 말할 수 있다.

신앙심이 깊은 다수의 유대인이 하나님은 사람들이 서로를 어떻게 대하는지보다 사람들이 얼마나 의례를 잘 지키는지를 더 중요하게 여긴다고 믿는 까닭에 뉴욕의 저명한 정통파 랍비 하스켈 루크스타인Haskel Lookstein은 "오늘날 유대인들에게는 신의 계율 이전에 멘슈리크케이트라는 새로운 슬로건이 필요하다."고 썼다.

■■■ 165

현자의 삶을 본받고 실천하라

히브리어 '차디크tzaddik'의 문자 그대로의 뜻은 '의로운 사람'이다. 하지만 "그는 진짜 차디크다."라고 말할 때처럼 오늘날 사람들은 대개 '현자'라는 의미로 이 단어를 사용한다. 하시디즘 유대인들 사이에서 '차디크'는 하시디즘 리더를 의미한다.

유대 사회에서 차디크가 의미하는 바를 가장 쉽게 이해할 수 있는 길은 지난 세기의 위대한 유대 현자 중 한 명인 랍비 아르예 레빈Aryeh Levine의 삶을 조명해보는 일이다. 유대인들에게 중요한 저서로 인정받는 《우리 시대의 차디크A Tzaddik in Our Time》에서 이 책의 저자 심차 라즈Simcha Raz는 레브 아르예(유대 사회에서 아르예 레빈은 주로 '레브 아르예'로 알려져 있다.)에게서 감명 받은 수백 명의 사람이 들려준 레브 아르예에 대한 기억들을 기록했다.

레브 아르예는 종교학자이자 교사였지만 주로 그가 행한 선행들로 알려졌다. 그의 주된 관심사는 사람들을 평가하는 것이 아니라 사람들을 돕는 것이었다. 그의 아들 랍비 라파엘 벤자민 레빈은 레브 아르예가 교사로 재직하고 있던 초등학교에 학생들보다 일찍 등교한 것을 기억하고 있다. 라파엘 벤자민 레빈이 아버지 레브 아르예에게 학교에 왜 그렇게 일찍 가는지를 묻자 레브 아르예는 아들에게 학교에 와서 보면 알게 될 거라며 아들을 학교로 초대했다. 아이들이 모두 학교에 들어오자 레브 아르예가 아들에게 무엇을 보았는지를 물었다.

“아이들이 등교하는 걸 지켜보는 것은 꽤 흥미로운 일인 것 같네요. 전 아이들이 토라 공부를 얼마나 하고 싶어 하는지를 볼 수 있었죠. 한 아이가 다른 아이를 밀치고 앞으로 가는 것을 보았죠. 그 아이는 토라 공부에 대한 열정이 있었던 거죠. 그런데 저쪽에 있는 학생은 교실에 들어가고 싶은 마음이 전혀 없어 보이네요. 그 아이는 조금 전에 하던 게임에 여전히 정신이 팔려 있네요.”

레브 아르예가 대답했다.

“그런데 나에게는 여러 가지 것들이 한 눈에 들어온단다. 저쪽에 있는 아이의 바지는 찢어졌고, 이쪽에 있는 아이의 신발은 낡아서 많이 닳았단다. 저기 저 아이는 배가 고픈 게 틀림없어. 저렇게 배가 고파서 어떻게 공부할 수 있겠니?”

후에 레브 아르예의 아들이 회고했다.

“저희 아버지는 자기 주머니를 털어 아이들에게 버스비를 주곤 했죠. 그러면 아이들은 추운 겨울에 축축하고 진창인 비포장 길을 걸을 필요 없이 버스로 편안하게 집에 갈 수 있었죠.”

선행을 베풀려는 레브 아르예의 열정은 너무도 강렬한 것이어서 그는 사람들이 그의 도움을 사양하지 않을 때 그들이 자신에게 호의를 베푸는 것으로 받아들였다. 레브 아르예의 친구인 아브라함 악셀로드 Abraham Axelrod는 이렇게 기술했다.

“그는 다른 사람들을 돕는 것을 삶의 주요 목적으로 여겼다. 그는 가벼운 조언이나 다정한 말, 또는 상대의 기분을 좋게 하는 짧은 대화 등으로 다른 사람을 도울 기회를 갖지 못한 채 며칠을 보내면 하나님이 이 세상에서 자신을 더 이상 쓰시지 않으려 하시는 것은 아닌지 의아해하기 시작했다."

레브 아르예는 또한 탁월한 공감 능력의 소유자이기도 했다. 그의 아내가 발이 아파 통증을 호소했을 때 그는 아내를 데리고 병원에 가 의사에게 이렇게 말했다고 한다.

"제 아내의 발이 저희를 아프게 합니다."

비록 그는 연애 감정을 높이 평가하는 사회에서 살지 않았지만 아내에 대한 그의 사랑은 연애 감정에 깊이 뿌리를 두었던 듯하다. 부림절에 그의 집을 방문한 그의 오랜 친구가 그날을 회고했다.

"나는 책상 위에 놓인 아리따운 젊은 여성의 사진이 그의 손녀 사진일 것이라고 생각했다. 내가 그에게 물었다. '누구 사진인가?' 그러자 그는 지금은 고인이 된, 그의 소중한 아내 사진이라고 대답했다. 이에 나는 '그런데 왜 오늘 아내의 사진을 책상에 위에 두었는가?'라고 물었고, 그는 '오늘이 부림절이기 때문이네. 모든 사람이 행복하고 즐거운 날이지. 나 역시 그렇다네. 아내의 사진을 보고 있으면 행복하고 즐겁다네.'라고 대답했다."

어느 날 같은 친구가 묘지에서 돌아오는 레브 아르예를 만났다. 레브 아르예는 그를 보고 이렇게 설명했다고 한다.

"손자가 오늘 약혼식을 했다네. 그래서 아내에게 이 기쁜 소식을 전하러 갔다 오는 길일세."

레브 아르예의 삶의 목표는 다른 사람들을 돕는 데 그치지 않았다. 그는 도움을 받는 사람들이 수치심이나 곤란함, 미안함을 느끼지 않는 방식으로 그들을 도와야 한다고 생각했다. 생명을 위협할 정도의 중병에 걸린 아들을 둔 부부가 매일 밤마다 아들 곁을 지켜야 했다. 부부는 육체적으로나 감정적으로나 탈진 상태였다. 그러던 어느 저녁, 레브 아르예와 그의 아내가 부부의 집을 찾아와 부부에게 지금 바로 잠을 자도록 하라고 독촉했다.

"저희가 아드님과 함께 있겠습니다. 저희 두 사람이 아주 중요한 얘기를 해야 하는데 집에서는 할 수가 없어서요. 저희 아이들이 엿들을지 몰라서 말입니다."

한번은 레브 아르예가 당시 이스라엘 대통령 이츠하크 벤-즈비의 초대를 받았다. 벤-즈비 대통령은 며칠 전에 이스라엘을 방문한 미국 대법원 판사가 자신에게 레브 아르예를 아는지 물었을 때 상당히 놀랐다고 설명했다. 관계자들이 모범수로 인정받아 수감 기간이 3분의 1로 단축되어 곧 석방될 재소자들과 면담을 할 때 판사가 손님으로 그곳에 있었던 것이다.

미국 판사가 벤-즈비에게 말했다.

"감옥에서 모범적으로 행동해 형이 3분의 1로 감형된 노련한 절도범이 면담을 하러 왔고, 우리는 그에게 이제 더 이상 도둑질하지 않고 바르게 살 각오가 되어 있는지 물었습니다. 그러자 그는 바른 삶을 살 것이며 또 다시 범죄자의 삶으로 돌아가지 않을 자신이 있다고 말했죠. 그는 감옥과 이별할 준비가 되어 있었습니다. 그런데 출입문 가까이에 이르자 그가 갑자기 고개를 돌려 이렇게 말하는 것이었습니다. '솔직히 말씀드리면 도둑질을 딱 한 번만 더 해야 할 것 같습니다.' 제가 놀라서 그를 쳐다보았을 때 그는 이렇게 덧붙였습니다. '레브 아르예에게 선물할 금시계 하나만은 꼭 훔쳐야겠다는 생각이 들어서요. 그분이 저를 바른 길로 인도해주셨거든요.'"

실제로 레브 아르예는 40년 넘게 감옥에 있는 유대인들을 방문했다. 영국이 팔레스타인을 통치하던 기간 동안 그는 영국 정부에 의해 수감된 유대인 지하조직원들로부터 특별한 사랑을 받았다. 영국 관리들이 이스라엘 대통령 하임 헤르조그의 아버지인 랍비장 아이작 헤르조그에게 레브 아르예가 아랍 수감자들도 만나도록 해달라고 부탁했을 정도로 레브 아르예는 유대인 수감자들의 기분과 사기를 크게 향상시켰다.

레브 아르예는 정통파 유대교도이다(사실 그는 보편적으로 초정통파라 여겨지는 유대교도에 더 가깝다.). 그래서 그는 평생을 의례를 지키는 것에 대한 중요성을 역설했다. 하지만 그의 주요 관심사는 사람들을 돕는 것이었다. 그의 삶은 '키두쉬 하-쉬엠', 즉 하나님의 이름을 거룩하게 하는 것의 연속이었다. 그를 겪어본 많은 유대인이 만일 종교적이 되는 것이 레브 아르예와 같은 사람이 되는 것을 의미한다면 종교적이 될 가치는 분명히 있다고 결론지었다.

탈무드 시대까지 거슬러 올라가는 오래된 유대 전통은 세상은 최소한 36명의 차디크에 의해 지탱된다고 기록하고 있다(산헤드린 97b; 수카 45b). 그런데 이들은 조용히 선을 행하는 사람들이다. 그래서 이들의 이웃들은 이들이 어떤 사람인지 모른다. 하지만 이 최소한의 현자들이 존재하지 않는다면 세상은 소멸된다. 홀로코스트에 대한 대표적인 소설인, 안드레이 슈왈츠-바르트André Schwartz-Bart의 《정의의 마지막 수호자The Last of the Just》는 순교에 순교를 거듭함으로써 수세기에 걸쳐 역사에 공헌한 현자 가문에 대한 이야기를 언급하면서 이 주제를 중심으로 전개된다. 소설의 대부분은 이들 현자 중 홀로코스트로 희생된 마지막 현자에 초점을 맞춘다.

히브리어로 숫자 36은 두 단어, 즉 라메드lamed(30)와 바브vav(6)로 이루어져 있다. 오늘날까지도 당신은 진실로 훌륭한 사람을 "그는 정녕 라메드-바브니크lamed-vavnik다."라고 묘사하는 유대인을 만날 수 있다.

■■■ 166

신의 이름을 더럽히지 말라

일신교의 최초 지지자로서 종교적인 유대인들은 항상 이 세상에서 자신들이 하나님을 대변한다고 믿었다. 그들의 행동은 다른 사람들이 그들을 어떻게 생각하느냐 뿐만 아니라 다른 사람들이 하나님을 어떻게 생각하느냐에도 영향을 끼쳤다. 만일 종교적인 유대인이 존경받을만한 행동을 했다면 그는 하나님의 이름을 거룩하게 한 것(히브리어로 '키두쉬 하-쉬엠')으로 여겨진다. 팔레스타인 탈무드에 기록된 '키두쉬 하-쉬엠'의 전형적인 사례는 다음과 같다.

랍비 사무엘이 로마에 갔을 때, 우연히 로마 황후의 잃어버린 팔찌를 줍게 되었다. 나라 전체에 포고가 내려졌다. 누구든 30일 내에 그 팔찌를 가져오는 사람은 이러이러한 포상을 받을 것이지만, 30일 내에 팔찌를 가져오지 않으면 목이 잘리게 되리라는 내용이었다. 랍비 사무엘은 30일이 지난 뒤 황후에게 팔찌를 가져갔다.

황후가 그에게 말했다.

"그대는 로마에 있지 않았소?"

랍비 사무엘이 대답했다.

"아닙니다, 전 로마에 있었습니다."

황후가 말했다.

"그런데도 포고 내용을 듣지 못했단 말이오?"

사무엘이 말했다.

"아닙니다. 들었습니다."

황후가 말했다.

"그럼 그 내용을 말해보시오."

사무엘이 대답했다.

"30일 내에 팔찌를 돌려주는 사람은 이러이러한 포상을 받을 것이지만, 30일이 지난 뒤 팔찌를 가져오는 사람은 목이 잘리게 되리라는 것이었습니다."

황후가 말했다.

"그렇다면 왜 30일 내에 그것을 가져오지 않았소?"

그가 말했다.

"전 제가 황후님이 두려워 팔찌를 돌려주었다고 사람들이 말하는 것을 원치 않았기 때문입니다. 전 자비로우신 하나님을 경외하기에 팔찌를 돌려준 것이라고 사람들이 말하길 원합니다."

황후가 그에게 말했다.

"당신들의 하나님께 축복이 함께 하기를!" (팔레스타인 탈무드, 바바 메지아 2:5)

반대로 불명예스러운 행동을 하는 종교적인 유대인은 하나님의 이름을 모독하는 것(히브리어로 '킬룰 하-쉬엠')이다. 유대인의 이러한 행동은 사람들을 그로부터 멀어지게 할 뿐만 아니라 하나님으로부터도 멀어지게 한다. '킬룰 하-쉬엠'은 유대교가 용서받지 못하는 죄로 여기는 몇 안 되는 죄 중 하나다. 설령 이러한 행동을 한 사람이 자신이 저지른 나쁜 행동을 뉘우친다 하더라도 그는 자신이 끼친 훼손을 없던 것으로 할 수 없다. 결국 그는 그의 나쁜 행동에 대해 듣거나 읽고 하나님과 거리감을 느끼게 된 사람들이 그의 달라진 행동을 알게 될 것이라 보장할 수 없다.

종교적인 유대인들의 행동이 하나님과 유대교에 대한 사람들의 태도에 얼마나 많은 영향을 끼칠 것인지를 인지한 탈무드는 이렇게 언급한다.

"어떤 사람이 성경과 미슈나를 공부했는데도 자신이 하는 일에 정직하지 못하고 사람들에게 상냥하게 말하지 않는다면, 사람들은 그에 대해 어떻게 말하겠는가? '토라를 공부한 사람은 가련하도다. 이 남자는 토라를 공부했다. 그의 행동이 얼마나 부패했고, 그의 방식이 얼마나 추한지를 보라.'라고 말할 것이다(요마 86a)."

키두쉬 하-쉬엠은 훨씬 더 비극적인 의미를 담고 있다. 그것은 종교적인 신념으로 순교자적 고통을 감내한 유대인들과 관련을 맺기 때문이다. 가장 유명한 유대인 순교자는 로마인들이 토라를 공부하는 사람들은 사형에 처할 것이라고 공표했음에도 계속 토라를 가르친 2세기 랍비 아키바다.

키두쉬 하-쉬엠과 관련된 가장 가슴 아픈 사건 중 하나는 약 250년 전 빌나Vilna에서 일어났다. 폴란드 태생의 귀족 발렌타인 포토키Valentine

Potocki 백작은 유대교로 개종하면 사형에 처해지는 시기에 유대교로 개종했다. 포토키가 폴란드 당국에 체포되었을 때 그는 죄인을 나무에 매달아 불에 태우는 화형 선고를 받았다. 이에 그의 친구들이 그에게 개종을 취소하라고 간청했다. 그의 집안은 명성 있는 집안이었기에 그는 개종을 취소하기만 하면 구원받을 수 있었다. 그런데도 포토키는 친구들의 간청을 받아들이지 않았다. 그는 친구들에게 이렇게 말했다.

"잃어버린 동전 주머니를 찾아 헤매던 한 가난한 사람이 우연히 지나가던 한 도시에서 부와 명성을 얻게 되었다고 생각해보게. 자네들 같으면 동전 주머니를 계속 찾을 텐가?"

대규모의 폴란드 군중 앞에서 화형에 처해지기 전에 포토키는 다음과 같은 축복의 기도문을 암송했다.

"오, 주여. 주님께 축복이 깃들길……. 대중 앞에서 당신의 이름을 거룩하게 한 사람들에게도 축복이 깃들길……."

1749년 5월 24일, 발렌타인 포토키 백작은 결국 화형에 처해졌다. 포토키 백작이 처형된 후, 기독교인으로 가장한 지역 유대인인 엘리에제르 지스케스Eliezer Ziskes가 포토키 백작의 시신에서 나온 손가락 하나와 재를 수거했고, 이를 유대인 묘지에 묻었다. 이후 '의로운 개종자'라 불린 포토키의 무덤 위에 큰 나무가 자랐는데, 이 나무로 인해 엄청난 수의 유대인 순례자들이 포토키 무덤을 찾았다. 빌나의 유대인들은 망자를 위한 카디시를 암송하고 아브월 9일과 대제일(신년제와 속죄일)에 그의 무덤으로 알려진 곳을 참배함으로써 그의 죽음을 기렸다(13:935).

■■■ 167

신앙보다 목숨이 먼저다

시나고그를 짓는 데 성금을 내는 일이 미츠바라는 것을 아는 유대인은 많지만 가끔은 그 기금을 전혀 다른 목적으로 사용하는 것 역시 미츠바라는 사실을 아는 유대인은 거의 없다. 만일 인질로 잡혀 있는 유대들을 풀어주게 할 몸값이 필요하다면 유대 율법은 심지어 시나고를 짓기 위해 모금한 자금을 유용해서라도 이 몸값을 무조건 마련해야 한다고 규정한다(마이모니데스 《미슈네 토라》 "가난한 사람들을 돕는 것에 관한 율법" 8:11).

그런데 유감스럽게도 유대 역사에서 인질을 구하는 것(히브리어로 피디온 슈부임pidyon shvuyim)에 관한 율법은 종종 악용되었다.

중세 시대, 유대인들이 이 율법을 얼마나 진지하게 여기는지를 잘 알고 있던 다수의 비유대인 범죄자가 종종 유대인을 납치해 거액의 몸값을 요구했던 것이다. 비유대인들에게 납치된 인질 중 가장 유명한 인물인 로텐부르크Rothenburg의 랍비 메이어는 유대인 공동체에 자신의 몸값을 지불하지 말라고 당부했다. 그는 그것이 선례가 되어 더 많은 유대인이 납치될 수 있다고 생각했던 것이다.

그리고 어느 시점에서 유대인 공동체가 먼저 인질범들에게 몸값으로 은 2만3천 파운드를 제안했지만 거절당했다. 수년 동안 인질로 감금되어 온 랍비 메이어가 사망하자 인질범들은 랍비 메이어의 시신에 대한 몸값을 요구했다. 알렉산더 윔프펜Alexander Wimpfen이라는 이름을 가진 한 유대인이 그의 시신에 대한 몸값을 지불하며 자기가 죽으면 시신을 랍비 메이어 옆에 묻어 달라고 요청했다. 결국 윔프펜은 랍비 메이어 옆에 묻혔고, 우리는 지금까지도 보름스Worms에 있는 고대 묘지에 두 무덤이 나란히 안치되어 있는 것을 볼 수 있다.

유대인 공동체는 랍비 메이어의 논리에 동감하며 지불할 몸값의 액수에 제한을 두어야 한다고 생각했다. 즉 인질범들이 터무니없을 정도로 엄청난 액수의 몸값을 요구할 경우 이를 거부하기로 한 것이다. 지불할 몸값에 이러한 제한을 두지 않으면 유대인 공동체들이 의무감으로 파산할 수밖에 없으리라는 것이 랍비들의 생각이었다.

몇 사람이 인질로 잡혔을 경우 유대 율법은 여성이 더 많은 학대에 시달릴 가능성이 크기에 여성의 몸값을 먼저 지불해야 한다고 규정한다(미슈나 호라욧Horayot 3:7).

지난 수백 년 동안 '인질 구하기' 미츠바는 종종 실행되었다. 하지만 제2차 세계대전 동안 동유럽 유대인 포로들을 구하려는 대부분의 시도가 실패로 돌아갔다. 1960년대 동안 서방 세계에서 소련 유대인들을 위한 대대적인 시위들이 시작되었을 때 이러한 시위들을 주도한 사람들은 주로 이 '인질 구하기' 미츠바를 따르고자 했던 종교적인 유대인들이었다. 에티오피아 유대인들을 구하기 위한 보다 최근에 이루어진 움직임은 최근 역사에서 세 번째로 시도된 '인질 구하기' 사례였다. 그런데 에티오피아 유대인들을 위해 모금된 대부분의 기금은 사실상 에티오피아 유대인들을 에티오피아에서 빼내오기 위한 뇌물 및 다른 수단들을 지원하는 데 쓰였다.

'피디온 슈부임'은 생사의 문제를 다루는 비교적 소수의 계율 중 하나이다. 이러한 이유로 유대 율법은 이 계율을 유대교의 대다수 계율보다 더 중요하게 여긴다.

■■■ 168

목숨이 위태로울 때 해야 할 일들

세 경우를 제외하고 사람의 목숨이 위태로울 때는 모든 유대 율법이 유예된다. 예를 들면 유대 율법은 전통적으로 안식일에 운전을 하는 것을 금하지만 이날 중병에 걸린 사람을 차를 태워 병원에 데려가는 것을 거부하는 사람은 유대 율법을 어기는 것이다. 안식일 계율을 지킬 필요가 없는 비유대인이 중병에 걸린 사람을 병원에 데려갈 수 있을 때조차 "이 세상에서 자애로운 친절과 평화를 장려"하는 토라 율법의 목적을 사람들이 알게 하기 위해 유대인이 직접 차를 몰고 아픈 사람을 병원에 데리고 가는 것이 합당하다고 마이모니데스는 규정한다(《미슈네 토라》, "안식일에 관한 율법" 2:3 참조).

생명이 위태로울 때 다른 계율들을 지키지 않아도 된다는 원칙은 레위기 18장 5절에 기반을 두었다.

"그러므로 너희는 내 규례와 내 법규를 지키라. 그리하면 살 것이다."

랍비들은 이 구절에서 '살 것이다'에 주목했다. 즉 규례와 법규를 지키면 죽지 않아야 한다고 해석했던 것이다(요마 85b).

어느 시점에서 일부 유대인은 '생명이 위태로울 때'의 계율이 다른 계율들보다 더 중요하다는 원칙을 거부했다. 마카베오서는 기원전 2세기경에 한 종교적인 유대인 집단이 안식일에 시리아 군대와 싸우는 것을 거부해 모두 몰살되었다고 기록하고 있다. 반면 안티오쿠스를 상대로 한 유대인 반란의 리더 마타티아스는 순교자들로 하여금 안식일에 싸움보다 죽음을 택하게 한 논리를 거부했다.

"만일 우리 모두가 우리 형제들이 한 것처럼 한다면 얼마 지나지 않아 시리아인들이 우리를 지상에서 없앨 것이다."

마카베오서는 그날 유대인 반란군들이 다음과 같이 결정했다고 전하고 있다.

"우리를 공격하는 자가 있으면 안식일일지라도 맞서서 싸우자. 그래야만 피신처에서 죽어간 우리 형제들처럼 몰살당하는 일이 없을 것이다(마카베오상 2:41)."

위대한 학자인 랍비 하임 솔로베이치크는 병이 중한 사람은 금식을 해야 하는 속죄일에도 식사를 하게 허용한 것으로 유명했다. 랍비 하임 솔로베이치크는 그렇게 하는 이유를 묻는 질문에 이렇게 대답했다.

"저는 속죄일에 먹는 것에 대해 전혀 관대하지 않습니다. 다만 '생명이 위태로울 때' 원칙에 매우 엄격할 뿐입니다."

그러나 앞서 언급했듯이 유대 율법은 다음의 세 가지 경우에는 전통적인 계율을 깨는 것보다 죽음을 택하는 것이 옳다고 가르친다. 그중 가장 명확한 경우가 살인과 관련된 것이다. 즉 유대 율법은 자신이 살 수 있는 유일한 길이 무고한 사람을 살해하는 것이라면 죽음을 택하는 것이 더 낫다고 가르친다. 마찬가지로 우상을 숭배하는 것을 자신의 생명을 구해서는 안 된다고 가르친다. 중세의 많은 유대인이 개종을 거부하고 처형당하는 것을 받아들였기 때문이라는 것이었다. 비록 유대교는 기독교를 믿는 것을 우상숭배로 여기지 않게 되었지만 순교자들은 자기 목숨을 구하기 위해 유대교를 버리는 것을 하나님에 대한 배신이라고 여겼기에 우상숭배와 마찬가지라고 생각했다. 하지만 15세기의 많은 스페인 유대인이 그랬듯이 죽음과 개종 중 하나를 선택할 것을 강요당한 다른 유대인들은 기독교로 개종하거나 최소한 거짓으로 개종했다.

세 번째는 금지된 성관계와 관련한 율법을 깨는 것보다는 죽음을 택하는 것이 옳다고 가르친다. 하지만 정확히 이 경우가 어떤 경우인지 결정하는 것은 어렵다. 예를 들어 유대 율법에 따르면 유부녀가 남편 이외의 다른 남자와 성관계를 갖는 것은 일반적으로 가장 심각한 죄이지만 강간 피해자가 죽을 필요는 없다. 한편 탈무드 율법은 근친상간이나 간통도 강력하게 금지한다.

'생명이 위태로울 때'와 관련한 계율들은 유대교가 인간 생명에 매우 높은 가치를 부여한다는 사실을 반영한다. 하지만 살인과 우상숭배, 금지된 성관계 등의 경우와 같은 이 원칙의 예외는 유대교가 최고의 가치를 항상 생명에 두지는 않는다는 것을 보여준다.

■■■ 169

험담은 살인죄를 짓는 일

험담을 금하는 이 성경 계율은 아마 토라의 613 계율 중 가장 잘 안 지켜지는 계명일 것이다. 레위기 19장 16절은 이렇게 가르친다.

"너는 네 백성들 가운데로 험담하며 돌아다니지 말라."

이 기본적인 원칙은 당신의 말을 듣거나 당신의 글을 읽는 상대가 다른 사람에 대한 부정적인 정보를 알아야 할 타당한 이유(예를 들면, 상대가 당신이 언급하려는 사람과 결혼을 고려하거나 그 사람을 고용하려 하거나 그 사람과 동업하려는 경우)가 없다면 설령 진실이라 하더라도 그러한 정보를 상대에게 전하는 것을 금한다.

탈무드에서 랍비들은 다른 사람의 이름을 파괴하는 것은 살인과 유사하며(아라킨Arakhin 15b), 살인처럼 돌이킬 수 없는 죄라고 주장하면서 이 성경 구절에 대해 상술했다. 마을을 돌아다니며 마을 랍비를 비방한 한 남자에 대한 하시디즘 이야기는 험담이 빚은 피해는 돌이키기 불가능하다는 점을 잘 보여준다.

어느 날, 자신이 한 일에 양심의 가책을 느낀 남자는 랍비에게 용서를 구하며 자신이 한 일을 바로 잡을 수 있다면 어떠한 일이라도 하겠다고 말했다. 그러자 랍비는 남자에게 베게 몇 개를 칼로 갈라서 그 안의 깃털들을 바람에 날려 보내라고 말했다. 남자는 그렇게 했고 이 사실을 알리기 위해 랍비를 다시 찾아왔다. 랍비는 그에게 이제 가서 바람에 날려 간 깃털들을 모두 모아오라고 말했다.

남자가 이의를 제기했다.

"하지만 그건 불가능한 일이지 않습니까?"

"물론 그러하오. 당신이 진정으로 당신이 한 말을 후회해 그 말로 인한 피해를 바로 잡고 싶더라도 그렇게 하는 것은 불가능하오. 흩어진 베게 깃털을 다시 모으는 것이 불가능한 것처럼 말이오."

유대 율법은 험담을 세 가지 형태로 구분한다.

■ 명예를 훼손하지 않는 사소한 험담

비교적 악의가 없는 이러한 형태의 험담은 일반적으로 다른 사람들의 삶의 사소한 부분에 대해 이야기한다. 이러한 험담이 야기하는 피해는 사소하지만 그것은 거의 항상 더 큰 피해를 야기하는 험담으로 이어진다. 자리에 없는 어떤 사람에 대해 이야기할 때 우리는 얼마나 오랫동안 그 사람에 대한 긍정적이거나 객관적인 면들만을 이야기할 수 있을까? 유감스럽게도 우리는 다른 사람들의 훌륭한 점에 대해 이야기하는 것보다 부정적인 소문들에 대해 이야기하는 것에 더 흥미를 느낀다.

■ 진실이긴 하지만 다른 사람에 대한 부정적인 정보(라숀 하라)

오늘날의 법으로는 진실이 명예훼손죄로 고발당한 사람을 방어해줄 수 있지만 유대 율법에서는 그렇지 않다. 즉 유대 율법에 따르면 사람들이 알아야 할 정보인 경우들을 제외하고는 누구에게도 다른 사람들에 대한 부정적인 정보를 퍼뜨릴 권한이 없다. 하지만 어디까지가 사람들이 알아야 할 정보인지에 대한 절대적인 기준은 없다. 1972년, 미국 민주당이 토마스 이글턴Thomas Eagleton을 부통령 후보로 지명하자 언론은 곧바로 이글턴이 우울증으로 세 차례 입원해 치료를 받았고 두 차례 충격치료를 받았다는 사실을 폭로했다. 유권자들은 이러한 사실을 알 권리가 있을까? 대통령이 될 수도 있는 사람이 두 차례나 우울증 치료를 받았다는 사실은 유권자들에게 알려야 한다는 것이 많은 사람의 견해였다. 반면, 결코 무시할 수 없는 소수의 사람은 누구든지 정신과 병역을 포함해 자신의 병역을 비밀로 할 권리 있다고 주장했다. 그렇지 않으면 이글턴 같은 정치인들은 정신과 치료를 받지 않으려 할 것이라고 그들은 덧붙였다.

이글턴 사례의 경우, 미국 부통령이라는 직위의 책무와 중요성을 고려할 때 국민의 알 권리가 이글턴의 사생활보다 더 중요해 보인다는 것이 나의 견해이다. 그런데 바로 이 예외적인 사례가 아이러니하게도 "사람들은 험담을 할 때 거의 항상 어느 누구에게도 필요하지 않은 정보를 퍼뜨린다."는 사실을 입증해준다.

■ 진실이 아닌 악의적인 험담(모치 쉬엠 라Motzi Shem Ra)

아마 대다수의 사람들이 적어도 자신은 이러한 험담을 하지 않는다고 자신할 것이다. 하지만 후에 거짓으로 드러난 소문을 퍼뜨린 모든 사람이 이러한 험담을 한 셈이 될지도 모른다. 대다수 소문은 "이봐, 아무개가 정말 훌륭한 사람이라는 소문 들었나?"보다는 다소 부정적이다. 한편 어떤 소문이 사실임이 드러났더라도 그 소문을 퍼뜨린 사람은 결국 라손 하라의 죄를 범한 셈이 된다. 진실이 아닌 악의적인 험담을 퍼트리는 데 큰 힘을 실어주는 것이 전화와 이메일이다. 오늘날에는 뉴욕에서 발원한 소문이나 스캔들이 몇 분 만에 캘리포니아 전역으로 퍼진다.

19세기 말의 한 하시디즘 랍비에 대한 이야기는 전화와 컴퓨터를 비롯한 현대 테크놀로지의 윤리적인 측면을 건드린다.

어느 날, 한 하시디즘 랍비가 그의 제자들에게 이렇게 말했다.

"이 세상에 있는 모든 것에는 우리가 배울 교훈이 있지."

랍비가 과장되게 이야기한다고 생각한 한 제자가 큰소리로 말했다.

"그렇다면 기차로부터는 어떤 교훈을 얻을 수 있습니까?"

랍비가 대답했다.

"1분 만 늦어도 모든 걸 잃을 수 있다는 것을 배울 수 있지."

다른 제자가 물었다.

"그럼 전신기로부터는 무엇을 배울 수 있습니까?"

랍비가 대답했다.

"글자 한 자 한 자에 돈을 지불해야 한다는 것을 배울 수 있지."

또 다른 제자가 물었다.

"전화로부터는 어떤 교훈을 얻을 수 있습니까?"

랍비가 대답했다.

"이곳에서 말해도 저곳에서 들을 수 있다는 교훈을 얻을 수 있지."

험담에 대한 유대교의 특징적인 세 가지 가르침은 다음과 같다.

"로마에서 험담하는 사람이 시리아에 있는 사람을 죽인다(예루살렘 탈무드, 페아Peah 1:1)."

"뒤에서 어떤 랍비에 대해 목소리가 나쁘다는 평을 하고 어떤 기도문

독창자에 대해 학식이 없다는 평을 하는 사람은 험담꾼이지만, 뒤에서 어떤 랍비에 대해 학식이 없다는 평을 하고 어떤 기도문 독창자에 대해 목소리가 나쁘다는 평을 하는 사람은 살인자다(랍비 이스라엘 살란터)."

"우리는 대개 우리 자신의 물질적 풍요와 우리 이웃의 영혼에 대해 걱정한다. 차라리 우리 이웃의 물질적 풍요와 우리 자신의 영혼에 대해 걱정하자(랍비 이스라엘 살란터)."

■■■ 170

어떤 경우에도 동물을 학대하지 말라

십계명 중 한 계명이 동물을 다정하게 대할 것을 간접적으로 명하고 있다는 사실을 아는 사람은 거의 없다. 네 번째 계명은 다음과 같이 규정하고 있다.

"7일째 되는 날은 너희 하나님 여호와의 안식일이니 그날에는 어떤 일도 하지 말라. 너희나 너희 아들딸이나 너희 남종이나 여종이나 너희 소나 나귀나 다른 어떤 가축이나 너희 성문 안에 있는 이방 사람이나 너희 남종이나 여종이나 너희와 마찬가지로 쉬게 하라(신명기 5:14)."

일주일에 한 번 쉬게 하는 이 계명이 그리 혁신적인 것으로 보이지 않는다면 그로부터 3천년 후인 1982년에 미국의 위대한 박애주의자 앤드류 카네기가 펜실베이니아 주에 있는 그의 공장 '홈스테드 스틸

마인Homestead Steel Mine'에서 일하는 노동자들에게 일주일에 7일간 일할 것을 요구했다는 점을 고려해보라.

차'아르 바'알레이 카임tza'ar ba'alei khayyim의 주제와 관련한 몇몇 토라 율법들을 살펴보도록 하자.

"소가 추수를 위해 곡식을 떨려고 밟고 있다면 재갈을 물리지 마라(신명기 25:4)."

소가 원하는 것을 모두 먹을 수 있도록 해야 하기 때문이다.

"소와 나귀를 한 멍에에 매어 밭을 갈지 마라(신명기 22:10)."

몸집과 힘이 서로 다른 짐승을 한 멍에에 메면 둘 모두 고통스럽기 때문이다.

"너희들은 길을 가다가, 어떤 나무에서나 땅에서 어미 새가 새끼나 알을 품고 있는 것을 만나거든, 새끼를 품은 어미를 잡지 말라(신명기 22:6)."

"이러한 상황에 있는 동물은 매우 고통스럽기 때문이다(마이모니데스 《혼란으로의 안내》 3:48)."

수백 년 후, 탈무드 랍비들은 짐승을 키우는 사람은 짐승에게 먹이를 주기 전에 식사를 해서는 안 된다고 규정했다(탈무드 바라홋 40a).

아울러 도살에 관한 계명은 짐승을 도살할 때는 짐승의 고통을 최소화하기 위해 일격에 도살해야 한다고 규정한다. 일격에 도살하지 못하면 그 짐승은 코셔가 아니기에 먹을 수 없다.

의례에 맞게 도살한 짐승만이 코셔가 되기에 사냥으로 잡은 동물은 코셔가 아니다. 유대 문헌들은 잔인하다는 이유로 사냥을 비난했다. 그래서 유대교를 따르는 사람 중에는 사냥꾼이 없다. 심지어 비종교적인 유대인 중에도 사냥을 하는 사람은 거의 없다. 유대인들이 사냥을 혐오하는 윤리적 · 심리적 근거를 가장 잘 표현한 인물은 아마 유대계 독일 시인 하인리히 하이네Heinrich Heine일 것이다. 그는 이렇게 기술했다.

"우리 조상들은 사냥하는 사람보다는 사냥을 당하는 사람에 더 가까웠다. 힘든 시절 우리의 벗이었던 동물들의 후손을 공격한다는 생각 자체가 우리 정서에 맞지 않다."

차'아르 바'알레이 카임 율법들은 오늘날 둔기로 때려죽인 새끼 물개의 가죽을 입는 것과 태어나는 순간부터 도살될 때까지 좁은 우리에서 사육된 송아지고기를 먹는 것을 금지하는 것으로 자연스럽게 이어졌다.

■ ■ ■ 171

부모 공경에 대한 율법

"네 부모를 공경하라."는 십계명 중 가장 유명한 계명일 뿐만 아니라 여러 면에서 가장 놀라운 계명이기도 하다. 새로운 종교 단체나 급진적인 정치 단체는 대개 자녀를 부모로부터 멀어지게 하려 한다. 예를 들어 누가복음은 예수가 다음과 같은 말을 했다고 전한다.

"누구든지 내게 오면서 자기 부모와 아내와 자식과 형제 혹은 자매와 자기 생명일지라도 나보다 더 사랑하면 내 제자가 될 수 없다(누가복음 14:26).[2]"

마태복음에서 예수는 이러한 정서를 마치 하나의 계명으로 선언하듯 집에 가서 돌아가신 아버지의 장례를 치르게 해달라고 청하는 그의 새로운 젊은 제자에게 이렇게 말한다.

"죽은 사람들에게 죽은 사람을 묻게 하고 너는 나를 따라라(마태복음 8:22)."

자기 아버지의 장례식에 참석하지 않는 것보다 자기 가족과 더 멀어지게 하는 일은 없을 것이다. 그런데 기독교가 인정받는 종교가 되자 기독교 역시 부모와 자녀의 끈끈한 유대를 강조했다.

오늘날, 사람들이 사이비 종교와 관련해 주로 떠올리는 것 중 하나가 가족에 대한 적대감이다. 다수의 광신적 사이비 종교집단은 "네 부모를 공경하라."는 가르침 대신 "네 부모를 멀리하라."에 가까운 가르침을 편다. 20세기의 대표적인 전체주의 이데올로기인 나치주의와 공산주의는 이론적으로는 가족의 가치를 중요시했지만 실질적으로는 정권을 비판하는 부모를 고발하는 아이들에게 영웅 대접을 해주었다. 미국으로 망명한 러시아인들의 증언에 따르면 그들은 보이스카우트 같은 소년 단체에 입단할 때, 쌀 한 자루를 집에 숨겼다고 아버지를 고발한 파블릭 마로자Pavlick Maroza 같은 소년이 되겠다는 선서를 했다고 한다. 소련 당국은 파블릭의 아버지를 처형했고, 이에 분개한 파블릭의 삼촌은 파블릭을 죽였다. 파블릭을 기리기 위해 소련 전역에 걸쳐 파

2 원문인 "If any man comes to me without hating his father, mother, wife, children, brothers, sisters, yes and his own life too, he cannot be my disciple."을 직역하면 "자기 부모와 아내와 자식과 형제자매와 자기 자신까지 미워하지 않고 내게 오는 사람은 누구라도 내 제자가 될 수 없다."로 '우리말 성경' 번역문과는 다소 차이가 있다. – 옮긴이

블릭의 조각상이 세워졌다.

구약이 부모와 자녀 간의 친밀감을 특별히 강조한 것은 유대 사회에 뿌리 깊은 영향을 끼쳤다. 역사 전반에 걸쳐 유대인들은 자기 가족에 헌신하는 민족이라는 고정관념이 형성되어왔다. 그 결과 부모와 자녀 간의 끈은 다음의 유머에서처럼 유대 유머에 상투적으로 등장하는 소재가 되었다.

세 명의 노부인이 마이애미비치의 한 벤치에 앉아 자기 아들이 자기에게 얼마나 잘 하는지 서로 뽐내고 있었다. 첫 번째 부인이 말했다.

"내 아들은 정말 효자야. 작년 내 생일에는 아들이 생일 선물로 호화 유람선 세계 일주를 시켜주었어."

두 번째 부인이 말했다.

"그건 아무것도 아니야. 내 아들이 더 효자군 그래. 작년 내 생일에 아들이 나를 위해 성대한 생일파티를 열어주었는데, 뉴욕에 있는 내 친한 친구 모두에게 항공료를 주어 이곳으로 날아오도록 했지."

세 번째 부인이 말했다.

"내 아들이 제일 효자군 그래. 내 아들은 일주일에 세 번 정신과 의사를 만나는데 의사에게 시간당 180달러를 지불하지. 내 아들은 의사와 한 사람에 대해서만 이야기하는데 그게 누구겠어? 바로 나지."

토라가 부모에게 어떻게 느끼고 행동해야 하는지를 규정하는 데 바탕이 되는 덕목은 일반적으로 두 가지다. 이번 장 서두에서 인용한, 십계명 중 다섯 번째 계명은 부모를 공경할 것을 명하는 한편, 레위기의 한 구절은 다음과 같이 기술한다.

"너희는 어머니와 아버지를 존경하고 내 안식일을 지켜야 한다(레위기

19:3).”

이상하게도 토라는 이웃과 이방인, 하나님을 사랑하라고 명하는 데는 주저함이 없으면서도 부모를 사랑하라고는 말하지 않는다. 그것은 아마 부모와 자녀 간의 관계처럼 더없이 친밀한 관계에서는 사랑이 존재하든 존재하지 않든 사랑을 명할 수 없다고 여겼기 때문인 듯하다. 즉 부모와 자녀 간의 관계에서 명할 수 있는 것은 양자 간의 관계에서 사랑이 결핍된 고통스러운 시기에조차 표현되고 따를 수 있는 감정 및 행동 원칙인 공경과 경외라고 여긴 것처럼 보인다.

그렇다면 유대 율법은 ‘경외’와 ‘공경’을 어떻게 정의할까? 랍비들에 따르면 ‘경외’는 지속되는 깊은 존경심을 뜻한다. 즉 식탁에서 아버지가 앉는 자리에 앉지 말고, 부모와 논쟁하는 상대의 편을 들지 않는 등의 행동들을 지속함으로써 드러나는 부모에 대한 깊은 존경심이 ‘경외’라는 것이다.

나의 어머니가 뉴욕 시 로어 이스트사이드에서 어린 시절을 보냈을 때 어머니 집 부근에 한 상점이 있었는데, 어느 날, 그 상점의 종업원들이 파업을 했다고 한다. 그런데 스물 한 살인 상점 주인의 아들이 종업원들의 피켓 행렬에 앞장섰다는 것이다. 유대 율법에 따르면 설령 아버지에게 잘못이 있더라도 아들의 행동 또한 잘못된 것이다. 부모가 잘못된 행동을 하는 것을 자녀가 본다면 자녀는 부모에게 그들이 토라와 유대 윤리에 어긋나는 행동을 하고 있음을 다른 사람들이 없는 곳에서 조심스럽게 상기시켜주어야 한다. “그런데 아버지, 토라는 그렇게 가르치지 않는 것이 아닌가요?”가 자녀가 자신의 생각을 부모에게 표현하는 방식이라고 유대 율법은 가르친다. 자녀는 극단적인 경우를 제외하고는 공개적으로 부모를 공격하거나 부모와 대립하는 사람에게 동조해선 안 된다.

유대 율법에서의 '공경'은 필요한 경우 부모의 의식주를 해결해주는 것을 비롯해 부모에 대한 기본적인 도리를 하는 것으로 풀이된다. 최근 들어 인간의 평균 수명이 증가함에 따라 예전보다 훨씬 더 많은 사람이 80세를 넘긴다. 그런데 노인 인구가 증가한 만큼 건강에 심각한 이상을 안고 살아가는 노인도 많아졌다. 이러한 이유로 오늘날 부모를 공경하라는 계율은 여러 면에서 지키기가 훨씬 더 어려워졌다.

유대 율법은 양심을 따르는 일에서는 자녀가 부모의 통제를 받지 않아도 된다고 가르친다. 랍비들은 앞서 인용한 성경 구절인 "너희는 어머니와 아버지를 존경하고 내 안식일을 지켜야 한다."에 대해 특이한 해석을 내놓았다. 안식일을 지키라는 계명이 왜 부모를 공경하라는 계명 바로 뒤에 등장했을까? 만일 부모가 자녀에게 안식을 지키지 말라고 지시하면 자녀는 부모의 말을 따르지 않아야 한다는 것을 가르치기 위해 두 계명을 병치했다고 탈무드는 답한다(바바 메지아 32a). 그렇다. 자녀는 부모에 대한 경외심을 가져야 한다. 하지만 자녀는 부모가 옳은 일을 하라고 말할 때만 부모의 말을 따라야 한다. 부모 또한 하나님의 율법을 따라야 하기에 부모는 자녀에게 안식일을 지키지 말라고 말해선 안 된다.

중세 랍비 문헌들은 자녀가 원하는 사람과 결혼하는 것을 부모가 반대할 때 자녀는 부모에게 어떻게 반응해야 하는지에 대해 논의한다. "네 부모를 공경하라."는 계명에 따라 자녀는 사랑하는 사람과의 관계를 정리해야 할까? 이 경우(유대 율법이 허용하지 않는 결혼은 제외하고) 자녀는 부모의 뜻을 따르지 않을 권리가 있다는 것이 랍비들 모두의 한결같은 생각이었다. 한 중세 랍비의 추론에 따르면 자녀가 사랑하는 사람과의 관계를 정리하고 부모가 원하는 사람과 결혼하면 자녀는 배우자를 미워하게 된다. 결혼 후에 자녀가 미워하게 될 사람과 결혼하도록 강요하는 것은 자녀에게 "네 이웃을 네 자신처럼 사랑하라."는 토라 율법을 어기라고 강요하는 것과 마찬가지라는 것이다. 앞서 언급했듯이 부모는 자녀에게 토라 율법을 어기라고 강요해선 안 되기에 이 경우 자녀는 부모의 뜻을 따르지 않아도 된다는 것이다.

특히 딸에게 결혼 의사를 물어보는 일이 거의 없었던, 정략결혼이 성행하던 시절에조차 탈무드는 이렇게 규정했다.

"아버지는 미성년자인 딸을 시집보내선 안 된다. 아버지는 딸이 성장해 '전 누구누구와 결혼하고 싶어요.'라고 말할 때까지 기다려야 한다.(키두쉰 41a)"

많은 유대인이 이 탈무드 규정을 어기고 자녀를 자녀가 모르는 상대와 정략적으로 결혼시켰는데, 이는 결국 토라 율법도 어긴 행위로 보인다.

자녀에 대한 부모의 책임 중 가장 중요한 것은 토라를 가르치는 일이다. 아울러 아버지는 아들에게 직업교육도 해야 한다. 탈무드는 이렇게 규정한다.

"아들에게 직업교육을 하지 않는 부모는 아들이 도둑이 되도록 가르치는 것이나 마찬가지다(키두쉰 29a와 30b 참조)."

생계를 꾸리는 정직한 방법을 모르는 사람은 부정직한 방법에 눈을 돌린다는 것이 랍비들의 논리였다. 여성도 돈벌이를 하는 것이 당연하게 여겨지는 현대 사회에서는 부모가 딸에게도 직업교육을 시켜야 할 것이다.

탈무드는 또한 부모는 자녀에게 수영하는 법을 가르쳐야 한다고 규정하기도 한다. 물을 건너는 여행을 많이 하던 고대 사회에서 수영은 중요한 생존 기술이었다. 현대 사회에서 이 규정은 부모는 자녀에게 생존에 필요한 자기 방어 기술을 가르쳐야 한다는 의미로 재해석될 수 있을 것이다. 블루 그린버그Blue Greenberg는 그녀의 저서 《전통적인 유대 가정 만들기How to Run a Traditional Jewish Household》에서 다수의 십대 반유대주의자가 한 무리의 십대 유대인을 폭행한 험악한 사건을 회고한다. 당시 그 소식을 들은 그 지역의 한 랍비는 폭행을 당한 아이들의 부모들에게 위의 탈무드 가르침에 전적으로 부합하는 상식적인 말을 했다.

"유대 청소년들에게 무술을 가르칠 때가 왔습니다."

■ ■ ■ 172

한 생명을 구하는 자는 온 세상을 구하는 것과 같다

인간 생명의 가치에 대한 가장 힘 있는 진술 중 하나는 상당히 특이한 출처에서 나온 것이다. 즉 이 말은 고대 유대 법정이 사형 선고가 내려질 수 있는 심각한 사건들의 증인들에게 한 경고에서 유래한 것이다. 위증죄에 대한 이러한 경고에 덧붙여 재판관들은 하나님이 왜 처음에 한 인간, 즉 아담만을 창조하셨는지에 대해 설명한다.

"한 생명을 멸하는 자는 온 세상을 멸하는 것과 같고, 한 생명을 구하는 자는 온 세상을 구하는 것과 같다는 것을 우리에게 가르치시기 위해서다(미슈나 산헤드린 4:5)."

여기에 덧붙여 랍비들은 하나님이 아담만을 창조하신 것으로부터 우리가 얻을 수 있는 두 가지 교훈을 추가적으로 제시했다.

"하나님은 아무도 다른 사람에게 '내 아버지가 네 아버지보다 더 훌륭하다.'고 말하지 못하게 해 사람들이 서로 평화롭게 살도록 하기 위해 아담을 통해 모든 인류를 창조하셨다."

또한 아담만을 창조하신 것은 "하나님의 위대함을 분명히 보여준다. 만일 인간이 똑같은 주형으로 몇 개의 동전을 찍어낸다면 그것들은 모두 똑같은 모양일 테지만, 왕 중의 왕이신 하나님은 최초의 인간인 아담의 이미지로 모든 인간을 만드셨음에도 서로 똑같은 모습의 인간은 단 한 명도 존재하지 않기 때문이다."

오늘날, 유감스럽게도 모든 인간이 유일무이한 존재라는 사실을 분명히 인식하는 사람들은 일란성 쌍둥이조차 서로 지문이 다르다는 것을 아는 범죄학자들밖에 없는 것처럼 보일 때가 가끔 있다.

다수의 미슈나 번역판은 랍비들의 이 권고를 다음과 같이 바꾸어 놓았다.

"토라에 따르면 한 유대인을 멸하는 자는 온 세상을 멸하는 것과 같고, 한 유대인을 구하는 자는 온 세상을 구하는 것과 같다."

그러나 이 말은 합당하지 않다. 인간 생명의 무한한 가치에 대한 증거는 아담인데 아담은 유대인이 아니었기 때문이다. 개개의 인간 모두가 무한한 가치를 갖는다는 랍비들의 믿음은 단순히 교훈적인 의미만 있는 것이 아니라 율법적인 의미도 있다. 예를 들어 유대 율법은 한 사람의 무고한 생명을 희생시켜 여러 사람을 구하는 것을 금하고 있는데, 이는 여러 '무한'이 한 '무한'보다 더 가치가 있다는 논리가 성립되지 않기 때문이다. 이 원칙이 실제로 적용된 사례가 있다.

러시아 내전 동안 한 유대인 공산주의자가 그의 고향이자 당시 나의 할아버지 니센 텔루슈킨이 랍비로 활동했던 곳인 두코Dukor로 피신했다. 두코의 유대인은 모두 그 남자가 어디에 은신했는지 알고 있었지만 정부 관리들은 그가 숨은 곳을 몰랐다. 어느 날 오후, 경찰서장이 마을 시나고그를 급습해 내 할아버지와 그곳에서 예배를 드리고 있던 9명의 남자를 체포하며 남자의 은신처를 말하지 않으면 다음 날 그들 모두를 총살하겠다고 선언했다. 그러자 내 할아버지는 곧바로 위의 탈무드 가르침에 근거해 남자는 사형죄를 저지르지 않았음에도 붙잡히면 사형에 처해질 것이기에 많은 사람이 위험에 처해지더라도 그가 있는 곳을 알려주어선 안 된다고 말했다. 다행히 그 경찰서장은 부패한 경찰이어서 뇌물을 받고 할아버지 일행을 풀어주었다. 안타까운 사실은 할아버지 일행의 도움으로 목숨을 구한 그 남자가 이상주의자로 드러났다는 것이다. 공산주의자들이 권력을 잡았을 때 그는 내 할아버지의 시나고그를 폐쇄하려 했다.

■■■ 173

병문안을 가는 사람은 다음 세상에서 벌을 받지 않는다

일반적으로 유대 율법은 모든 유대인에게 구속력이 있다. 예를 들어 랍비들만이 의무적으로 지켜야 하는 율법은 없다. 하지만 오늘날, 아픈 사람에게 문병을 가는 것을 의무화하는 율법(히브리어로 '비쿠르 콜림bikur kholim'이라 한다.)은 주로 랍비들에게 적용된다. 아픈 신도들을 문병하기 위해 병원을 순회하는 것은 랍비들의 주요 임무 중 하나다. 그런데 유대 역사 대부분에 걸쳐 이 중요한 계명은 모든 유대인이 지켜야 하는 것으로 여겨졌다. 심지어 유대인 공동체는 아픈 사람들에게 병문안 가는 것을 확실히 하기 위해 '비쿠르 콜림 협회'도 조직했다.

오늘날 종종 무시되는 미츠바가 과거에는 생사를 결정할 정도로 중요한 미츠바였다. "랍비 헬보Helbo가 병이 들었는데 그에게 문병 간 사람이 아무도 없었다."고 탈무드는 전한다. 이에 랍비 카하나Kahana가 제자들을 꾸짖으며 다음의 이야기를 상기시켰다. 랍비 아키바의 제자 한 명이 몸이 아파 누웠지만 다른 어떤 현자도 그를 방문하지 않았다. 랍비 아키바만이 그를 방문했던 것이다. 랍비 아키바가 그 제자를 위해 마루를 쓸고 닦은 덕에 제자는 회복했다. 제자가 랍비 아키바에게 말했다.

"스승님께서 절 낫게 하셨습니다."

제자의 집을 나온 랍비 아키바는 이렇게 가르쳤다.

"환자를 방문하지 않는 사람은 그의 피를 흘리게 하는 것과 마찬가지다(네다림 39b-40a)."

버림받았다고 느끼는 것이 병자들에게 얼마나 큰 심리적 영향을 끼치는지를 깨달은 랍비들은 병자를 문병하는 사람은 병자의 병의 6분의 1을 낫게 하고(바바 메지아 30b), 병자를 방치하는 사람은 병자의 죽음을 앞당긴다고 선언했다.

아픈 사람들의 필요를 충족시키도록 사람들을 인도하기 위해 광범위한 계명과 권고가 탄생되었는데, 그중 대다수 계명이 의례와 거의 무관했고 주로 대인관계 감수성과 관련이 있었다. 보름스의 중세 랍비 엘리에제르 벤 이삭은 "아픈 사람의 방에는 쾌활하게 들어가야 한다."고 가르쳤다. 병자는 문병객의 반응을 유심히 살피기 마련인데, 만일 문병객이 충격을 받은 표정을 지으면 병자가 크게 상심하기 때문에 병자와 함께 있을 때는 항상 명랑한 모습을 유지해야 한다는 것이었다. 프란신 클라그스브룬Francine Klagsbrun은 자신이 엮은 《지혜의 목소리Voices of Wisdom》에 한 19세기 유대인 문집에 나오는 해학적인 이야기를 실었다.

"문병객이 환자를 찾아와 어떤 병으로 아프냐고 물었다. 환자가 병명을 말하자 문병객이 이렇게 말했다. '그래요? 제 아버지가 똑같은 병으로 돌아가셨어요.' 순간 환자가 극도의 불안감에 휩싸였지만 문병객은 아랑곳하지 않고 이렇게 말했다. '너무 걱정하지 마세요. 제가 당신을 낫게 해달라고 하나님께 기도드릴 테니.' 이 말에 환자는 이렇게 응수했다. '기도하실 때 멍청한 문병객은 제발 더 이상 보내지 마시라는 기도도 해주십시오.'"

유대 율법은 병자에게 나쁜 소식, 특히 병자와 가까운 사람의 사망 소식은 알리지 말라고 명한다. 1950년대 중반, 당시 이스라엘 수상 데이비드 벤-구리온 수상은 그의 측근이자 절친한 친구가 자살했을 때 병원에 입원해 있었다. 처음에는 벤-구리온이 이 중대한 소식을 모르게 하는 것이 불가능한 것처럼 보였다. 그런데 그의 측근들은 라디오 방송국들이 벤-구리온 친구의 사망 소식을 보도하지 못하게 했고, 벤-구리온이 정기적으로 읽는 신문사들을 설득해 친구의 자살 소식을 뺀, 벤-구리온만이 읽을 신문 몇 부를 제작하게 했다.

유대 율법은 가까운 친척이 중병에 걸렸다면 그 친척에게 문병 가기 위해 안식일에는 여행을 하지 말라는 안식일 계율을 지키지 않는 것을 허용한다. 랍비들이 안식일에 여행하는 것을 허용하길 얼마나 꺼렸는지를 생각해보면 그들이 비쿠르 콜림을 얼마나 중요시했는지를 알 수 있다.

유대 율법은 문병객이나 누군가 아프다는 소식을 들은 사람이 환자를 위한 기도를 드릴 것을 기대한다. 성경에 나오는, 병자를 위한 가장 짧은 기도문은 모세가 병에 걸린 그의 누이 미리암Miriam을 위해 드린 기도다.

"하나님이여, 미리암을 고쳐 주십시오!(민수기: 12:13)"

시나고그에서는 토라를 낭송하는 동안 하나님께 아픈 사람들의 빠른 쾌유를 간구하는, '미 셰베이라크Mi Shebeirakh'로 알려진 기도문을 낭송한다.

유대 율법은 죽어가는 사람의 임종을 지켜보지 않는 것도 금한다. 유대 율법에 따르면 시신조차 땅에 묻힐 때까지는 그 곁을 지켜야 한다. 아울러 망자의 가족 중 한 명은 시신 곁에 서서 최소한 일정시간 동안 시편을 낭송해야 한다.

탈무드가 전하는 다음의 특별한 약속을 기억하면 비쿠르 콜림 계명을 실천에 옮기는 데 더 이상의 동기는 필요 없을 것이다.

"아픈 사람을 문병하는 사람은 다음 세상에서 벌을 받지 않을 것이다(네다림 40a)."

■■■ 174

어려운 형제에게 돈을 빌려주되 이자를 받지 말라

일반적으로 '다정한 친절 행위'로 번역되는 게밀루트 케세트 Gemilut Khesed는 보통 보상을 바라지 않고 행하는 특별한 형태의 미츠바를 일컫는다.

다른 사람들을 돕는 사람은 종종 최소한 부분적으로는 자기 도움을 받는 사람이 언젠가 보답하리라는 희망을 동기로 삼는다. 하지만 게밀루트 케세트의 전통적인 정의는 궁핍하게 죽은 사람의 시신을 매장하는 데 기부하는 경우처럼, 보답 받는 것을 기대하지 않고 순수한 마음으로 다른 사람들을 돕는 것이다. 익명으로 기부하는 것 또한 '다정한 친절 행위'의 또 다른 예이다. 나의 친구 한 명은 그녀의 이웃 여성이 식료품을 살 돈이 없다는 것을 알고 몇 봉지의 식료품을 사서 이웃 여성의 집 앞에 두었다.

게밀루트 케세트 계명을 실천에 옮기는 또 다른 방법은 도움이 필요한 사람에게 이자를 받지 않고 돈을 빌려주는 것이다. 토라 율법은 동료 유대인에게 이자를 받고 돈을 빌려주는 것을 금한다.

"이방 사람에게는 이자를 물려도 되지만 네 형제에게는 꾸어 주고 이자를 받지 마라(신명기 23:20)."

성경 시대의 유대 사회는 주로 농경 사회였기에 그야말로 긴박한 위급 상황에서만 돈이 필요했다. 그런데 경제가 발전함에 따라 돈은 재화로 여겨져 사람들은 이자를 받지 않고 돈을 빌려주길 꺼리게 되었다. 그래서 정통파 유대인들이 지금도 여전히 사용하는 법적 의제가 탄생하게 되었다. 즉 돈을 빌려준 사람은 돈을 빌린 사람의 사업 파트너가 되고 돈을 빌려준 사람이 받는 상환금(빌려준 돈보다 더 많은 금액)은 사업이 창출한 수익에서 나온 것으로 여겨지게 된 것이다(이 모든 사항이 계약서에 명기된다.). 하지만 일반적인 동업자와는 달리 돈을 빌려준 사람은 설령 해당 사업이 이익을 창출하지 못하더라도 빌려준 돈을 받을 자격이 있다.

유대 율법에서 '헤테르 이스카heter iska', 즉 '사업 허가'로 알려진 이 법적 의제는 대출금이 사업에 이용되거나 재력가에게 돈을 빌려주는 경우에만 적용된다. 가난한 사람에게 돈을 빌려주는 경우 유대 율법은 이러한 종류의 법적 의제를 금한다. 모든 유대인 공동체에는 가난한 사람이 무이자 대출을 할 수 있도록 무이자대출협회Free-Loan Society가 운영되고 있다.

내가 이스라엘을 방문했을 때 예루살렘에 있는 히브루 대학 교수 한 명이 나에게 자신이 이 협회의 세 명의 책임자 중 한 명이라고 말했다. 사람들은 월세나 축제일 음식, 학비 또는 기타 기본적인 필요를 충당할 자금을 마련하기 위해 이 세 명의 책임자 중 한 명에게 직접 대출을 신청한다. 놀랍게도 이 협회가 빌려준 돈을 받지 못하는 경우는 거의 없고, 빌려준 돈은 상환되자마자 다른 사람에게 다시 대출된다고 교수가 내게 말해주었다. 이러한 협회는 미국에도 미국 전역에 걸쳐 존재하는데, 이들 협회는 주로 정통파 유대인 공동체 내에서 운영된다.

다정한 친절 행위는 자선(체다카)보다 범위가 넓다. 그것은 종종 단순히 돈을 기부하는 것보다 더 많은 것을 수반하기 때문이다. 망자 곁을 지키거나 손님을 환대하거나(다음 장 참조) 환자를 문병하는 것 등도 다정한 친절 행위로 간주된다.

게밀루트 케세트와 관련해 랍비들은 이렇게 말했다.

"게밀루트 케세트를 실천하는 사람들은 하나님께 '이 세상'에서 보상을 받고, '다음 세상'에서 한 번 더 보상을 받는다(샤밧 127a)."

■■■ 175

찾아온 손님에게는 정성껏 환대하라

유대 율법에서 환대(히브리어로 하크나사트 오르킴hakhnasat orkhim)는 상대를 기분 좋게 하는 사교적인 섬세함일 뿐만 아니라 반드시 지켜야 하는 율법적 의무이기도 하다. 반면, 냉대는 단순히 불손한 행위를 넘어 절대 하지 말아야 할 비도덕적인 행위로 여겨진다.

성경에서 소돔과 고모라 사람들은 냉대의 극단적인 형태를 보여주었다. 소돔 사람들이 아브라함의 조카 롯이 두 사람을 그의 집으로 청하는 소리를 들었을 때 그들은 젊은이로부터 늙은이에 이르기까지 사방에서 몰려나와 롯의 집을 에워싸고는 두 사람을 강간할 작정이니 집 밖으로 끌어내라고 요구했다. 다행히 천사였던 두 손님이 포악하고 욕정에 가득 찬 소돔 사람들의 눈을 멀게 했다(창세기 19장).

그로부터 천5백 년 후, 탈무드 랍비들은 대성전이 파괴된 것은(유대 역사상 가장 큰 재앙 중 하나) 이유 없는 증오 때문이었는데, 이 증오가 바로 전형적인 손님 냉대의 불씨가 되었다고 믿었다. 어떤 남자에게 캄차라는 이름의 친구와 바르 캄차라는 이름의 적이 있었다. 어느 날, 성대한 연회를 열기로 한 남자가 하인에게 캄차와 여러 유명한 랍비를 초대하라고 지시했다. 그런데 하인이 실수로 바르 캄차를 초대했다. 자신의 연회에서 바르 캄차를 본 남자는 격분해 바르 캄차에게 당장 나가달라고 말했다. 그러자 바르 캄차가 남자에게 자기가 먹고 마신 것은 돈을 낼 테니 있게 해달라고 간청했다. 남자는 바르 캄차의 제안을 거절했다. 그러자 바르 캄차는 연회에 들어간 비용의 절반을 낼 테니 있게 해달라고 제안했다. 이번에도 남자는 바르 캄차의 제안을 거절했다. 그러자 바르 캄차는 연회에 들어간 모든 비용을 낼 테니 있게 해달라고 제안했다. 남자는 또 다시 바르 캄차의 제안을 거절하고는 하인들에게 쫓아내라고 지시했다.

그 후, 바르 캄차는 곧바로 이 주인뿐만 아니라 예루살렘 전체에 복수를 할 방도를 모색했다. 예루살렘의 대표적인 랍비들이 그 연회에 참석했음에도 그가 수모를 당하는 것을 저지하는 랍비는 아무도 없었다는 것이 그가 예루살렘 전체를 상대로 복수를 결심한 이유였다. 바르 캄차는 로마 황제를 찾아가 그로 하여금 예루살렘 유대인들이 모반을 꾀하고 있다는 확신을 갖게 했다. 탈무드에 따르면 그 후 곧바로 이루어진 예루살렘의 파멸은 이름 모를 주인의 냉대가 야기한 것이었다 (기틴 55b-56a).

사실 하크나사트 오르킴은 지키기에 가장 즐거운 계명 중 하나다. 다른 나라에 여행가 그 나라의 유대인들을 만난 유대인은 누구라도 이국땅에서 환대를 받는 것이 얼마나 기분 좋은 일인지를 증언할 수 있다. 그런데 내가 최고의 환대를 경험한 곳은 이국땅이 아닌 미국이었다. 언젠가 나는 친구 한 명과 함께 남부로 3주 동안 자동차 여행을 했다. 어느 금요일 루이지애나 주 중부 지역에서 우리는 동료 유대인들과 함께 안식일을 보내고 싶다는 생각을 했다. 우리는 가져온 《유대인 여행 가이드Jewish Travel Guide》를 펼쳐 우리가 있는 곳과 가장 가까운 도시인 알렉산드리아Alexandria의 정보들을 훑고 있던 중 "코셔 음식을 원하는 사람은 버나드 카플란 박사에게 연락하세요."라는 안내문을 보게 되었다. 우리는 그에게 전화를 했고, 결국 그와 그의 아내, 그리고 그의 일곱 자녀와 함께 안식일을 보냈다. 그때 이후로 우리는 친한 친구로 남게 되었다.

과거에는 '환대 계명'이 주로 '자선 계명'의 연장선에 있었다. 많은 가난한 유대인, 특히 나그네가 먹을 것과 잠잘 곳을 필요로 했던 것이다. 랍비 후나Huna는 식사를 하기 전에 자기 집 앞에 서서 다음과 같이 외쳤다고 탈무드는 기록한다.

"배고픈 사람은 모두 이리로 와서 식사를 하시오(타아닛 20b)."

랍비 후나의 초대는 지금도 유월절 저녁 식사 동안 유대인들에 의해 울려 퍼진다. 비록 초대를 청할 때 대다수 사람의 집이 닫혀 있긴 하지만 말이다. 유월절 하가다 기도문의 한 구절은 다음과 같다.

"배고픈 사람은 모두 이리로 와서 식사를 하시고, 외로운 사람은 모두 이리로 와서 유월절을 함께 보내십시오."

노벨문학상을 수상한 슈무엘 요세프 아그논은 '배고픈 사람'과 '도움이 필요한 사람(외로운 사람)'의 차이에 대한 아름다운 이야기인 "유월절에 모인 사람들"을 썼다. 동유럽의 어느 작은 마을에 한 샤마슈 shamash(시나고그 소사)가 살았는데, 그는 유월절 축제를 위한 음식을 구입할 돈이 없을 정도로 가난했다. 그래서 그는 유월절에 굶주린 배를 움켜쥐고 홀로 마을을 배회했다. 같은 마을에 최근 남편을 잃은 어느 부유한 과부가 살았다. 그녀는 처음으로 남편 없이 홀로 유월절을 보내야 했다. 여느 때와 마찬가지로 그녀는 멋지고 풍성하게 유월절 식탁을 마련했지만 그녀 또한 홀로였기에 외로움과 슬픔에 젖어 있었다.

그런데 이 과부가 우연히 가난한 샤마슈를 보고 그를 집으로 초대해 두 사람이 함께 유월절을 보내게 되었다. 유월절 저녁이 끝나갈 무렵 두 사람 사이에는 강한 유대감이 형성되었고, 조만간에 샤마스는 더 이상 "굶주림"으로, 부유한 과부는 더 이상 "외로움"으로 고통 받지 않아도 되리라는 희망을 품을 수 있었다. 둘 사이에 그렇게 될 만한 충분한 이유가 싹트고 있었기 때문이다.

현대 유대 사회에는 굶주림에 시달리거나 집이 없는 유대인들이 많지 않다. 이러한 이유로 하크나사트 오르킴은 보다 사교적인 미츠바가 되었다. 실제로 유대인 공동체에 배가 고픈 사람이 드물다면 우리는 공동체에 처음으로 들어온 사람들과 같은 '도움이 필요한 사람들'을 찾아야 할 것이다. 많은 시나고그와 유대인 단체가 환대를 필요로 하는 유대인들과 지역 가족들을 연결시켜 유월절 저녁 식사를 함께 하게 하는 프로그램을 운영하고 있다.

유대 율법은 주인에게 손님을 환대할 것을 요구하는 만큼 손님에게는 주인에게 감사할 것을 요구한다. 약 2천 년 전, 탈무드는 감사할 줄 모르는 손님들을 비난했다. 탈무드는 자신을 접대해준 사람의 집을 떠날 때 다음과 같이 생각할 것을 제안했다.

"나 때문에 주인이 얼마나 힘들었을까? 그는 나를 위해 이렇게 푸짐한 고기와 포도주, 케이크를 마련해 주었다. 그는 나를 위해 이 모든 정성과 노고를 아끼지 않았다!"

탈무드는 이러한 생각을 다음과 같은 나쁜 손님의 생각과 대비시킨다.

"대체 주인이 나를 위해 수고한 게 뭐란 말인가? 나는 그저 빵 한 조각에 고기 한 점 먹고, 포도주 한 잔 마셨을 뿐 아닌가! 주인이 수고를 했다면, 그건 날 위해서가 아니라 순전히 자신의 아내와 아이들을 위해 한 것이다(브라크홋 58a)."

유대 전통은 비르캇 하-마존Birkat ha-Mazon(식사 후의 축도)을 낭송하는 중간에 손님은 자신을 접대한 가정을 위해 소리 내어 특별한 축복의 기도[3]를 해야 한다고 가르친다.

유대 전통은 또한 손님은 초대해준 집을 나설 때 주인과 그 가족에

3 "자비로운 하나님, 이 가정의 주인과 안주인, 그리고 이 가정의 모든 사람들에게 축복을 내려주소서."

게 단순히 감사하다는 말을 전하는 데 그치지 말고 그 이상의 것을 해야 한다고도 가르친다.

함께 여행을 하다 신앙심 깊은 과부가 경영하는 여관에서 점심을 먹은 두 동유럽 랍비에 대한 19세기의 이야기가 있다. 식사를 하는 동안 한 랍비는 수다스러운 여관 여주인과 장황한 대화를 나누었고, 다른 랍비는 조용히 앉아 토라를 읽었다.

두 랍비가 길을 나서려고 음식 값을 지불하려 하자 여관 주인은 음식 값을 받지 않겠다고 했다. 밖으로 나왔을 때 두 랍비 중 더 사교적인 랍비가 친구를 보며 말했다.

"난 자네가 그 여자의 음식을 훔친 죄를 지었다고 생각하네."

이에 친구는 놀란 표정으로 말했다.

"그 여자 스스로 돈을 낼 필요가 없다고 하지 않았는가."

"물론 우리가 돈을 지불하는 것은 원치 않았지."

첫 번째 랍비가 말을 이었다.

"하지만 그건 내가 자기 말을 들어주고 같이 얘기를 해준 것에 대한 감사의 뜻이었네. 그런데 자네는 그렇게 하지 않았지."

유대 율법이 진실을 말하지 않는 것을 허용하는 경우는 당신이 어떤 사람의 집에서 극진한 대접을 받았는데 누군가가 그 집에서 어떤 대접을 받았는지 물어오는 경우다. 당신은 대접을 잘 받았다고 대답해야겠지만 그 가정의 접대에 대해 지나치게 칭찬하지는 말아야 하는데, 이는 다른 사람들이 그 가정을 찾아가 그들의 후함을 이용할 수도 있기 때문이라는 것이다.

유대 전통에 따르면 손님으로 다른 사람의 가정에 3일이 넘게 머무는 것은 지나칠 수 있다. 한 미드라시는 이렇게 전한다.

"손님이 도착한 날에는 그를 위해 송아지를 잡고, 다음 날에는 양을 잡고, 셋째 날에는 닭을 잡는다. 하지만 넷째 날에 손님은 콩만 먹게 될 것이다(미드라시 테힐림Tehillim 23:3)."

■■■ 176

의로운 비유대인을 높이 평가하라

유대교는 구원을 받으려면 유대인이 되어야 한다고 가르친 적이 결코 없다. 교회 밖에서는 구원될 수 있는 길이 없다는 믿음을 고수한 중세 기독교와는 대조적으로 랍비들은 "이 세상의 의로운 사람들은 도래할 세상에 자리를 갖는다(토세프타 산헤드린 13:2)."고 믿었다.

탈무드 랍비들은 의로운 비유대인(하시데이 움모트 하-올람Hasidei Ummot Ha-Olam)들을 높이 평가했고, 심지어 가끔씩은 도덕의 전형으로 삼기도 했다. 다마 벤 네티나Dama ben Netina라는 사람은 부모를 공경하는 데 특히 세심한 것으로 유명했다.

"우리의 몇몇 현자가 대제사장의 흉갑에서 떨어져 나가 없어진 보석을 대신할 보석을 구입하기 위해 그를 찾았다고 우리의 랍비들이 전한다. 그는 현자들이 보석 값으로 금화 천 닢을 주겠다는 제안을 받아들였다. 보석을 가지러 방으로 들어간 그는 그의 아버지가 보석이 들어 있는 상자에 발을 얹고 자고 있는 것을 보았다. 아버지의 잠을 방해하기 싫었던 그는 상자에서 보석을 꺼내지 않고 그냥 밖으로 나왔다. 현자들이 그 사실을 알았을 때 그들은 그가 더 많은 돈을 받고 보석을 팔길 원한다고 생각하고 금화 만 닢을 제시했다. 그의 아버지가 잠에서 깼을 때 그는 다시 방으로 들어가 보석을 가지고 나왔다. 현자들이 그에게 금화 만 닢을 주겠다고 하자 그는 이렇게 말했다. '아버지를 공경한 것으로 더 많은 돈을 받을 생각은 조금도 없습니다. 그러니 처음에 제가 받기로 한 금화 천 닢만 주십시오.'(신명기 라바 1:15)"

유대 율법은 유대인들에게는 토라의 613 계율을 지킬 것을 요구하지만, 비유대인들에게는 매우 윤리적인 비유대인 노아를 본보기로 삼아 탄생시킨 노아의 일곱 계율만을 지킬 것을 요구한다.

근래에 '하시데이 움모트 하-올람'이라는 용어는 제2차 세계대전 동안 죽음을 무릅쓰고 나치로부터 유대인들을 구하려 한 동유럽 비유대인들과 결부된다. 예루살렘 박물관은 이 영웅들을 기리기 위한 작은 숲을 조성했고, 야드 바쉬엠에 홀로코스트를 잊지 않기 위한 공간을 마련했다.

오늘날, 전통적인 유대인들이 비유대인 친구를 '하시데이 움모트 하-올람'(문자 그대로의 의미는 '세상의 의인'이다.)이라 칭하는 것은 그리 드문 일이 아니다. 대표적인 유대교 신비주의 경전인 《조하르》는 유대인들을 증오하지 않고 공정하게 대하는 모든 비유대인이 하시데이 움모트 하-올람이라고 기술했다(출애굽기 268a).

많은 유대인이 반유대주의 역사에 대해서는 아는 것이 많다. 그러나 상대적으로 두드러지지 않지만 여전히 중요한 의미가 있는 친유대주의 전통에 대해 아는 것이 많은 유대인은 그리 많지 않다. 바로 이 친

유대주의자들이 유대인들 및 윤리적 대의를 위해 힘쓴 하시데이 움모트 하-올람이다.

탈무드의 한 구절은 이렇게 가르친다.

"아내의 키가 작다면 아내의 속삭임을 듣기 위해 허리를 굽혀라(바바 메지아 59a)."

유대 문헌에는 여성 혐오를 암시하는 진술들이 결코 부족하지 않지만 유대교의 오랜 전통은 아내를 다정하고 관대하게 대할 것을 명확하게 규정한다. 남편은 아내를 자신처럼 사랑하고 자신보다 더 공경해야 한다고 랍비들은 명한다(예바못 62b). 탈무드는 축제일에 크게 기뻐할 것을 명하는 토라 율법을 축제일 전에 남편은 아내에게 예쁜 옷을 사줄 의무가 있다는 것으로 해석한다(페사침 109a). 탈무드는 또한 좋은 남편은 아내에게 예쁜 옷을 사줄 수 있기만 하다면 자신은 새 옷이 없이도 만족하는 사람이라고 가르친다(팔레스타인 탈무드 케투봇 6:5). 탈무드 랍비들은 특징적으로 그리 낭만적이지 않지만 초혼이라는 주제에는 지나칠 정도로 감상적이었다.

"첫 아내와 이혼하면 제단마저 눈물을 흘린다(기틴 90b)."

그들은 또한 "다른 것으로 대신할 수 없는 것은 없다. 젊었을 때의 아내만 빼고(산헤드린 22a).”라고 가르치기도 했다.

유대 율법은 특정 영역들에서 여성들에게 불리한 규정을 하지만(이혼과 관련한 율법들에서 가장 두드러진다.), 유대 전통은 유대인 남편은 가정에 헌신적이라는 평을 들을 정도로 아내를 존중해야 한다고 명한다.

랍비들은 부부관계의 전체 영역을 샬롬 바이트 ('가정의 화목'이라는 뜻)라는 범주에 넣는다. 탈무드가 “네 이웃을 자신처럼 사랑하라.”는 계명을 구체적으로 아내에게 적용한 이유는 사람들이 이웃보다 배우자에게 덜 민감한 경향이 있기 때문이라고 루벤 키멜만 교수는 말한다. 사교 모임에서 남자들은 종종 계속 함께 일할 마음이 있는 동업자에 대해서라면 하지 않을 그런 말을 아내에 대해서라면 거침없이 내뱉는다. 그런데 그들에게 '아내에 대해 왜 그렇게 말씀하시죠?'라고 물으면, 그들은 '괜찮아요. 제가 아내를 사랑한다는 걸 아내도 알고 있거든요.'라는 식으로 대답한다. 유대교의 관점에서 보면 이웃 사랑의 계명을 실천했는지는 상대에게 사랑한다는 말을 하는 것으로 판단하는 것이 아니라 상대가 사랑받고 있다는 느낌을 갖는 것으로 판단한다.

'가정의 화목' 원칙이 특히 요구하는 것은 화를 내지 않는 것이다. 사람들은 자기 집에서 더 쉽게 짜증이나 화를 내기 때문이다. 사람들은 흔히 화를 억누를 수 없다고 주장하지만 이스라엘 랍비인 랍비 젤리그 플리스킨 은 이러한 자기변호는 대개 진실이 아니라고 말한다. 실제로 배우자에게 화를 내고 있을 때 “만일 당신이 잘 보이고 싶어 하는 사람이 당신 집 현관문을 두드린다면 당신은 즉시 태도를 바꿔 문을 열고 온화하고 명랑하게 그 사람을 맞이할 수 있을 것이다.”라고 말한다.

유대교는 가정의 화목이 매우 중요하다고 믿기에 유대 율법은 조금도 화목하지 않은 부부가 이혼하는 것을 허용한다. 유대 전통에 따르면 부부는 서로 동의하기만 하면 언제든지 이혼할 수 있다. 부부가 더 이상 화목하지 않고 불행하다면 서로 떨어져 사는 것이 더 나을 것이라는 판단 때문이다.

■■■ 178

악한 명령은 따라서는 안 된다

모든 사람에게는 자유의지가 주어졌기에 유대 율법은 설령 윗사람이 당신에게 악행을 저지를 것을 명령하더라도 당신이 그 명령을 따르는 것을 금한다. 따라서 당신이 그 명령을 실천에 옮겼더라도 당신은 명령을 한 사람을 탓할 수 없다. 당신이 애초에 그 명령을 따르지 말아야 했기 때문이다. 유대교의 관점에 따르면 하나님은 율법에 어긋난 명령을 하는 그 어떠한 사람보다도 더 높은 차원에 존재한다. 이러한 이유로 우리는 부도덕한 사람의 명령을 따르지 말고 하나님의 계명을 따라야 한다.

제2차 세계대전 후에 열린 나치 전범 재판에서 대다수 전범이 자신은 그저 명령을 따랐을 뿐이라고 말하며 자신을 변호했다. 유대 율법의 관점에서 이러한 자기변호는 한낱 변명에 지나지 않는다.

이집트를 상대로 한 이스라엘의 시나이 캠페인 전야인 1956년 10월

29일 밤, '제5열'(적과 내통하는 집단 -옮긴이)을 두려워 한 이스라엘 정부는 이스라엘에 거주하는 아랍인들에게 그들의 마을을 떠나지 말라는 통행금지령을 내렸다. 그런데 이 통행금지령이 내려진 것을 몰랐던 크파르 카셈Kfar Kassem이라는 아랍인 마을의 몇몇 주민이 일터로 가기 위해 마을을 벗어났다. 그들을 맞닥뜨리게 된 이스라엘 병력이 발포를 했고 49명의 무고한 아랍인이 목숨을 잃었다. 군법회의에서 이스라엘 군인들은 자신들은 그저 군의 명령을 따랐을 뿐이라며 자기변호를 했다. 하지만 군법회의는 그들의 자기변호를 받아들이지 않고 8명의 군인에게 살인죄를 선고했다. 무장하지 않은 민간인에게 발포하는 것은 비도덕적이며 금지된 일이라는 것을 군인들이 알았어야 했다고 군판사는 말했다. 군의 어떠한 명령도 그들의 행동을 정당화할 수 없었던 것이다.

이스라엘 법정에서 "그저 명령을 따랐을 뿐입니다."라는 자기변호를 한 가장 유명한 피고는 나치의 '최종 해결책'의 최고 집행자인 아돌프 아이히만이었다. 이 재판에서도 법정은 아이히만의 자기변호를 무시하고 그에게 사형을 선고했다.

간단히 말해, 유대 율법에 따르면 비도덕적인 명령을 받은 사람은 이를 따르지 않아야 할 의무가 있고, 따라서 비도덕적인 명령을 따른 사람은 명령을 내린 사람을 탓할 자격이 없다. 탈무드에서 이 원칙은 '아인 샬리아크 레-드바르 아베이라Ain shaliakh le-dvar aveirah'로 알려져 있다. 이 말을 직역하면 "죄의 경우에는 전달자가 없다."가 된다. 전달자는 일반적으로 그가 전하는 메시지 내용이 아무리 '받는 사람'을 화나게 하더라도 그 내용에 대한 책임을 지지 않는다. 메시지 내용에 대한 책임은 전적으로 메시지를 작성한 사람, 즉 '보내는 사람'에게 있기 때문이다. 하지만 전달자가 '보내는 사람'의 지시에 따라 악한 행동을 한다면 전달자는 '시키는 대로 했을 뿐'이라는 말로 자신을 변호할 수 없다. 죄의 경우에는 전달자가 성립되지 않기 때문에 죄를 지은 사람이 설령 누군가의 사주나 지시, 부탁 등으로 죄를 지었더라도 죄를 지은 사람이 전적으로 그 죄에 대한 책임을 져야 한다.

언젠가 나는 한 아버지가 D와 F로 가득한 아들의 성적표를 보고 있는 만화를 본 적이 있다. 아버지가 아들을 보며 얼굴을 찌푸리자 아들이 아버지에게 물었다.

"아빠, 유전 때문일까요? 아님 환경 때문일까요?"

유대교는 유전과 환경에 덧붙여 인간행동에 영향을 주는 또 다른 요소가 있다고 주장한다. 바로 영혼이다. 자유의지를 갖고 있는 영혼이라는 개념은 왜 같은 부모에게서 태어나 같은 환경에서 자란 두 형제 중 한 명은 범죄자가 되고 다른 한 명은 성자가 될 수 있는지를 설명해준다. 우리에게 회개할 능력이 있는 것 또한 영혼 개념으로 설명될 수 있다.

대다수 유대인은 회개를 대축제일, 즉 신년제 및 속죄일과 연관시킨다. 신년제 첫 날부터 속죄일 마지막 날까지의 10일간이 아세레트 얌

마이 테슈바, 즉 '회개하는 10일'이기 때문이다. 하지만 심지어 깊이 회개하더라도 이 날들에 시나고그에서 회개하는 것은 하나님께 지은 죄만을 용서받을 뿐이다. 탈무드는 이렇게 가르친다.

"속죄일에는 인간에게 지은 죄가 아니라 하나님께 지은 죄를 속죄한다. 상처받은 상대를 달래 그에게서 용서를 받지 않는다면 말이다(미슈나 요마 8:9)."

뒷 문장 "상처받은 상대를 달래 그에게서 용서를 받지 않는다면 말이다."는 최소한 '살인죄'에 대해서는 완전한 회개를 할 수 있는 방법이 없음을 시사한다. 용서해줄 사람이 이미 이 세상에 존재하지 않기 때문이다. 유대교의 이러한 특징적인 믿음은 유대교 사상가와 기독교 사상가를 구분 짓는다.

나치 사냥꾼으로 유명한 시몬 비젠탈은 1976년에 출간한 그의 저서 《해바라기》에서 자신에게 극심한 윤리적 딜레마를 안겨 준 경험담을 이야기한다. 전쟁 후반기에 비젠탈이 나치 강제수용소에 수감되어 되어 있던 어느 날 아침, 한 간호사가 그를 작업반에서 빼내 죽어가는 한 나치 병사에게 데리고 갔다. 나치 병사는 비젠탈에게 자신의 인생 이야기를 들려주었는데, 그중 중요한 이야기를 요약해 전하면 다음과 같다.

그는 어렸을 때 가톨릭 복사를 하며 자랐지만 후에 나치 친위대에 입대했다. 나치의 폴란드 침공 동안 그는 유대인들을 체포했다. 한 마을에서 그는 유대인 주민들을 건물에 몰아넣고 불을 지르기도 했다.

이제 그는 침대에 누워 며칠 동안 죽기만을 기다리고 있었다. 그런 그가 자신이 저지른 만행을 깨닫고 한 유대인이 자신을 용서해줄지 알고 싶어 했다. 비젠탈은 침묵을 지키고 그 자리를 떠났다. 그로부터 30년 후, 비젠탈은 서신을 통해 그날의 이야기를 유대인 명사들과 기독교도 명사들에게 전하며 이렇게 물었다.

"회개하는 그 나치 병사를 용서하지 않은 제가 옳았습니까?"

기독교도 응답자는 거의 모두가 나치 병사를 용서했어야 했다고 대답했다. 전 독일 법무부 장관 구스타베 하이네만Gustave Heinemann이 다음과 같이 말한 것처럼 말이다.

"정의와 법이 아무리 중요하다 하더라도 용서 없이는 존재할 수 없습니다. 용서는 예수가 정의에 추가한 덕목이기도 하지요."

반면, 유대인 응답자는 거의 모두가 그 나치 병사를 용서할 수 없다고 주장했다. 그를 용서할 권한이 있는 사람들은 희생자들밖에 없기에 이 경우에 용서는 사실상 '죽은 쟁점'이라는 것이 그들의 주장이었다.

다행히 이외의 거의 모든 죄들의 경우에는 회개할 수 있는 여지가 있다. 하지만 거의 돌이킬 수 없는 피해를 야기하는, 우리가 흔히 저지르는 죄가 최소한 두 가지는 있다. 바로 대중을 상대로 한 횡령과 다른 사람의 명예를 훼손하는 일이다. 전자의 경우, 횡령에 피해를 입은 사람들을 모두 찾아 보상을 해준다는 것은 불가능에 가깝다. 후자의 경우에도 험담을 듣고 이를 받아들인 모든 사람을 찾는다는 것은 불가능에 가깝다. 여기서 요지는 회개할 사람의 사기를 꺾는 것이 아니라 사람들에게 돌이킬 수 없는 결과를 야기할 행동을 하기 전에 얼마나 신중해야 하는지를 강조하는 것이다. 미국의 해학가 조시 빌링스Josh Billings가 다음과 같이 쓴 것처럼 말이다.

"우리가 저지른 죄를 회개하는 것보다 우리가 저지르려고 하는 죄를 회개하는 것이 훨씬 더 쉽다."

유대 전통에 따르면 회개는 몇 가지 단계로 이루어진다. 즉 먼저 자기 죄를 인식하고, 다음으로 진심 어린 후회를 하고, 가능한 한 피해자가 입은 피해를 최소화한 후, 피해자와 화해를 한 다음, 다시는 죄를 짓지 않겠다고 결심하는 것이다.

유대 율법은 죄에 희생당한 사람에게도 몇 가지 지침을 제시한다. 사건의 일반적인 순서에서 만일 가해자가 진심으로 용서를 구한다면 피해자는 이를 받아들여야 한다(세 번째로 용서를 구하는 경우에는 반드시). 용서를 하지 않는 것은 비열한 일이며 그 자체가 죄로 간주된다.

프즈시하Pzsyha의 랍비 부남Bunam의 가르침은 하나님께 저지른 죄와 관련한 유대교의 특징적인 가르침을 대변한다. 한번은 그가 제자들에게 다음과 같이 물었다.

"너희가 저지른 죄를 언제 용서받았는지 어떻게 알 수 있겠느냐?"

제자들은 다양한 답변을 내놓았지만 그중 어떤 것도 랍비 부남을 만족시키지 못했다. 마침내 랍비 부남이 입을 열었다.

"우리가 더 이상 똑같은 죄를 짓지 않는다는 사실로 알 수 있느니라."

그렇다면 유대교는 언에 회개하라고 가르치는가?

랍비 엘리에제르가 말했다.

"죽기 전에 언젠가 회개하라."

제자들이 그에게 물었다.

"하지만 사람이 자신이 언제 죽을지를 압니까?"

"내일 죽을 수도 있기에 더욱 더 오늘 회개해야 하는 것이다. 따라서 우리는 사는 동안 매일 회개해야 한다(바빌로니아 탈무드 샤밧 153a)."

유대 사회에는 회개에 관한 다음과 같은 두 가지 지침이 전해오고 있다.

"회개하는 죄인은 죄를 지었던 똑같은 능력으로 선행을 실천하려고 노력해야 한다. 그가 신체의 어떤 부분으로 죄를 지었든지 간에 그는 이제 신체의 그 부분으로 선행을 실천해야 한다. 만일 그의 발이 죄를 짓기 위해 달렸다면, 이제 그 발이 선행을 실천하기 위해 달려야 한다. 만일 그의 입이 거짓말을 했다면, 이제 그의 입이 지혜를 바탕으로 열려야 한다. 폭력적이었던 손은 이제 자선을 베풀기 위해 펴져야 한다. 문제를 일삼은 사람은 이제 평화를 조성하는 사람이 되어야 한다(랍비 조나 게론디 , 13세기)."

"온갖 종류의 죄를 저지른 사악한 남자가 살고 있었다. 어느 날 그는 한 현자에게 회개할 수 있는 쉬운 방법을 가르쳐달라고 부탁했다. 그러자 현자는 그에게 이렇게 말했다. '거짓말 하는 것을 삼가십시오.' 그는 현자의 조언을 지킬 수 있다고 생각하며 기쁜 마음으로 돌아갔다. 그리고 여전히 예전 방식대로 살려고 했다. 그가 과거의 습관대로 도둑질을 하기로 결심했을 때, 그는 생각했다. '누가 나에게 어디에 가냐고 물어보면 어떻게 하지? 사실대로 도둑질을 하러 간다고 하면 잡힐 테고, 그렇다고 거짓말을 하면 현자의 지시를 따르지 않는 것인데.' 그는 이러한 방식으로 다른 모든 죄에 대해 생각했고, 마침내 완전한 회개를 했다(랍비 주다 벤 아셔 , 14세기)."

그리고 랍비 마이모니데스는 회개에 관해 다음과 같은 견해를 피력했다.

"완전한 회개는 무엇으로 이루어질까? 어떤 사람이 자신이 이전에 죄를 지었던 상황과 똑같은 상황을 맞았고 다시 죄를 저지를 수 있는 능력이 있는데도 죄를 짓지 않았다면 그 사람은 완전히 회개한 것이다. 똑같은 죄를 다시 되풀이하는 것에 두려움을 느끼거나 신체적으로 너무 허약해서가 아니라 회개하고 싶은 진심어린 마음에서 그렇게 했기 때문이다. 예를 들면, 그가 예전에 자신에게 허락되지 않은 여자와 성관계를 가졌는데, 그로부터 얼마 후에 그녀와 단 둘이서 예전에 성관계를 가졌던 똑같은 장소에 있게 되었을 때, 여전히 그녀에 대한 사랑과 성욕이 예전 그대로임에도 자제력을 발휘해 그녀를 범하지 않았다면 그는 진정으로 회개한 사람이다(《미슈네 토라》, "회개에 관한 율법" 2:1)."

■■■ 180

용서해야 할 때와 하지 말아야 할 때

현재 기독교의 용서에 대한 태도를 바라보는 일반적인 시각은 기독교는 죄를 저지른 사람이 용서를 구하든 그렇지 않든, 죄가 당신에게 저질러졌든 다른 사람에게 저질러졌든, 항상 다른 사람들의 죄를 용서하라고 가르친다. 용서에 대한 기독교의 이러한 특징적인 태도는 2002년 9월 11일에 있었던, 테러범들이 뉴욕과 워싱턴 D.C.를 공격한 9.11 사태의 1주년 행사에서 교황 요한 바오로 2세가 낭송한 기도문에 잘 드러나 있다.

"오늘 우리는 희생자들을 위해 기도합니다. 하나님, 희생자들이 평화롭게 쉴 수 있도록 하시고, 그날 테러 공격을 감행한 테러범들에게도 자비와 용서를 베풀어 주소서." (물론 엄밀히 따지면 교황이 테러범을 용서한 것이 아니라 교황이 그들을 용서해달라고 하나님께 기도한 것이다. 하지만 이 기도는 교황도 그들을 용서한다는 것을 암시한다.)

용서에 대한 유대교의 입장은 이와는 꽤나 차이가 있다. 실제로 유대교는 위와 같은 경우에서는 죄인을 용서하는 것을 금한다. 유대교에는 용서에 대한 세 가지 접근방식이 있다. 즉 유대교는 용서가 의무일 경우, 선택사항일 경우, 금지되는 경우로 나눈다.

아마 가장 주목해야 할 점은 유대 율법은 거의 모든 경우 다른 사람이 아니라 당신 자신에게 저질러진 죄에 대해서는 그 죄를 저지른 사람을 용서할 것을 의무화한다는 것이다. 따라서 유대 율법에 따르면 당신에게 '돌이킬 수 있는' 죄를 저지른 사람이 당신에게 진정으로 용서를 구한다면 당신은 그 사람을 용서해야 한다. 이 같은 상황에서 용서를 하지 않는 사람은 무자비한 사람이라고 마이모니데스는 기술한다.

유대 율법은 또한 용서를 구하는 사람의 의무도 규정한다. 즉 피해자에게 용서를 구했는데도 용서를 받지 못한 사람은 (각기 다른 시간에) 피해자에게 두 차례 더 용서를 구해야 한다고 유대 율법은 규정한다. 세 차례 용서를 구했는데도 용서를 받지 못했다면 용서를 구한 사람은 제대로 회개한 것으로 간주되어 더 이상 용서를 구할 필요가 없다.

한편, 일부 상황에서는 상대를 용서할지, 하지 않을지를 선택할 수 있다. 유대 율법은 잘못을 하고도 용서를 구하지 않는 사람도 용서해야 한다고 규정하지는 않는다. 이 경우 용서가 선택사항이기는 하지만 용서를 하는 것이 현명할 때가 가끔 있다. 가해자에 대한 피해자의 분노가 피해자의 삶에 악영향을 초래한다면 가해자가 용서를 구하지 않더라도 피해자가 가해자를 용서하고 하루빨리 평온을 되찾는 것이 현명한 선택일 것이다.

랍비 해롤드 쿠슈너는 그가 아는 한 여성의 사례를 회고한다. 10년 전, 그 여성은 남편으로부터 심한 학대를 받았고, 두 사람은 결국 이혼했다. 쿠슈너는 그녀가 전 남편에 대해 깊은 분노를 느낀 것에 대해 전혀 놀라지 않았다. 그런데 10년이라는 긴 세월이 흐른 후에도 전 남편에 대한 그녀의 분노가 사그라지지 않자 쿠슈너는 그녀에게 이렇게 말했다.

"당신은 10년 동안 전 남편에게 뜨거운 부지깽이를 던지려고 줄곧 그것을 손에 들고 다녔습니다. 하지만 당신은 그것으로 당신 손에 구멍을 냈을 뿐이죠."

분노를 떠나보내는 것이 얼마나 중요한 일인지를 깨달은 유대교는 유대인들에게 매일 잠자리에 들기 전에 다음의 기도문을 암송할 것을 권한다.

"대우주의 주인이신 하나님의 이름으로 저는 지금 저를 분노케 했거나 저를 적대시했거나 저에게 죄를 지은 모든 사람들을 용서합니다. 저의 육체나 재산, 명예 등을 비롯해 저의 어떠한 것에 해를 끼쳤든, 사고로 해를 끼쳤든, 아니면 고의나 부주의로 해를 끼쳤든, 또는 말을 통해 해를 끼쳤든, 행동이나 생각을 통해 해를 끼쳤든 상관없이 말입니다."

우리는 또한 예를 들면 우리의 이름을 더럽힌 사람처럼 우리에게 돌이킬 수 없는 피해를 준 사람도 용서하지 않기로 선택할 수 있다. 이러한 피해는 말 그대로 완전히 돌이키기가 불가능하기에 우리는 우리에게 이러한 피해를 입힌 사람을 설령 그가 진심으로 세 차례 용서를 구하더라도 용서하지 않을 권한이 있다. 그럼에도 불구하고 앞서 언급한 이유로 특히 가해자가 진심으로 용서를 구할 경우, 용서의 미덕을 발휘하는 것이 지혜롭고 관대한 처사일 수 있다.

끝으로, 용서에 관한 유대교의 가장 혁신적인 가르침을 살펴보자. 유대교는 용서를 해선 안 될 때가 있다고 주장한다. 이 금지령은 앞서 언급한 교황 요한 바오로 2세의 기도문 사례와 같은 사례들에 적용된다. 다시 말해, 유대 전통은 피해를 입은 당사자만이 용서를 할 수 있다는 입장을 취하기에 다른 사람에게 저질러진 죄에 대해 용서하는 것을 금한다(미슈나 요마 8:9). 살인죄가 용서받을 수 없는 이유도 바로 여기에 있다. 즉 살인을 저지른 사람을 용서를 할 수 있는 유일한 사람이 더 이상 이 세상에 존재하지 않기에 살인자는 누구에게도 용서받을 수 없는 것이다. 따라서 유대교의 관점에서 보면 어떤 부모가 그들 자녀를 살해한 사람을 용서하기로 선택한다면 그들이 실제로 용서할 수 있는 것은 그들이 감내해온 고통뿐이다. 그들은 결코 살인죄 자체를 용서할 수 없기 때문이다.

그리고 다시 한 번 언급하면 유대교는 대다수의 경우 상대가 용서를 구할 때 그를 용서할 것을 의무화한다.

토라는 가장 유명한 계명인 "네 이웃을 네 자신처럼 사랑하라."의 바로 앞 구절에서 이렇게 명한다.

"다만 네 이웃을 꾸짖어서 네가 이웃으로 인한 죄의 책임을 떠맡지 않도록 하라(레위기 19:17)."

이 구절이 암시하는 바는 만일 당신이 누군가 잘못된 행동을 하는 것을 보고도 그의 행동에 이의를 제기하거나 그의 행동을 바꾸려는 노력을 하지 않는다면 당신은 그와 함께 그의 죄에 대한 책임을 져야 한다는 것이다.

탈무드는 이 계명이 적용되는 영역은 광범위하다고 가르친다.

"자기 가족이 죄를 범하는 것을 막을 수 있음에도 그렇게 하지 않는 사람은 가족의 죄에 대한 책임이 있다. 자기가 살고 있는 도시 사람들이 죄를 범하는 것을 막을 수 있음에도 그렇게 하지 않는 사람은 그 도시의 죄에 대한 책임이 있다. 온 세상이 죄를 범하는 것을 막을 수 있음에도 그렇게 하지 않는 사람은 온 세상의 죄에 대한 책임이 있다(샤밧 54b)."

탈무드의 이 가르침이 암시하는 바는 다른 사람의 행위에 영향을 줄 수 있다고 믿을 만한 이유가 당신에게 있을 경우에만 목소리를 높여야 할 의무가 있고, 그렇지 않은 경우에는 개입할 의무가 당신에게 없다는 것이다. 따라서 당신이 영향을 주려고 하는 사람이 폭력적이거나 무례한 성향의 사람이라서 당신의 책망이 당신에게 위험을 초래할 가능성이 있다면 당신은 그를 책망할 의무가 없다. 그리고 위협을 전혀 느끼지 않는 경우에는 당신이 상대에게 영향을 줄 수 없다는 결론을 너무 쉽게 내려선 안 된다. 잘못된 행동을 하는 사람을 질책하는 가장 좋은 방법은 토라의 말씀에 따라 적절한 상황과 시기에 상대를 나무라는 것이다.

다윗 왕과 동시대의 인물인 나단은 토라에서 가장 효과적으로 비난하는 법을 보여준 인물이다. 다윗 왕이 욕정에 못 이겨 유부녀 밧세바와 부정을 저지른 후 의도적으로 그녀의 남편 우리아를 전쟁에 보내 죽게 했을 때 나단은 다윗 왕을 직접적으로 비난하지 않았다. 다윗 왕이 방어나 부인을 할 공산이 컸기 때문이다. 대신 그는 마치 다윗 왕에게 자기가 들은 부당한 사건에 대해 조언을 구하는 것처럼 말했다.

"'한 성에 두 사람이 살고 있었는데 하나는 부자였고 다른 하나는 가난했습니다. 부자에게는 양과 소가 아주 많았지만 가난한 사람은 자기가 사다가 키운 작은 암양 새끼 한 마리밖에 없었습니다. 그 양은 그의 자식들과 함께 자라며 그가 먹는 것을 같이 먹었고 그 잔에서 같이 마셨으며 그 품에서 잤습니다. 그에게 양은 마치 딸과 같았습니다. 하루는 부자에게 손님이 왔습니다. 하지만 부자는 자기에게 온 손님을 대접할 때 자기 소나 양을 잡지 않고 가난한 사람의 그 새끼 양을 잡아 자기 손님을 대접했습니다.' 그 말을 듣고 있던 다윗은 불같이 화를 내며 나단에게 말했다. '여호와께서 살아 계심을 두고 맹세하는데 이런 일을 한 그 부자는 죽어야 마땅할 것이다. 인정머리도 없이 그런 천하의 나쁜 짓을 했으니 그 새끼 양을 네 배로 갚아 주어야 한다.' 그러자 나단이 다윗에게 말했다. '왕이 바로 그 사람입니다.'(사무엘하 12:1-7)"

다윗 왕에게 직접적으로 맞서지 않고 이야기 하나를 들려줌으로써 나단은 다윗 왕으로 하여금 단순한 윤리 차원에서 자신이 저지른 악행을 보게 했다. 다윗 왕은 부자가 가난한 사람이 사랑한 새끼 양을 빼앗은 것처럼 다른 사람의 아내를 빼앗았다. 다윗 왕이 "그 사람은 죽어야 마땅할 것이다."라는 판결을 내리자 나단이 "왕이 바로 그 사람입니다."라고 말했고, 다윗 왕은 자신이 비난받아 마땅하다는 걸 인정할 수밖에 없었다. 나단이 어떻게 비난하는지를 알았기에 다윗 왕은 어떻게 회개하는지를 배울 수 있었다.

마이모니데스는 다른 사람을 질책할 때 따라야 할 세 가지 중요한 지침을 제시한다. 첫째, 상대를 다정하고 부드러운 방식으로 나무라야 한다. 당신의 목적이 잘못한 사람으로 하여금 자신의 잘못을 깨닫게 하는 것이라면 당신은 사랑을 바탕으로 (심지어 애정을 담은 말을 건네면서까지) 상대를 나무라야 한다. 그렇게 하면 상대가 잘못을 뉘우칠 가능성이 커진다. 반면 거센 비난은 상대의 방어적인 반응을 촉발해 변화를 야기하지 않는 경향이 있다. 둘째, 인내심을 갖고 위압적이거나 독단적이지 않은 방식으로 상대의 잘못을 언급해야 한다고 마이모니데스는 가르친다. 자신의 모든 결점을 인식해 즉시 변화를 꾀하는 사람은 거의 없기에 다른 사람이 그러지 못한다고 해서 다른 사람에게 화를 내는 것은 부당할 것이다. 끝으로, 다른 사람들이 없는 곳에서 상대의 잘못을 지적해야 한다. 라쉬는 "이웃으로 인한 죄를 떠맡지 않도록 하라."는 토라 구절을 변형한 가르침을 제시했다.

"상대를 비난하더라도 상대를 난처하게 만들지 않기 위해 사람들이 없는 곳에서 비난해야 한다. 상대를 공개적으로 비난하는 것은 상대의 죄를 떠맡는 것이기 때문이다."

탈무드는 "당혹감으로 상대의 안색이 변할 때까지 상대를 질책해야 합니까?"라는 질문에 "그렇게 하면 안 된다."고 단호하게 대답한다(아라킨 16b).

유대교는 어떻게 질책해야 하는지에 관한 지침뿐만 아니라 질책받을 때 어떻게 반응해야 하는지에 관한 지침도 제시한다. 당신을 질책하는 사람의 의도가 악의적이지 않다면 당신은 질책당하는 동안 침묵을 지키고 상대의 말에 진실이 담겨있는지를 곰곰이 생각해봐야 한다. 19세기 랍비인 랍비 심차 지셀 지브 는 우리에게 의사에게 반응하듯 '비평가'에게 반응할 것을 제안한다. 우리를 고통스럽게 한 질병을 진단해준 의사에게 화를 내지 않듯 우리는 우리의 잘못된 점을 지적해준 사람에게도 화를 내지 말아야 한다. 우리의 잘못된 점을 인지할 때만 그것을 고칠 수 있는 기회를 가질 수 있기 때문이다. 우리는 우리의 질병을 정확히 진단해주는 의사에게 고마운 마음을 가지듯 우리의 잘못된 점을 정확히 지적해주는 사람에게도 고마운 마음을 가져야 한다. 그들은 우리를 더 건강하고 더 나은 사람으로 만들어줄 수 있기 때문이다.

지그문트 프로이트의 이드 (공격적인 본능과 에너지 및 초 도덕적 열망의 저장소) 개념은 고대 랍비들의 예체르 하-라 (악을 편애하는 인간의 공격적인 본능) 개념과 놀라우리만치 유사하다. 랍비들에 따르면 모든 사람은 예체르 하-라를 갖고 태어나고, 오직 성장하면서만 예체르 하-토브 , 즉 선에 대한 편애를 갖게 된다.

랍비들의 통찰은 현실과 일치하는 것으로 보인다. 귀여워서 사랑받는 아기는 많아도 이타적이어서 사랑받는 아기는 거의 없다. 또 아기들은 뭔가 원하는 것이 있으면 엄마와 아빠가 두 달 동안 자기 때문에 밤잠을 설쳤다는 사실은 아랑곳하지 않고 새벽 4시에도 큰소리로 울어댄다. 아기들에게는 잘못이 없다. 그래서 랍비들은 자기중심적인 예체르 하-라를 무조건 나쁜 것으로 보지 않았다. 어느 랍비가 동료에게 조언했다.

"예체르 하-라는 아주 좋은 것일세. 왜 그렇겠는가? 그것이 없다면 인간은 집을 짓지도, 결혼을 하지도, 아기를 낳지도, 사업을 하지도 않을 것이기 때문이라네. 솔로몬이 '나는 모든 노력과 모든 성취가 결국 이웃을 시기하는 마음에서 비롯된 것임을 깨달았다(창세기 라바 9:7).'라고 말했듯이 말이네."

이 랍비는 전적으로 순수하지 않은 동기가 순수하고 아름다운 것을 탄생시킬 수 있다는 말을 한 듯하다. 두 남녀가 성관계를 하는 동기는 단순히 아이를 가지려는 '순수한' 욕망보다 훨씬 더 복잡할 수 있다. 하지만 엄연한 사실은 성관계를 통해서만 아기가 탄생할 수 있다는 것이다. 유대교의 다른 가르침은 자신의 예체르 하-라가 어느 방향으로 나아갈 것인지를 파악하기 위해 자신을 검토해봐야 한다고 역설한다. 그래야 잠정적으로 나쁜 경향을 통제해 그것을 좋은 일에 이용할 수 있다는 것이다. 예를 들어 부자에게는 유명해지고 싶은 강한 욕망이 있을 수 있다. 이 경우 부자는 저급할 수도 있는 이 욕망을 체다카를 통해 충족시킬 수 있다. 그의 이름이 병원이나 대학 도서관 또는 학교 등에 새겨져 유명세를 떨칠 수 있기 때문이다. 이러한 종류의 활동들은 분명 랍비들의 또 다른 가르침, 즉 예체르 하-토브와 예체르 하-라 둘 모두로 하나님을 숭배해야 한다는 가르침을 완수하는 결과를 낳을 것이다.

'예체르 하-토브'와 '예체르 하-라'는 신앙심이 깊은 유대인들이 적극적으로 사용하는 어휘 중 하나다. 그들은 종종 '예체르 하-라'를 (욕정에만 국한시키지 않고) 욕망의 동의어로 사용한다. 따라서 누군가 "초콜릿에 대한 예체르 하-라가 일어나는군."이라고 말할 수 있다. 또한 잘못을 묘사할 때도 '예체르 하-라'를 사용할 수 있다. 예를 들면 누군가 이렇게 고백할 수 있다. "돈에 대한 나의 예체르 하-라를 조절해야 할 것 같아. 편법을 써서 사업을 하고 싶다는 생각을 떨쳐버릴 수 없어서 말이지."

항상 '좋은 것'이 '나쁜 것'보다 좀 더 지루하기 때문인지는 몰라도 '예체르 하-토브'는 비교적 자주 쓰이지 않는다. 아주 훌륭한 사람에 대해 말할 때조차 사람들은 흔히 '예체르 하-토브'를 사용하지 않고

"그에게는 예체르 하-라가 없는 것 같아."라는 식으로 말한다.

■■■ 183

메시아의 존재에 대하여

오랫동안 많은 유대인이 메시아(히브리어로는 '마-쉬-아크Ma-shi-akh'다.)가 곧 등장하리라는 예언에 회의적이었다. 1세기 현자인 라반 요카난 벤 자카이는 이렇게 말했다.

"사람들이 메시아가 왔다고 말할 때 묘목을 손에 쥐고 있다면, 먼저 그 묘목을 심고 메시아를 맞으러 가야 한다."

가장 먼저 메시아를 맞이하는 임무를 띠고 마을 외곽을 지키는 대가로 공동체 의회에서 1루블의 월급을 받는 한 러시아 유대인에 대한 옛이야기가 있다. 친구가 남자에게 "그런데 월급이 너무 적지 않나?"라고 말하자 남자는 "물론 적다네. 하지만 안정적인 일이라네."라고 대답했다.

하지만 메시아와 메시아 시대에 대한 유대교의 믿음은 뿌리 깊은 것이어서 마이모니데스의 '유대교 믿음의 13가지 원칙' 중에서도 메시아와 관련한 원칙이 가장 유명한 것이 되었다.

"아니 마아민Ani Ma'amin('저는 믿습니다.'란 뜻), 저는 메시아가 오시리라는 것을 온 마음을 다해 믿습니다. 설령 그분이 지체하시더라도 저는 그분이 언젠가는 오시리라는 것을 믿으며 그날만을 기다릴 것입니다."

나치 강제수용소에서 가스실을 향해 걸어가는 동안 이 '아니 마아민'을 암송한 유대인들이 있었다고 한다.

메시아의 출현은 한편으로는 아이러니한 유머와 회의론이고 다른 한편으로는 열정적인 믿음이다. 그렇다면 유대교는 메시아에 대해 어떤 입장을 취할까?

가장 주목할 점은 유대 전통은 메시아에 대해 최소한 다섯 가지는 긍정한다는 것이다.

메시아는 다윗 왕의 후손 중 한 명이 될 것이다.

메시아는 이스라엘 땅에 대한 자주권을 획득할 것이다.

메시아는 지상의 네 모퉁이에서 유대인들을 이스라엘 땅으로 불러 모을 것이다.

메시아는 그들로 하여금 토라 율법을 모두 지키게 할 것이다.

끝으로, 메시아는 온 세상에 평화를 가져올 것이다.

일부 예언자는 메시아에게 더 어려운 임무를 할당했다. 그들 중 한 명인 이사야는 다음과 같은 메시아 시대의 비전을 제시했다.

"늑대가 어린 양과 함께 살고 표범이 새끼 염소와 함께 누우며 송아지와 어린 사자와 살진 짐승이 함께 있는데 어린아이가 그들을 이끌고 다닐 것이다. 암소와 곰이 함께 풀을 뜯고 그 새끼들이 함께 뒹굴며 사자가 소처럼 짚을 먹을 것이다. 젖먹이가 독사의 구멍 곁에서 장난하고 어린아이가 뱀의 굴에 손을 넣을 것이다. 그들은 내 거룩한 산 모든 곳에서 해치거나 다치게 하지도 않을 것이다(이사야 11:6-9)."

마이모니데스는 여기서 이사야의 언어는 은유적이라고 믿었다(가령 늑대로 비유되는 유대인들의 적들이 더 이상 유대인들을 탄압하지 않을 것이다.). 그로부터 1세기 후, 나크마니데스는 마이모니데스의 이성주의에 반기를 들고 이사야는 정확히 자신이 말한 것을 의미했다고 주장했다. 즉 메시아 시대에는 야생동물도 온순해져 우리와 함께 지내게 되리라는 것이었다. 보다 최근 인물인 우디 앨런 도 이러한 유토피아 비전에 한마디 거들었다.

"늑대가 어린 양과 함께 살지만 어린 양은 잠을 이루지 못할 것이다."

메시아 통치는 미래에 도래할 것이라는 유대교의 믿음은 오랫동안 유대인들과 이웃 기독교인들을 구별지어왔다. 기독교인들은 2천 년 전에 이미 예수가 메시아로 이 세상에 왔다고 믿기 때문이다. 유대교가 예수가 메시아라는 주장을 부인하는 가장 기본적인 근거는 이사야가 다음과 같이 예언한 것과는 달리 예수가 세상에 평화를 가져오지 않았다는 것이다.

"민족이 민족에 대항해 칼을 들지 않으며 군사훈련도 다시는 하지 않을 것이다(이사야 2:4)."

여기에 덧붙여 예수는 유대인들이 정치적 자주권을 획득하는 데 도움을 주지도 않았고, 유대인들을 그들의 적들로부터 보호하지도 않았다.

예수 시대로부터 1세기 후, 다수의 팔레스타인 유대인이 로마를 상대로 한 반란에서 시몬 바르-코크바를 메시아로 여기며 그를 따랐다. 하지만 유대인들은 참담한 패배로 고통 받아야 했다. 1665년에서 1666년까지 전 세계 유대인의 상당수가 터키 유대인 샤베타이 제비를 메시아로 믿고 터키 술탄이 그에게 팔레스타인을 넘겨줄 날을 자신 있게 기다렸다. 하지만 술탄은 샤베타이를 처형하겠다며 위협했고, 이 '메시아'는 자기 목숨을 구하기 위해 이슬람교로 개종했다.

현대 세계에서 개혁파 유대교는 오랫동안 메시아의 존재를 부인해 왔다. 개혁파 유대인들은 세상을 완벽하게 만들어 줄 한 명의 메시아가 출현하리라고 생각하지 않았던 것이다. 대신 개혁파 유대인들은 하나님이 보내신 메시아가 아니라 우리 인간이 직접 탄생시킬 유토피아 시대에 대해 이야기한다. 개혁파의 이러한 발상은 다수의 비정통파 유대인에게 영향을 주었다. 유대인들이 종종 진보주의 또는 좌익의 정치적 대의에 끌리는 것은 메시아 시대를 앞당기려는 세속적인 시도를 대변하는 것일지 모른다.

전통적인 유대인들 사이에서는 한 명의 메시아에 대한 믿음이 최근에 더 중심적인 것으로 성장한 것처럼 보인다. 내가 어렸을 때 유대 학교에서는 메시아라는 주제를 좀처럼 언급하지 않았다. 하지만 오늘날에는 정통파 내의 큰 움직임인 루바비치파가 메시아 출현이 임박했음을 점점 더 강조하고 있다.

이와 동시에 이스라엘에서 메시아라는 주제는 다수의 종교적 시온주의자, 특히 지금은 고인이 된 랍비 아브라함 이삭 쿡의 제자들에게 더 중요한 주제가 되었다. 메시아에 대한 관심을 다시 불러일으키는 데 도움을 준 사건은 1967년의 6일 전쟁이었다. 6일 전쟁에서 이스라엘은 예루살렘 구 시가지를 손에 넣어 2천 여 년 만에 처음으로 유대인들이 성경이 명한 국경선을 가진 이스라엘을 통치할 수 있게 되었다.

그런데 유대 역사를 제대로 읽으면 메시아 사상이 오랫동안 유대 사회를 고양시키고 유대인들로 하여금 '완벽한 세상'을 위해 노력하게 만들긴 했지만 유대인들이 메시아의 출현이 임박했다고 믿을 때마다 그 결과는 파국적인 것이었음을 알 수 있다.

1984년, 이스라엘에서 한 유대교 지하조직이 체포되었다. 예루살렘에 있는 이슬람교의 '바위 돔' 사원을 폭파시킬 음모를 꾸몄기 때문이다. 그들은 성전산에 있는 '바위 돔' 사원을 폭파시켜 그곳에 대성전을 재건하려 했다. 그렇게 되면 당연히 세계 도처에 있는 이슬람교도들이 이스라엘을 상대로 한 지하드(성스러운 전쟁)를 일으킬 가능성이 농후해지지만 이 지하조직의 일부 조직원은 분명 이러한 가능성을 반긴 것으로 보인다. 이스라엘에 대한 전 세계적인 침공이 하나님으로 하여금 어쩔 수 없이 곧바로 메시아를 보내게 할 것이라고 그들은 믿었기 때문이다. 메시아 발상이 더 이상 영감을 불러일으키지 않고 위험한 것이 되었을 때 메시아 출현에 대한 믿음은 정치적 결정들을 형성하기 시작했다.

■■■ 184

내세를 말하지 말라

개혁파나 보수파, 정통파를 막론하고 유대교는 올람 하-바 olam ha-ba, 즉 내세에 대해 거의 이야기하지 않는다. 그런데 이것은 유대인들이 함께 살았던 민족들의 종교적 전통과 뚜렷한 대조를 이룬다. 가령 이슬람교의 가르침에서는 내세가 항상 중요한 역할을 담당했다. 오늘날까지도 이슬람교는 자살 테러 임무를 맡긴 이슬람 테러범들에게 지하드로 죽은 사람은 누구나 곧바로 천상에서 가장 높은 곳으로 가게 된다는 사실을 상기시킨다. 기독교에서도 내세는 중요한 역할을 한다. 여러 개신교 종파의 열정적인 선교 활동은 비기독교인들을 개종시키는 것은 그들을 지옥행으로부터 구원하는 것이라는 믿음에 뿌리를 두고 있다.

반면 유대교는 내세에 대해 많은 가르침을 설파하지 않는다. 가장 중요한 유대교 문헌인 토라는 내세에 대해 명확한 언급을 하지 않는다.

유대교는 '다음 세상'을 믿는다. 그렇다면 내세에 대한 토라의 침묵을 어떻게 설명할 수 있을까? 나는 내세에 대한 유대교의 침묵과 유대인들이 이집트에서 오랫동안 노예 생활을 하다가 해방된 직후에 토라가 세상에 모습을 드러냈다는 사실 간에 상관관계가 있다고 생각한다. 당시 이집트 사회는 죽음과 내세라는 주제에 사로 잡혀 있었다. 가장 성스러운 이집트 문학작품의 제목은 《사자의 서 》였고, 여러 파라오의 주요 업적은 피라미드라는 거대한 무덤을 세운 것이었다. 이와는 대조적으로 토라는 제사장들에게 시체와 접촉하는 것을 금할 정도로 이 세상에 몰두했다(레위기 21:1).

토라는 유대교가 죽음에 집착하는 이집트인들의 종교로부터 진화하지 않았다는 것을 확실히 하려는 열망으로 내세에 대해 침묵했을지도 모른다. 역사 전반에 걸쳐 내세에 큰 의미를 부여한 종교들은 다른 종교적 가치들이 왜곡되는 것을 방치했다. 예를 들어 내세에 대한 믿음은 스페인 종교재판 주동자들에게 무고한 사람들을 고문하는 동기를 부여했다. 지옥에서 당하게 될 영원한 고통으로부터 사람들을 구원할 목적으로 이 세상에서 그리스도를 받아들일 때까지 사람들을 며칠 간 고문하는 것은 도덕적으로 바람직한 일이라고 그들은 믿었다.

유대교에서 내세에 대한 믿음은 믿음의 도약이라기보다 다른 종교적 믿음들로 인해 성장한 논리적 결과물에 더 가깝다. 전지전능하고 모든 것에 공정한 하나님의 존재를 믿는 사람은 너무도 자주 악이 승리하는 이 세상이 인간 생명이 존재하는 유일한 곳이라는 믿음을 가질 수 없다. 이 생이 마지막이라면 하나님은 악의 승리를 허용하는 것이기에 좋은 분일 수 없기 때문이다. 이러한 이유로 하나님의 존재는 믿지만 내세의 존재는 믿지 않는다고 말하는 사람은 이 쟁점에 대해 깊이 생각해보지 않았거나, 또는 하나님은 도덕관념이 없거나 부도덕하다고 믿는 사람이다.

그렇다면 유대교는 내세에 어떤 일이 일어날 것이라고 말할까? 앞서 언급했듯이 유대교는 이 주제에 대해 거의 논의하지 않는다. 유대 글들과 설화가 내세에 대해 말하는 것은 익살스럽기까지 하다. 한 이야기에 따르면 천상에서는 모세가 앉아서 하루 종일 토라를 가르치는데, 그것이 의로운 사람에게는 천국이지만 악한 사람에게는 지옥이라는 것이다. 또 다른 설화에 따르면 천국과 지옥 두 곳 모두에서 사람들은 자신의 팔꿈치를 구부릴 수 없는데, 그로써 지옥에서는 계속해서 굶고, 천국에서는 서로 옆 사람을 먹인다는 것이다.

물론 천국과 지옥을 묘사하려고 시도한 모든 것이 추측에 근거한 것이다. 유대교는 하나님을 좋은 분으로 믿기에 하나님은 좋은 사람들에게 보상을 해주실 것이라고 믿는다. 아울러 아돌프 히틀러와 그에게 희생당한 사람들이 똑같은 운명을 공유할 것이라고 믿지 않는다. 유대교의 내세관에 대해 이 이상 추정하기는 어려워 보인다. 우리는 내세에 대해서는 하나님의 손에 맡길 수밖에 없다.

■■■ 185

역사는 사람이 만드는 것

하나님을 믿는 많은 사람들은 미래 계획을 이야기할 때 "하나님의 뜻"이라는 표현을 사용한다. 과연 그들 모두가 일어나는 모든 일이 하나님의 뜻이라는 것을 진정으로 믿을까? 실제로 이것은 종교적인 유대인들 사이에서 뜨겁게 논의되는 주제다. 정통파 유대교에서 일반적으로 내려오는 관점은 이 세상에서 일어나는 모든 일이 하나님이 예정하신 것이라는 것이다. 한 유명한 속담이 다음과 같이 말하듯 말이다.

"해변의 모래알 하나도 하나님의 뜻으로 움직이지 않는 것이 없다."

하나님의 뜻은 중요한 사건들뿐만 아니라 사소한 사건에도 깃드는 것으로 여겨진다. 몇 해 전, 내가 아는 한 젊은 정통파 여성이 잃어버린 열쇠들을 찾던 중 내게 말했다.

"하나님이 제게 왜 벌을 주시는지 모르겠어요."

하나님의 섭리는 이디시어인 바셰르트bashert('정해진 운명'이란 뜻)와 관련이 있다. 남자 아기가 태어나기 40일 전에 다음과 같은 천상의 명령이 떨어진다.

"아무개는 누구의 딸과 결혼할 것이다(소타Sotah 2a)."

정통파 유대인들 사이에서는 자기 배우자에 대해 이야기할 때 종종 '나의 바셰르트(운명)'라는 말을 한다. 최근에 나는 한 유대 신문의 '반려자 구함' 광고에서 한 정통파 독신 여성이 다음과 같은 문구를 게재한 것을 보았다.

"연락주세요. 우리가 서로의 바셰르트인지 알아볼 수 있도록 말이에요."

부부가 이혼할 때 그들은 잘못 결혼한 것으로 간주된다. 즉 그들은 서로의 바셰르트가 아니었다는 것이다.

일반적으로 '바셰르트'라는 용어는 행복한 일들을 언급할 때만 사용한다. 하지만 논리적으로 보면 바셰르트는 비극적인 일들도 다스려야 한다. 만일 한 남자가 차에 치였다면 바셰르트, 즉 '정해진 운명'이 의미하는 바는 한 운전자가 자신의 차에 대한 통제력을 잃은 바로 그 시점에 피해자를 사고 지점에 있게 만드는, 한 치의 오차도 없는 시간 동안만 그날 아침 피해자가 그 길을 지나도록 운명 지어졌다는 것이다. 좀 더 넓은 차원에서 '신의 섭리'는 홀로코스트는 단지 히틀러의 의지가 낳은 결과일 뿐만 아니라 하나님의 뜻이 낳은 결과이기도 하다는 것을 의미한다.

그런데 이 행성에서 일어나는 모든 일이 하나님의 뜻이라는 개념을 거부하는 전통적인 유대 사상가들이 있다. 그들 중 가장 두드러진 사람은 14세기 인물인 게르소니데스Gersonides다. 이들의 주장에 따르면 하나님은 우리 인간에게 자유 의지를 주셨기에 우리가 하나님의 뜻에 어긋나는 일을 할 가능성을 열어두어야만 한다.

결론적으로 말해 유대교는 신의 섭리라는 쟁점과 관련해 하나의 확실한 가르침을 제시하지 않는다. 성경이 명확하게 가르치는 한 가지는 하나님은 가끔 이 세상에 영향력을 끼치신다는 것이다. 하나님은 아브라함을 선택했고, 유대인들을 이집트로부터 해방시켰으며, 시내산에서 유대인들에게 토라를 주셨다. 그럼에도 하나님의 이러한 명시적인 행동들이 이 세상에 일어나는 그 밖의 모든 일도 하나님의 뜻대로 일어난다는 사실을 보장해주지는 않는다.

이 쟁점에 대한 내 개인적인 견해는 역설적이다. 이지적인 관점에서 보면 이 세상에서 일어나는 모든 일이 하나님의 뜻이라는 것은 억지 주장이다. 하지만 내가 사랑하는 사람들이 병이 들었을 때 나는 하나님께 기도한다. 하나님은 말 그대로 하나님이기에 기적을 비롯해 모든 것을 가능하게 하기 때문이다. 그러나 하나님은 우리에게 자유 의지를 주었기에 이 세계의 역사는 단순히 하나님이 뜻한 역사만은 아니다. 이 세계의 역사는 우리 인간이 형성한 역사인 것이다.

■■■ 186

우상숭배에 대한 충고

토라의 613 계율 중 무신론을 금하는 계명은 없다. 토라가 무신론자들은 없다고 믿었을지도 모른다. 하나님의 존재를 부인하는 사람들은 항상 다른 숭배 대상을 찾는데, 그들이 하나님 이외에 다른 것을 숭배하는 순간 그들은 우상숭배(히브리어로 '아보다 자라 ')의 죄를 범하는 것이다.

토라가 전쟁을 선포한 우상숭배자들은 흔히 우주의 자연력을 대변하는 신들을 숭배했다. 그들은 비의 신과 다산의 신, 자연 신 등을 비롯한 여러 신을 숭배했다. 유대인들과는 달리 우상숭배자들은 그들의 신들을 사랑해야 할 의무가 없었다. 그래서 이러한 의무는 토라의 뚜렷한 특징이었다. 고대의 우상숭배자들은 끊임없이 그들의 신들을 달래려 애썼을 정도로 그들의 신들을 두려워했다. 그들은 가끔 그들에게 가장 소중한 소유물인 그들의 아들을 제물로 바쳤다(맏아들이 제물로 이상적이었다.). 예를 들어 열왕기하는 이스라엘의 승리를 막는 데 혈안이 된 모압 왕이 "왕위를 이을 자기 맏아들을 데려다가 성벽 위에서 번제를 드린 것"을 기록한다(3:27).

토라는 우상숭배의 다른 어떤 점들보다 자식을 제물로 바치는 의례에 더 분노했다. 유대인들 사이에서는 애초에 자식을 제물로 바치는 것이 금지되었다. 우상숭배에 대한 예언자들의 공격은 논리에 대한 공격이 아니라 도덕성에 대한 공격이었다고 영국 학자 루이스 제이콥스 는 설득력 있게 주장했다.

"예언자들의 글 어디에도 비유대인 국가들이 그들의 신들을 숭배하는 것을 비난한 대목은 없다. 단지 우상숭배의 일환으로 자식을 제물로 바치는 것과 같은 도덕적 타락을 비난했을 뿐이다."

자식을 제물로 바치는 것에 덧붙여 우상숭배를 하는 유대인들이 이웃들은 수간을 일삼았는데(레위기 18:21-30), 토라는 유대인들에게 만일 가나안에서 그들이 이러한 종류의 타락을 한다면 "그 땅은 너희 앞에 있었던 민족들을 토해냈듯이 너희를 토해낼 것(레위기 18:28)"이라고 경고한다.

그러면 유대교의 관점에서 신성을 한 인간에게 부여한 기독교는 우상을 숭배하는 종교일까? 유대 역사 전반에 걸쳐 이 물음은 학리적인 물음이 아니었다. 오랫동안 탈무드는 유대인들에게 우상숭배자들의 축제일 전 3일 간은 그들과 어떠한 상거래도 해서는 안 된다고 명했다. 기독교인들은 매주 일요일을 축제일로 삼기에 만일 유대교가 기독교를 우상을 숭배하는 종교로 여겼다면 매주 목요일부터 일요일까지는 기독교인들과 상거래를 하는 것을 금했을 것이다.

수세기에 걸쳐 적지 않는 유대 사상가가 삼위일체를 믿는 것은 우상숭배라고 주장했다. 하지만 대다수 유대 학자는 기독교는 삼위일체를 믿긴 하지만 세 힘을 서로 충돌하는 별개의 각기 다른 힘으로 보지 않고, 하나님의 세 가지 측면을 대변하는 것으로 본다고 결론 내렸다. 따라서 유대인들에게는 삼위일체를 믿는 것을 금하지만 삼위일체를 믿는 것이 우상숭배는 아니라는 것이 유대교의 공식적인 입장이다.

랍비들에 따르면 우상숭배를 거부하는 사람은 누구라도 토라 전체를 따르는 것으로 인정받는다. 우상숭배에 대한 토라의 반감은 너무도 큰 것이어서 토라의 613 계명 중 50 계명이 우상숭배에 경종을 울리는 계명이다.

■■■ 187

좋은 사람에게 좋지 않은 일이 일어날 때

약 30년 전, 랍비 해롤드 쿠슈너가 쓴 《좋은 사람에게 좋지 않은 일이 일어날 때》는 출간된 후 곧바로 최고의 베스트셀러로 자리 잡았다. 그런데 나는 이 책의 제목을 "왜 좋은 사람에게 좋지 않은 일이 일어날까"로 잘못 알고 있는 사람이 많다는 사실에 놀라곤 했다. 분명 쿠슈너를 비롯한 어느 누구도 이 물음에 대해 명확히 답하지 못했다. 중세 유대 속담이 "내가 하나님을 안다면 내가 하나님일 것이다."라고 말하듯이 말이다. 그런데 그토록 많은 사람들이 쿠슈너의 책 제목을 똑같이 틀린 제목으로 기억한다는 것은 사람들이 인간의 고통에 어떤 이유나 궁극적인 의미가 있는지를 너무도 알고 싶어 한다는 사실을 반영한다. 신정론은 세상에 존재하는 수많은 악에도 불구하고 하나님의 선하심을 입증하려는 시도를 의미한다. 토라의 욥기는 신정론의 문제에 특히 집착한다. 욥에 대해 간단히 말하면 욥은 드물게 선한 사람이지만 자녀들과 부를 잃은 것도 모자라 악성 종양으로 고통까지 받는다. 욥기 전반에 걸쳐 욥은 하나님께 "왜?"라는 똑같은 질문(표현은 다르게 했지만)을 던진다. 하지만 하나님은 욥에게 결코 그 이유들을 말하지 않는다. 욥기 끝부분에 이르러 하나님은 회오리바람 가운데 나타나 욥에게 당신이 하늘과 땅을 창조하신 주 여호와임을 확신시킨다. 하나님은 욥에게 내가 기적을 이룬 것을 이해하지 못하면서 어떻게 네게 일어난 모든 것을 이해할 수 있겠냐고 되물으며 욥을 질타한다.

물론 욥은 "왜?"라고 묻고 하나님은 "왜냐하면"으로 답하지만 하나님의 답변은 욥의 궁금증을 해소해주지 못한다. 하지만 하나님이 직접 욥에게 답한다는 사실만으로도 욥의 불안감은 크게 해소된다.

일반적으로 신정론은 두 가지 형태의 고통, 즉 인간이 만들어낸 고통과 자연적인 고통을 이해하려 한다. 홀로코스트 이후, 신정론과 관련해 유대인들이 제기한 대다수 물음은 홀로코스트 동안 보여주었다고 여겨지는 하나님의 수동성을 다룬다. 하나님은 왜 나치가 그토록 오랫동안 승리감을 맛보도록 허용했을까?

이 물음에 답하려 하는 것은 주제넘은 일임에도 인간이 만든 악은 하나님이 선하다는 개념을 뒤집기에는 역부족이라는 점을 주지할 필요가 있다. 하나님은 인간에게 자유 의지를 주었고, 그 결과 인간은 악행을 저지르는 것을 선택할 수 있다는 것이 유대교의 기본적인 교리이기 때문이다. 만일 하나님이 사람들이 악행을 저지를 때마다 개입한다면 인간을 인간으로 만드는 핵심인 자유 의지는 더 이상 존재하지 않는 것이 된다. 물론 이것이 이 세상에 존재하는 악에 대한 의문을 완전히 해결해주지는 못한다. 예를 들어 하나님은 왜 인간의 마음에(최소한 일부 인간의 마음에라도) 다른 인간들에게 고통을 주고 싶어 하는 열망을 심어주었을까? 일부 인간에게 사디즘 성향을 주지 않고 우리에게 자유 의지를 줄 수도 있을 텐데 말이다.

하나님은 가끔 악을 멈추기 위해 개입한다는 유대교의 믿음은 악에 대한 하나님의 수동성 문제를 악화시킨다. 홀로코스트 이후의 유대인들은 종종 "토라에 따르면 하나님은 이집트의 악에 개입해 유대인들을 노예 상태에서 해방시키셨는데 왜 나치의 강제수용소는 파괴하시지 않으셨나요?"라는 식의 물음을 던지곤 한다.

이 물음은 통렬하게 들리긴 하지만 순진한 물음이다. 출애굽기는 파라오가 유대인들을 노예로 삼았을 때는 하나님이 개입하지 않았음을 분명히 전하고 있다. 여러 세대의 유대인들이 이집트 사람들의 잔혹함에 고통 받고, 수많은 남자 아기가 나일 강에 익사당한 후에야 하나님은 비로소 모세를 파라오에게 보낸다. 이러한 관점에서 보면 하나님은 홀로코스트에도 개입했다고 말할 수 있다. 실제로 비록 6백만 명의 유대인들이 학살당한 후이긴 하지만 하나님은 분명 홀로코스트를 중단시켰기 때문이다. 나는 이 주장이 만족스러운 것이라 생각하지 않는다. 이 쟁점에 대한 어떠한 주장도 그렇지 못한 것처럼 말이다.

사실 신정론의 위험 중 하나는 인간에 대한 하나님의 뜻을 정당화하기 위해 고통 받는 사람들에게 고통의 책임을 전가하는 것이다. 예를 들어 초정통파 유대인들은 종종 홀로코스트를 유대인들의 신앙심이 깊지 못해 하나님이 내린 징벌이라고 말한다. 부모가 안식일을 지키지 않아 어린아이들을 가스실에서 무참히 살해한 것이 과연 하나님이 내린 적절한 징벌이었을까? 이러한 시각은 다른 근거들로도 여전히 합당하지 않아 보인다. 1930년대와 1940년대의 유럽 유대인들이 아무리 비종교적이었다 하더라도 당시 미국 유대인들이 그들보다 평균적으로 훨씬 더 비종교적이었다. 그럼에도 미국 유대인들은 홀로코스트를 피할 수 있었고, 번영의 역사를 향유할 수 있었다.

시온주의를 반대하는 일부 초정통파 사상가들은 홀로코스트는 유대인들이 세속적인 시온주의 운동에 빠져든 것에 대한 하나님의 징벌이라고 설명한다. 이러한 설명은 한층 더 설득력이 없어 보인다. 홀로코스트를 피해 다른 나라로 이주한 몇 안 되는 유럽 유대인들 중에는 1939년 이전에 유럽을 떠나 팔레스타인으로 이주한 시온주의자들이 속했기 때문이다. 실제로 일부 종교적인 시온주의 사상가들은 홀로코스트를 시온주의자가 되지 않고 유럽에 거주하기로 선택한 유대인들에게 하나님이 내린 징벌로 이해한다. 이 주장 역시 도덕적으로 매우 거슬리는 주장이기는 마찬가지다. 부모가 테오도르 헤르츨의 도전에 동참하길 거부했다고 해서 아이들을 가스실에서 질식시킨 것 또한 어처구니없는 논리이기 때문이다.

홀로코스트를 하나님의 뜻으로 설명하는 대다수 시도가 불쾌감을 주는 이유는 그것들이 결국 히틀러를 하나님의 협력자 내지 하수인으로 만들어버리기 때문이다. 다시 말해 히틀러는 어떤 식으로든 하나님의 뜻을 실행에 옮긴 인물로 조명될 수밖에 없다. 이러한 설명을 하는 사람들은 거의 항상 하나님의 분노를 촉발한 책임을 자신들 이외의 다른 유대인들에게 돌리며 그들을 비난한다. 이러한 신학자들은 항상 하나님을 그렇게 화나게 만든 것들을 제거해 하나님을 진정시키길 바란다. 하나님이 왜 지금까지 존재한 인간 중 가장 사악한 인간으로 하여금 6백만 명의 유대인들을 학살하도록 했는지를 해석하려는 노력보다 홀로코스트를 비롯해 수많은 악행들이 인간의 자유 의지로 말미암은 것이라는 전제가 훨씬 더 설득력 있어 보인다.

자연적인 고통을 쉽게 설명할 수 있는 길은 없다. 왜 지진과 홍수, 암 등이 존재할까? 인간의 선악과 인간의 고통 간에 분명히 감지되는 상관관계는 확실히 없다. 진정으로 사악한 사람이 병이 들면 만족스러워하는 사람이 많다. 다른 사람들에게 수많은 고통을 안겨준 사람은 그 자신도 그러한 고통을 당해봐야 한다는 생각에서다. 만일 질병이나 비극이 악한 사람들에게만 찾아온다면 우리는 틀림없이 엄청난 회개의 움직임을 목격할 것이다. 그러나 고통은 선한 사람들과 악한 사람들 사이에서 비교적 동등하게 배분되는 듯하다. 그래서 고통은 종교적 믿음에 가장 강력한 도전자로 남아있다.

고통의 이러한 특징이 없다면, 즉 고통은 오직 악한 사람들만의 전유물이라면 이 우주에는 아마 종교를 믿지 않는 사람이 거의 없을 것이다. 하지만 랍비 밀턴 스타인베르그Milton Steinberg의 말처럼 지금 상황에서도 "만일 하나님을 믿는 사람이 악에 곤란을 겪는다면 무신론자는 더 심각한 어려움과 더 많이 씨름해야 할 것이다. 한 가지에 대해서만 숙고하면 되는 것이 아니라 자연 법칙의 존재와 곤충의 본능적인 정교함, 천재의 뇌, 예언자의 심장 등 여러 가지에 대해 숙고해야 하기 때문이다. 이것이 지적으로 하나님의 존재를 믿는 이유이다. 이러한 믿음은 어려움들로부터 자유롭지 못하지만 단연 우주의 수수께끼에 대한 최고의 대답으로 부상한다."

■■■ 188

죽는 그날까지 배움을 게을리 하지 말라

약 2천 년 전, 힐렐은 "무지한 사람은 의로운 사람이 될 수 없다(피르케이 아봇 2:5)."고 가르쳤다. 힐렐은 무지한 사람은 선을 행하려는 열망이 부족하다는 의미로 이 말을 하지는 않았을 것이다. 그들에게 부족한 것은 단순히 지력이다. 올바른 행동을 하려면 지식이 필요하고, 지식이 부족한 사람은 올바른 행동을 하기 위한 적절한 방법을 알 수 없다.

유대교에서는 토라가 옳은 지식의 원천으로 여겨지기에 토라를 공부하는 것이 유대 율법에서 가장 중요한 계명이다. 슈마 기도문에도 나오는 토라의 한 구절은 부모에게 지시하는 형식을 취하며 토라 공부의 미츠바를 지킬 것을 명한다.

"너희 자녀들에게 잘 가르치되 너희가 집에 앉아 있을 때나 길을 걸을 때나 누울 때나 일어날 때 그들에게 말해주라(신명기 6:7)."

주로 이 성경 구절의 결과로 2천 년 전에 유대 율법은 자녀를 둔 부모에게 학교가 없는 도시에 거주하는 것을 금했다. 심지어 탈무드 율법은 선생 한 명이 25명 이상의 학생을 가르치는 것을 금하기도 했다. 따라서 한 학급의 학생 수가 25명을 넘으면 선생을 한 명 더 고용해야 했다. 아울러 가난한 사람에게는 무상 교육을 제공해야 한다고 명하기도 했다.

유대인의 교육열은 유명하다. 중세 유럽에서 거의 모든 기독교도 및 이슬람교도가(여성은 말할 것도 없이) 문맹이었던 것과는 대조적으로 거의 모든 유대교도는 글을 읽고 쓸 줄 알았고, 그중 다수는 지식수준이 상당히 높았다. 12세기의 위대한 가톨릭 신학자 피에르 아벨라르Peter Abelard의 한 제자이자 수도사는 이렇게 전했다.

"유대인들은 아무리 가난하더라도 아들이 열 명 있으면 열 명 모두 교육을 시켰는데, 이는 기독교인들처럼 실리를 위한 목적이 아니라 하나님의 율법을 이해하기 위한 목적이었다. 아울러 유대인들은 아들뿐만 아니라 딸에게도 교육의 기회를 부여했다."

비슷한 시기에 이집트에 있는 한 유대인 여성이 임종을 맞아 여동생에게 다음과 같은 글을 남겼다.

"하늘에 계신 주님께서 나의 죽음을 명하셨다면 나의 가장 큰 바람은 네가 나의 어린 딸을 보살피고 그 애가 공부할 수 있도록 힘써주는 것이다. 네게 큰 짐을 지운다는 걸 잘 알고 있다. 우리에겐 교육비는 고사하고 그 애를 위한 양육비도 없으니 말이다. 하지만 주의 종으로서 우리를 가르치셨던 우리 어머니를 본보기로 삼도록 하자."

역사가 하임 힐렐 벤-사손Haim Hillel Ben-Sasson은 이 글에 대해 다음과 같이 기술했다.

"이것은 두 세대의 여성들이 교육을 받았고 그들의 딸들이 교육받길 원한, 한 가난한 유대 가족의 사례이다."

유대 교육은 결코 아이들에게만 국한되지 않았다. 유대인 어른들도 정기적으로 토라 공부를 했던 것이다. 마이모니데스는 12세기에 그의 유대 율법서인 《미슈네 토라》에서 이러한 공부의 중요성에 대해 다음과 같이 역설했다.

"한 부모가 토라를 공부하고 싶을 때는 그에게 토라를 공부해야 하는 자식이 있더라도 부모가 우선되어야 한다. 하지만 자식이 배움에 대해 더 통찰력이 있거나 배움이 더 빠르다면 자식이 우선되어야 한다. 그리고 설령 자식에게 우선권이 있더라도 부모는 자기 공부를 등한시해선 안 된다. 자식을 교육시키는 것이 미츠바인 것과 마찬가지로 자기 자신을 교육시키는 것도 미츠바이기 때문이다("토라 공부에 관한 율법" 1:4)."

몇 구절 뒤 마이모니데스는 이렇게 결론짓는다.

"삶의 어느 시기까지 토라 공부를 해야 할까? 죽는 그날까지다(1:10)."

유대 문헌을 공부하는 것은 분명 유대인 공동체에서 널리 퍼져 있었다. 제2차 세계대전 이전에 희생된 동유럽 유대인들을 기억하기 위해 건립된, 뉴욕에 소재한 이보 박물관에는 나치가 불태운 수백 만부에도 불구하고 살아남아 미국으로 운반된 한 권의 《미슈나》가 보관되어 있는데, 이 고서의 속표지에는 '베르디체프에서 미슈나를 공부하는 벌목꾼 협회'라는 스탬프가 찍혀 있다. 교육을 받을 필요가 없는 하층민의 일인 벌목을 하는 사람들이 미슈나를 공부하기 위해 정기적인 모임을 가졌다는 사실은 유대 공동체 전반에 걸친 공부에 대한 열정을 반영한다. 이 사실은 또한 미국에 거주하게 된 그들 후손들의 교육열을 설명하는 데 도움을 주기도 한다.

유감스럽게도, 일부 두드러진 예외를 제외하고 과거의 유대 공동체는 유대 여성들의 교육에 대한 필요성을 등한시했다. 하지만 최근 들어 모든 유대교 종파가 여성들에 대한 유대 교육을 점점 더 강조하고 있다.

정통파 유대인들은 특히 탈무드 공부를 영혼을 가장 고양시키는 활동으로 간주하고 있고 탈무드 학자들을 높이 평가하고 있다.

유대 사회에서는 오랫동안 토라 교육을 받은 사람들의 엘리트주의가 존재해왔다. 탈무드는 《미슈나》를 엮기도 한 당대의 대표적인 학자 랍비 주다 더 프린스에게는 다소 가슴 아픈 이야기를 기록하고 있다. 그런데 우리는 이 일화의 결말에서 탈무드가 랍비 주다의 애초 태도에 동의하지 않는다는 것을 알 수 있다.

"언젠가 이스라엘에 기근이 들었을 때 랍비 주다 더 프린스가 식량 창고를 열며 선언했다. '성경과 미슈나, 게마라, 할라카, 아가다를 공부한 모든 사람을 이 창고에 들어오게 하라. 하지만 토라에 대해 무지한 사람은 이 창고에 들여보내지 말라.' 랍비 요나탄 벤 암람Yonatan ben Amram은 자신의 신분을 감춘 채 창고에 들어와 랍비 주다에게 말했다.

'스승이시여, 저에게 먹을 것을 주십시오!'

주다가 요나탄에게 말했다. '그대는 성경을 공부했는가?'

요나탄이 대답했다. '아뇨.'

'미슈나는 공부했는가?'

요나탄이 대답했다. '아뇨.'

'그렇다면 내가 어찌 그대에게 먹을 것을 주겠는가?'

요나탄이 대답했다. '개나 까마귀를 먹이시듯 제게도 먹을 것을 주십시오.'

그래서 랍비 주다는 랍비 요나탄에게 먹을 것을 주었다.

랍비 요나탄 벤 암람이 떠났을 때, 랍비 주다 더 프린스는 '한탄스럽도다! 내가 토라에 무지한 사람에게 먹을 것을 주었구나.'하며 후회했다. 그의 아들인 랍비 시몬이 말했다. '방금 전 그 사람은 토라를 공부했다는 이유로 이득을 취하는 걸 단 한 번도 원치 않았던, 아버님의 제자 랍비 요나탄 벤 암람인 것 같습니다.' 둘은 그가 랍비 요나탄 벤 암람이 맞다는 사실을 확인했다. 그러자 랍비 주다 더 프린스는 다시 선언했다. '모든 사람이 이 창고에 들어올 수 있도록 하라.'(바빌로니아 탈무드, 바바 바스라 8a)"

많은 비종교적인 유대인은 유대인들의 공부에서 가장 중요한 부분인 탈무드 공부를 현실과는 동떨어진 공부로 여기는 듯하다. 그들은 비현실적인 주제들에 대한 불가사의한 논의들로 가득 차 있는 책이 탈무드라고 느낀다.

하지만 일견 모호해 보이는 주제들에 대한 탈무드의 논의들은 종종 우리에게 당면한 쟁점들을 명확히 해주곤 한다. 예를 들면 탈무드 랍비들은 다음과 같은 가상적인 물음을 제기한다.

"두 남자가 사막을 건너고 있는데, 한 남자에겐 한 통의 물이 있다. 둘이 그 물을 나눠 마시면 둘 다 죽게 되지만, 한 사람만 마신다면 그는 사람들 있는 데까지 가 살아남을 수 있다. 이 경우 물통을 가진 사람은 어떻게 해야 할까? 랍비 벤투라는 물통을 가진 남자는 설령 둘 다 죽더라도 물을 나눠마셔야 한다고 가르쳤다. 하지만 랍비 아키바는 물통을 가진 남자에게 물을 마실 권리가 있다고 가르쳤다(레위기 25:36에 대한 시프라Siphra)."

이 이야기는 나에게 오랫동안 흥미롭지만 비현실적인 이야기로 남아있었다. 그런데 저명한 작가이자 홀로코스트 생존자인 엘리 비젤이 랍비 아키바를 주제로 강연을 하는 것을 내가 들었을 때 나의 생각이 바뀌었다. 비젤은 물통을 가진 남자에게 물을 마실 권리가 있다는 아키바의 주장에 대해 이렇게 피력했던 것이다.

"랍비 아키바는 생존하게 될 물통을 가진 남자에게 너무도, 너무나도 가혹했습니다."

비젤의 이 말은 나로 하여금 왜 나치 강제수용소에서 생존한 거의 모든 유대인이 홀로코스트 이후 죄의식을 느끼게 되었는지를 이해할 수 있게 해주었다. 거의 모든 홀로코스트 생존자가 부분적으로는 랍비 아키바의 선택을 함으로써 자신의 불충분한 몫을 나누지 않았기에 생존할 수 있었다. 그들의 이러한 선택은 도덕적으로는 정당화될 수 있었지만 그 후 그들의 삶은 죄책감의 연속이었던 것이다.

권력을 찬미하는 세계에서 유대 전통은 공부를 찬미했다. 탈무드가 다음과 같이 규정했듯이 말이다.

"학자가 이스라엘 왕보다 우선된다. 학자가 죽으면 그를 대신할 사람이 아무도 없지만 왕이 죽으면 이스라엘의 모든 사람이 왕을 대신할 수 있기 때문이다(호라욧 13a)."

■■■ 189

종교 없이 살다가 종교를 갖게 되는 것의 가치

탈무드의 유명한 문구에 따르면 하나님은 비종교적인 삶을 살다가 종교적인 삶을 살게 된 유대인들(바알 테슈바ba'al teshuva)을, 평생 종교적인 삶을 살아온 유대인들보다 더 높게 평가한다고 되어 있다. 탈무드는 이렇게 기술한다.

"참회한 유대인(바알 테슈바)이 선 자리에는 전적으로 의로운 사람은 설 수 없다(브라크홋Brakhot 34b)."

랍비들이 바알 테슈바를 그토록 높이 평가한 이유는 비종교적인 삶을 산 사람이 이전에 해왔던 것들을 버리고 종교적인 삶을 사는 것이 종교적인 삶을 살아온 사람이 계속 종교적인 삶을 사는 것보다 훨씬 더 힘들다고 랍비들이 믿었기 때문이다.

지난 몇 십 년 동안 전 세계에 걸쳐 수만 명의 유대인이 바알 테슈바가 되어 정통파 의례를 수용했다. 이러한 현상은 유대 학자 및 일반 유대인 모두 전혀 기대하지 않았던 것인데, 그들 중 대다수가 미국에서 정통파는 미래가 없다고 생각했던 사람들이다. 실제로 19세기 말과 20세기 초에 미국으로 이주해온 동유럽 유대인 대다수가 정통파 집안 출신이었지만 그들 중 대다수가 정통파를 포기했다. 일반적으로 그들이 처음으로 포기한 것은 안식일이었다. 당시 미국은 주 6일 근무를 원칙으로 했기에 토요일에 일하는 것을 거부하는 사람은 월요일이면 해고되기 마련이었다. 상당히 많은 수의 훌륭한 유럽 랍비가 유대인들이 미국으로 가는 것을 반대한 것도 미국의 이러한 상황 때문이었다. 일반적으로 유럽 유대인들은 미국을 '거리가 금으로 포장된 황금의 땅'으로 묘사했지만 랍비들은 미국을 '정결하지 않은 땅'으로 흔히 묘사했다. 유대인들이 미국으로 가면 미국에 동화될 가능성이 크다고 랍비들은 우려했는데, 이는 결코 근거 없는 우려가 아니었다.

오랫동안 미국에 팽배했던 유대 교육의 결핍은 미국 유대인들의 비종교성을 더욱 부채질했다. 유대교에 대한 미국 유대인들의 미천한 지식과는 대조적으로 미국 유대인 2세 중 상당수가 높은 수준의 세속적인 교육을 받았다. 높은 수준의 대학 교육과 낮은 수준의 유대 교육이라는 조합은 유대인들의 종교 활동에 치명적이었음이 입증되었다. 유대 역사상 유대인들이 미국에 정착한 처음 수십 년 동안만큼 유대교 의례에 태만했던 적은 아마 없을 것이다.

제2차 세계대전 후에 시작된 바알 테슈바 운동은 몇 가지 요인으로 불붙기 시작했는데, 그중 가장 눈에 띄는 것은 아마 역사가 마커스 한센Marcus Hansen이 주창한 한센 법칙이라는 원칙이었을 것이다. 한센 법칙은 "아들이 잊길 바랐던 것을 손자는 기억하길 바란다."였다. 미국의 유대인 3세는 대개 부모 세대보다 더 확고한 미국 정체성을 가졌기에 다르게 인식되는 것에 대한 두려움이 더 적었다.

홀로코스트 역시 바알 테슈바 운동을 자극했다. 한 가지 측면은 홀로코스트가 세속주의를 주장하는 많은 유대인의 미몽을 깨웠다는 것이다. 수십 년 동안 많은 유대인이 세속적인 것들에서는 현대성과 세련미, 지적 성장을 보였지만 종교적인 것들에서는 지적 퇴보를 보였다. 제2차 세계대전 후, 독일 명문 대학들에서 가르친 어떤 것도 다수의 독일 지식인이 유대인 집단학살을 지지하는 것을 막지 못했다는 것이 분명해 보였다.

홀로코스트는 또 다른 방식으로 바알 테슈바 운동으로 이어졌다. 1940년대 말과 1950년대에 다수의 정통파 유대인들을 포함한 많은 홀로코스트 생존자가 미국으로 건너왔다. 그 결과 미국의 정통파 유대인 수는 빠른 속도로 늘어났고, 제2차 세계대전 이전과는 달리 더 이상 소수의 종파가 아니게 되었다. 이제 미국 유대인들은 예전에 비해 정통파 유대인을 더 자주 만나게 되었다.

탈무드는 바알 테슈바에게 예전에 그가 비종교적이었던 것을 상기시키는 것을 금한다. 그럼에도 이 계율은 종종 무시된다. 대다수 정통파 유대인은 다른 유대인이 자신들이 믿는 진리를 확신했다는 데 큰 기쁨을 느낀다. 그래서 그들은 종종 바알 테슈바에게 그들이 종교적이 된 과정을 이야기해달라고 부탁한다.

폭발적으로 일어난 바알 테슈바 운동이 제2차 세계대전 이래 정통파 유대인들에게 일어난 사건 중 그들을 가장 흥분하게 만든 사건이었다고 해도 결코 과언이 아닐 것이다.

7부

의무와 책임도 함께 물려받다

■■■ 190

할례와 속죄의 의미

유대교에서 가장 오래된 의식인 할례(브릿 밀라brit milah)는 아브라함까지 거슬러 올라간다. 99세에 할례를 받을 것을 하나님께 명받은 유대 민족의 조상 아브라함은 당시 13세였던 그의 아들 이스마엘에게도 할례를 행할 것을 명받았다(창세기 17:9-14 및 24-25). 후에 그는 하나님의 명령대로 이삭에게도 그가 태어난 지 8일이 된 날에 할례를 행했다(창세기 21:4).

포피 및 적당한 길이의 음경 피부를 제거하는 시술을 수반하는 할례는 그 후로 계속 태어난 지 8일이 된 유대인 남아에게 행해졌다(레위기 12:13).

역사적으로 할례는 유대인 남성과 이웃의 비유대인 남성을 신체적으로 구별할 수 있게 해주었다. 지금으로부터 3세기 전, 베네딕트 스피노자Benedict Spinoza는 유대인들이 할례 전통을 이어가는 한 그들은 독립된 하나의 민족으로 존속할 것이라고 말했다. 스피노자의 말은 포경수술을 받는 비유대인이 거의 없던 시절의 유럽에 특히 잘 들어맞는 말이었다. 그래서 제2차 세계대전 동안 나치는 종종 유대인들을 색출하기 위해 유대인으로 의심되는 남자들에게 바지를 내리게 해 할례를 받았는지를 확인했다. 영국에서 포경수술은 일반적으로는 행해지지 않았지만 왕실에서는 흔히 행해지는 수술이었는데, 오랫동안 전해진 소문에 따르면 영국 왕실은 의사가 아닌 유대인 모헬(유대교의 의식에 따라 할례를 해주는 사람)에게 이 수술을 믿고 맡겼다고 한다. 반면 미국에서는 비유대인들 사이에서 포경수술이 널리 행해지기에 할례는 유대인들과 그들의 이웃들을 구분 짓지 못한다.

19세기에 개혁파 유대교의 일부 대표적인 인물은 할례가 폐지되는 것을 보고 싶어 했다. 랍비 아브라함 가이거Rabbi Abraham Geiger는 한 서신에서 할례를 "피비린내 나는 야만적 의식"이라고 묘사했다. 하지만 현대에는 할례를 공격하는 개혁파 유대인이 거의 없다.

토라의 어디에서도 이 특별한 계명에 대한 이론적 근거를 제시하는 대목을 찾아볼 수 없다. 할례는 아마 성적 충동을 통제하기 힘들어 하는 인간의 하나님에 대한 복종을 상징하는 것이리라.

생후 8일이 된 남아를 제외하고 할례를 받아야 하는 유일한 사람들은 유대교로 개종하는 남자들이다. 대다수 비유대인 남자가 이미 포경수술을 받은 미국에서는 음경에서 피 한 방울을 받는 것으로 할례를 대신한다.

고대에는 남자보다 여자가 유대교로 훨씬 더 많이 개종했는데, 할례가 그 이유를 설명하는 데 큰 몫을 한다는 것은 의심의 여지가 없어 보인다. 할례 및 유대 율법을 따르는 것을 거부함으로써 기독교는 유대교보다 개종을 훨씬 더 쉬운 절차로 만들었다.

유대의 설화에는 모헬에 대한 우스갯소리가 많은데 전부는 아니지만 대부분이 모헬을 부정적으로 묘사한다. 다음은 그중 한 이야기다.

한 남자가 길을 걸어가다 어느 가게 진열창에 엄청나게 큰 시계가 걸려있는 것을 보았다. 그래서 그는 수리할 시계를 들고 가게로 들어갔다. 그런데 가게 주인이 자신은 시계수리공이 아니라 모헬이라고 말하는 것이었다.

"그런데 왜 진열창에 시계를 걸어놓으셨습니까?" 남자가 물었다.

이에 모헬이 이렇게 대답했다.

"그럼, 진열창에 무얼 걸어놓겠습니까?"

남아의 출생과 관련한 또 다른 의식은 '피드욘 하벤pidyon haben'인데, 이를 직역하면 '장자의 속죄'다. 유대 사회에서 장자(첫 아이인 동시에 남아)는 하나님께 받쳐지고(출애굽기 13:1-2) 제사장들을 위해 종교적 예배를 드려야 한다. 그런데 아이를 이 의무에서 벗어나게 하려면 아이의 아버지가 아이가 태어난 지 31일째 되는 날 제사장에게 은화 5세겔(민수기 18:16 참조; 오늘날에는 대개 은화로 5달러를 준다.)을 주면 된다. 장자의 속전 의식은 지금도 종교적인 유대인들 사이에서 널리 행해지고 있다.

유대교 전통에 따르면 여아의 이름은 여아가 태어난 후 바로 다음에 있는 시나고그의 토라 낭송 시간에 공식화된다(시나고그에서는 매주 월요일, 목요일, 토요일에 토라를 낭송한다.). 많은 부모가 이 작명 의식을 위해 안식일 아침에 시나고그에서 하는 토라 낭송을 기다리기도 한다. 정통파 시나고그에서는 아이의 아버지에게만 주로 알리야(토라의 지정된 부분을 읽도록 부름 받은 예배자에게 주어지는 영예.)의 기회가 주어지지만, 비정통파 시나고그에서는 아버지뿐만 아니라 어머니에게도 알리야의 기회가 주어질 가능성이 크다(아이의 어머니가 알리야를 할 수 있을 정도로 건강을 회복했다면). 토라 낭송 후, 아이를 위한 특별한 기도문을 낭송하는 동안 아이의 이름을 발표한다. 남아의 이름이 지어지게 되는 할례보다 여아의 작명 의식은 훨씬 더 간소하고 훨씬 덜 극적이다. 그래서 유감스럽게도 여아의 출생이 남아의 출생보다 덜 중요하게 여겨지는 듯하다. 우리는 종종 임산부의 가까운 친척이 다음과 같이 말하는 것을 들을 수 있다.

"아들을 낳으면 비행기를 타고 가서 할례에 참석하겠지만 딸이면 다음에 방문하도록 할게."

최근 들어 페미니즘의 부상에 힘입어 여아의 출생을 축하하는 새로운 의례들이 생겨났다. 개혁파 유대교는 '브릿 하-하임brit ha-hayim'('생명의 언약'이라는 뜻)이라는 여아 작명 의례를 만들었는데, 이때 사용되는 기도문은 개혁파 유대교의 가정 기도서인 《가정의 문들Gates of the House》에 실려 있다. 일부 보수파 및 '현대 정통파' 유대인도 여아 작명 의례를 거행한다. 하지만 지금까지 그들의 의례에 사용되는 공식적인 기도서는 없으며 그들이 여러 의례에서 사용한 기도문들의 사본들만이 유포되고 있다.

할례나 시나고그 또는 작명 의례에서 부여받는 이름은 히브리 이름이다. 그런데 미국에서 유대인 아이들은 흔히 영어 이름을 사용하는데, 출생증명서에 등재하는 아이의 이름도 일반적으로 이 영어 이름이다. 흔히 아이들의 히브리 이름과 영어 이름은 유사하다. 예를 들면 나의 히브리 이름은 성경 인물 요셉에 상응하는 이름인 '요세프Yosef'이다. 아울러 내게 '이스라엘Yisra'el'이라는 히브리 이름도 있는데, 이는 내가 현 이스라엘이 건국된 1948년에 태어난 것을 기리기 위해 지은 이름이었다. 하지만 히브리 이름과 영어 이름의 연관성이 미약한 경우도 적지 않다. 언젠가 내 친구 한 명이 시나고그에서 한 랍비가 다음과 같이 발표하는 것을 직접 들은 적이 있다고 나에게 말해주었다.

"돌아가신 아이의 할아버지 '슈무엘Shmuel(영어 이름 '사무엘Samuel'에 해당하는 히브리 이름)'을 기리는 뜻으로 아이의 이름을 '숀Sean'으로 짓도록 하겠습니다."

전통적으로 아이의 이름이 할례나 시나고그에서 공식적으로 발표되기 전까지는 아이의 이름을 부르지 않는다. 그런데 이것은 건강상의 문제로 할례를 연기한 남아의 경우 상당한 혼란을 야기한다. 그래서 이러한 전통을 철저히 지키는 부모들은 가끔 사람들에게 자기 아이의 영어 이름을 말해준다. 하지만 아이의 영어 이름과 히브리 이름을 똑같이 짓는 추세이기에 오늘날 이 방법을 사용할 수 없는 경우가 점점 더 늘고 있다.

■ ■ ■ 191

유대의 성인식

유대교에 대한 당신의 지식을 가늠해보는 차원에서 다음의 빈칸을 채워보자. 소년이 13세에 바르 미츠바가 되기 위해 거쳐야만 하는 종교 의례는 _____이다.

정답은 '아무것도 없다.'이다. 유대인 소년은 자신의 13번째 생일을 시나고그에서 보내든 침대에 누워 보내든 상관없이 무조건 바르 미츠바('바르 미츠바'는 성인이 된 남자를 뜻하기도 하고 남자의 성인식을 뜻하기도 한다.)가 된다. '바르 미츠바'의 문자 그대로의 의미는 '계명의 아들'이다. 즉 각종 계명을 지켜야 하는 사람이라는 뜻이다. 유대교에서 남자는 13세에, 일반적으로 좀 더 일찍 성숙해지는 여자는 12세에 이르러 유대 율법들을 이행할 의무를 지게 된다.

바르 미츠바와 특히 관련이 있는 두 가지 계명은 매일 성구함을 착용하는 것과 13번째 생일 후 바로 다음 안식일에 알리야를 하는 것이다. 언제 바르 미츠바가 되는지는 유대력을 기준으로 산정한다.

미국에서 바르 미츠바는 큰 행사가 되었다. 부모들은 바르 미츠바가 되는 자녀를 축하하기 위해 대개 성대한 파티를 연다. 몇 해 전, 마이애미에서 열린 한 바르 미츠바 파티는 언론의 주목까지 받을 정도로 호화로웠다. 이 성인식 파티를 연 부모는 저녁에 '오렌지 볼Orange Bowl'(미식 축구 경기장)'을 빌리고 치어리더까지 동원했다. 어느 재담가가 "많은 바르 미츠바가 미츠바보다 바르('바르'에 해당하는 영어 'Bar'는 '술집'을 뜻하기도 한다.)를 더 중요시한다."고 말한 것처럼 미국에서 많은 유대 성인식이 세속적인 흥미에 더 중점을 둔다.

최근 들어 성인식의 종교적 의미에 역점을 두기 위해 바르 미츠바를 서쪽 성벽에서 기도 예배를 드리는 것을 비롯해 이스라엘에서 경축하는 미국 유대인이 점점 더 늘고 있다.

종교적인 유대인들에게는 바르 미츠바가 삶의 중요한 전환점이 된다. 바르 미츠바는 성인으로서의 성장을 시작하는 시점이기 때문이다. 바르 미츠바가 되면 미냔(유대 율법이 10명의 성인 남자로 규정한, 기도 예배에 필요한 정족수)의 구성원이 될 수 있다. 나는 내가 바르 미츠바가 된 후 미냔의 구성원이 되었을 때 느꼈던 뿌듯함을 지금도 기억하고 있다. 일반적으로 정통파 학교에서 바르 미츠바가 될 나이에 이른 소년들은 유대교에서 가장 어려운 분야 중 하나로 여겨지는 탈무드 공부에 더 많은 시간과 노력을 들인다.

미국에서 13세 소년이 성인이 된다는 개념을 매우 진지하게 받아들이는 사람은 당연히 거의 없을 것이다. 내 아들 벤자민은 바르 미츠바가 될 시기에 접어들었을 때 나에게 이렇게 물은 적이 있다.

"바르 미츠바가 되면 성인이 된다고 진실로 생각한다면 사람들은 왜 항상 성인식 주인공을 '바르 미츠바 소년'이라고 부르나요?"

탈무드 시대에 남자는 성인식을 치른 후 몇 년 이내에 결혼할 수 있었다. 여자의 경우에는 심지어 성인식을 치르기 전에도 결혼할 수 있었다.

바르 미츠바의 목적은 유대 소년이 성인이 되는 출발점을 알리는 것이지만 비교적 신앙심이 깊지 못한 유대인들에게 바르 미츠바는 유대 교육의 끝을 의미하기도 한다. 대다수 시나고그가 그들의 방과 후 유대 학교를 다니지 않는 아이들에게는 그곳에서 성인식을 하는 것을 허용하지 않기에 많은 부모가 자녀가 성인식을 치를 때까지는 자녀를 시나고그가 제공하는 방과 후 학교에 보낸다. 지금은 고인이 된 미국의 유대인 저널리스트 트루데 바이스 로스마린Trude Weiss Rosmarin은 미국 유대인 아이들이 몇 년 더 유대 교육을 받을 수 있도록 바르 미츠바 연령을 16세나 18세로 상향조정하자고 제안했다.

또 다른 사람들은 바르 미츠바를 13년마다(13세, 26세, 39세 등등에) 축하해 사람들로 하여금 유대교와 유대 민족에 헌신할 것을 새롭게 다짐할 수 있도록 하자고 제안하기도 했다. 성경은 인간의 평균 수명을 70년으로 보기에 일부 사람은 83세에 두 번째 바르 미츠바를 축하하기도 한다. 몇 해 전, 노년기에 접어들어 유대교 공부에 심취하기 시작한 유명한 영화배우 커크 더글라스Kirk Douglas가 실제로 자신의 83번째 생일에 두 번째 바르 미츠바를 축하했다.

최근 들어, 어렸을 때 성인식을 치르지 못한 유대인들이 나이가 들어 성인식을 치르는 일이 점점 더 보편화되고 있다. 몇 해 전, 나는 샌프란시스코에서 이러한 성인식을 주도한 적이 있는데, 이때 나는 '바르 미츠바 소년'이 아내와 함께 성인식을 치르는 것도 처음 보았지만 두 자녀와 함께 성인식을 치르는 것도 처음 보았다고 말했다. 삶의 후반기에 유대교에 전념하기로 한 사람들에게는 시나고그에서 치르는 특별한 성인식이 강렬한 경험이 될 것이다.

바트 미츠바 의식은 훨씬 최근에 시작되었다. 바트 미츠바 의식을 치른 최초의 여성은 재건주의 유대교 창시자인 모데카이 카플란의 딸 주디스 카플란이었는데, 그녀가 바트 미츠바 의식을 치른 때는 1920년대 초반이었다. 오늘날 바트 미츠바는 개혁파와 재건주의, 보수파 유대인들 사이에서 정기적으로 거행되는데, 바트 미츠바 소녀들은 바르 미츠바 소년들과 똑같은 의례를 치른다. 유대 율법에 따르면 여성은 12세에 바트 미츠바가 되지만 대부분의 경우 바트 미츠바 의식은

13세에 치른다. 정통파 유대인들은 바트 미츠바를 수용하길 꺼리는 경향이 있는데, 이는 대다수 정통파 유대교 시나고그가 여성이 시나고그 예배에 공식적으로 참여하는 것을 허용하지 않기 때문이다. 그럼에도 바트 미츠바를 치르는 정통파 유대인들이 점점 더 늘고 있는 추세다.

■ ■ ■ 192

유대인의 사랑과 결혼

토라는 남자와 여자가 결혼하는 것을 인정한다.

"그러므로 남자가 자기 아버지와 어머니를 떠나 그 아내와 결합해 한 몸을 이루게 되는 것입니다(창세기 2:24)."

하지만 토라 어디에서도 결혼식에 대해서는 이야기하지 않는다. 결혼식의 상세한 규정을 성문화한 것은 탈무드이다.

탈무드 시대에 남자와 여자는 '에루신erusin'이라 불리는 의례를 통해 결혼 1년 전에 결혼 의사를 공식적으로 밝힌다. 에루신 후 12개월 동안 여자는 혼수를 마련하고 남자는 돈을 모으며 결혼식을 준비한다. 에루신은 율법적으로 구속력이 있는 약혼이기에 어느 한쪽이 에루신을 끝내길 원한다면 이혼 절차를 정식으로 밟아야 한다. 오늘날에는 에루신과 결혼식을 동시에 진행한다. 결혼 직전 안식일에 예비 신랑은 알리야를 하는 영광을 누린다. (일부 세파르디 유대인은 결혼 후의 첫 안식일에 신랑에게 알리야를 하게 한다.) 다수의 시나고그에서는 신랑이 토라를 축복하는 기도를 끝내면 신도들이 신랑에게 사탕을 던지는데, 이것은 신랑과 신부의 달콤한 미래를 염원하는 신도들의 마음을 상징적으로 표현하는 것이다. 이 특별한 안식일 축하 의례는 이디시어 '아우프루프aufruff'로 알려져 있다. 정통파 유대교에서 신부(칼라kalla)는 대개 아우프루프에 참석하지 않는다. (유대 율법이 아니라) 유대 관습은 결혼 전 1주일 동안 신랑과 신부가 만나는 것을 금한다. 유대 율법은 결혼식 날을 일종의 '작은 속죄일'로 여기며 성스러운 날로 간주한다. 이날 신랑과 신부에게는 금식할 것을 권한다. 심지어 그들에게 속죄일에 낭송하는 특정한 회개 기도문들을 낭송할 것을 권하기도 한다.

결혼식 자체는 짧고 간단하다. 웨딩캐노피 아래에서 신부가 신랑 주위를 7바퀴 도는 고대 관습이 있는데, 이 관습은 의무도 아니고 그 기원도 불분명하다. 신부가 신랑 주위를 돈 후, 신랑신부는 결혼식을 진행하는 랍비 앞에 선다. 그러면 랍비는 먼저 두 개의 축복의 기도문을 낭송하는데, 이 기도문들은 고대 에루신 의례에서 낭송되었던 것이다. 랍비의 축도가 끝나면 신랑은 신부의 오른손 검지에 반지를 끼워준 후 히브리어로 다음의 아홉 단어를 암송한다.

"하-레이 앗 메-쿠-데헷 리 베-타-바앗 조, 케-닷 모셰 베-이스라엘Ha-rei aht me-ku-deshet li be-ta-ba'aht zoh, ke-daht Moshe ve-Yisra'el"

이 문장의 뜻은 다음과 같다.

"모세와 이스라엘의 율법들에 따라 당신은 이 반지로 저의 신부가 되었음을 인정받았습니다."

그 후 랍비는 '케투바ketuba'라는 아람어로 된 결혼 서약서를 큰소리로 읽는데, 이 서약서는 신부에 대한 신랑의 의무를 열거한 것이다. 그런 다음 랍비는 유대 결혼식을 축성하는 일곱 개의 결혼식 축하 기도문을 낭송한다.

공개적인 결혼식을 마무리 짓는 의례는 신랑의 발 아래로 유리잔을 던져 깨뜨리는 것이다. 유리 파편이 튀어 사람들이 다치는 것을 방지하기 위해 먼저 유리잔을 천으로 감싼다. 유리잔을 깨는 전통은 탈무드 시대로 거슬러 올라간다. 랍비 아쉬Ashi가 아들의 결혼식을 축하하고 있을 때 하객들(다수가 랍비였다.) 사이의 분위기가 점점 더 시끌벅적해지고 거칠어졌다. 그러자 랍비 아쉬가 아주 값비싼 우윳빛 유리잔을 번쩍 들어 하객들 앞에 던져 깨뜨렸다. 이에 놀란 하객들이 금방 정신을 차렸다고 탈무드는 전한다(브라크홋 31a).

비록 그 이유가 달라지긴 했지만 그 후 얼마 지나지 않아 모든 결혼식에서 '유리잔 깨기' 의례를 시행했다. 귀중한 무언가를 깨뜨리는 이유는 결혼식의 큰 기쁨을 다소 경감시키고, 폐허가 된 대성전이 여전히 재건되지 않고 있다는 가슴 아픈 사실을 상기시키는 것이 되었다. 언젠가 나는 가까운 두 친구의 결혼식에서 이 의례에 대해 다음과 같이 소개한 적이 있다.

"유리잔을 깨뜨리는 것은 우리가 여전히 진정되지 않은 세상에 살고 있다는 사실을 되새기게 해주기도 합니다. 두 분의 결합으로 태어나는 자녀가 세상을 구원하는 데 도움을 주길 바랍니다."

유리잔 깨뜨리기가 상기시키는 슬픔을 고려할 때 오늘날 모든 유대 결혼식에서 유리잔 깨뜨리기가 "마잘 토브!"("축하해요!" 또는 "행운을 빌어요!"라는 뜻)라는 즐거운 외침을 야기한다는 것은 우스꽝스럽기까지 하다. 그래서 랍비 모리스 람Maurice Lamm은 '유리잔 깨뜨리기'를 결혼식 마지막에 하지 말고 결혼식 중간에 하자고 제안했다.

유리잔을 깨뜨리는 의례가 끝난 후 신랑신부는 결혼식 피로연에 동참하기 전에 한 방에 두 사람만이 들어가 문을 잠그고 거기서 10분간 머무른다. '이쿠드yikhud'로 알려진 이 의례는 매우 중요한 상징적인 의미를 담고 있다. 유대 율법에 따르면 남녀가 아무리 가까운 사이라 하더라도 서로 결혼한 사이가 아니라면 다른 사람들이 들어올 수 없는 방에 둘만 있어서는 안 된다. 그래서 이쿠드는 이제 두 사람은 결혼했기에 서로와만 성관계를 할 수 있다는 것을 암시하면서 결혼식의 마지막 의례가 되었다.

결혼 후 1주일 동안 신혼부부의 친척들이나 친구들이 신혼부부를 위해 돌아가며 매일 파티를 열어주는 것이 관례다. 이때 결혼식에 참가하지 않아 파티에 새롭고 즉흥적인 반응을 보일 사람을 최소 한 명은 초대해야 한다. 각각의 파티 끝에 비르캇 하-마존(식사 후에 드리는 축도)이 낭송될 때 웨딩캐노피 아래에서 낭송되었던 일곱 개의 축복의 기도문을 다시 한 번 낭송한다. 이 일곱 개의 축복의 기도문을 히브리어로 '셰바 브라크홋sheva brakhot'이라 부르기에 이 결혼식 파티들도 '셰바 브라크홋'이라 부르게 되었다. 전통적인 유대인들은 흔히 "나는 오늘밤에 누구누구를 위한 셰바 브라크홋에 갈 거야."라는 식으로 말한다.

■ ■ ■ 193

결혼 서약서

케투바는 모든 유대 결혼식에서 신랑이 신부에게 주어야 하는 결혼 서약서이다. 아내에 대한 남편의 의무를 열거하는 케투바는 그것을 잃어버린 부부는 새로운 케투바를 작성할 때까지 함께 사는 것을 금지당할 정도로 상당한 구속력이 있다. 케투바에 따르면 남편은 아내에게 "음식과 의복, 기타 생필품을 제공하고 보편적인 관례에 따라 남편으로서 '함께 살아야 한다.'"

'함께 살아야 한다.'라는 구절은 성관계를 완곡하게 표현한 것이다. 랍비들은 대다수 여성이 수줍어하거나 얌전해 먼저 성관계를 시작하지 못할 것이라 믿었기에 이 의무를 결혼 서약서에 명시했다. 즉 랍비들은 남성의 성적 무관심으로부터 여성을 보호해야 한다고 느꼈던 것이다. 유대 율법이 일부다처제를 허용하던 시기에는 부부간의 성관계를 보장하는 이러한 조항이 늙고 매력 없는 아내가 남편으로부터 소외되는 것을 막아주기도 했다. 탈무드는 남편의 직업과 남편이 집에 있는 시간을 토대로 부부간의 최소 성관계 빈도를 규정했다.

"직업이 없는 남자는 하루에 한 번, 일꾼은 일주일에 두 번, 당나귀 몰이꾼은 일주일에 한 번, 낙타 몰이꾼은 한 달에 한 번, 선원은 여섯 달에 한 번은 최소한 아내와 성관계를 가져야 한다(미슈나 케투봇 5:6; 케투봇 62b-62b)."

랍비 루이스 제이콥스가 언급했듯이 "남편이 직업을 바꾸는 것이 부부간의 성관계에 대한 아내의 권리를 침해할 경우 남편은 아내의 동의 없이 직업을 바꿀 수 없다. 예를 들면 당나귀 몰이꾼에서 낙타 몰이꾼으로 직업을 바꿀 수 없는 것이다. 남편이 직업을 바꾸면 수입이 늘더라도 아내는 수입이 늘어나는 것보다 자신의 성적 욕구를 충족시키는 것을 더 원할 수도 있기 때문이다."

부부에게 안식일의 즐거움의 일부는 금요일 밤에 성관계를 갖는다는 것이다.

남편은 아내의 재정적 요구를 충족시켜주어야 한다는 조항은 남편에게 아내의 수입을 관리하는 자격을 부여한다. 하지만 아내는 이러한 남편의 재정관리 역할을 거절함으로써 자신의 모든 수입을 자신이 관리할 수 있다.

일반적으로 낭만적이지 않은 유대교의 율법적 특성과 잘 부합되어 케투바는 이혼이나 사망 사건이 있을 경우에도 남편에게 재정적 의무를 부과한다. 최근 들어 보수파 유대교는 민사 이혼 시 남편으로 하여금 아내에게 유대 전통 이혼인 겟get도 해주도록 만드는 조항을 케투바에 추가했다. 이 조항이 효력을 발휘하게 하기 위해 점점 더 많은 정통파 랍비들이 신랑에게 혼전에 법적 구속력이 있는 동의서에 서명할 것을 요구한다.

현재 사용되고 있는 케투바는 기원전 2세기에 쓰였다. 결혼식 직전, 케투바의 모든 조항을 준수하는 데 신랑이 동의하는 것을 지켜 본 두 명의 증인이 이를 증명하는 서류에 서명한다. 결혼식 중에 케투바 원문(아람어로 쓰였다.)을 낭송한 후 영어 요약본을 읽은 다음 케투바를 신부에게 준다.

유대 역사 전반에 걸쳐 필경사들과 예술가들이 공을 들여 화려한 색채의 케투바들을 탄생시켰는데, 우리는 이러한 케투바들을 종종 유대 가정에서 만날 수 있다. 최근 들어 미적으로 뛰어난 케투바에 대한 관심이 다시 불붙고 있고, 일반적으로 인쇄된 케투바 대신 예술가들에게 의뢰해 특별히 제작한 케투바를 사용하는 부부가 늘고 있다.

■■■ 194

순결을 지키라는 계율

토라는 아내의 생리 기간뿐만 아니라(레위기 18:19 및 20:18) 기타 자궁 출혈 동안 부부간의 성관계를 금한다. 여성이 자신의 자궁 출혈의 원인을 모를 수 있다는 점을 우려한 랍비들은 출혈의 원인을 막론하고(레위기 15:25-33 참조) 여성은 마지막 자궁 출혈을 경험한 후 7일 동안 성관계를 해선 안 된다고 규정했다.

성관계 금지와 관련한 율법들을 '타하랏 하-미슈파카taharat ha-mishpakha'(가족 순결 계율)라 부르는데, 이 계율과 더불어 안식일 및 카슈룻 계율은 그 계율을 지키는 정도에서 정통파 유대인들과 비정통파 유대인들 간에 큰 차이를 보이는 세 분야다.

토라 율법은 생리 기간에 하는 성관계만을 금했지만 그 후의 유대 율법은 성적 흥분을 자극해 성관계로 이어질 수 있는, 이성 간의 어떠한 접촉도 금했다. '가족 순결 율법'을 엄격히 따르는 유대인들은 성관계가 금지되는 기간 동안 배우자와 입맞춤이나 포옹, 심지어 접촉도 하지 않는다. 그뿐만 아니라 침대도 따로 쓴다. 일부 정통파 남편은 이 기간 동안 아내에게 물건을 직접 건네지도 않는다. 건넬 물건을 식탁에 놓아 아내가 집어가게 하는 것이다. 안식일 및 카슈룻 계율과는 달리 가족 순결 계율은 비정통파 유대인들에게는 사실상 낯선 것이다. 하지만 정통파 유대인들은 이 주제에 관한 책을 계속 출간하고 있고, 종종 약혼한 남녀 간의 '순결 계율'까지 다루기도 한다. 그중 최근에 출간된 책에서 저자는 부부의 성관계가 금지되는 기간에는 부부가 함께 드라이브를 즐기는 것을 삼가라고 조언한다. 부득이 함께 차를 타야할 경우에는 부부 중 운전을 하지 않는 사람은 뒷좌석에 앉으라고 조언하기도 한다.

생리 기간 및 그 후 일주일 기간에 있는 여성을 '타마이tahmay'라 부른다. 유감스럽게도 '타마이'를 '불결한'으로 번역할 수밖에 없는데, 분명한 사실은 '불결한'이 '타마이'보다 더 부정적인 의미를 띤다는 것이다. '타마이'는 단순히 신성한 음식을 만지거나 예루살렘의 대성전 주변에 접근하는 것을 금지당한 사람을 가리키는 말이다. 예를 들어 토라는 시체와 직접적인 접촉을 한 남자나 여자를 그 후 7일간 타마이로 규정한다. 물론 시체를 만진 사람들에게 불결하다는 낙인을 찍지는 않는다. 그럼에도 그들은 타마이로 규정되기에 특정한 의례를 행하는 것은 금지당한다.

현대의 많은 유대인이 '가족 순결 계율'이 생리 중인 여성으로 하여금 버림받은 느낌이 들게 할 것이라는 이유로 이 계율에 반감을 드러낸다. 반면 예시바 대학 총장을 역임한 노만 람 박사는 성관계 금지에 관한 계율들을 훌륭하게 개괄한 그의 저서 《장미 울타리A Hedge of Roses》에서 이 계율들은 유대인들의 결혼생활 및 성생활에 대한 행복감을 향상시켰다고 주장했다. 한 정통파 여성 교육자는 '가족 순결 계율'이 정통파 유대인 부부들의 성관계 빈도를 유지하는 데 결정적인 역할을 한다는 자신의 믿음을 나에게 피력했다. 그녀는 미국인을 대상으로 한 연구조사들에 주목했다. 이 연구조사들에 따르면 미국 부부들은 신혼 시절에는 매우 빈번하게 성관계를 갖지만 몇 년이 지나면 그 빈도가 급격하게 낮아지고 그 후로도 계속 낮아진다는 것이다. 하지만 매월 12일 동안 연이어 성관계를 갖지 못하는 정통파 유대인들은 오랜 결혼생활 후에도 서로를 원하는 데 변함이 없다는 것이다. 탈무드는 '가족 순결 계율'이 부부간의 성관계에 끼치는 긍정적인 효과를 구체적으로 인식했다.

"남편은 아내에게 너무 익숙해져 아내를 지겨워하게 된다. 그래서 토라는 아내가 남편에게 결혼식 때처럼 계속 사랑스러운 여자로 남아 있게 하기 위해 매월 일정한 날들 동안 부부간의 성관계를 금했다.(니다 Niddah 31b)"

유대인들은 성관계를 재개하기 전에 또 하나의 의례를 행해야 한다. 즉 여성은 의례용 욕조인 미크베에 가야 한다. 호수나 강, 바다 등 어떠한 자연적인 수역도 미크베의 역할을 할 수 있지만 대다수 미크베는 건물 내에 있다.

여성은 성관계 재개가 허용된 날 저녁에 미크베에 간다. 저녁 시간에는 여성이 미크베를 사용하는데, 이때 남성은 참석할 수 없다. 미크베 의례를 행하는 여성은 옷을 모두 벗고 미크베에 몸을 담근다. 그런 다음 하나님을 축복하는 기도를 암송한다.

"계명들로 우리를 신성하게 하시고 온몸을 물에 담글 것을 우리에게 명하신 우리 주 하나님께 축복이 깃들길."

아내는 미크베에 몸을 완전히 담그고 난 후에야 비로소 남편과 성관계를 다시 갖는 것이 허용된다.

미혼 여성은 미크베에 가지 않는다. 만일 미혼 여성이 미크베에 간다면 그 여성에게는 아마 성관계가 허용될 것이다. 정통파 유대인들은 혼전 성관계를 결코 장려하지 않는다. 한 정통파 랍비가 자신이 지금까지 받은 질문 중 가장 특이한 질문은 남자친구와 동거를 하기로 결정한 한 정통파 소녀의 질문이었다고 나에게 말했다. 소녀가 랍비에게 말했다.

"랍비님이 제게 무슨 말씀을 하시든지 전 남자친구와 함께 살 거예요. 그렇게 되면 제가 반지를 끼고 매달 미크베에 가서 몸을 담그는 것이 더 나을까요? 아니면 아예 미크베에 가지 않는 것이 나을까요?"

랍비는 소녀에게 미크베에 가는 것이 더 낫다고 말했다고 한다. 그런데 이런 경우 미크베에 가지 않는 것이 낫다고 판단하는 랍비들도 있다. 미혼 여성이 미크베에 가는 것을 허용하면 무분별한 성관계로 이어질 수 있기 때문이라는 것이다. 대다수 비정통파 유대인이 이 말을 들으면 놀라겠지만 사실 유대 율법에 따르면 미크베에 가지 않고 남편과 성관계를 갖는 기혼 여성이 남자친구와 성관계를 갖고 미크베에 가는 미혼 여성보다 더 심한 죄를 저지르는 것이다.

미크베에 갈 필요가 있는 유일한 미혼 여성은 결혼 직전의 신부이다. 이러한 이유로 전통적인 유대인들 사이에서는 성관계가 금지되는 날에 결혼식을 하는 것을 피하기 위해 신부가 항상 결혼식 날짜를 정한다. 내가 진행한 결혼식들의 신부 중 다수(그중 대다수가 비정통파 유대인이다.)가 미크베에 간 것은 그들의 영적인 삶의 정점이었고 결혼의 신성함을 깊이 깨닫게 해준 소중한 경험이었다고 나에게 말했다.

일반적으로 유대인 여성의 월경과 관련이 있는 미크베는 비유대인의 유대교 개종과도 관련이 있다. 유대교로 개종하려는 여성들에게 요구되는 의례는 미크베에 온몸을 담그는 것이고, 유대교로 개종하려는 남성들에게 요구되는 의례는 미크베에 온몸을 담그는 것과 할례를 치르는 것이다.

기독교의 침례 의식도 미크베 의례를 토대로 한 것이다. 파괴된 마사다 요새에서 미크베의 유적이 발견되었을 정도로 미크베 의례는 먼 옛날부터 행해졌다.

유감스럽게도 오늘날 미국 유대인 사회에서 가끔 미크베 사용을 두고 종파 간의 분쟁이 일어나기도 한다. 미국의 대다수 도시에서 미크베는 정통파 유대인들이 관리하며 일반적으로 거의 그들만이 미크베를 사용한다. 다수의 정통파 랍비는 개혁파나 보수파 랍비가 개종을 목적으로 미크베를 사용하는 것을 허용하지 않는다. 정통파 랍비들은 비정통파 랍비들에 의해 이루어지는 개종을 인정하지 않기에 비정통파 랍비들이 미크베를 사용함으로써 그들의 개종에 대한 적법성을 인정받으려 하는 것을 못마땅하게 여긴다. 이러한 이유로 로스앤젤레스의 보수파 유대인 공동체는 그들 자신의 미크베를 만들었다. 의미심장한 사실은 보수파 유대교가 여성이 매달 미크베에서 의례를 행하는 것을 선택사항이라고 공식적으로 규정한 적이 한 번도 없었음에도 현실적으로는 '가족 순결 계율'을 실천하는 보수파 유대인은 거의 없다. 따라서 보수파 유대교의 미크베는 주로 개종 의례(침례) 용도로 지어졌다. 개혁파 유대교에서 가장 많은 신도가 다니는 시나고그 중 하나인 디트로이트에 위치한 '템플 이스라엘Temple Israel'이 최근에 그들 자신의 미크베를 지었다. 그들은 개종 의례 용도로만 미크베를 사용하는 것은 아니다. '템플 이스라엘'은 신도들에게 신년제나 속죄일과 같은 축제일 전에 미크바에 몸을 담구는 것으로 영적인 준비를 할 것을 권장한다.

일부 유대인 남성은(특히 하시디즘 유대인이나 신비주의적인 경향이 있는 유대인 중에서) 정기적으로(특히 유대 축제일 전에, 그중에서도 신년제와 속죄일 전에) 미크베 의례를 실천한다. 비록 적은 수지만 매일 또는 안식일에 대한 준비로 금요일마다 미크베 의례를 행하는 사람도 있다.

■ ■ ■ 195

유대의 법정

유대 역사 대부분에 걸쳐 유대 공동체는 유대인이 다른 유대인을 비유대인 법정으로 불러들이는 것을 강력하게 반대했다. 다른 유대인과 법적 분쟁을 하려는 유대인은 가급적 상대 유대인을 세 명의 랍비로 구성된 유대 법정인 '베이트 딘beit din'으로 불러들여야 한다. 이들 세 명의 랍비 중 두 명은 소송 당사자 양측이 각각 선택한다. 나머지 랍비는 이렇게 선택된 두 명의 랍비가 선택한다. 베이트 딘은 양측 모두의 증언이나 주장을 듣는다. 소송 당사자들은 일반적으로 스스로를 변호하고, 랍비 재판관들은 소송 당사자들에게 질문을 던진다. 이러한 과정을 거친 후 랍비 재판관들이 최종 판결을 내린다. 미국에는 지금도 유대인 간의 사업상 분쟁으로 이 랍비 법정을 찾는 유대인들이 있는데, 이러한 유대인들은 거의 모두가 정통파 유대인이다.

몇 년 전의 한 사건에서 소송 당사자 양측 모두가 랍비 법정의 판결을 따르는 데 동의했지만 판결이 내려진 후 한쪽 소송 당사자가 민사 법원에 다시 소송을 제기했다. 그는 랍비 재판관들이 자신에 대한 나쁜 편견을 갖고 판결을 내렸다고 주장했다. 세 명의 랍비 중 한 명이 민사법원에 소환되었고, 판사는 랍비에게 고소인의 주장에 대해 항변할 것을 요구했다. 이에 랍비는 판사에게 다음과 같이 말했다.

"처음에 저는 그에 대한 나쁜 편견을 갖지 않았습니다. 하지만 그의 이야기를 모두 듣고 난 후에는 그에 대해 나쁜 편견을 갖게 되었습니다."

판사는 소송을 기각했다.

한 사건에서 나의 조부는 20세기의 걸출한 유대 율법 학자 랍비 모세 파인스타인과 랍비 재판관의 자격으로 베이트 딘에 함께 앉아 있었다. 이 소송에 제기된 쟁점은 결코 간단하지 않았다. 세 명의 랍비는 그들에게 제기된 복잡한 문제를 해결하려고 무척 애를 썼지만, 결코 만족할 수 없는 판결을 내려야 하는 상황으로 치닫고 있었다. 율법을 적용하면 소송을 제기한 사람에게 부당한 판결을 내릴 수밖에 없었던 것이다. 랍비들은 해결점을 찾을 수 없었다. 마침내 랍비 모세가 말했다.

"저는 판결을 다르게 내릴 근거를 찾기 전까지는 이곳을 떠나지 않을 것입니다."

그는 다음 날 아침에 그 근거를 찾았다.

두 권의 유명한 책에는 유대 율법이 현대의 문제들을 판결하는 데 어떻게 도움을 주는지를 보여주는 부분이 있다. 미스터리한 살인 사건을 다룬 해리 케멜만Harry Kemelman의 흥미진진한 추리소설 시리즈물의 첫 작품 《랍비가 늦게 잠든 금요일Friday the Rabbi Slept Late》의 첫 장에서 주인공인 랍비 데이비드 스몰은 자신의 시나고그에 다니는 두 유대인 사이의 분쟁, 즉 한 사람이 다른 사람의 차를 빌려 차에 큰 손상을 입힌 것으로 보이는 사건을 둘러싼 분쟁을 해결한다. 아이작 바셰비스 싱어는 잊을 수 없는 자신의 어린 시절에 대한 회고록인 《내 아버지의 법정에서In My Father's Court》에서 바르샤바의 하시디즘 랍비인 자신의 아버지에 대한 경험과 아버지가 판결을 맡게 된 몇몇 사건들을 연대순으로 회고한다. 그중 가장 기이한 사건은 사업이나 민법과는 전혀 관련이 없는 것이었다.

한 남자가 싱어의 아버지에게 몇 시간 전에 죽은 아내와 한 침대에서 함께 자도 되는지를 물었다. 부부는 아주 가난해 지하 저장고에서 살았기에 남자가 아내의 시체를 바닥에 내려놓으면 쥐들이 아내의 시체를 갉아먹을 것이기 때문이었다. 싱어의 아버지는 남자의 질문에 대답하지 않았다. 대신 그는 남자에게 돈을 주었고, 다른 유대인들에게도 기부를 부탁했다. 그러자 곧바로 어떤 사람이 남자에게 간이침대를 주었다.

또 다른 사건에서 약혼녀를 싱어의 아버지 앞으로 불러들인 한 남자가 싱어의 아버지에게 그녀와 파혼을 하고 싶다고 말했다. 약혼녀는 여전히 남자를 사랑하기에 파혼을 받아들일 수 없다고 했다. 두 사람과 장시간 대화를 나눈 끝에 싱어의 아버지는 약혼이 한쪽에게만 유리하게 작용해서는 안 되기에 약혼녀는 남자에게서 받은 모든 선물을 돌려주지 않을 권한이 있다고 판결했다.

오늘날, 베이트 딘은 유대 이혼을 집행하고 비유대인의 유대교 개종을 관리하는 데 가장 많이 이용된다.

196
이혼에 관한 유대인의 전통

토라에는 이혼을 주제로 한 구절이 다음 구절 하나밖에 없다. "만약 한 남자가 어떤 여자와 결혼했는데 그가 여자에게서 부끄러움이 되는 일을 알게 돼 마음으로 싫어지게 되면 그는 이혼 증서를 써서 그 여자에게 주고 자기 집에서 내보내야 한다(신명기 24:1)."

미슈나는 1세기에 이스라엘에서 가장 두드러진 두 학파가 '부끄러움이 되는 일'이 어떤 일인지에 대해 논쟁을 벌인 것을 기록하고 있다. 샴마이 학파는 '부끄러움이 되는 일'은 간음을 뜻하고, 따라서 유일한 이혼 사유는 부적절한 성관계라고 주장했다. 힐렐 학파는 남편의 심기를 건드리는 아내의 어떠한 흠, 심지어 아내의 형편없는 요리 같은 사소한 흠조차 '부끄러움이 되는 일'에 해당될 수 있다고 주장했다(기틴 9:10). 랍비들이 부당한 대우를 받는 것으로부터 여성을 보호하기 위해 케투바라는 중요한 안전장치를 마련하기는 했지만 유대 율법은 힐렐의 주장에 손을 들어주었다. 케투바는 아내와 이혼하는 남자는 누구라도 상당한 액수의 이혼 수당을 지급해야 함을 보증하는 결혼 서약서이다. 증인의 입회하에 신랑은 결혼식 직전에 케투바의 모든 조항을 따를 것에 동의한다. 그럼에도 옛날 유대 남성은 아내에게 이혼을 받아들일 것을 강요할 수 있었다. 10세기에 이르러서야 비로소 랍비 게르숌이 아내가 이혼할 의사가 없다면 아내에게 이혼을 강요할 수 없다는 법령을 제정했다. 그래서 오늘날 유대 이혼은 쌍방이 이혼에 동의할 경우에만 인정된다. 그런데 어떠한 경우에도 쌍방 합의만 있으면 이혼이 성립된다. 즉 유대 율법에서는 흔히 말하는 성격 차이가 이혼의 충분한 근거가 된다. 유대 율법은 "이혼 증서를 써서 그 여자에게 주고" 라는 토라의 표현을 문자 그대로 해석한다. '겟'으로 알려진 유대 이혼 증서는 남편 또는 남편이 지정한 대리인이 작성해야 한다. 이혼 증서 작성과 관련한 율법은 상당히 복잡해서 이 분야를 전문으로 하는 랍비만이 '겟'을 발부하는 권한을 가진다. 모든 겟은 표준 양식을 따라야 한다. 손으로 쓰는 12줄의 공란에는 이혼이 이루어지는 도시와 더불어 그 도시를 확실히 하기 위해 이혼이 이루어지는 장소와 가장 가까운 강 이름을 항상 기재해야 한다. 먼저 남편은 증인들이 참석한 가운데 대서인에게 서류를 작성해줄 것을 주문한다. 작성된 겟은 남편에게 주어지고, 겟을 받은 남편은 아내에게 걸어가 그것을 아내의 손에 건네준다. 겟을 받은 여성은 혼자서 실내 가장자리를 한 바퀴 도는데, 이는 여성의 독립을 상징적으로 표명하는 행위이다. 그런 다음 랍비는 여성에게 최소 90일 이내에는 재혼할 수 없음을 고지하는데, 이는 여성이 재혼한 즉시 임신해 아이의 아버지가 누구인지 의문을 품을 수 있는 경우를 미연에 방지하기 위함이다. 종교적인 유대 이혼을 한 몇몇 사람이 유대 이혼은 민사 이혼보다 '마지막'이라는 느낌을 더 강렬하게 갖게 했다고 내게 말해주었다. 이혼한 한 여성이 나에게 이렇게 말한 적이 있다.

"이혼 변호사와 이혼 법정에 대한 모든 경험은 제게 아주 삭막한 것이었죠. 제게는 겟이 시적인 해방이었어요."

유대 율법에 따르면 유대 결혼식을 통해 결혼한 남자와 여자가 민사 이혼 절차는 밟았지만 유대 이혼 절차는 밟지 않았다면 그들의 이혼은 성립되지 않은 것이다. 따라서 그들은 여전히 서로 결혼한 상태가 된다. 유대 이혼 증서인 '겟'을 받지 않고 재혼한 여자는 간음죄를 저지른 것으로 간주하고 그 재혼으로 낳은 자녀는 '맘제르mamzer', 즉 사생아로 간주한다. 맘제르는 맘제르와만 결혼해야 한다(토라 율법은 일부다처제를 허용하기에 첫 아내에게 겟을 주지 않고 재혼하는 남자의 죄는 상대적으로 더 가볍다.). 이것은 토라가 다른 사람(부모)의 죄에 대해 무고한 사람(맘제르)을 벌주는 유일한 경우다. 간음과 관련한 토라의 율법은 매우 엄격해서 종교적인 유대인들은 겟을 주고받는 데 세심한 주의를 기울인다.

하지만 유감스럽게도 적지 않은 유대인 남성이 멀어진 아내가 겟을 필요로 한다는 점을 악용하고, 아내에게 겟을 주지 않으려 한다. 겟을 주지 않으려는 데는 일반적으로 두 가지 동기가 있다. 하나는 단순히 아내를 괴롭히려는 것이고, 보다 보편적인 다른 동기는 아내에게 돈을 갈취하려는 것이다. 특히 아내의 집안이 부유한 경우 일부 남편은 겟에 아예 가격표를 붙이기도 한다. 겟을 미끼로 한 위협은 심각하다. 몇

해 전, 뉴욕의 종교적인 유대인들 사이에서 널리 논의된 사건에서 한 남성이 사이가 멀어진 아내에게 그녀가 폐경이 될 때까지는 겟을 주지 않겠다고 말했다. 최근에 유대 여성들이 무리를 지어 이혼하려는 아내들에게 겟을 주길 거부하는 남성들의 직장이나 가게 앞에서 피켓 시위를 벌인 적도 있었다. 이들 여성은 종종 겟을 주지 않으려고 버티는 남성들을 압박해 그들의 아내에게 겟을 주게 하는 데 성공하곤 했다. 이스라엘에서 종교적인 법정들은 남편이 아내에게 겟을 줄 때까지 남편을 수감할 권한이 있다. 비록 법정이 이러한 권한을 거의 행사하지 않는다고 여성 단체들이 항의하는 실정이기는 하지만 말이다.

남성이 겟을 발급하지 않으려 하는 문제는 유대 사회에서 최근의 일이 아니다. 지금으로부터 8세기 전, 마이모니데스는 아내에게 겟을 주길 거부하는 남편이 "아내에게 겟을 주겠습니다."라고 말할 때까지 그를 채찍으로 때려야 한다고 규정했다(미슈네 토라 "이혼에 관한 율법" 2:20). 그래도 남편이 계속 거부하면 그가 죽을 때까지 채찍으로 때려야 한다고 마이모니데스는 주장했다. 그러면 여성은 과부가 되어 재혼을 할 수 있다는 것이다. 마이모니데스의 판결은 가혹한 것으로 보임에 틀림없다. 하지만 유대 사회에서 겟을 주길 거부하는 남성은 미국 사회에서 아동 학대를 일삼는 사람에 비견될 정도로 다른 유대인들의 반감을 불러일으킨다.

개혁파 유대교는 겟에 대한 필요성을 무시함으로써 이 쟁점을 피해 갔다. 개혁파의 믿음에 따르면 남편은 이혼 증서를 써서 아내에게 주어야 한다는 토라 계명은 민사 이혼으로 이행될 수 있다는 것이다. 하지만 정통파와 보수파는 개혁파의 이러한 입장에 반대한다. 정통파와 개혁파 랍비들은 유대 이혼을 하지 않은 남자나 여자가 다시 결혼하는 것을 인정하지 않는다.

보수파 유대교는 케투바에 랍비들이 효과적으로 겟 발급을 강제할 수 있는 권한을 갖게 하는 조항을 넣음으로써 이 쟁점을 상당 부분 극복했다. 신랑신부에게 민사 이혼을 할 경우 남편이 겟도 발급하는 데 동의한다는 혼전 동의서에 서명할 것을 권장하는 정통파 랍비가 점점 더 늘고 있다. 뉴욕 주에서 이러한 동의서는 법적 효력이 있다. 따라서 뉴욕 주의 일반 법정들은 민사 이혼의 조건으로 남편에게 겟 발급을 요구할 수 있다. 일부 사람은 미국 법정이 순수하게 종교적인 쟁점에 개입하는 것에 대해 우려를 표명하지만 이러한 우려는 허울만 그럴듯한 것으로 보인다. 가령 어떤 유대인 행사에 코셔만을 제공하겠다는 계약서에 서명한 음식 공급 업체가 젖먹이 돼지의 고기를 제공했다면 그 업체는 계약 불이행으로 고소당할 수 있을 것이다. 이와 마찬가지로 법적 효력이 있는 혼전 동의서를 이행하지 않는 남편 역시 계약 불이행으로 고소당할 수 있다.

그런데 일부 종교적인 유대인은 압력에 못 이겨 발급한 겟이 유효한지에 대해 의문을 제기한다. 설령 혼전 동의서가 법적 구속력이 있다고 해도 만일 남편이 그 후 마음이 바뀌었고, 강압에 못 이겨 겟을 발급한 것이라고 주장한다면 그 겟은 종교적 구속력이 있을까?

겟을 받지 못한 여성을 구어체로 '아구나agunah'라 칭하는데, 그 뜻은 '사슬에 묶인 여성'이다. 이러한 여성의 신세는 그야말로 사슬에 묶인 여성처럼 가련하다.

■■■ 197

유대교로의 개종 방법

유대교는 비유대인들을 개종시키는 데 관심이 없다는 잘못된 믿음이 널리 퍼져 있다. 하지만 실제로 고대 유대인들은 비유대인들을 개종시키기 위해 적극적으로 노력했다. 탈무드 시대의 위대한 랍비 중 한 명인 3세기 인물 엘리자르 벤 페다트Eleazar ben Pedat는 하나님이 유대인들을 유배 보낸 것은 사람들을 유대교로 인도하게 하기 위함이었다고 선언했다(페사킴Pesakhim 87a). 유대 역사가 요세푸스Josephus는 1세기에 많은 이방인이 유대교로 개종한 것을 기록했다. 그의 글에 따르면 당시 여성이 남성보다 유대교로 더 많이 개종했는데, 이는 여성의 경우 고통스러운 할례를 치를 필요가 없기 때문이었던 것으로 보인다. 비슷한 시기에 신약은 "개종자 한 사람을 만들려고 육지와 바다를 두루 다니는(마태복음 23:15)" 바리새인에 대해 이야기한다.

1세기와 2세기에 걸쳐 로마 제국에서 기독교가 널리 퍼진 것과 더불어 로마인들이 유대인들을 정복한 것은 유대교 개종의 속도를 늦추었다. 4세기에 로마 제국은 기독교를 국교로 공인하면서 유대교 개종을 사형죄로 규정했는데, 이는 당시에도 유대교 개종이 여전히 이루어지고 있었음을 암시한다. 실제로 가톨릭교회가 유대교 개종자에 대한 사형을 거듭 강조한 것은 유대인들이 개종을 위한 노력을 멈추지 않았음을 반증하는 것이다. 아랍권에서 이슬람교 지도자들도 유대교 개종을 사형죄로 규정했다.

강도 높은 박해에도 불구하고 선조의 종교를 세상에 널리 알리려는 유대인들의 의지는 결코 꺾이지 않았다. 13세기, 《세페르 미츠봇 하-가돌Sefer Mitzvot Ha-Gadol》('위대한 율법서'라는 뜻)이라는 유대 법전을 편찬한 프랑스 랍비인 랍비 모세는 유대인에게 속은 이방인은 절대 유대교로 개종하지 않을 것이기에 유대인들은 특히 비유대인들과의 사업적인 거래에서 양심을 속이지 말아야 한다고 썼다.

그럼에도 불구하고 중세 말 유대인 공동체는 개종을 적극적으로 만류했다. 개종자와 개종 절차를 행하는 유대인 공동체 모두가 감수해야 할 위험이 너무 컸기 때문이다. 6세기에 아마 당시 대표적인 탈무드 학자였을 랍비 솔로몬 루리아Solomon Luria는 다음과 같은 글을 썼다.

"우리가 우리의 조국이 아닌 나라에서 마치 주인의 매로 움직이는 노예처럼 살고 있는 현 상황에서 비유대인을 유대교로 개종시키려는 유대인이 있다면 그는 정부에 반대하는 반역자가 되어 사형을 면치 못할 것이다. …… 따라서 나는 국가의 법률이 유대교 개종을 금하는 상황에서도 비유대인을 유대교로 개종시키려는 유대인에게 그러한 행동을 중단할 것을 당부한다. 그것은 자기 생명을 포기하는 일이기 때문이다."

18세기 중엽, 폴란드 태생의 귀족 발렌타인 포토키 백작은 유대교로 개종한 대가로 빌나에서 화형을 당했다.

오늘날, 대다수 유대교 개종은 유대인과 비유대인 간의 사랑에서 비롯된다. 비록 이러한 개종이 이상적인 것은 아니지만 개종 절차를 주도하는 랍비가 이러한 동기로 개종하려는 사람이 앞으로 신실한 유대인이 되리라고 믿는 한 당연히 개종은 허용된다.

개종 시 남녀 모두 의례용 욕조인 미크베에 몸을 담가야 한다. 아울러 남자는 할례도 치러야 한다. 미국에서는 대다수 남자가 태어날 때 포경수술을 받기에 개종 시 음경에서 피 한 방울을 받는 것으로 할례를 대신한다. 아울러 개종자는 유대교 율법을 준수하겠다는 선언도 해야 한다.

이 마지막 요건은 정통파 유대인들과 비정통파 유대인들 간에 벌어지는 논쟁의 뼈대가 되었다. 대다수 정통파 랍비는 유대 율법을 철저히 지키는 정통파 유대인이 되려는 사람들만을 개종시켜야 한다고 주장한다. 그들은 그 외의 사람들을 개종시키는 것은 그 사람에게 피해를 주는 것이라고 믿는다. 율법을 준수하지 않아 죄를 짓는 유대인이 되는 것보다 의로운 비유대인으로 남는 것이 더 낫기 때문이라는 것이 그들의 논리다.

보수파와 개혁파 랍비들, 그리고 일부 정통파 랍비들은 개종자에게 유대 율법을 모두 준수하겠다는 선언을 할 것을 요구하지 않는다. 하지만 보수파 유대교는 남녀 모두에게 미크베 의례를, 남자에게 할례를 치를 것은 요구한다. 반면 개혁파 유대교는 일반적으로 어떠한 공식적인 의례도 요구하지 않는다. 미크베 의례와 할례는 치르게 해야 한다고 주장하는 개혁파 랍비들도 일부 있지만 말이다. 세 종파가 똑같이 주장하는 사항은 예비 개종자는 개종 전에 유대교에 대한 지식을 쌓는 수업을 받아야 한다는 것이다.

개종은 히브리어로 게르ger이다. 미국에서 연간 5천 명에서 1만 명의 비유대인이 유대교로 개종하는 것으로 추산된다.

■■■ 198

유대의 장례 절차

유대인이 죽으면 아람어로 '체브라 카디샤Chevra Kadisha'로 알려진 '유대인장례협회Burial Society'가 고인을 매장하기 위해 시신을 준비한다. '타하라tahara'라 불리는 이 절차는 시신을 깨끗이 하는 의례를 수반하는데, 이때 남자 시신은 남자가, 여자 시신은 여자가 담당한다. 유대 전통은 유대인장례협회에 가입하는 것을 크게 칭찬할 만한 일로 간주하는데, 이는 특히 이 협회에 가입하길 주저하는 사람이 많기 때문이다. (특히 비정통파 유대인 중에서) 비교적 소수의 유대인이 심지어 유대인장례협회가 존재하는지조차 모르지만 유대인장례협회는 사실상 모든 유대인 공동체에 존재하며 최근 들어 비정통파 세계에서도 그 수가 점점 더 늘고 있다. 유대인장례협회의 회원은 전통적으로 모세의 추모일인 아달월 7일에 금식을 하는데, 이는 그들이 망자에게 저질렀을 수도 있는 결례를 속죄하기 위함이다. 금식 후 밤에 그들은 유대 사회가 칭찬하는 그들의 영예로운 일을 축하하며 성찬을 즐겼다.

제이콥 누스너 교수는 예루살렘 여행 중 사망한 장인의 장례식을 거행해준 유대인장례협회의 노고를 감동적으로 묘사했다. 누스너 교수는 예루살렘 유대인장례협회에 대해 이렇게 기술했다.

"찬탄할 만한 그 유대인들은 나에게 유대인이 된다는 것이 무엇인지, 또 토라가 무엇을 의미하는지를 내가 이제껏 읽은 모든 책보다 더 많이 가르쳐주었다. 그들은 장인의 시신을 세심하고 경건하게 돌보았지만 시신이 아닌 것처럼 다루지는 않았다."

매장을 끝낸 후 유대인장례협회 회장이 죽은 사람과 살아 있는 사람 모두가 들을 수 있도록 큰소리로 다음과 같이 말했다고 한다.

"모르드개 벤 메나헴이시여, 우리는 당신의 영예를 위해 이 모든 것을 했습니다. 그럼에도 우리가 맡은 일을 제대로 하지 않았다면 우리는 당신의 용서를 구합니다."

■■■ 199

죽음을 바라보는 유대인의 관점

미국인들은 종종 죽음과 직면하길 미루거나 회피한다. 종종 시신을 가능한 한 생전 모습에 가깝게 보이게 만드는 것도 이러한 이유 때문이다. 대화를 할 때 사람들은 "죽었다"는 말을 사용하지 않으려고 "우리 곁을 떠났습니다."와 같은 완곡한 표현을 주로 사용한다.

반면 유대 전통은 죽었다는 엄연한 사실에 대해 어떠한 부인도 하지 말 것을 적극적으로 권장한다. 유대인들은 사람이 죽으면 곧바로 시신을 천으로 덮는다. 장례식에서는 관을 닫아둔다. 이후 관이 땅에 내려지면 상주들은 삽으로 흙을 퍼서 처음으로 관 위에 뿌린다. 흙이 관을 때리면 후두두 하는 소름끼치는 소리가 나는데, 이 소리는 애도자들에게 사랑하는 사람을 잃었다는 사실을 실감하게 만든다.

하지만 상실을 전적으로 받아들이는 것은 기이하게도 치유력을 발휘한다. 가장 중요한 것은 그것이 서구사회가 종종 유족에게 강요하는 부자연스러움으로부터 유대인들을 해방시켜준다는 것이다. 미국에서 유족들은 대개 사람들이 있는 데서는 "입술을 굳게 다물고" 울지 말아야 한다. 반면 유대 장례식에서는 극심한 상실의 감정을 드러내는 것을 적절한 행위로 간주한다. 아울러 유대 율법은 '헤스페드hesped', 즉 추도 연설의 목적을 장례식에 참석한 모든 사람으로 하여금 깊은 상실감을 느끼게 하기 위한 것으로 정의한다.

유대 율법은 장례식에서 유족은 의복에 크리아kri'a를 내야 한다고 명한다. 즉 부모를 잃은 사람은 의복의 오른쪽을 찢어야 하고 다른 가족이나 친척을 잃은 사람은 의복의 왼쪽을 찢어야 한다고 명하는 것이다. 고인의 죽음으로 인한 유족의 찢어지는 아픔을 상징하는 크리아를 낼 때는 먼저 작은 칼을 이용해 의복을 조금 찢은 다음 손으로 몇 센티 더 찢는다. 크리아는 재킷이나 셔츠, 블라우스 등에 내는 것이 이상적이다. 많은 유대 장례식에서는 애도자들에게 값싼 리본을 주고 적절한 때에 그것을 자르게 한다. 이러한 리본이 율법을 충족시키는지는 상당히 의심스럽지만 율법의 정신은 결코 충족시키지 못할 것이다.

매장 후 유족은 집으로 돌아가 7일간 시바를 지낸다(고인의 집에서 시바를 지내는 것이 이상적이다.). 시바는 히브리어로 단순히 7을 뜻한다. 시바 동안 유족은 집에서 낮은 의자에 앉아 있어야 한다. 낮은 의자에 앉게 하는 의도는 유족의 슬픔을 더욱 깊게 하려는 것이다. '낮음을 느낀다feel low'는 영어 표현은 '우울감을 느낀다'는 뜻인데, 유대 율법에서 우울감을 느끼는 것은 적극적인 행위이다.

유대인들은 부모와 형제자매, 배우자가 세상을 떠났을 때 시바를 지낸다. 7일간의 시바 동안 유족의 집에서 매일 세 차례의 기도 예배를 갖는다. 유족이 다니는 시나고그가 매 기도 예배 시 미냔(최소 10명의 성인 유대인으로 구성되는 예배 정족수)을 충족시키는 책임을 진다. 정통파 유대인들 사이에서는 남성 유족 한 사람이 예배를 인도하고 카디시 기도문을 낭송한다. 일부 정통파 및 사실상 모든 비정통파는 여성도 카디시를 낭송할 것을 장려한다.

유대 율법에 따르면 '시바 조문' 시 지켜야 할 에티켓이 하나 있다. 즉 조문객은 조용히 들어가서 유족 옆에 앉아 유족이 먼저 말을 걸어오기 전까지는 침묵을 지켜야 한다. 사실 이 에티켓은 의례적인 것이라기보다 상식적인 것에 더 가깝다. 조문객은 유족이 그 순간 무엇을 가장 필요로 하는지 알 수 없다. 예를 들어 조문객은 고인에 대해 이야기하고 싶은데, 유족은 고인에 대해 이야기하는 것을 감정적으로 너무 힘들어할 수도 있다. 반대로 유족이 고인에 대해 이야기하는 것을 간절히 원할 때 조문객은 유족의 기분을 전화시키려고 스포츠나 기타 고인과는 상관없는 이야기를 하려 할 수도 있다. 물론 유족이 그저 조용히 앉아 있고만 싶어 할 수도 있다. 하지만 유감스럽게도 사람들이 이러한 에티켓을 지키지 않는 경우가 종종 있다. 특히 고인의 나이가 아주 많을 경우 시바 집의 분위기가 종종 부적절할 정도로 가벼운데, 이는 유대인들 역시 고인이 죽었다는 사실을 회피하려고 하기 때문이다.

7일간의 시바 동안 유족은 면도와 사치스러운 목욕, 성관계, 세탁 등을 하지 말고 가죽 신발(유대 전통이 특히 편하다고 여기는 신발)을 신지 말아야 한다. 유가족이 경제적으로 절박한 상황에 처한 경우 가족을 부양하는 사람들은 애도 기간을 3일만 갖고 일터로 복귀할 수 있다. 유대인 공동체가 그리 부유하지 못하던 과거에는 이러한 일이 더 많았다. 한 멜라메드melamed(고대 유대 사회에서 아이들을 가르친 선생)가 16세기의 위대한 율법 학자 랍비 솔로몬 루리아에게 시바를 마치기 전에 일터로 돌아가도 되는지를 물었다. 그는 학부모들이 다른 선생을 고용할지도 모른다는 우려를 했던 것이다. 랍비 루리아는 생계에 위협을 받는다면 그렇게 해도 좋다고 말했다. 고대 유대 사회에서 선생들은 처량한 삶을 살았기에 그가 즐거움을 위해 일터로 돌아가려 하지는 않는다는 걸 모르는 사람은 없었기에 랍비 루리아는 다소 감상적인 유머를 섞어 그에게 시바를 끝내지 않고 일터로 돌아가도 좋다고 말했던 것이다.

시바 동안의 안식일에는 애도의 일반적인 율법들을 지키는 것을 유예한다. 따라서 유족은 시나고그 예배에 참석하기 위해 집을 떠날 수 있다.

유족이 묘지를 떠나 집에 돌아가서 처음으로 하는 일은 앉아서 식사를 하는 것이다. 유족이 집으로 돌아오기 전에 이웃 사람들이 유족의 집으로 가서 그들을 위해 식사 준비를 하는 것이 유대 전통이다. 랍비들은 식사 준비가 되어 있지 않으면 유족이 식사를 하지 않으리라는 것을 알았던 것이다.

7일간의 애도는 유족이 묘지에서 집으로 돌아왔을 때 공식적으로 시작된다. 7일째에 유족은 짧은 시간 동안만 시바를 치른다. 즉 아침에 30분 정도 시바를 치르면 시바는 공식적으로 막을 내린다. 이날 아침에 랍비나 시나고그 대표가 흔히 유족의 집을 방문해 유족을 데리고 동네를 함께 도는데, 이는 유족이 일상 세계로 복귀한다는 것을 상징한다.

시바가 끝나면 계속해서 더 길고 강도가 약한 애도 단계로 넘어간다. 먼저 '슈로심shloshim'(단순히 '30'이라는 뜻)이 기다리는 데, 이 30일간의 애도 기간 동안 남자 유족은 면도와 이발을 하지 않는다. 고대에는 수염과 머리를 기르는 것이 애도의 상징이었다. 하지만 그것이 유족의 생계에 지장을 초래하거나 지나치게 단정치 못한 인상을 준다면 면도나 이발을 할 수 있다. 슈로심이 끝나면 1년간의 '아베일룻aveilut'('애도'라는 뜻)이 기다린다. 유대 율법은 부모를 잃은 경우에만 아베일룻을 명하고, 배우자를 포함한 다른 근친을 잃은 경우에는 슈로심으로 공식적인 애도를 끝내게 한다.

슈로심이든 아베일룻이든 애도 기간에 유족은 결혼식과 같은 공식적인 축하 행사에 참가할 수 없다. 하지만 사진사나 음악가, 음식 공급자 등과 같이 이러한 행사를 통해 생계를 유지하는 유족은 예외다. 또한 이러한 행사의 주인공이 되는 유족도 예외로 한다. 즉 자신의 결혼식을 경축하고 신혼 첫 주 동안 자신의 신랑이나 신부를 축하하는 의무는 애도의 율법에 우선하는 것이다. 하지만 신혼 첫 주 동안에도 유족은 변함없이 카디시를 낭송해야 한다.

유대 전통은 고인을 위해 하는 행동을 자애로운 친절 행위(히브리어로는 '게밀룻 케세드gamilut khesed'다.)라 부른다. 장례비를 보태는 것과 같은 고인을 위한 행동은 당연히 보답을 바라지 않고 하는 행동이기 때문이다. 그래서 이러한 행위를 가장 높은 차원의 친절로 간주한다.

200
유족을 배려하는 방식

이 책 전반에 걸쳐 나는 주로 지시보다 묘사를 하려고 애썼다. 하지만 애도자의 카디시 낭송에 한해서는 독자들에게 그것을 직접 낭송해볼 것을 권하고 싶다.

2천 여 년 전에 아람어로 쓴 기도문인 카디시는 기도 예배마다 서로 조금씩 다르게 낭송된다. 고인을 기억하기 위해 카디시를 낭송하지만 카디시 자체는 고인에 대해 아무런 말도 하지 않는다. 카디시의 주제는 다음의 첫 구절이 반영하듯 하나님의 위대함이다.

"하나님의 이름을 찬미하고 거룩하게 하소서……."

카디시 기도문의 마지막 부분은 하나님께서 세상을 구원하실 미래에 대해 이야기한다.

그렇다면 유대 율법은 왜 하필 고인을 기억하게 하는 데 이 기도문을 낭송하게 했을까? 딱 부러지는 답은 없다. 이 전통은 중세로밖에 거슬러 올라가지 않는다. 가장 설득력 있는 답은 카디시를 낭송하는 것이 고인을 영예롭게 하는 가장 세련된 방식이라고 사람들이 믿었다는 것이다. 즉 카디시를 낭송하는 것은 매일 기도 예배에 참석해 하나님에 대한 충성을 맹세하는 훌륭한 자손들을 고인이 남겼음을 입증하는 길이기 때문이라는 것이다.

카디시 낭송은 또한 유족으로 하여금 대중 앞에 서게 한다. 사랑하는 사람을 잃은 후 유족은 집에서 혼자 또는 가족들과만 있으면서 고인에 대한 기억을 곱씹을 가능성이 크다. 그런데 카디시 낭송은 유족을 다른 사람들과 어울리게 해준다. 유대 율법에 따르면 최소 10명의 성인 유대인이 없으면 카디시를 낭송할 수 없기 때문이다.

카디시의 치유적인 가치를 고려할 때 나는 남성뿐만 아니라 여성도 카디시를 낭송할 필요가 있다고 생각한다. 유대 역사 전반에 걸쳐 남성에게만 카디시를 낭송할 의무가 있었다. 카디시가 남성의 전유물이었기에 동유럽 부모들은 아들을 '카디셸Kaddishel'('부모를 위해 카디시를 낭송해 줄 사람'이라는 뜻)이라 불렀다. 전통적인 유대인들 사이에서는 딸만 가진 부모들은 손해를 본다는 느낌을 가졌다. 자신들이 죽고 난 후 카디시를 낭송해 줄 자녀가 없다는 생각 때문이었다.

그런데 페미니즘 운동이 일어나기 전에도 카디시를 낭송한 유대 여성들이 있었다. 미국 역사에서 위인으로 꼽히는 볼티모어의 한 랍비의 여덟 딸 중 한 명인 헨리에타 졸드Henietta Szold도 그 중 한 명이었는데, 그녀는 현대 유대 문학계에 주옥같은 서신 한 통을 남겼다. 졸드의 어머니가 죽었을 때 평소 유족과 아주 가깝게 지내던 하임 페레츠Haym Peretz라는 남성이 졸드의 어머니를 위해 자신이 카디시를 낭송해주겠다고 졸드에게 제안했지만 졸드가 자신이 직접 카디시를 낭송하겠다는 내용의 서신을 페레츠에게 보냈던 것이다.

카디시는 매일 아침 예배와 오후 예배, 저녁 예배마다 낭송해야 한다. 세 번의 예배에 모두 참석하는 것이 이상적이지만 사정이 여의치 않은 유족에게 유대 율법은 매일 최소 한 번의 예배에는 참석할 것을 권장한다. 다른 율법을 지키는 문제에서도 그렇듯 카디시를 지키는 것에서도 무언가를 하는 것이 아무것도 하지 않는 것보다 낫다. 따라서 예배에 매일 참석하지 않기로 마음먹은 사람은 최소한 안식일에는 카디시를 낭송해야 한다.

형제자매나 자녀, 배우자가 사망한 경우에는 1달 동안 카디시를 낭송한다. 부모가 사망한 경우 애도 기간은 12개월이지만 11개월 동안 카디시를 낭송한다. 탈무드에 따르면 극도로 사악한 사람들이 죽으면 그들은 최대 12개월 동안 지옥에서 지내야 한다. 유대인들은 카디시 낭송이 고인의 영혼을 고양시킨다고 믿는다. 그런데 1년간 카디시를 낭송하는 것은 부모가 사악한 사람 중 한 명임을 암시하는 셈이 된다. 그래서 부모가 사망한 경우 11개월간만 카디시를 낭송하는 것이다.

1년간의 애도 기간이 끝나면 유족은 완전히 일상생활로 돌아간다. 16세기 유대 율법서인 《슐칸 아루크》는 이렇게 기술하고 있다.

"고인에 대해 지나치게 슬퍼하지 말아야 한다. 지나치게 슬퍼하는 사람은 실제로는 다른 누군가에 대해 슬퍼하는 것이다."

하지만 1년에 몇 차례 고인을 기억해야 할 때가 있다. 그중 가장 중요한 날이 고인의 기일인 '야르제이트yahrzeit'인데, 야르제이트는 유대력에 따라 지켜진다. 대다수 시나고그는 신도들이 사망한 날짜를 유대력으로 기록해 놓고 야르제이트가 가까워오면 유족에게 이를 상기시켜 준다. 모든 유대 축제일과 마찬가지로 야르제이트도 밤에 시작한다. 야르제이트를 지킬 때는 24시간 동안 촛불을 밝힌다. 내가 아는 한 여성은 이 관습에 대해 이렇게 말했다.

"고인의 영혼이 24시간 동안 다시 방을 채울 거예요."

이날 유족은 저녁과 아침, 오후 예배에 참석해 카디시를 낭송해야 하며 다른 축하행사나 파티에는 가지 말아야 한다. 일부 사람은 야르제이트에 금식을 하기도 한다.

1년에 네 차례, 즉 속죄일과 초막절 마지막 날, 유월절, 오순절에 시나고그에서 고인이 된 가족을 추모하기 위한 특별 기도문인 이즈코르yizkor를 낭송한다. 다수의 정통파 시나고그와 일부 비정통파 시나고그는 생존해 있는 부모의 자녀들에게 이즈코르가 낭송되는 동안에는 시나고그를 떠나 있을 것을 요구한다. 그 주된 이유는 미신적인 것이다. 즉 이 기도문이 낭송되는 동안 부모가 자녀를 시나고그에 있게 하는 것은 불운을 불러들이는 것으로 간주된다. 다른 시나고그들은 몇 가지 적절한 이유로 이러한 관례를 따르지 않는다. 그중 한 가지 이유는 부모를 잃은 아이들은 이즈코르를 낭송하기 위해 시나고그에 남아있는데 그들의 친구들 중 상당수가 시나고그를 떠나면 부모를 잃은 아이들이 더욱 외로움을 느끼기 때문이다. 또 다른 이유는 오늘날 다수의 시나고그가 홀로코스트로 학살된 6백만 명의 유대인을 위한 특별한 이즈코르를 추가로 낭송하는데, 홀로코스트 희생자 중 다수가 그들을 위해 카디시나 이즈코르를 낭송해줄 유족을 남기지 않았기 때문이다. 모든 회중이 이 특별한 이즈코르를 낭송하는 것이 권장되기에 회중 중 어느 누구도 시나고그를 떠날 이유가 전혀 없는 것이다. 그럼에도 불구하고 죽음과 관련된 사람들의 미신을 깨는 것은 어렵기로 악명 높다.

고인의 이름을 언급할 때 유대인들이 가장 많이 덧붙이는 문구는 "알라브 하-샬롬alav ha-shalom" 또는 "알레하 하-샬롬aleha ha-shalom"("그에게 평화가 깃들길."과 "그녀에게 평화가 깃들길."이라는 뜻)이다. 히브리어를 거의 모르는 다수의 유대인이 이 히브리어 표현을 사용하며 종종 말을 더듬는다. 언젠가 나는 한 유대인이 그의 증조할아버지 '올리버 샬롬Oliver

Shalom'이 그의 가족 중 독실하게 유대교를 믿은 마지막 사람이라고 주장했다는 이야기를 들은 적이 있다. 그는 증조할아버지가 다른 식으로 불리는 것을 한 번도 들은 적이 없다고 말했다는 것이다. 특별히 종교적인 사람에 대해 이야기할 때 사용하는 히브리어 표현은 "자이-케르 차디크 리브라카Zai-kher tzaddik livrakha"("의인에 대한 기억이 축복이 되게 하소서."라는 뜻)이다.

■■■ 201

문설주에 달아놓은 상자

유대교에서 가장 유명한 기도문은 '슈마'다. 슈마의 첫 구절은 다음과 같다.

"너희 자녀들에게 잘 가르치되 너희가 집에 앉아 있을 때나 길을 걸을 때나 누울 때나 일어날 때 그들에게 말해주어라. …… 그것들을 너희 집 문설주와 대문에 적어 두라(신명기 6:7,9)."

문설주를 히브리어로 '메주자mezuzah'라고 한다. 유대인들은 수천 년 동안 문설주에 역시 '메주자'라 부르는 작은 상자들을 달아놓았는데, 각각의 상자 안에는 작은 두루마리가 들어 있다. 반드시 필경사가 써야 하는 두루마리에 적힌 글은 메주자와 관련한 계명을 비롯해 슈마의 첫 구절과 둘째 구절이다. 그래서 유대인들은 자기 집에 들어갈 때 메주자를 보고 집에서 어떻게 행동해야 하는지를 떠올린다. 마찬가지로 집을 나설 때도 메주자는 유대인들에게 어디로 가든 품위 있는 행동을 할 것을 상기시킨다.

메주자를 항상 볼 수 있게 하기 위해 위에서 3분의 1이 되는 지점에 메주자를 비스듬히 단다. 유대인들은 욕실을 제외한 모든 방의 문설주에 메주자를 달아야 한다. 이사를 가면 곧바로 메주자를 다는 것이 권장되며 아무리 늦어도 30일 이내에는 메주자를 달아야 한다. 메주자를 달면 유대인들은 다음의 특별한 기도문을 낭송한다.

"계명들로 우리를 신성하게 하시고 우리에게 메주자를 달 것을 명하신 우주의 왕이신 우리 주 하나님께 축복이 깃들길."

많은 유대인이 메주자를 지나갈 때 메주자에 입맞춤을 하는데, 대개 손가락 끝으로 메주자를 만진 후 손가락에 입맞춤하는 방식을 취한다.

최근에 메주자를 둘러싼 미신이 나돌고 있다. 비극을 겪는 유대인들은 그들의 문설주에 적절하지 못한 메주자를 단 것에 대한 벌을 받는 것이라는 미신이 나돌고 있는 것이다. 적절하지 못한 메주자는 필경사가 제대로 쓰지 않은 것이나 단어나 글자가 지워진 메주자다. 그래서 많은 유대인이 적절한 메주자를 유지하기 위해 정기적으로 필경사에게 메주자를 확인하게 한다.

의례를 지키는 것에 세심한 주의를 기울이지 않는 것도 문제이기는 하지만 일부 정통파 유대인이 부적절한 메주자와 유대인들의 비극을 결부시켜 근거 없는 이야기들을 퍼뜨린 것도 분명 바람직한 행위는 아닐 것이다. 이러한 비극 이야기 중 가장 널리 알려진 이야기는 1974년에 아랍 테러리스트들이 이스라엘 마알랏Ma'alot에 있는 한 초등학교에 난입해 25명의 유대 어린이들을 학살한 사건을 둘러싼 이야기다. 이 이야기에 따르면 25명의 아이들이 학살된 후 초등학교 건물을 살펴봤더니 25개의 부적절한 메주자가 발견되었다는 것이다. 이러한 이야기들은 흔히 사람들에게 하나님은 부주의로 메주자를 적절하게 관리하지 못한 사람들에게조차 잔인한 비극을 겪게 한다는 생각을 갖게 함으로써 하나님에 대한 강한 반감을 불러일으킨다.

■■■ 202

식사 계율

유대인들은 원한다고 해서 무엇이나 먹어선 안 된다고 카슈루트(유대의 식사 계율)는 규정한다. 심지어 허용되는 음식은 특별한 방식으로만 준비되어야 한다고 규정하기도 한다. 예를 들어 토라는 발굽이 갈라졌거나 되새김질을 하는 동물들만을 코셔(유대의 식사 계율에 부합하는 음식)로 인정한다. 가장 보편적인 코셔 동물은 소와 양이다. 하지만 소와 양조차 의례에 따라 도살해야 한다. 유대 율법은 도살자에게 동물의 목에 신속하게 일격을 가해 동물을 도살할 것을 명한다. 만일 일격에 도살하지 못해 동물이 불필요한 고통을 받고 죽는다면 그 동물은 코셔로 인정받지 못한다. 따라서 유대인들은 그 동물의 고기를 먹지 말아야 한다.

도살에 관한 율법으로 인해 유대인들은 사냥으로 동물을 죽이는 것도 허용되지 않는다. 사냥으로 잡은 동물은 자동적으로 코셔로 인정받지 못하기 때문이다. 수천 년 동안 지속된 사냥 금지 율법은 일반적으로 유대인들의 정신에 깊이 녹아있는 것이어서 비종교적인 유대인들 중에서도 사냥꾼이 그리 많지 않다.

비단 유대인들뿐만 아니라 모든 인류를 대상으로 하는 토라의 한 율법은 동물의 피를 먹는 것을 금한다(창세기 9:4, 레위기 17:10-14). 토라는 "피는 생명이다."라고 규정한다. 따라서 죽은 동물의 피는 존엄하게 다루어야 한다. 몇몇 동물의 경우에는 도살 후 피를 빼 땅에 버려야 한다. 그런 다음 고기에서 피가 완전히 제거될 때까지 고기를 소금에 절여야 한다.

유대교가 심지어 한 방울의 피를 섭취할 가능성조차 극도로 싫어하는 것은 유대 공동체가 일반적으로 유혈 사태를 혐오하는 것과 관련이 있어 보인다. 유대인들은 어디에 살던 비유대인 이웃들보다 폭력 범죄나 유혈 사태를 더 적게 일으킨다. 유대인들이 유전적으로 차별화되지 않는다면 유대인들이 상대적으로 폭력적이지 않은 이유는 유대인들이 추구하는 독특한 가치 때문일 것이다. 카슈루트는 유대인들의 정신을 개화하는 데 큰 도움을 준 것으로 보인다. 생선 중에서는 지느러미와 비늘이 있는 생선만이 코셔로 인정받는데(레위기 11:9-12; 신명기 14:9-10), 그 이유를 아는 사람은 아무도 없다.

조개류 및 갑각류는 모두 허용되지 않는다. 따라서 새우나 바닷가재 같은 상당히 보편적인 수산물도 상당수 금지된다. 철갑상어와 황새치는 오랫동안 보수파 유대교와 정통파 유대교 간의 논란의 대상이 되어 왔다. 논란은 그들의 비늘이 유대 율법의 기준에 부합하는지를 둘러싸고 일어난 것이다. 정통파는 부합하지 않는다는 입장을, 보수파는 부합한다는 입장을 취한다.

조류의 경우에는 유대 전통이 구체적으로 지정하는 것들만 허용되는데, 이러한 조류로는 닭과 칠면조, 오리 등이 있다.

식용으로 허용되는 동물은 초식동물이다. 육식동물과 다른 새들을 잡아먹는 새들은 모두 허용되지 않는다. 탈무드는 식용이 금지되는 새들의 특징 중 하나는 다른 동물들을 죽일 수 있는 발톱이라고 기록하고 있다.

토라는 각기 다른 곳에서 똑같은 율법을 명한다.

"어린 염소는 그 어미의 젖에 넣고 삶지 말라(출애굽기 23:19, 34:26, 신명기 14:21)."

고대 근동 지방에서는 새끼염소를 어미의 젖에 넣고 삶으면 그 맛이 탁월하다고 여긴 것으로 보인다. 랍비들은 고기와 우유를 함께 요리하는 것뿐만 아니라 한 식사에서 고기와 우유를 모두 먹는 것도 허용되지 않는다는 율법을 상당 부분은 받아들여 새로운 율법을 탄생시켰다. 이 새로운 율법으로 카슈룻을 지키는 유대인 가정은 두 세트의 식기류와 날붙이류를 식탁에 놓고 한 세트는 육류용으로, 다른 한 세트는 유제품용으로 사용한다. 유대 사회에서는 가금류를 포함한 육류 식품을 이디시어인 '플레이쉬그fleishig'('살코기'라는 뜻의 영어 단어 'flesh'를 연상시키기에 기억하기 쉬운 단어다.)라 부르고, 유제품은 영어 단어 'milk'를 연상시키는 '밀치그milchig'라고 부른다. 육류도 아니고 유제품도 아닌 생선과 과일, 채소 등은 '파레베pareve'라 부르며 유제품이나 육류와 함께 먹을 수도 있다. 유대인 지식인층 사이에서 파레베는 우유부단한 성격의 사람들을 지칭할 때 사용하는 단어이기도 하다. 그 이유는 아마 파레베 음식이 고기도 아니고 우유도 아닌, 정체성이 불분명한 음식이기 때문일 것이다.

육류는 소화하는 데 오랜 시간이 걸린다는 이유로 유대 율법은 육류를 먹은 후 일정 시간을 기다렸다 유제품을 섭취해야 한다고 규정하고 있다. 운이 좋게도 네덜란드 출신이거나 조상 중에 네덜란드 유대인이 있는 유대인들은 일반적으로 1시간만 기다렸다 유제품을 먹는다. 독일 유대인들은 3시간을 기다렸다 유제품을 먹는다. 하지만 유럽 대부분의 지역에서 랍비들은 6시간을 기다릴 것을 요구한다. 유제품을 먹은 후 고기를 먹을 때까지 기다려야 하는 시간은 훨씬 짧다. 일반적으로 유제품을 먹은 후 30분 정도 기다린 후나 입을 완전히 헹군 후 곧바로 고기를 먹을 수 있다.

코셔 식당으로 지정된 식당들은 마슈기아크mashgiakh를 고용해야 하는데, 마슈기아크의 주된 업무는 주방에서 카슈루트 계율들이 잘 지켜지고 있는지를 꼼꼼하게 살피는 것이다. 다수의 미국 식품업체 또한 그들의 식품을 코셔로 인증받기 위해 마슈기아크를 고용한다. 현재 미국에서 수만 종의 식품이 랍비들의 감독 아래 생산되고 있는데, 이러한 식품들 모두에는 코셔임을 인증하는 인증마크인 헤크셰르heksher가 부착되어 있다. 코셔임을 인증하는 가장 보편적인 마크는 미국에서 가장 큰 헤크셰르 조합인 '정통파 조합Orthodox Union'의 인증마크인데, 그 모양은 알파벳 O자 안에 알파벳 U자가 들어간 형태다. 하지만 각종 식품의 카슈루트를 관리하는 다른 랍비 및 랍비 단체도 셀 수 없을 정도로 많다. 코셔 인증을 원하는 모든 업체들은 마슈기아크에게 식품이 생산되는 현장으로 언제라도 들어갈 수 있게 해주는 열쇠를 주어야 한다.

그래야만 마슈기아크가 코셔가 아닌 식품이 은밀히 또는 부주의로 인해 생산되고 있는지를 효율적으로 확인할 수 있기 때문이다.

유대인 공동체 내에서도 식사 계율들을 지키는, 아주 다양한 형태가 존재한다. 의례를 엄격히 따르는 유대인들은 대다수가 그들 자신의 집이나 그들에게 철저하게 카슈루트를 지킨다는 믿음을 심어준 사람들의 집, 또는 랍비들의 감독을 받는 코셔 레스토랑에서만 식사를 한다. 카슈루트를 지키지 않는 사람들의 집이나 레스토랑에 간 경우 그들은 주로 물이나 커피, 과일 등만을 먹고, 조리한 음식은 먹지 않는다. 조리한 음식이 설령 코셔라 하더라도 코셔가 아닌 음식을 조리했던 주방 도구들을 이용해 그 음식을 조리했을 가능성이 상당히 크기 때문이다.

일부 유대인은 집에서 카슈루트를 지킨다. 밖에서 그들은 카슈루트를 지키지 않는 집이나 레스토랑에서 코셔 음식을 먹는다. 설령 그 음식이 코셔가 아닌 음식을 조리했던 주방 도구들로 조리한 코셔 음식이라 하더라도 그들은 그것이 코셔 음식을 코셔가 아닌 음식으로 만들지는 않는다고 믿는다.

집에서는 카슈루트를 지키지만 밖에서는 코셔가 아닌 음식도 먹는 미국 유대인도 적지 않다. 어느 정도 종교적인 유대인들은 그들의 이러한 방식을 위선적이라며 비난한다. 하지만 유대 율법의 관점에서 보면 카슈루트를 전혀 지키지 않는 것보다는 집에서라도 카슈루트를 지키는 것이 낫다.

어떤 유대인들은 집에서도 카슈루트를 지키지 않음에도 불구하고 상징적으로 가장 코셔가 아닌 것으로 여겨지는 돼지고기와 조개류, 갑각류는 먹지 않는다. 또 다른 유대인들은 집에서도 돼지고기와 조개류, 갑각류를 먹지만 유월절 8일 동안에만은 빵을 먹지 않음으로써 어느 정도 카슈루트를 지킨다.

히브리어 단어 '코셔'의 문자 그대로의 의미는 '적합한'이다. 그래서 합법적이지 않아 보이는 사업체에 대해 물을 때 "그 업체는 코셔인가요?"라고 물을 수 있다. 마찬가지로 훌륭한 유대인에 대해 이야기할 때 "그는 코셔 유대인입니다."라고 말할 수 있다.

'코셔'의 반대말은 '트레이프treif'이다. 코셔 가정에서 성장하는 아이들이 배우는 말 중 하나는 "삶에서 어떤 것들은 코셔지만 어떤 것들은 트레이프이다."이다.

■■■ 203

유대인의 학교

찰스 디킨스는 18세기 유럽에 대해 "18세기는 최고의 시대인 동시에 최악의 시대였다."라고 평가했는데, 자주 인용되는 이 문구의 이미지는 미국에서의 유대인 교육 이미지와 흡사하다. 지금까지 미국만큼 유대 교육을 전혀 받지 않는 유대인 청소년들이 많은 나라도 없었고, 미국만큼 유대 교육을 열심히 받는 유대인 청소년들이 많은 나라도 없었기 때문이다.

유대인 아이들이 그들의 종교와 언어, 역사를 배우기 위해 다니는 학교는 몇 가지 유형이 있다.

가장 느슨한 곳이 주일학교Sunday school다. 주일학교는 보통 시나고그에 소속되어 있는데, 학생들은 일요일 오전에 1시간에서 3시간 정도 수업을 받는다. 주일학교의 본질적인 문제는 당연히 수업량이다. '유대의 교양인'이 되려면 성경과 탈무드, 히브리어, 유대 율법, 윤리, 철학, 역사 등 배워야 할 것이 많기에 일주일에 1시간에서 3시간은 기본적인 수준의 유대 교양을 쌓는 데도 턱없이 부족한 시간이다. 이러한 이유로 주일학교 졸업생은 몇 가지 성경 이야기와 의례, 기도문 등을 알고 히브리어를 이해하지는 못하고 더듬거리며 읽을 줄만 아는 것이 고작이다.

비록 주당 수업 시간이 조금 더 많긴 하지만 주일학교와 맥을 같이 하는 학교가 흔히 '탈무드토라Talmud Torah'로 알려진 히브리학교Hebrew school다. 주일학교와 마찬가지로 히브리학교도 시나고그에 소속되어 있는데, 학생들은 일주일에 2~3일 학교에 가고 하루 2시간 정도 수업을 받는다. 학생들은 일반 학교를 마치고 늦은 오후나 이른 저녁에 히브리학교에 간다. 유감스럽게도 이것은 심각한 문제로 드러났다. 일반 학교에서 하루 종일 수업을 받는 까닭에 지친 상태로 히브리학교에 등교해 수업에 대한 열정을 보이지 않는 학생이 많기 때문이다. 게다가 학생들은 부모들이 히브리학교 성적보다 일반 학교 성적을 훨씬 더 중요하게 여긴다는 것을 잘 알고 있기도 하다. 대다수 학생은 주로 유대 성인식을 준비하기 위해 히브리학교에 다닌다. 대부분의 시나고그가 히브리학교에 다니지 않은 아이들이 성인식을 기념하는 것을 허용하지 않기 때문이다. 이러한 규정이 없다면 분명 히브리학교의 학생 수는 크게 줄어들 것이다. 성인식이 끝나면 거의 모든 히브리학교의 학생 수가 현저하게 줄기 때문이다.

그럼에도 불구하고 히브리학교/탈무드토라는 미국 유대인 대다수가 유대교 교육을 받은 곳이다.

최근, 주일학교와 히브리학교의 비효율성이 널리 인식됨에 따라 자녀에게 보다 폭넓고 깊이 있는 유대 교육을 시키고자 자녀를 일반학교 대신 주간학교에 보내는 부모가 점점 더 늘고 있다. 주간학교에 다니는 초중고 학생들은 반반의 비율로 유대교 수업과 일반 과목 수업을 받는다. 최근에 이러한 주간학교의 수가 기하급수적으로 늘었다. 미국에 있는 유대인 주간학교의 93%가 1940년 이후에 설립되었다.

얼마 전까지만 해도 주간학교는 정통파 유대교 공동체와 관련되어 있었는데, 현재는 보편적으로 솔로몬셰크터학교로 알려진 수십 개의 보수파 주간학교가 있다(솔로몬 셰크터는 미국에서 보수파 유대교를 창시한 인물로 여겨진다.). 더 최근에는 주간학교에 적대적인 태도를 보였던 개혁파가 태도를 바꾸어 주관학교에 더 개방적이고 종종 긍정적이 되었다(초창기 개혁파 랍비들은 주간학교가 미국 유대인들과 이교도 이웃들을 분리하고, 유대인들이 미국화 되는 것을 더디게 할 것이라고 우려했다.). 현재 미국 주요 도시들에 개혁파 주간학교가 있다. 로스앤젤레스에 있는, 스티븐 S. 와이즈 시나고그에 소속된 개혁파 주간학교들은 어린이 집부터 12학년까지 운영한다. 이 개혁파 주간학교들의 총 학생 수는 천6백 명이다.

그럼에도 불구하고 여전히 정통파 유대교 부모가 자녀를 주간학교에 가장 많이 보낸다. 미국에서 주간학교 운동이 성장한 것도 대체로 정통파 부모들과 정통파 교육자들 덕분이었다. 현재 미국의 경우 유대인 인구가 5천 명이 넘는 도시에는 모두 한 학교 이상의 주간학교가 있다.

주간학교 및 자녀를 주간학교에 보내는 부모들을 괴롭히는 심각한 문제는 대다수 사립학교에도 해당되는 문제인 비싼 학비다. 예를 들면 유대인 주간학교에 세 자녀를 보내는 뉴욕의 중산층 부모는 흔히 수입의 25% 이상을 학비로 지출한다.

다수의 주간학교가 학교명에 '예시바'라는 단어를 넣었는데(예를 들면 미국에서 가장 큰 주간학교는 뉴욕 브룩클린에 위치한 '플랫부시예시바the Yeshivah of Flatbush'다.) 이 단어는 전통적으로 탈무드 공부에 전념하는 유대 학교의 학교명에 주로 사용되었다. 예시바는 역사적으로 성인식을 한 남자만 학생으로 받는 정통파 교육기관이었다. 미국에서 가장 진보적인 예시바는 예시바대학인데, 예시바대학은 학생들에게 유대 공부뿐만 아니라 일반 공부도 장려한다. 보다 전통적인 다수의 정통파 예시바에서는 세속적인 공부가 금지되는 대상은 아니더라도 최소한 눈살을 찌푸리게 하는 대상이기는 하다. 종교적으로 우익인 예시바 중 가장 유명한 예시바는 뉴저지 주 레이크우드에 위치한, 4천7백 명의 학생이 다니고 있는 레이크우드예시바Lakewood Yeshiva(공식 학교명은 베스 메드라시 고보하Beth Medrash Govoha다.)다.

몇 년간 예시바에서 공부하고 예시바를 떠나는 학생도 있고, 10년 또는 15년이라는 오랜 기간 동안 예시바에서 공부하는 학생도 있다. 대다수 예시바의 주요 과목은 탈무드와 탈무드 주해서다.

현재 북아메리카와 이스라엘 전역에 걸쳐 상급 예시바가 있는데, 이러한 예시바의 학생 수는 19세기 및 20세기 초 동유럽에 있었던 그 어떤 상급 예시바의 학생 수보다 더 많은 것으로 추산된다.

■ ■ ■ 204

부계 상속에 대하여

유대 율법에 따르면 유대인이란 친어머니가 유대인이거나 유대교로 개종한 사람이다. 따라서 유대인 아버지를 두었지만 비유대인 어머니를 둔 사람은 설령 유대인 정체성을 갖고 성장했더라도 유대인이 아니다. 미국에서 유대인과 비유대인 간의 결혼이 일반적이지 않던 1960년대 이전에는 이 율법이 실생활에 미치는 영향은 미미했다. 하지만 오늘날에는 미국 유대인 3분의 1 이상이 비유대인과 결혼한다(유대인 남성과 비유대인 여성이 결혼하는 경우가 훨씬 많다.). 그 결과 미국에서 유대인 아버지와 비유대인 어머니를 둔 자녀의 수가 22만 명에 육박한 것으로 집계되었다(실제로는 더 많을 것으로 추산된다.). 1983년, 정통파 및 보수파 유대교와 결별하면서 유대 율법과도 결별한 개혁파 유대교는 만일 유대인 아버지와 비유대인 어머니가 그들의 자녀를 유대인으로 키웠다면 그 자녀를 유대인으로 간주해야 한다고 선언했다.

한 사람을 유대인으로 간주하는 데 모계 상속뿐만 아니라 부계 상속도 유효하다는 개혁파의 결정은 큰 논란과 혼란을 불러일으켰다. 개혁파 유대인과 결혼하려는 전통적인 유대인이 예비 배우자가 유대 율법에 근거한 유대인인지를 확인하려면 예비 배우자의 집안에 대해 뒷조사를 할 수밖에 없었다. 그런데 개혁파의 이러한 결정은 처음에 받아들였던 것처럼 그렇게 대단한 것이 아니었다. 개혁파 랍비들이 유대인에 대한 전통적인 정의를 고수한 채 유대인 남성과 비유대인 여성 간에 태어난 자녀를 개종시키더라도 정통파 유대인들은 개혁파 개종의 적법성을 인정하지 않으므로 여전히 그 자녀를 유대인으로 보지 않을 것이기 때문이다.

개혁파 내에서도 상당히 많은 랍비가 처음에는 이러한 판단에 반기를 들었고, 후에 일부 랍비는 심지어 이 규정을 철회할 것을 요구하기도 했다. 그러나 개혁파가 이 규정을 철회하는 일은 정통파 랍비단이 개혁파 개종의 적법성을 인정하기로 동의할 경우에만 일어날 수 있다. 그런데 이러한 동의는 이루어질 것으로 보이지 않기에 개혁파의 이 규정(이 규정의 주목적은 개혁파 시나고그에 속한 수만 명의 유대인-비유대인 부부를 아우르고 안심시키는 것이었으리라.)은 존속할 것으로 보인다.

그리고 유대인임을 규정하는 데 부계 상속도 인정하려는 보수파 소수 인사의 시도는 지금까지 보수파 내에서 받아들여지지 않았다.

■ ■ ■ 205

유대인이 물려받은 책들 ❶

《아버지들의 윤리》

미슈나를 구성하는 63권의 짧은 책 중 62권은 율법서이다. 예를 들어, 미슈나의 첫 책인 《브라크훗》은 시기적절한 각종 축복의 기도를 기술한다. 《샤밧》은 안식일의 율법을 구체적으로 기술한다. 미슈나의 63권 책 중 율법을 다루지 않는 유일한 책은 일반적으로 '아버지들의 윤리'라고 번역되는 《피르케이 아봇Pirkei Avot》인데, 이 책은 유대교의 《바틀렛 인용구 사전》이라 할 수 있다. 《아버지들의 윤리》는 여러 시대의 주요 탈무드 학자들의 윤리적 조언과 통찰을 전한다.

《아버지들의 윤리》에 실린 인용문들은 일반적으로 영혼과 의식을 고양시키는 동시에 실용적이기도 한 글들이다. 2천 년 전에 벤 조마는 행복에 관한 지금까지의 정의 중 최고의 정의를 했다고 나는 생각한다.

"누가 부자인가?"라는 질문에 그는 이렇게 대답했다.

"가진 것에 만족하는 사람이다(아버지들의 윤리 4:1)."

《아버지들의 윤리》는 힐렐을 자주 인용한다. 그의 가장 유명한 가르침은 "내가 나 자신을 위하지 않는다면 누가 날 위할 것인가? 하지만 내가 나 자신만을 위한다면 나는 도대체 무엇인가?(1:14)"이다. 마지막 문장의 끝부분은 논리적으로 '무엇인가?'가 아니라 '누구인가?'가 되어야 할 것이다. 그런데 루이스 카플란 교수는 다음과 같이 가르쳤다.

"당신이 당신 자신만을 위한다면 당신은 더 이상 진정한 인간이 아니다. 따라서 당신은 더 이상 '누구'가 아니라 '무엇'이 되는 것이다."

힐렐은 그로부터 2천 년 후 로널드 레이건이 시급한 경제 개혁을 추진하기 위해 인용한 "그리고 지금이 아니라면 언제일까?"로 이 가르침을 마무리한다.

유대 전통은 봄과 여름 동안 안식일 오후마다 《아버지들의 윤리》를 한 장(Chapter)씩 공부할 것을 장려해왔다. 그 결과 이를 따른 종교적인 유대인들은 《아버지들의 윤리》에 깊은 영향을 받았다. 《아버지들의 윤리》를 해마다 몇 번씩 읽게 되기 때문이다.

《아버지들의 윤리》의 논리는 직접적이고, 대체로 인간 경험을 토대로 하기에 가장 많은 구전율법을 담고 있는 책이기도 하다. 《아버지들의 윤리》는 분명 유대 윤리에 대한 가장 유용한 지침서이다. 최근에 어빙 부님Irving Bunim이 출간한 《아버지들의 윤리》에 대한 3권짜리 주해서 《시내 산의 윤리Ethics from Sinai》는 전통적인 유대인들이 《아버지들의 윤리》에 대해 다시 공부하고 심화하는 데 도움을 주었다. 그런데 부님의 주해서는 《아버지들의 윤리》에 관한 여러 주해서 중 하나일 뿐이다. 기독교 신학자인 트레버스 허포드R. Travers Herford가 주로 다른 기독교인들에게 탈무드 랍비들이 윤리적인 물음들에 깊은 관심을 가지고 있다는 것을 보여줄 의도로 쓴 《아버지들의 윤리》에 관한 주해서가 있다. 지금은 고인이 된 전 영국 랍비장 조셉 헤르츠는 그가 번역한 기도서에서 《아버지들의 윤리》에 관한 또 다른 주해서를 썼다. 가장 최근에는 캐나다 랍비이자 저명한 심리학자인 루벤 불카Reuven Bulka가 《아버지들의 윤리》에 관한 독자들의 깊은 이해를 도모하기 위해 심리학적인 통찰을 이용해 《물가의 나무처럼As a Tree by the Waters》이라는 주해서를 썼다.

《아버지들의 윤리》 원문은 안식일 오후 예배에서 사용하는 대다수 기도서에 실려 있다.

다음은 《아버지들의 윤리》의 몇몇 특징적인 가르침이다.

샴마이는 이렇게 가르쳤다.

"말은 적게 하고 행동을 많이 하라(1:15)."

힐렐은 이렇게 가르쳤다.

"당신이 동료의 입장이 되기 전에는 동료를 판단하지 말라……. 그리고 '시간이 날 때 공부하겠다.'고 말하지 말라. 아마 시간이 나지 않을 테니까 말이다(2:4)."

힐렐은 이렇게 가르쳤다.

"수줍어하는 사람은 결코 배우지 못할 것이고, 지나치게 엄격하거나 성미가 고약한 사람은 가르침을 베풀 수 없을 것이다……. 그리고 남자가 없는 곳에서 남자가 되라.(2:5; 여기서 의미하는 '남자'에 대해서는 '166장 멘슈가 되라'를 참조하기 바란다.)"

랍비 타르폰은 이렇게 말했다.

"세상을 완벽하게 만드는 일을 마무리 짓는 것은 네 의무가 아니다. 그렇다고 네가 할 수 있는 일을 그만두어서도 안 된다(2:16)."

랍비 차니나는 이렇게 가르쳤다.

"정부의 안녕을 위해 기도하라. 정부의 권위에 대한 두려움이 없으면 사람들은 서로를 산 채로 삼켜버리기 때문이다(3:2)."

벤 조마는 이렇게 가르쳤다.

"어떤 사람이 현명할까? 모든 사람으로부터 배우는 사람이다……. 어떤 사람이 영웅일까? 유혹을 물리치는 사람이다(4:1)."

■ ■ ■ 206

유대인이 물려받은 책들 ❷

《혼란으로의 안내》

가장 위대한 유대 철학서는 중세시대에 집필된 마이모니데스의 마지막 주요 철학서인 《혼란으로의 안내Guide to the Perplexed(히브리어명 Moreh

Nevukhim)》이다. 평생 철학을 공부한 마이모니데스는 아리스토텔레스가 설파한 거의 모든 진리가 토라의 진리와 부합한다고 믿었다. 마이모니데스는 《혼란으로의 안내》에서 만일 물질은 영원하다는 아리스토텔레스의 개념이 참이라고 입증된다면, 그래서 물질이 하나님보다 이전에 존재했거나 동시에 존재했다면 토라는 전혀 의미가 없는 것이라고 선언했다(《혼란으로의 안내》 2부, 25장).

이 진술이 암시하듯 마이모니데스가 이성주의에 열정적으로 매달린 것은 다수의 전통적인 유대인들로 하여금 그와 상당한 거리감을 느끼게 했다. 그래서 《혼란으로의 안내》가 세상의 빛을 본 후 수세기 동안 적지 않은 랍비가 《혼란으로의 안내》를 공부하는 것을 금했고, 이를 금하지 않은 랍비들조차 《혼란으로의 안내》를 무시하는 경향이 있었다.

마이모니데스 자신은 그의 책이 여러 사람에게 공격당한다는 사실에 마음이 상하지 않았을지도 모른다. 그는 《혼란으로의 안내》 초반부에 이렇게 기술했다.

"내가 어떤 어려운 문제에 대한 확실한 진리를 가르치면 한 명의 똑똑한 사람은 만족하지만 만 명의 어리석은 사람은 불만을 품을 수밖에 없는 상황이라면 나는 만 명의 원성은 신경 쓰지 않고 한 명의 똑똑한 사람에게 확실한 진리를 전할 것이다."

《혼란으로의 안내》 초반부에서는 하나님의 존재를 입증하려 하는데, 오늘날에는 이것이 가능하다고 여기는 철학자는 거의 없다. 하지만 중세에는 다수의 위대한 유대교 및 기독교 인물들(토마스 아퀴나스 같은 인물을 예로 들 수 있다.)은 하나님의 존재를 입증할 수 있다고 믿었다. 현대적인 사고방식을 가진 독자들이 《혼란으로의 안내》에서 하나님의 존재를 입증하려는 부분을 재미없다고 느끼는 것은 그리 놀라운 일이 아닐 것이다.

하지만 《혼란으로의 안내》의 3부는 놀랍도록 현대적이다. 3부에서 마이모니데스는 토라 율법을 철학적 이성의 잣대로 조명하기 때문이다. 마이모니데스의 일부 전통적인 독자는 수세기 동안 마이모니데스의 이러한 조명을 비종교적이라 여겼다. 그들은 하나님의 율법에 대해 철학적 이유 또는 역사적 이유를 제시하는 것은 하나님의 마음을 완전히 알고 있음을 드러내는 것이라고 여겼다. 그들은 또한 사람들이 마이모니데스의 해석을 토라 율법의 근거로 받아들이면 언젠가 그의 해석이 유효하지 않게 되었을 때 사람들이 더 이상 율법을 지키지 않을까봐 걱정하기도 했을 것이다. 하지만 마이모니데스는 인간의 능력으로 충분히 토라 율법의 근거를 파악할 수 있다고 강력하게 주장했다. 그의 출발점은 "규례와 법도들을 잘 지키라. 이것으로 여러 민족들에게 너희의 지혜와 통찰력을 보여 주게 될 것이다."라고 선언하는 신명기 4장 6절이었다. 이 구절에 대해 마이모니데스는 "토라 율법이 이성에 근거한 것이 아니라면 무엇 때문에 이를 지키는 유대인들이 다른 민족들에게 더 지혜롭고 통찰력 있게 보이겠는가?"라고 주장했다. 실제로 마이모니데스는 토라의 본질적인 합리성을 거부하는 사람들을 특히 경멸했다.

> 모든 율법에 이유가 있어야 한다는 것을 통탄할 일로 여기는 사람들이 있다. 그들을 가장 기쁘게 하는 것은 인간의 지력이 계율과 금기사항에 대한 의미를 파악하지 못하는 것이다. 따라서 그들이 느낄 수밖에 없는

것은 그들의 영혼에 깃든 아픔뿐이다. 그들은 토로할 수도 없고 만족할 만한 설명도 할 수 없는 영혼의 아픔만을 느낄 뿐이다. 이러한 율법들이 이 세상에 유용하며, 이러저러한 이유 때문에 우리에게 주어졌다고 하면 그들은 그 율법들이 마치 몇몇 영리한 사람들의 사색과 추론에서 비롯된 것인 양 여긴다. 반면 이러한 율법들이 인간의 지성이 거기서 어떠한 의미도 찾지 못하고 유익한 것도 얻지 못하는 것이라고 하면 그들은 그것들이 의심할 여지없이 하나님으로부터 비롯된 것이라고 여긴다. 인간의 생각으로는 그러한 것들에 미치지 못하기 때문이라고 그들은 말한다(3부, 31장).

마이모니데스가 유대교 율법들을 합리적인 것으로 여긴 것은 유대교가 애매모호하거나 비합리적인 종교가 되지 않도록 하는 데 기여했다. 로마인들에게 살해될 수 있었던 하나님의 아들에 대한 패러독스에 시달리던 초기 가톨릭교회의 터툴리안Tertullian 신부는 다음과 같이 외칠 수밖에 없었다.

"나는 그것이 불가능하기 때문에 그것을 믿습니다."

마이모니데스에게는 이러한 진술이 혐오스러운 것이었다(이후에 교회 가르침도 하나님에 대한 믿음의 합리성을 강조했다.). 마이모니데스의 신학에 훨씬 더 근접하는 말은 다음의 말일 것이다.

"나는 그것이 진실이기에 그것을 믿는다. 하나님은 나에게 그것이 진실이라는 것을 입증할 수 있는 지력을 주셨기 때문이다."

■ ■ ■ 207

유대인이 물려받은 책들 ❸

《회답서》

유대 율법은 토라와 토라에 대한 탈무드 해석을 토대로 한다. 그럼에도 토라와 탈무드에만 정통한 사람은 여전히 유대 율법에 대한 현대의 여러 가지 질문에 곧바로 답하지 못한다. 예를 들어보자. 안식일에 자동차를 운전하는 것은 허용될까? 자동차가 발명되어 이 질문이 제기되었을 때 정통파 랍비들은 한결같이 안식일에 자동차를 운전하는 것을 금했다. 토라에는 당연히 자동차에 관한 율법이 없지만 운전은 점화장치를 켜는 것을 수반하기에 랍비들은 이 행위가 안식일에 불을 지피는 것을 금한다는 토라의 율법(출애굽기 35:3)에 위배된다고 판단한다.

유대인들이 랍비들에게 제기한 율법적인 물음과 이에 대한 랍비들의 대답을 기록한 것이 회답서이다. 히브리어로 회답서는 '셰엘롯 베-테슈봇She'elot ve-Teshuvot'인데, 단순히 '질문과 대답'이라는 뜻이다.

유대교 학자들 이외에는 수천 권에 달하는 이 광범위한 유대 문헌들에 익숙한 유대인은 거의 없다. 이스라엘에 있는 '바르 일란 대학Bar Ilan University'은 정통파 유대교의 후원으로 컴퓨터 기반의 회답서 프로그램을 개발했는데, 그 목적은 모든 주요 회답서의 색인을 만들어 율법적인 판결을 부탁받는 랍비들로 하여금 이전의 관련 판결들을 조회할 수 있게 하는 것이다.

유대교의 주요 세 종파 모두 회답서를 따르는 유대인들을 위해 회답서를 만드는 학자들을 보유하고 있다. 하지만 세 종파에서 제기되는 질문들은 흔히 차이가 있으며 그 대답들은 더 큰 차이가 있다.

정통파 유대인들이 유대 율법에 관한 질문을 가장 많이 하기에 정통파 랍비들이 대부분의 회답서를 썼다. 몇몇 정통파 정기간행물은 새로 쓰인 회답문들을 소개한다. 일부 질문은 상당히 사소해 보인다. 예를 들면 한 저명한 정통파 랍비가 안식일에 스크래블Scrabble을 해도 되냐는 질문에 대한 회답문을 썼다. 질문자는 안식일에 글을 쓰는 것을 금하는 것을 고려할 때 안식일에 철자가 적힌 플라스틱 조각들로 글자 만들기를 하는 이 보드게임이 허용되는지 알고 싶었던 것이다. 랍비는 스크래블을 하는 것은 허용된다고 대답했다. 플라스틱 조각들을 움직여 글자를 만드는 것은 '필기'에 해당되지 않는다고 판단했던 것이다. 하지만 랍비는 스크래블 게임을 하는 사람들이 점수를 기록하는 것은 허용되지 않는다고 결론지었다.

물론 다수의 회답문은 이보다 훨씬 더 심각한 문제를 다룬다. 다운증후군이 있는 아기를 낳을 위험성이 큰 임산부가 양수천자(임산부의 양수를 채취하여 태아의 질병 여부를 알아보는 진단)를 받는 것은 허용될까? 대다수의 정통파 랍비는 허용되지 않는다고 대답한다. 정통파 유대교는 일반적으로 다운증후군을 낙태의 합당한 이유로 여기지 않기에 다운증후군의 유무를 검사하기 위해 양수천자를 받을 이유가 없다고 여기는 것이다. 심지어 일부 정통파 랍비는 강간을 당해 임신하더라도 낙태를 해선 안 된다고 판단한다. 하지만 나는 항상 19세기 랍비인 랍비 예후다 페릴만Yehuda Perilman이 이 쟁점에 대해 내린 판단을 지지한다. 그는 이렇게 기술했다.

"여성은 자신이 원치 않았음에도 자신에게 뿌려진 씨앗을 키울 필요가 없다는 점에서 '대지大地'와 다르다."

회답서에서 다루어지는 주제들은 유대인 공동체의 활동만큼이나 다양하다. 몇 가지를 예를 들어보자(내가 빨리 답을 주지 않는 것에 미리 사과드린다.).

유대인은 유대인 식사계율에 부합하지 않는 식품을 제조하거나 안식일이나 유대교 축제일에도 일을 하는 회사의 주식을 소유할 수 있을까?

생식력이 없는 남편을 둔 유대인 여성이 인공수정으로 아이를 낳는 것은 허용될까? 아니면 인공수정은 강간을 금하는 계율을 어기는 것이므로 허용되지 않을까?

유대교로 개종한 비유대인은 비유대인인 그의 아버지나 어머니가 세상을 떠났을 때 아버지나 어머니를 위해 카디시를 해야 할까?

유대인 남자는 직장에서도 사발모양의 유대인 모자를 써야 할까?

비유대인이 유대교로 개종하고자 하는 이유가 유대인과 결혼하기 위함일 뿐이라면 그 비유대인을 개종시켜야 할까?

회답서에서 논의되는 여러 물음은 남녀 관계와 같은 지극히 개인적인 쟁점을 다룬다. 최근에 《할라카 및 현대 사회 저널Journal of Halacha and Contemporary》에 실린 글은 다음의 다섯 가지 물음을 제기한다.

"여자가 남편이 아닌 남자와 단둘이 차를 타고 인적이 드문 도로를 함께 여행해도 될까? 남자와 여자가 엘리베이터에 단둘이 있는 것은 율법적으로 허용될까? 남자가 데이트 상대를 자동차 영화관이나 인적인 드문 공원에 데리고 가는 것은 허용될까? 여자가 남자 의사나 카운슬러, 고용주와 단둘이 있을 수 있을까? 양부모가 이성의 입양아와 단

둘이 있어도 될까?"

이 글을 쓴 랍비 아자리아 베르존Azarya Berzon은 이렇게 기술했다.

"이 질문들 모두가 이쿠드yikhud 율법(혼인관계에 있지 않은 남녀가 단둘이 있는 것을 금지하는 율법)에 의거해 금지된다."

정통파 유대교에는 중심적인 권위자가 없기에 한 랍비의 판단은 그의 공동체나 다른 공동체의 다른 랍비들에 의해 묵살될 수 있다. 그런데 미국에서는 지금은 고인이 된 랍비 모세 파인스타인이 오랫동안 가장 유명한 유대 율법 결정자로 인정받았다. 그의 규정은 일반적으로 거의 모든 정통파 랍비들이 받아들였다.

미국에서 보수파 랍비들은 모두 랍비회RA: the Rabbinical Assembly의 일원이다. 랍비회는 유대 율법에 대한 질문들을 결정하는 영구적인 위원회인 '유대 율법과 규범 위원회Committee on Jewish Law and Standards'를 두고 있다. 이 위원회의 결정 중 다수는 전통적인 관습에서 벗어난다. 그중 상당히 눈에 띄는 혁신적인 규정은 1950년에 발표된, 유대인이 안식일에 차를 운전해 시나고그로 가는 것을 허용하는 회답문이다. 그런데 이 회답문이 시나고그 예배에 참석하기 위해 차를 운전해 시나고그로 가는 것은 허용하지 않는다는 예외 조항을 두고 있다는 것을 아는 보수파 유대인은 거의 없다. 보수파 유대교는 유대인들에게 안식일에 차를 운전해 시나고그 이외에 다른 곳으로 가는 것은 허용하지 않는다. 이 규정은 주로 사회학적인 이유에 근거를 두고 있다. 1940년대에 이르러 교외로 이주하는 유대인의 수가 점점 늘어남에 따라 시나고그에 걸어서 갈 수 있는 거리에 거주하는 유대인의 수가 점점 줄어들었다. 만일 보수파 랍비들이 그들의 회중에게 안식일에 차를 운전해 시나고그에 오는 것을 금한다면 그들 중 대다수가 집에 머무르면서 예배를 드리지 않거나 골프나 쇼핑을 하러 갈 것이었다. 그러면 그들의 유대 정체성은 약화될 것이 뻔했다. '운전'을 허용한 것은 이 두 가지 해악을 줄이기 위한 발상이었던 것이다. 정통파 랍비단은 보수파의 이러한 결정을 요목조목 따지며 비난했다. 그중 눈에 띄는 공격은 보수파 랍비들이 회중에게 시나고그와 인접한 곳에 거주하도록 장려하는 것이 더 낫다는 것이었다.

최근 보수파 회답서 중 다수는 유대교에서의 여성의 지위를 다루었는데, 일반적으로 종교 생활에서 여성의 역할을 동등하게 설정했다. 1955년 회답문은 여성도 토라를 낭송하기 전후 회당 단상으로 올라가 찬미의 기도를 올리는 알리야를 할 수 있게 허용했다. 1973년 회답문은 여성도 남성과 마찬가지로 미냔, 즉 예배 정족수에 포함시키는 것을 승인했다. 유대신학대학의 교수단이 1983년에 내린 결정은 여성도 랍비로 임명한다는 것이었다. 2006년 말에 일련의 회답서가 발행되었는데, 그 결과 여성뿐만 아니라 남성 동성애자도 랍비로 임명할 수 있게 되었다. 이 모든 사례에서 소수의 보수파 랍비만이 전통적인 유대 관습에 등을 돌리는 것에 반대 의사를 표명했다.

랍비회는 '유대 율법과 규범 위원회'에 제기된 다른 수백 개의 질문과 그 대답을 담은 여러 권의 회답서를 보유하고 있다. 한 유명한 사례를 들면, '유대 율법과 규범 위원회'는 시나고그가 빙고게임을 후원하는 것을 금지했다. 미국 헌법은 시나고그가 이러한 게임들을 후원하는 것을 합법화하고 있고, 이러한 게임들을 후원하면 시나고그에 절실하게 필요한 자금을 모으는 데 큰 도움이 됨에도 불구하고, 위원회는 시나고그 시설을 일종의 도박에 이용하는 것은 시나고그의 신성함을 모독하는 것이라고 판단했던 것이다.

보수파 유대교에서 회답서는 어떠한 율법적 기능도 수행하지 못하고 단지 자문諮問의 기능만 할 뿐이다. 개혁파 율법 학자들에게 제기되는 일부 물음들은 보다 전통적인 유대인들 사이에서 제기되는 물음들과는 상당한 차이를 보인다. 예를 들면 1973년에 미국 개혁파 랍비들의 공식 기구인 '미국 랍비 중앙회'가 발행하는 저널은 동성애자들이 대다수를 차지하는 회중을 개혁파 회중으로 승인하고 '미국 히브리 총회 연합the Union of American Hebrew Congregations'에 정식으로 등록할 수 있도록 해야 하는지에 대한 몇몇 회답문을 실었다. 한편, 개혁파 유대교는 자신들은 토라의 의례적 계율에는 얽매이지 않지만 윤리적 계율은 반드시 지켜야 하는 것으로 받아들인다고 말한다. 토라는 동성애를 의례적 계율이 아니라 윤리적 계율의 침해라고 본다는 것을 암시하면서 '혐오스러운 것'으로 이야기한다. 그래서 지금은 고인이 된 탁월한 개혁파 율법 학자였던 랍비 솔로몬 프리호프Solomon Freehof는 미국히브리총회연합이 동성애자 회중을 수용해선 안 된다고 판단했다. 대신 동성애자를 기존 회중에 가입하도록 장려해야 한다고 주장했다. 하지만 다른 개혁파 랍비들은 프리호프의 주장에 반기를 들었고, 오늘날 개혁파 유대교는 동성애자 회중들을 수용할 뿐만 아니라 동성애자들을 랍비로 임명하기도 한다. 게다가 대다수 개혁파 랍비는 미국에서 동성애자끼리의 결혼이 법적으로 인정받는 것을 지지한다.

개혁파 랍비들이 받는 질문들이 정통파나 보수파 랍비들이 받는 질문들과 유사한 경우도 적지 않다. 하지만 그 대답은, 특히 의례와 관련한 질문들에 대한 대답은 서로 큰 차이를 보인다. 일반적으로 의례와 관련한 질문들에 개혁파가 정통파보다 훨씬 더 관대한 답변을 내놓는다.

회답서는 유대 역사를 공부하는 학생들에게 특히 더 중요한 자원이다. 예를 들면, 십자군 시대에 생존을 위해 기독교로 전향했지만 그 후에 다시 유대인 공동체로 돌아오고 싶어 하는 유대인들을 어떻게 할 것인지에 대한 수많은 회답서가 있다. 과연 유대인 공동체는 그들을 받아들여야 할까? 만일 그들을 처벌한다면 그들에게 어떤 처벌을 해야 할까? 이 쟁점에 대한 회답서를 읽으면 우리는 강요된 개종의 문제가 얼마나 광범위한 것이었는지를 깨닫게 된다.

마찬가지로 현대 회답서는 현대 유대인들의 사회조건에 대해 상당히 많은 것을 보여준다. 주식 소유와 직장에서 유대 전통 모자를 쓰는 것, 양수천자 등과 관련한 질문에서 드러났듯이 우리는 풍요로운 미국 유대인 공동체를 감지할 수 있다. 다시 말해 독특한 유대인 정체성을 유지하려고 노력하는 동시에 비유대인 문화 및 사회에도 동참하는 공동체를 감지할 수 있는 것이다.

■ ■ ■ 208

유대인이 물려받은 책들 ❹

《미슈네 토라》

12세기 탈무드 학자이자 철학자인 모세 마이모니데스는 유대 역사상 처음으로 포괄적인 유대 법전을 편찬했다. 그는 총 14권으로 된 이 법전을 '미슈네 토라Mishneh Torah'('두 번째 토라'라는 뜻)라고 불렀다. 마이모니데스는 이 법전의 서문에 사람들이 다른 어떠한 문헌도 보지 않고 토라와 그의 법전만으로 그들이 적용할 수 있는 유대 율법을 찾을 수 있길 희망한다고 기술했다.

마이모니데스는 토라의 613가지 계율에 대해 광범위한 주석을 다는 형태로 《미슈네 토라》를 집필했다. 예를 들면 그는 부부관계에 대한 계명을 열거하기 전에 명백히 이 쟁점을 다루는, 613 계율 중 네 가지 계율을 먼저 언급했다. 우상숭배와 관련된 계율들은 토라의 51가지 계율을 토대로 기술했다.

《미슈네 토라》 14권 중 1권은 '세퍼 하-마다Sefer ha-Mada'(지식서Book of Knowledge)라 불린다. 마이모니데스는 지식서에서 하나님 존재에 대한 믿음과 우상숭배, 회개, 토라 공부 등과 관련한 율법들을 기록한다. 토라 공부에 대한 그의 요구는 다소 이상적인 것으로 들린다. 하루 세 시간을 일해 생계를 유지할 수 있는 숙련공은 토라를 공부하는 데 하루 9시간을 할애해야 한다고 규정하고 있기 때문이다.

적지 않은 경우, 마이모니데스의 철학적 성향이 그의 종교적 판단을 형성했다. 그는 하나님에게 육체가 있다고 믿는 유대인들을 특히 거슬려했다. 마이모니데스는 '회개에 관한 율법'에서 "하나님의 손가락"과 같은, 하나님의 신체를 묘사하는 구절들을 글자그대로 해석하는 유대인들은 이교도이기에 도래할 세계에 그의 자리가 없다고 기술했다. 마이모니데스와 동시대를 산 몇몇 두드러진 인물은 종교적으로 순진한 그런 유대인들을 천국으로부터 제외시키는 것은 합당하지 않다며 마이모니데스를 비난했다.

《미슈네 토라》의 나머지 13권은 의례와 공동체에 관련한 유대 율법을 개괄한다. 마이모니데스는 축복의 기도와 할례, 축제일, 남녀관계, 식사, 사업 윤리 등에 관한 율법을 각기 따로 상술한다.

현대의 일부 학자는 마이모니데스는《미슈네 토라》를 편찬하는 것으로 미래 유대 국가의 헌법 및 세부적인 법령의 초안을 작성하려 했다고 추정한다. 그는 비록 그의 철학적인 글들에서 제물을 바치는 것은 성경이 보다 원시적인 시대에 종교적인 필요성을 충족시키려고 명한 것이라고 말하며 그것이 다시 행해지지 않으리라는 것을 암시했음에도 불구하고 대성전에서 드리는 동물 제물과 관련한 율법들을 열거하면서 율법의 매우 구체적인 세부사항까지 기록했다. 제물에 대한 그의 견해가 받아들여지지 않은 데다 대성전은 언젠가 다시 지어질 수 있다는 생각에 마이모니데스는 이러한 율법들을 포함시켰다.

마이모니데스는 탈무드의 견해에 따라 거의 모든 율법적 질문에 대한 답을 내놓았지만 가끔은 새로운 범주들에서 그의 가르침을 발전시키기도 했다. 예를 들어 자선의 여덟 등급을 상술하는 대목에서 마이모니데스는 최고의 자선은 가난한 사람이 더 이상 자선의 도움을 받지 않을 수 있도록 그에게 돈을 빌려주거나 사업을 할 수 있게 해주는 것이라고 기술했다("가난한 사람에게 주는 선물들" 10:7).

법전을 읽는 것은 대개 무미건조하지만 《미슈네 토라》를 읽는 것은 그렇지 않다. 마이모니데스는 종종 철학자의 열정으로 그의 율법적 판단을 기술하기 때문이다. 그는 살인과 관련한 율법들에서 희생자 가족이 살인자로부터 어떠한 배상도 받아서는 안 된다고 규정하고 있다.

"희생자의 생명은 가족의 자산이 아니라 하나님의 자산이고, 성경도 다음과 같이 말하고 있다. '죽을죄를 진 살인자에게서 목숨을 대신할 몸값을 받아서는 안 된다(민수기 35:31).' 율법이 유혈 사태에 대해 그토록 엄격한 입장을 취하는 것을 못마땅하게 생각할 필요는 없다. 성경도 다음과 같이 말하고 있기 때문이다. '너희가 있는 땅을 더럽히지 말라. 피 흘리는 것은 땅을 더럽히는 것이다.'("살인과 생명 보존" 1:4)"

마이모니데스는 메시아 시대에 대해 고찰하는 글들로 《미슈네 토라》를 마무리한다. 여기서 그는 완전한 세계에 대한 그의 이상적인 비전을 상술한다. 그는 이렇게 썼다.

"현자들과 예언자들은 이스라엘이 세계에서 주도권을 행사하거나 이교도들을 통치하거나 다른 나라들의 칭송을 받거나 먹고 마시고 즐거워하는 메시아의 시대를 갈망하지 않았다. 그들의 열망은 이스라엘 사람들이 누구의 압제나 방해를 받지 않고 자유롭게 율법과 율법의 지혜에 전념함으로써 도래할 세계에 살 자격을 갖추는 것이었다. 메시아 시대에는 기아와 전쟁도 없고, 질투와 갈등도 없을 것이다. …… 전 세계를 사로잡는 한 가지는 주님을 아는 것이 될 것이다. …… '물이 바다를 덮고 있듯이 세상이 여호와를 아는 지식으로 가득하기 때문이다

(이사야 11:9).'("왕들과 전쟁들" 12:4-5)"

가끔 토라와 탈무드, 철학 이외의 것이 마이모니데스의 사상에 영향을 주기도 했다. 특히 유감스러운 한 사례에서 마이모니데스는 순종하지 않는 아내를 때리는 것을 정당화했는데("결혼에 관한 율법" 21:10), 이는 분명 마이모니데스가 살았던 이집트, 즉 이슬람 사회의 영향을 받은 것으로 보인다. 이슬람 율법은 여성에게 상습적으로 폭력을 가하는 것은 금했지만 순종하지 않는 아내를 때리는 것은 지지했다(코란 4:38). 마이모니데스와 동시대를 살았던 유럽 랍비들은 그의 이러한 입장에 충격을 받았다. 프랑스 랍비였던 랍비 탐Tam은 이렇게 기술했다.

"이스라엘의 자녀들은 아내를 때린다는 것을 들어보지 못했다."

오늘날 랍비들, 특히 정통파 랍비들은 대개 16세기 유대 율법서인 《슐칸 아루크》를 토대로 율법적인 판단을 함에도 불구하고 토론 쟁점에 대한 마이모니데스의 규정은 항상 확인한다. 사실 《슐칸 아루크》는 《미슈네 토라》의 순서와 구성 방식을 상당 부분 따랐다.

비종교적 유대인 및 비유대인 학자들은 마이모니데스를 주로 철학자로, 그리고 중세 고전 《혼란으로의 안내》의 저자로 알고 있다. 하지만 정통파 유대인들에게 그의 중요성은 그의 철학적인 글들보다 《미슈네 토라》로 훨씬 더 부각된다.

■■■ 209

유대인이 물려받은 책들 ❺

《조하르》

탈무드는 세 명의 2세기 랍비가 당시 이스라엘을 통치하던 로마인들에 대해 토론한 것을 기록했다. 랍비 유다는 로마인들은 여러 가지 좋은 일들을 한 것에 대해서도 비난받고 있다고 말했다. 랍비 요시는 아무 말도 하지 않았다. 랍비 시몬 바르 요카이는 랍비 유다의 순진함에 짜증을 냈다.

"그들이 한 것은 모두 그들 자신을 위해 한 것이오. 그들이 여러 시장을 보수한 것은 거기에 사창굴을 두기 위함이었소. 그들이 공중목욕탕들을 아름답게 지은 것은 그들이 사치를 부리기 위함이었소. 그들이 다리를 보수한 것은 통행료를 받기 위함이었고 말이오(샤밧 33b)."

랍비 시몬의 선동적인 발언을 전해들은 로마 관리들은 그에게 사형을 선고했다. 이에 그는 아들과 함께 동굴로 도망가 그곳에서 12년을 숨어 살았다. 그는 자신과 아들의 은신처를 아내에게조차 알려주지 않았다. 아내가 고문에 못 이겨 그들의 은신처를 털어놓을 수도 있다고 우려했기 때문이다. 이 12년 동안 캐럽 나무가 랍비 시몬과 그의 아들에게 먹고 마실 것을 제공했고, 둘은 하루 종일 함께 토라를 공부했다고 탈무드는 기록하고 있다.

그로부터 약 천 년 후, 모세 데 레온Moses De Leon이란 스페인 랍비가 자신이 시몬 바르 요카이가 동굴에서 숨어 살던 동안 집필한 원고 하나를 발굴했다고 주장해 세상을 놀라게 했다. 이 책은 '조하르The Zohar'로 알려졌고, 그 후부터 13세기까지 《조하르》는 유대 신비주의 카발라의 핵심 문헌으로 여겨졌다.

오늘날 다수의 정통파 유대인, 특히 신비주의적인 경향이 있는 정통파 유대인은 여전히 랍비 시몬이 《조하르》의 저자라고 믿고 있지만 대다수 유대 학자는 위대한 유대 신비주의 학자 게르숌 숄렘의 견해를 받아들이고 있다. 게르숌 숄렘은 《조하르》를 발굴했다고 주장한 랍비 데 레온이 《조하르》의 실제 저자임을 확신했다.

그럼에도 숄렘은 데 레온이 《조하르》의 저자를 시몬 바르 요카이라고 말한 것을 사기 행위로 여기지 않았다. 《조하르》가 드러내는 신비주의적 진실들은 시간을 초월한, 너무도 명백한 진실들이기에 시몬 바르 요카이와 같은 위대한 학자에게는 의심의 여지없이 낯익은 것이리라는 것이 데 레온의 생각이었다는 것이다. 그렇다. 실제로 데 레온은 랍비 시몬이 이러한 진실들을 기록한 원고를 갖고 있지 않았지만 랍비 시몬이 이 모든 진실들을 충분히 쓸 수 있었던 것이다. 데 레온이 2세기 현자를 《조하르》의 저자로 내세운 것은 아마 폭넓은 독자층을 확보하기 위해서였을 것이다. 사람들이 《조하르》를 그 시대의 저서라고 생각했다면 《조하르》는 그렇게 널리 읽혀지지 않았을 것이기 때문이다. 전통적인 유대교 세계에서는 오래된 글일수록 모세가 시내 산에서 하나님께 계시를 받았을 때와 시대적으로 더 가까운 것이었기에 진실을 담고 있을 가능성이 더 컸다. 신비주의자들에게 《조하르》는 유대교의 가장 위대한 책 중 하나임에 틀림없다.

상당한 논란을 낳은 《조하르》는 종종 쓰라린 비판의 대상이 되었다.

유대 이성주의자들은 종종 카발라와 《조하르》를 위험한 허튼 소리라며 묵살했다. 그들은 카바르와 《조하르》가 유대인들로 하여금 이성이 아닌 신비주의적 충동에 따라 행동하도록 부추긴다고 느꼈다.

이스라엘의 위대한 현자들의 일화와 신비적인 통찰을 엮어 짠 《조하르》는 토라의 주해서 형식으로 쓰였다. 랍비 시몬과 그의 동료들 간의 토론을 묘사한 다음 이야기는 이 책의 문체적 특징을 잘 보여준다.

> 언젠가 랍비 시몬이 그의 친구들과 함께 걷고 있었다. 랍비 시몬이 말했다. "나는 다른 모든 나라가 일어서고 이스라엘이 굴욕을 당하는 것을 본다네. 왜 그렇겠나? 왕이신 하나님이 왕비인 이스라엘을 내쫓고 그 자리에 시녀인 이교도들을 앉히셨기 때문이라네." 그는 눈물을 흘리며 말을 이었다. "왕비가 없는 왕은 더 이상 왕이 아니네. 왕이 왕비의 시녀에 애착을 느낀다면 왕의 영광은 어디에 있겠는가? 한때 왕비가 시온을 통치했듯 시녀가 시온을 통치하고 있네. 하지만 언젠가는 거룩하신 하나님이 왕비를 다시 제자리에 앉히실 걸세. 그러면 누가 왕과 왕비처럼 즐거워하겠는가?"- 왕은 왕비를 다시 얻고 시녀와 헤어졌기에 기쁘고, 왕비는 왕과 재회했기에 기쁘다. 그래서 이렇게 기록되어 있다네. "오, 시온의 딸이여 아주 크게 기뻐하라(사가랴 9:9)."

■■■ 210

유대인이 물려받은 책들 ❻

《로마와 예루살렘》

초기 시온주의자 고전인 《로마와 예루살렘Rome and Jerusalem》은 칼 마르크스가 한때 "나의 공산주의자 랍비"라고 부른 한 남자가 썼다. 모세 헤스Moses Hess는 젊었을 때 급진적인 사회적 · 경제적 관점을 가진 동화된 유대인이었다. 헤스가 유대 민족의 품으로 돌아온 것은 유대교보다는 반유대주의에 노출된 것과 더 관련이 있다. 모세 헤스는 1840년에 한 무리의 시리아 유대인이 종교 의식을 위해 가톨릭 수도사 한 명을 살해했다는 모함에 희생당한 추악한 사건인 다마스쿠스의 피의 비방에 크게 자극받았다. 얼마 지나지 않아 식어버린 유대 쟁점들에 대한 그의 열정은 이후 일어난 독일의 인종차별주의로 다시 불붙었다. 그가 이전에 보였던 유대인 및 유대교에 대한 무관심은 《로마와 예루살렘》 첫 페이지에 분명히 드러난다.

> 20년 동안 나의 민족에 소원한 후, 나는 다시 한 번 나의 민족 가운데 서 있다. 나는 내 민족의 축제일과 기억, 희망에 동참한다. …… 그동안 내 가슴속에 억눌러왔던 생각, 즉 내 민족에 대한 생각은 이제 생생하게 나와 함께 한다. …… 내 조상들이 물려준 유산과 성스러운 땅, 영원의 도시, 생명의 신성한 통합과 도래할 모든 인류의 형제애에 대한 믿음의 발생지 등을 이제 나는 분명히 생각한다. 이러한 생각은 몇 해 동안 배출구

> 를 필요로 한, 나의 봉인된 심장에서 고동쳤다. 하지만 나는 유대교로부터 멀어진 길에서 먼 곳에 희미하게 보이는 새로운 길로 나아가는 데 필요한 에너지가 부족했다.

유대 민족은 다른 모든 민족과 마찬가지로 반유대주의에 시달리지 않고 그들 자신의 문화와 재능을 개발할 수 있는 조국을 가질 자격이 있다고 헤스는 주장했다. 그는 그의 좌익 견해와 일관되게 유대 국가가 인간적인 사회주의 국가가 되길 희망했다. 그가 사망한 지 거의 1세기가 지났을 때 이스라엘 노동당은 그들의 사회주의 선조들의 유골을 독일에서 가져와 이스라엘 키네렛Kinneret 지역에 있는 한 키부츠에 이장했다.

헤스(1812-1875)는 정치적인 시온주의가 모습을 드러내기 전에 살았기에 그의 영향력은 현실적이기보다 이론적이었다. 그럼에도 불구하고 그의 글들에는 예언적인 특성이 있었다. 1901년에 《로마와 예루살렘》을 읽은 테오도르 헤르츨은 그의 일기에 다음과 같이 썼다.

"우리가 시도한 모든 것이 이미 이 책에 들어있다."

■■■ 211

유대인이 물려받은 책들 ❼

《스타인살츠 탈무드와 아트스크롤 탈무드》

영어를 사용하는 많은 유대인이 히브리어만 안다면 스스로 탈무드를 공부할 수 있다고 믿는다. 하지만 안타깝게도 그들의 믿음은 잘못된 것이다. 탈무드는 히브리어와 아람어가 혼용되어 쓰였기에 히브리어를 안다고 해도 아람어를 모르면 여전히 접근할 수 없는 책이기 때문이다. 탈무드를 이해하려면 필요한 언어 능력뿐만 아니라 탈무드 텍스트의 속기식 문체도 파악할 수 있어야 한다. 탈무드에는 완전한 문장으로 하나의 생각을 표현하는 경우가 드물다. 생각을 전달하는 데 몇 개의 단어만이 사용된 것이다. 그뿐만 아니라 탈무드는 구두점 없이 계속 이어지는 구절들로 쓰였다. 그래서 독자는 논지가 시작되고 끝나는 지점을 스스로 추론해야 한다. 이러한 구성의 긍정적인 측면은 텍스트를 훨씬 더 천천히, 세심하게 읽게 만든다는 것이다.

11세기에 이르러 라쉬의 주석 덕분에 탈무드는 모호함을 탈피하게 되었다. 라쉬는 더 이상 사용되지 않는 단어들의 뜻을 설명했을 뿐만 아니라 주기적으로 탈무드 현자들의 논쟁도 요약했다. 9백 년이 된 라쉬의 주해서가 탈무드를 보다 자세히 설명했음에도 탈무드는 20세기의 많은 유대인에게 여전히 펼쳐지지 않는 책으로 남아있다.

20세기의 진정한 천재인 이스라엘 태생의 유대 학자 아딘 스타인살츠Adin Steinsaltz는 탈무드를 모든 유대인이 이해할 수 있는 책으로 만드는

데 일생을 바쳤다. 비종교적인 부모 밑에서 자란 스타인살츠는 십대 시절에 유대교를 발견해 얼마 지나지 않아 성경과 탈무드, 유대교 신비주의에 대한 전문가가 되었다.

스타인살츠는 전체 탈무드의 4분의 3이 넘는 분량에 현대적인 주석을 달아 출간했고 몇 년 후에 탈무드 전권의 주해서를 완성하길 희망했다. 그의 탈무드 판 텍스트에는 구두점이 있다. 그는 자신의 주해서에서 탈무드의 낱말 하나하나를 현대 히브리어로 번역한 다음 텍스트에 나오는 논의들을 요약했다. 그리고 각 페이지 옆면에 광범위한 주를 다는데, 무엇보다 탈무드에 쓰인 그리스어와 라틴어 단어들을 설명하는 주가 주류를 이룬다. 그는 또한 탈무드에 나오는 토론들을 토대로 한 유대 율법들에 대해서도 주를 달며 언급된 랍비들의 짤막한 전기도 추가했다.

어떤 책이 그 책을 쓴 저자가 살아 있는 동안 고전으로 여겨지는 경우는 드물다. 그런데 스타인살츠의 탈무드 주해서는 고전으로 인정받는다. 라쉬 이래로 그가 탈무드를 가르친 유대인들보다 더 많은 유대인들에게 탈무드를 가르친 사람은 없다고 해도 과언이 아닐 것이다.

1989년에 이르러 랜덤하우스Random House가 스타인살츠 탈무드를 영어로 번역해 출간하기 시작했다. 손시노 프레스Soncino Press가 매우 정확한 영어로 번역해 출간한 탈무드 판이 1935년 이래로 존재해오긴 했지만 이 탈무드 영문판은 앉아서 쉽게 읽어내려갈 수 있는 그런 종류의 책이 아니었다. 손시노 프레스 번역판이 사용한 영어는 상당히 격식을 차린 영어였고, 이 번역판을 시도한 사람들은 논지가 복잡하게 뒤얽혀 갈피를 잡지 못했다고 흔히 전하곤 했다. 그래서 스타인살츠 판이 탈무드를 보다 읽기 쉽게 해주리라는 기대를 받았다. 정통파 출판사인 아트스크롤ArtScroll은 탈무드 원본을 영어로 한 줄 한 줄 꼼꼼하게 번역해 주석을 덧붙인 탈무드 영문판을 내놓았다. 현재 탈무드를 공부하는 수만 명의 사람이 매일 사용하는, 주석이 달린 이 두 영문판 탈무드는 상당히 높은 수준을 자랑한다. 2005년에 아트스크롤은 바빌로니아 탈무드 전체를 완역했는데, 이는 현대 유대교의 위대한 학문적 업적임에 틀림없다. 아트스크롤은 이제 바빌로니아 탈무드보다는 짧고 권위가 떨어지지만 여전히 매우 중요한 가치를 지니는 또 다른 탈무드인 예루살렘 탈무드(팔레스타인 탈무드)를 영어로 바꾸는 작업에 착수했다.

이스라엘에서 출간된 또 다른 20세기 고전은 핀카스 케하티Pinchas Kehati가 집필한, 미슈나(최초로 구전율법을 집대성한 책) 주해서이다. 케하티는 미슈나를 현대 히브리어로 번역한 다음 미슈나 텍스트에 대한 탈무드의 논의를 요약했다. 최근에 이 놀라운 책이 영어로 번역 출간되어 현재 유대교 전문 서점들에서 판매되고 있다.